신약교회 사관에 의한
근세 교회사

| 정수영 지음 |

쿰란출판사

신약교회 사관에 의한
근세 교회사

머리말

하나님 아버지의 크신 사랑과 은총에 무한 감사드린다.

이 부족하고 미련한 노종에게 80여 년 동안 생명을 허락해 주시고 계속해서 문서선교의 사명감을 고취시켜 주시니 무한 감사드린다.

필자는 30년(1982~2012) 동안의 교수 경험을 근거로 이미 다섯 권의 교회사 시리즈를 출판했으며, 이번에 여섯 권째로 《근세 교회사》를 출판하게 되었다.

이번에 펴내는 《근세 교회사》에는 두 가지 특별한 시도를 하였다.

첫째, 근세 교회들의 배경이 되는 종교개혁 후의 다양한 결과들을 알도록 했다.

필자는 《종교개혁사》(1500~1600)에서 종교개혁의 주체 세력들을 네 부류로 설명했다. 첫째로 독일에서의 루터를 중심한 루터교 세력, 둘째로 스위스에서 츠빙글리의 개혁 세력이 중도에 끊겼으나 제네바에서 완성한 칼빈주의 세력, 셋째로 헨리 8세가 주도한 영국 국교회 세력, 넷째로 스위스, 독일, 네덜란드 등에서 형성된 재침례교도 세력이다.

이들 네 부류는 16세기에 동시에 일어난 다 똑같은 종교개혁의 공통된 세력이었다. 그런데 이들 네 세력이 모두 근세 교회로 이어지는가? 결코 그렇지 않다. 넷째 세력인 재침례교도들은 첫째, 둘째 부류가 가톨릭과 합세해서 그 세력들을 다 멸절시키고 만다. 그래서 《근세 교회사》를 저술하는 데 있어서 종교개혁 후의 다양한 결과를 가져오게 된 배경사를 먼저 설명할 수밖에 없었다. 그렇기에 이번의 《근세 교회사》에서는 제1부로 '근세 교회 배경사'를 먼저 설명하였다.

둘째, 종교개혁 후 종교계의 처신을 본 유럽인들의 반응이다.

종교개혁의 시작은 종교적, 신앙적 각성에서 출발했다. 그런데 그와 같은 종교적, 신앙적 각성자들이 자기들에게 닥친 위기에 어떻게 대응하였는가? 종교적, 신앙적 각성이 삶의 현장에 어떻게 적용되었는가? 진리가 참된 진리가 되려면 삶의 현장에서 증명되어야만 진리임이 입증된다. 그런데 과연 종교개혁자들의 사상이 유럽 세계에 어떤 영향을 미쳤는가?

칼빈주의 사상은 프랑스 위그노 전쟁(1562~1598)을 일으켜 36년 동안 수십만의 희생자를 낸다. 그리고 네덜란드는 칼빈주의로 독립전쟁(1568~1609)을 일으켰고, 독립한 후에는 세 나라로 분열된다. 또 독일에서는 루터교와 가톨릭 간의 30년 전쟁(1618~1648)을 일으켜서 독일 인구의 3분의 1 이상이 줄어든다. 영국에서는 영국 국교에 반발한 청교도들이 왕정파와 대결해서 혁명을 일으킨다.

《근세 교회사》는 종교개혁 후 개혁자들의 사상에 의해 투쟁하는 전쟁 역사가 주된 내용이다.

이 같은 전쟁사를 지켜본 유럽인들은 어떻게 반응하는가? 그들은 가톨릭이나 개신교를 다 같은 종교적 이권 투쟁 집단으로 인식한다. 종교개혁 후에 새로운 교파들이 만들어져 현재까지 계승되어 오고 있지만, 종교개혁 후 비종교인들은 모든 종교에 냉소적이고 비판적이며 관심도 멀어지고 있다.

필자는 《근세 교회사》에서 교회의 목소리와 함께 '세상'에서 먼저 깨달은 사상가들의 내용을 함께 다루었다.

필자의 《근세 교회사》에는 이와 같은 두 가지 특징을 가진 역사 인식을 설명했다. 필자의 '신약교회 사관'은 가톨릭이나 정교회나 개신교의 특수한 종파의 역사 인식에 예속되지 않은, 말 그대로 '신약' 성경에 기준한 '교회사관'이다. 그러기에 특정 교파에 예속된 자기 종파 옹호용 역사 설명과는 전혀 다른 것이 사실이다.

필자는 교파 창시자가 없는 침례교에 소속되어 있다. 침례교 안에는 칼빈주의자, 알미니안주의자, 또는 독립교회주의자 등 다양한 견해들이 섞여 있다. 또 침례교를 개신교 중 하나로 보는 이도 있다. 각각 다른 개별적 신념들이 혼합되어 있다. 그중에 필자도 하나의 신념으로 '신약교회 사관'을 창안한 자이다. 필자는 너무 세분되어 가고 분열을 거듭해 가는 교회가 미래에 모두 하나로 만날 수 있는 교착점을 위해서는 '신약교회 사관'이 꼭 필요하다고 믿는다.

여기서 특별히 감사한 사실을 밝히고 싶다.

누구나 다 각각 어려움을 안고 살아가는 것이 인생 삶의 현장이다. 필자는 2010년부터 '겨자씨 문서선교회'를 만들어 문서를 통해서 선교의 일익을 담당하려고 노력해 오고 있다.

그동안 10여 년 넘게 여러 종류의 열매들을 이루긴 했으나 항상 출판비 조달로 진통을 겪어야 했다. 가뜩이나 코로나19 이후 2년여 동안 전 세계가 어려움을 겪으면서 필자의 문서선교 사역은 더욱 힘들어졌다. 그런데 2021년 11월 말에 인천 '사랑침례교회' 정동수 목사님의 초청으로 두 번에 걸쳐서 개인 간증과 문서선교의 고충과 교회사 강의를 했다. 그때 필자는 문서선교에 대한 열망과 출판비의 고충을 호소했는데 강의를 들은 청취자들로부터 놀라운 응답을 얻었다. 사랑침례교회 성도님들과 전국의 유튜브 시청자들께서 정성 어린 후원을 베풀어 주신 것이다. 필자는 그분들의 얼굴도, 환경도 전혀 모른다. 순전히 성령의 감동으로 이루어진 사랑의 선물이었다.

필자는 그분들 모두에게 하나님의 은밀한 보답을 간구한다. 아울러 이번에 출간되는 《근세 교회사》는 사랑침례교회 여러 성도님들의 성령의 감동에 의한 후원으로 완성되었으므로 하나님과 성도님들께 큰 감사를 드린다.

필자는 30여 년간(1991~현재) 각종 저술을 해오고 있다. 교회사에 관계된 것과 성경 강해서들과 신학에 관계된 것들과 설교집 등 모두 40여 종의 다양한 내용을 다뤘다.

이 모든 저서들을 출판해 전국의 각 신학대학들과 대학 도서관에 기증했고 침례교 해외 선교부를 통해 전 세계 해외 선교사들에게도 기증했다.

그리고 국내의 목사님들과 성도들에게도 제한없이 공급해 주었다. 그런데도 아직도 5만여 권의 저서들이 여기 저기 분산되어 남아 있다. 필자의 나이가 만 82세를 넘고 보니 필자의 분신 같은 저서들에 대한 간절한 애정으로 계속해서 기도하게 되었다.

필자가 30여 년간 저술한 다양한 책 5만여 권과 앞으로 또 저술하게 될 책들을 한곳에 모아놓고 후학들이 활용하며, 계승하며, 계속해서 공급해 줄 수 있는 공간의 필요함을 절실하게 느끼게 된다.

그래서 가칭 "정수영 목사 저작 기념관"이라는 100여 평 규모의 공간을 허락해 주십사 하고 기도를 하고 있다.

필자의 순진한 기도가 막연한 꿈이 아니라 부패한 정치로 국고를 낭비해 가는 것보다 더 가치가 있음을 증명해 주는 주님의 사역터로 쓰임 받을 수 있는 공간을 허락해 주십사 하고 기도하고 있다.

그래서 믿음의 기도 응답으로 특정한 분들에 의해서 '기념관'이 영원토록 쓰여질 수 있는 신앙적 유물의 간증터가 될 수 있도록 기도하고 있다.

필자의 뜻에 공감되는 분들의 기도 동참을 호소하고 싶다.

끝으로 감사한 분들을 기억하고 싶다
 필자의 아내 김귀영은 이미 시편 강해서 5권과 계시록 강해서와 교회사 원고의 워드 작업을 도와주고 있다. 목사의 아내로서 선교에 동역하며 작품의 성취와 사역의 열매들로 보람과 감사로 살아간다.
 또 열악한 환경 속에서도 10여 년을 한결같이 정기적으로 문서선교를 위하여 계속 후원해 주시는 여러 교회와 후원자들에게 진심으로 감사드린다.
 또 필자의 형편을 십분 이해해 주시고 항상 편의를 제공해 주시는 쿰란출판사 이형규 장로님, 그리고 난해한 문장을 미려하게 교정해 주는 편집진 여러분에게 마음 깊이 감사드린다.

2022년 7월
평촌에서 정수영 목사

목차

머리말 ·4

제1부
근세 교회 배경사(1500~1600)

제1편 유럽의 종교개혁사 요약

제1장 독일의 루터교   22
   1. 루터교의 성립   22
      1) 독일 민족의 특성   22
      2) 루터의 생애   25
   2. 루터 사상의 문제점   46
      1) 가톨릭 신앙의 잔재들을 계승함   46
      2) 세속 정치를 교회와 동격시한 국가관   49
      3) 세속 정치의 힘으로 개혁을 완성함   52

제2장 영국 성공회   54
   1. 성공회의 성립   54
      1) 영국 왕조의 약사   54
      2) 헨리 8세의 수장령   56
      3) 헨리 8세 자녀들의 영국 국교회   60
   2. 성공회의 문제점   69
      1) 동기가 인간적이다   69
      2) 혼합종교의 한계   70
      3) 후유증들이 계속 따름   71

제3장 제네바 장로회와 칼빈   74
1. 제네바 장로회 성립 역사   74
   1) 칼빈의 생애   75
   2) 칼빈의 공적   104
2. 칼빈 사상의 문제점   107
   1) 가톨릭 잔재들의 계승   107
   2) 신약교회를 구약시대로 후퇴시킴   109
   3) 칼빈의 가장 독소적인 예정론 사상   117
   4) 칼빈주의가 닿는 곳마다 뒤따르는 후유증   122

제4장 유럽의 재침례교 운동   127
1. 스위스, 독일, 네덜란드의 재침례교 운동   128
   1) 스위스의 재침례교 운동   128
   2) 독일의 재침례교도들   140
   3) 네덜란드의 재침례교 운동   154
2. 재침례교 운동의 문제점   168
   1) 긍정적인 면   168
   2) 부정적인 면   169

제5장 가톨릭의 반개혁 운동   171
1. 종교개혁 후의 교황들   172
   1) 교황 제217대 레오 10세   172
   2) 교황 제220대 바오로 3세   173
   3) 교황 제221대 율리오 3세   174
   4) 교황 제223대 바오로 4세   175

5) 교황 제224대 비오 4세	176
6) 교황 제225대 비오 5세	176
7) 교황 제226대 그레고리오 13세	176
8) 교황 제227대 식스토 5세	177
9) 단명한 교황들	180
2. 반(反)개혁의 선봉 예수회	180
1) 예수회 창설자	181
2) 예수회 발전기	183
3) 예수회 수확기	185
4) 예수회의 시련과 발전	186

제2편 종교개혁 후의 투쟁사

제1장 프랑스의 위그노 전쟁

제1장 프랑스의 위그노 전쟁	189
1. 프랑스식 가톨릭 교회와 위그노(칼빈주의)의 전쟁	190
1) 대략적인 프랑스 약사	190
2) 중세시대의 프랑스 군주들	192
3) 가톨릭 군주들과 위그노들의 전쟁	198
2. 프랑스 종교의 문제점	213
1) 프랑스 종교의 문제점	213

제2장 네덜란드 칼빈주의자들의 독립운동

제2장 네덜란드 칼빈주의자들의 독립운동	218
1. 네덜란드 독립전쟁사	220
1) 네덜란드의 전반적 약사	220
2) 네덜란드의 독립 투쟁사	221
2. 네덜란드 종교의 긍정과 부정의 요소	231
1) 긍정적인 면	233
2) 부정적인 면	237

제2부
근세 교회사 (1600~1800)

제1편 전기 근세 교회사 (1600~1700)

제1장 **네덜란드의 알미니안주의와 칼빈주의**   244
    1. 아르미니우스 사상이 등장하기까지   244
      1) 아르미니우스의 칼빈주의 문제점 제기   244
      2) 신앙 문제가 정치 문제로 확대되다   248
      3) 아르미니우스 신조(1610)   249
    2. 칼빈주의 5대 교리   254
      1) 도르트레히트 회의(1618~1619)   254
      2) 칼빈주의 5대 원칙   255
    3. 아르미니우스주의와 칼빈주의의 비교   260
      1) 인간의 타락   260
      2) 선택, 예정   262
      3) 구원, 속죄   262
      4) 은혜, 은총   262
      5) 성도의 견인   264

제2장 **독일의 신, 구교 30년 전쟁**   267
    1. 30년 전쟁의 원인과 진행   268
      1) 30년 전쟁의 원인과 배경   268
      2) 30년 전쟁의 진행 과정   274
    2. 30년 전쟁의 결과   283

제3장 영국 청교도와 군주들의 투쟁　287

1. 영국 청교도 운동의 기원　288
　1) 청교도의 기원　288
　2) 청교도 운동의 발전　291
2. 청교도 운동의 투쟁　294
　1) 제임스 1세 때의 청교도　294
　2) 찰스 1세 때의 청교도　297
　3) 영국 혁명(청교도 혁명)　302
3. 왕정복고와 청교도의 쇠잔　312
4. 신대륙의 청교도　313
5. 청교도 유산의 긍정과 부정　316

제4장 가톨릭의 공격 선교와 개신교의 정체　320

1. 가톨릭의 공격 선교　321
　1) 아프리카 침략 선교　321
　2) 아메리카 식민지 선교　324
　3) 아시아 공격 선교　327
2. 개신교의 정체 250년　340
　1) 개혁자들의 잘못된 신학　341
　2) 개신교 훈련기관의 부족이었다는 변명　347

제5장 영국령 북아메리카 식민지 교회　350

1. 북부 9개 식민주　351
　1) 매사추세츠　353
　2) 뉴햄프셔　354
　3) 코네티컷　354
　4) 로드아일랜드　355
　5) 펜실베이니아　360
　6) 메릴랜드　366

    7) 뉴욕 367
    8) 뉴저지 369
    9) 델라웨어 369
  2. 남부 4개 식민주 370
    1) 버지니아 370
    2) 노스캐롤라이나 370
    3) 사우스캐롤라이나 371
    4) 조지아 371
  3. 미국 주요 종교 집단 통계 372

제2편 전기 근세 세상(1600~1700)

  1. 몽테뉴 375
    1) 몽테뉴의 생애 376
    2) 몽테뉴의 사상 378
    3) 몽테뉴에 대한 평가 384
  2. 프랜시스 베이컨 384
    1) 베이컨의 생애 385
    2) 베이컨의 사상 387
    3) 베이컨에 대한 평가 390
  3. 데카르트 391
    1) 데카르트의 생애 392
    2) 데카르트의 사상 395
    3) 데카르트에 대한 평가 401
  4. 파스칼 404
    1) 파스칼의 생애 406
    2) 파스칼의 사상 414
    3) 파스칼에 대한 감상 418
  5. 존 로크 423

1) 로크의 생애	424
2) 로크의 사상	427
3) 로크에 대한 평가	439

제3편 후기 근세 교회사(1700~1800) — 443

제1장 개신교 정통주의 — 444
1. 루터파 정통주의 — 445
2. 개혁파 정통주의 — 448
3. 정통주의에 대한 반발 소치니주의 — 451

제2장 경건주의와 신비주의 — 455
1. 경건주의 — 455
   1) 경건주의 창시자 슈페너 — 457
   2) 경건주의 중심인물 프랑케 — 459
   3) 모라비아 보헤미아 형제단의 친첸도르프 — 461
2. 신비주의 — 465
   1) 성경에 기록된 신비 체험 사례 — 466
   2) 교회 역사 속의 신비주의 — 469
   3) 20세기 오순절 운동 — 470

제3장 영국 감리교 출생사 — 474
1. 감리교의 출생 — 475
   1) 시대적 배경 — 475
   2) 웨슬리 형제의 출생과 교육 — 477
   3) 첫 사역지 조지아 주 선교사 — 479
   4) 모라비안 교회에서 형제의 회심 — 481
   5) 존 웨슬리의 부흥운동 — 485

  6) 감리회의 조직   486
  7) 웨슬리의 부흥운동의 영향   488
 2. 웨슬리의 사상   490
  1) 보편적 구원   490
  2) 완전한 성화   491
  3) 성도의 교제   492
  4) 그리스도인의 봉사   493

제4장 미국의 대각성 운동   496

 1. 영국 청교도와 미국 청교도의 차이   497
  1) 법률상의 차이   497
  2) 사회 현상의 차이   498
  3) 종파의 다양성   501
 2. 대각성 운동의 주역   502
  1) 뉴저지 래리턴 밸리 네덜란드 개혁 교회 프렐링호이젠   503
  2) 테넌트 부자   504
  3) 조나단 에드워즈   506
  4) 조지 휫필드   509
 3. 대각성 운동의 결과   511
  1) 교인들의 변화   513
  2) 침례교와 감리교의 성장과 장로교의 정체   514
  3) 사회적인 변화와 교육적인 변화   516
  4) 정치적인 변화   516

제5장 영성 운동의 열매들   520

 1. 찬송가의 대중화 운동   521
  1) 성경에서의 찬송들   522
  2) 근세 교회 이전의 찬송가 역사   523
  3) 근세 교회의 찬송가 대중화 운동   524

2. 사회 개혁 운동	528
3. 근세 선교 운동	535
1) 윌리엄 캐리	537
2) 아프리카 선교사	543

제6장 미국 독립 혁명과 프랑스 혁명   552

1. 미국 독립 혁명과 제2차 대각성 운동	553
1) 미국의 독립 혁명	553
2) 제2차 대각성 운동	567
2. 프랑스 혁명과 나폴레옹 통치	583
1) 프랑스 혁명	585
2) 나폴레옹의 통치	591
3) 나폴레옹 이후 유럽	596

제4편 후기 근세 세상(1700~1800)   602

1. 프랑스 계몽사상가 몽테스키외	604
1) 몽테스키외의 생애	604
2) 몽테스키외의 《법의 정신》 사상	608
3) 《법의 정신》의 역사적 의미	610
2. 프랑스 계몽사상가 볼테르	610
3. 프랑스 사상가 장 자크 루소	614
1) 루소의 생애	614
2) 루소의 사상	620
4. 영국의 사회과학자 애덤 스미스	629
1) 애덤 스미스의 생애	629
2) 애덤 스미스의 사상	633

5. 임마누엘 칸트	637
1) 임마누엘 칸트의 생애	637
2) 칸트의 사상	646

근세 교회사 결론   657

- 참고문헌 ·660
- 중세·근세 시대 연대표 ·666
- 색인(인명, 지명) ·668
- 겨자씨 문서선교회 ·672

제1부

근세 교회 배경사

(1500~1600)

제1편 유럽의 종교개혁사 요약

제1장 독일의 루터교

1. 루터교의 성립

1) 독일 민족의 특성

중세기 서유럽 전체를 지배한 가톨릭 종교는 신앙의 이름으로 유럽의 정치사, 경제사, 사상사, 세상 모두를 암흑천지로 몰아갔다. 그렇게 거대한 바윗덩어리 같은 가톨릭을 독일의 루터가 쪼개 부수는 개혁적 거업을 완수했다.

루터 이전에 나타난 영국의 위클리프(1330~1384), 보헤미아의 얀 후스(1369~1415), 이탈리아의 사보나롤라(1452~1498) 등도 위대한 개혁자들이었다. 그러나 루터 이전의 이 개혁자들은 모두 희생으로 끝났다. 마침내 루터(1483~1546)에 와서 개혁에 성공을 거두었다. 왜 다른 개혁자들은 희생 당함으로 끝났는데 루터는 성공했는가? 그 이유를 필자는 루터의 조국인 독일 민족의 특성에서 찾을 수 있다고 본다.

우리가 독일의 종교개혁 성공사를 알려고 하면 반드시 독일의 역사를 알아야 한다. 과거 역사 가운데서 형성되어 온 독일 민족의 특성을 기억할 필요를 느낀다.

독일의 과거사를 살펴보자.[1]

고대 게르만(German) 민족은 민족 대이동으로 영국으로 건너간 앵글로색슨족, 갈리아 북부로 침투한 프랑크족, 이탈리아로 진출한 동(東)고트족, 랑고바르드족, 에스파냐(스페인)로 들어간 서(西)고트족 등으로, 서유럽 세계의 근원을 이룬다.

이들 중 프랑크 시대(5~10세기)를 지난 후 중세시대 신성로마제국이 오토 1세(936~976)로 시작된다. 신성로마제국은 과거 고대 로마제국의 부활을 꿈꾸며 황제권과 교황권을 모두 장악하려는 야망에서 비롯되었다. 중세기 교황권을 강화한 11세기 교황 그레고리오 7세는 하인리히 4세(1056~1106)를 파문하는 '카노사의 굴욕'으로 교황권이 황제권을 능가했다. 이렇게 황제권을 능가하는 교황권의 위력 아래 십자군 전쟁(1096~1270)이 진행되었다.

신성로마제국의 야심은 십자군 전쟁으로 허약해졌다. 황제와 교황을 축으로 형성되어 오던 독일 국가는 십자군 전쟁 이후 왕권이 약화되어 일반 귀족들이 국왕을 선출하게 되면서 연방 군주들의 손에 넘어간다.

그 결과 보헤미아 왕국과 오스트리아, 북 스위스까지 통치하는 합스부르크 백작을 신성로마제국 황제로 옹립한다. 합스부르크 가문은 스위스, 보헤미아, 헝가리, 네덜란드 등과 왕손 가문의 결혼 성립

---

[1] 정수영, 《종교개혁사》 (쿰란출판사, 2012), pp.23~31.

으로 계속 황제 위치를 계승해 나간다. 합스부르크 가문 중 에스파냐인 카를 5세(1519~1556) 때 루터의 종교개혁이 시작되었고(1517), 루터의 종교개혁을 저지하려고 온갖 투쟁을 했던 카를 5세는 독일 제후들의 개신교 동맹인 '슈말칼덴' 동맹으로 '아우구스부르크 신앙고백서'(1530)를 인정하게 된다. 이때 스페인 출신의 카를 5세는 개신교를 말살하려고 또다시 대대적인 전쟁을 일으켰으나 믿었던 독일 제후로부터 배신을 당하고 자신도 생명의 위협을 느낀다. 독일 민족의 민족적 단결응집을 체험한 카를 5세는 정치에 회의를 느끼고 신성로마제국 황제 자리를 동생에게 양위하고(1556) 스페인의 한 수도원에 들어가 여생을 마친다.

독일의 종교개혁 성공은 루터 한 사람의 능력으로 이루어진 것이 아니다. 오랜 세월 외국인들이 군주로 지배해 온 것으로 인해 독일인들이 갖게 된 외국인에 대한 혐오와 그들의 종교까지 거부하는 독일인들의 자긍심이 루터의 개혁과 결합되어 개혁을 완성한 것이다. 이들 영주들은 신앙보다는 황제인 카를 5세가 스페인인이었기 때문에 저항한 것이다. 즉 민족주의적인 특성이 내면적 힘이었다.

루터와 스위스 츠빙글리의 마르부르크 회담(1529)이 결렬된 것도 루터 자신의 개인적 민족 자긍심에 원인이 있다. 독일 국민은 루터교를 믿는 독일을 정복하려는 교황군과 스페인, 이탈리아군의 가톨릭의 공격에 루터교 국가인 독일, 덴마크, 스웨덴이 합세하여 신, 구교 간의 30년 전쟁(1618~1648)을 벌여 대대적인 국민적인 희생을 치르면서까지 민족 종교를 지켰다. 독일의 종교개혁의 성공은 루터 한 사람의 힘이 아니라 전 민족적 자긍심의 유산이라 할 수 있다.

독일의 종교개혁이 어떻게 성공했는가?

그것은 독일 민족의 독특한 민족적 자긍심에 따른 민족적 저항, 즉 내면적 민족정신의 응집력이 루터 때 전면전으로 나타난 것이라고 할 수 있다.

2) 루터의 생애(1483.11.10~1546.2.18)

루터는 분명히 세계적인 인물이다.[2] 그는 학문, 용기, 정열, 그리고 끈기를 모두 갖춘 매우 보기 드문 위인이었다. 그를 바로 이해하는 것은 중세기 가톨릭의 실상과 하나님의 섭리를 바르게 아는 첩경이다.

(1) 출생과 교육기

마틴 루터(Martin Luther)는 독일 작센(Sachsen) 선제후령에 속하는 만스펠트(Mansfeld) 백작 영내인 아이슬레벤(Eisleben)에서 부친 한스 루터(Hans Luther)와 어머니 마가레트 지글러(Margarette Ziegler) 사이에서 태어났다.

그가 태어난 11월 10일 이튿날 성 베드로 교회에서 유아세례를 받는데 그날이 마침 프랑크 왕국의 수호성인 마르티노(Martinus: 315~397)의 날이었으므로 그의 이름은 마틴(Martin)이라고 명명되었다. 출생 후 몇 개월 후에 제련업 도시인 만스펠트로 이사했다. 5세(1488) 때 만스펠트 라틴어 학교에 입학하여 9년간 기초 교육을 받고, 14세(1497) 때 부모를 떠나 마그데부르크(Magdeburg) 라틴어 학교에 보내져 공동생활을 경험한다.

15세(1498) 때 아이제나흐 성 게오르크(조지) 학교에서 3년간 교육을 받는다. 18세(1501) 때 에르푸르트(Erfurt) 대학에 입학하여 인문학부에

---

2) 앞의 책, pp.85~90.

서 1505년까지 일반 교육 과정을 이수한다. 그동안 1502년에 문학사(B.A.), 1505년에 문학 수사(M.A.) 학위를 받는다.

그리고 1505년(22세) 5월에 아버지의 희망에 따라 법학부에서 법학 공부를 시작했다. 그런데 7월 2일에 자택에서 에르푸르트로 돌아가던 길에 천둥벼락으로 죽음의 위기를 맞고, 그때 수호 성자인 안나에게 도움을 구하며 자기를 살려주면 수도사가 되겠다고 서원한다. 이때 살아난 루터는 곧바로 아우구스티누스회 수도원에 들어간다.

(2) 수도사에서 대학 교수가 되기까지

루터가 죽음의 공포 속에서 서원했던 것을 지키려고 수도원에 들어가자 그의 부친은 크게 실망하고 분노한다. 22세에 수도원에 들어가 1년간의 견습 기간 후에 그는 수도사가 되었고, 24세(1507)에 사제로 서품받았다. 그리고 그해 5월에 생애 처음으로 미사를 집전했다.

루터는 사제 서품 후 수도원장 요한 슈타우피츠의 천거로 1507년부터 1512년까지 비텐베르크(Wittenberg) 대학에서 공부했다. 비텐베르크는 독일 동부 할레 주에 있는 인구 5만 정도의 소도시였다. 이곳이 1423년 이후 선제후 베팅가령이 되고, 프리드리히 선제후는 1502년 이곳에 비텐베르크 대학을 세웠다. 이 신설 대학에서 루터가 1507년부터 1512년까지 공부하고, 1508년부터는 도덕, 철학 강사로 활약한다. 그리고 1512년, 29세에 그 대학에서 신학박사 학위를 취득했다. 그 후 모교 신학부 교수로 취임해서 세상을 뜰 때까지 교수직을 이어갔다.

1517년 루터의 종교개혁 '95개조 논제'로 인해 루터와 함께 비텐베르크 대학은 종교개혁의 중심지로 유명하게 되었다. 1547년에 이 도시는 알베르트계 베팅가에 할양됨으로 프리드리히 선제후 소재지의 지위를 잃게 되었고, 1815년에는 나폴레옹 1세의 공격을 받아 프로이센-프랑스 전쟁(Preussen-France, 1870~1871)으로 프로이센령이 되었다. 비텐베르크 대학은 그 이후 1817년에 할레로 옮겨져 할레 대학으로 통합되었다.

(3) 대학 교수에서 종교개혁자로 등장하기까지[3]

루터는 30세(1513)에 비텐베르크 대학 성경학 교수가 되어 성경의 많은 부분을 가르쳤다.

① 1513년 시편 강해 때

루터는 시편 강해를 가르치던 중 시편 22편 강해 때 큰 난관에 부딪친다. 가톨릭 교회에서 가르치는 바에 의하면 예수 그리스도는 철장 권세(계 2:27, 12:5, 19:15)를 가지신 초능력자이셨다. 그런데 어찌하여 예수 그리스도가 마태복음 27장 46절, 마가복음 15장 34절의 처참한 울부짖음을 하셨고, 그 내용이 시편 22편 1절에 기록되었는가? 루터는 지금까지 가톨릭이 가르쳐온 예수 그리스도상에 깊은 회의를 갖게 된다. 그는 가톨릭의 가르침과 성경의 내용 사이에서 갈등을 느끼게 된다.

② 1515년 로마서 강해 때

루터는 시편 강해를 하면서 예수 그리스도에 대한 이해를 새롭게 했다. 그 후 로마서 강해를 통해 그리스도의 고난과 자신의 관계를 새롭게 깨닫게 된다. 루터가 과거 수도사와 사제 때 알고 있었던 그리스도와의 관계 성립은 많은 참회와 지대한 노력, 그리고 많은 공적을

---

3) 앞의 책, pp.91~95.

쌓아야만 이루어질 수 있는 것으로 믿어 왔다.

그런데 로마서 강해 중 그는 로마서 1장 17절의 "믿음으로 의롭게 된다"는 구절에서 죄인이 그리스도와 관계를 이루어 의롭다고 인정받는 것이 행위가 아닌 믿음으로 되는 것임을 터득한다. 그 대표적인 근거가 로마서 4장에 기록된 믿음의 조상 아브라함의 사례다. 루터는 바울 사도가 창세기 15장 6절에 아브라함이 의롭다 함을 얻은 사건을 근거로 로마서를 기록한 사실도 깨닫는다. 아울러 그는 창세기 15장 6절, 로마서 1장 17절, 그리고 로마서 4장 이후에 관통되고 있는, 의롭다고 인정받는 의인(義認)의 진리를 터득한다.

③ 1516년 갈라디아서 강해 때

갈라디아서 2장 20절에 내 속에 사는 그리스도는 갈라디아서 5장 1절의 '그리스도인의 자유'임을 깨닫는다. 그래서 그는 훗날 《그리스도인의 자유》(1520)를 출판한다. 이 책은 1년 365일을 그리스도 안에서 호흡하는 영적, 정신적 삶을 담은 사상서로 그의 대표 저서가 된다. 뒤에 그 내용을 살펴볼 것이다.

④ 1517년(34세) 히브리서 강해

루터는 드디어 '95개조 논제'를 마인츠 또는 마이센(Meissen) 대주교 알브레히트와 프랑크푸르트 짜이츠 주교에게 보낸다. 그런데 그 어느 누구도 답변서를 보내주지 않았다. 루터의 논제를 비웃고 답변하지 않음으로 10월 31일 비텐베르크 대학의 성인의 교회(The Church of All Saints) 정문에 '95개조 논제'를 붙여놓는다. 이것이 루터의 종교개혁의 시발점이 되었다.

(4) 종교개혁가로서의 변신(1517~1519)

루터가 처음부터 종교개혁을 하겠다는 의지로 출발했을까? 그것은 아니다. 그는 대학 교수로 성경을 가르치는 과정에서 성경과 종교가 부합되지 않는 사실들을 발견하고 학자적 양심으로 '95개조 논제'(1517.10.31)를 제기했는데 그것이 계속 확대되어 나갔다.

① 하이델베르크 아우구스티누스 수도사 총회(1518.4.11~5.15)

루터는 가톨릭의 여러 수도회들 중에서 비교적 늦게 출발한 아우구스티누스 수도회 소속의 수도사였다. 수도회에서는 매년 정례적으로 총회가 열렸다. 총회가 시작되기 전에 교황청은 수도회 총회장에게 루터의 95개조 논제를 철회하도록 지시했다. 이 사실을 알고 루터의 가까운 동료 교수들은 루터의 총회 참석을 만류했다. 그 이유는 루터의 95개조 논제 발표 후 면죄부 판매가 급격하게 줄어들었기 때문에 교황청의 압력이 커질 것을 염려했기 때문이었다.

그러나 루터는 담대하게 수도회 총회에 참석했다. 참석해 보니 수도회는 95개조 논제를 찬성하는 젊은층 수도사들과 견제하려는 노년층 수도사들로 나누어져 있었다. 여기서 루터는 40개 항목의 논문으로 자기주장을 밝혔다. 그는 과거 중세기 스콜라 철학이 아리스토텔레스 철학에 기초한 토마스 아퀴나스의 철학을 신학화한 내용임을 설명했다. 그리고 성경학 박사요 교수인 루터는 바울 신학의 근본인 로마서, 갈라디아서 등에 근거한 '믿음으로 의로워지는 의인(義認)의 진리'를 설명했다. 회중들의 빗발치는 질문들에 정중하고 예의 바르며 철저한 성서적 확신으로 자신의 입장을 밝혔다. 성경에 근거한 이런 그의 설명으로 수도사들은 그를 개혁자로 만들어냈다. 그 자리에서 루터는 정죄를 받기는커녕 그 이후로 아우구스티누스 수도회

대표 신학자로 부상하였다.[4]

② 교황청 교황의 대사 카제탄과의 회담(1518.10.12~14)

루터가 소속한 수도회를 통해 루터를 제지하려던 계획이 무산되자 교황 레오 10세는 진노하여 60일 이내에 로마 교황청으로의 출두를 지시한다. 이때 루터는 독일 선제후인 프리드리히에게 도움을 요청한다. 루터는 선제후에게 자기의 학문적 자유 보장을 요청했다. 당시 비텐베르크 대학에는 루터로 인해 유럽 학생들이 증가하고 있는 추세여서 선제후는 루터를 위험한 곳으로 보낼 수 없었다. 그래서 선제후는 룩셈부르크 가문의 막시밀리안 황제를 통해 루터가 로마에 가지 않아도 되는 황제 면책권을 얻어낸다.

교황은 나이 많은 막시밀리안 황제 후임에 프리드리히가 유력한 후보임을 알기에 경솔하게 처리할 수 없었다. 그래서 아우구스부르크에서 회담을 갖도록 교황청 특사로 카제탄(Cajetan) 추기경을 보낸다.

추기경은 처음부터 루터에게 그의 주장을 철회하고 교황의 권위에 항복하라고 강요한다. 그러나 루터는 성경적 가르침에 의해 면죄부를 폐지하고 교회를 개혁해야 한다고 응수했다. 세 차례에 걸친 지루한 논쟁을 했으나 피차가 평행선을 달렸다. 선제후는 황제의 경호병들로 루터를 지키게 하다가 루터가 위험함을 알고 심야에 아우크스부르크를 탈출시킨다. 그때 교황청에서는 루터에게 추기경 자리를 약속하며 루터에게 자신의 주장을 철회할 것을 제의하지만 루터는 끝까지 거부했다.

---

[4] 앞의 책, pp.104~106.

③ 라이프치히(Leipzig) 논쟁(1519.6.27~7.16)[5]

독일에서 도미니크 수도사이며 잉골슈타트(Ingolstadt) 대학의 교수인 요한 엑크(John Mayr of Eck)가 비텐베르크 대학 교수인 칼슈타트(Von Karlstadt)와 라이프치히에서 논쟁을 벌였다. 엑크는 교황 측의 견해를 옹호하는 입장에서 나왔고, 칼슈타트는 개혁 측 견해를 가지고 공개 논쟁을 벌였다. 당시 엑크는 논쟁의 명수로 소문이 나 있었고, 칼슈타트는 학문 연구 발표들로 높은 지성의 사람으로 알려져 있었다.

그 논쟁에서 엑크는 수많은 교부들의 주장과 역대 과거 각종 종교회의에서 결정된 사항들을 근거로 달변의 논쟁을 이어갔다. 이 논쟁은 6월 27일부터 7월 3일까지 이어졌으나 칼슈타트가 엑크를 감당하기는 역부족이었다. 이때 루터가 그 논쟁 이후에 7월 4일부터 16일까지 논쟁을 이어갔다. 그 논쟁은 조지(George) 공작의 넓은 연회실에서 공개로 열렸는데 잉골슈타트 대학을 비롯한 교수, 학생들과 비텐베르크 대학의 다른 교수와 학생들까지 포함하여 200여 명이 모였다.

그 공개 논쟁에서 나온 주된 주제는 다음과 같다.

첫째, 교황의 기원과 권위 - 엑크는 교황의 기원을 예수님이 베드로에게 위임한 것(마 16:18~19)으로 설명했고, 루터는 교황의 기원을 9세기 위조문서인 이시도리안 교령집에 근거한 허위라고 했다.

둘째, 성경의 권위 - 루터는 오직 성경(Sola Scriptura)만이 신앙과 행위의 규범이라 주장했고, 엑크는 '성경만이'라는 주장은 이단으로 정죄된 영국의 위클리프나 보헤미아의 후스의 이단 사상과 같은 것으로 보고 루터를 이단 사상가로 공격했다.

---

[5] 앞의 책, pp.109~112.

셋째, 연옥에 관한 교리 - 엑크는 마카비2서 12장 45절을 근거로 연옥 사상을 제시했으나 루터는 마카비서는 정경이 아닌 외경으로 신적 권위가 없다고 했다.

넷째, 면죄부와 고해성사 - 엑크는 면죄부와 고해성사가 교회의 전통에 근거한 것으로 교회가 따라야 한다고 했고, 루터는 교회 전통이라는 종교회의 결정 사항들이나 교황들의 교서들은 전부가 인간들이 다수로 결정했거나 성경에 없는 교황의 지시이므로 폐지되어야 한다고 했다.

이때의 논쟁에서 엑크는 중세 신학에 익숙해 있었고, 루터는 성경 지식에 탁월했다. 엑크는 루터를 41가지의 이단적 오류를 가진 자로 판단하고 교황 레오 10세에게 파문 교서를 내리도록 건의한다.

(5) 루터의 4대 개혁 논문(1520)[6]

루터는 엑크와의 논쟁을 통해 이미 알고 있던 가톨릭의 비성서적인 내용을 더욱더 확신하게 된다. 그는 1520년 한 해 동안 네 편의 개혁 논문을 발표한다.

첫째, 선행에 관하여(A Treatise on Good Works), 5월 발표

일반인들이 선행이라고 하면 가난한 이를 돕는 구제, 불쌍한 자를 돕는 것이나 또는 재난당한 자들을 돕는 것을 말한다. 가톨릭은 일반인들이 알고 있는 이런 선행 개념에 기도, 금식, 구제 등을 더해서 선행이라 가르친다.

그런데 더 심각한 문제는 선행으로 구원이 가능하다고 믿는 것이

---

6) 앞의 책, pp.113~122.

다. 가톨릭이 말하는 성인, 성자들은 보통 사람들보다 선행과 공적이 두드러진 사람들을 뜻한다. 그러나 루터는 선행 개념을 이렇게 말했다. "구제, 어려운 사람들을 돕는 선행은 타 종교에서도 얼마든지 장려하는 인간의 보편적 행위다. 성경의 선행이란 하나님을 믿는 믿음이 동기가 되고 동력이 되어서 믿음으로 행하는 모든 행위들이 선행이다." 그는 선행의 개념을 마가복음 10장 18절의 하나님의 선에서 찾고, 요한복음 6장 39~40절에서 말하듯이 아버지의 뜻대로 믿는 자의 결단된 행위들이며, 믿음이 크고 작음에 따라 실천의 차이는 있을 수 있으나 믿음에 의해 시작된 모든 행위들을 선행으로 이해한다.

둘째, 독일 기독교 귀족들에게 고함(To the Christian Nobility of the German Nation), 8월 발표

루터는 이 논문에서 가톨릭이 유럽 각 국가들에서 착취하고 있는 커다란 옹벽 세 가지의 부당함을 통렬하게 비난하며 각각 성경을 근거로 비판했다.

① 교황이 세상 군왕 제후들의 세속권까지도 교황 관할이라고 주장하는 옹벽
② 교황만이 성경 해석을 할 수 있다는 옹벽
③ 교황만이 종교회의를 소집할 수 있다는 옹벽

셋째, 교회의 바벨론 포로(The Babylonian Captivity of the Church), 10월 발표

루터는 가톨릭의 소위 7성사(聖事)라는 일곱 가지 성례들 중에서 세례, 성찬, 참회 이 세 가지는 인정했다. 그러나 나머지 네 가지와 함께 성례전 신학을 부정했다.

① 떡과 포도주 2종 배찬이 아닌 1종(떡) 배찬만 실시하는 것

② 성찬 미사 때 떡과 포도주가 예수님의 살과 피로 변한다는 화체설

③ 미사(Mass)가 예수 그리스도의 희생의 반복이라는 주장 등 가톨릭의 성례전 신학이 바벨론 포로처럼 억류되어 있는 것

④ 견진 성사 ⑤ 혼인 성사 ⑥ 종유 성사 ⑦ 서품 등을 성례라고 만든 것이 교회를 포로로 억류한 것이라고 했다.

넷째, 그리스도인의 자유(The Liberty of Christian), 11월 초 발표

루터는 이 논문에서 모든 그리스도인의 신앙생활을 총체적으로 진술했다. 그리스도인의 자유가 무엇인가? 그것은 무엇이든지 행할 수 있는 방종이 아니라 다른 사람을 위해서 자신을 희생시키는 믿음으로 얻는 자유임을 말한다. 그리스도인이란 믿음으로 구원받은, 아무에게도 예속되지 않는 완전한 자유로운 주인이다. 그런데 그 자유는 그리스도와 이웃 안에 살아야만 되는 자유다. 그러기에 그 자유는 모든 사람에게 충실하게 봉사해야 하는 섬기는 자, 종, 청지기로서의 자유이다. 그러기에 그리스도인은 모든 것의 우위에 서는 자유로운 군주로서 그 누구에게도 종속되지 않는다. 이것이 '만인제사장'(벧전 2:9) 원리이다.

또 그리스도인은 모든 이에게 봉사하는 하인으로서 모든 이에게 종속된다. 이것이 '청지기 정신'(고전 9:19) 원리이다. 그리스도인의 자유는 영적인 것이고 봉사는 신체적인 것이다. '자유'와 '봉사'는 서로 모순되는 것 같으나 그것이 영적인 것이기 때문에 속박으로 여기지 않는 것이라고 했다.

(6) 루터에게 내려진 교황의 파문(1521)

교황 레오 10세는 1520년 10월 10일에 루터를 60일 이내에 로마로 소환하라는 소환장 교서를 보낸다. 루터는 12월 10일에 〈적그리스도의 저주스러운 교서를 반대하며〉라는 소책자로 맞서며 교황의 교서를 수많은 교수, 학생, 도시민들 앞에서 화형식을 거행했다. 이에 교황청은 1521년 1월 3일에 루터를 향한 파문교서를 발행한다. 이에 본인 루터는 담담했다. 그러나 그의 영적 아버지인 아우구스티누스회 수도원 원장인 슈타우피츠가 수도원장에서 물러나 잘츠부르크 시골로 하향해 여생을 보낸다. 그는 루터를 향한 사랑이 여자의 사랑보다 더했다며 세상을 떠났다.

(7) 보름스(Worms) 의회에서의 진술(1521.4.17~18)[7]

루터가 파문당하자 그를 파문된 자로 처벌해야 한다는 교황청과 독일 황제의 연합 공격을 당하게 되었다. 그런데 하나님께서는 독일이라는 나라를 신묘막측하게 사용하셨다. 그것은 전 세계에서 유일하게 선제후들에 의해 국왕이 선출되는, 인류 역사에 선례가 없는 특수한 정치구조였다. 앞서 서론에서 설명한 대로 오토 대제(912~973)가 독일, 오스트리아, 이탈리아, 네덜란드 등을 포함한 신성로마제국을 성립시켰다(962). 오토 대제는 거대한 국토를 친척들에게 나누어 주었다. 그리고 황제권과 교황권도 독차지해서 과거 로마제국 시대의 꿈을 실현하려고 해나갔다.

그런데 십자군 전쟁(1096~1270) 후에 단일성이 해체되자 대주교나 제후들 7명이 황제 선거를 하는 선거 제후 제도로 변화되었다. 그래

---

7) 앞의 책, pp.125~133.

서 오스트리아인 황제 시대, 룩셈부르크인 황제 시대를 거치게 되었다. 룩셈부르크인 마지막 황제 막시밀리안(Maximilian)이 죽고(1519) 이번에는 1520년에 스페인인 카를 5세가 20세의 젊은 나이로 스페인 왕과 신성로마제국 황제를 겸임하여 스페인, 독일, 네덜란드를 통치하는 황제가 되었다.

그러나 그는 독일어를 몰랐기에 1년에 한두 차례 정무적인 행사를 위해 독일을 방문할 뿐 독일의 실질적 지배자는 일곱 명의 선제후들이었다. 그 선제후들은 가장 유력한 프리드리히를 비롯하여 절반가량은 독일인을 옹호하는 개혁 세력이었고, 절반가량이 교황 측 옹호 세력이었다.

교황은 독일 황제로 하여금 루터를 처벌하도록 강요했다. 그러나 독일인을 보호하는 프리드리히 선제후와 몇 선제후는 루터의 입장을 들어보지 않고는 일방적인 판결을 내릴 수 없다고 맞섰다. 이에 황제는 보름스 의회를 열고 황제와 교황청 파송자와 선제후들이 다 모인 의회 앞에서 루터로 하여금 진술케 한다.

루터는 1521년 4월 17~18일 이틀에 걸쳐 황제, 제후, 교황청 사절단, 추기경들과 시민 5천여 명이 모인 자리에서 그의 저서들을 취소하라는 강요를 당한다. 그때 루터는 자신의 저서들에 관해 세 가지로 대답하며 자기 의견을 진술한다.

첫째 부류: "신앙과 생활을 구별하여 알기 쉽게 복음적으로 서술한 내용이므로 철회할 필요가 없다."

둘째 부류: "교황파들에 의해 조성된 그릇된 생활과 교리 때문에 전 세계가 모두 불평불만하는 내용이다. 이렇게 사악한 것을 취소한다면 한층 더 사악한 길을 열어놓는 사람이 된다. 그러므로 이 역시 취소할 수 없다."

셋째 부류: "내용 중 개인을 공격한 내용은 적합하지 않은 것으로 지적한다면 그것은 철회할 수 있다."

그때 엑크가 이렇게 따졌다. "위클리프나 후스가 성경만이라고 주장한 것이 잘못된 것으로 판정 났는데 당신의 판단만이 옳다고 증명할 근거가 무엇인가? 가톨릭 교회는 신성한 전통의 유산을 순교로 지켜왔고 더 이상 논의되지 않도록 교황과 황제가 금지해 왔다. 당신이 전통보다 더 권위 있다는 근거가 무엇인가?"

루터는 이렇게 대답했다. "나는 교황과 종교회의를 인정하지 않는다. 왜냐하면 그들의 주장은 서로 모순되는 사항들이 너무 많기 때문이다. 내 양심은 하나님의 말씀에 사로잡혀 있다. 나는 아무것도 취소할 수 없고 취소하려고 생각하지도 않는다. 왜냐하면 양심에 반하는 것은 옳지 않고 완전하지도 않기 때문이다. 나는 여기 있노라. 나는 달리 말할 수 없다. 하나님이여, 나를 도우소서."

루터는 "과거의 종교회의들이 많은 오류를 범해왔다는 양심이 있는데 그것을 취소하는 것은 양심이 허락하지 않는다"라고 했다.

이에 황제는 회의를 끝내도록 한다. 루터의 위험을 감지한 독일인들은 루터를 둘러싸고 회의장을 나온다. 다음 날 4월 19일에 황제는 선제후들과 제후들과 함께 회의를 했다. 그는 루터를 이단자라고 말하며 제후들의 의견을 발표하라고 했다. 대다수 일반 제후들은 루터에게 사형집행을 거론했지만 여섯 명의 선제후들 중 네 명이 황제에게 동조하고 프리드리히와 루드빅 공은 서명하지 않았다. 이때 루터를 결사 옹호하겠다는 400명의 기사 명단이 발표된다.

황제는 루터에게 4월 26일 이후 21일 내에 보름스를 떠날 것을 명하고 그 이후에 체포되면 처형한다는 조정안을 내었다. 그리고 5월 26일 황제 칙서로 루터의 모든 저서를 불사르도록 명령한다.

이렇게 루터는 보름스 의회 앞에서 인류 역사에 길이 전승되는 위대한 용기를 보여주었다.

(8) 발트부르크(Wartburg) 성에서 10개월간 은둔[8)]

루터는 1521년 5월 4일에 보름스를 떠나 작센으로 돌아가는 길에 프리드리히 선제후가 보낸 정체 모를 무리에게 습격을 받고 선제후의 비밀 성채인 발트부르크(Wartburg)에 도착하여 1522년 3월 1일까지 기사 게오르크(Junker Georg)라는 가명으로 은둔 생활을 한다. 이로 인해 루터는 독일어 성경 번역 작업을 하며 하나님과 가까이 지냈으나 독일 사회에서는 그가 교황 세력에 의해 희생된 것으로 소문이 났고, 루터가 없는 비텐베르크 대학에서는 칼슈타트 교수가 과격하다는 비난을 받으며 보다 철저한 개혁 사역을 추진하고 있었다.

칼슈타트(Kalstadt)는 루터의 논문지도 교수로 루터보다 훨씬 근본적인 개혁가였다. 그는 교회 내 성직자들 계급은 물론 미사 제도와 교회에서 사례비 받는 것 등을 모두 거부하고 형제, 자매로 부르는 사도행전 정신을 실현했다. 그런가 하면 성당의 제단, 성상, 화상 설치 등을 제2계명 위반으로 지적하고 철저한 파괴를 진행했다.

여기에 수도사 츠빌링(Zwilling, 1487~1558)까지 가세하여 유아세례 거부는 물론 비텐베르크 수도원을 습격하여 수도원의 제단을 부수고 성인들의 화상들을 불살랐다.

칼슈타트는 1522년 비텐베르크 시장으로 하여금 새로운 개혁 작업들을 강압적으로 시행하게 했다. 시민들은 칼슈타트의 과격한(?) 개혁에 불안을 느낀 나머지 선제후들에게 그를 진정시킬 것을 요구하

---

8) 앞의 책, pp.133~137.

기도 했다. 비텐베르크에 과격한 개혁에 반대하는 분위기가 일어나고 있을 때 루터가 3월에 비텐베르크로 귀환한다.

(9) 루터의 귀환과 중도적 개혁

필자의 시각으로 볼 때 칼슈타트의 개혁 사역은 그야말로 근본적 종교개혁이었다. 그러나 지난 천여 년간 가톨릭 전통 생활에 젖어 있던 선제후와 귀족들은 칼슈타트의 개혁에 거부감을 느끼고 저들이 시행하는 2종 성찬을 그만두고 1종 성찬으로 할 수 있도록 수습해 달라고 황제에게 요청한다.

루터는 3월 9~13일에 비텐베르크의 열광주의자, 성상 파괴자들을 진정시키는 설교를 하며 중도적 개혁자로 나선다. 루터를 이렇게 중도적 개혁자로 나서게 한 원인이 무엇인가?

루터가 없는 동안 그의 동료 교수인 칼슈타트가 2종 배찬을 하고 있었는데 그것을 비텐베르크 도시와 독일 내 모든 제후, 그리고 황제까지 반대했다. 그런데 발트부르크 성채에서 은둔 생활을 하던 루터에게 프리드리히 선제후가 '훈령서'(Instruction)를 보냈다. 그 내용은, 이런 상황에서 루터가 동료 교수와 같은 과격한 개혁을 취하겠는가, 아니면 독일 국민의 정서를 반영한 온건한 개혁을 취하겠는가 하는 것이었다. 그것은 루터의 선택에 따라 자기의 입장을 정하겠다는 반협박 문서였다. 이때 루터는 자신의 신변을 보호해 주는 프리드리히 입장을 고려하여 그의 훈령서를 받아들인다. 그래서 동료 교수의 근본적 종교개혁을 버리고 프리드리히와 결탁하는 불완전한 중도 개혁자로 나선 것이다.

결국 루터의 종교개혁이 과거 가톨릭을 많이 개선하게 되었지만 신약성경적 기준으로 볼 때 그의 주장과는 다르게 그는 불완전한 개혁자가 되고 만다. 그는 급진적 개혁은 사회 혼란을 초래하고 적그리스도가 좋아할 만한 빌미를 제공한다는 명분으로 점진적 개혁을 주장하게 된다.

(10) 농민전쟁(1524~1525)9)

기사들은 전쟁이 일어나면 나라를 지키기 위하여 필요한 존재들이었기에 전쟁이 없을 때는 그 효용성을 잃게 된다. 이들 기사들이 종전 후 부동산 관리자, 영주 수탁 관리자, 농사꾼 등으로 전업을 하고, 더러는 산적으로 변해 강도와 약탈로 살아갔다. 그들이 루터의 종교개혁 구호인 "모든 사람은 하나님 앞에 평등하다"는 주장에 자극을 받게 되었다. 그래서 겉으로는 사회적 약자를 돕는다는 명목으로 반봉건적 대주교 겸 선제후인 트리어를 공격했으나 그 속셈은 그의 영지를 탈환하려는 것이었다. 이렇게 해서 기사 전쟁(1522~1523)이 일어났고 제후 연합군이 반격하여 진압했다.

그때 수녀들도 수녀원을 탈출하여 비텐베르크에 왔다. 루터의 개혁 구호는 기사들, 수녀들뿐만 아니라 농민들에게도 영향을 끼쳤다. 농민들은 왕이나 영주들이 소유하고 있던 땅을 소작하며 살아가는 영세한 계층으로, 영주들에 의해 관례가 무시된 채 실망감이 쌓여 있었다. 루터의 만인제사장 사상을 농민들은 정치적, 경제적, 사상적 개념으로 이해하고 루터의 사상에 힘을 얻어 농민 운동을 일으켰다.

루터는 농민 운동 초기에는 농민들을 적극 지지했다. 초기에는 그 운동이 사회 개혁으로 시작되었기 때문이다. 그런데 토마스 뮌처(Thomas Müntzer: 1480~1525)의 과격한 선동은 농민전쟁을 확대시켰다.

---

9) 앞의 책, pp.147~154.

농민전쟁은 혁명 운동으로 변하여 수많은 귀족이 화형을 당하게 되고 폭동이 계속되었다. 이때 루터는 영주들 입장에 서서 농민들을 진압하라고 한다.

루터가 1525년에 쓴 〈농민 폭도에 대하여〉라는 논문에는 너무도 끔찍한 내용이 담겨 있다. "누구든지 반란자들을 때려 부수고 목 잘라 죽이고 찔러 죽여라…친애하는 제후들이여, 할 수 있으면 누구든지 놈들을 찔러 죽이고 때려죽이고 목 졸라 죽여라."[10] 이렇게 제후들 편에 서서 농민 혁명자들을 죽이라고 선동했다. 그래서 1525년 5월 15일 프랑켄하우젠 전투에서 농민들 5천 명이 제후들에 의해 학살당하고 뮌처는 체포되어 네 토막으로 참살당한다.

이것은 루터 생애 중 가장 추악한 실책이고 판단을 잘못한 씻을 수 없는 과오였다. 그가 농민전쟁 때 취한 영주들 편에 선 태도로 그의 개혁 사상을 의심하던 사람들은 재침례교도로 떠나고, 영주 편에 선 이들은 루터 편에 섰다. 루터는 이 농민전쟁 후 가톨릭 수도사의 옷을 벗고 42세(1525)에 카타리나 폰 보라라는 과거 수녀와 결혼한다. 그리고 에라스무스의 《자유의지론》에 대한 반박서로 《노예의지론》을 발표하며 인문주의자와 결별한다.

여기서 우리는 이 시기에 루터에게 큰 사상적 변화가 일어났음을 알게 된다. 처음에 그는 성서학자 교수로 순수한 성경적 근거로 개혁 사상이 시작되었다. 순수한 성경적 근거를 생명처럼 소중히 여길 때 보름스 의회 앞에서도 용맹을 발휘했었다. 그러나 농민전쟁 과정을 보면서 결혼을 하고 하나의 인간으로 돌아간 후에 그의 순수한 성경적 기준은 변하여 현실에 타협하는 자로 변질되었다. 그래서 그

---

10) Crane Brinton, 《세계문화사》 (A History of Civilization), (을유문화사), p.76.

의 종교개혁 과업도 이상과 원리를 떠나 현실적 세속 정부와 결탁하는 타협책으로 기울어졌다. 이러한 정신적, 사상적 전환이 오늘날 독일의 국교로 남아 있는 '루터교'로 굳어지는 결과를 가져오게 되었다.

(11) 프로테스탄트(Protestant) 운동의 시작(1529)[11]

농민전쟁 때 개혁 찬성자들이 가톨릭에 의해 수십만 명이 희생당했다. 이 전쟁으로 가톨릭을 지지하던 제후, 영주들이 결속하면서 루터의 개혁을 지지하는 '루터파 연맹'이 결성된다. 독일 황제 카를 5세는 보름스 의회 이후 이탈리아 연맹, 터키 군대의 공격 등으로 독일 문제에 신경 쓸 겨를이 없었다. 그러나 그 전쟁 기간 중 작센의 선제후 프리드리히가 죽은 후 제후와 영주들은 가톨릭파와 루터파로 갈라졌고, 카를 5세는 독일 분열 수습을 위해 제1차 슈파이어(Speyer) 의회(1526)를 열었으나 이때는 루터파 제후들이 모여 루터파에 유리한 결정을 한다. 다음에 열린 제2차 슈파이어 의회(1529) 때는 가톨릭 위주의 결정을 한다.

이때 루터파를 지지하던 제후, 영주들은 황제에 대한 순종이냐, 하나님에 대한 순종이냐를 선택하라고 하면 자신들은 하나님에 대한 순종을 선택하겠다는 선언을 한다. 이렇게 황제에게 항거하는 개혁 세력들에게 가톨릭주의자들은 '항거자'(protestant)라는 모독적인 별명을 붙였다. 이들 개혁 세력들은 '신교 동맹군'을 결성해서 가톨릭과의 전쟁을 대비했다.

오늘날 개신교를 '프로테스탄트'라고 이름하게 된 것은 황제에게 '저항한다', '항의한다'는 뜻으로 가톨릭이 그 항거자들에게 붙여준 이

---

11) 정수영,《종교개혁사》, pp.154~168.

름으로, 라틴어 protestari가 영어의 protestant로 번역된 것이다. 프로테스탄트는 가톨릭이 개혁 세력을 멸시하고 비난한 데서 출발했으나 오늘날에는 이 말이 복음적이라는 뜻과 함께 개신교를 총칭하는 용어로 발전되었다.

(12) 마르부르크(Marburg) 회담(1529.10)

독일의 개신교 동맹 제후들 중 헤센의 필립(Philip of Hessen)은 독일 국내뿐 아니라 이웃 스위스에서도 츠빙글리가 개혁 운동을 전개하고 있음을 알았다. 그는 개혁 운동을 국제적 운동으로 확대함으로 시너지 효과를 기대하고 독일과 스위스의 개혁자들을 헤센의 영지인 마르부르크로 초대해서 공동 전선을 펼칠 수 있기를 고대했다.

그때 루터는 츠빙글리 일행과 만나려고 하지 않았다. 그것은 성만찬 신학에서 루터의 동체설과 츠빙글리의 상징설이 차이가 나고, 독일 농민전쟁에서 농민들의 요구가 츠빙글리의 사상에 영향을 받았다는 심증을 루터가 갖고 있었기 때문이었다. 그런 두 사람이 헤센의 필립 공의 노력으로 만나게 되었다.

독일에서는 루터, 멜란히톤 등 6명이 참석했고 스위스에서는 츠빙글리, 마틴 부처 등 4명이 참석했다. 이들은 1529년 10월 1~3일까지 서로의 신학 의견을 토론했다. 그런데 모든 부분에 일치를 보았으나 성만찬의 효력에 관해서는 루터와 츠빙글리 사이에 타협이 되지 않았다. 루터의 동체설은 가톨릭의 화체설과 비슷한 주장을 했고, 츠빙글리는 그리스도의 몸을 상징하는 것이라고 주장했다. 서로의 자기주장들이 관철되지 않자 루터는 츠빙글리를 '적그리스도의 영을 가진 자'라고 비난했고, 츠빙글리는 루터가 교황청 대변자 엑크보다 더 나쁘다고 했다. 이런 두 사람의 결렬로 독일과 스위스 간의 개혁 세력이 통합될 수 있었던 좋은 기회를 놓치고 만다. 마르부르크 회담 결렬은 두 개혁자의 고집으로 끝나지 않고 종교개혁 세력의 단합을 와해시키는 매우 아쉬운 결과를 초래했다.

이때가 루터 46세 때인 1529년이었다. 그때 루터는 첫아들과 둘째로 딸을 낳았으나 일찍 딸을 잃는다.

(13) 독일 루터교회 시작(1530)[12]

독일 황제 카를 5세는 1530년 4월에 아우구스부르크 회의를 열었다. 여기서 그는 개신교 제후들에게 그들이 믿는 신앙 내용을 서면으로 제출하라고 했다. 과거 9년 전 보름스 의회에서 루터를 죄인으로 선포했으므로 루터가 의회에 나올 수 없어서 그의 제자요 동역자인 멜란히톤(Melanchthon)이 개혁파를 대신해서 나섰다. 그는 루터가 초안한 것을 기초로 여러 번 수정을 거듭해서 가톨릭의 저항을 받지 않도록 모든 것을 가톨릭 측에 양보하는 내용의 신앙 백서를 제출했다. 이때 만들어진 멜란히톤의 신앙 백서는 루터의 사상과는 완전히 달랐다.

멜란히톤은 하나님, 원죄, 세례 사상이 가톨릭과 같은 점, 초대교회 이후 가톨릭 교회가 정죄한 모든 이단을 그대로 수용하는 점 등을 많이 설명했고, 칭의, 성찬, 선행 같은 점은 가톨릭과 다른 점들을 말했다. 그는 루터가 내세운 만인제사장설, 화체설 거부, 연옥 교리 거부 등은 전혀 거론하지 않았다. 그는 오로지 개혁 교회가 독일에서 합법적인 교회이므로 황제의 승인을 받아야 한다는 점에 주력했다.

이 같은 멜란히톤의 루터파 신앙 백서는 1530년 6월 25일 의회에

---

12) 앞의 책, pp.169~174.

제출되었고, 이것이 독일 루터교회의 시발점이 되었다.

(14) 루터의 가족과 죽음[13]

루터는 63년의 삶을 살았다. 그는 조상 때부터 가톨릭 집안에서 태어나 교육을 마친 후 수도사 사제로 대학 교수가 되었다. 그는 수많은 특이한 체험을 했으나 그런 체험들이 그를 변화시키지 못했다. 그는 대학 교수로 성경을 가르치다가 점진적으로 믿음의 확신을 가졌다.

가톨릭이 가르치는 성경 이외의 전통적 가르침이나 교황무오설이 거짓된 것임을 깨닫고 수많은 반대와 위협을 무릅쓰고 소신을 지켜나간 결과 종교개혁을 이루었다.

루터는 일생 동안 4,000여 편의 저술과 37편의 찬송시를 발표했다. 그는 42세(1525)에 결혼해서 3남 2녀를 낳았으나 그중 1남 1녀를 잃고 부인과도 사별했다. 그는 54세에 결석으로 신음하며 고통을 받다가 결국 심장마비로 세상을 떠났다.

루터 사후 독일에서는 루터교가 국교가 되었고, 북유럽 덴마크, 노르웨이, 스웨덴 등에서도 루터교가 국교가 되었다. 그는 독일어 성경 번역으로 독일 국민에게 기여했으며, 독특한 신학 사상으로 전 세계 그리스도인들에게 기여한 점이 많으나 한편으로 그의 독특한 신학 사상이 오늘날까지 문제점으로 작용하는 점도 있다. 이것을 그의 사상에서 살펴보겠다.

---

13) 앞의 책, pp.181~185.

2. 루터 사상의 문제점[14]

필자는 《종교개혁사》(2012)에서 루터의 생애와 사상의 공헌과 문제점을 이미 설명했다.

그의 공헌은 '오직 성경'(Sola Scriptura), '오직 믿음'(Sola Fide), '오직 은혜'(Sola Gratia)를 주장한 것이다. 사실 행함으로 구원을 받는다는 가톨릭 교회의 '거짓 진리'가 아니라 '오직 믿음'으로만 구원받음을 깨우친 점이나 가톨릭이 성경 이외에 교부들 사상과 교회회의의 결정 사항 등을 성경과 동일한 권위로 믿는 것이나 교황을 예수 그리스도의 대리자로 믿는 것 등을 모조리 부정하고 '오직 성경'만을 강조한 것 등은 획기적이고 황금 같은 공헌이었다.

여기서는 루터의 공헌에 관한 내용들은 생략하고 루터의 사상 중에 근세 교회와 현대 교회까지 커다란 문제점으로 이어지고 있는 루터 사상의 문제점들 몇 가지를 지적해 보겠다. 이 내용도 《종교개혁사》에서 문제점으로 제시한 것들 중에서 매우 중요하다고 여겨지는 몇 가지만 확대해서 살펴보겠다.

1) 가톨릭 신앙의 잔재들을 계승함

루터는 출생(1483)한 후 교육을 받고 22세(1505)에 사회인으로 출발하면서 아우구스티누스 수도회의 수도사가 되었다. 그리고 24세(1507)에 가톨릭의 사제가 되어 10여 년간 사제와 비텐베르크 대학의 성경학 교수로 활동했다. 그가 최초로 종교개혁의 포문을 연 것은 34세(1517) 때다. 그 후 그는 개혁자로 29년(1517~1546)을 투쟁하다가 63세로

---

14) 앞의 책, pp.200~209.

세상을 떠났다.

루터는 10여 년간 가톨릭 사제로 있었고 개혁자로 30여 년의 시간을 보냈지만 그의 사상에는 가톨릭의 잔재가 그대로 남아 전승되어 오고 있다. 그것들을 지적해 보겠다.

(1) 가톨릭이 제정하고 가톨릭이 믿는 사도신경의 계승

사도신경(Apostles Creed)은 누가 만들었으며, 왜 만들었는가? 이에 대해 필자의 《초대교회사》(2012) 403~452쪽에서 사도신경의 역사성과 내용상의 문제점을 자세하게 설명했다. 거기서 사도신경은 가톨릭 교회가 정당한 교회라고 합리화하기 위해 만들어낸 가톨릭의 산물임을 밝혔다.

과거 교회회의 결정들을 성경과 동일하게 믿는 가톨릭 교회는 지금도 니케아 신조(325), 콘스탄티노플 신조(381), 칼케돈 신조(451)와 함께 아타나시우스 신조(4~5세기), 사도 신조(750년경)를 모두 다 믿고 있다. 이렇게 가톨릭이 가톨릭 교회의 정당성과 가톨릭 교리들인 '성인(聖人)들의 통공(通功)'을 믿는다는 가톨릭교의 원문을 '성도(聖徒)들의 교통(敎通)'(Communication of Saints)으로 오역해서 믿고 있음을 밝혔다.

루터가 가톨릭의 잔재인 사도신경을 채용한 오류는 루터보다 250년 후배인 칼빈이 그대로 계승해서 오늘날 개신교인들에게 보편화되어 있는 상황이다. 물론 사도신경을 암송한다고 해서 죄가 되는 것은 아니지만 그것이 죄인을 구원해내는 능력이 전혀 없다. 왜냐하면 사도신경의 내용들에 다소는 성경 내용이 포함되어 있기는 하지만 그 고백이 구원받은 자의 신앙고백이 아니라 종교인의 편리를 위한 형식적 내용에 불과하기 때문이다.

루터가 500년 전에 잘못 가지고 온 오류는 오늘날에 와서도 사도

신경만 암송하면 다 같은 신앙인이 되는 것처럼 착각하게 만들어서 신앙인의 분별을 그르치게 만든 커다란 오류의 계승이 되었다. 이 점에 대해 좀 더 역사적으로 솔직해지고 진실해지기를 갈망한다.

(2) 아우구스티누스에게서 시작된 유아세례 구원론

유아세례가 성경적인가? 이 문제에 관해서는 《교부시대사》(2014) 860~868쪽과 《종교개혁사》(2012) 237~242쪽에서 자세히 설명했다. 유아세례는 성경에 근거가 없고 교부 아우구스티누스(354~430)가 플라톤 철학 사상을 기독교 용어로 번안해 만든 교리이다. 이것을 가톨릭이 계승했고, 루터와 칼빈도 계승시켰다. 결코 용납될 수 없는 신앙적 사기에 해당하는 잘못된 제도이다.

종교개혁자들이 교부들과 가톨릭의 잔재를 그대로 계승함으로 오늘날 개신교 안에 구원받아 중생되지도 못한 자들을 종교적 제도권 속에서 형식적 종교인으로 살아가게 만든 것이다. 이것은 종교개혁자들의 큰 죄악에 해당될 만한 막대한 오류 중 하나다.

(3) 가톨릭의 화체설과 유사한 동체설

주의 만찬은 신약성경에 기록되어 있다. 그런데 같은 신약성경의 '주의 만찬'을 두고 그 효력에 대해서는 개혁자들이 서로 다른 해석을 했다.

① 가톨릭의 화체설(化體說, Transubstantiation) - 주의 만찬 때 떡과 포도주가 사제의 축성 후 2000년 전의 그리스도의 살과 피로 변화된다는 미신적인 주장이다.

② 루터의 동체설(Consubstantiation) - 떡과 포도주를 주님의 살과 피라고 믿으면 실제로 '그 안에', '그와 함께' 그리스도의 살과 피

로 변한다는 설로 공재설(共在說)이라고도 한다. 성도가 아무리 훌륭한 믿음을 가졌다 해도 떡과 포도주는 변하지 않는다. 이것은 루터가 가톨릭 사상을 못 벗어났다는 증거이다.

③ 츠빙글리의 상징설(Symbolism) - 떡과 포도주는 그리스도의 죽으심에 대한 상징일 뿐이다.

④ 칼빈의 영적 임재설(Spiritual Presence) - 상징설과 동체설의 중간 입장으로 떡과 포도주에 그리스도께서 영적으로 임재하신다는 것이다.

⑤ 재침례교도의 기념설(Remembrance) - 재침례교도들은 고린도전서 11장 24~25절에 근거하여 주의 만찬은 주님의 살과 피를 기념하는 의식이라고 했다.

이중에서 성경적인 견해라면 단연 기념설이다. 그래서 현재는 루터교 외에는 기념설을 따르고 있다. 여기서도 우리가 깨달아야 할 점이 있다. 루터는 가톨릭에서 개혁을 하겠다고 뛰쳐나왔다. 그러나 그의 사상에는 가톨릭의 잔재가 그대로 남아 있다. 이 점을 볼 때 위대한 개혁자에게도 오류가 있을 수 있는, 연약한 인간의 한계성이 존재한다는 것을 깨달을 수 있다.

2) 세속 정치를 교회와 동격시한 국가관

필자가 보기에 루터의 최대 오류는 그릇된 국가관이다. 루터는 《하나님의 두 손》(The Two Governments and the Two Kingdoms)을 저술했다. 그 책에서 그는 로마서 13장 1~7절과 베드로전서 2장 13~14절을 근거로 하나님이 한 손으로는 영적인 왕국인 교회를 사용하시고, 다른 한 손으로는 세상의 정치적 국가라는 기관을 사용하신다고 했다. 이런 루터의 '하나님의 두 손' 이론은 세속 정치와 교회를 동격시한 최대 오류 신학 사상이라고 할 수 있다.

이런 루터의 오류 사상은 두 가지 오해에서 비롯되었다.

첫째, 구약과 신약의 차이를 분별하지 못한 미숙한 신학에서 비롯되었다. 구약에서 하나님은 이스라엘 민족을 다스림에 있어서 왕을 통해 하나님의 뜻을 구현하려는 신정정치(神政政治, theocracy)를 펼치셨다. 그러나 신정정치의 도구인 이스라엘 남, 북왕국은 처참하게 실패했다. 따라서 신정정치 이상은 구약 때 실패한 폐기된 이론이다. 이것을 신약시대에 주님께서 완벽하게 정리해 주셨다. 주님은 요한복음 18장 36절에서 "내 나라는 이 세상에 속한 것이 아니니라"라고 하셔서 주님의 나라는 이 세상 정치 구조가 아님을 밝히셨다. 그리고 마태복음 22장 21절에서는 "가이사의 것은 가이사에게, 하나님의 것은 하나님께"라는 가르침을 통해 정교분리(政敎分離)를 명확하게 가르쳐 주셨다. 하나님께서 정치와 종교를 두 손으로 사용하신다는 루터의 해석은 명확한 해석의 오류이다.

둘째, 루터의 오류는 잘못된 성경 해석에서 비롯되었다. 루터는 '하나님의 두 손'에서 로마서 13장 1~7절을 인용했다. 그 원문을 보자. 여기 7절 속에 국가와 교회가 다 똑같은 하나님의 기구라고 해석할 만한 아무런 근거가 없다. 오히려 하나님의 권세만이 유일한 권세임을 나타내는 단어 '엑수시아'(ἐξουσία)가 다섯 번 반복되고 있다. 그리고 모든 권세는 다 하나님에게서 정하신 바이기 때문에 권세를 거스르는 것은 하나님의 명을 거스르는 것이다. 어린아이는 부모의 권세 아래 안전하고, 학생은 스승의 권세 아래 있어야 배움이 가능하고, 군인은 상관의 권세 아래 있어야 군대 질서가 유지되고, 회사원은 상사의 권세 아래 있어야 직장이 유지되고, 국가라는 조직도 다스리는 자들이 하나님의 권세 아래 쓰임 받는다고 믿을 때 안전하다. 국가의 권세 가진 자들은 자기보다 높은 권세자가 하나님이라고 믿을 때 제 기능을 발휘할 수 있는 것이다. 그러므로 하나님의 권세 질서를 믿는 자는 칼을 가진 자나 조세를 받는 자에게 순종하는 것이 마땅하다는 질서의 하나님을 설명하고 있다.

이렇게 성경은 국가 질서를 강조하고 있다. 물론 이 본문에서 국가 정부와 위정자가 구별되지 않는 한계점이 있고, 현실 정치는 국가와 위정자가 동시에 나타나는 어려움이 있다. 그렇다 할지라도 본문이 국가와 교회를 하나님께서 동등한 기구로 여기신다고 해석한 루터의 이론은 명확한 주님의 교훈에서 빗나간 오류가 되었다.

과거에 '정교분리'의 원칙론을 가지고 '왕권신수설' 등으로 혼란을 끼친 일이 있고, 또 2차 세계대전 때 본회퍼도 이 문제를 다르게 적용했다. 현재도 정교분리의 원칙을 다르게 해석하는 자들이 있다. 분명 루터의 '하나님의 두 손' 이론은 성경에서 빗나간 커다란 오류였다.

필자는 이 문제에 대한 해답을 이렇게 정리한다. 정치(국가)와 교회가 어떻게 분리된 상태에서 건전하게 유지될 수 있는가? 그것은 정치와 교회만 존재한다는 이분법(二分法) 사고를 벗어나야 한다는 것이다. 세상은 에덴동산에서부터 주님 오실 때까지 제3의 세력인 사탄이 두 사이를 교란시키고 있다. 그래서 정치가 사탄과 야합하면 십자군 전쟁, 후스파 전쟁, 30년 전쟁, 제1, 2차 세계대전 등이 있었고, 그렇게 사탄의 하수인으로 악용된 것이 히틀러나 스탈린, 김일성 등이었다.

이제 또다시 세계에 필요한 것은 유엔 본부 머릿돌에 새겨진 이사야 2장 4절 말씀대로 전쟁이 없는, 서로를 존중할 줄 아는, 주님의 가르침대로 정교분리 원칙을 지키는 것이다. 그때 희망이 있다고 믿는다.

3) 세속 정치의 힘으로 개혁을 완성함

우리 주님은 이 세상에 오셔서 수많은 정치적 세력들로부터 많은 대적과 핍박을 받으셨다. 그리고 동족인 유대인들과 헤롯 왕가의 수많은 반대와 핍박을 받으셨다. 또 로마 총독에게 치욕적인 재판도 받으셨다. 그러나 세속 정치에 전혀 반응하지 않으셨다. 주님은 하늘나라 시민권을 가진 초연함으로 그들의 어리석음을 불쌍하게 여기실 따름이었다.

그런데 루터의 종교개혁은 어떠했는가? 그가 선제후 프리드리히로부터 신변 보호를 받는 것까지는 이해가 된다. 그러나 그가 카를 5세 스페인 황제 세력을 반대하는 개신교 제후, 영주들의 힘으로 종교개혁을 완성한다. 그 점은 영국 국교회나 스위스 제네바의 칼빈도 마찬가지다. 종교개혁에 성공한 세 나라의 공통점은 정치 세력과 연합하여 성공한 것이다. 그와 반대로 정치 세력과 맞섰던 프랑스는 36년간 (1562~1598) 위그노 전쟁으로 수많은 이들이 희생당했고 결국 실패했다. 네덜란드도 국민적 독립 전쟁의 희생 후에 자유를 찾는다.

주님은 정치와 종교의 분리를 가르치셨다. 그런데 루터, 영국, 칼빈은 정치와 연합하여 개혁을 성공시킨다. 그 점에 있어서 개혁자들의 개혁 정신과 그들의 삶 사이에는 많은 괴리가 있었음을 부인할 수가 없다.

독일에는 500년 전에 루터교가 시작되었다. 그동안 30년 전쟁 (1618~1648), 제1차 세계대전(1914~1918), 제2차 세계대전(1939~1945) 등 많은 전쟁으로 독일은 많은 인명을 잃었다. 2차 대전 패망 후에는 동, 서독이 55년간 분리되어 있었다. 1990년 10월에 통일된 독일이 될 때까지 과거 공산권 동독 지역에서 그 큰 시련 속에서도 루터교가 건재했었다.

지금의 독일은 인구 7천만 중에서 약 47퍼센트가 루터교를 믿고 있고, 가톨릭은 8퍼센트 정도이며, 여전히 개신교도들이 큰 세력을 유지하고 있다. 이 모든 것이 루터의 불완전한 종교개혁의 유산이라고 본다.

제2장 영국 성공회

1. 성공회의 성립

1) 영국 왕조의 약사[15]

주전 5~3세기경 지금의 남독일 지방에 살던 켈트(Celtic)인들이 유럽 각 지역으로 퍼져나갔다. 그중 일부가 브리튼 섬으로 건너가 브리타닉어를 이룬다. 주전 55~54년경 카이사르의 브리타니아 원정으로 주후 43년경에 로마의 속주가 된다.

주후 5~6세기경 앵글로색슨인이 침입하여 로마군을 철퇴시킨다. 597년 제1대 교황 그레고리우스 1세(597~604)가 파견한 아우구스티누스 주교에 의해 그 땅에 그리스도교가 전파된다.

8~11세기 노르만족의 일파인 데인인(Danes) 또는 스칸디나비아인들이 데인 왕조를 세운다. 그 후 1066년 노르만(Normans) 왕조의 윌리엄 1세(1027년, 재위: 1066~1087)가 런던에 입성해 왕위에 오름으로 노르만 왕조가 시작되었다. 그 후 1154년 프랑스의 앙주(Anjou) 백작인 플랜태저넷(Plantagenet) 헨리 2세(1154~1189)가 영국 왕이 되어 플랜태저넷 왕조를 1399년까지 이어갔다.

---

15) 앞의 책, pp.492~495.

그 후 플랜태저넷 왕조 헨리 3세의 차남이 랭커스터(Lancaster) 백작으로 서임되었다(1267). 그 후 그의 아들 헨리 4세가 랭커스터 왕조(1399~1413)를 세웠다. 랭커스터 왕조 제2대인 헨리 5세(1413~1422)는 프랑스와의 백년 전쟁에서 승리를 거두었다. 그의 아들 헨리 6세(1422~1461)는 요크(York) 가와 장미 전쟁을 30년간(1455~1485) 계속했다.

이때 랭커스터 가는 기장(記章)으로 붉은 장미를 사용했고, 요크 가는 흰 장미를 사용했다고 해서 '장미 전쟁'(Wars of the Roses)이라고 불린다. 이 전쟁에서 랭커스터 가는 요크 가에 의해 무너지고 요크 왕조(1461~1485)가 세워진다. 랭커스터 왕조의 계승자로 인정받은 헨리 7세(1457~1509)는 요크 가의 견제를 받아 어쩔 수 없이 국외에서 살게 되었다.

그 후 그는 프랑스 망명을 끝내고 1485년에 귀국해 요크 가의 리처드를 물리치고 외가인 랭커스터 가라고 하지 않고 친부의 이름을 따서 튜더(Tudor) 왕조를 세운다. 그리고 헨리 7세는 자기를 괴롭힌 요크 가의 엘리자베스와 결혼함으로 랭커스터 가와 요크 가의 30년의 장미 전쟁을 풀게 된다.

헨리 7세에 의한 튜더 왕조는 국제적 안정을 위해 큰아들 아서(Arther)를 스페인 공주인 캐서린(Catherine)과 결혼시킨다. 그런데 아서가 결혼하고 1년 후 후손을 남기지 않고 죽자 둘째 아들과 과부가 된 캐서린의 결혼을 추진한다. 이때 잉글랜드 국민들은 캐서린이 둘째 아들보다 7년 연상인 데다 과부가 된 형수와 결혼하게 하는 것은 잘못이라고 대부분 반대하는 분위기였다.

헨리 7세는 자신이 검소한 생활을 실천하고 국왕평의회(후에 추밀원)를 구성해서 나라의 안정에 주력했다. 헨리 7세는 튜더 왕조의 기초를 닦아놓고 죽고(1509), 그의 둘째 아들이 헨리 8세(1509~1541)로 즉

위한다. 헨리 8세는 왕자로 있을 때 토머스 모어나 에라스무스 등의 인문학자들과 교류하며 르네상스의 흐름을 깨닫게 된다. 그는 형의 사망 후 부친까지 사망하자 자동적으로 왕위에 오른다. 그는 왕위에 오른 다음 해에 선친의 유지를 받들어 형수 캐서린과 결혼한다. 그러나 튜더 왕조는 헨리 8세에 와서 3대 왕으로 끝이 난다.

그리고 1603년 새로운 스튜어트(Stuart) 왕조를 킹 제임스 1세가 연다. 스튜어트 왕조 후에 1714년 하노버 왕조가 시작되었고, 1901년에는 색스에서 코버그로, 그리고 고타가 왕조로 호칭되다가 1917년부터는 윈저(Windsor) 가로 개칭한다. 그래서 지금의 엘리자베스 2세 여왕이 윈저 가의 왕으로 1952년에 즉위한 후 지금까지 왕위를 유지하고 있다.

영국 성공회는 튜더 왕조 헨리 8세 때인 1534년에 시작된다. 이제 그 내용을 살펴보자.

2) 헨리 8세(1509~1547)의 수장령(1534)[16]

(1) 헨리 8세의 결혼과 이혼 그리고 재혼

헨리 8세는 철저한 가톨릭 신자여서 7년 연상인 형수 캐서린과의 결혼 여부를 놓고 교황 율리우스 2세(1503~1513)에게 자문을 요청한다. 이때 교황은 스페인의 황제를 의식하고 구약 신명기 25장 5~10절에 기록된 "형제가 죽으면 죽은 형제의 아내를 아내로 삼아 형제 된 의무를 다하라"는 구절을 들어 헨리 8세가 형수와 결혼할 것을 권면한다. 그는 가톨릭 신봉자였기에 교황이 성경적 진리라고 설명하므로 즉위한 후에 형수 캐서린과 결혼한다.

---

16) 앞의 책, pp.496~506.

헨리 8세는 국정을 토머스 울지(T. Wolsey: 1474~1530)에게 맡겼다. 울지는 캔터베리 교구의 사제, 추밀원 원장, 요크 시의 대주교, 그리고 추기경까지 된 인물이다. 그런데 울지는 사제의 신분으로 여러 명의 첩과 자녀를 거느릴 만큼 부도덕하고 탐욕적이며 독재 방식으로 외교 정책에서 우왕좌왕했다.

그런 중에 헨리 8세는 1517년에 독일의 루터가 종교개혁을 하며 가톨릭의 7가지 성례들을 비판하고 두 가지만 주장하는 논문을 발표했다는 소식을 듣는다. 그는 루터의 주장을 반박하고 7성례의 정당성을 주장하는 글을 발표했다. 그로 인해 교황으로부터 '신앙옹호자'라는 칭찬을 받기도 했다. 그러면서 헨리 8세는 36세가 되었고 부인 캐서린은 6명의 자녀를 출산하고 폐경기에 이른다. 그러나 그 자녀들은 다 죽고 딸 메리(훗날 메리 여왕)만 살아남는다.

헨리 8세는 캐서린에게서 후손의 희망이 없자 캐서린을 별궁에 은폐시켜 놓고(1527) 캐서린의 궁녀였던 앤 불린(Anne Boleyn)과 사랑에 빠진다. 헨리 8세는 울지를 통해 이혼을 추진했으나 교황의 반대로 뜻을 이루지 못하자 울지를 파면한다. 그리고 토머스 모어를 대법관으로 삼고 이혼을 추진했으나 모어는 왕의 뜻을 거부했고 결국 처형당한다.

헨리 8세의 이혼을 성사시킨 신하는 올리버 크롬웰(호국경)이 아닌 국왕 비서실장이었던 토머스 크롬웰(Thomas Cromwell)이다.

이때 헨리 8세가 이혼을 합법화시키며 성경을 이용한다. 구약 레위기 20장 21절에 "누구든지 그의 형제의 아내를 데리고 살면 더러운 일이라 그가 그의 형제의 하체를 범함이니 그들에게 자식이 없으리라"는 구절을 근거로 헨리 8세는 형수와 결혼한 것은 더러운 일의 결과이므로 이혼이 가능하다고 주장했다.

이처럼 구약성경은 계시의 말씀이지만 불완전하고 미완성의 계시였다. 이 같은 불완전한 구약의 양면성과 모호성을 주님은 복음으로 명쾌하게 설명하시면서 성경을 모르는 무지라고 해답을 주신다(마 22:23~33; 막 12:18~27; 눅 20:27~40).

헨리 8세는 1533년 42세 때 캐서린과 이 구절을 근거로 이혼을 한 후에 그녀의 몸종인 앤 불린과 합법적으로 결혼한다.

(2) 헨리 8세의 국왕지상법(1534)

헨리 8세는 토머스 크롬웰의 협력을 바탕으로 영국 국왕은 로마 교황의 지배를 벗어나 국가와 교회의 최고 우두머리라는 국왕지상법(Act of Supremacy)을 의회에 통과시킨다. 이렇게 해서 국왕지상법이 통과된 1534년이 로마 교황 지배를 벗어난 영국 국교회(Anglican Church)의 기원이 된다. 이와 같은 국왕지상법이 통과된 후 과거 가톨릭 신앙으로 국왕의 지시를 반대했던 토머스 모어나 피셔 등을 사정없이 처형시켰다. 그뿐 아니라 헨리 8세를 도운 토머스 크롬웰의 정책 제안을 받아들여 1536~1539년에 영국 내 가톨릭 수도원의 재산을 몰수하였다.

이런 헨리 8세의 가톨릭 탄압정책에 맞서서 처음에는 수도원 탄압과 해산에 대한 반대가 잉글랜드 북부 농민들의 저항으로 일어났다. 3만여 명이 일어나 반란을 일으킨 이것을 '은총의 순례'(Pilgrimage of Grace)라 불렀다. 그러나 정부에 의해 농민 반란은 진압되었고, 북부 평의회가 설치되었다.

헨리 8세는 캐서린과 이혼하고 앤 불린과 결혼하기 위해 가톨릭을 떠나 '수장령'으로 영국 성공회를 만들었다. 그러나 그는 종교 정책을 세워 '10개조'(1536)와 '6개조'(1539)에서 가톨릭을 멀리 떠나지 못하도록 억제시켜 놓았다. 그는 결국 영국적 가톨리시즘을 정착시키는 것으로 한계를 정했다.

(3) 헨리 8세의 여자들

헨리 8세의 두 번째 왕비가 된 앤 불린은 딸 엘리자베스(훗날 엘리자베스 여왕)를 낳았다. 그러자 사랑이 식어버린 헨리 8세는 앤 불린을 간통죄라는 오명을 씌워 1536년에 처형시킨다.

세 번째 왕비로 얻은 제인 시모어(Jane Seymour)는 아들 에드워드를 낳고 12일 후에 죽는다. 나중에 그 아들 에드워드가 헨리 8세의 후임자가 된다.

헨리 8세는 네 번째 왕비로 독일 여자 클레브스의 앤(Anne of Cleves)을 얻었으나 미모가 없다고 이혼한다. 다섯 번째 여자로 캐서린 하워드(Catherine Howard)를 얻었으나 그가 가톨릭과 가까운 보수적 여인이라는 여론에 의해 간통죄로 몰아 처형시킨다. 여섯 번째 여자인 캐서린 파(Catherine Parr)와 결혼했지만 그 여자에게서 자녀를 얻지 못한다.

헨리 8세는 일생 동안 6명의 여자와 결혼하고 이혼했다. 그리고 1540년에는 자기를 돕던 토머스 크롬웰을 자기가 아들을 낳고자 하는 소원을 충족시켜 주지 못했다는 죄목으로 단죄했다.

1542년에는 스코틀랜드를 잉글랜드에 완전 귀속시키려고 전쟁을 일으켰으나 프랑스와의 충돌로 뜻을 이루지 못했다.

(4) 헨리 8세에 대한 평가

헨리 8세는 걸출한 군주는 못 되었다. 그러기에 수많은 충신을 이용하고는 버리기를 반복했고, 56세의 삶을 사는 동안 한 여자도 제대로 사랑하지 못하고 다 자신의 욕망의 도구로 사용하고 버렸다. 그는 인간적으로도 정치가로도 신앙인으로도 아무것도 본받을 것이 없다. 그러나 그가 자기 정욕을 만족시키기 위해 가톨릭을 떠나 영국 독립교회를 세운 것이 오늘날 영국 국교회 창설이라는 공적이 되었다.

그는 또 자기 야욕을 달성하는 도구로 영국 의회들을 활용했다. 이런 의회 활동은 영국 하원이 성장하는 데 큰 도움이 되기도 했다. 참으로 기가 막히고 어이가 없는 결과들이다. 세계 역사는 헨리 8세의 능력과 상관없이 영국 국교회 창설자로 기억하고 있다.

3) 헨리 8세 자녀들의 영국 국교회

(1) 에드워드 6세(1547~1553)의 영국 국교[17]

헨리 8세는 1547년 1월에 56세로 세상을 떠났다. 잉글랜드는 그의 유일한 아들 에드워드에게 9세의 어린 나이에 왕위를 계승하게 하고 그의 외삼촌 에드워드 시모어(Edward Seymour)의 섭정으로 국정을 이끌어가게 한다. 에드워드 왕은 지적으로 조숙하고 탁월했으나 병약하여 섭정이 국정을 맡으면서 왕명으로 영국 국교회를 발전시킨다.

① 훈령(Injunction, 1557.7)

선왕 헨리 8세는 가톨릭과 똑같이 '6개 신조'로 가톨릭의 전용어인 라틴어 성경 외에는 다른 언어로 번역, 인쇄하는 것을 금지했다. 그러나 훈령에서 그 금지령을 해제시키고 예배 때 영어를 사용하며 교인들의 연보는 교황청으로 보내지 않고 국왕 금고로 들어가게 했다. 그리고 가톨릭이 하던 성직자 결혼금지법을 해지하고 성공회는 결혼

---

17) 앞의 책, pp.506~510.

을 허용했다. 이렇게 해서 영국 성공회를 가톨릭과 차별화시켰다. 많은 변화라고 할 수 있다.

② 12설교집(1551)

후퍼(J. Hooper) 주교가 가톨릭 사제들 311명을 조사했다. 그들 중 171명은 10계명을 다 몰랐고, 227명은 자기가 펴든 성경의 장(章)이 무엇을 뜻하는지 알지 못했으며, 311명은 주기도문의 저자가 누구인지도 몰랐다. 그렇게 무지했지만 교황청이 발행한 미사문 낭독으로 미사만 집례하면 사제로 우대해 주었기에 생계의 수단으로 사제가 된 것이었다. 이것이 계기가 되어 국가가 12개 설교집을 만들어 1년 열두 달 사용할 수 있도록 했다.

③ 제1기도서(1549), 제2기도서(1552)

여기서 미사(Mass) 대신 예배(worship)로, 제단(alter) 대신 강단(table)으로 바꾸고, 목사(minister)와 사제(priest)를 같은 개념으로 사용하며, 가톨릭의 1종 배찬을 2종 배찬으로 바꾸었다. 그리고 주교는 주교복(rochet), 사제는 백의(surplice)를 사용하도록 했다. 이때 목사와 사제들도 가톨릭이 미사 때 착용하는 장백의(長白衣)와 제복(vestment), 코우프(cope) 등을 사용할 것인가 하는 문제로 훗날 엘리자베스 여왕 때 청교도들에 의해 소위 성복(盛服) 논쟁이 일어났다.

에드워드 6세 때 섭정의 주도로 영국 국교회는 가톨릭과 현저하게 차별화되었다. 그런데 병약했던 에드워드 6세가 16세에 결핵으로 죽게 되면서 5~6년의 영국 국교회는 후임자 메리 여왕에 의해 진행되던 개혁이 무산되고 다시 가톨릭으로 회귀한다.

(2) 메리 여왕(1553~1558)의 가톨릭 회복[18]

에드워드 6세는 1553년 7월에 세상을 떠난다. 그리고 그의 후임을 놓고 섭정은 헨리 8세의 조카를 지지했으나 영국 국민은 헨리 8세의 딸 메리를 선택한다. 메리 튜더(Mary Tudor)는 헨리 8세와 첫 왕비 캐서린 사이에서 난 공주였다. 소녀 시절에 그녀는 유럽에서 가장 도도한 공주로, 사랑스럽고 매력적이라는 소문과 함께 장차 황제와 결혼할 여자로 선망을 받았다. 그러나 메리가 17세 되던 해에 아버지 헨리 8세가 어머니 캐서린과 이혼함으로 메리는 사생녀가 되었다. 소녀로 한창 예민하던 시기에 수치심과 사생녀라는 고독 속에서 20여 년을 보낸 후 37세의 노처녀로 왕이 되었다(1553.10).

메리 여왕은 즉위하자마자 다음과 같은 일을 했다.

① 42개 신조(1553)

이 신조로 말미암아 선왕 에드워드가 제정했던 모든 종교법은 의회를 통해 헨리 8세가 수장법을 만들기 이전의 가톨릭 체제로 환원되었다. 그 결과 어머니 캐서린은 이혼녀에서 기혼녀로, 자신은 적법 왕위 계승자로 정정하고, 자신의 결혼 상대자로 외종사촌 오빠인 스페인의 차기 황제가 될 펠리페를 지정했다. 그로 인해 영국인 4천여 명이 메리의 스페인 남자와의 결혼을 반대하여 왕궁까지 접근했지만 격퇴당하는 일이 일어났다. 결국 1554년 7월에 펠리페와 결혼했으나 두 사람의 성격 차이에 메리의 불임 사실이 확실해지자 펠리페는 메리 곁을 떠난다.

---

18) 앞의 책, pp.510~516.

② 이단법으로 탄압

가톨릭의 라틴어 성경 전용법을 어기고 영어 매튜 헨리 성경(Matthew Bible)을 번역한 존 로저스를 이단법으로 처형했다(1555.2). 또 가톨릭의 주교가 아닌 성공회 주교 활동을 한 리들리(Ridley), 라티머(Latimer)를 처형한다. 그런가 하면 에드워드의 종교정책 제안자였던 대주교 토머스 크랜머를 간음, 위증죄를 씌워 처형한다. 청교도 운동의 선구자로 알려진 존 후퍼(J. Hooper)도 이단으로 정죄받고 화형을 당한다. 메리 여왕은 이런 끊임없는 이단 처형으로 '피의 여왕'(Bloody Mary)이라는 악명을 얻는다.

메리 여왕의 탄압을 피해 800여 명이 대륙으로 피신을 한다. 이들 일부가 독일로 갔다가 성찬론의 견해 차이로 푸대접을 받자 제네바로 몰려들었다. 당시의 영국 피난민들은 제네바 칼빈의 제자 베자(T. Beza)의 도움으로 제네바 성경을 영역한다(1557년 신약, 1560년 구약). 이때 제네바 성경을 인쇄한 프랑스인 인쇄업자 에스티엔느(Robert Estienne: 1503~1559, 일명 스테파누스)가 랭톤(Langton: 1150~1228)의 장(章) 구분에다 에스티엔느의 절(節)을 구분하는 성경을 출판했다. 제네바 성경은 킹 제임스 성경(1611) 이전까지 유럽 전역에서 선풍적인 인기를 끌었다.

③ 메리 여왕 독재의 단명

메리 여왕은 자기 개인적인 한을 풀기 위해 아버지와 선왕 에드워드 6세가 개혁한 영국 성공회를 가톨릭으로 환원시켰다. 메리 여왕은 자기 종교정책에 반대하는 모든 이들을 사정없이 처형했다. '피의 여왕'이라는 악명을 남기고 유럽인들의 혐오를 받으며 여왕이 된 지 5년 후 42세로 죽는다.

영국 성공회는 헨리 8세의 야욕으로 출발했고, 메리 여왕의 탄압을 일으켰으며, 그로 인해 청교도 혁명과 신대륙 건설이라는 더 큰 명예로운 역사를 만들게 되었다. 실로 하나님께서는 "모든 것을 합력하여 선을 이루어" 가신다.

(3) 엘리자베스 여왕(1558~1603)의 영국 국교 정착[19]
① 엘리자베스 1세 여왕이 되기까지

헨리 8세의 두 번째 왕비 앤 불린과의 사이에서 엘리자베스가 태어났다. 그런데 3세 때(1536) 어머니 앤 불린이 부정하다는 누명을 쓰고 처형당함으로 비적자 신분이 되어 어렵게 자랐다. 소녀 시절을 햇필드(Hatfield) 하우스에서 한때는 에드워드 왕자와 함께 자랐고, 또 헨리 8세의 여섯 번째 여인 캐서린 파(Parr)의 보호 속에 자랐다. 이복 언니 메리가 여왕이 되자 가톨릭 신자인 것처럼 위장하고 목숨을 부지했다.

메리 여왕이 죽자 스코틀랜드 여왕 메리 스튜어트(Mary Stuart)가 헨리 7세의 딸의 후손으로 모계 계승에 의한 왕위 계승권을 주장했다. 하지만 영국인의 절대적 성원으로 엘리자베스는 25세의 처녀로 왕위에 오른다. 국고는 바닥났고, 국민의 3분의 2가 가톨릭 교도였다. 그때 국정을 맡은 사람이 윌리엄 세실(W. Cecil: 1520~1598)이었다.

당시 엘리자베스에게 유럽 각국으로부터 구혼 요청이 들어왔다. 그러나 그는 부친이 저지른 여자 문제들, 직전 메리 여왕의 결혼이 아름답지 못했던 점, 스코틀랜드 메리 스튜어트의 여러 남자들과의 결혼이 비극으로 끝난 점 등을 알아서 평생 독신을 선언한다. 그리

---

19) 앞의 책, pp.516~527.

고 남자 정치가들은 처녀 왕을 적당하게 활용하며 정치를 펴나간다.

② 엘리자베스 여왕의 종교 정책
• 강화된 수장령(1559.1)

그는 자기 어머니의 궁정 목사였던 매튜 파커(M. Parker: 1504~1573)를 캔터베리 대주교로 임명해 종교적 중용 정책을 펼쳐나간다. 그리고 에드워드 때의 수장령보다 더 세부적이고 구체적으로 영국 국교회를 뒷받침하는 수장령을 만든다. 그 누구도 국왕의 뜻에 반대되는 법률, 법령, 제도, 관습 등을 주장할 수 없도록 한층 강화된 수장령이었다. 왕의 녹을 받는 행정 관료들은 신분과 상관없는 서약을 하게 했다. "나는 양심을 걸고 여왕 폐하가 영적으로, 교회적으로, 그리고 세속적으로 이 나라의 유일한 통치자로 따를 것을 서약합니다."

• 통일령(The Act of Uniformity: 1559. 6)

이것은 과거 에드워드 6세의 '제1공동기도서', '제2공동기도서'를 수정 보완한 것이다. 그 내용은 영국 국교회는 예배, 기도, 성례를 통일되게 시행해야 된다는 것이었다. 미사는 예배로, 예배 시 언어는 라틴어에서 영어로, 1종 배찬을 무릎 꿇고 받던 것을 2종 배찬을 서서 받게 한다는 내용이었다. 이 통일령에 반대하는 가톨릭 사제와 참사원들 200여 명을 쫓아냄으로 영국 교회는 성직록의 3분의 1이 줄어들었다.

• 39개 신조(Thirty-nine Articles: 1563~1571)

에드워드 때 만든 42개 신조(1553)를 수정해서 1563년에 의회를 통과하고, 1571년에 약간의 수정이 더해졌다. 이것이 현재까지 있는 영국 국교회의 신조이다. 과거 에드워드의 42개 신조는 루터 신학이 반영된 것이고, 39개 신조는 가톨릭 의식들은 부분적으로 채용하고 신학 내용은 루터와 칼빈을 배합해서 절충시킨 나머지 영국 성공회는 온갖 요소들의 혼합 종교가 되어 버렸다.

③ 엘리자베스의 반대 세력들
• 가톨릭주의자들
a. 웨스트몰랜드의 반란

가톨릭 지지자 웨스트몰랜드 백작이 교황에게 받은 정치자금 1만 2천 크라운으로 반란을 일으켰다(1569). 그가 이끄는 무리들은 더럼 주교좌성당의 제단상을 부수고 강대상에 비치된 영어 성경을 찢어 버린 후 미사를 드렸다. 이런 가톨릭의 반란은 속히 진압되었다. 그러자 영국 내 반란을 사주했던 교황 비오 5세(Pius V: 1566~1572)는 엘리자베스 여왕의 파문을 선포하고(1570) 영국민들에게 그를 폐위시키라고 종용했으나 효력이 나타나지 않았다.

b. 메리 스튜어트의 암살 시도(1571)

이탈리아 상인 리돌피(Ridolfi)가 엘리자베스 여왕을 암살하고 스코틀랜드 여왕 메리 스튜어트를 옹립하려던 음모가 실패로 끝난다. 메리 스튜어트는 헨리 7세(1485~1509)의 딸 마가렛이 스코틀랜드 제임스 4세와 결혼해서 낳은 제임스 5세의 딸이었다. 메리 스튜어트는 6세에 프랑스 황태자와 약혼하고 프랑스에서 성장한 후 16세에 결혼했으나 황제 즉위 1년 후 남편이 사망한다. 19세에 과부가 되어 13년 만에 스코틀랜드에 귀국한 후 단리 경과 결혼해 제임스 6세(훗날 잉글랜드 제임스 1세)를 낳았다. 그런데 메리는 단리 경을 버리고 보스웰 백작과 세 번째 결혼을 했다. 그러자 스코틀랜드 장로교 세력은 메리 스튜어트를 폐위시키고 성에 감금했다. 그 후 그는 스코틀랜드를 탈출하여 잉글랜드로 도피했다. 엘리자베스 여왕은 그녀를 19년간 유폐시켰다.

그런데 유폐 상태에 있던 메리 스튜어트가 엘리자베스를 암살하려던 음모가 드러났고(1571), 그 후에도 음모에 관련되었음이 드러났다(1587). 그러자 엘리자베스 여왕은 메리를 참수시킨다(1587). 그런데 기묘하게도 메리 스튜어트의 아들 제임스 6세가 엘리자베스 사후에 스코틀랜드와 잉글랜드의 통합 왕국의 제임스 1세가 된다.

c. 가톨릭 사제와 예수회 회원들의 상소

엘리자베스는 국내 문제를 로마 교황청이나 다른 나라에 상소하는 행위를 법으로 금지시켰다(1584). 그런데도 가톨릭 사제들과 예수회 회원들 123명이 계속적으로 로마 교황청에 상소해 국제적으로 문제를 만들어갔다. 엘리자베스는 123명 전원을 반역죄로 처형하고 그들을 지원하거나 숨겨준 60명도 은닉죄로 처형하였다.

- 스페인 무적함대의 영국 공격(1588.5)

엘리자베스의 계속적인 반가톨릭 정책에 교황 식스토 5세(1585~1590)는 크게 진노하여 스페인의 펠리페 2세(Felipe II: 1556~1598)를 격동시킨다. 펠리페 2세는 신성로마제국 카를 5세의 아들로서 전에 영국의 메리 여왕과 결혼했다가 메리 사후에 프랑스 왕녀와 재혼했다(1559). 그가 스페인과 네덜란드, 그리고 유럽 각 곳 영지의 왕이 된 후 1580년에는 포르투갈과 해외 영토들을 병합하여 '해가 지는 일이 없는' 대제국으로 등장하였다. 이처럼 막강해진 스페인의 펠리페로 하여금 교황은 영국을 공격하게 한다.

1588년 5월 펠리페 2세는 M. 시도니아 공작의 지휘하에 영국을 공격하게 한다. 이때 스페인은 군함 127척과 해군 8천, 육군 1만 9천 명 등 거의 3만 명에 가까운 병력으로 영국을 공격한다. 당시 스페인의 해군 전력은 '무적함대'(The Invincible Armada)로 소문이 날 정도로 막강했다. 이에 맞서는 영국은 하워드 경을 사령관으로 삼고 엘리자베스 여왕 자신이 전선에 나서서 독려했다. 영국은 전함 80척과 8천 명의 병력으로, 전력을 비교하면 스페인의 3분의 1 수준 정도였다.

　양국 함대는 도버 해협에서 격전을 벌였다. 수적 열세인 영국은 사정거리가 긴 경포(輕砲)를 장비한 소함정들로 대응했다. 8월 7일 칼레 연안에서 깊은 밤을 틈탄 영국군의 화공 작전에 이어 그라블린 해전에서 스페인 함대에게 결정적 타격을 입혔다. 그 후 폭풍을 만난 스페인 함대는 기항지가 없는 상태에서 절반의 군함만 남고 병력의 3분의 2를 잃는 대패를 당한다. 과거 대서양, 인도양, 태평양의 제해권을 독점해 왔던 포르투갈과 스페인은 이 전쟁 참패로 해양 주도권을 상실한다.[20] 그에 반해 영국은 이때의 승전으로 제해권을 쥔 패권 국가가 된다.

- 청교도들의 반발

　과거 메리 여왕 때 탄압을 피해 대륙으로 피신했던 800여 명이 엘리자베스 여왕 즉위 후에 다시 귀국했다. 이들 대부분은 제네바, 취리히, 프랑크푸르트 등에서 개혁주의 신앙으로 달라져서 돌아왔다. 이들은 엘리자베스 여왕의 종교정책이 가톨릭의 잔재가 남은 혼합 종교라고 하며 가톨릭 잔재를 청산하라고 주장했으므로(purify) 이

---

20) 정수영, 《새 교회사 II》 (규장문화사, 1993), pp.254~256.

들에게 '퓨리턴'(puritan)이라는 별명이 붙었다. 이들은 또 성경만을 주장했으므로 고지식하다는 이유로 '프리시언'(Precisions), 형식주의자로 비난받았다.

청교도에 관한 내용은 다음 장에서 살펴보겠다.

2. 성공회의 문제점[21]

영국 국교회는 1534년 헨리 8세의 '수장령'으로 시작되었다. 영국 국교회가 만들어진 후 500여 년의 세월이 흘렀다. 지난 500여 년의 과거사를 오늘 우리들은 어떻게 평가할 수 있는가? 필자의 신약교회 사관으로 평가해 보겠다.

1) 동기가 인간적이다

역사에서 존중받고 영원한 가치가 있는 것은 동기가 선한 일이다. 동기가 선하면 결과가 비록 실패처럼 보여도 그 사건은 사라지지 않고 인류는 길이 간직하고 모범적 교훈으로 삼는다. 그 모범을 성경이 우리에게 가르쳐주고 있다.

성경에 소개되는 인물들은 무수히 많다. 아브라함 시대에 같이 살다 간 애굽의 바로(창 12장)나 롯(창 19장)이나 네게브 땅의 아비멜렉(창 20장)보다 아브라함이 더 훌륭한 믿음으로 살아갔기에 4천여 년 동안 존경을 받아오고 있다. 사울 왕, 다윗 왕, 압살롬 등 모두가 다 비슷한 시기를 살다 간 인물들이다. 그러나 저들에 대한 평가는 완전

---

21) 정수영, 《종교개혁사》, pp.561~562.

히 다르다.

신약의 우리 주님이나 바울 사도나 기타 다른 사도들의 삶도 그들의 삶의 동기가 동시대인들과 전혀 격이 달랐다. 또 교회 역사에서 존중받는 위대한 인물들의 공통점은 그들이 살아간 동기가 선하고 의롭고 믿음대로 살아갔다는 것이다.

종교개혁을 이룬 동시대의 인물들은 어떠했는가? 루터나 츠빙글리, 메노 시몬 등 모두가 다 가톨릭 사제들이었다. 저들은 가톨릭이 성경에서 동떨어져 있음을 깨닫고 성경을 회복하려고 종교개혁을 추진했다. 한편 칼빈은 신정정치 이상을 가지고 제네바 시를 하나님이 다스리시는 도시로 만들려는 뜻을 가지고 종교개혁을 추진했다.

그런데 헨리 8세는 어떤가? 그는 첫째 부인 캐서린이 아들을 낳지 못한 채 폐경기에 이르자 아들을 낳아 튜더(Tudor) 왕조를 계승하려고 캐서린과 이혼하고 앤 불린과 결혼하기 위해 가톨릭을 떠났다. 이렇게 가톨릭을 떠난 동기와 목적이 정욕적이고 야욕적이었으며 불순했다. 이렇게 시작된 영국 국교회는 영국이라는 나라의 국민에게는 자기 조국의 유산이라는 애착을 가지게 할 수 있을지 모른다. 그러나 전 세계 인류를 구원하러 오신 주님의 뜻과는 너무 거리가 멀다. 따라서 종교개혁들 중에서는 가장 불순하다는 불명예를 면할 수 없게 되었다.

2) 혼합종교의 한계

헨리 8세의 결혼과 이혼에 모두 다 성경이 이용되었다. 그가 7년 연상의 형수인 캐서린과 결혼을 주저하고 있을 때 교황은 구약성경 중 신명기 25장 5~10절을 근거로 결혼을 권면했다. 헨리 8세는 철저한 가톨릭 신자였기에 교황의 권면을 하늘같이 믿고 그대로 실천했다. 그런데 그가 이혼할 때도 성경을 이용했다. 이번에는 교황이 아닌 캔터베리 대주교의 묘책을 따른다. 이때 사용된 성경이 레위기 20장 21절이다.

어떻게 이렇게 한 사람의 결혼과 이혼에 정반대로 적용될 수 있는가? 이것은 구약성경이 불완전하고 미완성된 계시였음을 증명한다. 이런 불완전하고 애매모호한 계시를 우리 주님은 복음서에서 완벽하게 정리해 주신다(마 22:23~33; 막 12:18~27; 눅 20:27~40). 그러기에 우리는 구약성경의 기준대로가 아닌 신약성경 기준으로 신앙생활을 해야 하기에 '신약교회 사관'의 필요성을 깨닫는다.

영국 국교회는 구약성경을 임의대로 이용하며 출발했다. 그렇게 기준 없이 불확실했기에 결과는 혼합 종교가 되어버렸다. 영국 국교회의 의식은 지금도 가톨릭과 유사하다. 그러나 내용적으로는 루터 신학과 칼빈 신학이 섞여 있다. 그래서 성공회가 개신교 속에 포함되면서 따로 구별된다. 참으로 오묘하고 모호하며 이해하기 어려운 그리스도교적 요소들이 다양하게 혼합되어 있다. 이렇게 혼합된 종교가 다양한 계층들을 조합시킬 수는 있으나 그들이 가진 독특한 개성을 드러내기는 어렵다. 그렇기에 성공회가 세계 교회에 신학적으로 기여하지 못하고 있다.

3) 후유증들이 계속 따름

성경의 내용을 바탕으로 개혁을 출발한 루터교나 장로회의 후유증은 국가와 정부들이었다. 그러나 불순한 동기로 출발한 성공회는 수많은 교파들을 계속 양산해 오고 있다. 영국 국교회인 성공회에서 분리되어 나온 오늘날의 교파들을 연대적으로 정리해 보자.

① 침례교

침례교 기원에 관한 주장들이 3~4개가 있다. 그중에 하나가 영국 국교회에서 분리되어 나왔다는 분리주의설이다. 이 주장에 의하면, 1612년에 헬위스(Thomas Helwys: 1550~1616)가 스피탈필즈(Spitalfields)에서 아르미니우스주의에 입각한 일반침례교회(General Baptist Church)를 시작했고, 1633~1638년 사이에 제이콥(Jacob), 래스럽(Lathrop), 제시(Jesscy) 등이 칼빈주의에 입각한 특별침례교회(Particular Baptist Church)를 시작했다.

이 같은 주장은 침례교가 아르미니우스나 칼빈주의 영향을 받은 개신교 중의 하나라는 역사 인식에 의한 것이다. 필자는 이 견해를 믿지 않는다. 불확실하나 이 주장대로라면 침례교는 영국 국교회에서 분리된 교파이다.

② 퀘이커(Quakers)교

조지 폭스(George Fox: 1624~1691)는 청교도들 중에서 급진파에 속하는 부류로 1640년대에 '진리의 우회파'(Society of Friends)를 조직하고 '떠드는 자들'이라는 별명이 붙은 퀘이커교가 생겼다. 퀘이커 신학자 바클레이(R. Barclay: 1648~1690)는 《교리문답과 신앙고백》(1673), 《원시 감리교도의 무정부 상태》(1767) 등의 저서로 퀘이커 교도를 옹호했다.

③ 청교도들

칼빈주의를 옹호하는 청교도들은 영국 국교회에서 분리되어 칼빈주의에 근거한 웨스트민스터 신앙고백(1543~1646)과 요리문답을 만들어냈다.

④ 회중 교회(Congregationalism)

영국 국교회의 국교 개념에 거부감을 느끼고 국교회에서 분리주의를 표방했던 자들이 훗날 '회중주의'를 내세우며 회중 교회를 세운다. 주요 인물로 브라운(Robert Browne: 1553~1633)이 《특정인을 대망하지 않는 종교개혁》(1582)에서 주교, 성직자 중심이 아닌 회중주의 형태의 교회를 만들어냈다. 이들은 런던 선교회를 조직하여 세계선교에 기여했다. 그중에 뉴기니아에서 24년간 사역한 차머스(J. Chalmers: 1841~1901)나 아프리카 선교사로 유명한 리빙스턴(D. Livingstone: 1813~1873)이 있다.

⑤ 감리교(Methodism)

영국 국교회의 목사였던 존 웨슬리(John Wesley: 1703~1791)에 의해서 감리교가 창시되었다(1784).

⑥ 구세군(Salvation Army)

감리교 목사였던 부스(W. Booth: 1829~1912)에 의해 구세군이 창설되었다(1865).

영국 국교회는 신학적 동기가 아닌 인간적 정욕으로 시작되었다. 그러기에 출생 후 수많은 후유증으로 갖가지 형태의 교파들을 만들어냈다. 지금도 500여 년의 오랜 전통의 역사 계승으로 존재하기는 하지만 거기서 신앙적, 영적, 학문적 각성이 생길 때마다 또 다른 분리로 나타날 소지는 충분히 잠복되어 있다고 본다. 실로 많은 문제점들을 안고 있는 영국 국교회의 모습이다.

제3장 제네바 장로회와 칼빈

1. 제네바 장로회 성립 역사

[서론]

우리는 16세기 종교개혁이 성공하면서 몇 개의 개신교들이 만들어졌음을 알고 있다. 독일의 루터교는 독일의 민족주의에 합세한 제후들이 신교 동맹군이라는 '슈말칼덴 동맹'(League of Schmalkald)을 결성하여 투쟁함으로 1555년 아우구스부르크 종교화약으로 개혁을 성공시킨다.

영국의 성공회는 헨리 8세와 후손들의 왕권에 의해 1534년에 이루어졌다. 그에 반해 프랑스에서는 왕실에 의해 위그노 전쟁(1562~1598)이라는 커다란 비극적 사건을 겪었지만 개혁에 성공하지는 못한다.

그런데 스위스 제네바에서는 칼빈에 의한 종교개혁이 성공한다. 그 성공의 원인은 무엇일까? 칼빈 개인이 특출했기 때문인가? 아니면 중세기 스위스의 정치적 상황이 낳은 산물인가? 여기서 우리는 16세기 스위스 제네바의 상황을 제대로 알 필요가 있다.

스위스(Swiss)라는 국명은 프랑스 명이고, 독일어 명은 슈바이츠(Schweiz), 영어로는 스위칠란드(Switzerland)이며, 이탈리아 명은 스비체라이다. 이렇게 국명이 다양한 것처럼 스위스는 수많은 주변 강대국들 틈바구니에서 로마 지배, 프랑크 속령, 독일령 등을 거치게 된다.

1218년 오스트리아 합스부르크 가(家) 때 서부가 사보이(Savoy) 가로 귀속된다. 사보이 가는 이탈리아 가문으로 신성로마제국 콘라드 2세에게 백작을 하사받고 1416년에 공국(公國)으로 발전해 18세기까지 유지된 가문이다.

한편 스위스는 1291년 삼림 주 3개 주가 동맹을 결성해 1513년경에는 스위스 전체에 13개 캔톤(주)이 스위스 연방 동맹을 결성하였다. 그리고 이들 13개 주는 1516년 프랑스와 영구 동맹으로 중립국으로 출발한다.

한편 베른 주가 종교개혁을 선도하게 되자 삼림 주를 비롯한 가톨릭 5개 주가 종교개혁에 반발하여 스위스 종교계가 양립된다. 이때 제네바는 사보이 공국 소속으로 스위스 연방 동맹에 참여하지 못하고 있었다. 제네바는 스위스 종교계가 양립된 상태에서 또 사보이 공국으로부터도 독립되어야 했다. 이때 제네바는 파렐에 의해 개혁이 시작되었으나 가톨릭과 사보이 공국의 계속된 반대로 개혁이 부진한 상태였다.

제네바는 정치적 독립을 위해 칼빈의 제네바 사역을 요청했다. 그러기에 제네바에서의 칼빈의 개혁 성공은 제네바의 정치적 요청의 산물이라 할 수 있다.

1) 칼빈의 생애

(1) 칼빈(Calvin)의 출생과 교육[22]

① 칼빈의 출생

장로교 창시자인 칼빈은 프랑스 북부 우아즈 주 북동부에 있는

---

22) 앞의 책, pp.257~261.

인구 1만 5천 정도의 소도시인 누아용(Noyon)에서 1509년 7월 10일에 태어났다. 이곳은 피가르디(Picardy) 평원과 우아즈 강 연안 지대에 위치한 파리 분지에 속한다. 11~13세기에는 M. 쉴러 주교의 주도로 이곳 사태 섬에 노트르담(Notre-Dame) 대성당이 건축되었다. 지금은 이곳이 파리의 중앙이 되었으나 당시에는 파리 북동쪽 106킬로미터 지점이었다.

노트르담 대성당 건축은 1163년에 시작되어 1250년에 완성되었으나 18세기 프랑스 혁명 때 크게 파손되어 1845년부터 보수공사를 하여 길이 130미터, 너비 108미터로 증축했다. 지름 9.6미터의 스테인드글라스 장미창이 달려 있는 이 성당에서 나폴레옹의 대관식(1804), 파리 해방의 감사예배(1944) 등 역사적 사건들이 거행되었다. 그런데 몇 년 전에 화재로 인해 다시 증축 중이다. 이렇게 유명한 대성당으로 고대부터 종교의 중심지였고, 십자군 전쟁 때에는 원정 지휘관들을 배출했고, 혁명가와 반동 정치가들을 배출했다. 그래서 좋은 뜻으로 '성자들의 누아용'이라고 불리기도 했다.

칼빈은 이곳에서 변호사인 아버지 게라드 칼뱅(Gerad Calvin)과 모친 르프랑스(Jeane Lefrance) 사이에서 다섯 명의 자녀 중 넷째 아들로 태어났다. 어머니는 칼빈이 세 살 때 세상을 떠났고, 아버지의 재혼으로 두 명의 딸들이 더 태어났다. 칼빈은 프랑스인이기 때문에 프랑스 본명은 장 칼뱅(Jean Calvin)이다. 그런데 라틴어로는 칼비누스(Calvinus)로 호칭되다가 영어로 국제화되면서 존 칼빈(John Calvin)으로 호칭된다. 이 책에서는 국제적 호칭대로 존 칼빈이라고 하겠다.

부친 게라드는 지방 변호사요 가톨릭 신자였으므로 가톨릭 교회의 법률 자문관으로 교회에서 영향력을 끼치는 인물이었다. 그는 자기 영향력으로 칼빈 형제들의 교육비를 서품된 사제들에게만 지급되는 성직록을 받게 해줌으로, 칼빈은 11세 때부터 12년간 학비 지원을 받는다.

칼빈의 형 샤를은 아버지 덕분에 젊은 나이에 사제가 되어 1518년 루피 성당의 사제가 되었다. 그러나 아버지가 재정 부정으로 이단 혐의를 받고 출교당한 것을 해결하려다가 자신도 이단 혐의를 받고 파문을 당한다. 그리고 1537년에 쓸쓸하게 죽는다.

칼빈의 동생 앙뜨앙느(Antoine)는 초기에 사제가 되었다가 형 칼빈의 복음적 신앙에 귀의하여 이복 막내 여동생과 함께 1536년에 형이 있는 제네바로 이주해서 제네바 시의회 의원이 된다(1558, 1570). 그런데 동생 앙뜨앙느가 세 차례 결혼하면서 계속 추문에 시달림으로 칼빈을 난처하게 한다.

② 칼빈의 교육

칼빈은 11세 때 누아용 성당에 있는 '라 게진느'(La Gesine) 채플의 사제 보조직으로 임명받고 사제들에게 주어지는 성직록을 받게 된다. 이것은 그의 아버지가 변호사로 편법을 사용한 것이다.

성직록(benefice)은 성직자에게 사역에 대한 보상으로 평생 동안 지급되는 토지를 뜻한다. 이 속에는 영적인 것(직위에 포함된 것), 세속적인 것(직무에 따른 보수)으로 나눠졌고 주임 사제 성직록(rectories), 주임 사제 대리 성직록(vicarages), 항구적인 보좌 신부 성직록(caraies) 등이 있었다.

칼빈은 사제의 표식으로 삭발식을 하고 서품을 받지 않은 대리 성직록으로(vicarages) 12년간 모든 교육비를 제공받는다. 이 같은 특혜는 아버지가 성당 참사원이었기에 장학금 형식으로 시작되었으나 아버지는 훗날 재정 비리 혐의로 이단으로 처벌받게 된다.

칼빈은 14세 때(1523) 파리로 나가 공부하기 시작한다. 첫 학교인 라 마르세 대학(College of La Marche)에서 라틴어 공부를 19세까지 하면서 문장의 기초를 닦고 인문주의 사상을 접한다. 칼빈에게 이 대학에서 라틴어를 가르쳐준 코르디(M. Cordier)는 칼빈이 세운 제네바 대학 학장으로 사역하다가 칼빈이 죽던 해(1564)에 85세로 세상을 떠난다.

칼빈은 라 마르세 대학에서 5년간 라틴어와 문장력을 배운 후에 사제가 되겠다는 결심을 하고 두 번째 학교인 몽테규(Montaigue) 대학으로 전학한다. 몽테규 대학은 학구적이고 종교적이었으나 지나치게 금욕주의적이었다. 소량의 식사와 짧은 수면 시간을 허락하고 엄하게 공부시켰다. 그는 이와 같은 생활 규칙 영향으로 소화불량증에 걸려 평생을 고생한다.

몽테규 대학에서 그는 스코틀랜드 출신의 박식한 스콜라 철학 교수 메이저(J. Major)를 통해 과거 종교개혁자들인 위클리프, 후스, 루터의 종교개혁 사상 소개와 비판 강의로 종교개혁에 눈을 뜬 것 같다. 그는 이 몽테규 대학에서 프랑스 국왕 주치의 아들 기욤 콥(Guillaume)을 비롯해서 많은 귀족 자녀들을 만난다. 그 후 1528년(19세)에 그 대학에서 문학 석사 학위를 받는다.

그 즈음 칼빈의 아버지가 누아용 교회 참사원으로 교회와 불편한 관계가 되자 부친은 칼빈에게 신학 공부를 중단하고 법률 공부를 하도록 한다. 그래서 세 번째로 법률로 유명한 오를레앙(Orleans)으로 전학한다. 여기서 1년간 공부한 후 1529년에는 국제법학자로 유명한 교수를 따라 네 번째로 부르제(Bourges) 대학으로 옮겨간다. 그는 거기서 후계자 베자(Theodore de Beza)를 만난다.

1531년 5월 아버지의 죽음 이후 칼빈은 포르테 왕립학교(College Fortet)에서 헬라어와 히브리어를 배운다. 그리고 1532년 1월에 오를레앙 대학에서 법학박사 학위를 받는다.

칼빈은 1523년 14세 때부터 1534년 25세 때까지 5~6개의 대학에서 공부하는 12년간의 모든 학비를 성직록의 혜택으로 받으며 다양한 공부를 하게 되었다.

그러나 사실 칼빈이 가톨릭 교회로부터 12년간 성직록으로 공부한 것은 엄밀한 의미에서 불법이다. 왜냐하면 성직록은 사제들에게 지급되는 사례비인데, 사제도 아닌 칼빈이 그 성직록으로 학비를 충당했기 때문이다. 그러나 그런 불법을 변호사인 아버지가 저질렀고 그 아버지는 그 이외의 또 다른 재정 문제로 이단으로 정죄 받고 죽었다. 칼빈의 생애 중 이 문제에 대한 반성의 언급이 없는 것이 신앙인으로 매우 이해가 되지 않는 부분이다.

(2) 칼빈의 회심 문제

칼빈의 가정과 출생 후 성장과 교육 과정은 모두가 가톨릭 측 배경이다. 그런데 그가 언제, 어떤 계기로 가톨릭과 결별하려는 각성이나 회심의 기회가 있었는가? 이 문제에 대해서 그는 아무 언급도 하지 않았다.

종교인이었던 신도가 과거를 버리고 새로운 길을 갈 때는 무엇인가 확실한 계기가 있어야 한다. 성경은 그것을 거듭남, 신생, 중생, 회심, 회개 등으로 다양하게 표현한다. 필자의 경우는 38세 때 미국 유학 중에 과거에 겪지 못한 명확한 변화를 체험했다. 그때의 변화로 이전과 이후가 명확하게 달랐기에 내 인생에서 그 변화의 내용을 헤아릴 수 없이 많이 반복해서 간증했다. 그렇다면 칼빈은 언제, 무슨 계기로 회심을 했는가? 전혀 알 수가 없다.

칼빈의 생애를 연구하는 사람들은 몇 가지로 추측한다. 어떤 학자는 칼빈이 12년 동안 가톨릭 성직록으로 공부한 것이 양심에 크게 각성을 일으켜 스스로 1534년 4월에 고향에 돌아가 성직록을 포기했을 때가 있었는데, 그때가 그의 회심의 때일 것으로 추측한다.

또 다른 학자는 칼빈이 23세에 첫 학술논문으로 〈세네카의 관용에 관한 논문〉 속에서 이교와 기독교의 차이점을 주장한 것을 보면 그 시기가 회심의 때일 것으로 추측한다. 시편 주석 서문을 통해 그가 과거 발도파 교인인 포르쥬(Forge) 집에서 하숙 생활을 할 때 전도자가 준 복음적 팸플릿을 보고 종교개혁에 관심을 갖게 되었을 것으로 추측한다.

그러나 이들 제3자들의 추측은 다 추측에 불과할 뿐 사실이 아니다. 가장 정확한 것은 자신이 거듭났으면 누가 말하지 말라고 해도 너무나 생생한 체험이기 때문에 자신이 가장 정확하게 말할 수 있다. 그런데 그의 수많은 저서와 주석들 속에 어떤 곳에도 그의 회심을 언급한 내용이 없다.

자신의 회심을 언급한 일이 없다는 것은 무엇을 뜻하는가? 그것은 그가 회심한 경험이 없는 사람이라는 뜻이다. 그렇기에 칼빈은 회심하지 않은 거듭남이 없는 사람이라는 뜻이다. 그런데 어떻게 교회 사역을 할 수 있었을까?

필자는 38세에 거듭나기 이전에 13년 동안 목사로 모든 사역을 다 해냈다. 거듭나지 않았으나 어려서 유아세례를 받고 교회 생활 속에서 자랐고 신학 교육 후 목사 시험에 합격하여 목사 안수를 받았다. 그래서 거듭나지 않아도 학문적으로 얼마든지 글을 쓸 수 있었고, 강단 설교도 얼마든지 했다.

칼빈이 진정 거듭난 그리스도인이었다면 제네바 사역 중 자기주장에 반대한다고 하여 58명이나 처형할 수 있었을까? 필자의 추측으로 그는 회심한 그리스도인은 아니다. 그는 5~6개의 많은 학교에서 다양한 공부로 다양한 지식을 갖춘 학자이기는 했기에 많은 참고서들을 종합해서 《기독교 강요》 같은 저술이 가능했다고 본다. 그러나 그는 거듭난, 회심한 성도는 아니었던 것으로 추측한다.

(3) 칼빈이 제네바 사역을 하게 되는 과정[23]
① 대학 졸업 후에 닥친 수난들

그런데 그가 왜 스위스 제네바에서 사역을 했는가? 이것을 이해하기 위해서는 프랑스의 정치계와 스위스 국가의 특성을 동시에 이해해야 한다.

프랑스에도 종교개혁기에 큰 변화가 일어난다. 1516년 로마 교황과 정교화약(政敎和約)을 맺고 교회가 독립한다. 1559년 프랑스 개혁 교회가 갈리아 신앙고백서로 개신교로 등장한다. 1562년부터 1598년까지 위그노 전쟁으로 9차례에 걸쳐 개신교도들이 무참히 살해된다. 1589년 앙리 4세가 즉위한 후 낭트 칙령(1598)으로 종교전쟁이 끝난다. 그런데 1685년 루이 14세(1643~1715)가 독재정치로 낭트 칙령을 폐지하고 프랑스 종교는 가톨릭만 인정하는 헌법을 만든다.

칼빈은 프랑스인이지만 프랑스 국왕들은 개신교를 인정하지 않고 무자비하게 탄압을 계속했다. 그래서 국제적 중립국가인 스위스로 정치적, 종교적 박해를 피해 도피하는 사람들이 모여들었다. 칼빈은 전에 몽테규 대학 때 만난 친구인 니콜라스 콥이 파리 바르브(Barbe) 대학 학장으로 있을 때 정례연설문을 써주게 되었다. 그 연설문 내용이 이웃 독일의 루터의 종교개혁자 사상의 영향을 받은 것이라는 오

---

23) 앞의 책, pp.264~278.

해를 일으키고 왕의 진노를 일으킨다.

왕이 콥과 칼빈을 소환하자 이들은 도망해서 피신한다. 이때부터 칼빈은 일꾼으로 변장하고 3년여 동안 여러 개의 가명을 사용하면서 남부 프랑스와 스위스, 이탈리아 등지로 피신 생활을 한다. 이렇게 피신 도중에 나바르 여왕의 보호 아래 살고 있는 부유한 친구의 집에 거하면서 친구의 장서를 이용해《기독교 강요》초판을 쓰기 시작한다(1533년 4월~1535년 6월). 그래서《기독교 강요》초판을 바젤에서 출판한다. 그 초판은 140페이지에 6장으로 구성되었으나 일생 동안 다섯 번이나 수정 증보판을 내가면서 마지막에는 4권 80장으로 완성했다.

② 제네바 개혁자 파렐에게 위압된 칼빈

칼빈은 왜 제네바에서 사역하게 되었는가를 앞에서도 보았지만, 칼빈은 프랑스인으로 프랑스나 프랑스인들이 많이 피난 생활을 하는 스트라스부르나 바젤에서 학문 연구를 하며 살아가려고 했었다. 칼빈은 목회보다는 학자로 살아가기를 원했다. 그래서 고향의 부모 유산들을 정리하고 남동생 앙뜨앙느와 두 명의 이복 여동생 중 막내인 마리(Marie)를 데리고 프랑스를 떠나 스트라스부르로 가려고 했다.

그런데 1536년 8월경 오스트리아와 프랑스 사이에 국부적인 전쟁이 벌어져 직통 도로가 군사들의 개입으로 차단되어 있었다. 칼빈 가족 3인은 우회도로인 제네바에서 단 하룻밤을 지내고 스트라스부르로 가려고 제네바에 가게 되었다. 그런데 그 밤에 제네바 개혁자 기욤 파렐(G. Farel: 1489~1565)을 만나서 파렐의 위협적 강압으로 제네바와 인연을 맺게 된다.

여기서 칼빈을 제네바에 묶어놓은 파렐에 관해 알아보자. 파렐은 프랑스 동남부 이제르 주(州) 가프(Gap)에서 가난한 귀족 가문의 맏아들로 태어났다. 그는 칼빈보다 20년 연상으로 열렬한 가톨릭주의자였다. 그는 파리의 왕실 대학에서 공부하던 중 인문주의 교수를 만나 개혁자가 되었다.

교수 르페브르(J. Lefevre: 1455~1536)는 프랑스 종교개혁의 선구자였다. 그는 구원은 오직 그리스도를 통해서만, 성경만이 신앙의 유일한 기준이며 가톨릭의 관습과 전통은 인간들이 조작해낸 가변적 유산이라고 했다. 그는 이단 혐의를 받자 은퇴하여 친구가 주교로 있는 지방으로 피신하여 프랑스어 성경 번역을 하였다.

파렐은 이와 같은 르페브르 교수의 학문과 삶을 배우고 개혁자로 변신한다. 파렐은 루터만큼 용감했고, 겁을 모르는 담대함으로 말하자면 루터보다 훨씬 더 과격하였다. 체구는 작고 연약했으나 불타는 듯한 눈동자와 표현력이 풍부한 입술에 뛰어난 웅변가로서의 조건들을 모두 갖추었다.

그는 중용지도를 모르고 자기 성격을 다스릴 줄 모르는 약점을 가졌기에 무엇을 건축하기보다는 파괴하고 부수는 데 능하였다. 그는 정복자로 나서서 지도자가 되었으나 정복지를 조직하고 다스리는 인물이 되지 못하였다. 그래서 개혁자로 프랑스 곳곳에 선풍을 일으켰으나 곳곳에서 배척을 당하고 거듭 추방을 당했다. 그 결과 그는 프랑스에서 가까운 스위스 서북쪽 바젤로 도주했다.

바젤에서 츠빙글리와 같은 개혁자 외콜람파디우스의 영접을 받는다. 바젤에서도 너무 과격하다고 거부당하고 스트라스부르로 갔다. 거기서 부처와 1년간 머물다가 베른 시에 있는 가톨릭 학자들과의 논쟁에서 그의 실력을 인정받게 된다.

베른에서 순수한 하나님의 말씀만 설교한다는 조건으로 베른 시의 설교자가 된다. 파렐은 베른 시가 지원해 주는 호위대의 보호를 받으며 서부 스위스 각 곳의 순회 설교자가 된다. 그는 바위나 나무 그루터기 등을 강단으로 사용했고, 모든 시장과 광장을 예배당으로 사용했다. 그때마다 가톨릭 사제들이나 편견에 사로잡힌 가톨릭 여성들로부터 침 뱉음을 당하고 욕을 먹고 돌에 맞아 두 번이나 생명의 위험을 겪었다.

파렐은 제네바에서 더러운 사람이라고 모욕을 당하고 얻어맞고 총질까지 당했다. 그는 제네바에 대한 선교 열정으로 가득 차서 시청에서 가톨릭 신학자들과 공개적 논쟁을 1년 이상 계속해 나갔다. 그렇게 투쟁하던 중 많은 위험을 넘긴 후 제네바 시의회는 복음주의로 살자는 시민 총회의 결정에 도달한다.

파렐은 개척자의 어려운 생활을 극복하기 위해 69세까지 결혼하지 않고 개혁자로 살아가다가 뒤늦게 신앙을 위해 남편과 재산을 모두 잃고 겨우 목숨만 연명해 가던 가난한 과부 모녀를 살리려고 그 딸과 결혼을 했다. 이렇게 생애를 바쳐 개혁자로 투쟁의 삶을 살아왔으나 그의 자제력 부족으로 계속 오해가 따랐다.

파렐로서는 제네바 개혁 작업에 역부족을 절감하고 제네바를 개혁할 만한 새 사람을 찾고 있었다. 그러던 중에 칼빈이 파브로 대학장의 연설문 초안자라는 소문을 들었다. 그래서 칼빈이 단 하룻밤 제네바에서 머무는 날 칼빈을 찾아갔다. 파렐은 칼빈 청년에게 제네바 개혁의 절박한 필요성을 설명하고 제네바 개혁 사역에 동참해 줄 것을 요청했다. 그러나 칼빈은 개혁 연설문을 작성해 준 일로 3년 이상 도망을 다녀야 했던 쓰라린 아픔 때문에, 그리고 스트라스부르에 가서 두 동생과 함께 학문 연구를 하며 취향에 맞는 삶을 살겠노라고 계속 사양했다. 파렐은 강압적으로 설득했고 칼빈은 끝까지 계속 사양했다.

그러자 마지막에는 파렐이 칼빈에게 개인의 학문 연구를 구실로 이 시대에 필요한 제네바 개혁이라는 하나님의 사명을 무시한다면 하나님께서 저주하실 것이라고 위협한다. 파렐의 강압적 위협 공격을 계속 받던 칼빈은 드디어 파렐에게 위압되어 제네바 사역에 임하게 된다.

③ 칼빈의 제네바 제1차 사역(1536~1538)[24]

칼빈의 나이 27세 때인 1536년 9월 5일부터 제네바 복음교회에 파렐의 조력자로 사역을 시작한다. 10월에 서부 로잔(Lausanne)에서 가톨릭 측의 사제, 수도사, 수녀, 성당 참사원들과 개혁주의자들 간에 공개토론회가 열렸다. 이때 가톨릭 측에서는 180여 명이 참석했고, 개혁자 측에서는 파렐과 비레가 대표자로 참석하여 토론이 진행되었다.

이때 칼빈은 파렐의 조력자로 방청만 했고 발언권은 없었다. 월요일부터 목요일까지 매일 각 주제별로 토론이 진행되었다.

목요일 날이었다. 한 사제가 세심하게 준비한 자료를 가지고 나와 논리를 전개했다. 그 사제는 옛날 초기 교부들의 글을 인용하면서 가톨릭은 교부들의 가르침을 따르고 있다는 주장을 하며 개혁자들은 옛 교부들을 등한시한다는 비난을 해나갔다.

그때 구경꾼으로 있던 칼빈이 벌떡 일어났다. 그는 교부들의 저서명과 내용들 여러 가지를 구체적으로 지적하면서 교부들의 가르침을 제대로 모르면서 교부들의 권위를 주장한다고 공박했다. 이때 파렐을 비롯한 모든 청중이 칼빈의 박식함에 크게 놀라게 된다. 파렐은 자기가 선택한 칼빈에 대해 많은 신뢰를 갖게 된다. 칼빈에 대한 좋은

---

24) 앞의 책, pp.278~289.

소문과 함께 준비된 개혁자들이 속속 제네바로 모여들었다.

파렐은 칼빈이 법률 전문가임을 알았다. 칼빈이 1531년 오를레앙 대학에서 법학사로 대학을 졸업했으나 1년 후에는 교수들이 명예 법률학 박사 학위를 주었다. 파렐은 제네바 도시를 종교적으로 개혁하기 위해 제네바 시의회를 통해 법률적으로 제도적으로 개혁할 방법을 요구한다.

칼빈은 제네바 교회 개혁안을 만들어 시의회의 소의회 200인회에서 가결되도록 제출한다(1536). 그가 첫해에 제출한 개혁안은 가톨릭과 다른 성찬, 예배 시의 찬양, 어린이 종교교육, 결혼 규율 등이었다. 그런데 1년 후인 1537년 7월에 2차로 내놓은 개혁안은 치리에 관한 개혁안이었다.

그렇게 통과된 개혁안은 제네바 시민 모두가 남녀를 불문하고 성 베드로교회에 나와서 10명의 관원들이 지켜보는 앞에서 칼빈이 만든 신앙고백을 하며 그것을 준수하겠다는 서약을 하도록 했다.

그런데 이런 그의 요구는 시민들로부터 저항을 받게 되었다. 제네바 시민들은 과거 가톨릭이나 사보이 백작의 강압 통치에서 자유하려고 개혁 교회를 원했는데 개혁 교회가 또다시 강제성 고백을 요구하고 있었던 것이다. 시의회 의원들 가운데 반대하는 사람들이 있었는데 가장 앞선 의원이 장 필립이었다. 반대 세력들은 가톨릭이 실시하던 세례식 때의 성수반과 무교병 사용을 회복하라고 강요했다. 파렐과 칼빈은 시의회의 요구를 가톨릭으로의 회귀라고 거부했다.

1538년 2월 제네바 시의회 의원들 중 다수가 개혁자들을 반대하던 이들이 선출되었고, 장 필립(Jean Phillip)이 의장이 되었다. 그들은 가톨릭 의식대로 회귀하지 않으면 설교 중지령을 내리겠다고 결의한다. 파렐과 칼빈은 제네바 시의회와 투쟁하다가 온갖 폭동과 반대를 당하고 제네바를 떠나게 된다. 파렐은 전에 목회하던 뉴샤텔로 청빙을 받았고, 다른 목회자들도 모두 제네바를 떠나게 되었다. 그러나 딱히 갈 만한 곳이 없었던 칼빈은 맨 처음에 가려고 했던 프랑스 북동부 스트라스부르로 가게 된다.

④ 스트라스부르 목회(1538~1541)[25]

스트라스부르(Strasbourg)는 독일 지역이었다가 프랑스 지역이 되는 몇 차례 수난을 당한 도시였다. 이곳 프랑스인들 중 가톨릭의 탄압을 피해 이곳으로 피난 온 400여 명의 피난민들이 있었다. 칼빈은 이곳에서 개혁 활동을 하고 있던 부처(M. Bucer)의 초청으로 그 피난민들을 위한 목회자로 사역하게 된다.

칼빈은 스트라스부르에서 3년여 동안 피난민들을 위한 목회를 하면서 스트라스부르 신학교의 강사로 활약하며 보람 있는 사역을 이루어나갔다. 마틴 부처도 그와 함께 개혁을 추진했다. 칼빈은 여기서 과거 선배들인 루터, 츠빙글리, 파렐 등의 모든 개혁 사례들을 참고하고 종합하여 예배 의식들을 만든다.

그리고 칼빈이 31세 때(1540) 세 자녀를 가진 과부 이델레트 드 부레(Idelette de Bure)와 결혼한다. 그와의 사이에서 낳은 아이는 유산으로 죽고, 9년 후 그녀와 사별함으로 결혼생활은 끝이 난다. 그 후 15년을 독신으로 살다가 죽는다.

칼빈은 스트라스부르 목회를 아주 즐겁게 이루어가고 있었다. 그런데 그를 추방시켰던 제네바에서 문제가 생긴다. 제네바 시의회가 칼빈의 후임자로 세운 목회자들이 지도력 부족으로 시의회 의원들

---

[25] 앞의 책, pp.289~303.

에게 종처럼 취급당하며 종교 문제도 시의회 의원들이 결정했다. 그렇게 되자 도시 시민들은 도덕성이 날로 악화되어 갔다. 시의회 의원 200명은 세 파로 나뉘어 다투었다. 시정부파, 로마 가톨릭파, 그리고 파렐을 흠모하는 기욤 당 등 세 파로 분열되어 끊임없는 투쟁을 이어갔다.

이런 판에 가톨릭의 추기경 사돌레토(J. Sadoleto)가 시의회 앞으로 20페이지에 달하는 공개서한을 보냈다. 그 서한의 내용은 "가톨릭은 과거 1500년간 계승되어 온 역사성과 전통성이 있는 교회이다. 진리는 하나인데 이제 25년밖에 안 된 개신교는 믿음으로 구원받는다고 행위를 무시한다. 사탄의 충동에 넘어가지 말라"는 내용으로 된 간곡한 호소문이었다. 추기경의 서한을 받은 시의회는 답변서를 써줄 만한 인물을 찾지 못했다.

이 서신으로 난처해서 전전긍긍하고 있을 때 다른 개신교 목사가 그 추기경의 서신을 복사해서 칼빈에게 보냈다. 칼빈은 그 서신을 받고 6일 만에 추기경의 서신보다 두 배 많은 양의 답신을 써서 보내주었다. 칼빈은 답서에서 로마 가톨릭 교회가 부패한 교회이기 때문에 개혁을 해야만 되는 이유를 조목조목 들었다. 역대 교황들의 부정부패와 축첩 행위, 자녀들을 조카라고 속인 일들과 교황에게 정부(情婦)를 상납한 후 교황이 된 '속치마 교황'들 내용 등 과거사를 다 밝혔다.

칼빈은 또 루터가 교황청을 방문한 목격담도 설명했다. 이 서신은 답신으로 끝나지 않고 출판되어 배포되었다. 그 칼빈의 답신은 전 유럽에 퍼졌고 사돌레토는 잠잠해졌다. 그리고 제네바 시민들 사이에 칼빈을 다시 부르자는 여론이 들끓기 시작했다. 칼빈이 제네바 도시를 사랑해서 한 일이었는데 다른 양상으로 전개되고 있었다.

칼빈에게 스트라스부르는 독일이면서 프랑스 국경이므로 어느 나라가 일방적으로 간섭하지 못하는 곳이기도 했고, 당시 목회와 신학교에서 지도자 양육으로 만족했으며, 새로 결혼한 아내의 헌신적인 봉사로 만족한 생활을 이루어가고 있던 때였기 때문에 제네바로의 초청에는 뜻이 없었다. 그러나 파렐의 설득으로 칼빈은 제네바로 귀환하여 다시금 제2차 제네바 사역을 하게 된다.

⑤ 칼빈의 제2차 제네바 사역(1541~1564)[26]
• 제네바 시의회를 통한 금의환향

제네바 시를 가톨릭 교회로 되돌리려는 추기경 사돌레토에 의한 공개서한과 가톨릭 성향의 시의원들은 칼빈의 귀환을 바라지 않았다. 반면에 제네바 전체가 혼란을 거듭할 정도로 뚜렷한 지도자가 없는 상황이어서 그 혼란을 크게 염려하던 시정부 지도자들과 과거 파렐의 영력을 사모하는 이들은 칼빈을 강력히 요구했다.

칼빈을 아는 주변의 모든 이들도 스트라스부르의 소수의 피난민들을 상대하는 목회보다는 제네바 시를 통한 스위스와 유럽 전체에 대한 영향력을 바라보고 제네바 귀환을 권면한다. 칼빈을 놓고 스트라스부르에서 계속 사역하기를 바라는 독일의 개혁자들과 제네바를 통해 나라의 개혁을 바라는 스위스 간의 국가적 문제로까지 확대되었다.

이때 칼빈을 제네바에서 강압적으로 사역하게 했던 파렐이 또 설득에 나선다. 결국 칼빈은 제네바를 떠난 지 3년 만에 다시 제네바로 귀환하는데 이때는 파렐의 조력자가 아니라 시의 책임적인 지도자로 금의환향한다. 이때 칼빈의 나이 32세였고, 제네바 시의회는 성 베드

---

[26] 앞의 책, pp.303~304.

로교회 근처의 정원에 있는 주택과 다섯 가족이 살 수 있는 넉넉한 연봉을 제공한다. 칼빈은 과거의 섭섭함이나 불만을 일체 말하지 않고 제네바 시청에서 시의원들과 시 행정장관들 앞에서 1541년 9월에 부임 인사를 한다.

- 장로회의 시작인 제네바 교회법(1541.11.20)[27]

칼빈은 부임 인사에서 제네바 시를 개혁하려면 시의원들에 의해 조속히 제네바 교회법이 제정되어야 함을 강조했다. 칼빈은 오를레앙 대학에서 명예 법률학 박사 학위를 받았다. 과거 3년 전 제네바에서의 목회 실패 원인이 목회가 목회자로서의 열정만으로 되는 것이 아니었고 교회 사역과 시정부 사이에서 얽힌 문제가 있었기에 제네바 교회법의 필요를 느꼈다. 그런데 그 법을 시의원들은 알 수가 없었다.

그래서 칼빈 혼자서 만든 초안을 평신도 중 시의원들 8명과 함께 제정하여 시의회 소위원회를 통해 10월 27일에 통과시키고, 11월 9일에는 대위원회에서 통과시키고, 11월 20일에는 제네바 시민 총회가 모여 압도적 다수로 통과시켰다.

이렇게 칼빈이 통과시킨 제네바 교회법의 내용은 무엇인가? 제네바 교회 규법(Ecclesiatical Ordinance of Geneva) 내용을 살펴보자.

a. 교회 직분

칼빈은 고린도전서 12장 28절과 에베소서 4장 11절을 근거로 교회 직분을 네 가지로 제시했다.

목사 - 에베소서 4장 11절에 "어떤 사람은 목사와 교사로 삼으셨

---

[27] 앞의 책, p.305.

으니"라는 구절을 근거로 목사는 설교하고 가르치고 권면하며 훈계하고 징계하는 일과 장로들과 함께 치리하는 일을 한다고 했다. 그런데 '목사'의 원문은 '포이메나스'(ποιμενας)로 이 단어의 원형 '포이멘'(ποιμην)은 양 치는 목자를 뜻한다. 주님께서 "나는 선한 목자라"(요 10:11)고 하셨을 때 사용하신 단어다. 그런데 원문의 뜻과 다르게 '목사'로 번역한 것은 문제가 따르게 되었다.

교사 - 에베소서 4장 11절에 나오는 '목사와 교사'는 '포이메나스 카이 디다스칼루스'(ποιμένας καὶ διδασκάλους)다. 원문은 목사와 교사가 다 같은 동일한 직분임을 의미한다. 그러니까 목사는 목회자이고 또 동시에 가르치는 교사인 것이다. 목사를 '포이메나스'(ποιμένας)라고 하고 교사로 쓰인 '디다스칼루스'(διδάσκαλους) 앞에 관사 '투스'(τους)를 쓰지 않고 등위접속사 '카이'(καὶ)를 쓴 것은 목사가 곧 가르치는 교사라는 뜻이다. 11절 앞에 "어떤 사람은 사도로"라고 할 때 '투스 아포스툴로스'(τοὺς ἀποστόλους)로, "혹은 선지자로" 할 때 '투스 프로페타스'(τοὺς προφήτας)로, 또 "복음 전하는 자로"는 '투스 유앙겔리스타스'(τοὺς εὐαγγελιστάς)라고 기록한 것을 들어 원문의 의미를 밝히는 것이다. 그런데 칼빈은 원문을 따르지 않고 '목사'와 '교사'를 분리시켰다.

장로 - 디모데전서 5장 17절 "잘 다스리는 장로들"이라는 구절에 근거하여 평신도를 지도자로 세우면서 장로 제도를 만들었다. 이렇게 칼빈에 의해 평신도 지도자인 장로 직분을 만든 것이 오늘날의 장로 제도의 기원이 된다. 그러나 칼빈의 디모데전서 5장 17절 해석은 완전 오류이고, 신약성경 전체를 볼 때 신약성경의 장로 직분을 완전 이탈하여 구약의 장로 제도로 회귀한 것이다. 이 점에 대해서는 '칼빈 신학의 문제점'에서 따로 살펴보겠다.

집사 - 사도행전 6장 3, 5~6절과 디모데전서 3장 2~13절에 근거하고 있다.

b. 치리 기관(Consistory System)인 당회와 시의회[28]

칼빈의 교회 정치의 핵심 부분이 치리 기관이다. 앞서 직분에서 목사와 교사를 분리한 것이나 신약의 장로 제도를 무시하고 구약의 장로 제도로 복귀시킨 것 등도 큰 문제가 된다. 그런데 더 큰 문제와 역사적 오점을 남긴 것은 장로들과 목사들 회의에서 결정된 당회 결정 사항을 제네바 시의회가 집행하도록 종교와 정치가 야합하게 만든 것이다.

칼빈은 치리회를 정치와 전혀 관련이 없는 목사와 평신도 대표들인 장로들과 연합해서 당회를 구성하였다. 그리고 당회의 결정 사항을 정치적 기구인 제네바 시의회와 행정 장관들이 실무를 실행하도록 하였다. 이렇게 제네바 교회법이 제정된 날(1541.11.20)은 교회의 당회와 세상의 정치가들인 제네바 정치인이 하나로 결합된 날이다. 그래서 교회 당회에서 안건을 결정하면 그 안건을 불신자들인 제네바 시의 정치가들이 당회 결정을 시행하게 만든 것이다. 이것은 신약성경의 진리와 완전히 배치되는 제도였다.

구약성경 때는 왕, 제사장, 선지자로 구성된 신정(神政)정치 체제였다. 그러나 다윗 왕 외에 다른 왕들에게 있어서 제사장들은 허수아비였고, 선지자들은 핍박의 대상이었다. 하나님께서는 신정정치의 폐단을 아시고 이스라엘의 멸망으로 신정정치 제도를 폐지시키셨다. 한마디로 신정정치는 과거의 실패한 제도였다.

---

28) 앞의 책, pp.309~316.

신약에서 주님과 사도들은 정치와 종교를 완전 분리시키셨다. 그런데 로마 가톨릭이 다시 교황 제도로 신정정치를 회복시켰다. 루터교를 보면 그들은 가톨릭에서 분리되었으나 국가 아래에 교회를 예속시켰다. 칼빈도 교회와 정치가 혼합된 과거 구약의 신정정치로 회귀시켰다.

교회 당회가 결정하면 세상 정치기구인 시의회가 시행하게 했던 이 제도는 신약의 정교분리의 원칙을 위배한 것이었고, 가톨릭으로 회귀한 결과가 되어버렸다. 그러나 당시 제네바는 사보이(Savoy) 공국에 의한 군주제보다는 약간 자유가 있는 변형된 칼빈의 신정정치를 따르게 된다. 우리가 확실히 알아야 할 사실은 당회와 시의회가 결합한 장로회의 출발은 완전 신약성경적 기준에서 탈선한 오류에서 시작되었다는 사실이다.

- 반대자들에 대한 탄압

제네바 시민이 1900년대 말에 약 16만 5천 명이었다. 지금은 30만 가까이 될 것 같다. 그러나 500년 전 칼빈 시대에는 도시민이 2만 명 미만으로 추정된다. 그는 이 도시를 4교구로 나누어서 평신도 대표인 장로들로 하여금 자기 교구 내에서 예배 불참자, 도덕적 문제자, 음주 방가로 불결한 자, 우상숭배하는 자, 교회에 불만과 불평하는 자 등을 색출해 내게 했다. 그래서 매달 월말에는 장로들과 목사인 칼빈이 함께 모여 각 교구별로 색출된 문제자들의 죄질을 놓고 칼빈의 주도하에 처벌 내용을 결정했다. 그래서 술 취한 자는 벌금형으로, 상습 도박꾼은 목에 밧줄을 매고 칼로 씌우는 벌로, 우상숭배를 하거나 신성을 모독한 자, 간통한 자 등은 사형에 처하도록 결정했다. 그 결정은 시의회 행정관에 의해 이루어졌다. 이렇게 매월 장로들은 죄인을 색출하고 목사인 칼빈은 죄목과 형량을 결정하고, 결정 사항을 시의회가 시행했다.

이러한 제네바 교회법은 1541년 11월에 선포되고 1542년부터 1546년까지 4년 동안 13명이 교수형으로, 10명이 참수형, 35명이 화형으로 죽는 등 58명이 목숨을 잃었고, 76명이 추방당했다.[29] 1545년 한 해에는 20명 이상이 당회 결정으로 화형을 당했고, 1558년에서 1559년 사이에 당회가 처벌한 것이 414건이 되었다. 제네바 시에서는 칼빈이 주도하는 제네바 교회법에 의해 매일 몇 명씩 추방당하고 벌금을 내고, 사형이 집행되었다.

칼빈의 처음 제네바 사역기인 1541~1546년까지의 5년은 비교적 시민들이 잘 따라주는 평온한 기간이었다. 그러나 1545년 전염병으로 죽어 가던 때로부터 10여 년인 1555년까지는 칼빈이 가장 가혹하게 탄압하여 가장 많은 반대를 받은 험악한 기간이었다. 시민들은 칼빈을 '가인'(창 4:8)이라고 부르고 길거리에서 모욕적인 말로 조롱하고 사택에 야밤에 수십 개의 불꽃을 터트려 그를 위협했다.

이 같은 반대에도 칼빈은 굴하지 않고 자기를 저주하는 군중들 속에 뛰어 들어가 단검을 들고 자기 가슴을 향해 찌르라고 응수했다. 칼빈은 사람들에게 무자비했을 뿐 아니라 자기 자신에게도 잔인하였다.

여기서는 500년 전 제네바를 하나님께서 다스리시는 신정(神政) 도시로 만든다는 명분으로 제네바 교회법(1541)에 의해 수많은 시민을 가혹하게 탄압한 칼빈의 죄악사(박해사)를 살펴보자.

칼빈이 주도한 제네바 당회와 시의회의 합작으로 죽어 간 이들이

---

[29] 앞의 책, pp.314, 322.

너무 많다. 칼빈이 설교하는 시간에 웃었다는 이유로 세 명이 3일간 감옥에 갇혔고, 자기 어머니를 때린 소녀는 제5계 위반이라 하여 참수시켰고, 술 취한 시민은 벌금을 내게 했고, 신성 모독자는 사형에 처했다. 이렇게 잔인하게 처벌당한 무명인들의 숫자가 수백 명에 달한다. 여기는 이름이 정확하게 알려진 사람들의 희생 내용을 정리해 보겠다.

a. 일반적 박해

작크 크루에 - 작크 크루에는 세무 직원으로 제네바 시의회의 참사역을 맡은 자였다. 그는 개인적 자유가 국가나 교회나 종교적인 이유로 침해받는 것을 거부하는 자유인이었다. 그는 예배 때 짧은 바지를 입고 출석했으며, 칼빈의 설교 때는 정면으로 응시하며 불편한 표정을 계속 지었다.

그가 칼빈을 사탄으로 지칭하고 저주하는 메모 쪽지를 써서 강단 위에 올려놓았다. 그는 시의회에 의해 체포당한 후 한 달 이상 비인간적인 고문을 당한 후 1547년 7월 26일 시의회에 의해 참수당했다. 그가 참수당하자 시민들이 자숙하기는커녕 더욱 광분하고 날뛰었다.

아미 펠린(Ami Perrin) - 펠린은 제네바 시 공화국 군사 지도자였다. 그는 가톨릭이 파렐 목사에게 폭력을 행사할 때 보호했고, 칼빈을 다시 제네바로 돌아오도록 활동한 사절단원 중 한 명이었다. 그리고 칼빈을 도와 제네바 교회법 제정위원 중 평신도 대표들 중 하나였.

그런데 그의 아내 프란체스카가 미망인의 집에서 결혼식 후 잔치 장에서 지나친 춤과 여흥을 즐겼다는 죄목으로 고발되었다. 칼빈은 그 여인과 장인 등 가족들을 4주 동안 투옥시켰다. 그 후 펠린은 시의회를 통해 칼빈의 반대자로 돌아선다. 펠린은 당회를 가톨릭의 종교재판소로 비난하고, 당회 치리권을 제네바 시의회로 돌리려고 했다.

펠린이 칼빈을 반대하자 제네바 시의회를 통해 그의 오른손을 자르고 제네바에서 추방시켰다. 펠린은 회개하기는커녕 죽을 때까지 칼빈의 반대자로 활동하다가 한을 품고 죽었다.

피에르 아모(Pierre Ameux) - 아모는 트럼프 카드(trump card) 제조업자이며 제네바 시의회 200 의회의 의원이었다. 그는 아내와 이혼 후 쾌락을 정당화하는 자유파 정신의 소유자로 시의회에서 종신토록 근신하라는 경고를 받았다. 그가 자택의 만찬회에서 술에 취해 칼빈을 헛된 교리를 가르치는 자요 악한 자로 비난한 것이 당회에 보고되었다. 시의회는 그에게 2개월의 금고형과 60달러의 벌금을 물게 했다. 그러나 칼빈은 시의회의 징계가 만족스럽지 않다고 다시 재심을 요청해서 아모에게 추운 겨울 1월에 내의만 입은 채로 손에 촛불을 들고 거리를 행진하면서 시민들을 만나는 대로 하나님, 의회, 칼빈에게 용서를 구한다는 말을 하며 사죄 행진을 하게 했다.

필립 베르텔리(P. Berthelier) - 베르텔리는 의사 볼섹의 요청으로 칼빈의 고향 누아용에 찾아가 칼빈의 청소년 시절의 나쁜 소문을 수집해 오게 했다. 그 후 그는 나쁜 소문 유포자로 당회 결정에 따라 교수형을 당했다.

그레이트(Gryet) - 그레이트는 칼빈이 설교하는 강단 위에다 칼빈의 설교 시정과 목사들을 비방하는 메모지를 올려놓았다는 혐의로 체포되어 고문을 당했고 결국 참수당했다.

칼빈은 1542년부터 1546년까지 4년 동안 이렇게 해서 58명을 죽였다. 죽이는 방법도 다양해서 사형수의 목을 옭아매어 질식시켜 죽이는 교수형으로 13명, 목을 베는 참수형으로 10명, 불태워 죽이는 화형으로 35명을 죽였다. 그리고 다소 죄질이 가볍다는 이들 78명은 제네바에서 살지 못하도록 추방시켰다. 이것이 칼빈이 제네바를 신이 다스리는 신정정치 도시로 만든다는 이상을 실현한다는 명분으로 저지른 죄악상의 실상이다.

b. 교리적 박해[30]

칼빈은 자기가 믿는 신념에 위배되는 사람들은 모두 다 추방하거나 죽이지 않으면 재산을 몰수했다. 여기서는 수많은 무명인들은 제쳐 놓고 칼빈 교리에 문제가 있다고 이의를 제기했다가 추방당하거나 죽게 된 유명인들 몇 사람들 소개해 보겠다.

볼섹(Jerom H. Bolsec) - 볼섹은 파리 출생으로 전에 칼멜 수도회의 수도사였다. 그러나 가톨릭 교회에 신앙적 회의를 품고 수도사에서 의사로 전향했다. 그는 1550년 프랑스에서 개혁적 신앙을 유지할 수 없었으므로 국제도시인 제네바로 망명해서 아내와 함께 의사로 개업을 했다. 그는 의사 생활을 하며 여가에 칼빈이 주관하는 매주 금요일에 가졌던 성직자들의 신학 토론회에 참석했다. 거기서 칼빈이 주장하는 예정론에 관해 계속 의문을 제기했다. 그의 계속된 의문에 당회는 그에게 근신하라는 견책 처분을 내렸다.

그런데 1551년 10월 금요일 종교 집회 때 부목사가 예정론을 옹호

---

30) 앞의 책, pp.322~329.

하는 설교를 하자 예정론은 거짓이요 불신앙이라고 항의했다. 그는 예배 방해죄로 체포되었다. 목사회에서는 그에게 17개 항목의 죄목을 작성하여 시의회에 처벌을 요구했다. 당회는 그에게 제네바에서 영구 추방령을 내렸다(1551년 12월). 그는 다른 도시로 이동했으나 거기서도 소동을 일으키자 다시 쫓겨나서 프랑스로 돌아가 가톨릭으로 되돌아가고 만다.

그는 칼빈이 죽은 후 13년이 지났을 때 《칼빈의 생애》라는 책과 《베자의 생애》를 출판하여 저들을 악의적으로 비방했다. 볼섹은 신학자가 아닌데도 칼빈의 예정론에 반대했다는 이유로 제네바에서 추방당했고 평생 칼빈을 증오하다가 죽었다.

카스텔리오(Sebastian Castellio) - 카스텔리오는 칼빈보다 6년 늦게 프랑스 사보이 지방에서 태어났다. 그는 리용 대학에서 고전학과 성경학을 배웠다. 그는 언어에 천재성을 가져 라틴어, 헬라어, 히브리어를 통달했다. 카스텔리오는 《성경역사 요람》을 비롯하여 요나의 예언, 시편과 구약 시가서, 오경 등의 성경에 관계된 책들을 라틴어로 번역하기도 했고, 주해를 단 프랑스어로 번역 출판도 했다.

칼빈이 스트라스부르에서 프랑스인들 중 종교적 난민들을 위한 목회를 할 때 카스텔리오는 그와 같은 집에 기거했다. 칼빈이 제네바 사역을 위해 제2차로 귀환한 후 그의 천재성을 알고 라틴어 학당 교장으로 초빙했다. 카스텔리오는 칼빈이 행하는 제네바 시정의 혹독한 치리와 1인 독재를 싫어하면서 칼빈과 신학적으로 멀어진다. 특히 칼빈이 삼위일체 불신자 세르베투스를 처형시키자 그는 세르베투스를 옹호하는 《이단들에 대한 박해》라는 저술을 발표했다. 이 책은 133판을 거듭하면서 장기 베스트셀러가 되었다. 이 책을 통해 그는 스위스 재침례교도들의 순수한 신앙을 적극 옹호하고 그들에 대한 박해를 강하게 비판했다. 또 칼빈이 인도하는 성경 토론회로 모인 60여 명의 제네바 사역자들 모임에서 제네바 목회자들이 불경건하고 술을 즐기는 편협한 자들이라고 공격했다. 이 일로 카스텔리오는 중상모략죄로 소환되어 시의회로부터 제네바 추방령을 당한다(1544).

그는 제네바에서 추방되어 바젤로 가서 헬라어 교수로 지내면서 평생 가난하게 살다가 1563년에 48세로 눈을 감는다. 그의 아들은 언어학자요 시인이 되어 바젤 대학의 헬라어 교수와 웅변학 교수가 되었다.

세르베투스(M. Servetus: 1511~1553)의 화형 - 칼빈의 신앙, 사상과 인격 면에서 최대 약점으로 씻을 수 없는 과오를 남긴 사건이 세르베투스의 처형 사건이다. 이제 그 내용을 살펴보자.

㉠ 세루베투스의 사상

세르베투스는 스페인 아라곤 지방에서 칼빈과 같은 해(1509)에 태어났다. 그의 가문은 귀족 가문으로 부친은 왕실의 공증인이요 변호사였다. 그의 체구는 연약하고 마른 편이었으나 그는 조숙했고 상상력이 풍부한 사람이었다.

사라고사 대학교의 수도원에서 초등교육을 마치고 툴루즈(Toulouse) 법대에 진학해서 법철학을 공부했다. 여기서 처음으로 성경을 접한 후 성경이 철학과 과학의 근원이라고 믿었으며, 성경과 교부들의 사상을 알게 된다. 그는 성경을 1,000번 이상 읽어야 성경을 안다고 주장하며 성경을 많이 읽었으나 언제 어떻게 회심했는지는 알 수가 없다.

세르베투스는 21~22세 때 가톨릭 환경에서 떠나 종교개혁의 청년이 되어 독일의 종교개혁지를 거쳐 바젤로 갔다. 여기서 그는 츠빙글리나 부처 등의 종교개혁과 다른 독특한 주장을 펼쳤다. 그는 1531년 7월에 《삼위일체의 오류》라는 저서를 출판했다. 그는 그 책에서 성경과 교부들, 스콜라 신학 등을 근거로 삼위일체 교리를 무신론자, 3신론자로 비판하고, 삼위일체란 머리가 셋 달린 괴물 신이라고 비판했다.

그 후 그는 《삼위일체론에 대한 두 대화》를 출판했다. 그는 루터의 이신칭의 교리도 부인하고, 츠빙글리나 루터의 성례전 교리도 부인했다. 그래서 개혁자들은 그를 경계하고 그 책의 판매 금지를 주장했다. 스위스와 독일 개혁자들에게 버림을 받자 그는 프랑스로 잠입해서 가명으로 20년간을 기거한다. 그래서 세상 사람들은 그를 잊어버리고 있었다.

그런데 그는 프랑스에서 수학, 지리학, 의학, 점성술을 배우고 의사 면허를 취득한 후 1540년부터 1553년까지 프랑스 남동부의 비엔(Vienne)이라는 작은 도시에서 의사 생활을 한다. 거기서 그는 '미셀 드 빌레누브'라는 가명으로 의사 생활을 하면서 삼위일체를 부정하는 《기독교 재건》이라는 책을 발표한다. 그리고 그 책을 칼빈에게 보냈다. 그 책에서 그는 가톨릭과 개신교 전체를 비판했다. 삼위일체를 부인했고, 성자를 단순한 인간으로 주장했으며, 유아세례를 거부하고 이신칭의를 거부했으며, 예정론을 거부하는 등 많은 문제를 제기했다.

ⓛ 세르베투스의 재판과 처형[31]

《기독교 재건》이 출판된 후 세르베투스는 가톨릭 당국에 의해 '비엔' 시에 고발당해서 1553년 3월에 재판정 출두 명령이 떨어졌다. 재

---

31) 앞의 책, pp.329~347.

판정 출두 전에 증거물을 다 소각하고 당당하게 출정했다. 그리고 자기는 그 책의 저자가 아니며 그동안 소동을 일으킬 만한 죄를 지은 적이 없다고 항변한다.

그러나 칼빈은 세르베투스가 무명으로 수십 통의 편지를 써서 자기를 괴롭혀 온 《기독교 재건》의 저자와 동일 인물이라는 증거물들을 보내준다. 사태가 불리함을 깨달은 세르베투스는 심문 도중에 탈출한다. 그가 도주한 후에도 비엔 재판소는 재판을 계속해 나갔다. 비엔 법정은 세르베투스에게 이단 교리자, 왕의 칙령을 어긴 자, 탈옥수로 몰아 벌금과 함께 화형을 선고한다.

비엔을 탈출한 세르베투스는 자기를 죄인으로 몰도록 증거물을 보내준 칼빈에 대한 원한을 품고 제네바로 그를 찾아간다. 그의 속셈은 칼빈과 대결을 벌여보려는 것이었으나 1553년 7월 당시의 제네바 사정은 칼빈과의 대결에서 승산이 없을 것임을 보게 된다. 그래서 8월의 마지막 주일 예배를 드리러 갔다가 그를 알아본 시의원들에 의해 체포된다. 그는 죄인의 상태에서 칼빈에게 계속 심문을 당한다. 칼빈은 자기변명을 계속하는 세르베투스에게 38개 항의 문제성을 제기했다. 그러나 세르베투스는 24시간 이내에 그 38개 항의 문제점들을 서면으로 변증했다. 그러자 칼빈은 그 변증을 또 반박했다.

10월 26일, 시의회는 세르베투스 처형 문제로 토론을 벌였다. 시의원 다수는 그를 추방시키려 했으나 칼빈은 그의 참수형을 주장했고, 시의회는 결국 1553년 10월 27일 그를 화형했다. 세르베투스의 처형으로 제네바 시민들의 민심이 크게 동요하기 시작했다. 칼빈은 자기변명 없이 세르베투스가 이단자이므로 하나님의 공의에 의해 정당하게 처벌되었다는 내용의 글을 발표했다. 이로써 칼빈은 제네바 시민들로부터 환멸과 커다란 반발을 받았다.

현대 유니테리언(Unitarianism)의 원조 소치니주의 발생 - 현재 미국 하버드 대학교 신학부의 중심이 되는 삼위일체 교리와 그리스도의 신성을 부인하는 유니테리언주의는 칼빈주의를 배척하는 스위스 제네바 소치니주의의 창시자 소치니(Lelio Sozzini: 1525~1562)에 의해 시작된다. 칼빈주의가 수용되는 국가들에서는 칼빈주의가 발전을 거듭해 현재에 이르렀다. 그러나 제네바에서 시행된 칼빈주의의 독선에 맞선 자들이 소치니주의(Socinianism)라는 정반대의 운동을 일으켰다.

소치니주의를 만든 소치니는 어떤 사람인가? 소치니는 이탈리아 중부 토스카나 주(州) 시에나(Siena) 군의 군청소재지로 인구 6만 정도 되는 도시에서 법률가로 활동했다. 그는 법률가였지만 초기 기독교를 회복해야 된다는 주장을 하여 로마 가톨릭의 수많은 우상숭배 내용들을 비난했다. 이를 안 가톨릭의 위협으로 신변의 위협을 느낀 그는 이탈리아를 떠나 유럽 여러 나라인 프랑스, 영국, 네덜란드, 독일, 오스트리아, 보헤미아 등을 유랑하다가 마지막에 스위스 취리히에서 죽었다.

그의 조카 파우스토(Fausto: 1539~1604)는 이탈리아 인문주의와 자유주의 삼촌의 영향을 받고 바젤에 정착했다. 파우스토는 1578년에 폴란드로 가서 자신에 신념에 입각한 교회를 세웠다. 그는 《구주 예수 그리스도에 관하여》(1578)라는 저서를 내고 폴란드 개혁 교회(Minor Reformed Church)와 함께 사역하면서 《라코프 교리 문답》(1605)을 발표했다. 이 두 책에서 파우스토는 삼촌 소치니의 사상을 소개한다.

그의 주장의 핵심은 예수를 하나님의 계시자로 받아들이되 신이 아닌 단순한 인간으로 받아들이며, 교회와 국가는 분리되어야 하고, 육체가 죽을 때 영혼도 같이 죽으며 다만 예수의 계명을 지킨 소수의 사람들만 선별적으로 부활한다는 것이었다.

이들 소치니주의자들은 폴란드를 중심으로 한동안 왕성했다가 추방을 당하자 헝가리, 독일, 영국, 네덜란드로 망명을 했고, 영국 국교회와 과학자 뉴턴, 미국의 제퍼슨, 에머슨 등에 영향을 미친다. 그 결과 삼위일체를 부정하는 미국 유니테리언 교회가 만들어졌고, 현재는 회중 교회와 하버드 대학 신학부가 중심지가 되고 있다. 이 소치니주의가 현대 유니테리언주의의 사상적 기초가 된 셈이다.

그런데 그 소치니주의로부터 시작된 소치니 교회는 이탈리아에서 스위스로 망명한 이탈리아 난민들이 1542년에 칼빈을 반대해서 세운 교회였다. 그러므로 소치니주의는 교회와 국가가 연합한 칼빈의 '제네바 교회법'(1541)에 대한 반발로 시작된 운동이었다.

소치니주의나 유니테리언주의가 반성경적이고 이성을 중심하는 합리주의적 이단 사상임은 분명하다. 그러나 이 같은 사상이 인문주의와 결탁된 반 칼빈주의에서 비롯되었다는 사실은 좋은 역사는 아니라고 할 수 있다.

(4) 투쟁 후의 즐거운 사역

칼빈은 32세 때(1541) 제네바 사역을 시작했다. 초기 5년(1542~1546)은 매우 험악한 투쟁기였다. 이 기간에 세르베투스 화형을 비롯하여 58명을 죽이고 76명을 추방시켰다. 제네바 시민들은 칼빈에 대해 알 것을 다 알았다. 그가 주일마다 교회에서 설교하고 절기마다 성례를 베풀었으나 그가 목사가 아니라 종교사상에 숙취된 광신 지도자임을 알게 된다. 그들은 칼빈이 좋거나 믿을 만해서가 아니라 자기들이 살아남기 위해 칼빈의 독재를 수용해야 함을 알았던 것이다.

그런가 하면 유럽 각국에서도 놀라운 현상이 따른다. 중세기 가톨릭의 비성서적 종교 독재를 깨닫고 개혁에 눈을 뜬, 독일 이외의 다른 나라인 프랑스, 영국, 이탈리아, 스페인 사람들이 종교적 난민으로 스위스로 모여든다. 이들이 일부는 바젤에, 일부는 제네바에 정착한다. 1558년 제네바는 외국인 피난민 279명에게 시민권을 수여한다. 이렇게 해서 제네바의 인구는 증가하고, 칼빈은 후반 사역을 즐겁게 할 수 있게 된다.

칼빈은 1540년에 결혼했으나 1549년에 사별하고 55세(1564)로 죽을 때까지 독신으로 살아가며 성경 주해 60여 권과 그의 대표작 《기독교 강요》를 남긴다.

이제 그의 공적을 살펴보자.

2) 칼빈의 공적[32]

(1) 유럽 교회들에 미친 영향

① 프랑스 개혁 교회

프랑스에 칼빈주의가 번져서 그들에게 '위그노파'(Huguenots)라는 별명이 붙었다. 그 별명은 '동맹들'이라는 독일어 Eidgenossen에서 파생된 것으로 추측한다. 프랑스 개혁 교회 전신인 칼빈주의가 초기에는 산발적 박해를 받았으나 36년간 이어진 위그노 전쟁(1562~1598)으로 많은 칼빈주의자들이 희생되었으며, 그 결과 프랑스는 루이 14세(1643~1715) 때부터 오늘에 이르기까지 가톨릭 주종 국가가 된다. 이 내용은 '제2부 근세 교회사'에서 다시 살펴보겠다.

칼빈은 위그노 전쟁 전에 프랑스 망명자들인 발도파(Waldo)들을 도와 국왕으로 하여금 사형을 모면케 하는 공헌을 했으나, 프랑스 국가는 군사령관과 추기경의 독단적 독선으로 4천 명을 학살했다.

---

32) 앞의 책, pp.347~359.

② 스코틀랜드 장로교회

스코틀랜드 개혁자 녹스(John Knox, 1514~1572)는 칼빈의 제자로 "스코틀랜드 신앙고백"의 의회 승인을 받는다(1560년 8월). 이로써 스코틀랜드 장로회가 합법적 국교가 되었다.

③ 네덜란드

네덜란드 최초의 개혁 교회는 루터교였다. 그다음에는 재침례교도가 한동안 영향을 미친다. 그러나 칼빈주의가 40년(1568~1609) 동안 투쟁하면서 10만여 명이 희생된 후에 독립을 쟁취하게 된다. 그 후에는 칼빈주의가 국교급으로 정착한다.

④ 잉글랜드

잉글랜드에는 메리 여왕 탄압 때 도피한 800여 명이 엘리자베스 여왕 때 귀국하여 청교도 혁명에 의한 웨스트민스터 신조와 요리문답(1643~1646)을 제정한다. 이 내용은 근대사에서 다시 살펴보겠다.

(2) 제네바 아카데미

제네바에는 1428년에 가톨릭이 성직자들을 훈련하기 위한 대학이 설립되어 있었다. 그러나 칼빈 때에는 100년 이상 퇴락한 상태의 학교로 전락해 있었다. 칼빈이 1541년에 이 학교를 인수해서 1559년에 제네바 아카데미로 발족시킨다. 첫해 600명의 학생이 모였고, 과목은 문법, 논리학, 수학, 물리학, 음악, 고대 언어 등 일반 교양과목이었다. 학장인 베자와 10명의 교수로 출발했다.

이렇게 시작된 제네바 아카데미는 프랑스, 영국, 네덜란드 등에서 학생들이 유학한 후 본국의 전도자가 되었다. 이곳 학위를 네덜란드 대학 학위와 동등하게 취급함으로 네덜란드 학생인 아르미니우스(Jacobus Arminius: 1560~1609)가 베자에게서 칼빈주의를 수학하고 돌아가서 칼빈주의 반대자가 되었다.

이 학교는 1873년에 제네바 대학으로 승격되었으며, 교육부 관할 하에 국가 재정 지원을 받는다. 대학 학부는 12개 분야가 있고, 교수 언어는 프랑스어다. 칼빈의 공적으로 크게 알려졌다.

(3) 기독교 강요

칼빈이 1536년 26세 때 최초의 《기독교 강요》를 출판했다. 그는 일생 동안 계속 보완하고 수정해서 1559년까지 최종판을 냈다.

기독교 강요는 네 권으로 구성되었다.

제1권: 창조주 하나님(성경, 삼위일체, 창조, 섭리)

제2권: 구속주 하나님[타락, 인간의 죄성, 율법, 구약과 신약, 중보자 그리스도, 예언자, 제사장, 사역(속죄)]

제3권: 성령 하나님(신앙과 중생, 회개, 기독교인 생활, 칭의, 예정, 부활)

제4권: 거룩한 교회(교회, 성례, 시민 정부)

이 책은 가톨릭의 조직신학인 아퀴나스의 《신학대전》에 맞서는 개신교의 조직신학에 해당되며, 따라서 오늘날 개신교의 모든 신학은 이 책에서 비롯되었다. 아울러 이 책에 영향받은 사상가들이 신대륙 미국 건국 초기에 교육, 정치, 사회, 문화, 종교 등에 막강한 영향력을 행사했다. 따라서 개신교 신학은 칼빈주의에 대한 찬성과 반론으로 발전되었다.

2. 칼빈 사상의 문제점[33]

1) 가톨릭 잔재들의 계승
(1) 가톨릭 교회법의 변형인 제네바 교회법
2000년 교회 역사에 '교회법'을 만들어 적용한 것은 세 개다.

① 로마 가톨릭 교회의 교회법(Canon Law)

가톨릭은 신앙과 도덕과 권징에 관한 모든 사항을 교회 법률 체계로 만들었다. 그래서 니케아 공의회(325) 신조, 칼케돈 공의회(451) 신조 등의 신조들이 교회법의 기초가 되었다. 그것에 사도신경(750) 같은 익명, 가명 내용도 추가해서 이탈리아 교회법 학자인 그라티아누스(Johannes Gratianus, ?~1160)가 1140년경에 《그라티아누스 교령집》(Decretum Gratiani)을 만들어냈다. 이 책에서 그는 '교회법'은 세속 국가법보다 우월하다는 주장을 펼쳤다. 이 주장을 중세기 교황들이 교회가 세속 국가 위에 군림한다는 주장을 하는 근거로 삼아 중세기 1000년 동안 가장 악독한 법령으로 사용되었다. 가톨릭은 종교개혁 후 트렌트 공의회(1545~1563) 이후에 달라진 교회법으로 존속시켜 오고 있다.

② 영국 성공회의 교회 법령집(Book of Canons)

엘리자베스 여왕 1세(1558~1603) 때 39개 신조(Thirty-nine Articles, 1563~1571)를 법령으로 공포했다. 그 후 제임스 1세와 캔터베리 주교회의(Canterbury Convocation)가 1604년에 통과시키고 다시 1606년 요

---
33) 앞의 책, pp.359~379

크 주교회의에서 통과된 141조항의 교회법이 있다. 그 후에 여러 차례 수정을 거듭하는 영국 성공회는 국가가 교회 위에 군림하는 교회법을 갖고 있다.

③ 칼빈의 제네바 교회법

칼빈은 1541년 11월 20일에 '제네바 교회 규범'(Ecclesiatial Ordinance of Geneva)을 시의회를 통해 제정 발표했다. 칼빈의 제네바 법이 장로회의 시작이며, 교회 당회가 시민들의 비행을 처벌할 것을 결정하고 시의회가 시행하도록 한 법령이었다.

칼빈의 제네바 교회법은 가톨릭의 종교재판의 근거가 되는 가톨릭의 교회법을 그대로 계승한 것이다. 과거 가톨릭은 가톨릭 종교에 위배되는 자들을 처벌하는 근거로 '교회법'을 활용했다. 칼빈은 가톨릭이 아닌 자기 개인의 사상을 성경이라고 강조하며 자기 사상과 다른 사람들을 가차 없이 죽였는데 그 수가 58명이나 된다. 칼빈은 그리스도의 사상과 정신은 전혀 찾아볼 수 없는 독재자였다.

(2) 교황이 군주 위에 군림한 것처럼 시의회 정치 조직 위에 군림한 칼빈

가톨릭의 교황들은 예수 그리스도의 대리자들이다. 그런 교황들이 도덕적으로 축첩과 사생자들을 두고, 경제적으로 온갖 부정행위에 해당하는 성직 매매를 해도 가톨릭은 교황들의 교리는 완전무결하다고 믿으며, 그 교황들은 모든 군주들 위에 군림했다. 칼빈도 교황이라는 명칭만 없을 뿐 교황들을 증오하면서 교황들의 행적을 답습해 나갔다.

(3) 가톨릭의 세례 구원론과 장로회의 정회원 기준인 세례

교부시대의 신학을 총정리한 아우구스티누스(Augustine: 354~430)는 《신국론》(The City of God, 413~427)을 통해 로마 역사를 기독교 사관으로 서술한 역사 신학자였다. 그런데 그의 성서신학에는 많은 문제점이 있는데 특히 예정론, 종말론, 성찬론, 구원론 등에 결정적 오류를 남겼다. 그런 오류투성이 신학들 중 하나가 '세례 구원론'(Baptismal Regeneration)이다. 그는 유아세례로 구원받는다고 했다. 그렇게 잘못된 신학을 중세기 가톨릭 신학자 아퀴나스(Thomas Aquinas: 1224~1274)가 《신학대전》(Summa Theologica)에서 계승시켰다. 가톨릭의 세례 구원론을 칼빈은 세례를 교회 정회원의 기준으로 변형시켰고, 칼빈 이후 모든 개신교는 세례를 정회원이 되는 기준으로 삼고 있다. 이것 역시 가톨릭의 잔재를 그대로 계승한 것이다.

2) 신약교회를 구약시대로 후퇴시킴

(1) 구약에서 실패한 신정정치(神政政治, Theocracy) 이상을 제네바 시정(市政) 정치에 적용

신정정치는 출애굽한 이스라엘에게서 시작된다(출 19:6). 이것은 이스라엘 각 지파 대표자들이 여호와를 왕으로 섬기기로 공약한 종교 동맹이었다. 훗날 왕정시대 때는 왕이 곧 여호와의 기름 부음 받은 자(시 2:2, 20:6)였다. 이것은 이사야서에서도 엿볼 수 있다(사 6:1~5). 이것이 바벨론 포로 귀환 후에는 여호와의 영적 통치의 중재권이 왕에게서 대제사장에게로 옮겨간다(학 2:2; 슥 3:1). 이것은 왕정시대에 적용된 신정정치의 이상이 남북 왕조의 멸망으로 실패로 끝났으므로 더 이상 신정정치 이상은 무효하다는 성경적 증명이다. 우리 주님께서 "내 나라는 이 세상에 속한 것이 아니니라"(요 18:36) 하셨고, "가이사의 것은 가이사에게, 하나님의 것은 하나님께 바치라"(마 22:21)고 말씀하셔서 정치와 종교는 완전히 분리되어야 함을 가르쳐 주셨다.

그런데 신정정치를 시도한 사례들이 있다. 이슬람 종교는 종교와 정치를 1인 칼리프(Caliph: 敎統)가 장악하던 시대가 제1대에서 4대까지 계속되었다. 그리고 제네바에서 칼빈이 교회와 시의회를 일원화시킨 칼빈주의가 구약에서 실패한 신정정치를 이상으로 하고 있었다. 또 영국에서 청교도들이 장로회를 국교로 만들려는 청교도 운동을 펼쳤고, 뉴잉글랜드 초기의 청교도들에게 신정정치를 구현하려고 했다.

칼빈의 독재적 살인 탄압정책은 구약에서 이미 실패한 신정정치 이상을 주님의 뜻과 위배시켜 가면서 시행하려던, 그의 개인적 독단적 시도였다. 이 점을 바르게 이해하는 것이 칼빈 사상을 올바로 이해하는 것이다.

(2) 구약에 근거한 계약신학

계약신학은 칼빈 자신이 만든 신학은 아니고 칼빈주의자들이 16세기, 17세기에 독일, 영국, 네덜란드에서 발전시킨 이론이다. 지금은 프린스턴의 하지 부자(C. Hodge와 A. A. Hodge)에 의해서 성약신학(Federal Theology)으로 발전된 개혁 교회의 핵심 교리가 되었다. 그 내용을 간략하게 정리해 보자.

① 최초의 언약신학(言約神學: Covenant Theology)

독일의 올레비아누스(Kaspar Olevianus: 1536~1587)는 트레브(트리어)에 태어나 파리, 오를레앙, 부르주에서 공부한 후 제네바에 가서 파넬, 칼빈, 베자 등과 교제하며 종교개혁자가 되었다. 그는 하이델베르크 교회 목사가 되어 우르시누스(Zacharias Ursinus, 1534~1583)와 함께 "하이델베르크 요리문답"(Heidelberg Catechisms, 1562)을 작성하였는데, 이는 언약신학의 시초다.³⁴⁾

② 영국에서의 언약신학

에임스(William Ames: 1576~1633) 청교도 신학자가 선도적인 역할 후에 "웨스트민스터 신앙고백"(Westminster Confession, 1643~1646)이 만들어졌고, 사보이 선언(Savoy Declaration, 1658)에도 반영되었다.

③ 독일 코케이우스(Johannes Cocceius, 1603~1669)가 "Summa Doctrinae de Foedere et Testamento"(1648)에서, 미국의 찰스 하지(Charles Hodge: 1797~1878)와 그의 아들 알렉산더 하지(A. Alexander Hodge: 1823~1886) 등이 언약신학을 발전시켰다.

그렇다면 '언약신학' 또는 '계약신학'의 내용이 무엇인가?
저들은 하나님께서 인류에게 두 번의 언약을 맺으셨다는 것이다. 한 번은 창세 때 하나님이 아담과 행위언약(The Covenant of Work)을 맺으셨으나 인간의 타락으로 인하여 실패로 끝이 난다. 두 번째 언약은 아브라함으로 시작되는 은혜의 언약(The Covenant of Grace)이 예수 그리스도의 속죄의 언약(The Covenant of Redemption)을 지나 세상 종말까지 이어진다는 것이다.

과연 '언약' 또는 '계약' 신학이 성경 전체를 관통하는 핵심 사상인가? 성경에 계시된 '언약'의 개념을 살펴보자.

---

34) W. A. Curtis, A History of Creeds and Confessions of Faith, 1911.

언약을 구약에서는 '베리트'(ברית), 신약에서는 '디아데케'(διαθηκη)라고 했다. 우리말에 언약(言約)이라고 하면 두 사람이 말로 약속하는 것을 뜻한다. 그러나 구약성경에는 언약, 또는 계약의 개념이 세 가지로 나타난다.

첫째, 양쪽 모두가 동의한 쌍방 간 언약의 경우다. 다윗과 요나단이 서로 언약을 맺는다(삼상 18:3). 서약한 아내(말 2:14)를 언약자로 표현했다.

둘째, 유력한 측에 의해서 부과되는 일방적 계약의 경우다. 타락한 아담과 하와에게 추방 중에도 주어진 언약이다(창 3:15~17). 홍수 후 노아에게 종족 보존의 언약(창 9:8~17), 아브라함에게 주어진 후손을 통한 축복의 언약(창 15:13~21), 시내 산에서 이스라엘 민족에게 주신 언약(출 19:4~6), 레위 지파를 제사장으로 속죄 의무를 하게 한 언약(민 25:12~13), 다윗 왕조의 후손을 통한 메시아의 언약(삼하 7:12, 23:5), 이사야가 예언한 백성의 언약(사 42:6), 예레미야가 예언한 새 언약(렘 31:31~34) 등이다.

셋째, 하나님께서 죄인과 화해하시기 위해 스스로 부과하신 의무이다(신 7:6~8; 시 89:3~4).

신약성경에서도 언약이라는 용어가 나온다. 누가복음 22장 20절, 고린도전서 11장 25절의 '새 언약'은 '헤 카이네 디아데케'(η καινη διαθηκη)로, 이것은 예레미야가 예언한 예레미야 31장 31~34절의 예언을 주님께서 성취하셨다는 선언적 말씀이다. 과거 구약성경 전체에 소개된 모든 언약은 새로운 언약인 신약에서 완성되었다는 결론적 선언인 것이다.

과거 구약의 언약과 신약의 언약의 차이가 무엇인가?

첫째, 구약은 돌비에 새겨진 모세의 율법이었으나, 신약의 새 언약은 성도들의 심령에 새겨진 성령의 법이다.

둘째, 구약의 언약은 혈통적 이스라엘을 대상으로 한 언약이었으나, 신약의 새 언약은 혈통을 초월한 모든 인류 중 믿는 자 누구에게나 적용되는 언약이다.

셋째, 구약의 언약은 짐승의 피로 이루어졌으나, 신약의 언약은 예수 그리스도의 보혈로 말미암는다.

넷째, 구약은 율법 준수인 행위를 강조하지만, 신약은 믿음을 강조한다.

그렇기에 구약의 수많은 곳에서 다양하게 주어진 언약들은 단지 새 언약을 주기 이전에 하나님께서 준비 과정으로 주신 임시적 그림자에 불과하다. 새 언약이 성취된 신약시대에 또다시 언약이 필요한 것으로 언약신학을 만든 것은 신약을 도외시한 구약적 발상이다. 언약신학은 구약을 근거로 한 이미 시효가 지나간 옛날 개념이다.

계약신학자들의 계보가 화려하다. 그러나 신약성경 신학을 제대로 파악하지 못한 편파적, 단편적 논리로 구원의 감격을 모르는 구약의 율법적 신학에 머문 것이 언약신학이다. 언약신학은 당연히 폐기처분되어야 할 구태의연한 모순 논리이다.

(3) 신약의 장로직을 구약의 장로제도로 후퇴시킴
여기서 우리는 장로 직분의 성경과 교회사의 역사를 살펴보자.

① 구약성경의 장로
구약성경에 맨 처음 장로 직분이 소개된 곳은 창세기 50장 7절이다. 요셉의 아비인 야곱이 애굽에서 130세로 죽는다(창 47:9). 이때 애굽의 총리인 요셉을 문상하러 온 사람들이 바로의 모든 신하와 바로

궁의 원로들(장로들)과 애굽 땅의 모든 원로들이라고 했다. 여기서 말하는 '원로'는 '지크네'(זְקֵנֵי)다. 이 말은 노인(민 11:16)이라는 뜻이나 장로, 원로, 어른(신 32:7)이라는 뜻이다. 그러나 본문에서는 단지 노인, 어른이라는 뜻보다는 '학식과 연륜이 풍부한 왕의 자문 참모들'이라는 뜻으로 사용되고 있다. 이렇게 이방 애굽인들이 가진 장로 직분을 애굽에서 살고 있던 이스라엘 백성들도 채용하고 있음을 엿볼 수 있다(출 3:16).

모세는 이스라엘 백성을 출애굽 시킨 후에 광야 시절에 하나님의 지시대로 70명의 장로를 지도자로 세운다(민 11:16). 그 후 가나안 정복 때 장로들이 큰 역할을 한다(수 8:33, 24:31). 그 후 사울 왕 때부터 남북 왕조 멸망 때까지 장로들이 지도자로 활약한다. 구약의 장로 직분은 신약시대의 예수님 때에도 계승되었다. 예수님 시대의 장로들은 유대교 교권주의자인 대제사장과 사두개인이 중심이 되었고, 예수님을 죽이기 위해 공동 노력한 자들이었다(마 27:1).

② 사도 시대의 장로

예수께서 활동하시는 복음서 시대의 장로는 구약의 장로였다. 마가복음 7장 3절, 5절, 8장 31절, 11장 27절, 14장 43절, 53절, 15장 1절, 누가복음 7장 3절, 9장 22절, 20장 1절, 22장 52절, 사도행전 4장 5절, 8절, 23절, 6장 12절까지는 구약의 장로들이다. 그런데 사도행전 11장 30절의 '장로들'은 '프레스뷔테루스'(πρεσβυτερους)다. 이때의 장로는 구약의 장로가 아닌 교회를 관장하는 장로를 뜻한다. 사도행전 14장 23절에는 각 교회에서 장로들을 택했다. 바울과 바나바가 장로들을 택한 것이 아니라 개 교회에서 택한 장로들을 바울과 바나바가 세웠다. 사도행전 15장에는 예루살렘 교회의 장로들이 사도들과 교회

현안 문제를 의논한다. 16장에는 예루살렘 교회에서 사도들과 장로들이 공동 사역을 한다(16:4).

그런데 더 중요한 내용이 있다. 사도행전 20장 17절에는 바울이 에베소 교회 장로들을 밀레도로 초청해서 그들에게 자신이 3년 동안(20:31) 에베소에서 목회했던 정신을 설명한다. 그런데 바울은 그 장로들을 교회의 감독자라고 한다(20:28). 이것은 교회 장로가 곧 감독이라는 직책을 가진 것을 증명한다. 바울은 디모데전서 3장에서 교회의 감독과 집사 직분만을 말한다. 디모데전서 5장 17절의 '잘 다스리는 장로들'은 말씀과 가르침에 수고하는 이들을 말한다. 디도서 1장 5절의 장로는 7절의 감독임을 말한다. 베드로는 자신을 '함께 장로 된 자'라고 한다(벧전 5:1). 사도 요한은 자신을 장로라고 한다(요이 1:1; 요삼 1:1).

이 모든 신약성경을 종합하면 장로와 감독은 한 사람이 가진 목회 다양성임을 의미한다.

③ 교부 시대(100~500)의 직분

사도들 다음 세대 교회 지도자들을 교부라고 하며, 그들이 가르치던 시대를 교부시대라 한다. 교부시대 초기에는 감독과 장로가 한 사람에게 적용되었다. 로마의 클레멘스(Clemens Romanus: 30~101?)가 96~97년경에 고린도에 보낸 서신에서 자신을 감독이라고 하며 또 장로라고 한다.[35] 또 최초에 가톨릭이라는 용어로 '보편 교회'(καθολικος)라는 용어를 사용한 안디옥의 이그나티우스(Ignatius: 69~118)를 안디옥의 감독이라고 한다.[36]

또 서머나 교회의 순교자 폴리캅(Polycarp, 69~156)은 30대에 장

---

35) 정수영,《교부시대사》(쿰란출판사, 2014), pp.62~67.
36) 앞의 책, p.87.

로였다가 40~50대에 감독이었을 것으로 추정한다.[37] 또 히에라볼리(Hierapolis)는 골로새서 4장 13절에 소개되는데 이곳의 파피아스(Papias: 70~156)를 감독이라고 한다.[38] 또 유스티누스[Justinus: 100~165, 영어명 저스틴(Justin)]는 기독교 변증가로 활동하다가 순교를 당함으로 '저스틴 마터'(Justin Martyr)로 알려져 오고 있다.

교부시대의 최종 신학자인 아우구스티누스(Augustine: 354~430)를 히포(Hippo)의 감독이라 했고, 알렉산드리아 성경학교 교장으로 많은 저술서들을 남긴 오리게네스(Origen: 185~254)는 성경에 박사였으나 장로로 살아갔다. 이렇게 교부시대에는 '감독'과 '장로'가 혼용되며 사용되었다.

④ 가톨릭 교회 시대(590~1500)의 직분

그레고리우스 1세(590~604)가 최초로 '교황' 제도를 만든다. 성경에 근거 없는 교황 제도를 만들면서 주교(Bishop)라는 직분이 만들어진다. 주교는 일반적으로 도시나 큰 읍 단위 교회의 수장을 일컫는 호칭이었다. 그래서 교황, 총대주교, 수도대주교, 대주교, 주교, 사제 등으로 행정 규모에 따라 호칭을 구별하는 제도가 만들어진다.

⑤ 종교개혁 시대(1500~1600)의 직분

가톨릭 교회에서 개혁을 통해 분리되면서 개신교는 세 가지로 달라진다. 독일의 루터교는 가톨릭의 주교를 감독 목사(Superintendent Minister)로 이해하고 주교가 아닌 목사라 한다. 영국 성공회는 가톨릭의 주교직을 그대로 유지하며 또 루터교와 칼빈주의도 혼합해 목

---

[37] 앞의 책, p.89.
[38] 앞의 책, p.99.

사직도 사용한다. 제네바의 칼빈은 주교를 폐지하는 대신 감독을 목사로, 목회자였던 장로를 평신도 지도자로 구별시켰다.

칼빈은 목사와 장로를 구분한 근거로 에베소서 4장 11b절에 "어떤 사람은 목사와 교사로"라는 구절을 제시했다. 그러나 그 본문의 원문은 '목자'(ποιμενας)와 '교사'(διδασκαλος: teachers)다. 신약성경에 '목사'(Pastors)라는 직분은 없다. 오늘날 개신교 전체가 사용하는 목사라는 호칭은 성경의 목자(Shepherd)를 칼빈이 목사(Pastors)로 개칭한 데서 비롯되었다. 그리고 성경 원문은 교회 감독과 장로는 '목자이며 동시에 교사'라는 뜻이다. 이것을 칼빈이 원문대로 적용하지도 않았을 뿐 아니라 여기서 '교사'를 빼고 '장로'로 대치했으며, 신약의 장로가 아닌 구약의 평신도 지도자로 후퇴시켰다. 이것은 명백하게 신약성경의 탈선이며, 칼빈의 개인적인 제네바 교회 개혁을 위한다는 명분을 내세운 잘못된 행위이다.

성경의 진리는 명확하고 분명한데 칼빈의 탈선행위가 500년을 계승하면서 오늘날의 교회에서는 장로 직분이 섬기는 봉사직이 아니라 존경받는 계급으로 전락했다. 오늘날의 장로교 '장로'직은 신약성경의 완전한 이탈이며 굳이 이해하자면 신약성경을 구약시대로 후퇴시킨 것에 불과하다. 이에 대한 올바른 시정이 이루어질 때 교회가 본궤도에 오르게 될 것이다.

3) 칼빈의 가장 독소적인 예정론 사상

칼빈이 신약교회 제도를 변형시킨 것은 보통 큰 죄악이 아니다. 그리고 칼빈의 사상 중 가장 큰 해악과 범죄는 성경에 비롯된 예정론 사상이 아니라 철학자나 세상 숙명론자들의 사상을 성경의 사상인 양 위장시켜 놓은 것이다. 칼빈은 자기 사상에 대해 이견을 말하거나 동조하지 않는 자는 죽이거나 추방했는데, 독일의 개혁사상가 멜란히톤(P. Melanchthon: 1497~1560)이나 취리히의 개혁자 불링거(J. H. Bullinger: 1504~1575) 같은 이가 예정론을 반대한다고 교제를 끊어버렸다. 그럼에도 칼빈의 후예들은 칼빈의 예정론에 근거한 '칼빈주의 5대 강령'을 만들어 지금도 칼빈식 예정론을 믿고 있다. 여기서 칼빈의 예정론이 과연 성경적인 사상인가를 살펴보자.

(1) 성경의 예정론의 근거

성경에 '예정'이라는 단어가 쓰인 곳은 많지가 않다. 이사야 30장 32절에 "여호와께서 예정하신 몽둥이"라는 표현이 있다. 이때 쓰인 '예정하신'은 '무싸다'(מוסדה)다. 이 말은 '기초를 두다'(grounded), '설립하다'라는 뜻이다. 따라서 하나님께서는 치밀한 계획하에 주도면밀하게 기초를 마련하신다는 의미이다.

신약성경의 사도행전 3장 20절, 4장 28절, 에베소서 1장 5, 9, 11절에 '예정'이란 단어가 '프루리조'(προοριζω)로 쓰였다. 그뿐만 아니라 구약, 신약성경에는 예정론에 해당될 만한 표현들이 다수 있다.

① 구약성경의 예

바울 사도가 로마서 9장 7~18절의 논리로 삼은 근거가 창세기 21장 12절, 25장 22~26절의 내용이다. 여기서 우리가 기본적으로 알아야 할 사실이 있다. 창세기 21장이나 25장의 사건은 주전 1500년경의 모세 때 사건이 아니라 모세 이전의 주전 1800년경 이삭 때의 사건이다. 모세가 자기보다 300여 년 전 과거 족장들의 과거사를 믿음으로 해석하는 내용이 창세기 25장의 내용이다. 또 바울 사도가 과거의 구약 기록을 믿음으로 해석하는 내용이 로마서 9장이다. 그러므로 구약성경의 예정론의 근거는 과거사라는 원칙에 근거하고 있다.

또 명확한 근거는 창세기 45장 4~15절에 기록된 요셉의 고백이다. 요셉은 5절에서 "하나님이 생명을 구원하시려고 나를 당신들보다 먼저 보내셨다", 7절에서 "당신들의 후손을 세상에 두시려고 나를 당신들보다 먼저 보내셨나니…나를 이리로 보낸 이는 당신들이 아니요 하나님이시라"고 했다. 여기 보면 요셉은 자기의 험악한 과거사가 형님들에 의해 이뤄졌으나 그 사실은 형님들의 배후에 계신 하나님의 계획에 의해 성취된 것으로 해석한다.

② 신약성경의 예

사도행전 3장 20절의 "주께서 너희를 위하여 예정하신 그리스도"라는 말씀과 사도행전 4장 28절의 "하나님의 권능과 뜻대로 이루려고 예정하신 그것"은 모두 다 하나님과 그리스도께서 행하신 과거사를 믿음으로 고백하는 표현이다. 또 에베소서 1장 4절에 "창세 전에 그리스도 안에서 우리를 택하사"라고 할 때의 '창세 전'은 '프로 카타볼레스 코스무'(πρὸ καταβολῆς κόσμου)다. 이 말은 '천지창조 이전'(before the foundation of the world)이라는 말이다.

바울은 그리스도인들이 구원받도록 선택된 시점이 천지만물 창조 이전이라고 하는 신앙인의 과거사를 감격적으로 회고한다. 바울 사도가 창조 이전을 목격한 바도 아니고 잘 아는 바도 아니다. 그러나 교회가 탄생된 과거사를 믿음의 눈으로 회상해 볼 때 천지창조 이전의 하나님께서 우주만물을 만드시려는 구상, 또 천지만물을 만드신 후에 아담과 노아를 거친 후에 아브라함을 선택하시고 이스라엘 민족을 선택하셨고, 예수 그리스도의 성육신과 대속사역과 예수님을 대적한 자신을 회개시켜 사도로 만드신 주님, 그리고 자기를 통해 구원받는 이방인들 모두가 너무 신묘불측(神妙不測)하여 '창세 전에 그리스도 안에서 우리를 택하셨다'고 했다.

　사도 바울의 이 고백은 예정론의 진수를 보여주는 것이다. 구약성경과 신약성경의 차이를 모르는 계약주의 신학자들은 이 구절을 근거로 구약 때에도 교회가 있었다는 터무니없는 주장을 한다. 그러나 구약 때 믿음으로 구원받는 자들은 있었으나 신약 때처럼 성령으로 구원받고 성령이 내주하는 때는 아니었다. 따라서 에베소서 1장 5, 9, 11절의 '예정'이라는 '프로오리사스(προορισας)는 미래를 예정했다는 뜻이 아니다.

　구약성경과 신약성경의 '예정' 사상은 반드시 두 개의 범주에 국한된다.

　첫째, 반드시 구원받은 자만이 고백할 수 있다는 개념이다. 그 사실이 에베소서 1장 안에 "그리스도 안에서"라는 강조가 4, 7, 9, 10, 11, 12절, 그리고 13절 등 7번이나 반복 강조되고 있다. 그렇기에 예정론은 이미 구원받은 자들만의 것으로, 과거 사건들을 하나님의 개입 사건으로 해석하는 것은 신앙인들만의 고백인 것이다. 이것은 구원받지 못한 자들은 고백할 수 없는 내용이다.

　성경적 예정사상은 철저하게 구원받은 자들만 할 수 있는 고백이다. 그런데 성경에 '예정'이라는 개념을 파악하지 못한, 구원받지 못한 자들은 이 세상 모든 사람에게 예정을 적용시켰다. 예정론의 창시자 아우구스티누스나 칼빈은 구원받지 못한 종교인이었을 가능성이 매우 크다고 판단된다.

　둘째, 성경의 예정론은 반드시 과거사 해석에 국한된다. 요셉이나 바울의 예정사상은 반드시 과거사를 믿음으로 해석했다. 그러나 아우구스티누스나 칼빈은 성경의 예정사상을 미래까지 확대시켰다. 칼빈은 하나님께서 절대주권(absolutism)을 가지셨으므로 창세 이전에 영생을 얻을 사람과 영원히 멸망할 사람으로 이중예정론(Double Predestination)을 주장했다. 이렇게 사람의 운명이 신에 의해 결정되었다는 사상은 동양 종교들의 '숙명론'(宿命論) 사상이고, 이슬람 종교의 숙명관(宿命觀)이다. 칼빈의 숙명론적 예정사상은 그 후 200년간 선교의 문을 닫게 함으로 교회 역사에 치욕스러운 결과를 가져왔다.

③ 교회사 속의 예정사상

교부시대 때 펠라기우스(Pelagius: 380?~ 424?)의 자유의지 주장과 아우구스티누스(Augustine: 354~430)의 예정사상 간의 논쟁이 중세기 스콜라 신학자들의 예지예정의 신학이 루터와 칼빈에게 그대로 계승된다. 그러나 루터의 후계자 멜란히톤은 신인협력설로 칼빈과 대립된다. 17세기 네덜란드에서 아르미니우스가 자유의지를 주장함으로 칼빈주의는 더욱 강하게 굳어졌다. 칼빈주의는 아담의 타락 전 선택을 주장하는 '전택설'과 타락 후 선택을 주장하는 '후택설'로 갈라졌다. 이때 경건주의가 일어나면서 존 웨슬리가 아르미니우스주의를 지지하면서 감리교, 성결교, 오순절 교회가 뒤따른다.

20세기 칼 바르트는 다시금 스콜라주의적 칼빈주의로 되살려놓았다. 지금도 '예정론' 사상은 칼빈주의와 아르미니우스주의로 양분되어 있다. 우리는 사람들의 각각 다른 해석으로 분열을 거듭해온 비성경적 해석들을 차단하고 신약성경의 원리대로 돌아가야만 안정을 얻을 수 있음을 명확하게 깨달아야 하겠다.

4) 칼빈주의가 닿는 곳마다 뒤따르는 후유증

칼빈은 제네바 교회법(1541)을 근거로 제네바 교회와 시정을 연결시켜 신정정치 이상을 실현하려고 했다. 그는 교회 개혁을 정치적인 힘과 수단으로 사용하게 함으로 시민들에게 독재적인 탄압을 강행했다. 그의 탄압으로 58명이 죽고 76명이 추방당했다. 칼빈의 이와 같은 교회 개혁을 명분으로 내세운 독재 탄압 수단들은 칼빈주의 사상을 이어받은 세계 각 곳에서 수많은 후유증을 뒤따르게 한다. 이제 그 후유증의 사례들을 정리해 보자.

(1) 프랑스의 위그노 전쟁(1562~1598)

이 내용은 다음 제1부 제2절 제1장 프랑스의 위그노전쟁에서도 살펴보겠다. 프랑스의 위그노 전쟁은 개혁주의 신앙을 가진 칼빈주의자들과 가톨릭 신앙을 가진 왕실 사이에서 36년 동안 9차례에 걸쳐 일어난 전쟁이었다. 이 전쟁으로 수십만 명이 죽고 추방당했다. 프랑스 국가 역사에서 종교 문제로 36년에 걸쳐 동족을 죽인 슬픈 과거사다.

프랑스인들은 지금 국법으로 종교는 가톨릭만을 가질 수 있도록 된 나라에서 살아가고 있다. 그렇기 때문에 이슬람이나 기타 다른 기독교 교파들도 모두 존재하기는 하지만 로마 가톨릭이 국교와 다름없이 힘을 쓰는 나라다. 그래서 과거의 개혁주의자들인 칼빈주의 신도들을 박해한 위그노 전쟁을 이해하는 각도가 개신교도들의 이해와 정반대다. 지금도 전 세계의 개신교도들은 프랑스 국민들과 가톨릭 측의 과거사 이해와는 달리 프랑스의 위그노 전쟁을 매우 부정적인 시각으로 이해한다. 그와 같은 부정적 시각의 사실이 문학작품들에서 나타난다.

(2) 스코틀랜드의 장로교 투쟁

로마 가톨릭 종교의 틀 속에 1,000년간 지배를 당해온 스코틀랜드에 종교개혁의 바람이 불었다. 최초의 종교개혁의 시작은 앤드류 대학의 교수가 된 해밀턴(P. Hamilton: 1503~1528)이 루터의 종교개혁을 옹호함으로 가톨릭 당국자들과 충돌하게 된다. 그는 자기가 봉직하는 대학에 소환을 당해 종교재판을 받고 사형을 당한다. 해밀턴은 24세의 젊은 나이에 개혁사상가로 위험인물로 판정받고 순교한다.

그다음 조지 위셔트(G. Wishart: 1513~1546)는 스위스로 피난해 츠빙글리의 영향을 받은 후 귀국해서 개혁자가 된다. 위셔트의 복음 전도로 가톨릭 사제였던 존 녹스가 개종을 한다. 위셔트 역시 가톨릭주의자들에 의해 1546년 33세의 젊은 나이로 화형을 당한다.

존 녹스(J. Knox: 1505~1572)는 가톨릭 사제였다가 개혁자가 되어 가톨릭 당국자들과 맞서 싸우는 시민운동의 지도자가 된다. 그는 수비대를 조직하여 왕실과 가톨릭 당국자들과 무력 항쟁을 함으로 개혁 지도자가 된다. 스코틀랜드는 녹스의 무장 세력의 진압을 위해 프랑스에 군대 파병을 요청한다. 프랑스 함대와 항쟁하던 녹스는 프랑스군에 포로가 되어 갤리(galley) 선에서 19개월 이상 노를 젓는 노예 형벌을 당한다. 다행히 잉글랜드 에드워드 6세의 도움으로 석방된다(1549).

석방된 녹스는 스코틀랜드가 가까운 영국에서 성공회 산하 목회활동 사역을 하게 된다. 그러다가 메리 여왕이 등장해서 성공회 사역자들을 탄압하자 프랑크푸르트를 거쳐서 제네바에 가서 칼빈에게서 5년간(1554~1559) 칼빈주의에 입각한 장로회 신학과 정치제도를 배운다. 그리고 귀국해서 스코틀랜드 장로교 국가를 만든다. 이때 스코틀랜드는 또다시 프랑스 군대에 원병을 요청해 녹스의 개혁 세력을 저지하려 했으나 이웃 영국에 의해 그 프랑스 군대는 저지당한다. 녹스는 영국의 협력하에 스코틀랜드 의회를 통해 1561년에 '스코틀랜드 신앙고백서'를 장로교 조직으로 만든다.

왜 녹스는 스코틀랜드에 장로교 국가를 만드는가? 그는 당시의 많은 종교들을 체험해 보았다. 그는 맨 처음에 가톨릭의 사제로 가톨릭 국가인 프랑스, 이탈리아를 체험했다. 또한 위셔트에 의해 개혁자가 되어 영국 국교회 사역을 경험하며 잉글랜드 국교의 한계성을 체험했다. 그리고 마지막에 제네바에서 칼빈의 사상과 목회를 5년간 체험한다.

녹스는 일생 동안 다양한 종교 체험을 함으로 자신의 생애를 조국 스코틀랜드를 장로교 국가로 만드는 데 헌신하기로 결단한다. 이런 다양한 인생체험에서 얻어진 결론은 그로 하여금 목숨을 건 투쟁으로 이어지게 했다. 스코틀랜드의 가톨릭 세력과 왕실 가문들은 목숨을 내건 녹스의 투쟁 앞에서 무기력하게 무너진다. 결국 그의 투쟁은 승리로 끝나게 되며, 아울러 스코틀랜드 국민들은 칼빈주의의 투쟁성을 배우게 된다.

(3) 영국의 청교도 운동

이 내용은 이 책 '제2부 제1절 제3장 영국 청교도와 군주들의 투쟁'에서 좀 더 소상하게 살펴보겠다.

영국이라는 나라는 군주들에 의해 종교가 좌우되는 군주들의 나라다. 영국이 영국 국교회인 성공회를 만들기 전에는 가톨릭 국가였다. 그런데 헨리 8세 때 성공회가 시작되었다(1534). 그리고 엘리자베스 여왕 때(1558~1603) 청교도 운동이 일어난다. 영국 성공회 입장에서 보는 청교도 운동은 성경만 고집하는 고지식하고 세상과 조화할 줄 모르는, 교회 안에만 갇힌 광신도들의 주장으로 보였다. 그러나 신대륙으로 이민한 청교도들이 신대륙 건설과 함께 청교도들을 너무 미화시켜 놓았다. 가톨릭이나 성공회의 시각으로 볼 때 잉글랜드의 청교도 운동은 매우 고루하고 폐쇄적이며 저돌적인 세력으로 부정적으로 보였다.

많은 개신교 학자들 중 특히 칼빈주의 후예들은 청교도들을 대단한 영웅들로 미화시켜 오고 있다. 그러나 가톨릭 신학자나 성공회 신학자들이 보는 청교도 운동은 매우 부정적이라는 사실도 깨달아야 할 것이다.

(4) 네덜란드 칼빈주의자들의 독립전쟁

이 내용은 이 책 '제2부 제1편 제1장 네덜란드의 알미니안주의와 칼빈주의'에서 다시 살펴보겠다.

네덜란드에서 최초에 종교개혁 영향을 끼친 것은 독일의 루터교였다. 신성로마제국(독일) 카를 5세가 네덜란드 황제까지 겸임하면서(1519) 루터교와 재침례교도들은 계속 박해를 받으며 수많은 희생을 치렀다.

1555년 카를 5세의 동생 펠리페 2세가 네덜란드 통치권을 계승하자 네덜란드는 칼빈주의자들이 주축이 되어서 80년 동안 독립전쟁(1568~1648)을 계속한다. 이런 독립전쟁의 와중에 네덜란드에서는 알미니안주의(1610)와 칼빈주의(1618)가 성립된다. 80년의 독립전쟁 후 네덜란드가 스페인에서 독립한다(1648). 네덜란드가 가톨릭 국가에서 독립한 후 곧이어서 영국과 제1차 전쟁(1652~1654)을 시작으로, 제2차(1665~1667), 제3차(1672~1674), 제4차(1780~1784) 전쟁을 치른 후 네덜란드 왕국이 탄생한다(1815). 네덜란드 정치사에서 칼빈주의자들의 저항운동은 칼빈주의 성격이 얼마나 투쟁적인가를 역사적으로 잘 증명해 보여주었다.

(5) 신대륙에서 청교도들의 인디언들 살육

이 내용도 이 책 '제2부 제1편 제5장 영국령 북아메리카 식민지 교회'에서 다시 살펴보겠다.

초기 신대륙 개척자들인 청교도들의 '필그림 파더스'(Pilgrim Fathers)에 대해 너무 지나치게 미화한 역사들을 보편적으로 알고 있다. 그러나 저들이 인디언들을 살육하고 그들의 땅을 빼앗은 죄악사 내용은 단편적이며 편파적으로 알려져 있다. 이것도 역사 속에 제대로 밝혀져야만 정당한 청교도 역사가 되는 것이다.

[결론]

칼빈주의는 시작부터 진행과 발전이 모두 수많은 문제점을 담고 있다. 그러나 칼빈주의 후예들의 철저한 미봉책과 사실의 왜곡, 그리고 부분적 과장들로 진리와는 너무 동떨어진 칼빈주의로 실재하고 있다. 이것이 양심적으로 신약성경적 기준에서 올바른 평가가 이루어질 수 있도록 필자는 작은 동기 부여를 제공하는 역할을 하고 싶다.

제4장 유럽의 재침례교 운동

[서론]

기독교 2,000년 역사 속에 가장 왜곡과 오류 속에 전승되는 집단들이 있다. 그들은 두 부류다.

하나는 가톨릭에 의해서 이단과 분파주의자라고 단정 받은 역사 속의 분리주의자들이다. 필자는 이들의 명단을 《중세교회사 Ⅱ》에 밝혔다.

두 번째 부류는 소위 종교개혁자들에 의해서 이단으로 수난당하고 잘못 전승되고 있는 재침례교도들이다. 종교개혁은 500년 전 유럽의 수많은 국가들 중 동방 정교회를 제외한 서방 가톨릭 국가 중에서 일어난 운동이었다. 그런데 종교개혁을 다 같이 동시에 시작했으나 개혁운동을 정치와 결합시킨 개혁 운동들은 살아남아서 성공을 한다.

루터가 독일 정치 세력과 연합해 독일 국교를 만든 결과나 영국 왕 헨리 8세가 국왕이 종교의 수장을 병행하게 만든 영국 성공회나 칼빈이 제네바 시의회와 결탁해서 '제네바 시의회 법'으로 장로교를 만드는 결과 등은 모두가 종교와 정치가 야합한 결과들이다.

그러나 종교개혁기에 스위스, 독일, 네덜란드, 보헤미아 등에서 일어난 재침례교도들은 신약성서적 각성에서 정치권력과 분리하고 또 기성 종교인 가톨릭이나 개신교 세력들과도 분리를 했다. 그렇게 성서적 각성 때문에 기존 종교나 정치 세력과 분리를 실천한 것이 사면의 공격과 반대를 다 받아 아주 일찍이 그 기반이 꺾여버렸다. 그리고 독일 일부에서는 그릇된 성서 해석에 의한 광신적 천년왕국주의자들이 정치 세력과 항쟁하다가 비참하고 수치스러운 종말을 당한다.

가톨릭이나 개신교 지도자들은 순수해서 희생당한 재침례교도 운동들은 의도적으로 묵살하고, 광신자들로 사회적 물의를 일으킨 부류만이 재침례교도인 양 왜곡된 설명들로 역사를 왜곡시켜 놓았다. 여기서는 다 똑같은 종교개혁 시대에 각 곳에서 일어난 다양한 재침례운동이 실패했으나 가장 성서적 각성으로 살아간 긴 역사를 살펴보자.

1. 스위스, 독일, 네덜란드의 재침례교 운동

1) 스위스의 재침례교 운동[39]
(1) 스위스 재침례교의 기원

스위스 재침례교도들의 근원이 어디에서부터 시작되었는가? 이 문제는 한 개인의 출생 근원을 아는 것만큼 대단히 중요한 문제이다. 불교의 기원이 석가모니로 시작된 것이나 유교의 기원이 공자에게서 시작된 것이나 기독교의 기원이 예수 그리스도에서 시작된 것은 잘 알려진 사실이다. 가톨릭이 만든 날조된 역사에 의하면, 가톨릭의 기원은 베드로로부터 소급 적용하지만 전 세계 역사가들은 최초로 교황제도가 실시된 590년을 기원으로 본다.

---

39) 정수영,《종교개혁사》, pp.386~400.

루터교의 기원은 1517년으로, 영국 성공회 기원은 1534년으로, 칼빈의 장로교 기원은 제네바 교회법을 만든 1541년 11월 20일로 본다. 그리고 감리교 기원은 웨슬리의 회심일인 1738년 5월 24일로 본다. 또 성결교회는 1921년 동양선교회 성결교단 창설로 본다. 그렇다면 침례교단의 기원은 어느 때인가? 여기에 대해서 공통된 견해가 없다.

대다수 많은 이들이 1611년 영국 국교회 분리주의자 후예설을 따르는가 하면, 지금 살피려는 종교개혁기의 재침례교 영적 혈연설 주장도 있고, 또 침례자 요한 때부터 계승되었다는 계승설도 있다.

그러나 필자는 예수 그리스도 때부터 기존 유대교에서 분리해 나온 것처럼 국가교회 또는 교파교회들로부터 분리되어 나온 수많은 분리주의자들이 침례교의 기원이라고 믿는다.

침례교 기원이 이렇게 서로 다른 이유가 무엇인가? 그리고 그중에 어떤 주장이 올바른 주장인가? 이에 대한 해답은 그가 어떤 역사의식을 수립하고 있는가에 따라서 각각 다른 대답이 따르게 된다. 필자는 '신약교회 사관' 신봉자로 구원 얻은 자들을 '교회'라고 믿는다. 그러기에 예수님 때 구원 얻은 자는 바리새인 중에 니고데모(요 3:1, 19:39)가 있었고, 사도들 때에는 제사장들도 있었다(행 6:7). 그렇기에 교회 역사 속에서 구원 얻은 자는 교파 중심이나 특정 교단 중심이 아니라 오히려 역사 속에 이단으로 매도당하고 분파들 속에 많이 있으리라고 본다.

이와 같은 교회관에 근거한 과거사를 참작할 때 침례교의 기원은 위에서 주장하는 세 가지 주장들 모두가 교파 중심의 이론이라고 생각한다. 따라서 침례교의 기원은 종교개혁기 이전의 훨씬 고대라고 본다.

그렇다면 1525년 1월에 츠빙글리와 유아세례 논쟁을 한 재침례교도들은 어느 계통에서 돌출한 무리들인가? 이들 재침례교도들의 출현 이전에 여기저기 돌출했던 집단들의 문헌이 남아 있다. 그것은 스위스 재침례교도들이 츠빙글리와 유아세례 논쟁(1525.1.17~18)을 하기 이전이며, 루터가 종교개혁을 시작하기(1517.10.30) 이전에 스위스에서는 형제단들의 기도회 모임들이 있었다.

그들에 대한 기록은 중세기 가톨릭에 의해서 각 지역에서 재판을 받고 처벌받은 각 곳의 재판 문서들에 남아 있다. 그 기록에 의하면 1514년 바젤에서, 1515년 스위스에서, 1518년 독일의 마인츠와 아우구스부르크스에서 형제단들의 기도 모임을 적발해 처형시킨 문헌이 있다. 그리고 1524년에는 스위스 형제단과 유사한 집단이 프랑스, 네덜란드, 이탈리아 삭소니, 슈트라스부르크, 보헤미아 등에서도 재판에 의해 처벌받은 기록들이 있다. 이렇게 유럽 전 지역에서 가톨릭에 의해 처벌받은 기록들이 있다. 유럽 지역에서 처벌받은 이들은 가톨릭에 의해 희생된 자들이다. 이들은 개신교도들이 나오기 이전의 성도들이었다. 그렇다면 이들은 누구인가?

그들은 중세기 때 발도파(Waldeness) 또는 왈도파로 알려진 부류라고 믿어진다. 발도파는 11세기 때 발도파, 혹은 왈도파로 알려진 엄격한 금욕주의자들이었다.[40]

이들은 콘스탄틴 이후 기독교가 국가와 결탁해 하나의 종교로 전락한 것을 부정하는 도나투스파(어거스틴 때)의 정신을 계승한 무리들이었다.

11세기에 교황이 십자군병을 보내 소탕 작전을 벌임으로 멸절 위

---

40) 정수영, 《중세교회사 Ⅱ》, pp.800~828.

기를 맞았을 때 이들은 스위스와 프랑스, 이탈리아 국경지인 알프스 피에몽 계곡으로 도피한다. 이들은 교황군, 황제군의 박해를 피해 신앙을 유지하며 종교개혁 이전에 칼빈의 4촌인 올리베탕(Olivetan: 1506~1538)이 번역한 성경을 사용한다. 이들 발도파의 무리가 스위스 재침례교도의 뿌리라고 추정된다. 이들 왈도파들은 1848년에야 탄압에서 해방되어 자유교회가 된다.

스위스의 재침례교도들은 이들 발도파의 신앙 계승자들로 1525년경 츠빙글리와 유아세례 논쟁을 통해 공식적으로 그들의 정체를 드러내며, 가톨릭의 유아세례를 부인하고 다시금 성서적 침례를 받아야 한다고 주장함으로 재(Ana)침례파라는 호칭이 생기게 된다.

(2) 스위스 재침례교 지도자들

스위스 재침례교 지도자들은 너무 짧은 기간 동안 활동을 하다가 가톨릭이나 개혁자 츠빙글리로부터 모두 희생을 당한다. 그래서 그들의 짧은 생애와 짧은 활동으로 그들의 사상을 단편적으로 아는 정도이다.

① 콘라드 그레벨(Konrad Grebel: 1498~1526)[41]

그레벨은 취리히 동쪽 그뤼닝겐(Gruenigen) 시에서 고위 공무원의 아들로 태어났다.

그의 부친은 나중에 취리히 시의원이 되는 출중한 인물이었다. 그는 어린 시절 취리히 그로뮌스터 성당학교에서 6년간 초등교육을 받은 후에 16세 때(1514년) 바젤 대학에 진학해서 기독교 인문주의를 배

---

41) 정수영, 《종교개혁사》, pp.389~393.

운다. 이듬해(1515년) 오스트리아 비엔나 대학으로 전학한다. 비엔나 대학에서 의사이며 지리학 교수인 바디안(Vadian)을 만나 인문주의 사상에 깊은 영향을 받는다. 바디안은 훗날 그레벨의 여동생과 결혼을 한다.

그레벨은 비엔나 대학 3년 동안 인문주의와 함께 술과 여자들로 얽힌 부도덕한 생활을 한다.

1518년 부도덕한 환경을 탈피하려고 파리로 갔다. 파리에서 남은 대학생활을 마치려다 건강과 학비 문제로 더욱 복잡해지자 1520년 고향 취리히로 귀향한다. 그레벨은 자기가 인생의 낙오자요 실패자라는 절망감 속에 파묻혀 지냈다. 그런데 취리히 개혁자 츠빙글리가 젊은이들에게 헬라어 원전에 의한 성경을 가르친다는 소문을 듣는다.

그레벨은 종교적 관심이 아니라 헬라어를 배운다는 학문적 관심으로 츠빙글리의 성경공부 모임에 참여한다. 그레벨은 헬라어 공부를 위해 성경을 읽고 다른 이들과의 토론 과정에서 복음적 내용을 알게 된다. 아마도 이렇게 성경공부 과정에 예수님을 알게 되었고 구원을 받은 것으로 추정된다. 그는 성경공부 회원인 만츠(Felix Manz)와 함께 츠빙글리 성경공부를 열심히 해나갔다. 그 무렵 1523년 10월 츠빙글리의 제2차 공개토론이 있었다.

츠빙글리는 성경공부 때 성당 내 성상(Image)들이 이단이고, 또 미사(Missa)가 그리스도의 희생이 반복된다는 주장이 잘못되었음을 역설했다.

그와 같은 성경공부 때의 주장대로 공개토론에서도 똑같은 주장을 했다. 그래서 츠빙글리의 주장대로 토론에서 이겼다. 그런데 츠빙글리는 주장대로 실천하지는 않고 미루었다. 이때부터 츠빙글리와 제자들 간에 금이 가기 시작했다. 그레벨과 만츠는 츠빙글리와 달리 그들과 함께하는 재침례교도들과 따로 모임을 갖고 두 사람이 지도자가 된다. 이때 참여한 무명의 무리들이 발도파 영향을 받은 이들로 추정된다. 그레벨은 츠빙글리와 별개로 모임을 갖는다.

그레벨이 남긴 작품은 1524년 9월에 스위스 형제단의 대표자 이름으로 독일 토마스 뮌처에게 보낸 편지가 있다.

이 편지가 지금도 보존되고 있다. 이 편지의 내용은 독일 농민전쟁의 지도자로 알려진 토마스 뮌처가 재침례를 주장하므로 그레벨은 그에게 다 같은 재침례교 지도자로서 재침례교도가 오해받지 않도록 조심해서 처신하라는, 같은 신앙 노선자에 대한 권면이었다.

그레벨은 토마스 뮌처에게 폭력 사용, 무기 사용 등을 강력하게 비판하고, 십자가의 원리처럼 희생을 통해 새 생명을 주는 농민운동을 하라고 권고했다. 그리고 스위스 형제단은 구약적 개혁보다는 신약적 복음적 개혁을 추구하고 있음을 밝혔다.

그러나 독일의 농민전쟁은 토마스 뮌처 단독으로 일으킨 전쟁이 아닌, 오랜 세월 동안 봉건주들에게 착취당해 온 분노가 쌓여 있다가 루터의 개혁 정신에 용기를 얻은 약자 농민들이 1524~1525년 전국적으로 일으킨 전쟁이었다. 그런데도 루터는 스위스에서 그레벨이 보낸 서신을 왜곡해서 독일의 농민전쟁이 재침례교도들의 천년왕국 대망에서 비롯된 종교적 반란이라고 왜곡시킨다.

루터의 그릇된 편견을 따르는 독일 국민들은 루터의 말을 따라 침례교 전반에 부정적인 선입관을 갖게 된다.

그 후 1525년 1월 17~18일에 츠빙글리와 과거 츠빙글리의 제자였던 그레벨과 만츠 등이 '유아세례' 논쟁을 벌인다. 이 내용은 필자의

《종교개혁사》 pp. 237~242에 밝혔다.

이 중대한 내용을 개신교 교회사 교수들은 그 누구도 가르치지도 않고 저술하지도 않는다. 왜냐하면 개신교는 루터, 칼빈의 불완전한 개혁을 그대로 믿고 따르기 때문이다. 유아세례 논쟁에 패배한 츠빙글리는 스위스 형제단에게 '아나뱁티스트들의 두목'(Ringleader of Anabaptists)이라는 모욕적 별명을 준다.

1525년 1월 21일, 그레벨은 추운 겨울에 동료 형제 블라우락과 만츠의 부인에게 머리 위에 물을 붓는 관수(affusion)례를 베푼다. 4월에는 지터(Sitter) 강에서 스위스 재침례교도 500여 명의 신자들에게 물 속에 잠기는 침례(Baptism)를 실시한다.

1525년 10월 그레벨과 블라우록은 유아세례를 부인하고 성인 침례를 실시했다는 죄목으로 츠빙글리에 의해 재판을 받는다. 1526년 3월에 재심 재판 때 무기징역 선고를 받는다. 이때 누군가 저들에게 도망칠 기회를 주어 탈옥한다. 그레벨은 출옥 후 순회 전도를 다니다가 1526년 8월 흑사병으로 28세에 세상을 떠났다. 그레벨은 업적을 남기지 못하고 최초로 성인 침례 시행자로 기억되고 있다.

② 펠릭스 만츠(Felix Manz: 1498~1527)[42]

만츠는 취리히에서 가톨릭 사제의 아들로 태어나 사생아로 자랐다. 하지만 부친 덕분에 어렸을 때부터 라틴어, 히브리어, 헬라어 등 성서의 언어를 배우게 되었다.

1522년(24세) 때 츠빙글리가 이끌어가는 성경 원어 공부 모임에 참여해 츠빙글리의 사랑을 받으며 그레벨과 친구가 되었다. 그런데 1523

---

42) 앞의 책, pp.394~396.

년 츠빙글리가 공개토론 후에 그의 가르침이나 주장과는 전혀 다르게 처신함으로 그레벨과 함께 불만을 갖고 따로 모임을 갖는다.

1524년 12월에 만츠는 자신들의 모임을 유아세례에 찬성하는 이단 세력으로 매도하는 츠빙글리가 주도하는 시의회에 자신들의 신앙을 변호하는 "항의와 변론"이라는 글을 보낸다.

그는 사도행전 9장 17~19절을 근거로 다메섹의 아나니아가 사도가 아닌 그리스도의 제자로 회개한 사울에게 침례를 베푼 것처럼 회개한 성인에게는 누구든지 침례를 베풀 수 있고, 아울러 회개하지 않은 유아에게 세례란 아무 의미가 없다고 주장한다. 그런데도 츠빙글리는 개선하려 하지 않고 오히려 탄압하므로 드디어 1525년 1월에 제자들과 츠빙글리가 유아세례 논쟁을 하게 되었다.

내용적으로 재침례교도들의 승리였으나 시의회는 오랜 교회 전통을 무시하는 재침례교도들을 이단으로 정죄하고 츠빙글리를 승리자로 선언한다.

재침례교도들은 1525년 1월 21일 만츠의 집에서 스위스 최초로 형제 교회를 출발시키고 이날 그레벨이 동료 블라우록에게 관수례에 의한 약식 침례식을 거행한다.

그 후 이들은 농부들과 기술자들에게 전도 활동을 한다. 같은 해 10월에 츠빙글리가 주도하는 시의회에서 유아세례 주장 반대자라는 죄목으로 감옥에 갇히게 되고, 취리히 워치 타워 감옥으로 이감된다. 그러나 무명의 도움으로 탈출하게 된다.

만츠와 블라우록은 그뤼닝겐으로 가서 비밀리에 복음을 전하다가 이듬해인 1526년 10월에 또다시 체포된다. 1527년 1월에 재판 결과 만츠에게 사형 선고가 내려졌고, 츠빙글리의 주도대로 그를 리마트(Limmat) 강물에 빠뜨려 익사시키는 방법으로 사형이 시행되었다.

유아세례를 거부하고 물속에 잠기는 침례 주장자들을 강물에 익사시킴으로 침례를 모독하려는 츠빙글리의 의지가 작용한 것이다.

만츠는 1527년 1월 5일 토요일 오후 3시에 강물 속에 던져진다. 이때 만츠의 어머니가 "시험 때에 그리스도께 끝까지 신실하라"고 격려했고, 만츠는 "오 주님, 당신의 손에 저의 영혼을 맡깁니다"라고 기도했다. 만츠는 츠빙글리의 주도하에 어머니가 목격하는 가운데 29세 젊은 나이에 생 죽음을 당한다. 이렇게 해서 만츠는 프로테스탄트 개신교에 의해 최초로 순교자가 된다.

그는 자기 집에서 스위스 최초의 재침례교회를 시작했고, 최초의 관수례를 실시했다는 기록을 남겼다. 그는 시의회에 제출한 "항의와 변론"이라는 글과 18절로 이루어진 찬송가 한 편을 유산으로 남겼다.

③ 게오르게 블라우록(George Blaurock: 1491~1529)[43]

블라우록은 스위스 농부의 아들로 태어났다. 그는 공부하고자 하는 열의로 독일 라이프치히 대학에서 공부하고 1516년 가톨릭 사제가 되어 추르(Chur) 교구에서 2년간 사제직을 수행하다가 사제직을 포기한다. 그는 가톨릭 교회의 엄격한 규율과 전통에 얽매이는 삶을 거부했다. 그 후 푸른 코트를 즐겨 입고 다녔기에 '블라우록', 또는 '푸른 코트', '건장한 게오르게'라는 별명들이 따랐다.

그는 신학적 주제에는 무관심했으나 하나님의 뜻대로 살고자 하는 열망이 있었다. 그는 신앙의 궁금증으로 고뇌하던 중 츠빙글리의 성경공부 모임 소문을 듣고 찾아갔다가 거기서 그레벨과 만츠를 만

---

43) 앞의 책, pp.397~399.

났다. 그래서 그는 이미 결혼한 상태로 스위스 형제단원이 된다.

여기서 츠빙글리 수하에 공부하던 많은 회원들 중 그레벨과 만츠와 결속하여 행동을 함께하게 된다.

그는 1525년 1월에 츠빙글리와 유아세례 논쟁 때 세 명의 재침례교 대표자로 참여했다. 그리고 1월 21일 만츠 집에서 최초로 자진해서 관수례를 받는다. 1월 30일에 블라우록과 함께 관수례 침례를 받은 24명이 츠빙글리에 의해 시의회에 체포되었다가 풀려난다. 그는 더욱더 열심히 전도활동을 하다가 2년 후(1527년) 1월에 만츠가 강물에 익사 처형을 당할 때 블라우록은 손발이 묶인 채 피가 흘러내리는 태형을 당한다.

1527년 5월 21일 불라우록을 포함한 8명의 재침례교도들이 베른(Bern) 도시에서 츠빙글리와 공개토론을 제의한다. 이때 츠빙글리는 재침례교도들의 주장을 묵살하고 일방적으로 재침례교도들을 비난한 후 재침례교도들에게 베른 시를 떠나라는 추방령을 내린다.

블라우록은 베른을 떠나 비엘, 그리슨스, 아펜젤 등 다른 도시들에 가서 복음을 전하는 대로 계속 추방령을 당한다.

네 번에 걸친 계속된 추방령으로 스위스에서 활동할 수 없게 되자 스위스를 떠나 오스트리아 서부지방 티롤(Tyrol)로 간다. 여기서 골짜기에 소재한 재침례교 담임 목사가 된다.

이곳에서 갈급한 영혼들에게 복음을 채워주었고, 열정적인 전도열로 이웃 도시 사람들까지 소문을 듣고 찾아왔다. 당시 헝가리 보헤미아 지역을 통치하고 있던 페르디난드는 철저한 가톨릭 신봉자로 개신교에서 이단시되는 재침례교도들에게 적개심이 많았다.

그는 인스부르크(Innsbruck) 시 당국을 통해 블라우록의 전도자가 수천 명에 이른다는 정보를 얻는다. 페르디난드 대공은 1529년 8월 14일 블라우록과 평신도 지도자를 체포하였다. 그리고 이들에게 재침례교가 이단임을 실토하도록 극심한 고문을 계속했다. 그래도 끝까지 저항하자 9월 6일 오늘날 이탈리아의 키우지(Chiusu) 근처에서 화형에 처해 처치했다.

그때 그의 나이 38세였다. 그의 유산으로 옥중 서신 한 편, 간략한 설교 한 편, 두 편의 찬송가사가 있다.

(3) 스위스 재침례교도의 신앙 유산

스위스 재침례교도 지도자 세 명이 모두 다 개신교 종교개혁자 츠빙글리에 의해 죽어 갔다.

그레벨은 츠빙글리에 의해 무기징역 선고를 받고 복역 중에 탈출해서 순회 전도를 하다가 흑사병에 걸려 죽었다. 만츠는 어머니가 지켜보는 가운데 1월의 추운 겨울에 츠빙글리의 제안으로 강물에 빠뜨려져 익사한다. 블라우록이 스위스에서 추방당해 다른 나라에서 성공적인 사역을 하는 것을 시기한 츠빙글리가 가톨릭교 광신자인 정치가에게 정보를 제공해 줌으로 죽이게 했다.

츠빙글리는 이토록 수많은 반대자들을 시의회 정치력을 이용하여 죽음의 길로 가게 했다. 그 같은 살인 행각에 대해 그 자신이 그대로 보응을 받는다. 그렇기에 츠빙글리 생애를 기억하거나 존경하는 이는 소수에 그친다.

그렇다면 츠빙글리의 독선과 독단에 맞서서 죽음을 불사하면서 지켜나갔던 스위스 재침례교도들의 신앙적 유산은 무엇인가? 저들의 신앙적 특징을 몇 가지로 정리할 수 있다.

① 믿는 자의 침례

유아들은 자기가 죄인인지, 회개가 무엇인지, 그리스도께서 나에게 어떤 일을 하셨는지 아무런 깨달음을 얻을 수 없는 죄인 상태다. 그런 죄인에게 부모의 믿음으로 유아세례를 주고 그가 구원받은 하나님의 백성이라는 주장은 성서의 가르침에 위배된다. 침례는 죄를 회개할 수 있는 믿는 자에게 실시해야 한다.

② 영혼의 자유

거듭난 그리스도인은 종교, 정치 등 모든 것으로부터 자유함을 얻어야 한다.

신앙에 짐이 되거나 무거운 부담이 되는 것은 하지 말아야 한다.

③ 교회와 국가의 완전분리

④ 세상의 사악한 악으로부터의 분리

⑤ 중생한 자만이 교회 회원이 되는 교회

⑥ 훈련과 양육이 병행되는 신앙생활과 순수성 유지를 위한 징계 사용

⑦ 목사는 세상으로부터 좋은 평판을 받아야 한다.

이들의 주장 중 어느 것 한 가지도 흠잡을 것이 없다. 그런데도 정치적 세력을 장악한 츠빙글리는 이들을 모두 처형시켰다. 츠빙글리라는 인물을 어떻게 평가해야 할까? 매우 당혹스럽다.

츠빙글리는 47세로 전쟁 중에 죽어서 그 시신이 네 조각으로 찢긴 후에 불태워 사라졌다. 그러나 그도 한때는 취리히 시에서 22년간 혁혁한 사역을 이루었다. 그는 취리히 시가 흑사병으로 시민의 3분

의 1이 죽을 때 도시를 지키며 도시인을 보살폈다. 그는 또 가톨릭과의 거듭된 공개토론회에서 성경의 원문에 의한 해박한 지식으로 반대자들을 제압했다.

그러나 그는 두 가지를 잘못했다. 하나는 자기보다 성경에 월등한 재침례교도들을 시의회의 정치력으로 탄압하고 다 죽임으로 살인 교사가 되었다. 두 번째는 스위스 용병 제도를 없애려는 애국적 열정으로 전쟁을 일으켰다가 오히려 참살을 당했다. 이것은 교회와 국가의 분리 원칙인 정교분리의 원칙을 그르친 결과였다.

그는 성경을 아는 학자였을 뿐, 성경을 실천하는 신앙인은 아니었던 것 같다.

2) 독일의 재침례교도들[44]

[서론]

독일의 종교개혁 성공을 이해하려면 독일의 특수한 정치적 시대성을 이해해야만 한다. 독일은 962년 오토 대제가 신성로마제국을 시작했다.

그런데 그 같은 야심찬 꿈은 십자군 전쟁(1096~1270)을 통해 과대망상이었음을 체험한다. 1256~1273년까지 나라를 이끌 군주가 없는 공백기를 보낸다. 독일 황제를 뽑는 7명의 선제후들은 영국인, 스페인인을 신성로마제국 황제로 뽑기도 했다.

그러다가 오스트리아인, 룩셈부르크인, 보헤미아인, 에스파냐인이 황제가 된다. 이렇게 계속 외국인이 독일 황제가 되므로 국가의 결속

---

44) 앞의 책, pp.400~422.

력은 허약할 수밖에 없었다.

루터는 황제를 선출하는 독일인 선제후의 후원을 업고 로마 교황이나 에스파냐 황제와도 대결하며 종교개혁을 성공시킨다.

이렇게 군주가 계속해서 다양한 배경에서 선출됨으로 독일 국민들도 그 성향이 다양한 배경으로 나타난다.

루터의 종교개혁기에 독일에서는 루터만이 활동한 것이 아니다. 이때 각종 다양한 신앙 개혁 운동들이 일어난다. 그중에서 재침례교도들도 루터와 같이 개혁운동을 했다. 이들 재침례교도들의 개혁운동 양상 역시 다양했다. 즉 성서적 재침례교 개혁운동자들이 있었고, 또 이성주의자 개혁운동자들이 있었으며, 극단적인 천년왕국주의자들의 광신적인 운동도 있었다. 그런데 이들 재침례교도들의 과격한 개혁 주장들은 가톨릭 종교 속에 천 년이나 중독된 독일 국민들의 큰 호응을 얻지 못했다. 그들은 루터처럼 가톨릭과 절충된 어설픈 개혁을 선호했다. 그렇기에 독일의 재침례교도들의 개혁운동은 스위스에서처럼 대부분 큰 핍박 속에 희생되어 사라졌다. 여기서는 종교개혁기의 다양한 재침례교도들의 역사를 살펴보겠다.

(1) 성서적 재침례교 지도자들

① 발타자르 후프마이어(B. Huebmaier: 1480~1528)

후프마이어는 아우구스부르크 동쪽 지점인 프리드베르크에서 가난한 소작인의 아들로 태어났다. 어렸을 때 아우구스부르크 라틴 학교에서 공부했으나 늦게 23세 때(1503) 프라이부르크(Freiburg) 대학에 진학하여 학사학위와 석사학위를 받는다.

이때 만난 교수가 루터의 대적자였던 가톨릭 신학자 엑크(John

Eck)다. 엑크 교수가 잉골슈타트(Ingolstadt) 대학 교수로 전근하자 후 프마이어도 잉골슈타트 대학교로 전학해 1512년 9월에 신학박사가 된다. 1515년에 후프마이어는 잉골슈타트 대학교 부총장이 되어 학교 행정과 함께 대학교 부속 교회의 설교자가 된다.

1516년 1월에 갑자기 대학 행정 사역을 접고 레겐스부르크 성당 주임 신부로 부임한다. 레겐스부르크 도시는 주민들이 유대인들과 심한 갈등 관계로 소문이 난 곳이다. 후프마이어는 주민들 편에서 유대인들을 추방하는 일을 주도한다. 그는 탁월한 설교와 병자들을 돌보는 따뜻한 목회자로 좋은 평판이 나게 된다. 그런데 1521년에는 뜻밖에 독일 서남부 스위스 접경지대에 있는 소도시 발츠후트로 사역지를 옮긴다.

1522년 가까운 스위스 바젤을 방문하여 그레벨의 스승이었던 글라리안 교수를 만나고 또 에라스무스를 만나 인문학에 눈을 뜨게 되고 스위스 여러 도시에서 전개되는 종교개혁을 목격하게 된다. 그때부터 루터의 개혁 논문들과 성서 원문 연구에 관한 많은 관심을 가지게 된다. 그는 바울 서신 연구에 집중하면서 점점 성서주의자가 되고 가톨릭과 사상적으로 멀어져 신분은 사제이지만 사상은 개혁자로 활동했다.

그는 츠빙글리를 통해 개혁적인 복음 설교자로 달라져 간다. 그래서 츠빙글리가 가톨릭 신학자들과 공개토론을 하는 1523년 10월 논쟁에 참석해 츠빙글리의 개혁 방향에 동승한다.

1524년에는 후프마이어가 두 곳 대학에서 배웠던 가톨릭 신학과 행습을 전면적으로 비판하고 수정하는 내용의 자기 신념을 '18개 조항'(Eighteen Theses)으로 발표한다. 이 논문에서 미사, 화상 숭배, 성상 사용, 성직자 독신 제도 등을 모두 부정한다.

그리고 44세 나이의 후프마이어는 결혼을 한다. 이 같은 돌변에 오스트리아 왕 페르디난드 1세는 콘스탄스 대주교로 하여금 후프마이어를 발츠후트 지역에서 추방하도록 지시한다. 이렇게 독일에서 추방 지시를 받은 후프마이어는 즉각적으로 자기 신앙을 밝히는 소신 있는 글을 밝힌다(1524년 9월).

후프마이어는 가톨릭의 부당한 탄압에 신앙 양심에 근거한 소신 있는 글을 발표한다.

그것은 "이단자들과 그들을 불태워 죽이는 자들에 관하여"라는 논문으로, 모두 36개 항목으로 구성된 내용의 글이다. 그 내용은 "믿음은 강요해서는 안 된다"는 내용이었다.

"이단이나 불신자라도 믿음을 강요해서는 안 되고, 더구나 무력으로 정복하려고 하는 일은 전혀 할 수 없는 일이다. 할 수 있는 일은 영적 수단으로 성경 말씀을 주의 깊게 사용하고 인내와 기도 그리고 증언으로 설득해야 한다. 그 어떤 사람도 종교가 다르다는 이유로 국가라도 그를 향해 무력을 사용할 권리가 없다. 하나님은 이단이든, 불신자든, 그 어떤 사람이든, 화형에 처해 죽이는 권한을 인간의 손에 위임하지 않았다. 이단을 불태워 죽일 것을 요구하는 것은 사탄마귀의 발명품이다." 이 같은 내용의 논문이었다.

후프마이어는 옛날 가톨릭의 사제가 아닌 복음 설교자로 변화되었다. 이 논문을 통해 발츠후트 시민들의 환영을 받는다(1524년 10월). 1525년 부활절에 후프마이어는 약 300명의 신자들에게 머리 위에 물을 붓는 관수례 약식 침례를 베푼다. 이 소문이 오스트리아 통치자인 페르디난드 1세에 전해졌다. 1525년 12월, 위험을 감지한 후프마이어는 사역지인 발츠후트를 떠나 취리히로 도피했으나 취리히 시의회는 츠빙글리의 지시로 후프마이어와 그의 아내를 체포해서 모진 고문 후에 추방한다.

후프마이어는 독일에서도 스위스에서도 안전하지 않았다. 그래서 도망자 신분 상태로 1526년 모라비아 지방으로 간다. 모라비아 지방에서 열정적이고 사랑이 넘치는 그의 전도열로 약 6,000명이 신앙고백에 근거한 침례에 순종한다.

후프마이어는 모라비아 지방에서 간단하고 요약된 복음적 소책자들을 출간하여 굶주린 영혼들에게 영의 양식을 공급해 주었다.

후프마이어를 추격하던 페르디난드 1세에 의해 비엔나에서 그의 아내와 함께 체포당한다. 그 후 온갖 고문으로 그의 주장을 번복하도록 강요당했으나 끝까지 신앙의 절개를 굳게 지켰다. 드디어 1528년 3월 10일 후프마이어는 비엔나 법정에 의해 화형에 처형되니, 이때 그의 나이 48세였다. 그가 처형된 지 3일 후 그의 아내는 다뉴브 강에서 익사당했다. 이때 비엔나 성도들 105명의 재침례교도들도 함께 극형을 당한다.

후프마이어는 잉골슈타트 대학에서 정규 신학박사 학위를 받은 준비된 학자였다. 그가 가톨릭 신부에서 복음을 깨닫고 재침례교 지도자로 활약한 기간은 고작 3년(1525~1528)에 불과했다. 그가 가톨릭에 의해 희생되지 않고 자연사할 때까지 사역을 계속했다면 어떻게 되었을까? 재침례교 신학에 크게 공헌을 했을 것이다. 그러나 그는 가톨릭 세력과 개혁자들의 협공으로 일찍이 희생당하고 만다. 매우 안타까운 과거 역사이다.

② 마이클 자틀러(M. Sattler: 1490~1527)

자틀러는 독일 남서부 프라이부르크 근처의 쉬타우펜에서 출생했다. 그는 프라이부르크 대학에서 공부한 후 브라이스가우 수도원의 수도사가 되었다. 그는 수도원에서 루터의 저서들과 바울 서신을 연구하다가 성경과 가톨릭 교회가 크게 차이가 남을 발견하고 고민하며 갈등한다.

1524년 5월 독일 농민들의 농민전쟁으로 수도원이 점령되자 자틀러는 수도원을 떠난다. 그리고 수녀와 결혼을 하고 취리히 북쪽 오버클라드의 재침례교도의 집에 머물면서 취리히에서 일어나고 있는 츠빙글리와 재침례교도 간의 유아세례 논쟁(1525년 1월)에 참여한다. 자틀러가 재침례교도들을 옹호하자 취리히 시의회는 추방령을 내린다. 이때 자틀러는 스위스 재침례교 지도자들인 그레벨, 만츠, 블라우록 등과 교제하기 시작한다.

취리히를 떠난 자틀러는 종교적 관용이 인정되는 스트라스부르로 갔다. 스트라스부르는 마틴 부처와 카피토가 추진하는 개혁 교회 세력과 한스 뎅크, 헷처 등이 이끄는 재침례교 운동이 함께 일어나고 있었다. 자틀러는 두 개 운동을 모두 살펴봤다. 그때 개혁 교회는 유아세례를 인정하고 국교 체제로 개혁운동을 추진해 감을 보고 자틀러는 재침례교 운동에 참여한다.

이때 자틀러는 재침례교도로 등장하면서 재침례교도와 개혁 교회가 어떻게 다른가를 규명할 필요를 느낀다. 그래서 1527년 2월 24일 샤프하우젠 북쪽 쉴라이트하임(Schleitheim)에서 신앙고백서를 작성한다. 이 신앙고백서를 '쉴라이트하임 신앙고백서'라고 한다.

이 신앙고백서는 루터교 최초의 신앙고백서인 멜란히톤이 만든

1529년 '아우구스부르크 신앙고백서'보다 2년 앞선 고백서였다. '쉴라이트 신앙고백서'는 현존하는 침례교 신앙고백서 중에서 가장 최초의 고백서로 그 역사적 가치가 매우 크다. 그 내용은 크게 7개 항목이다.

  a. 믿는 자의 침례

  가톨릭과 종교개혁자들인 루터, 츠빙글리, 칼빈 등은 모두 다 유아세례 찬성자다. 그러나 재침례교 신학자 자틀러는 유아세례를 거부하고 반드시 자기 신앙을 고백하는 믿는 자이어야 하고, 침례 받은 후 자발적인 헌신에 의한 제자도를 실천할 것을 천명했다.

  b. 주의 만찬

  가톨릭의 화체설, 루터의 동체설(공재설), 츠빙글리의 상징설, 칼빈의 현현설과 달리 재침례교도는 기념설을 주장했다.

  c. 교회 내 징계

  교회의 순수성과 공동체의 정체성 유지를 위한 일시적 징계로 성도들과 교제 금지, 주의 만찬 참여 금지 등 징계 사용을 주장했다.

  d. 세상으로부터의 분리

  교회는 세상과 뒤섞여 존재할 수 없다.

  참 신자는 세상과 세상의 악으로부터 분리되어야 한다.

  e. 칼(Sword) 사용금지

  그리스도인이 칼이나 무기를 사용할 수 있는가? 그리스도인이 세속적인 분쟁에 대해 세속 법정에 호소할 수 있는가? 이 모든 것을 부정했다. 교회의 무기는 영적 무기인 하나님의 말씀이라고 했다.

  f. 맹세(Oath) 금지(마 5:33~34)

  g. 목사의 좋은 평판

  목사는 믿는 자뿐만 아니라 불신자나 권력자, 핍박자들로부터도 좋은 평판을 받아야 한다.

이와 같은 '쉴라이트하임 신앙고백서'가 자틀러에 의해 작성되어 신도들에게 배포되었다. 이 고백서가 어떤 밀고자에 의해 오스트리아 법정에 신고되었다.

오스트리아 가톨릭 왕 페르디난드 1세는 1527년 5월 17일 자틀러를 포함한 14명을 재판에 회부했다. 그때 재판관이 묻고 자틀러가 대답한 법정 진술 내용이 그대로 전승되고 있다. 그 내용을 필자의 《종교개혁사》 pp.413~416에 소개했다. 재판관은 자틀러와 재침례교도들을 교회법, 국가법을 어기고 사회질서를 문란케 한 자로 판결했다.

그래서 자틀레는 5월 20일에 화형에 처해졌다. 화형 전 광장에서 자틀러의 혀를 잘라내고 처형 장소에 가는 길목에서 다섯 번에 걸쳐 부젓가락으로 살점을 뜯어냈다. 그리고 목에 화약을 걸고 이단 두목이라는 죄명으로 불태워 죽였다.

자틀러를 잔인하게 처형시키되 공개적으로 잔인성을 보여줬다. 그리고 자틀러의 부인에게 8일 동안 각종 위협과 고문을 가하면서 신념을 철회할 것을 강요했으나 전혀 굴하지 않았다. 그리고 침례교도는 물을 좋아하니 물속에서 살 수 있나 보자고 넥카(Neckar) 강물에 빠뜨려 익사시켰다.

(2) 광신적 천년왕국주의자들[45]

독일은 십자군 전쟁(1096~1270) 이후 신성로마제국 주도국이라는 허황된 꿈으로 길고 긴 세월 동안 다른 나라 사람들을 군주로 삼는다.

그 결과 국민들의 성향이 매우 달라진다. 이스라엘이 1948년 건

---

45) 앞의 책, pp.423~431.

국되었으나 전 세계 각국에서 흩어져 살다가 단지 모국이라는 신념 하나로 이스라엘 국민을 이루었으나 그 성향이 각각 달라서 정당들 숫자가 헤아릴 수 없이 많은 것과도 유사하다고 비유해 볼 수 있다.

독일은 각각 다른 성향을 가졌던 다양한 계층들이 1,000년 동안 가톨릭의 압제 속에서 숨을 죽여오고 있었다. 그러다가 1517년 루터가 종교개혁을 일으켰다.

루터의 종교개혁은 압제 속에 탄압받던 독일 국민들을 무지에서 깨우쳐 주는 혁명적 동기들을 가져다준다. 1,000년간 숙명처럼 굴종해 왔던 가톨릭의 교황이 그리스도의 대리자가 아니라 하나의 죄인에 불과하다, 모든 그리스도인은 왕 같은 제사장이다, 구원은 믿음으로 받는 것이지 행함으로 되는 것이 아니다. 이 같은 성경적 깨우침은 압박 속에 억눌렸던 전 독일 국민과 유럽인들의 잘못된 의식들을 새롭게 각성시켜 주었다.

새롭게 각성된 유럽과 독일인들의 반응은 매우 다양하게 표출되었다. 그 양상이 신앙 각성의 수준에 따라 각각 다르게 나타났다. 그렇게 각각 다르게 나타난 양상들을 후대인들은 다음처럼 분류했다.

① 복음주의적이다.
② 명상적이다(이상적이다).
③ 혁명적이다.
④ 영적이다.

이렇게 다양하게 분출된 양상들 가운데 독일 역사에 가장 불쾌하게 기억되는 운동이 광신적 천년왕국주의자들의 행태였다.

독일은 1524~1525년에 농민전쟁이 일어났다. 농민전쟁 이전 50년 전부터 토지를 가진 영주들과 그들의 토지를 소작해서 먹고 살아가는 농민들의 갈등은 축적되어 왔다. 그것이 종교개혁으로 의식을 깨우쳐 줌으로 전국적인 농민전쟁이 일어났다. 그러나 이제는 또 달리 광신적 천년왕국주의로 나타난다. 그 내용을 살펴보자.

광신적 천년왕국주의자들은 성경 속에 있는 내용을 제대로 정확히 알지 못하고 부분적인 내용을 주관적으로 해석하는 무지와 독선에서 비롯된다.

이들 광신적 천년왕국주의자들은 모두가 독일 북서부 뮌스터(Münster)라는 도시에서 계속되었다. 그래서 이름하여 '뮌스터 왕국'(Kingdom of Münster)주의자로 기억되고 있다. '뮌스터 왕국'의 시작과 결말을 이끈 자들을 정리해 보자.

① 최초의 개혁자 베른하르트 로스만(B. Rothman: 1495~1535)

로스만은 쉬타틀론에서 출생하여 공동생활 형제단 학교를 다닌 후 마인츠 대학교에서 석사학위를 받았다. 1529년 뮌스터 근교 성 마우리츠 성당 설교자로 사역하다가 1531년에 개혁적 설교자로 변신한다. 그는 독일 내 여러 개혁도시들을 방문해 개혁성향들을 체험한 후 뮌스터 시를 개혁도시로 도입시킨다.

그는 1533년 〈신앙고백〉이라는 소책자로 유아세례를 반대한다는 자기 입장을 피력하였다.

이것이 "재침례교도"라는 과거 농민전쟁의 주도자 토마스 뮌처(Thomas Münzer: 1490~1525)를 연상케 하므로 설교 제지를 받게 된다. 그러나 그 자신은 공개적인 금욕 생활과 자비를 실천함으로 그 영향력이 막대하였다.

그의 설교를 들은 채권자는 채무자를 용서해 주고, 돈을 가진 자들은 로스만에게 돈을 맡겨 구제사업에 사용하도록 했다. 그는 강압적인 공산사회가 아닌 사도행전 2장 43~47절의 원시적인 예루살렘의 자진 공산사회 이상을 실천하려고 했다. 이렇게 사랑과 구제를 실천하는 뮌스터 교회 소문을 듣고 신앙으로 박해받던 이들이 뮌스터로 몰려들었다.

이렇게 초기에는 좋은 소문으로 뮌스터 시가 전국적으로 소문이 났다. 이와 같은 초기 사역은 로스만의 죽음으로 끝이 나고, 로스만과 전혀 다른 이질자가 뮌스터 도시를 계승한다.

② 멜키오르 호프만(M. Hoffmann: 1498~1543)

호프만은 슈바비아 지방의 모피공이었다. 그는 직업상 유럽 각국을 왕래하게 되었다. 1523년 루터의 설교를 듣고 감화를 받은 후 평신도 설교자가 된다. 그는 전에 왕래하던 스웨덴, 덴마트, 홀슈타인 등 유럽 북동부를 돌아다니면서 임박한 종말론 설교활동을 한다. 1527년에는 루터의 사역지인 비텐베르크에 머물면서 다니엘서 12장을 근거로 종말론 주해서를 저술했다.

덴마크 왕 프리드리히 1세가 그를 초청해 '키일'(Kiel)의 설교자로 임명했다. 그는 이때부터 광기어린 예언들을 남발한다. 그는 광신적인 행동과 신비주의 사상자로 주목을 받다가 쫓겨난다. 1529년 츠빙글리를 찾아갔다가 그의 광신 신앙으로 거기서도 쫓겨난다. 그는 스트라스부르로 피신해 재침례교 지도자 슈벵크펠트의 영향을 받고 재침례파 사람이 된다.

여기서 그는 1529년에 재침례파 입장에서 《하나님의 규례》라는 책을 낸다. 그 책에서 침례를 '그리스도를 옷 입는 것'으로 설명한다. 그리고 그는 임박한 천년왕국 사상을 소개하면서 천년왕국 시작의 사도가 루터이고 자신이 마지막 사도로 지명받았다고 주장한다.

그는 계시록을 연구한 결과 주님이 1533년에 스트라스부르로 재림하셔서 새 예루살렘을 건설할 것이라고 주장했다. 이와 같은 그의 독특한 예언적 설교에 미혹된 많은 이들이 스트라스부르로 몰려들었다.

그의 광신적 사상으로 체포령이 내려지자 1530년 네덜란드 엠덴으로 피신을 했다가 1532년 다시 스트라스부르로 돌아왔다. 그는 결국 체포되어 이단 사상으로 종신 징역 선고를 받았다.

그는 옥중에서 자기를 면회 오는 이들에게 은밀하게 종말론 사상을 서신으로 보급해 나갔다. 그리고 미래의 새 예루살렘은 뮌스터가 될 것이라고 했다.

당시 뮌스터에는 로스만의 원시 공산사회로 사람들이 모여들고 있었다. 그는 옥중생활을 10여 년 이상 계속하다가 1543년 옥중에 옥사함으로 활동이 중단된다.

③ 얀 마티스(Jan Matthys: 1500~1534)

뮌스터 시는 가톨릭의 주교가 종교 지도자이면서 동시에 도시의 통치자였다. 이렇게 주교가 각 곳의 통치자로 겸직하기 시작한 것은 오토 대제(Otto I: 912~973)가 신성로마제국(962년)을 시작하면서 비롯된 관행이었다.

그래서 13세기 전반까지 뮌스터 시를 주교가 장악해 왔었다. 13세기 후반부터 주교의 지배를 벗어나 자치 도시가 되었다. 종교개혁기에 주교가 통치자로 있을 때 뮌스터 시의회는 1532년에 루터파 출신의 설교자를 개 교회에서 청빙할 수 있도록 가결했다. 그런 중에 로스만의 원시 공산사회 실천으로 루터교도보다 재침례교도들이 몰려들었다.

네덜란드 재침례파로 활동하던 얀 마티스와 라이덴의 존이 뮌스터 왕국의 주체가 된다.

1533년 뮌스터 도시는 루터교 신자들보다도 재침례파 이민자들의 수효가 다수를 차지하게 되었다. 이민자들이 다수를 차지하자 얀 마티스가 이민자 다수를 통해 1534년에는 뮌스터 도시의 합법적인 통치자로 시정을 장악하게 된다.

그는 옥사로 죽은 호프만의 예언을 근거로 천년왕국이 스트라스부르에서 뮌스터로 옮겨졌다는 주장과 함께 급진적인 개혁을 추진했다. 그는 1534년 2월에 합법적으로 시정을 장악한 후 토마스 뮌처의 혁명적 개혁을 시정에 반영하려고 했다. 그는 하나님의 나라가 칼에 의해 이루어진다고 주장하며 가톨릭과 루터교 신자들을 무력으로 추방시켰다.

그와 동시에 신정정치 이상을 실현하겠다고 사유재산을 부정하고 모든 재산과 헌금을 국가 소유로 인정하였다. 화폐 사용이 금지되고 주택과 음식을 공유했다. 이에 반대자들은 모두 처형시켰다. 이때 주교가 이끄는 주교 군대가 도시를 쳐들어왔을 때 얀 마티스는 주요 군대에게 무참하게 죽게 된다(2월 말).

그리고 뮌스터 시는 같은 네덜란드 이민자 라이덴의 존이 계승한다.

④ 라이덴의 존(John of Leiden: 1509~1536)

라이덴의 존은 네덜란드에서 얀 보켈손(Jan Bockelson)으로 알려진 당시 25세 젊은이요 미남에다 구변이 능한 자였다.

그는 얀 마티스에 의해 침례를 받은 초신자였다. 그는 민중 선동가요 광기에 찬 과대망상가였다. 그래서 1534년 5월 초 3일간 입신 상태에서 벌거벗은 몸으로 시내를 질주하며 성인(聖人)은 죄를 범하지 않는다고 했다. 라이덴의 존이 얀 마티스가 죽고 난 후 주교군과 대항을 했다. 그래서 8월에는 재침례교도 약 7,500여 명이 주교가 보낸 용병 군대들을 격퇴하였다. 그 후 1536년 6월 24일 뮌스터 왕국은 주교군에게 함락된다.

1534년 2월부터 1536년 6월까지 약 28개월 동안 뮌스터 왕국은 처참하고 부도덕하고 굶주림에 시달리는 기간이었다. 당시 뮌스터 시는 성인의 남녀 인구 비례가 1대 3으로 여자가 월등하게 많았다.

존은 고대 구약 족장들의 본을 따서 일부다처제로 테러와 공격의 공포를 극복하도록 했다. 존은 자신의 스승인 로스만이 아내를 9명을 둔 것을 근거로 자신은 15명의 아내를 두었다. 또 주교군의 포위로 식량 공급이 중단되자 주민들은 벌레와 시체까지 파먹는 지경에 이르렀다. 그런데도 존은 자신들이 천년왕국 건설자로 선발된 자라고 하면서 주교군과 항쟁을 계속해 나갔다. 존은 굶주림 끝에 주교군에 체포되어 서커스단의 곰처럼 이리저리 끌려다니며 구경거리가 된 후 불에 달구어진 쇠로 고문당하자 죽었다.

이렇게 뮌스터 왕국은 1533년 얀 마티스에 의해 시작되어 1536년 존에 의해 무너지고 말았다. 저들을 따르던 재침례교도들은 박해를 피해 네덜란드로 옮겨가거나 아니면 계속 핍박을 감수하거나 또 자신의 고집을 버리고 루터교도가 되거나 가톨릭 교도가 되어야만 안전했다.

이렇게 뮌스터 왕국은 수치스러운 역사를 남긴다. 더구나 재침례교도들이라는 모욕적인 기억을 남긴다.

3) 네덜란드의 재침례교 운동

(1) 네덜란드의 복잡성[46]

네덜란드는 국토의 27%가 해면보다 낮다. 그래서 네덜란드(Netherlands)라는 말은 '낮은 지대'(the lowlands)라는 뜻이다. 물과 끊임없이 싸우며 제방 축조와 간척을 계속해 왔다.

또 구성 민족이 다르다. 북쪽에는 화란족(Dutchman)이 살면서 폴란드 언어를 사용하므로 이 나라를 홀란드(Holland)라고 하고, 또 '화란'이라고도 했다. 중앙부에는 플레밍(Flemings)족이 살면서 플래미시(Flemish) 언어를 사용했다. 남쪽에는 왈룬족(Walloons)이 살면서 프랑스어를 사용했다. 그래서 교회 관할권이 독일 지역도 있고 룩셈부르크 지역도 있었다. 스페인의 카롤루스 1세가 스페인, 네덜란드, 독일, 오스트리아를 합친 신성로마제국 황제가 되어서 네덜란드 전 지역을 지배했고, 그의 아들 펠리페 2세가 통치를 계속했다.

이들 통치자들은 가톨릭 종교 수호를 위해 처음에는 루터파를, 그 다음에는 재침례파를 혹독하게 탄압하며 수만 명을 희생시켰다. 그 다음에는 칼빈파가 80년(1568~1648) 동안 가톨릭 군주들과 투쟁을 계속하면서 9차례의 전쟁을 계속한다.

이 과정 중에 도르트 총회에서 '칼빈주의 5대 강령'이 채택된다(1618). 그렇게 투쟁 끝에 네덜란드는 독립한다(1648). 그 결과 네덜란드는 세 나라로 분국되었다. 네덜란드는 인구 1천 500만으로 가톨릭과 개혁 교회 국가가 되었고, 벨기에는 인구 천만으로 가톨릭이 90%인 국가가 되었으며, 룩셈부르크는 인구 40만으로 가톨릭 국가가 되었다.

---

46) 앞의 책, pp.431~433.

이렇게 네덜란드라는 나라가 형성되는 과정에 중세기 종교개혁기에 일어난 개신교들이 처음에는 루터교, 다음에는 재침례교도, 그리고 칼빈파가 계속 이어지면서 가톨릭과 투쟁을 했다. 본란에서는 종교개혁기에 가톨릭과 개신교들에게 양면 공격을 받으면서 투쟁해 나간 네덜란드 재침례교도들의 수난의 역사를 살펴보겠다.

(2) 네덜란드 재침례교의 기원

네덜란드에 재침례교가 시작된 것은 뮌스터 왕국의 주도자였던 얀 마티스에 의해서였다. 얀 마티스는 네덜란드 출신이었으나 독일 뮌스터 왕국의 통치자로 부상한 후 쉽게 죽고 만다.

얀 마티스는 그가 살았을 때 같은 네덜란드인 오베 필립스(Obbe Philips)에게 침례를 주고 네덜란드 전도자로 파송한다. 오베 필립스는 네덜란드 순회 전도자로 활동하던 중에 자기 동생 디르크(Dirk)에게 안수해서 사역자로 삼고, 메노 시몬스(Menno Simons)에게도 안수하여 재침례교 지도자로 세웠다. 그런데 오베 필립스는 1540년 이후에는 의학을 공부한 후 의사업으로 전향함으로 재침례교 지도자에서 떠난다.

오베 필립스의 동생 디르크는 프란시스칸 수도원의 수도사로 신학 공부를 했던 관계로 성경의 원문을 모두 다 알고 라틴어, 독일어, 프랑스어에도 상당한 식견을 갖고 있었다. 그와 같은 지식을 갖춘 디르크가 형의 전도로 재침례교도가 된다. 그는 재침례교도가 된 후 몇 권의 저서들을 남긴다. 그가 남긴 저서 중에 《영적인 회복에 관하여》라는 저서가 있다. 이 책은 독일의 뮌스터 왕국이 폭동을 동반한 것을 성서적으로 비판한 내용이었다. 뮌스터 왕국의 폭동을 야기한 원인은 구약의 신정정치를 모델로 한 것으로, 신약성서적인 지지를 받을 수 없다고 했다. 구약은 폭력 사용이 가능하도록 암시되어 있으나 신약은 영적인 종교로 포용만이 지지받을 수 있다고 했다.

또 《편람》(Enchiridion)이라는 책도 발표했다. 이 책은 재침례교 신앙에 입각한 소제목을 여러 가지로 설명했다. 이 책이 1564년 처음 네덜란드어로 출간된 후 독일어, 프랑스어, 영어로 번역되어 16세기 재침례교 신앙을 체계화하는 데 크게 기여한다.

그리고 메노 시몬스(Menno Simons)의 사역과 25권의 저서들로 인해 네덜란드 재침례교 신학을 완전하게 드러낸다. 이제 메노 시몬스의 사역과 사상을 살펴보자.

(3) 메노 시몬스의 생애[47]

메노 시몬스(Menno Simons: 1496~1561)는 네덜란드 프리즈란트 지역의 비트마르슘(Witmarsum)에서 농부의 아들로 태어났다. 그의 부모는 메노를 프란시스칸 수도원에 보내어 사제가 되는 훈련을 거쳐 사제가 되게 하였다.

① 가톨릭 사제(1524~1536)

메노는 28세 때 사제로 서품을 받고 고향에서 가까운 핑윰(pingjum) 마을의 사제가 되었다. 그곳에서 7년간 일반적 목회 후 35세 때(1531) 고향 비트마르슘 교회 사제로 전속되어 거기서 5년간 사역을 했다. 이렇게 가톨릭 사제로 12년간 사역 중에 몇 가지 사건들을 체험한 끝

---

47) 앞의 책, pp.436~456.

에 드디어 개종하게 된다. 메노가 접한 몇 가지 사건들이 있다.

a. 화체설에 대한 의문

1520년 루터의 개혁 논문 〈교회의 바벨론 포로〉에서 가톨릭의 성례전 신학의 화체설이 잘못된 교리임을 천명했다.

1521년 네덜란드 법률가요 신학자인 코넬리우스 횐(Cornelius Hoen)은 화체설 교리가 잘못된 교리이고 단지 상징이라고 본다. 이 같은 선각자들의 주장을 접한 후 화체설 교리가 성경적이지 않다고 확신하게 된다. 1528~1531년까지 그는 성경을 바르게 이해한 후 설교함으로 동역자들이 그를 복음적인 설교가로 인정한다.

b. 유아세례에 관한 실망감

1531년 3월에 네덜란드의 직케 프레르코스라는 재단사가 유아세례 후에 성인이 되어서 다시 침례를 받았다는 이유로 공개 참수형을 당했다. 이때 메노는 동료 사제들과 유아세례 문제를 의논한 후에 과거 교부들의 가르침과 개혁자들로 소문난 이들의 저서들을 읽어 보았다. 그는 구약의 할례와 신약의 침례는 전혀 연관성이 없음을 깨닫는다. 메노는 큰 실망감과 함께 지금까지 속아왔음을 깨닫는다.

c. 뮌스터 폭동 사건에 의한 재침례교도 300명의 몰사

1535년 4월 뮌스터 폭동 때 뮌스터 근처의 옛 수도원 볼즈바르트 수도원에 숨어 있던 재침례교도 300명이 가톨릭 군대와 루터파 군대로 연합된 연합군에 의해 참살을 당한다.

이들 참살자들 중에 메노의 동생도 끼어 있었다. 이처럼 가족의

비극을 직접 체험하면서 가톨릭과 루터파에 대한 회의는 울분으로 반전된다.

메노는 재침례교도들이 잘못된 신앙자라는 오해를 받으면서도 자기가 믿는 신앙을 위하여 죽음을 불사하는 모습도 확인했다. 메노는 잘못된 신앙에 안주하면서 침묵한다는 데 마음의 평안을 얻지 못한다. 그는 하나님께 자기의 연약함을 자복하고 크게 통회 자복한다. 그와 동시에 한없는 평안과 자유를 느낀다.

그는 지금까지 지적 동의로 믿음을 청산하고 하나님께 생애를 맡기는 헌신의 생활로 전향한다. 이렇게 메노는 1536년 1월, 나이 40세에 가톨릭을 떠난다.

② 네덜란드 재침례교 지도자(1536~1543)

메노는 1536년 비트마르숨 성당을 떠난다. 그리고 게르트루드라는 여인과 결혼하여 1남 2녀를 둔다. 1537년에 그로닝겐에서 오베 필립스로부터 재침례교 사역자로 안수받는다. 오베 필립스는 자기 사역을 메노에게 넘기고 분열을 거듭하는 재침례교에 환멸을 느끼고 의사로 전향한다. 메노는 핍박과 감시를 피해 한 곳에 정착하지 못하고 쫓겨 다니면서 밤에는 비밀 집회에서 형제자매들에게 설교하고, 낮에는 시골 냇가나 후미진 호숫가에서 신자들에게 침례를 베풀었다.

1539년 그로닝겐 당국은 재침례교도들에게 그 지역을 떠나라는 법령을 내린다. 메노는 그로닝겐을 떠나 네덜란드 전 지역에 전도 활동을 한다. 1542년 12월 황제 카를 5세는 메노의 체포 현상금으로 100길더(guilders)를 걸고 추종자들을 추격한다. 메노는 암스테르담까지 사역을 넓히며 교회를 개척한 후 목회자들을 세우고 또 계속 저술 활동을 한다.

1539년 《기독교 교리의 기초》, 《기독교 침례》, 1541년에 《참 기독교 신앙에 관하여》 등의 저서들로 전도활동을 해나갔다.

③ 독일 서북부 지역 사역(1543~1546)

7년간 네덜란드 사역을 마치고 줄기차게 추격해 오는 당국의 체포를 피해 독일 서북부로 사역지를 옮긴다.

1544년 엠덴(Emden)으로 갔다. 그곳은 여백작 안나의 온건정책으로 개신교들과 재침례교가 함께 활동이 가능했다. 이때 프란시스칸 수도사와 공개토론을 개최했다(1544년 1월).

토론회 후 그 내용을 《신앙고백과 성서의 교훈》으로 출판했다. 또 1545년에는 《논쟁의 여지가 없는 신앙고백과 논증》도 간행한다. 그는 엠덴을 떠나 쾰른(Cologne)에 가서 2년간(1544~1546) 가장 평화로운 생활을 하며 소책자들을 통한 사역을 전개한다.

1546년 슈말칼덴(schumalcalden) 전쟁으로 개신교 군대가 패하자 쾰른에 머무를 수 없게 되었다. 그래서 독일 함부르크 북동편 홀스타인으로 이동해 새로운 사역을 하게 된다.

④ 독일 북동편 홀스타인(Holstein) 사역(1546~1562)

홀스타인에는 핍박받는 네덜란드 재침례교 교도들이 피신해서 생활하고 있었다. 이곳은 덴마크 왕의 통치 지역으로 신성로마제국 법령들이 효력을 발휘하지 않는 곳이었다. 그러나 개신교 신앙을 가진 이들이 많이 몰려온 곳이기도 했다. 여기서 신학적 열광주의자요 반율법주의자와 두 차례(1546, 1547)에 걸쳐 신학논쟁을 벌였다.

이때의 논쟁으로 1550년 《삼위일체 하나님에 대한 신앙고백》을 발간한다. 메노는 수시로 북부 독일 지역을 순회하면서 재침례교도들의 교회를 격려하였다.

그런데 당시 재침례교 교회들은 교회의 순수성을 유지하기 위해 이단적인 신앙을 반복하는 자들에게 파문 등 교회 출석 금지 등을 어느 정도까지 허용해야 하는가의 문제로 논란이 계속되었다. 그래서 1550년 《파문에 관한 명백한 토론》도 출판한다.

그뿐만이 아니다. 1553~1554년에는 개혁 교회 지도자들과 두 차례에 걸쳐 신학논쟁을 거듭하게 되었다. 신학 논쟁 주제는 침례냐, 세례냐? 맹세, 이혼, 목회자의 부르심, 세속 권력과의 관계 등이었다. 이 논쟁을 근거로 《평이하고 핵심적인 답변》을 저술했다.

1554년에 안전을 위해 올데슬로에로, 다시 뷔스텐펠데로 거주지를 옮겨야만 했다. 여기서 그는 1561년 세상을 떠날 때까지 10여 권의 책을 저술한다. 그런데 말년이 되어도 동역자들 간의 갈등과 균열로 마음이 편치 않은 데다 재침례교도 사이에도 교회 내 권징 문제로 계속해서 끊임없는 질문들이 그를 몹시 괴롭혔다.

그래서 1558년 《파문에 관하여》라는 소책자에서 매우 강경한 입장을 밝힌다. 이 소책자는 많은 논란을 뒤따르게 한다.

1560년 메노의 지도력에 도전하는 이들을 향한 〈질리스와 렘케에 대한 답변〉은 저들의 도전에 대한 최후의 글이 되었다. 메노는 이 논문에서 자신의 입장을 변호하고 두 사람을 더이상 형제로 여기지 않는다고 선언한다. 이로 인해 재침례교도들 사이에는 갈등이 일어나고 서로 정죄하며 반목하는 지경에 이른다.

메노는 이 무렵 마음의 상처로 급격하게 건강이 악화된다. 그는 목발을 짚고 다니지 않으면 걸을 수 없을 정도로 쇠약해진다. 그리고 1561년 1월 31일, 61세로 생을 마감한다. 그의 시신은 그가 살던 자택의 정원에 안장되었다. 그런데 그 후 30년 전쟁(1618~1648) 때 가톨릭과 루터교의 전쟁 중에 폭격을 받아 매장지가 사라졌다.

1906년 메노나이트 교회들은 그의 자택이었을 것으로 추정되는 장소에 메노 시몬스를 위한 작은 기념비를 세워 놓았다.

메노 자신은 평생 동안 '형제', '자매'라고 호칭을 했다. 그러나 메노를 통해 구원받은 자들이 살았을 때 수천 명이 순교당했고, 사후에는 수만 명이 순교당하면서 '메노'를 따르므로 그들을 '메노나이트'(Mennonites)라고 부르는 호칭이 생긴다.

(4) 메노 시몬스의 신학사상[48]

메노 시몬스는 전직 가톨릭의 사제였다. 그러나 그는 수많은 저서들을 통해 가톨릭의 반(反)성서적 교리들과 제도에 반발하여 재침례교 지도자가 되었다. 그는 재침례교 지도자가 된 후 밖으로 가톨릭 신학자와 개신교 지도자들과 논쟁을 통해 자기 사상들을 발표했다. 그리고 내부적으로 재침례교 신도들에게 바른 가르침을 위해 수많은 소책자들을 저술하여 활용했다.

여기서 메노 시몬의 신학사상이 가톨릭과 다름은 물론이고 개신교와도 다른 것임이 드러난다.

이제 그의 독특한 신학사상을 그의 25권의 저서들 속에서 찾아보자.

① 메노의 성서관

a. '오직 성경'만 인정

가톨릭은 성경만을 신앙과 행위의 규범으로 삼지 않고 전통을 성

---

48) 앞의 책, pp.444-456.

경과 동일한 권위로 인정한다. 가톨릭의 전통 속에는 교부들의 가르침, 종교회의의 결정 사항, 그리고 교황의 교서들이 포함된다. 가톨릭이 성경 이외의 전통까지 성경과 동일시하는 것에 불만을 품은 개혁자들인 루터, 츠빙글리, 칼빈은 전통을 배제하고 '오직 성경'(Sola Scriptura)을 주장했다.

그런데 개혁자들이 과연 '오직 성경'만이라는 구호대로 개혁을 했는가? 개혁자들 모두가 가톨릭의 전통인 유아세례를 계승했다. 또 성경에는 침례 의식을 시행했는데 개신교들은 가톨릭 의식인 세례를 계승했다. 또 가톨릭은 성경에 없는 신조들 5~6가지를 믿는다. 니케아 신조, 콘스탄티노플 신조, 칼케돈 신조, 아타나시우스 신조, 사도 신조, 라테란 신조 등을 믿는다.

개신교는 이 많은 신조 중에서 사도 신조를 믿는다. 이 모든 것은 개신교의 '오직 성경'이라는 주장과 판이한 현상이다. 메노는 가톨릭뿐 아니라 개신교의 주장도 거부했다.

b. 구약과 신약의 차별성
개혁주의자들은 구약과 신약의 연속성을 주장했다.
칼빈에게서는 구약과 신약의 차별성이 전혀 없다. 그가 주장하는 계약신학의 핵심은 구약에 국한되어 있다. 계약신학은 ㉠ 아담에게 행위 계약, ㉡ 아브라함에게 믿음의 계약이 시작되었다고 한다. 신약의 교회가 아브라함의 믿음에서 시작되었다고 한다. 이것은 교회가 신약에 시작된 사실의 완전 왜곡이다.

교회는 신약의 산물이고 교회에 속한 그리스도인은 신약성서가 우선적이고 직접적인 가르침이 되어야 한다.

칼빈은 제네바 시의회를 통해 구약의 신정정치 이상을 실현하려고 했다. 구약의 신정정치는 구약 때 실패한 제도다. 신약 때는 하나님의 나라가 영적인 나라로, 세속 정치와는 별개의 정치 이상이다. 메노는 구약과 신약이 다 같이 계시의 말씀이지만 구약의 계시는 불완전한 미완성의 계시이므로 반드시 신약의 조명 아래 구약이 해석되어야 한다는 차별성을 주장했다.

독일의 뮌스터 왕국의 폭동은 신약의 미래 천년왕국을 구약의 신정정치로 잘못 곡해한 결과로 보았다.

c. 외경의 인정

개혁자들 모두는 외경을 인정하지 않았다. 그러나 메노는 외경을 교훈적인 참고서로 인정했다.

② 중생 강조

그는 평생 동안 중생을 강조했기에 '신생의 신학자'라는 별명이 생겼다. 그는 《중생》이라는 책을 저술했다. 그가 과거 사제 시절에 행했던 형식적이고 규격화된 미사의 반복, 정해진 기도문 낭독, 성인 숭배, 성지 순례 등등이 종교적 관습일 뿐 영적 변화에 의한 자발적 헌신이 아님을 비판했다.

그는 자신이 거듭나기 이전과 이후의 변화를 수없이 강조했다. 개혁자 중 루터 한 사람만 자신의 변화를 밝힐 뿐, 츠빙글리나 칼빈은 거듭남의 중요성은 설명해도 자신의 변화에 대해서는 전혀 언급이 없다.

③ 《기독교 교리의 토대》(The Foundation of Christian Doctrine)

이 책은 1539년에 저술했다. 이 책에서 메노는 뮌스터 광신주의자들이 지상에 천년왕국을 건설하겠다고 뮌스터 도시를 정치적으로 장악하고 신정정치 이상을 펼치려는 것에 대해 성서적인 태도는 어떠해야 하는가를 밝혔다. 이 책에서 메노는 세 가지를 설명한다.

a. 성서적인 믿음이란 무엇인가?

많은 이들이 모두 다 자기주장이 성서적인 믿음이라고 주장을 한다. 여기에 대해 메노는 ㉠ 회개가 무엇인가? ㉡ 믿음이 무엇인가? ㉢ 침례가 무엇인가? ㉣ 참 교회가 무엇인가? 등을 차례대로 설명한다.

여기서 각 용어들의 정확한 의미를 설명한다. 회개란 완전한 변화를 의미하고, 믿음이란 중생된 자의 의지적 제자의 삶을 말하고, 침례란 그리스도와의 연합된 빛과 소금의 역할을 설명한다. 그리고 진정한 교회란 중생한 자들이 제자의 삶을 살고자 의도적인 공동체를 구성하는 사랑과 서로 의존하는 언약을 맺은 사람들이라고 한다.

메노는 진정한 교회의 특징으로 6가지를 제시했다.

㉠ 불순물이 섞이지 않은 순수한 교리
㉡ 성서적 성례전들을 상징적으로 사용하는 곳
㉢ 말씀대로의 순종
㉣ 거짓 없는 형제 사랑
㉤ 하나님과 그리스도에 대한 공개적 고백
㉥ 주의 말씀을 위한 핍박과 환난의 감수 등

교회를 모였다가 흩어지는 군중들이 아니라 그리스도인들이라면 가정, 사회, 교회에서 삶으로 도덕적, 윤리적 특징이 드러나야 함을 강조했다.

b. 로마 가톨릭에 대한 비판

가톨릭의 화체설에 입각한 미사, 사제들이 믿고 있는 독신제도와 다른 이면적인 부도덕성, 교황, 추기경, 대주교, 주교, 사제 등 계급 구조로 형성된 관료주의, 이 모든 것을 비판하고 참 교회란 예수님처럼 살아가는 제자들의 공동체임을 강조했다.

c. 모든 이들에 대한 관용

메노는 가톨릭, 루터교, 칼빈교 등 모든 교파들을 "크고 편리한 분파"라고 본다.

그들은 그들의 지위나 신앙이나 행위를 단순한 신앙에 의존하지 아니하고 모두가 국가의 검으로 뒷받침하고 있음을 지적한다. 그래서 가톨릭의 '교회법'이 국법 위에 군림하여 종교재판으로 살인, 투옥, 추방, 재산 몰수를 강행하고, 루터가 선제후와 개신교도 동맹 제후들과 연대해서 국교를 만든 것이나, 칼빈이 제네바 시의 법령으로 당회가 색출해서 결의한 사항을 시의 행정관이 시행하게 만든 것 등은 종교가 국가의 강압적 세력에 의해 유지된 것임을 지적한다.

메노는 세속 국가의 통치자나 관료들은 하나님께서 법과 질서를 유지하기 위해 만드신 제도임을 주장한다.

그렇기에 국가 통치자가 신앙생활을 침해하지 않는 한 모든 그리스도인들은 당국에 순응해야 한다고 했다. 그러나 세상 국가 통치자나 관리가 그들의 직분과 지위를 남용하는 것은 하나님으로부터 오는 것이 아니고 사탄 마귀로부터 온 것이다. 그럴 경우에는 순종을 거부하다가 화형을 당하고 익사를 당하며 추방을 당하는 희생 쪽을 선택해야 한다고 했다.

원수 갚는 것은 성도가 해야 할 일이 아니고 하나님께 맡겨야 한다(롬 12:19~20).

메노는 가톨릭이나 개혁자들의 주장이 다르다고 해도 관용해야 할 것을 주장했다.

④ 네 종류의 죄, 네 단계의 죄

메노는 네 종류의 죄를 말한다.

a. 원죄: 아우구스티누스 이후 루터, 칼빈 등 모두는 아담의 후손인 인류 전체가 원죄가 있음을 주장했다.

그러나 메노는 펠라기우스의 주장을 따라 유아들에게는 원죄가 적용되지 않는다고 했다. 유아들이 부끄러움을 알고, 선과 악을 분별하는 연령에 이르기 전까지는 은혜의 상대로 아담과 하와가 타락하기 이전 상태처럼 무죄하다고 했다.

b. 자범죄: 고의적으로 죄임을 알면서 지은 죄이다.

회개하지 않으면 하나님의 정죄를 받을 줄 알면서도 지은 죄는 육신의 열매(갈 5장)로 회개만으로 해결된다고 했다.

c. 연약죄: 인간의 연약함으로 불신자들은 의욕과 담대성으로 죄를 짓고, 회심한 자도 연약함으로 오류를 범할 수 있고, 자기는 잘한다고 했지만 넘어지는 실수로 죄를 지을 수 있다.

연약죄는 원죄 같은 죄성이 아니므로 회개하고 수정하면 용서가 가능하다.

d. 고범죄: 고의적으로 사악한 죄를 짓는 것이다.

배교, 성령 훼방죄, 사기횡령이 죄임을 알면서도 자신의 유익을 위해 범죄를 하면 사악함으로 인해 영원한 정죄를 받는다.

메노는 이와 같은 죄들에 대한 분류를 설명하고 개혁자들의 주장을 거부한다.

메노는 오직 믿음으로 의로워진다는 루터의 이신득의 교리를 거부한다. 루터는 믿음으로 의로워진 의인은 법정의 재판장이 선고하는 것과 같은 의미로 더 이상의 행위들은 무의미하다고 했다. 그래서 루터는 행위와 실천을 강조한 야고보서를 "지푸라기 같은 서신"이라고 격하시켰다.

그러나 메노는 행위와 실천이 따르지 않는 믿음은 거짓 믿음이라고 했다. 또 메노는 루터의 '노예 의지론' 교리에 극심한 혐오감을 가졌다. 성령으로 거듭난 자는 성령의 감동에 의한 자발적 '자유의지'에 의한 순종일 뿐 항거할 수 없는 노예적 맹종은 복음이 아니라고 했다.

메노는 또한 칼빈의 예정설에 대해서도 대단한 혐오감을 가졌다. 하나님의 절대 주권에 의한 하나님의 독단적 선택과 유기를 한다는 칼빈의 예정설은 하나님을 독재자로 모욕한 것이고, 인간의 운명은 숙명적인 것처럼 곡해하게 만든다고 강력하게 반대했다.

메노는 이 같은 교리들을 "가증한 것 중의 가증한 것"이라고 단정했다. 그는 구원은 하나님의 은혜의 수단이 제공될 때 내가 그것을 받아들이는 나 자신의 선택에 의한 것일 뿐 하나님이 강제로 주입시키시는 것은 아니라고 했다. 아울러 하나님의 은혜가 제공되는 것이 은혜이고, 그것을 내가 받아들이는 선택이 은혜라고 했다.

메노는 500년 전 루터나 칼빈과 동시대의 개혁자였다. 루터나 칼빈과 메노가 모두 다 가톨릭 배경에서 개혁을 한 점에서는 공통점이 있다. 그러나 성경을 해석하고 적용하는 데 있어서 메노는 개혁자들과 판이하게 달랐다. 오늘날 이들의 견해를 비교해 본다면 메노는 두 사람의 개혁 성공자들보다 훨씬 성서적이고 복음적이고 명료한 핵심 진리들을 말한다.

그러나 메노는 성서적 진리대로 실천하려고 정치세력과 담을 쌓는다. 그에 반해 루터와 칼빈은 정치세력과 결합한다. 그 결과는 상반된 결과를 초래한다.

2. 재침례교 운동의 문제점

1) 긍정적인 면

(1) 스위스, 네덜란드, 독일 일부에서 일어난 종교개혁 운동

다른 종교개혁은 모두가 한 사람으로 출발했다. 독일의 루터, 영국의 헨리 8세, 제네바의 칼빈 등 소위 종교개혁 성공자들은 모두가 한 사람이 시작하여 그 한 사람이 끝까지 완성시켰기에 각각 개인이라는 인간성의 특징과 약점과 한계점이 그대로 계승된다.

그러나 재침례운동들은 다 각각이다. 스위스에서 세 명의 지도자, 독일에서도 여러 곳의 각각 다른 지도자, 네덜란드에서는 지도자가 대를 이어 운동을 발전시켰다. 이렇게 다양한 지도자가 동시다발적으로 동시대에 각각 다른 지역에서 일어난 것은 개인적 욕망이 아닌 성령님의 역사에 의한 진리의 운동이었음을 인정하게 된다.

그렇기에 재침례교 지도자들의 사상과 삶은 만대에 모범이 되고, 존경받을 자들로 영원히 계승될 것이다.

(2) 재침례교도들의 공통점으로 신약성서 중심의 실천

루터의 종교개혁은 독일 민족주의를 숭앙하는 세력들의 연합으로 성공시켰다. 헨리 8세의 종교개혁도 정치적으로 국왕의 권력으로 성공시켰다. 칼빈도 제네바 시의회가 당회의 결정대로 시행하게 만든 정치적 힘으로 개혁을 완성했다. 그러나 재침례교도들은 스위스나 독일, 네덜란드에서 신약성서 기준대로 정치와 종교를 완전 분리시켰다. 그렇게 했기에 개혁에 성공은 하지 못했으나 성서의 진리대로 살아간 깨끗한 역사로 길이 본받을 역사를 남겼다.

(3) 재침례교 지도자들의 순수성

재침례교 지도자들은 루터처럼 신학적 천재성을 갖지 못했고, 츠빙글리처럼 정치적 통찰력도 없고, 칼빈처럼 지적 포괄성도 없다. 그뿐만 아니라 루터처럼 대학 교수로나 츠빙글리나 칼빈처럼 인정된 목회로 예우를 받지도 못했다. 그들은 처음부터 끝까지 진리를 주장하다가 투옥되고, 추방당하며, 쫓겨서 도망을 다니다가 마지막에 희생당한, 진리를 실천한 순수한 사람들이었다.

2) 부정적인 면

(1) 자신들의 순수성 고수로 후세에 업적을 남기지 못함

루터는 대학 교수로 재직하며 수천 편의 연구 논문과 저서를 남겼다. 칼빈도 제네바 목회 1차 3년, 2차 23년 등 25~26년간 목회 활동을 하며 그의 설교가 비서진들에 의해 칼빈의 주석서와 《기독교 강요》 등 수많은 저서들로 남겨져서 개신교의 근간이 되도록 큰 업적을 남겼다.

그에 반해 스위스, 독일의 재침례 지도자들은 모두 다 개신교 지도자와 가톨릭에 의해 30대 초반에 희생당했다. 그렇기에 저들의 삶은 순수했으나 후세에 참고가 될 만한 업적을 남기지 못했다. 이 점은 매우 아쉬운 점이다.

(2) 비순수자들의 왜곡된 역사 계승

과거 교회를 이끌어 간 사람들은 정치세력과 야합해서 성공하였다. 이러한 비순수자들은 재침례교도들에 대해 매우 부정적이고 악의적이며 왜곡된 역사를 남겼다.

가톨릭 교회 역사가들은 재침례교도들을 악의적으로 왜곡시킨 기록을 남겼다. 루터의 민족주의, 칼빈의 구약 중심의 편견주의 등은 신약성서 중심의 재침례교도들에 대해 왜곡된 역사를 남겼다. 저들의 왜곡된 역사자료들로 매우 왜곡된 유산들만이 전승되고 있다. 이것은 역사 왜곡의 중범죄자들에 의한 심각한 후유증이다. 그렇기에 재침례교도 후예들이 큰 오해 속에 살아가야 되는 문제점이 따르게 되었다.

(3) 올바른 역사와 올바른 신학 개척의 산적한 문제들

이미 왜곡된 역사와 신학은 새로운 역사와 새로운 신학이 절실히 필요하다. 그러나 왜곡된 역사와 신학의 거대한 공룡 앞에서 도전하지 않으려는 안일한 침례교도들의 미온적 자세라는 매우 커다란 문제점이 계승되고 있다. 이것을 깨치고 담대하게 나서는 자들은 가톨릭, 개신교들로부터 공격을 받기에 위축된 신학계가 또 하나의 큰 문제점이라고 할 수 있다.

제5장 가톨릭의 반개혁 운동

[서론]

16세기 종교개혁은 하나님께서 로마 가톨릭 교회를 심판하신 심판의 사건이었다.

로마 가톨릭 교회가 교회 본연의 업무인 영혼 구원과 병든 영혼 치료에 전념치 않고 세속적인 교황령 확보와 세속적인 정치 세계를 장악하기 위해 골몰하자 하나님께서 심판하신 것이다.

이와 같은 하나님의 심판에 가톨릭 교회는 어떻게 반응했는가? 로마 가톨릭의 우상인 교황들은 전혀 정신을 못 차린다. 그러나 뜻있는 수도사들의 각성으로 제수이트 수도회(The Society of Jesus)가 괄목할 만한 반개혁 운동을 펼친다. 그것에 자극을 받은 가톨릭 교회는 트렌트(Trent) 종교회의(1545~1563)로 가톨릭의 전열을 재정비한다.

16세기 종교개혁이 가톨릭 교회에게는 서방 교회 중 많은 부분을 잃게 되는 손실이 되었고, 개신교회 입장에서는 새로운 독립의 기회였다. 그러나 가톨릭 교회는 우군을 잃는 손실과 함께 자체를 되돌아보는 각성의 계기도 되었다.

여기서는 1500년부터 1600년경까지 종교개혁 후 100여 년 동안에 새로 탄생한 개신교와 대화를 해보지 않고 경직성, 독단성으로 일

관한 교황들과 반개혁 운동에 앞장선 제수이트 수도회에 대한 내용과 이 기간에 이뤄진 업적으로 트렌트 종교회의에 대해 살펴보겠다.

1. 종교개혁 후의 교황들

가톨릭 교회는 교황을 예수 그리스도의 대리자로 믿는다. 전 세계 모든 교회 중 인간을 예수 그리스도의 대리자로 믿는 종교는 이 단인 가톨릭뿐이다. 그렇기에 인간인 교황들이 어떠한 잘못을 저지르고 부도덕한 삶을 살아도 그들은 교리상 절대 무오한, 신앙상 참된 지도자라고 믿는다.

이와 같이 인간을 예수님처럼 믿는 가톨릭 교회는 종교개혁이라는 혁명적 역사 앞에도 전혀 뉘우치거나 반성하지 않는 완전 미신 우상 종교다. 그러나 우리는 정직하게 종교개혁 후를 살아간 파렴치한 교황들을 통해 가톨릭의 철저한 우상 종교의 실체를 보도록 하자.

여기서는 종교개혁(1517) 이후 1600년 사이의 교황들 중 기억할 만한 교황들 몇 명을 정리해 보겠다.

1) 교황 제217대 레오 10세(Leo X: 1513~1521)

레오 10세는 이탈리아 메디치(Medici) 가문의 로렌초(Lorezo)의 둘째 아들로 태어난 조반니였다. 그는 조상 덕으로 프랑스 왕실과 일찍이 관계를 맺으며 자라났다.

그 덕으로 명예직이지만 7세 때 프랑스 왕 루이 11세로부터 퐁트돌체 대수도원장직을 하사받고 8세 때는 엑스 대주교로 지명을 받는다. 후에 계속된 명예직은 27개가 더해졌다. 그는 14세가 되기 전

1489년 3월에 교황 인노첸시우스 8세(1484~1492)에 의해 추기경 부제가 되고, 3년 뒤 17세에 정식 추기경이 된다. 그리고 37세 때 교황이 된다. 그는 교황으로 선출된 뒤에 1513년 3월에 사제 서품과 주교로 축성 받는다. 가톨릭 교회사에 사제가 안 된 자가 교황이 된 후 서품을 받는 기현상을 만든 것이다.

그는 교황 재직 시 종교개혁(1517)이라는 태풍을 만났다. 그러나 그는 종교개혁은 극히 일부 불순자들의 일시적 지방의 잡음으로 보고 전혀 신경 쓰지 않는다.

레오 10세는 교황직으로 8년간 재위했다. 이 기간에 그가 한 일은 성직 매매, 관직 매매, 면죄부 판매 등 전부가 돈에 관계된 추문들이었고, 그는 예술 사랑이라는 미명으로 그리스 신들의 우상들 조각과 체스, 사냥, 연극 관람으로 시간과 재정을 낭비했다. 그의 지시로 루터가 1521년 4월 17일 독일 보름스(Worms) 의회에서 자기 신념을 진술한다.

레오 10세는 죽고 난 후 교황청에 엄청난 부채를 남겼다.[49]

2) 교황 제220대 바오로 3세(Paulus Ⅲ: 1534~1549)

그는 교황이 되기 전에 자신의 여동생 줄리아 파르네세가 교황 산데르 6세(1492~1503)의 정부여서 '치맛바람'으로 추기경이 되었다는 비난을 받던 인물로, 67세에 교황이 되었다.

바오로 3세는 이미 네 명의 아이들을 둔 아버지였다. 그가 교황이 된 후 16세, 14세 되는 두 명의 손자를 추기경으로 임명했다. 그는 사

---

49) 정수영,《중세교회사 Ⅰ》(교황들의 역사) (쿰란출판사, 2015), pp.369~383.

육제(Carnival)를 다시 부활시켜 경기로 열광케 했고 경마, 불꽃놀이를 자주 열었다. 또 바티칸에서 무도회와 연회를 자주 열어 음악소리가 끊이지 않았다. 그는 로마 줄리아 거리에 있는 필라츠 파르네세 궁전을 건축했고, 베드로 대성당 건축을 미켈란젤로에게 맡겼다. 그래서 그는 르네상스를 발전시킨 면도 있다. 그러나 가정문제로 일생동안 평탄하지 못했다.

그는 방종하기로 악명 높은 아들 피에르루이지(Pierluigi)를 교회 최고 지휘관 자리에 앉히고 그의 손자를 카메리노의 군주로 앉혔다. 그러자 1547년 교황의 아들 피에르루이지를 대항하여 폭동이 일어나 아들이 암살을 당한다.

그가 교황으로 한 일은 1540년 스페인의 로욜라가 요청한 '예수회'를 공식으로 승인해 준 일과 1545년 트렌트 공의회를 연 일이다. 그의 재위 기간 중 루터가 죽고(1546년) 그는 1549년 82세에 격분을 다스리지 못하고 죽는다.[50]

3) 교황 제221대 율리오 3세(Julius Ⅲ: 1550~1555)

그는 교황이 되기 전에는 교회법 변호사였고, 트렌트 공의회에서는 공동의장을 맡았던 인물이다. 그런데 파르마 길거리에서 17살짜리 소년을 데려와 소년과 동성애자라는 소문 속에 교황이 되었다. 그는 소년을 추기경으로 임명하고 수치를 모르는 방종과 친족 등용을 계속했다. 교황은 연회를 자주 베풀고 식사 때는 언제나 진탕 먹고 동성애 파티를 즐겼다. 그의 폭식은 소문이 났다.

그는 소화기관의 기능이 멈추면서 음식을 못 넘기고 아사 상태를

---

50) 정수영,《새 교회사 Ⅱ》(규장문화사, 1993), pp.301~302.

유지하다가 교황이 된 지 5년 만에 죽는다.

4) 교황 제223대 바오로 4세(Paulus Ⅳ: 1555~1559)

78세에 교황이 된 자로 16세기에 선출된 교황들 중 가장 연로했으며, 또한 가장 무서운 교황으로 기록된다. 그는 옹졸하고 편견으로 똘똘 뭉쳐 타협을 거부하며 오직 자신의 주장만 강조함으로 중세기를 암흑기로 회귀시킨 교황이었다. 그는 에라스무스의 작품을 비롯해 수많은 저서들에 대해 '금서 목록'(Index of Forbidden Books)을 발행했다.

특별히 종교재판을 열어 이단 처단에 집중했다. 그는 특별히 유대교도들을 가장 야만적으로 박해한 교황이었다. 그래서 유대인들이 거리에 다닐 때는 노란색 모자를 쓰고 다녀야 했다. 그의 재임 기간 중 유대인들을 게토(ghetto)라는 유대인 빈민 자치구 내에 모여 살게 했고, 음식과 헌옷을 제외하고는 어떤 상품의 교역도 금지시켰다.

바오로 4세는 1555년 7월 17일 칙령을 선포해 유대인들의 권리와 상업의 활동을 제한했다. 이와 같은 유대인 인종 차별 정책은 유럽에서 19세기 말까지, 러시아에서 1917년까지, 북유럽에서는 1948년까지 지속되었다.

교황의 처신에 대한 비난은 그의 무능한 조카들을 추기경과 군주로 만든 것 등으로 이어졌고, 그는 큰 부패 인물로 밝혀져 추방을 당했다. 이 일로 깊은 실망에 빠져 16세기에 가장 미움받은 교황이라는 오명을 남기고 죽는다.[51]

---

51) J. J. Norwich,《교황 연대기(The POPES)》, 남길영 외 역 (바다출판사, 2014), pp.596~598.

5) 교황 제224대 비오 4세(Pius Ⅳ: 1559~1565)

비오 4세는 교황이 되기 전에 세 명의 자녀를 둔 성직자였다. 전임자 바오로 4세가 남긴 그의 조카 두 명이 간통 혐의로 체포되어 둘 다 처형시켰다. 그는 〈교리문답집〉, 〈미사 기도서〉, 〈성무일도서〉 등을 개편하고, 예술인들과 학자들을 격려하고 대학 설립과 인쇄물 제작에 힘썼다. 그러나 그는 프랑스 왕에게 위그노 교도들과 맞서서 싸워줄 것을 기대하며 상당한 금액의 전투 비용을 보내 주었다. 그럼에도 불구하고 프랑스에 위그노 세력이 더 많이 증가하자 몹시 실망한 상태로 죽는다.

6) 교황 제225대 비오 5세(Pius Ⅴ: 1566~1572)

비오 5세는 자신이 금욕적으로 살아갔고 타인들에게도 금욕적인 삶을 기대했다. 그는 신성모독을 근절할 방법으로 신성모독자에게 무거운 벌금과 태형을 가했다.

고해성사를 하지 않거나 최근의 미사 때에 성체를 받지 않은 자에게는 의사의 진찰도 받지 못하게 했다.

그는 매춘과 간통하는 자들을 혹독하게 다루었다. 그리고 종교재판에 심문자로 참석해 이단 판명자는 가차 없이 사형을 선고했다. 1570년 영국 엘리자베스 여왕에게 파문을 내림으로 영국 내 가톨릭 신자들에게 고달픈 삶을 살게 만드는 결과를 가져왔다.

7) 교황 제226대 그레고리오 13세(Gregorius XIII: 1572~1585)

그는 78세에 교황이 되었다. 그가 이룬 공적으로 '그레고리력'(Gregorian Calendar)을 1582년에 칙령으로 선포했다.

이 달력이 동방교회, 개신교에는 받아들여지지 않다가 18세기에 부분적으로 받아들여지기 시작해 20세기에는 전 세계가 사용하고 있다. 그는 프랑스의 성 바돌로매 학살 사건(1572년 8월 23일(토)~24일(일))에 감사했고, 영국 엘리자베스 여왕의 암살 음모에 활동비를 지원했다.

그리고 예수회 선교사들을 세계 각지로 파견하여 브라질, 인도, 중국, 일본까지 선교사를 파송했다. 1575년에는 로마 7대 대성당을 방문하게 하는 희년을 선포했다.

성 베드로 대성당, 성 바오로 대성당, 성 세바스티아노 대성당, 성 요한 대성당, 예루살렘 십자가 대성당, 성 로렌조 대성당, 성모 마리아 대성당 등에 수천수만 명이 순례하도록 했다.

8) 교황 제227대 식스토 5세(Sixtus V: 1585~1590)

식스토 5세는 반(反)종교개혁 시대에 활동한 교황들 중 가장 엄격하고 융통성이 없으며 무자비하여 완전 로마제국 군주처럼 군림했다. 그는 추기경 숫자를 최대 70명이 넘지 못하도록 못 박아 놓음으로 향후 400년간 그 제한이 유지되었다. 그는 교황청 내 15개의 분리된 성성(聖省: 상임 위원회)을 모두 관장했다.

또 교황청 영지 내의 법을 고쳐서 질서 회복 명분으로 7,000명이 넘는 도적들을 처형시켰다.

그는 또 스페인의 펠리페 2세에게 영국을 침공하면 보조금을 주겠다고 약속했다가 1588년 스페인 무적함대가 패하자 지불을 거절했다. 식스토 5세는 건축 사업에 주력했다. 베드로 대성당의 증축, 교황의 거주지 라테란 궁, 바티칸의 도서관을 새롭게 디자인했다. 그의 임기는 5년으로 끝났으나 바로크 양식의 화려함의 극치를 선사해 주었다.

식스토 5세의 교황 재임 기간은 5년에 불과하다. 그런데 어떻게 그가 그 짧은 기간에 그토록 많은 업적을 이루게 되었는가? 우리는 그의 개인적 성장 과정을 주목해 볼 필요가 있다.

중세기 교황이 된 대부분은 이탈리아의 전통적 명문가의 출신들이다. 명문가로 소문 난 파르네세(Farnese) 카라파, 메디치(Medici), 부옹콤파니(Buoncompagni) 등 명문가문에서 조상들 덕에 성직자로 성공한 것이 일반적 경우였다.

그러나 식스토 5세는 이탈리아 중부 마르게 주(州)의 주도인 인구 10만 정도 되는 소도시 안코나(Ancona) 근방에서 농부의 아들로 태어났다. 그의 본명은 펠리체 페레티(Felice Peretti)였다. 그는 소년 시절 가난한 소작농의 아들로 태어나 끔찍할 정도로 가난하게 자랐다. 그가 12세 때 인근의 프란치스코 수도원에 있던 삼촌이 소년인 그를 수도원에 데리고 가서 공부할 기회를 주었다.

그는 열정이 넘치며 박식한 설교자로, 탁월한 공격적 설교가로 두각을 드러낸다. 그의 공격적 설교 능력을 인정한 종교재판관 마켈레 기슬리에리(Michele Ghislieri)가 훗날 교황 비오 5세(1566~1572)가 된다. 교황 비오 5세는 수도사 페레티를 후원해 훗날 교황이 된다.

교황 선출 때 이탈리아 귀족들은 선거도 하지 않고 즉석에서 호명하여 교황이 되었다. 그는 교황 대관식 날 불법무기를 소지했다는 네 명의 죄수에 대한 사면요청을 거부하고 교수형에 처했다.

그는 산적 소탕, 재정 개혁, 로마 시 건축 등 파격적 행보로 과거 교황들의 미진한 부분들을 자신이 얼마 살지 않을 것을 안 사람처럼 계속 추진했다.

그런데 그렇게 많은 치적을 이루어 나가는 데 필요한 자금을 어떻게 만들었는가? 그는 가난한 농촌 출신으로 교황까지 되어서 가장 작은 지출도 꼬박꼬박 기록하는 습관과 함께 돈이 되는 일은 과감하게 추진했다. 그것이 과거부터 시행해 온 관직 매매 수입을 다섯 배 이상으로 만들어 회계 담당자, 감옥의 간수들, 공중인 등에게 돈을 받고 수입원을 만들었다. 이로 인해 교황청 평판이 극도로 나빠졌으나 그 자금으로 바로크 건축물들을 이루어 나갔다. 식스토 5세는 가난했던 자기 과거에 대하여 보복이나 하려는 듯 막대한 건축에 밤낮을 가리지 않았다.

로마 시 인구가 증가하자 물 부족 현상이 생겼다. 식스토 5세는 50km 거리를 잇는 수로를 건설해 물을 끌어들였다. 이 수로는 매일 20만m³의 물을 공급한다.

또 과거에 지어 놓은 라테라노 궁전을 새롭게 건축했다. 800명의 노동자들이 밤에는 횃불 속에 공사를 진행하게 했다.

또 이집트 고대 기념석주(記念石柱)인 오벨리스크(obelisk)가 있다. 오벨리스크 석주는 네모진 기둥이 높이 29.5m로 세워졌고 꼭대기는 피라미드 모양으로 되어 있다. 오벨리스크 석주는 전체 20여 개 중 이집트 국내에 5개만 남아 있고 15개가 유럽이나 미국 등 열강에 의해 반출되었다. 그중의 하나가 로마의 네로 정원에 세워져 있었다.

식스토 5세는 그것을 피에트로 대성당의 광장으로 옮겼다. 높이 25미터, 무게 330톤의 붉은 화강암으로 된 석주를 옮기기 위해서 40개의 기중기, 800명의 인부, 140마리의 말이 동원되었다. 식스토 5세는 이처럼 거대한 공사를 진행했다.[52]

그가 감기에 걸려 급작스럽게 사망하지 않았다면 더 많은 고대 유물들을 훼손하는 일을 추진했을 것이다.

---

52) Horst Fuhrmann, 《교황의 역사》, 차용구 역 (도서출판 길, 2013), pp.192~208.

식스토 5세가 죽자 로마 시민들은 식스토 5세의 대리석 석상을 무너뜨리고 기뻐했다. 그리고 그 이후 그 어느 교황도 식스토 6세라는 이름을 사용하지 않음으로 그가 닮고 싶은 모델이 못 되었음을 나타냈다. 참으로 오묘한 것은 그는 가난한 환경에서 자라 교황이 되었기에 많은 유물들을 남김으로 그의 업적들을 이뤄냈으나, 세인들은 그를 폭군으로만 기억하게 만들었다.

9) 단명한 교황들

제228대 교황 우르바노 7세(Urbanus Ⅶ: 1590.9.15~9.27)

제229대 교황 그레고리오 14세(Gregorius ⅩⅣ: 1590.12~1591.10)

제230대 교황 인노첸시오 9세(Innocentius Ⅸ: 1591.11~12)

16개월 동안에 세 명의 교황이 생겼다가 죽는 비극으로 16세기가 종식된다.

2. 반(反)개혁의 선봉 예수회

16세기 종교개혁 후 로마 가톨릭 교회는 독일, 영국, 네덜란드 등 많은 나라들에서 개신교로 떨어져 나갔다. 이러한 분위기에서 여타의 다른 나라들에서도 개신교 세력이 확산되어 나갔다.

가톨릭 세력이 줄어드는 것에 교황들은 위기감을 느끼고 대책을 세워 나가기보다는 중세기의 전통적인 고압적 오만함으로 일관했다. 이에 반해 한 평신도는 가톨릭에서 떨어져 나가는 과거의 가톨릭 세력을 다시금 가톨릭으로 환원시키는 것을 자기 일생의 사명으로 각성한다. 그가 '예수회'(The Society of Jesus)라는 남자 수도회를 창설한다. 예수회는 회원이 되는 과정과 수련이 매우 독특했다.

저들은 목표한 대로 반(反)개혁의 선봉에 서서 투쟁했다. 이들 예수회는 종교개혁으로 개신교도로 기울어진 세력들을 다시금 가톨릭으로 회복시키는 공적과 함께 전 세계에 독특한 선교사역을 전개했다. 한동안 교황에 의해 해산되기도 했으나 40년 뒤에는 더 부흥되어 오늘에 이르고 있다. 이들 '예수회'의 독특한 수련 과정은 모든 교회 지도자들이 반드시 본받아야 되는 매우 중요한 모범을 남겼다. 이제 '예수회' 역사를 살펴보자.

1) 예수회 창설자[53]

예수회 창설자는 스페인 출신의 이그나티우스 로욜라(Ignatius Loyola: 1491~1556)이다.

그가 태어난 곳은 프랑스와 스페인의 국경 사이에 위치한 비스케이 만(the bay of Biscay) 약간 남쪽의 바스크(Basque)다. 부친은 국왕 페르디난드(Ferdinand)의 궁정에서 시종(Page) 노릇을 한 적이 있다. 로욜라는 어렸을 때 궁전 예절을 익히고 전략을 공부했다. 그 후 다른 두 형제와 함께 나제라 공작(duke of Najera) 군대에 소속되어 전투에 참가한다.

1521년 5월 21일 프랑스 왕 프랑수아 1세(Francois Ⅰ: 1494~1547)가 팜플로나(Pamplona)에 진격해 왔다. 프랑스 군대는 팜플로나 성벽을 향해 대포를 쏘아댔다. 로욜라는 이 전투에서 적군의 대포알에 오른쪽 다리는 으스러지고 왼쪽 다리는 부상을 입는 비운을 겪는다. 이로 인해 미숙한 수술로 평생 절름발이가 된다. 신체 불구가 되어 고향

---

53) 정수영,《새 교회사 Ⅱ》, pp.315~323.

에 돌아온 그는 휴양 중 여러 성자들의 전기를 탐독한다. 그중에 루돌프(Ludolph)가 쓴 《그리스도의 생애》에서 깊은 감동을 받는다. 이때 로욜라는 자기가 꿈꾸던 기사도적 이상을 종교적 기사로 전환하려는 결단을 한다. 그리스도인이란 빛나는 영적 갑옷을 입은 군대로서 그리스도를 위해서는 전쟁터에서 사생결단으로 투쟁해야 하는 영적 군사가 되어야 한다고 믿는다.

로욜라는 바로셀로나(Barcelona) 근처 만레사(Manresa)에 은거하면서 과거생활을 철저하게 정리한다. 이때 '인간이 어떻게 자유의지를 제어함으로 높은 영적 군사가 될 수 있는가?'에 대한 많은 고뇌 속에 훗날 저술한 《영적 훈련》(Spiritual Exercise)이라는 대표 저서의 골격을 만든다.

만레사에서 약 1년간 지낸 후 성지 예루살렘을 순례하는 도중에 이슬람을 개종시켜야겠다고 결심한다. 다시 스페인에 돌아온 로욜라는 알칼라 데 에나레스(Alcala de Henares)에 있는 1508년에 설립한 알칼라 대학에 입학한다. 당시 대학생들은 20대 전후였으나 로욜라는 30대였다. 그는 거기서 다른 학생들에게 자기가 깨달은 영적 훈련을 주장하므로 종교재판소에 고발되어 얼마 동안 투옥되었다.

그는 앞으로 3년 동안 자기주장을 하지 않겠다는 약속을 하고 풀려난다. 로욜라의 주장을 듣던 이는 그를 이단으로 취급했다. 로욜라는 1528년부터 1535년까지 파리에서 몇 개의 학교를 다닌다. 7년 동안 몽테뉴(Montaigu) 대학과 바르브(Barbe) 대학에서 신학사와 문학박사 학위를 받는다.

로욜라가 파리에서 공부한 때는 칼빈이 공부를 마치고 떠난 후였다. 그런데 똑같은 학교에서 공부했으나 칼빈은 가톨릭의 개혁자가 되었고 로욜라는 가톨릭의 수호자가 된다. 로욜라는 파리에서 공부하는 중에 동지들을 규합하는 큰일을 한다.

그는 만레사 동굴에서 1년 동안 기도와 고행(苦行)으로 영적 체험을 한 것을 토대로 《영적 훈련》 또는 《심령 수업》이라는 저서를 만들었다. 이때 규합된 동지들이 6명이 된다. 이들 6명은 로욜라의 후계자가 된 이들인데 디에고 라이네즈(Diego Lainez)와 훗날 극동 지역 선교사로 큰 업적을 이룬 프란시스 자비에르(Francis Xavier) 등이다.

이들 6명은 1534년 8월 15일에 수도원에서 세 가지를 맹세한다. ① 가난(Poverty), ② 정결(Chastity), ③ 복종(obedience)이다. 이들은 수도회 이름을 '예수회'(The Society of Jesus)라고 했다. 이렇게 해서 로욜라는 1534년에 예수회를 창설했고, 1540년에 교황 바오로 3세(1534~1549)의 인가를 받는다.

2) 예수회 발전기

이들 예수회는 '예수처럼 사는 사람들의 모임'이라는 목표로 출발한다. 그래서 종전까지 수많은 수도회들이 공동 수도원에서 수도사제복을 입고 공동으로 수행하던 성무일과(聖務日課)와 정주제(定住制) 등을 모두 폐지한다.

그리고 시대의 요청에 따라 청빈, 정결, 순종의 3서원을 기본 교의로 삼고 의복, 식사, 그 밖의 것을 일반 사제와 마찬가지로 하되 고장의 풍습을 따르도록 했다. 그래서 모든 인류의 구원을 위해서는 어떤 일이건, 어느 곳이든 즉각 순종할 수 있는 적응성을 가장 중요시함으로 융통성 있게 상대들을 포용해 나갔다. 특히 예수회는 군대식으로 최고 사령관이 있었다.

그래서 가톨릭 최고 사령관으로 교황의 지시를 최우선시하여 순종하고 그다음에 예수회 대표가 최고 사령관으로서 직접 지시했다.

예수회는 조직으로 총회장, 고문, 관구장, 각 관구의 대표가 있었다. 세계를 몇 지역으로 나누고 그 아래 몇 개의 관구로 나누어 관구장이 산하를 관장했다. 이들 예수회의 특이한 점은 회원들에게 오랜 양성 기간에 걸쳐 학문적으로, 영적으로 철저한 교육을 받게 한 것이다.

회원이 되는 과정도 매우 복잡하다.[54]

① 처음 2년간은 견습기간이다.
　이때 가난, 정절, 복종을 실천한 후 서원을 하게 한다.
② 그 후 1년간 교양학문을 공부하고 3년간 철학을 공부한다.
　이 공부를 마치면 어린 신입 회원들에게 가르치는 훈련을 시킨다.
③ 그 후 4년간 신학공부 후에 사제가 된다.
④ 사제가 된 후 1년간 실천신학으로 설교학, 영적 훈련으로 한다.
⑤ 그 후 다시 2년간 가난, 정절, 복종을 실천했는가의 시험을 거친다.
⑥ 이 모든 과정인 13년간의 교육, 훈련, 실험을 거친 후에 최고 사령관인 교황에게 절대 순종한다는 서원으로 비로소 정식 회원이 된다.

로욜라 자신은 5피트 2인치(약 157cm)도 안 되는 왜소한 체구였다. 게다가 평생 한쪽 발을 저는 절름발이이고, 다리 수술 때 남자의 자존심인 돌기(突起)를 없애버렸고 오랫동안 소화불량으로 살아갔다. 그런데도 그는 모든 면에서 항상 원기가 넘치는 가운데 평온하게 자

---

54) 정수영,《새 교회사 Ⅱ》, pp.319~320.

신감을 갖고 지도해 나갔다. 그에게는 그 어떤 불순종도 허용되지 않았다. 그는 생전에 예수회 회원 1,000명을 확보했다. 그리고 그의 생전에 100개에 달하는 대학과 신학원을 설립했다.

3) 예수회 수확기

예수회 회원들이 이룬 각 곳의 업적들이 있다.

먼저 유럽 쪽을 보자. 헝가리(Hungary)는 인구 1천만 명을 상회하는 나라이다. 이들 헝가리가 종교개혁 때마다 거의 다 개신교인 루터파, 칼빈파로 기울어져 가고 있었다. 그런데 예수회 수도사들이 교황의 명령으로 이곳에 적극적인 반(反)개혁운동을 펼쳤다.

그 결과 헝가리 국민의 약 49% 가량을 가톨릭으로 되돌려 놓았다. 그래서 개신교는 22%이고, 정교회와 유니테리언, 유대교도가 있다. 예수회 활약이 두드러진 곳이 헝가리다.

또 폴란드(Polish)는 인구 4천만 명이 되는 나라이다. 이 나라에서 코페르니쿠스(1473~1543), 시엔키에비치(1846~1916), 교황 바오로 2세(1978~2005) 등이 출생했다.

이 나라는 전통적으로 가톨릭을 고수하여 국민의 95%가 가톨릭 교도이고 성직자가 2만 3천 명이나 되는 가톨릭 강국이다. 예수회 회원들이 폴란드를 가톨릭 강국으로 지원하며 보헤미아, 모라비아 지역까지 개신교로 넘어가지 않도록 투입되었다. 그래서 예수회는 프로테스탄트를 반대하기 위해서 창립되었다는 말이 생겼다.

예수회의 가장 큰 공적은 세계 선교다.

남미의 멕시코, 페루 등을 가톨릭 국가로 만드는 데는 프란시스칸, 도미니칸 등의 수도사들의 활약이 컸다. 그러나 브라질과 파라과이 선교에는 예수회 공헌이 컸다. 그리고 아시아 선교에 큰 공헌을 세우것이 자비에르(Francis Xavier: 1506~1552)다.

자비에르는 파리 대학에서 법학과 신학을 공부하던 중 로욜라를 만났다. 그는 교황 사절로 있다가 선교사로 임명을 받는다. 1542년 말레이 제도 말라카, 말라야, 몰로카이에서 병자들을 상대로 선교를 하며 수천 명에게 세례를 주었다.

1549년에 일본에 도착해 1551년까지 일본 선교로 2,000명의 교인들을 만들었다. 잠시 중국을 방문한 후 1552년 고아로 돌아가 고아 대학 설립 후에 죽는다. 중국 선교의 꿈을 가졌으나 입국 거절로 좌절된 자비에르의 유지를 계승해 중국 선교사로 마테오 리치(Matteo Ricci: 1552~1610)가 괄목할 만한 선교에 성공한다.

예수회가 이토록 세계 선교활동을 하는 동안 동시대의 유럽 개신교들이나 루터교와 칼빈주의는 잘못된 예정론 신학으로 200년간 탁상공론으로 허송한다. 그 내용을 '제2부 근세 교회사 제1편 제5장 영국령 북아메리카 식민지 교회' 설명하겠다.

예수회는 16~17세기의 유럽 대부분 국가들이 개신교로 분리될 때 가톨릭 신앙으로 유럽, 아메리카, 동양에 그리스도교를 전하는 데 공헌한다.

4) 예수회의 시련과 발전

예수회는 18세기 후반에 시련을 당한다. 가톨릭 내에서 교황은 프란체스코 수도회나 도미니칸 수도회 출신들이 독차지했다. 이들 두 수도회 수도사들이 전 세계 각 곳의 선교사로도 파송되었다. 두 수도회 수도사들이 이룬 선교지에 뒤늦게 예수회 선교사들이 들어온

후 파격적인 선교 방법으로 비교가 안 되는 선교 결과들을 이룬다. 이 일로 두 수도회 수도사들의 불만이 교황들에게 증폭되어 나갔다.

겉으로는 다 똑같은 가톨릭 선교이나 그 방법과 결과가 예수회를 따를 수가 없게 되었다. 이 불만이 교황들에게 계승되면서 잠재적 문제로 커져 나갔다. 18세기 후반 프랑스 혁명(1789~1799) 이후에 부르봉 왕가의 절대주의에 항쟁하는 과정에서 교황에 의해 예수회가 해산된다. 그 후 40년 뒤에 또다시 부흥된다.

예수회는 교육 정책에 큰 공적을 이룬다. 저들은 기성 정부 교육 정책이 아닌 독자적인 학사 규정으로 수백의 중학교, 대학교를 설립 운영했다. 그래서 지리학, 민속학, 언어학, 천문학, 물리학 등 각 분야에서 귀중한 업적들을 남김으로 유럽 고등 교육의 기초가 되었다.

1983년 현재 전 세계 약 3만 명의 회원을 갖고 있다. 유럽에 1만 명, 북아메리카에 6,500명, 중남 아메리카에 4,000명, 아프리카에 1,000명, 아시아에 4,500명 등이다. 한국의 서강대학교는 예수회가 설립, 경영하는 대학이다.

[결어]

중세기 최대의 변화는 신대륙 발견과 종교개혁이다. 종교개혁이 있었기에 오늘날에는 가톨릭, 동방 정교회와 개신교라는 3대 종파가 만들어졌다. 이 중에서 종교개혁 후 가톨릭과 개신교는 어떻게 달라졌는가? 가톨릭의 교황들은 무사안일에 향락과 건축에 골몰했다. 한편 평신도요 수도사인 예수회는 교황들이나 개신교 지도자들이 해내지 못하는 엄청난 일들을 이루어냈다.

예수회는 구태의연한 종교적 제도나 관습에 얽매이지 않았다. 저들은 생활 속에서 신앙을 실천하도록 가르쳤고, 주의 일에 나설 자에게는 13년의 고도의 교육과 훈련을 이수케 했다.

개신교들이 고등학교 졸업자를 4년간 또는 6년간 교육시킨 후 지도자로 내세우는 것의 두 배 이상의 기간으로 교육과 훈련을 받도록 했다.

예수님은 제자들을 부르셔서 3년 반 동안 훈련을 시키셨다. 그런데 중세기 예수회는 13년을 훈련시켰다. 2000년대를 살아가는 현대에는 30년 정도의 교육과 훈련이 필요하지 않겠는가?

그런데도 오늘날 부실한 교육 후 목회자를 양산하는 훈련 부족, 교육 부족 상황은 교회를 정체시키는 원인이 된다고 본다. 새 시대에는 새로운 지도자들이 교회를 이끌어 갔으면 좋겠다는 희망은 비단 필자만의 소원이 아닐 것이다.

제2편 종교개혁 후의 투쟁사

제1장 프랑스의 위그노 전쟁

[서론]

프랑스라고 하면 다른 나라들보다 정치적, 문화적으로 앞서 가는 선진적인 나라로 인식되어 있다. 프랑스가 그와 같은 좋은 인식의 기반을 갖게 된 것은 프랑스 혁명(1789~1799)이라는 과정을 통하여 오늘날과 같은 정치, 경제, 문화의 모든 면에서 현대적 특징의 기초를 형성했기 때문이다.

우리는 프랑스의 현대적 특징들이 그 밑바닥에 고대와 중세를 계승한 가톨릭의 독재 체제를 중세기 때 로마 교황청으로부터 분리시켜 프랑스식 가톨릭 교회를 만들면서 시작됐음을 알 수 있다. 그런데 프랑스식 가톨릭 교회는 스위스 제네바의 칼빈주의가 프랑스에 유입되도록 만들었다.

뒤늦게 가톨릭의 위기의식을 느낀 군주들은 칼빈주의 신도인 위그노들을 36년간 참살시키는 위그노 전쟁(1562~1598)을 일으킨다. 위그노 전쟁은 낭트 칙령(1598)으로 휴전이 되었다. 그러나 루이 14세(1643~1715)는 낭트 칙령을 폐지(1685)하고, 또다시 가톨릭주의로 회귀시킨다.

칼빈주의로 개신교의 맛을 알았던 국민들은 군주의 독재에 맞서는 프랑스 혁명(1789~1799)으로 절대왕정을 무너뜨린다. 프랑스 혁명은 나폴레옹의 제국정치(1795)를 가져온다. 나폴레옹의 전제국가는 새로운 공화국을 만들게 된다. 그래서 왕당파와 공화파로 나뉘어 또 투쟁을 하게 된다.

프랑스의 정치 역사는 길고 긴 세월 동안 왕정 체제하에서 이뤄진 결과들이 과거 유산으로 전승되고, 이에 대한 항쟁으로 프랑스 혁명, 제정시대, 공화정 시대로 발전하면서 전승되는 유산이 함께 공존하고 있다.

이 같은 프랑스 역사 속에서 16세기 종교개혁기에 일어난 위그노 전쟁사는 프랑스 국민들의 정신사를 잘 보여준다. 프랑스 국민들은 가톨릭의 로마 교황청과 전쟁을 치르면서 프랑스식 가톨릭교를 형성했다. 또 프랑스 국민들은 위그노 전쟁의 혹독한 희생을 치르며 군주제도를 무너뜨리고 제국정치를 지나 공화정을 세운다. 이와 같은 항쟁정신이 뚜렷한 프랑스 역사의 한 면을 살펴보자.

1. 프랑스식 가톨릭 교회와 위그노(칼빈주의)의 전쟁

1) 대략적인 프랑스 약사(略史)

프랑스 역사는 고대, 중세, 근세, 근대, 현대로 구분되지만 그 구체적인 적용은 무엇에 기준을 삼느냐에 따라 각각 달라진다. 여기서는 왕조 중심에 따라 프랑스 역사를 몇 가지로 구분해 보겠다.

(1) 고대시대(B.C. 500~A.D. 406)

고대 켈트(Celt)인들의 부족사회를 거쳐 로마의 카이사르(G. J. Caesar: B.C. 100~B.C. 44)가 갈리아를 정복한 후 로마제국이 지배하기 시작해서 로마제국의 지배를 벗어난(A.D. 406) 기간을 고대시대라 할 수 있다.

(2) 중세시대(A.D. 481~1453)

프랑크 왕국을 최초로 수립한 클로비스 1세(Clovis I: 466~511)가 메로빙거 왕조(481~752) 후에 소(小)피핀(Pipin: 751~768)이 카롤링거 왕조(751~1328)를 거쳐서 필리프 6세(1328~50)의 발루아 왕조(1328~1589)를 거치고 영국과 프랑스 간의 100년 전쟁(1337~1453)이 종료되는 시기까지를 중세시대라 할 수 있다.

프랑스의 중세시대는 봉건사회의 형성과 전개가 이뤄지는 시기였다.

(3) 근세시대(1461~1789)

발루아 왕조의 제6대 왕인 루이 11세(Louis XI: 1461~1483)의 폭정에 의한 철저한 왕권 정책이 시작되어 절대왕정이 붕괴되는 18세기 말 프랑스 혁명(1789~1799) 이전까지를 근세시대라고 할 수 있다.

이 시기는 프랑스 군주들이 로마 가톨릭 체제에서 분리된 프랑스식 가톨릭 교회로 분리하고, 프랑스 군주들이 스위스 칼빈주의자들인 위그노들을 학살하는 시기이다. 이 시기를 절대왕정 시대라고 하며, 또 자본주의 경제가 싹트는 시기이기도 하다.

(4) 근대시대(1789~1871)

프랑스 혁명(1789~1799)후 삼부회가(1789) 이끌어 가고 국민의회가 성립되어 공화제가 선언되고(1792) 국왕이 처형당한다(1793).

나폴레옹의 총재 정부(1795)가 나폴레옹 법전으로 황제가 된다(1804). 나폴레옹의 몰락으로(1814) 다시 루이 18세(1814~1824)의 왕정이 복고된다. 그러나 파리 민중 폭동(1848)과 14세기 이후에 도시 시민층이 국왕이나 지배층에 저항하는 운동인 코뮌(Commune) 운동이 1794년부터 1871년까지 계속되었다.

이렇게 왕정을 무너뜨리고 대통령제가 실시되는(1871) 때까지를 근대시대라 할 수 있다.

(5) 현대시대(1875~1945)

제3공화국이 시작되어(1875) 상, 하 양원에 의한 대통령 통치로부터 제2차 세계대전이 끝나는(1945) 때를 현대라 할 수 있다.

이와 같은 프랑스 역사 속에서 우리가 중점적으로 살펴보려는 부분은 종교개혁 때로부터 가톨릭 군주들에 의해 자행된 위그노 전쟁의 참혹사와 그 후에 뒤따르는 프랑스 기독교계 역사이다. 그러므로 이 부분은 근세시대의 일부분에 해당하는 내용이 되겠다.

2) 중세시대의 프랑스 군주들

이 시기는 절대왕정의 시기이다. 군주에 의해 정치, 경제, 종교가 좌우되는 군주 독재 시대이다. 한 나라의 모든 권력이 왕에게 집중되어 절대왕정의 최고 절정기인 루이 14세(Louis XIV: 1643~1715)를 태양왕(le Roi Soleil)이라고도 한다. 그가 했던 "짐이 곧 국가다"(L'Etat c'est moi)

라는 말이 전해진다. 이와 같은 절대왕정 시대의 프랑스 교회상을 차례대로 살펴보겠다.

프랑스 발루아(Valois) 왕조(1328~1589)는 3가계(家系)로 나누어진다. ① 직계 발루아 가 ② 오를레앙 발루아 가 ③ 앙굴렘 발루아 가에서 발루아 왕가의 왕인 샤를 7세(1429~1494), 샤를 8세(1494~1560), 샤를 9세(1560~1589)로 이어진다.

그리고 앙리 4세(1589~1610)에 의해 부르봉 왕조(1589~1792)로 이어진다.

여기서는 부르봉(Bourbon) 왕조가 제1기 집권기(1589~1793) 때 군주들이 행한 종교정책을 살펴보겠다. 부르봉 왕조 제1기는 루이 16세(1774~1792)가 1793년에 처형됨으로 끝이 났으나 루이 18세(1814~1824), 샤를 10세(1824~1830)가 부르봉 왕조를 재건했다가 파리 혁명(1848)으로 다시 무너진다.

여기서는 부르봉 왕조(1589~1792) 이전의 발루아 왕조(1328~1589) 때 프랑스 군주들과 그들이 행한 행적들을 살펴보자.

(1) 샤를 7세(Charles Ⅶ: 1422~1461)

영국 왕 헨리 6세(1421~1471)가 프랑스 왕을 겸임하고 북프랑스에 군림하므로 영국과 프랑스 간의 100년 전쟁(1337~1453) 중 잔 다르크의 도움으로 전쟁의 기선을 제압한다.

그런데 만년에는 후계자인 루이 11세와 분쟁을 일으킨 후 독살을 겁내서 굶어죽었다고 한다.

(2) 루이 11세(Louis XI: 1461~1483)

아버지 샤를 7세가 사망한 후 폐적(廢嫡)이 되어 왕세자로 망명 정권을 세우다가 프랑스 왕위를 계승했다.

그는 등극한 후 선왕의 고문관들을 모두 물리치는 폭정으로 왕제(王弟) 제후들의 반란(1464~1465)을 초래한다. 그는 별명이 상인왕(商人王)으로 견직물 산업 도입, 광산의 개발 등 적극적인 경제정책을 펼쳤다. 한편 종교정책에서는 한 하나님, 한 신앙, 한 법, 한 왕을 모토로 중앙집권적 정치, 종교 체제를 강화하였다.

왕위를 계승한 후 그는 부왕의 고문관들을 모두 물리치는 폭정을 시작했다. 행정기구에 정보 수집, 지령 전달을 위한 역참(驛站)제도를 창설하였다. 그는 만년에 사람을 믿지 못하고 심복과 투르 근교의 성곽 안에서 틀어박혀 고독 속에 죽었다.

(3) 샤를 8세(Charles VIII: 1483~1498)

루이 11세의 아들로 13세 때 즉위하여 나이가 어리므로 22세가 될 때까지 누이 앙드보주가 섭정을 했다.

1495년 이탈리아 원정을 강행하여 나폴리 왕국을 점령하였으나 오스트리아와 아라크 왕국의 개입으로 그의 야망이 좌절되었다. 1498년에 다시 원정을 하던 중에 사고사로 죽는다.

(4) 루이 12세(Louis XII: 1498~1515)

루이 12세는 발루아 왕조 제8대 프랑스 왕이다. 루이 11세의 딸과 결혼하여 즉위한 후에는 이혼을 하고 미망인과 재혼했다.

밀라노 공국에 대한 야망으로 이탈리아 원정 후에 제노바와 밀라노를 점령했다. 이로 인해 교황과 대립되어 이탈리아에서의 영향력을 잃게 되었다.

이와 같은 왕은 한 나라 국가의 수장만이 아니라 교회도 지배하는 수장이기도 했다. 이렇게 민족주의에 근거한 종교관이 루이 12세 때 드러난다. 그것이 루이 12세 이후에 계속된 이탈리아 정복 투쟁으로 계승된다.

(5) 프랑수아 1세(Francois I : 1515~1547)

그는 루이 12세의 딸 클로드와 결혼하여 왕위를 계승했다. 그는 이탈리아 패권 장악을 위해 4차에 걸쳐 전쟁을 거듭했으나 마지막에는 1년간 감금생활을 하는 수모를 겪는다. 그는 문학, 예술을 사랑하여 인문주의자를 보호하고 르네상스를 도입하는 데 큰 역할을 했다. 종교 면에서 처음에는 복음주의자들에게 호의적이었다. 그러나 1534년에는 복음주의자들이 가톨릭의 미사제도를 매도하는 격문을 살포한 사건 이후 개신교도들에 대한 박해자로 변한다.

또 프랑수아 1세는 로마 가톨릭대로의 종교 형태를 투쟁을 통해 탈피한다. 그래서 프랑스 가톨릭 교회는 교황의 지배보다는 왕의 지배를 받아야 된다고 주장했다. 이 때문에 프랑수아 1세의 주장을 갈리아주의(Gallicanism)라고 한다. 갈리아주의를 교황권을 벗어나려는 시도로 본 교황 레오 10세(1513~1523)는 스위스의 협력을 얻어 프랑수아 1세와 전쟁을 벌였다. 그러나 결과는 프랑수아 1세의 승리로 끝이 났다.

전쟁 결과 프랑수아 1세와 교황 레오 10세가 볼로냐(Bologna) 조약을 맺어 프랑스식 가톨릭 교회가 독립하게 된다.

볼로냐 조약의 결과로 ① 주교의 임명권이 교황에서 왕으로, ② 국가가 교회에 세금을 징수할 권한을 갖고, ③ 교회 재판에 이의를 제기할 수 없는 관례를 폐지하고 교회 재판 불복자는 왕립재판소에 항소할 수 있다. ④ 프랑스 성직자들은 성직자가 되는 첫해 급료 전액을 교황청에 헌납한다. 이때부터 미사 때 프랑스어를 사용하기 시작했다.

(6) 앙리 2세(Henri II: 1547~1559)

프랑수아 1세의 둘째 아들로 왕위에 올랐다. 부왕의 대외 정책이었던 이탈리아와의 전쟁을 계승했다. 그는 선왕보다도 더 강력한 반개신교 정책을 펼쳤다. 1548년 화형 재판소 설치로 수많은 개신교도들을 화형에 처했다.

1551년 샤토브리앙(Chateaubriant) 칙령을 반포해 개신교 탄압을 제도화했다. 그럼에도 불구하고 제네바 칼빈주의는 프랑스에 유입되어 최초로 1555년에 프랑스 칼빈주의 교회가 설립되고, 1559년에는 2,000개 교회에 신도 20만 명으로 급증했다. 1559년 프랑스 개혁파 교회는 칼빈이 초안한 '갈리아 신앙고백'(Gallican Confession)을 채택하였다. 이것을 훗날 '라로셸'(La Rochelle)에서 40개조로 개정하여 '라로셸 신앙고백'이라고 불렀다. 앙리 2세는 1533년 메디치 가의 캐드린과 결혼하여 10명의 자식을 얻었다. 그중 3명(프랑수아 2세, 샤를 9세, 앙리 3세)은 차례로 프랑스 왕이 되었다.

앙리 2세는 "칼빈주의를 종교적으로 이단이요 정치적으로 반국가적"이라고 간주했다. 이렇게 앙리 2세의 견해에도 불구하고 정부 고위층 국회의원이 '위그노 교도'로 밝혀졌다. 그는 안느 뒤 부르(Anne Du Bourg: 1520~1559)였다. 뒤 부르는 위그노로 밝혀져 이단자로 화형에 처해졌다(1559).

앙리 2세는 본부인 외에 20세 연상 여인 애비(愛妃)와 사랑에 빠져 부도덕한 군주로 비난받던 중 기마(騎馬) 시합 훈련 중에 근위대장의 창에 안면을 맞고 부상으로 고생하다가 죽는다.

사람들은 왕이 '뒤 부르'를 죽인 벌을 받았다고 비난했다.

(7) 프랑수아 2세(Francois II: 1559~1560)

앙리 2세는 메디치 가문의 캐드린 드 메디치와 결혼을 해서 10명의 자식을 얻었다. 그런데 앙리 2세는 칼빈주의를 몹시 싫어했다. 그래서 뒤 부르를 칼빈주의라는 이유로 화형을 시켰다. 그로 인해 많은 비난을 받던 왕은 부상당한 후 죽는다.

남편을 잃은 캐드린 드 메디치는 장남 프랑수아 2세가 왕위를 계승하도록 했다. 그래서 프랑수아 2세는 1558년 스코틀랜드의 공주 메리 스튜어트와 결혼하고 이듬해 15세에 왕위에 올랐다. 왕이 나이가 어리니까 왕의 백부인 기즈 공(公) 프랑수아 일파가 정권을 장악하므로 말썽이 많고 반대 세력들이 많이 일어났다. 그러자 왕의 어머니 캐드린 드 메디치가 섭정을 하게 되었다. 그런데 몸이 약한 프랑수아 2세는 즉위한 지 1년 후에 병으로 죽는다. 그렇게 되자 스코틀랜드의 메리 스튜어트는 젊은 나이에 과부가 되어 본국으로 돌아가게 된다.

그 후 왕모 캐드린 드 메디치는 둘째 아들이 왕위를 계승하도록 한다. 그리하여 10세의 어린 나이인 샤를 9세(Charles IX: 1560~1574)로 하여금 왕위에 오르게 한다.

큰아들 때 섭정을 했던 캐드린 드 메디치가 둘째 아들을 왕으로 세운 후 27년이라는 장기 섭정으로 프랑스를 혼란에 빠뜨린다.

3) 가톨릭 군주들과 위그노들의 전쟁

이 시기는 왕실 사람들이 종교개혁 세력이며 칼빈주의자들인 위그노들을 무자비하게 탄압하는 시기이다.

이때에 가장 큰 사건이 위그노 전쟁(1562~1598)과 생 바르텔레미(바돌로매) 기념일의 대학살(1572)이다. 이 두 비극의 주도자가 왕모인 캐드린 드 메디치다. 그녀는 이탈리아 메디치 가문 출신으로 프랑스 왕후가 되었고, 남편이 죽자 아들 셋을 차례대로 왕위를 계승케 한 매우 걸출한 여인이었다. 이제 자기 아들 샤를 9세를 등에 업고 프랑스 역사에 가장 치욕적인 두 사건을 시행한 내용을 살펴보자.

(1) 위그노 전쟁(1562~1598)
① 위그노(Huguenots)라는 말의 뜻

이 말은 본래 독일어에서 비롯된 '맹우'(盟友)라는 뜻이다.

그런데 이 말이 칼빈이 사역하고 있던 제네바의 칼빈주의자들에게 적용이 된다. 그렇게 적용이 되는 역사가 있다. 그것은 칼빈이 제네바에서 개혁 교회를 시작하면서 비롯된다.

제네바는 칼빈이 사역하기 이전에 사보이(Savoy) 공국(公國)의 자유도시였다. 사보이 공국은 1416년부터 1720년까지 존속하였다가 현재는 프랑스 영토가 되었다.

사보이 공국은 1520년경 제네바 시의 자치권을 박탈했으나 이때 스위스 연방에 속한 베른(Bern) 시가 제네바의 독립 투쟁을 도와준다. 제네바는 1536년 사보이 공국에서 독립해 스위스 연방에 가입했다.

독립된 제네바는 정치적 독립 후에 정치적 독립을 유지하는 데 가톨릭이 유리할까, 개신교가 유리할까를 선택해야만 했다. 그러나 중세기 1,000여 년을 가톨릭과 동조한 사보이 공국의 가톨릭을 따르는 것은 독립의 의미가 무색해진다고 판단한다. 그래서 파렐과 칼빈의 개신교를 선택한다. 칼빈은 '제네바 헌법'(1541년 11월 20일)을 만들어 제네바를 개신교의 신정왕국으로 다스린다.

'위그노'란 말은 칼빈이 제네바에서 칼빈주의로 개혁을 전개할 때 프랑스의 칼빈주의자들이 제네바 칼빈주의를 열렬하게 지지함으로 저들은 '혈맹으로 맺은 친구'라는 말이 '위그노'가 된다.

② 프랑스에서 칼빈주의의 급성장

칼빈의 모국은 프랑스다. 그런데 그가 사역하는 곳은 스위스 제네바였다. 칼빈은 제네바에서 사역이 안정되자 많은 사역자들을 양성해서 프랑스로 파송한다. 그때 의식만 있고 말씀이 없던 가톨릭에서 개신교로 물밀듯이 1559년경에는 프랑스에 '위그노' 교회가 2,000여 개, 신도들이 20만 명으로 커진다. 이때 위그노들을 싫어한 앙리 2세의 부인인 캐드린 드 메디치 섭정은 생 제르맹 칙령(l' Edit de st. Germain)을 선포한다.

그 내용은 위그노들은 파리 같은 큰 도시에는 포교할 수 없고, 도시 밖의 시골 마을에서 가정예배 정도만 허락한다는 왕의 칙령이었다. 섭정의 이와 같은 위그노의 호혜정책에 가톨릭 세력은 크게 반발했다. 왜냐하면 왕명으로 개신교가 시골에서지만 생존할 수 있게 허락을 해줬기 때문이다.

이와 같은 왕명의 허락 아래 1562년 3월 프랑스 쌍빠뉘 지방의 바씨(Vassy)에서 약 1,200여 명의 위그노들이 예배를 드리고 있었다. 평소 왕의 칙령을 못마땅하게 여기던 가톨릭 세력의 대표자 왕족인 기즈공 프랑소아는 자기 수하의 200명 병사들을 통해 위그노

예배자들을 해산시키려 했다. 이에 위그노들이 왕명을 근거로 저항을 하자 병사들을 위그노들을 닥치는 대로 살상했다. 이때의 학살로 74명이 죽고 124명이 부상을 입었다. 이것을 '바씨의 대학살'이라고 한다. 이에 위그노들도 왕족들을 대항하여 투쟁을 했다. 이렇게 시작된 전쟁을 위그노 전쟁이라고 한다.

③ 위그노 전쟁(1562~1598)

위그노 전쟁은 만 36년에 걸친 프랑스 왕족들과 칼빈주의자들인 위그노들 간의 전쟁이었다. 이 전쟁은 프랑스 군주들에 의한 일방적인 폭력 살상행위였으나 이들에게 희생당하는 칼빈주의자들 역시 칼빈주의 사상에 근거한 사상적, 물리적 투쟁도 계속해 나갔다. 그러한 까닭에 프랑스 군주들의 일방적인 살상행위들이 비난받아야 됨은 당연한 것이지만 동시에 칼빈주의 사상도 비판받아야 할 것으로, 필자는 두 면을 정리해 보겠다.

a. 위그노 전쟁의 전체 윤곽

위그노 전쟁은 36년에 걸쳐 도합 9차례나 계속되었다.[55]

제1차: 1562~1563, 제2차: 1567~1568, 제3차: 1568~1770,

제4차: 1572~1573, 제5차: 1574~1576, 제6차: 1576~1577,

제7차: 1580, 제8차: 1585~1589, 제9차: 1589~1598

위그노 전쟁은 프랑스 군주와 칼빈주의자들 간에 장장 36년에 걸친 지속적인 종교 전쟁이었다.

---

55) 김광채, 《근세, 현대 교회사》 (기독교문서선교회, 2000), p.60.

b. 위그노 전쟁

당시 국왕의 모친 캐드린 드 메디치가 섭정을 하고 있었다. 섭정은 가톨릭 측의 반대를 무릅쓰고 개신교에 대한 관용 정책을 펼쳤다. 캐드린 드 메디치는 이탈리아 메디치 가의 딸로서 마키아벨리(Machiavelli: 1469~1527)의 《군주론》의 영향을 받았다. 《군주론》에서 "군주가 두려움의 대상은 될지언정 증오의 대상이 되어서는 안 된다. 군주는 백성들에게 절망상태를 주거나 백성들로부터 미움을 받지 않도록 해야 된다"라는 사상으로 개신교들에게 관용 정책을 펼쳤다. 그런데 가톨릭 측은 섭정의 그와 같은 관용 정책을 수용하지 않았다.

그래서 바씨(Vassy)의 대학살을 저질렀다(1562). 이렇게 바씨 학살을 저지른 기즈공 프랑소아는 바씨 학살로 끝내지 않고 군대를 이끌고 파리에 입성해 섭정인 캐드린 드 메디치를 파리에서 추방시켜 네덜란드로 망명케 한다. 그리고 이어서 위그노들을 학살하는 전쟁을 시작한다.

가톨릭이 개신교도인 칼빈주의자 위그노들을 살상하는 것은 종교적 광신적 행위였다. 그런데 우리가 반드시 기억해야 할 사실이 있다. 그것은 칼빈주의자들인 위그노들 역시 '폭군 징벌론'이라는 칼빈의 사상으로 정부군과 대항하여 전쟁을 계속해 나갔다는 사실이다. 여기서 칼빈주의 사상의 문제점이 확연하게 드러나게 된다. 당시 정부군은 국권을 지키기 위한 정당한 수단이라고 합리화했으나 칼빈주의자들은 '폭군 징벌론'이라는 비성서적 주장으로 맞서 싸웠다. 이 내용을 우리가 확실하게 기억해야 칼빈주의의 성격을 알 수가 있다.

c. 폭군 징벌론(暴君 懲罰論, Monarchomachian Theory)

이 이론은 어원에서 그 뜻이 드러난다.[56]

즉 모나르코스(μόναρχος)는 군주, 폭군, 독재자라는 뜻이고, 마케스다이(μάχεσθαι)는 싸운다는 뜻이다.

이 이론에는 가톨릭 신학자들 가운데서 이 주장을 한 학자들이 있고, 개신교 측 신학자들 가운데서도 이 주장을 한 학자들이 있다. 가톨릭 신학자들 가운데는 전부가 예수회 출신의 사람들이다. 왜 예수회 출신의 사람들이 폭군 징벌론을 주장했는가? 예수회를 창시한 동기와 목적이 종교개혁으로 가톨릭에서 분리된 개신교 세력들을 다시 가톨릭으로 되돌리기 위해서였다(1540).

그래서 로욜라는 생전에 개신교 타도를 위해 온갖 투쟁을 다했다. 그와 같은 창시자 로욜라의 사상을 따르는 예수회 출신의 수도사, 추기경, 신학자들이 폭군 징벌론을 주장한다.

예수회 출신의 대표적 폭군 징벌론자로 스페인 출신의 예수회 수도사인 후안 데 마리아나(Juan de Mariana: 1536~1624)가 있고, 이탈리아 출신의 예수회 소속 추기경 로베르도 벨라르미노(Roberto Bellarmino: 1542~1621)와 프랑스 신학자 장 부세(Jean Boucher: 1548~1644) 등이 있다.

또 개신교 측에도 폭군 징벌론 주장자들이 있다. 개신교 측 폭군 징벌론의 원조는 칼빈이다. 칼빈은 저항 권리권을 주장했다. 칼빈의 저항 권리권을 좀 더 확대시킨 것이 칼빈의 제자인 베자이다. 베자(T. Beza: 1519~1605)는 칼빈이 제네바 목회 때 가장 치욕적인 죄악을 저지

---

56) 김광채, 앞의 책, p.59.

르는 스승을 옹호하는 주장을 한다.

칼빈은 제네바 시민들을 다스리는 신정정치 시행자였다. 그런데 제네바 시민이 아닌 스페인 출신의 의사이며 반삼위일체론자였던 세르베투스(M. Servetus: 1511~1553)가 칼빈에게 삼위일체를 부정하는 책을 저술한 것을 보내준다. 이때 칼빈은 세르베투스에 대한 큰 적개심을 갖고 증오한다.

그 후에 세르베투스가 프랑스에서 불온한 사상가로 추적을 당하자 도망을 쳐서 중립국 스위스로 피신을 한다. 세르베투스는 스위스의 이 도시 저 도시를 순행한다. 그러다가 제네바에 있는 칼빈의 교회를 신분을 감추고 참예한다. 프랑스에 있는 칼빈의 지인들이 세르베투스의 인상을 알려줘서 세르베투스가 예배에 참석했을 때 그를 체포한다. 그래서 제네바 시민이 아닌 세르베투스는 몇 달에 걸쳐 고문을 받고 그 후 사형 판결을 받아 42세에 화형을 당해 죽는다.

칼빈이 세르베투스를 죽이자 유럽의 개신교들은 모두가 칼빈을 비판한다. 이때 칼빈의 제자 베자가 스승을 옹호하기 위해서 '이단 처벌론'이라는 주장으로 칼빈의 '저항 권리론'을 더 발전시킨다. 그러나 유럽의 개신교들은 종교 관용론으로 칼빈을 비난한다. 그러자 칼빈주의자들은 스코틀랜드와 프랑스에서 '폭군 징벌론'을 옹호한다.

폭군 징벌론 주장자로 유명한 이는 스코틀랜드 대학자로 제임스 왕의 어린 시절 가정교사였던 조지 부캐넌(G. Buchanan: 1506~1582)이 있다. 그가 가르친 킹 제임스는 부캐넌의 신념을 따라 왕권 신수설의 신봉자였다. 훗날 부캐넌의 작품들은 밀턴의 《실낙원》, 《복낙원》과 함께 절대왕조를 위한 사상서로 오해받고 불태워지기도 했다.

그런데 칼빈의 저항 권리론이나 베자의 이단 처벌론 등은 종교적 문제가 발생했을 때 왕이나 교황이나 주교 등에 항거할 수 있다고 했다. 이때의 이론은 단지 저항은 하되 무력 사용만은 찬성하지 않았다. 베자도 무력 사용은 반대했다. 그런데 뒤에 설명할 성 바돌로매 대학살 사건(1572년) 이후에는 위의 사상들이 과격한 사상으로 발전한다. 그래서 '백성들에 대한 관원들의 권리'라는 사상에는 폭군으로 군림하는 군주들에게는 백성들이 무력을 사용해서라도 군주들을 축출할 수 있다고 주장한다. 그것이 1579년 유니우스 브루투스(U. Brutus: B.C. 85~42)라는 가명을 사용해 발표된 폭군 징벌론이다.

우리가 반드시 기억할 사실이 있다. 이 세상의 커다란 비극들 뒤에는 잘못된 사상가들의 잘못된 주장들이 있고, 그것은 반드시 큰 후환들을 가져온다는 사실이다.

(2) 성 바돌로매 대학살(1572년 8~10월)

앞서 설명한 폭군 징벌론으로 가톨릭 세력의 군주들과 칼빈주의자들인 위그노들 사이에 양보 없는 극한 대결의 전쟁이 계속 악화로 치달아갔다. 그러다가 위그노 전쟁 제3차 때 쌍방 간에 동족들이 종교문제로 희생이 증대되는 것에 대해 회의를 갖게 되었다. 그래서 1570년 제3차 전쟁 때 쌍방 간에 화약이 이뤄진다. 그것을 1570년의 '생제르맹 화약(和約)'이라고 한다. 생제르맹 화약은 앞서 1562년에 섭정 캐드린 드 메디치가 선포했던 위그노들에 대한 제한적인 종교 자유령과 비슷하다.

즉 새로 맺은 화약은 위그노들에게 제한된 범위 내에서 종교 자유를 허용한다는 것이다. 그 내용에 의하면, 파리를 위시한 몇몇 중요 도시들에서는 위그노들을 허용할 수 없다. 다만 소도시나 농촌 지역에서는 위그노들에게 종교 자유를 허용하고, 또한 2년 기한으로

4개의 안전 지역에서는 위그노의 군대를 주둔할 수 있도록 허용한다는 것이었다.

이렇게 생제르맹 화약으로 위그노들에게 종교의 자유가 허용되고 아울러 정치적 영향력도 증대시켜 나갔다.

이때 가톨릭의 반발 세력들이 위그노 쪽으로 다수 참석하는데, 그들 중에는 귀족 계급이나 사회 상층 계급도 많았다. 위그노 전쟁으로 위그노 지도자들 대다수가 죽음으로 지도자가 없는 상태에서 프랑스 귀족 샤틸롱 가문에서 강력한 힘을 발휘한 콜리니(G. de Coligny: 1519~1572)가 강력한 궁내 장관의 조카로 프랑스 제독이 되었다. 콜리니는 1555~1560년 사이에 위그노파에 가입했다. 이렇게 프랑스 군대를 개신교의 명분을 위해 이용하려 하자 캐드린 드 메디치는 그를 살해하도록 모의를 꾸몄다.

그래서 암살자가 콜리니를 저격했으나 부상만 입히는 데 그쳤다. 콜리니는 자기를 암살하려 한 것을 보며 신변의 위협을 의식한다. 이런 가운데 정치적으로 또 다른 흐름이 진행된다.

그것은 가톨릭 세력과 개신교 세력 간의 화해를 위해 정치가들이 정략적인 결혼을 추진한다. 그것이 개신교 대표 정치가인 나바라 왕국의 앙리 4세와 캐드린 드 메이치의 딸인 마르가레뜨 공주(1553~1615)의 결혼이었다.

앙리 4세는 개신교의 대표 상징 정치가이고 마르가레뜨 공주는 프랑스의 왕실인 가톨릭의 상징이었다. 이 두 사람의 결혼으로 가톨릭과 개신교 간의 화해를 기대했다. 그래서 두 대표적 상징 인물이 1572년 8월 16일에 결혼식을 올렸다.

그런데 섭정인 캐드린 드 메이치는 콜리니의 추적에 불안을 느끼고 자신이 큰 위기를 느낀다. 그래서 캐드린 드 메이치는 또 모략을 꾸민다. 자기 아들 샤를 9세 왕이 모르게 개신교 억압 음모를 꾸민다. 그것은 앙리 4세와 자기 딸의 결혼식이 있은 후 1주일 후인 1572년 8월 23~24일에 있는 성 바돌로매 축일에 결혼 피로연에 모인 수많은 위그노 지도자를 대량 학살하는 음모였다.

바돌로매는 신약성경의 12사도 명단에 들어 있다(마 10:3; 막 3:18; 눅 6:14; 행 1:13). 바돌로매를 요한복음에 나타나는 나다나엘(요 1:45~51)과 동일 인물로 해석하는 시도가 있으나 많은 난점들이 있다. 그런데 교회사가 에우세비우스는 바돌로매가 인도에 가서 복음을 전했다고 주장하고, 이를 바탕으로 그를 성인으로 여겨 축일을 지키는 것은 가톨릭이다.

이와 같은 바돌로매 축일 겸 두 세력 간의 화합인 피로연 잔치에 모여든 개신교 지도자들을 캐드린 드 메디치의 음모로 대량 학살을 한다. 이때 개신교 지도자인 콜리니 제독을 비롯해 8월 24일부터 26일까지 파리 시내에 학살이 이뤄졌다.

그 살육은 지방으로 확대되어 같은 해 10월까지 프랑스 내에 약 2만여 명이 학살당한다. 이때 이 소식을 들은 교황 그레고리우스 13세(1572~1585)는 "하나님, 당신을 우리가 찬양하나이다"라는 성가를 부르도록 지시하고 기념주화도 만들게 했다. 교황이 위그노들 2만 명의 학살을 찬양케 했다는 사실이 믿어지지 않는 부끄런 과거 역사다.

(3) 메디치 가문의 영광과 치욕

캐드린 드 메디치는 왕권 강화를 위해 연회와 축제를 자주 열었다.

한편 그림, 미술품 수집에도 전념했다. 그녀는 가요, 음악, 연극을 하나로 묶어 발레를 후일에 오페라의 기원이 되게 하였다. 그녀는 자기 두 아들인 프랑수아 2세(1559~1560), 샤를 9세(1560~1574) 때까지 27년간의 섭정 생활을 했다. 그렇게 투쟁하며 발루아(Valois) 왕조를 지키려 했다. 그러나 앙리 4세(1589~1610)의 부르봉 왕조 등장으로 그녀의 투쟁은 종식되고 만다. 캐드린 드 메디치는 그가 섭정으로 지내며 위그노 전쟁과 성 바돌로매 대학살이라는 프랑스 역사에 가장 수치스런 역사를 남겼다. 그녀의 가문은 이탈리아 피렌체에서 메디치(Medici)로 중세기에 커다란 명성을 떨친 것으로 유명하다.

이들의 아버지 조반 디 비치가 피렌체에서 메디치 은행을 창설하여 사업의 기반을 닦아 놓았다. 아들 코지모는 아버지의 은행업을 유럽 각지로 확장하여 재력과 신흥 대상인으로 인맥을 형성하고 피렌체 공화국의 실력자가 되었다.

코지모는 손자 로렌초 때에는 일개 시민으로서 이웃 다른 나라들의 제후들과 대등한 교제를 하였다. 이들 가문은 금융업으로 외교력에 주력하고 예술을 보호하고 문학을 장려하므로 많은 문학과 예술가들이 그들을 예찬한다. 메디치 가문이 가장 자랑하는 것이 있다. 그것은 이 가문에서 두 명의 교황과 두 명의 프랑스 왕비가 배출되었다는 것이다.

두 명의 교황은 레오 10세(1513~1521)와 클레멘스 7세(1523~1534)이고, 프랑스 앙리 2세(1547~1559)의 왕비가 된 메디치 가의 카트린 드 메디시스(Catherine de Medicis)와 앙리 4세(1553~1610)의 왕비가 된 마리 드 메디시스(Mary de Medicis)였다.

메디치 가에서 자랑하는 두 명의 교황과 두 명의 왕비에 대한 평가는 종교(가톨릭과 개신교) 입장에 따라 확연하게 달라진다.

이들을 영광이라고 평가하는 것은 가톨릭 종교가들의 입장이다. 그러나 개신교를 비롯하여 객관적인 역사가들은 저들에 대해 정반대의 평가를 한다. 필자도 《중세 교회사 Ⅰ》(교황의 역사)에서 객관적 역사가 입장에서 저들을 다르게 평가했다.[57]

여기서는 메디치 가의 치욕적인 교황 내용과 왕조 내용을 살펴보겠다.

① 교황 레오 10세(Leo X: 1513~1521)

교황 레오 10세는 메디치 가문의 로렌초(Lorenzo)의 둘째 아들로 본명은 조반니다.

그는 부잣집 아들과 세도 있는 집안의 아들로서 어려서부터 박식한 가정교사 밑에 온갖 혜택들을 다 누리며 자란다. 그는 부모가 프랑스 왕실과 교제를 통해 7세 때 프랑스 왕 루이 11세(1423~1483)로부터 퐁트 돌체 대수도원장직을 하사받는다. 8세 때는 엑스 대주교로 지명받는다. 그는 14세가 되기 전 1489년에 추기경 부제가 되고, 17세 때는 로마의 정식 추기경이 된다. 그는 37세 때 명예직들에서 실무적인 교황이 된다.

그는 교황으로 선출된 1513년 3월에야 사제 서품을 받고 그다음 이틀 후 주교로 축성을 받는다. 성직자 위계질서를 완전 무시한 전형적 특혜 행진의 연속이었다.

그는 교황 즉위식 때 전임자가 비축해 놓은 재정 15만 더컷을 즉위식 행사비로 다 탕진했다. 그리고 부자 아들로서 교황이 되었기에 그의 재임 기간 중 사치와 향락으로 재산을 탕진한다. 그 재산은 유

---

57) 정수영, 《중세 교회사 Ⅰ》(교황의 역사) (쿰란출판사, 2015), pp.369~383.

립 각국에서 들어오는 종교 헌금과 교황청 소유인 광산, 소금 생산지 교황청 영토의 수입비, 성직 매매, 관직 매매 등으로 마련된 것이었다.

그가 교황으로 재임 8년 동안 매년 약 60만 더컷의 수입을 거둬들였다. 그 돈으로 사치, 향락, 예술 장려 등으로 탕진했다. 그렇게 탕진하는 방탕한 삶 속에 1517년 종교개혁이 일어났다. 그래도 전혀 뉘우칠 줄 모르는 향락은 마지막에 교황청에 80만 더컷의 부채를 남기고 죽는다. 이 같은 레오 10세의 교황 행적은 메디치 가의 영광은커녕 가장 추악한 황금만능주의가 교황권을 돈으로 사서 돈으로 망친 추악사라고 본다.

② 앙리 2세(1547~1559)의 왕비인 카트린 드 메디시스

카트린 드 메디시스(Catherine de Medicis: 1519~1589)는 메디치 가문의 여자로 프랑스 왕 앙리 2세와 결혼하여 10명의 자녀를 두었다. 카트린 드 메디시스는 두 아들 왕의 섭정으로 27년간 프랑스 정치사에 매우 표독한 악행을 남겼다. 그것이 바로 위그노 전쟁(1562~1598)이었고, 마지막 극악한 성 바돌로매 학살(1572년 8월) 사건이었다. 위그노 전쟁과 성 바돌로매 학살로 칼빈주의 신앙을 가진 자들이 3만 명 이상이 학살을 당했다. 이렇게 잔악한 악행의 중심에 카트린 드 메디시스가 있다. 이런 흉악한 여인이 메디치 가문의 영광이라고 할 수 있는가?

개신교 입장을 떠나 객관적 입장에서 볼 때도 자기 국민을 보호해야 할 국모가 3만 명을 학살했다는 것은 명백한 악녀임을 의미한다. 우리는 메디치 가문을 어떻게 평가해야 할 것인가? 성경의 "돈을 사랑함이 일만 악의 뿌리가 되나니 이것을 탐내는 자들은 미혹을 받아 믿음에서 떠나 많은 근심으로써 자기를 찔렀도다"(딤전 6:10)라는 말씀이 메디치 가문에 적용된다고 하겠다.

제2편 종교개혁 후의 투쟁사

(4) 프랑스 교회의 낭트 칙령

프랑스 교회는 전통적 가톨릭 교회와 종교개혁으로 일어난 칼빈주의자들의 위그노 교도가 치열한 투쟁을 계속했다. 그렇게 치열한 투쟁이 36년간의 신, 구교 간의 위그노 전쟁(1562~1598)이었고, 그 투쟁의 최극단이 성 바돌로매 학살(1572)이었다. 그런데 양극단의 투쟁을 한시적으로 중단시키는 군주가 등장한다. 그가 바로 앙리 4세(Henri Ⅳ: 1589~1610)이다. 여기서 앙리 4세의 행적을 살펴보자.

① 앙리 4세(Henri Ⅳ: 1589~1610)

앙리 4세는 프랑스 국왕인 발루아(Valois) 왕조(1328~1589)가 260여 년 지속되어 오던 전통을 깨고 새로운 부르봉(Bourbon) 왕조(1589~1792) 120여 년을 일으킨 국왕이다.

부르봉(Bourbon) 왕조는 프랑스 역사에서 1589~1792년 전기에 이어 후기에 또다시 1814~1830년에 재집권을 했다. 부르봉 왕조를 시작한 앙리 4세는 어떤 배경에서 프랑스 국왕이 되었는가?

앙리 4세의 부친 앙투안 드 부르봉은 나바르의 국왕이었다. 나바르(Navarre) 왕국은 현재는 스페인 북부 피렌체 산맥 서쪽에 있는 인구 52만 명의 주도이다.

그러나 중세기 때는 프랑스 국왕 앙리 4세 때 프랑스 영토가 되었다. 앙리 4세는 나바르 국왕이 되기 이전에 칼빈주의 교육을 받고 위그노 전쟁 때는 신교도군의 총수로 등장했다. 가톨릭과 위그노 군대의 전쟁이 계속 이어지는 동안에 생 제르맹(St. Germain) 화의(和議)(1570)로 1573년 8월 앙리 4세는 프랑스 국왕 샤를 9세의 여동생 마르가레뜨와 결혼을 했다.

그런데 앙리 4세를 암살하려던 카트린 드 메디시스가 암살 계획이 실패하자 1주일 후인 성 바돌로매 축성 기념 때 대학살을 주도한다. 이것이 악명 높은 성 바돌로매 학살이다. 앙리 4세는 성 바돌로매 학살로 위그노들이 학살당하면서 그도 궁중에 연금을 당해 살기 위해 가톨릭교로 개종을 한다. 그러나 궁중을 탈출해 다시 신교로 복귀했다.

그는 나바르 국왕으로(1572~1610) 있는 도중에 프랑스 국왕(1589~1610)까지 겸임해야만 했다. 그러나 프랑크 부족의 대표적 법전인 살리카 법전(lex Salica, 508~511)에 의하면 국왕은 가톨릭 교도이어야만 했다. 그래서 앙리 4세는 1593년에 다시 가톨릭으로 개종하여 프랑스 국왕으로 부르봉 왕조(1589~1792)를 수립한다. 그리고 정식 프랑스 국왕으로(1589~1610) 통치한다.

앙리 4세는 30여 년 계속 반복되는 위그노 전쟁을 종식시키기 위해 1598년 낭트 칙령(Edict of Nantes)을 선포한다. 그리고 처음 결혼한 마르가레뜨와는 이혼하고 다음 해 메디치 가 마리와 재혼한다. 그는 '호색의 왕'이라는 별명으로 많은 애첩들을 거느렸다. 그가 선포한 낭트 칙령은 교회사에 큰 의미가 있으므로 그 내용을 따로 살펴보자.

② 낭트 칙령(Edict of Nantes, 1598)

앙리 4세는 본래 위그노 신도였다. 그런데 프랑스 국왕이 되기 위해 가톨릭으로 개종하였다. 앙리 4세는 프랑스가 가톨릭 국가임을 인정하면서 동시에 위그노 칼빈주의 신도들에게도 상당한 자유를 허용해 주었다. 이러한 내용을 담은 낭트 칙령은 92개조의 일반 조항과 56개의 특별 조항 및 3개의 칙령이 포함되었다.

그 내용을 간략하게 요약하면 다음과 같다.[58]

① 가톨릭은 프랑스의 국가 교회이다.
② 위그노들도 양심의 자유를 가진다.
③ 위그노들은 파리로부터 반경 5마일 이내의 지역을 제외하고는 프랑스 전역 어디에서든지 자유로이 예배드릴 수 있다.
④ 위그노들에 대한 사회적 차별을 철폐한다.
위그노들의 자녀는 초, 중, 고등학교와 대학 진학이 가능하고, 병원, 양로원, 고아원, 구빈원을 이용할 수 있다.
⑤ 정치적 처벌도 철폐된다.
위그노들도 정치가, 공무원, 지방장이 될 수 있다.
⑥ 위그노들은 가톨릭 명절을 지켜야 한다.
⑦ 위그노들은 외세와 동맹을 맺어서는 안 된다.
⑧ 위그노들은 국가에 교회세를 납부해야 한다.
⑨ 위그노들의 최고 회의, 목사회, 서임권 등도 공인되었다.
⑩ 칙령은 비밀 조직으로 전국 백 수십 곳의 도시의 신교도들에게 거치 특권을 인정하였다.

이와 같은 칙령으로 위그노들에게 제한된 자유가 허용되었다. 그러나 전국 수많은 지방 도시들이 신교도의 무장 지역이 되어 반란의 거점이 되는 경우가 많아졌다.

절대왕정을 수립한 루이 14세는 1685년 10월 낭트 칙령을 폐지한다. 이로 인해 프랑스 남서쪽에 살던 약 100만 명의 신교도 중 40만 명이 영국, 네덜란드, 프로이센 등지로 망명한다. 저들 대부분은 근면한 상인, 기사, 공예인, 군인들이어서 프랑스는 커다란 손실을 보

---

58) 김광채, 《근세 교회사》 (마르투스, 2016), pp.72-73.

게 된다.

2. 프랑스 종교의 문제점

1) 프랑스 종교의 문제점

프랑스 종교는 1천여 년 동안 모든 군주들이 로마 가톨릭 종교 하나만을 수호해 온 가톨릭 종교의 수호자들이었고, 이를 프랑스 역사 속에 계속 계승해 왔음을 알 수 있다. 그 증거가 각종 역사적 유산에 나타난다.

(1) 살리카 법전(lex Salica, 508~511)

초대 프랑크 국왕 클로비스 1세(Clovis I: 466~511)는 프랑크 왕국을 창건하고 3,000명의 부하들과 함께 집단 영세를 받음으로 가톨릭 종교를 국가적 종교로 도입하였다.

그래서 선교 신학자들은 클로비스 1세를 집단 개종의 선구자로 추앙한다. 이렇게 클로비스가 가톨릭 종교로 집단 개종한 것은 종교적 영역에 기억되는 역사적인 특기 사항에 속한다.

그런데 그에게 또 다른 특기 사항이 있다. 그것이 '살리카 법전'을 제정한 일이다.

살리족(Salier)의 관습법을 기본으로 게르만의 고법(古法) 전통을 그대로 보존한 게르만의 부족법, 또는 부족 법전을 클로비스 말년에 만들었다.

이 살리카 법전에 프랑스 왕은 가톨릭 신자여야 된다는 항목이 있다. 이 법전 때문에 앙리 4세(1589~1610)는 개신교 신자였으나 프랑스 왕이 되기 위해 가톨릭으로 개종한다. 프랑스 건국 초기에 이처럼 특정 종교로 편향되는 법이 만들어졌다는 자체가 프랑스가 종교적으로 문제점이 있는 나라였음을 의미한다.

(2) 갈리아주의(Gallicanism)

프랑수아 1세(1515~1547)는 로마 가톨릭 종교 형태대로가 아닌 프랑스식 가톨릭 교회를 주장했다. 이로 인해 교황 레오 10세(1513~1523)와의 사이에 충돌이 일어났다.

두 사이의 충돌은 드디어 양쪽 군대에 의한 전쟁으로 확대되었다. 전쟁의 결과 교황군의 패전으로 볼로냐(Bologna) 조약에 의해 프랑스는 로마 가톨릭과 독립된 프랑스식 가톨릭으로 독립한다.

이와 같은 볼로냐 조약은 훗날 1682년 프랑스 교회가 '갈리아 4조항'(Four Gallican Articles)으로 선언한다. 갈리아 4조항은 프랑수아 1세와 교황 레오 10세 사이에 맺은 볼로냐 조약을 좀 더 구체화시킨 내용이다. 그 조항 내용은 다음과 같다.[59]

① 교황은 세속적 사안에 대해서는 권한이 없으며 국왕은 교회에 종속되지 않는다.
② 교황은 교회 총회의 결과에 복종해야 된다.
③ 갈리아 교회가 갖는 본래의 자유는 침범당할 수 없다.
④ 교회 총회의 승인 없는 교황의 결재는 효력을 발휘하지 못한다.

이와 같은 프랑스 교회 성직자들의 선언은 파격적인 것이었다.

이렇게 파격적인 갈리아 4조항(1682)이 10년이 지난 1693년에, "짐이 곧 국가"라고 주장한 루이 14세(1643~1715)에 의해서 폐기되고 만다.

---

[59] C. B. du Chesnay, Gallicanism in the New Catholic Encydopedia, 1953.

이렇게 프랑스 교회가 로마 가톨릭에서 독립하려는 투쟁은 절대왕정을 지속하는 군주들에 의해서 좌절되고 폐지되는 역사를 계속한다.

(3) 샤토브리앙(Chateaubriant) 칙령(1551)

앙리 2세(1547~1559)는 반개신교 정책을 강력하게 추진한 군주였다. 그는 1548년 화형 재판소를 설치해 수많은 개신교도들을 처형했다.

앙리 2세는 1551년에 샤토브리앙 칙령을 선포했다. 샤토브리앙은 프랑스 서북부 루아르아틀랑티크 주(州) 북부에 있는 인구 1만 5천 명이 되는 소도시이다. 이곳에서 칼빈주의에 입각한 개신교도들이 활발한 선교활동을 하자 왕의 칙령으로 개신교 탄압을 제도화하는 칙령을 내렸다.

이것도 군주가 가톨릭 중심의 정치를 펼친 단적인 증거이다.

(4) 낭트 칙령(1598)의 폐지(1685)

낭트 칙령(Edict of Nantes, 1598)은 앙리 4세(1589~1610)가 가톨릭 중심의 프랑스에서 개신교인 위그노들에게도 제한된 자유를 허용해 주는 공평한 칙령이었다.

낭트 칙령 이전의 군주들은 개신교도를 임의대로 탄압함으로 개신교들은 국가로부터 항상 부당한 탄압의 대상이었다. 그런데 낭트 칙령으로 개신교도들에게 제한된 자유가 법적으로 보장되었다.

그런데 루이 14세(1643~1715) 때 낭트 칙령이 폐지된다(1685). 그리고 다시금 가톨릭 중심으로 전환된다.

이상에서 살펴본 바와 같이 프랑스 종교는 건국 초기인 프랑크 왕국 클로비스 1세(466~511) 때부터 프랑스 혁명(1789~1799)에 의해 절대

왕정이 붕괴되기까지 1천여 년 동안 군주들에 의해 가톨릭 종교만 계승된다.

이것을 안정이라는 측면에서 긍정적으로 볼 수 있을지 모르겠다. 그러나 종교가 정치와 분리될 때에는 종교의 가치가 안정의 의미로 유지될 수 있다. 그렇지만 종교가 정치와 결탁하면 종교도 정치도 다 부패하고 타락하기 마련이다. 주님은 철저하게 정치와 종교를 분리시키셨다.

주님께서 "가이사의 것은 가이사에게, 하나님의 것은 하나님께"(마 22:21)라는 원칙을 말씀하셨다. "내 나라는 이 세상에 속한 것이 아니니라"(요 18:36)는 주님의 말씀은 하나님의 나라는 눈으로 볼 수 있는 가시적인 나라가 아님을 의미한다.

'하나님의 나라'인 '헤 바실레이아 투 데우'(ἡ βασιλεία τοῦ θεοῦ; kingdom of God)는 하나님의 다스림이 미치는 영역을 의미한다. 하나님의 다스림은 한 개인의 "심령"(마 5:3)에서 시작된다. 그리고 제대로 된 하나님의 통치는 '개인'에서 '가정'과 '교회'와 '지역'을 넘어 '세상'으로 번져 나간다. 그리고 최종적으로 '하나님의 나라'는 천국에서 완성될 미래 사항이다.

이와 같은 '하나님 나라' 발전을 이루어 나가야 되는 '교회'가 가톨릭 교회만이어야 한다는 주장은 반성경적이고 하나님의 권위를 찬탈하는 불법적인 행위들이다. 그럼에도 불구하고 가톨릭 교회와 프랑스 국가는 반성경적 역사를 천 년 이상 지속해 왔다.

그래서 프랑스의 과거 종교는 문제점투성이의 종교였다. 프랑스 국가는 유럽 국가들 중에서 정치적으로 천여 년 동안을 절대왕정국가로 후진성을 가진 문제의 국가였다. 그러나 프랑스 혁명(1789~1799)의 소용돌이치는 커다란 격랑 속에서 후진성을 모조리 탈피하는 대변혁들을 일으킨다. 그 내용은 다음 '제2부 근세 교회사 제3편 제6장 미국 독립 혁명과 프랑스 혁명'에서 다시 살펴보겠다.

제2장 네덜란드 칼빈주의자들의 독립운동

[서론]

네덜란드(Nethelands)라는 말은 '저지(低地)의 나라'라는 뜻이다. 외국에서는 네덜란드를 종종 홀란트(Holland)라고 한다. 그 이유는 네덜란드 독립의 중심이 되고 현재도 네덜란드의 심장부를 차지하고 있는 홀란트 지방에서 유래된 호칭이다.

우리나라는 이 같은 '홀란트' 호칭을 따라 한자로 '화란'(和蘭)이라고도 한다.

네덜란드라는 말의 뜻이 '저지'(低地)인 이유는 네덜란드 국토의 27%에 해당하는 지역이 북해 연안의 저지대로 해면보다 낮기 때문이다. 그러므로 네덜란드인들은 끊임없이 물과 싸우며 제방 축조와 간척을 해왔다.

이들 네덜란드는 역사 속에서 바다와 싸워야 했고, 중세기에는 독립을 위해 싸워야 했으며, 17세기 이후에는 세계 무역의 중심지가 되기도 했다. 네덜란드는 독립 투쟁 중 남북이 각각 다르게 투쟁한 결과 근대 이후에는 네덜란드, 벨기에, 룩셈부르크의 세 국가로 분리되었다.

이와 같은 네덜란드는 역사 속에 유명인들을 배출했다. 루터와 같은 시대를 살아가며 《헬라어 신약성서》(1516년)를 편찬해냈고, 《우신예찬》(禹神禮讚)으로 세계 사상서를 남긴 에라스무스(D. Erasmus: 1466~1536)가 네덜란드 출신이다. 또 "엠마오의 그리스도", "병자를 고치는 그리스도" 그림을 남긴 화가 렘브란트(Rembrandt: 1606~1669)도 네덜란드 출신이다. 또 기독교의 알미니안주의(1610)와 칼빈주의 5대 강령(1618)도 이곳 네덜란드에서 만들어졌다.

네덜란드는 우리 한국과도 인연이 있다. 조선 인조 때 한국으로 귀화한 박연(朴淵: 1595~?)은 네덜란드 사람으로 본명이 벨테브레(J. J. Weltevree)였다. 그는 홀란디아(Hollandia) 선원으로 극동 지방에 왔다가 풍랑으로 제주도에 상륙하여 서울로 압송되었다. 인조 14년(1636) 병자호란 때 홍이포의 제작과 조작을 지도했다.

효종 4년(1653)에 네덜란드인 하멜(Hamel)이 제주도에 표착해 14년간 억류생활을 했다. 이때의 통역을 박연이 했다. 박연은 한국에 귀화해 조선 여자와 결혼한 후 1남 1녀를 낳았다. 그의 이름을 딴 개성 부근의 박연폭포가 20m 높이로 존재한다. 하멜은 제주도 14년 억류 후 귀국해 《하멜 표류기(漂流記)》를 저술하였다.

《하멜 표류기》는 조선의 지리, 풍토, 사물, 경제, 군사, 법조, 교육, 무역 등 1668년경의 조선 내용을 유럽에 알리는 계기가 되었다.

그뿐만이 아니다. 조선 말의 순국열사 이준(李儁: 1859~1907) 열사는 1907년 네덜란드 헤이그(Haag)에서 개최되는 만국평화회의에 참석하라는 고종의 밀명을 받고 헤이그에 도착하여 고종의 친서와 신임장을 전했다. 헤이그 회의장 입장이 일본 측 방해로 뜻을 이루지 못하자 울분에 못 이겨 할복 자결로 순국했다.

한국 개신교의 절대다수인 장로회 신학이 이곳 화란에서 만들어졌다. 우리는 네덜란드를 익숙하게 알지 못한다. 그러나 네덜란드는 우리나라 역사와 개신교에 큰 영향을 끼친 나라이다. 네덜란드 역사와 종교를 알아보자.

1. 네덜란드 독립전쟁사

네덜란드는 로마제국, 프랑크 왕국의 지배를 거치면서 가톨릭 종교가 국가 종교로 계승되어 온 나라였다. 그런데 종교개혁 시대와 함께 개신교들이 가톨릭 군주들과 종교적 투쟁을 하던 것이 칼빈주의에 의한 독립 투쟁으로 발전된다. 오늘날의 네덜란드는 가톨릭과 개신교 세력이 비슷하다. 그러나 종교개혁 시대에는 가톨릭 왕국의 나라였고, 소수의 개신교도들이 저항하므로 무자비한 탄압과 폭정이 계속되었다.

여기서는 종교개혁 이후에 개신교들의 저항운동과 탄압의 역사를 살펴보자.

1) 네덜란드의 전반적 약사(略史)

네덜란드는 라인 강 입구에 바다의 수면보다 낮은 지대로 17개 지방으로 나누어진 영토였다.

그래서 북쪽은 화란족(Dutchman)이 살면서 폴란드어를 사용했고, 남쪽에는 왈룬족(Walloons)이 살면서 프랑스어를 사용했다.

그러나 1648년 독일에서 신구교 간의 30년 전쟁(1618~1648) 후에 이루어진 베스트팔렌 조약의 결과로 네덜란드는 독립국이 된다. 그 이

전에 네덜란드는 신성로마제국이 지배하는 한 지방의 일부였다.

신성로마제국이 네덜란드를 지배하는 중에 오스트리아인 황제 때에는 큰 충돌 없이 지낸다.

그런데 1517년 독일의 루터가 종교개혁을 시작한 후 1519년에 스페인의 카를 5세(1519~1556)와 그의 아들 펠리페 2세(1556~1598) 때에는 종교적으로 루터와 재침례교도의 활동 속에 많은 핍박과 수난을 당하게 된다. 펠리페 2세 통치 때 네덜란드는 독립전쟁(1568)을 시작한다. 네덜란드의 독립전쟁은 앞서 말한 대로 1648년 베스트팔렌 조약으로 독립을 하게 된다.

그 후에 네덜란드는 영국과 1차 전쟁(1652~1654), 2차(1665~1667), 3차(1672~1674), 4차(1780~1784) 전쟁을 치른다. 그 후에 네덜란드 왕국이 탄생된다(1815년).

그런데 네덜란드는 스페인 황제들과의 독립전쟁 중에 스페인의 종교인 가톨릭 종교를 거부하고 루터교와 재침례교도를 겪어본다. 그리고 독립전쟁에 필요한 종교로는 칼빈주의가 맞는 것을 체험하고 칼빈주의를 선택한다.

이렇게 독립한 후에는 종교적 갈등이 나라의 분열로 이어진다. 그것이 1830년에 가톨릭 신앙의 벨기에로 독립을 하고, 또 1839년에는 룩셈부르크라는 소 가톨릭 국가로 분리된다. 그래서 과거의 네덜란드가 오늘날에는 칼빈주의와 가톨릭이 섞여 있는 네덜란드와 가톨릭만으로 구성된 벨기에와 룩셈부르크의 세 나라로 분리되어 있다.

2) 네덜란드의 독립 투쟁사

네덜란드는 신성로마제국 지배 때 가톨릭 군주들과 투쟁을 시작했다. 가톨릭 군주였던 카를 5세(1519~1556)와 펠리페 2세(1556~1598) 때에는 네덜란드 국민들이 가톨릭 군주의 종교인 가톨릭과 투쟁했다. 그런데 네덜란드 국민들 중에서 가톨릭 종교와 투쟁하기 위한 수단으로 개신교들을 겪어보게 된다.

    네덜란드 국민들이 최초에 겪어본 교파가 루터교였다. 그리고 같은 시기에 재침례교도들도 겪어보았다. 두 세력을 겪어보면서 네덜란드 국민들은 두 세력의 장단점을 체험한다.

    루터교가 독일에서 종교개혁을 일으켰다. 그래서 루터교가 가톨릭보다는 변화된 것을 체험한다. 그러나 루터교를 선택할 경우 독일과 인접한 국가적, 지형적 조건으로 독일의 영향을 받게 될 위험 부담을 알게 된다. 그다음에 재침례교도들을 겪어봤다. 재침례교도들은 그들의 신앙과 행위의 규범을 오직 성경 내용을 문자대로 믿었다. 그래서 군주들이 탄압하고 종교재판으로 악형을 가하는데도 로마서 13장 말씀대로 묵묵히 순종하고 희생을 당한다.

    그때 네덜란드인들에게 나타난 것이 스위스 제네바의 칼빈주의였다. 제네바의 칼빈은 칼빈주의에 입각해 제네바 시의회와 연합된 신정정치를 실행해 가고 있었다. 네덜란드인들이 자기들의 독립 투쟁을 위해서는 칼빈주의가 맞는 것임을 깨닫게 된다.

    이와 같은 네덜란드의 정치 역사와 연관된 투쟁사의 배경을 알아야만 네덜란드가 칼빈주의의 본산지가 된 사실을 이해할 수 있는 것이다. 필자는 이와 같은 네덜란드의 독립 투쟁사 내용을 군주들 중심으로 살펴보도록 하겠다.

    이와 같은 군주 중심의 독립 투쟁사가 객관성이 있기 때문이다.

(1) 가톨릭과의 투쟁

① 카를 5세(Karl V: 재위 1519~1556)

카를 5세는 오스트리아 합스부르크(Habsburger)의 대공 펠리페와 스페인의 여왕 파나 사이에서 태어났다.

그가 태어난 겐트(Gent)는 현재 벨기에의 영토이지만 그가 태어날 당시에는 네덜란드 부르군드 공국의 수도였다. 그는 인접한 프랑스 문화의 영향을 받고 자랐다. 그는 15세 때(1500) 부르군드 공이 되었고, 16세 때는 모친의 계승으로 스페인의 왕이 되었으며(1516), 19세 때는 (1519) 독일의 신성로마제국의 황제가 되었다.

카를 5세는 독일 종교개혁자 루터를 보름스 의회(1521)에서 심문했고, 1546~1547년에는 슈말칼덴 전쟁에서 개신교 제후들과 전쟁에서 대승했다가 파탄을 초래했다. 그래서 1555년 아우구스부르크 국회에서 루터파를 인정하는 종교계약을 체결한다.

이와 같은 개신교 탄압 중지가 독일이 아닌 네덜란드에서는 개신교들을 무자비하게 탄압하는 폭정으로 이어진다. 카를 5세가 네덜란드에서 가혹하게 탄압한 대상은 루터교가 아닌 재침례파였다. 카를 5세 재임 기간 중 네덜란드 재침례교도들에 대한 탄압 수위를 계속 높여 나갔다. 재침례교도들의 집회 금지, 서적 반포 금지, 신앙 행위 금지를 지시하였고, 이로 인해 화형, 생매장 등 재침례교도들 3,000명 이상이 희생을 당했다.[60]

카를 5세는 독일에서 제후들과 전쟁에서 패전한 후 정치 의욕을 잃는다. 그래서 독일 황제 자리는 동생 페르디난드 1세에게 양도하

---

60) 정수영, 《새 교회사 Ⅱ》 (규장문화사, 1993), pp. 273~276.

고, 스페인과 네덜란드 왕위를 자기 아들 펠리페 2세에게 물려준다. 그리고 스페인 유스테의 수도원에 은거하다가 2년 후인 1558년 9월에 죽는다.

② 펠리페 2세(Felipe Ⅱ: 재위 1556~1598)
부친은 스페인의 카를로스 1세이고 또 신성로마제국 황제로는 카를 5세였다.

그의 아들로 태어난 펠리페 2세는 1554년 영국의 메리 여왕과 정략 결혼했으나 자녀를 생산하지 못한 채 메리 여왕이 죽는다. 펠리페 2세는 1588년 영국 해군과의 격전에서 무적함대(Armada)가 패전하므로 그의 위세가 꺾인다. 그러나 그는 네덜란드 국왕으로 여러 명의 총독들을 보내 네덜란드 국민들과 함께 투쟁을 계속 이어간다.

여기서는 펠리페 2세(1556~1598)가 네덜란드 국왕으로 양위 받은 후에 행한 그의 가톨릭 중심의 정치사를 살펴보자.

a. 네덜란드 가톨릭 교구의 확대
네덜란드가 과거 카를 5세 때에는 가톨릭 교구가 5개였다. 그러나 펠리페 2세는 1559년에 교황 파울루스 4세(1555~1559)와 합의하여 18개 교구로 확대했다.

그리고 과거 네덜란드 주교 임명을 교황이 해왔으나 펠리페는 주교 임명을 자기가 했다.

네덜란드 주교들이 전에 교황이 임명할 때는 네덜란드 사람들의 이익을 많이 대변했다. 그러나 주교 임명을 스페인 왕이 하게 되자 주교들은 스페인에 대한 충성과 이익을 위해 활약했다. 이들 주교들은 네덜란드 의회에 참석해 스페인의 이익에 앞장서서 펠리페 왕의 환심을 사려고 했다. 이때 네덜란드인들의 증오를 받은 그랑벨(A. P. de Granvelle)이 대주교였고, 그로 인해 네덜란드인들은 가톨릭 종교를 경원하고 칼빈주의에 동정적이었다.

b. 총독 마르게리타 디 파르마(Margherita di Parma: 1522~1586)
카를 5세의 딸로 펠리페 2세의 이복 누이였다. 1536년 피렌체 공(公)과 결혼했으나 사별 후 파르마 공(公)과 재혼했다. 1559년 펠리페 2세에 의해 여성으로 네덜란드의 총독이 되었다(재위 1559~1567).

마르게리타는 여성이면서도 총독이 되어 절대왕정주의적 종속 정책을 펼쳐 나갔다.

펠리페 2세의 강약 정책과 위약에 분노한 에그몬트 백작을 위시한 네덜란드의 귀족들과 중요 도시의 시민 대표들이 총독부를 방문하여 그릇된 정책을 수행하지 말도록 청원 겸 항의를 했다. 그런데 청원을 하러 온 시민들의 옷차림이 초라한 것을 보고 총독의 측근이 저들을 불어로 '거지 떼'라는 뜻으로 'gueux'라고 하며 저들의 말에 귀를 기울일 필요가 없다고 권고했다. 이렇게 거지 떼로 조소를 받고 물러난 네덜란드 귀족들은 스페인의 지배 정책에 반대하는 귀족 동맹을 결성하고 그 동맹의 이름을 네덜란드어로 '괴제'(Geuse) 즉 '거지 동맹'으로 했다(1556년).[61]

네덜란드 귀족들의 '거지 동맹'이 반스페인 정책을 펼쳐 나가기 위해서는 사상적 뒷받침이 필요했다. 이때 스페인의 가톨릭 종교에 맞

---

61) 김광채, 《근세, 현대 교회사》 (기독교문서선교회, 2000), p.78.

서는 개신교들 중 정치적으로 가장 저항적인 칼빈주의를 선호하게 된다. 네델란드인은 종교개혁 세력들을 이미 다 겪어보았다. 최초로 독일의 루터교를 겪어봤으나 루터교를 따를 경우 이웃 국가인 독일에 귀속될 위험성이 많으므로 거부한다. 그다음에 네델란드 종교개혁 후 가장 많은 희생을 당한 재침례교도들을 생각하면 저들은 재침례교도를 선택해야 했다. 그러나 재침례교는 독일에서 뮌스터 천년왕국 신봉자들이 무참하게 살해당한 부정적 이미지가 있고, 또 메노 시몬스(Menno Simons: 1496~1561)가 성서주의를 고집하며 도망 다니며 선교활동을 했으므로 큰 세력을 이루지 못했다.

그에 반해 스위스 제네바의 칼빈주의는 스코틀랜드에서 성공을 했다. 또 칼빈주의자들은 프랑스 정부와 투쟁한 위그노 전쟁도 일으켰다. 네델란드 귀족들의 거지 동맹은 반스페인 정책을 위해서는 칼빈주의만이 대안이라는 견해로 칼빈주의를 선호하게 된다.

이렇게 해서 미온적으로 칼빈주의를 선호하는 이들과 온건한 저항을 하는 귀족들과 칼빈주의를 적극적으로 활용하여 스페인과 왕정을 반대하는 강경파 칼빈주의자들이 반스페인운동을 펼쳐 나간다.

이들 거지 동맹으로 알려진 '괴제 동맹'의 귀족들은 자기들만의 힘으로는 역부족임을 깨닫고 프랑스 오랑쥐(Orange) 공 빌헬름(Willhelm: 1533~1584)에게 도움을 요청한다.

빌헬름은 독일 서부 나싸우(Nassau) 백작이었으나 프랑스 남부 오랑쥐 공작령까지 상속받았으므로 오랑쥐 공이라 불렸다.

오랑쥐 공은 네델란드에도 영지를 소유했으므로 네델란드 정치에도 관여했다. 그는 독일 황제 카를 5세 때 신임을 받는 측근이었다. 그래서 카를 5세는 아들 펠리페 2세에게 네델란드를 빼앗기지 않으려면 오랑쥐 공을 경계하라고 권고했다.

빌헬름 공이 처음에는 네덜란드 괴제 동맹들의 요구에 침묵했다. 그러나 네덜란드 사태가 점점 심각해지자 총독 마르게리타에게 중재에 나선다. 그래서 종교재판을 중지하고 개신교도들에게 예배의 자유를 허용하도록 한다.

이 같은 총독 정책에 크게 진노한 것이 펠리페 2세였다. 펠리페 2세는 이복 누이 마르게리타 총독을 해임하고 군인 출신의 알바 공을 후임 총독으로 세운다.

c. 총독 알바(Alba) 공(1567~1573)

새로운 군인 출신의 알바 공의 인간됨을 잘 아는 오랑쥐 공 빌헬름은 네덜란드 귀족들에게 피신할 것을 제안했다. 그리고 빌헬름 자신은 독일에 있는 자기 영지 나싸우로 도망을 했다.

알바 공은 1567년 네덜란드 총독으로 부임하자마자 귀족 에그몬트 백작을 위시하여 귀족들을 체포하여 특별 재판소에 회부했다. 이 재판소는 '피의 재판소'로, 그의 재임 기간 중 약 1만 8천 명을 이단자로 몰아 처형시켰다.

이때 네덜란드 귀족의 대표자 에그몬트 백작이 공개 처형되었다 (1568). 이때 처형당한 사람들 중에는 귀족들만 아니라 칼빈주의나 가톨릭 교도라도 개신교에 동정적인 사람들은 모두 처형당했다. 이로 인해 네덜란드가 독립하려는 독립전쟁(1568~1609) 양상으로 발전한다. 그리고 독일로 도망갔던 오랑쥐 공 빌헬름도 독립전쟁에 참가한다. 네덜란드 독립전쟁은 반가톨릭과 반스페인주의인 칼빈주의 정신으로 독립전쟁이 형성된다.

(2) 칼빈주의에 의한 독립전쟁(1568~1609)

① 빌헬름과 알바 공의 투쟁

스페인 총독인 알바 공은 군인 출신이다. 그에 반해 빌헬름은 귀족 출신이다. 두 편 지휘관들 아래 네덜란드를 지키려는 이와 정복하려는 이의 전쟁이 벌어졌다. 이때 귀족 출신의 빌헬름의 용병술은 매우 열세여서 북부 전투, 남부 전투에서 모두 패배한다. 그런데 '바다의 괴제'라고 불리는 네덜란드 게릴라 부대가 스페인에서 네덜란드를 연결하는 해상 수송로를 자주 차단시키면서 독립군 영역을 확보한다.

알바 공은 7개월에 걸친 포위 끝에 홀란드 지방의 중요 도시를 점령하고 주민을 학살했으나 자위더 제(Zuyder Zee) 해전에서 패전한다(1573년 10월). 그는 전쟁 패배 책임을 지고 총독에서 물러났다.

② 새 총독 루이 드 레끄장(Louis de Requesens: 1573~1576)

알바 공보다 신중하게 공포 정치보다는 세금 감면으로 유화책을 썼다. 그는 고도의 종교정책을 펼친다. 네덜란드 독립군 속에는 가톨릭과 개신교도가 섞여 있음을 알아낸다. 그래서 가톨릭의 역사성, 우수성과 개신교의 정체불명의 불투명성을 부각시킴으로 독립군을 분열시킨다. 그리고 두 종교 중 하나를 선택하도록 강요하자 독립군들 속의 가톨릭 병사들이 독립군에서 탈퇴한다.

그러나 총독 레끄장이 1576년 사망하자 스페인 군대들은 네덜란드 각곳에 약탈 행위들을 해 나갔다. 그때 독립군에서 탈퇴했던 가톨릭 병사들은 스페인 종교인 가톨릭으로는 네덜란드가 안전할 수 없음을 깨닫는다.

그 결과 네덜란드 17개의 자치주 지방 대표자들이 1576년 11월 겐트에서 '겐트 평화안'을 의결한다. 이것은 평화안이었고 네덜란드의 독립 요구는 아니었다.

③ 새 총독 돈 환(Don Juan: 1576~1578)
새 총독 돈 환은 펠리페 2세의 지시에 따라 개신교를 용납하지 않았고, 계속 무력에 의한 가톨릭 종교 지배만 추진했다.
그리고 무력에 의한 오랑쥐 공 빌헬름 군대들을 계속 이겨나갔다. 이렇게 되자 네덜란드 국민 전체는 편협한 스페인 국왕의 종교정책에서 벗어나는 칼빈주의에 입각한 독립전쟁으로 돌아가게 된다. 돈 환은 1578년 10월에 갑자기 죽는다.

④ 새 총독 알렉산더 파아네즈(Alexander Farnese: 1578~1585)
파아네즈 총독은 전임 레끄장의 정책을 계승한다.
그래서 네덜란드 국내 가톨릭 교도와 개신교 사이를 이간시키는 정책을 사용한다. 이때 남부 지방의 가톨릭 세력에 동조하는 이들은 '아라'(Arras)를 중심한 친가톨릭의 '아라' 동맹을 결성케 한다(1579년 1월).
파아네즈는 아라 동맹에 가입한 주민들에게 신앙의 자유와 정치적 자유인 지방 자치까지 보장해 준다. 그러나 아라 동맹에 가입하지 않은 북부, 중부, 서남부의 칼빈주의에 호감을 가진 자들은 위트레흐트 동맹(1579년 1월)을 결성한다. 네덜란드에는 이렇게 남과 북이 서로 다른 종교적 배경에 서로 다른 동맹이 결성된다.
종교적 차이로 남과 북이 나누어지는 동맹은 훗날 가톨릭을 중심한 벨기에와 칼빈주의를 중심한 네덜란드로 나라가 나눠지는 기초가 된다.

파아네즈는 네덜란드를 분열시켜 투쟁하도록 했다. 그리고 북쪽의 칼빈주의를 옹호하는 도시들을 하나씩 무력으로 탈환해 나갔다. 그리고 네덜란드 독립군 지도자 오랑쥐 공 빌헬름을 암살하는 자에게 상금과 귀족 칭호를 주겠다고 선언했다(1580년). 펠리페 2세의 이와 같은 오만함에 네덜란드인들의 독립 열망은 더욱더 커지게 된다.

결국 1581년 헤이그(Haag)에서 전국 의회가 열리고, 이때 네덜란드 전 국민은 펠리페 2세에 대한 신하 됨을 거부하는 결의를 한다. 이것은 네덜란드의 독립 선언이라 할 수 있다. 이때 오랑쥐 공 빌헬름이 초대 총독이 된다. 그 후로 네덜란드 전쟁은 계속 더 확대된다. 그리고 1584년 7월 펠리페 2세가 내건 오랑쥐 공 빌헬름의 현상금을 탐낸 자객 가톨릭 신자에 의해 빌헬름이 암살당한다.

이때 네덜란드인들은 빌헬름의 아들 마우리츠(Maurits: 1567~1625)를 18세 어린 나이지만 총독으로 삼고, 국정 실무는 빌헬름의 친구가 맡는다. 그 후 네덜란드 국가 원수인 총독은 빌헬름의 후손들이 세습한다.

⑤ 네덜란드 총독 마우리츠(Maurits: 1585~1625)의 독립전쟁

마우리츠는 네덜란드 독립 지도자 빌헬름의 아들로, 아버지가 암살당하자 네덜란드의 총독이 되었다.

1609년 공화국 지도자 바르네벨트(Barnevelt 또는 Oldenbarnevelt: 1547~1619)가 네덜란드 재상으로 스페인과 12년의 휴전 조약을 맺는다. 그러나 바르네벨트가 칼빈파의 온건파로 쿠데타를 일으켜 의회파 지도자들을 체포한다. 이때 네덜란드 칼빈주의자들은 1618년에 도르트레히트(Dordrecht)에서 회의를 열고 칼빈주의 5대 강령을 채택한다. 바르네벨트와 총독 마우리츠는 종교문제로 대립하여 결국 바르네

벨트는 1619년에 사형당한다. 그러자 1621년 네덜란드와 스페인은 다시 전쟁을 하게 된다. 그리고 독일에서 신교와 구교 간의 30년 전쟁(1618~1648)이 베스트팔렌 화약으로 종결될 때 스페인은 네덜란드의 독립을 승인한다(1648). 이렇게 해서 네덜란드는 1648년에야 스페인으로부터 독립된다.

네덜란드의 독립을 위한 스페인과의 전쟁은 1568년 오랑쥐 공 빌헬름 때부터 시작되었다. 스페인의 펠리페 2세는 여러 명의 총독들을 교체해 가면서 40년(1568~1609)에 걸친 길고 긴 세월 동안 네덜란드 독립 전쟁을 이어갔다.[62]

그 결과 1648년에야 스페인은 네덜란드의 독립을 인정해 준다. 이렇게 40년 동안 네덜란드 독립 전쟁의 사상적 핵심이 칼빈주의를 중심으로 계승되었다.

칼빈주의가 네덜란드 독립에 기여한 것이 사실이나 그것이 좋은 점만이 아니라 부작용들도 많이 양산하게 되었다. 그 점을 냉정하게 평가하고 정리해 보도록 하겠다.

2. 네덜란드 종교의 긍정과 부정의 요소

네덜란드(Netherlands)라는 말은 '저지(低地)의 나라'란 뜻이다. 이 나라는 국토의 약 27%가 해면보다 낮기 때문에 주민들은 제방을 쌓고 배수로를 만들어 물의 폭력과 싸워 간척지로 바꾸며 국토와 경작지

---

62) 김광채, 앞의 책, pp.81~86.

를 확대해 나갔다.

　이 나라가 11세기에는 홀란드 백령(柏嶺)으로 출발했으나 15세기에는 프랑스의 부르고뉴(Bourgogne) 공령이 되고, 그것이 다시 오스트리아의 합스부르크(Habsburger) 가에 귀속되었다.

　종교개혁기에는 이곳을 신성로마제국 독일 황제 카를 5세가 지배한다. 카를 5세는 네덜란드 북부 여러 주들을 정복하고 병합하여 네덜란드 전 영역을 지배했다.

　1517년 독일에서 시작된 종교개혁의 폭풍은 이곳 네덜란드에도 파급되어 초기에는 루터교가, 그다음에는 재침례교가 동부를 중심으로 확산되었다.

　카를 5세는 철저한 가톨릭 신봉자로 스페인, 네덜란드, 독일 신성로마제국의 황제로 가톨릭 수호를 위해 종교개혁 폭풍을 공권력으로 탄압했다. 이때 재침례교도들 3천여 명이 희생을 당한다. 1555년 독일 종교개혁 반대를 위해 독일 제후들과의 전쟁에서 패한 카를 5세는 독일 군주를 동생 페르난도에게 양위하고, 스페인과 네덜란드는 아들 펠리페 2세에게 양위한 뒤 정치가로서의 생활을 중단하고 은둔자로 지내다 죽는다.

　네덜란드 국왕이 된 펠리페 2세는 여러 명의 총독들을 파견하여 가톨릭 종교 수호를 위한 통치를 펼친다.

　이때 칼빈주의자들이 총독들에 대항해 스페인에서 독립하려는 독립전쟁을 80년(1568~1648)을 계속한다. 17세기 말 네덜란드는 스페인에서 독립해 연방 공화국을 건설했다. 독립 후 네덜란드는 국제 중계 무역 시장을 확대하여 유럽 제일의 해운, 무역국가로 경제적 번영과 문화의 황금시대를 구축했다. 그러나 17세기 후반 네덜란드 해상권은 영국, 프랑스의 격렬한 저항으로 수많은 전쟁을 거듭한다.

19세기에는 가톨릭 종교가 다시 복고되어 현재는 가톨릭과 개신교가 절반씩 이뤄진 국가로 3국으로 분열되었다. 네덜란드 역사는 이처럼 변화무쌍한 격변의 세상을 지내왔다.

네덜란드 역사는 수없이 변했으나 오늘날 가톨릭과 개신교라는 종교만은 계속 변하지 않고 유지되고 있다.

본 장에서 종교개혁기인 1500년대와 근대 교회의 형성기인 1600년대의 네덜란드 종교 역사를 살펴보았다. 이제는 이 기간에 이뤄진 과거사를 통해 우리가 배워야 할 점이 무엇인가? 그것을 긍정과 부정의 양면으로 살펴보겠다.

1) 긍정적인 면
(1) 칼빈주의로 독립 국가를 형성한 점

종교개혁이 맨 먼저 시작된 것은 독일의 루터였다.

독일의 루터교는 곧바로 북반구인 네덜란드, 스웨덴, 덴마크, 노르웨이 등에 영향을 미쳤다. 그런데 독일 황제와 네덜란드 국왕을 겸한 카를 5세의 정치력이 네덜란드에는 미쳤으나 다른 북반구 나라들은 독일의 영향으로 루터교 국가가 된다. 그러나 네덜란드인들은 자기들을 지배하는 스페인의 가톨릭 세력을 벗어나려고 할 때 가까운 이웃 독일의 루터교를 겪어보고 탐탁지 않게 여긴다.

루터교와 동시에 시작된 재침례교도들은 군주들로부터 정치적 탄압은 물론 루터교도들로부터도 사회적 탄압을 받는다. 네덜란드 역사 속에 재침례교도들은 군주와 개신교 양면의 탄압 속에서 수많은 희생이 계속되었다.

네덜란드인들이 재침례교를 겪어보니 성서적인 면에서는 좋으나 정치적으로 독립을 추구하려는 상황에서 정치에 소극적인 재침례교도들이 자기들에게 맞지 않는다고 판단한다. 그 후 20~30년 후에 스위스 제네바의 칼빈주의가 도입되었다. 제네바의 칼빈주의는 '제네바 교회법'이 정치와 종교가 하나로 연합된 신정정치로 크게 비약되어 가는 것을 알게 되었다. 네덜란드인들은 자기들이 스페인의 군주와 대결해서 독립을 쟁취하기 위해서는 칼빈주의가 가장 이상적임을 깨닫게 된다.

네덜란드가 칼빈주의를 선택한 동기는 자기들의 독립 투쟁에 가장 알맞은 종교라고 판단했기 때문이다. 네덜란드인들의 독립 투쟁에는 사상과 방법으로 칼빈주의가 필요했다. 이와 같은 정치적, 상황적 필요에 의해 네덜란드인들은 칼빈주의를 채택하여 독립전쟁을 이끌어 갔다.

네덜란드가 독립하게 된 정신적, 사상적 핵심은 칼빈주의이다. 그렇기에 네덜란드에 있어서 칼빈주의는 큰 공헌을 했다고 할 수 있다.

(2) 성공한 칼빈주의 국가들 중 하나가 됨

전 세계에서 그 나라 국민들 중 절대다수가 특정한 종교만을 선택한 나라들이 있다.

중동의 아랍 국가들은 이슬람 종교를 국교로 삼고 있다. 또 유럽 중 이탈리아, 스페인, 포르투갈, 프랑스 등은 가톨릭이 국교화되었고, 남미 제국들은 모두 가톨릭 국가들이다.

루터교가 국교가 된 독일과 북반구 나라들이 있는가 하면, 칼빈주의가 국교는 아니나 전 국민의 다수를 차지하는 나라들이 있다. 칼빈주의가 국가적으로 인정받는 나라는 세 나라다.

그것은 영국의 일부분인 스코틀랜드와 네덜란드와 미국 건국 초기의 뉴잉글랜드였다. 네덜란드는 인구 1천 500만 중 가톨릭과 칼빈주의가 절반씩 차지한다. 한국은 인구 5천만 명 중 1천만이 기독교 신자인데, 그중에서 약 절반가량이 장로교로 한국에서는 장로교가 우세하지만 전 국민에 비하면 장로교 국가는 아니다.

네덜란드는 지금도 전 국민의 절반가량이 가톨릭과 칼빈주의로 나뉘어 있다. 그렇기에 네덜란드는 칼빈주의가 성공한 나라이다.

(3) 칼빈주의 유명 신학자 배출

네덜란드 왕실은 지금도 칼빈주의를 신봉하고 있다. 또 네덜란드는 칼빈주의 유명 신학자들을 배출했다.

① 아브라함 카이퍼(Abraham Kuyper: 1837~1920)

카이퍼는 네덜란드의 칼빈주의 신학자이며 네덜란드의 수상(1901)이기도 한 정치 지도자였다. 그는 개혁 교회 목사의 아들로 태어나 젊어서는 개혁 교회 설교자였다. 그는 칼빈주의 이론가 프린스터러(G. Van Prinsterer)의 반혁명주의(anti-revolutionary) 정치관에 마음에 끌려 국회의원이 된다(1874).

그는 정당의 지방 분회를 조직하고 '우리의 강령'(Ons Program, 1878)으로 사립학교 보조, 선거권의 확대, 노동의 권리 인정, 식민지 정책의 개혁, 국민 생활의 활력 등을 주장했다.

1880년에 칼빈주의 대학인 자유대학교(Free University)에서 교수를 하며 개혁 교회에서 탈퇴한 10만 명이 넘는 정통주의자들의 지도자가 된다.

이들은 기독교 역사 정당(Christan Historical Party)을 결성하고 기독교 민주주의를 주장하며 수상이 된다(1901년).

그는 수상으로 철도 파업 등 난제를 수습하고 1905년에 실각한다. 그 후 15년 동안을 상당한 정치세력으로 영향을 미친다. 그 결과 종교적 사립학교에 국가가 지원해 주는 것, 모든 사람에게 선거권이 주어지는 결과들을 보게 된다. 카이퍼 개인은 자신의 정당과 노조 등을 가질 수 있는 다원 사회를 인정하고 이념적인 것을 배제하는 정책을 세워나간다.[63]

그는 네덜란드가 배출한 칼빈주의자 정치인으로 유명한 이름을 남겼다.

② 헤르만 바빙크(Herman Bavinck: 1854~1921)

바빙크는 앞서 소개한 카이퍼 박사의 뒤를 이어 캠펜 개혁 신학교 교수가 된다(1881). 그는 암스테르담 자유대학의 교수로 옮긴다(1902).

바빙크는 개혁 신학의 전통을 장로교 창시자인 칼빈 신학에 초점을 맞추려고 했다. 그의 학문의 방법은 철저한 성서신학에 기초를 두고 출발한다. 그리고 역사신학을 통해 과거 교회 역사 속에 거론되었던 과거사들을 두루 섭렵하려고 노력했다.

그리고 종합적인 학문들로 진리라고 믿어지는 것을 체계화시켜 나갔다. 그래서 칼빈주의 내에서 예정론의 전택설과 후택설의 근거와 논리의 장단점을 지적한다든가, 인간의 영혼에 대한 창조설과 유전설을 비교하는 등 비교로 논리를 만들었다. 이렇게 그의 주요 저서인 네 권의 《개혁 교의학》(Gereformeede Dogmatick, 1928~1930)이 네덜란드 표준 신학으로 전해져 오고 있다.[64]

그러나 그의 주장은 아르미니안과 기타 주장을 외면한 칼빈주의

---

63) Frank Vanden Berg, Abraham Kuyper: St. Catherins, Ontario, Paideia Press, 1978.
64) Herman Bavinck, The Doctrine of God, G. Rapids MI, 1955.

로 일관한 주장이었다.

2) 부정적인 면

(1) 칼빈주의 배척자들이 나라를 분열시킴

종교개혁(1517) 이전까지의 네덜란드에는 가톨릭 종교 하나뿐이었다. 그러나 종교개혁의 개신교도들의 유입으로 독립전쟁이(1568) 시작된 후에 독립이 된 후(1648)에는 가톨릭 이외의 개신교들이 크게 활동을 했다. 그렇기에 네덜란드 독립의 공로자는 개신교와 칼빈주의자들이다.

그런데 네덜란드가 독립한 후 칼빈주의와 대결했던 가톨릭 세력은 네덜란드와 분열해 가톨릭 국가로 독립했다.

그것이 가톨릭 종교를 중심으로 분국한 벨기에(1830)이고 룩셈부르크(1867)이다. 네덜란드는 인구 1천 500만 명에 가톨릭과 칼빈주의가 절반이 되었다. 그에 반해 벨기에는 인구 1천만 명에 가톨릭이 90%이고, 룩셈부르크는 인구 40만 명이 가톨릭이다.

네덜란드가 칼빈주의로 17세기에 독립했으나 19세기에는 가톨릭으로 두 나라가 갈라져 나갔다.

최근의 네덜란드 종교 상황은 어떠한가를 알아보자.[65]

1899년 가톨릭 35.1, 개신교 60.2, 무종교 2.3, 이슬람 0
1947년 가톨릭 38.5, 개신교 42.3, 무종교 17.1, 이슬람 0
1971년 가톨릭 40.4, 개신교 35.9, 무종교 23.6, 이슬람 0.4
2010년 가톨릭 24.5, 개신교 15.6, 무종교 52.8, 이슬람 4.9

---

[65] 김광채, 《근세 교회사》 (마르투스, 2016), p.75.

무종교가 압도적으로 많아졌고, 개신교(15.6)보다 가톨릭(24.5)이 더 성장했다. 왜 칼빈주의로 독립된 네덜란드가 개신교는 줄어들고 가톨릭은 성장하는가? 왜 네덜란드는 무종교가 폭발하는가? 네덜란드 종교 상황을 보면서 칼빈주의의 부정적인 면을 직시해 보아야 한다. 이를 통해 한국의 장로교도 큰 경각심을 가져야 할 것이다.

(2) 잘못된 신학의 계승

필자의 앞서 제1편 제3장에서 '제네바 장로회'를 설명하면서 칼빈 사상의 문제점을 지적했다. 칼빈 사상은 신약 사상이 아닌 구약의 신정정치 이상과 구약에 근거한 계약사상과 성경적 예정론이 아닌 교부들의 예정론을 답습한 잘못된 사상임을 설명했다.

네덜란드가 종교개혁 후에는 선택의 폭이 넓지 않았기 때문에 칼빈주의로 독립운동을 성공시켰다. 그러나 칼빈주의를 경험해 본 네덜란드인들은 칼빈주의가 가톨릭 종교와 별다른 차이가 없음을 깨닫게 된다. 가톨릭의 교황을 중심한 전제정치나 칼빈 사상을 중심한 칼빈주의식 독재 행정이나 이름만 다를 뿐 내용과 수단은 동일함을 깨닫는다.

네덜란드 정치와 칼빈주의 결합이 네덜란드의 독립이라는 가시적인 결과를 가져왔다. 그러나 신약성경은 정치와 종교가 분리되어야 함을 가르친다. 종교개혁기에 신약성경의 진리를 따르려던 네덜란드 재침례교도들은 수천수만 명이 희생을 당했다. 그렇기에 개혁에 성공하지 못했다.

그에 반해 칼빈주의자들은 정치와 종교를 결합시켰다. 그 결과 개혁에 성공하여 오늘날까지 성공의 열매들을 누리고 있다. 그런데도 왜 네덜란드 개신교는 계속 위축되어 가는가? 그 대답은 진리가 아니었기 때문이라고 판단할 수밖에 없다.

[결어]

우리는 성공과 승리를 분별할 줄 알아야 한다. 이 땅에는 성공한 자들이 주목을 받는다. 개인이나 기업이나 국가나 전 세계가 경제적으로 성공해야만 제 목소리를 내고, 자기 존재를 드러낸다. 그러나 교회는 기업체처럼 성공해야 목소리를 내는 것이 아니라 이 세상에 영향을 끼칠 수 있는 소금과 빛으로서의 독특한 사명을 감당해야만 한다. 그런데 성경 해석이 전혀 복음적이지 않고 세상적인 성공 신화에 초점을 맞춘 기복신앙은 교회도 기업처럼 성공해야 한다는 것으로 변질시켰다.

오늘날의 교회들은 소금의 맛을 잃어버렸고 빛의 기능을 상실했다. 그래서 큰 예배당 건물과 많은 예배자들이 구름떼처럼 모여드는, 보여지는 현상을 따라 목소리를 내고 세상의 주목을 받고 있다. 이것은 성공 신화를 따른 현상일 뿐 교회의 승리는 아니다.

교회는 성공하지 못해도 세상에 참된 영향력을 끼쳐야 한다. 예수님은 3년 동안에 예배당 하나 세우지 않으셨고, 책 한 권도 남기지 않으셨다. 그러나 그의 삶과 교훈은 2,000년 동안 빛으로 영향력을 끼치고 있다. 사도들도 마찬가지다.

베드로가 시작한 예루살렘 교회는 건물이 없는 다양한 기존 장소들을 이용한 교회였다. 바울 사도가 전도한 교회들은 어느 한 곳에도 예배당 건물을 세운 것이 아니라 다른 기존 건물들을 활용한 것뿐이다. 한국교회가 예배당에 불과한 건물들을 '교회'나 '성전'이라고 잘못 가르친 결과로 천문학적 재정을 낭비한 것은 '교회관'이 부재한 결과이다.

오늘날 가장 시급한 과제가 무엇인가?

그것은 성서적인 교회관을 바로 되찾는 일이다. 그래서 죽어 있는 건물을 성당이라고 오도한 가톨릭이나 예배당을 보이는 교회라고 잘못 가르친 종교개혁자들의 잘못된 교회관을 속히 탈피해야만 참다운 교회로 회복되는 첫걸음이 될 것이다.

우리는 과거 역사를 통해 참다운 교회와 잘못된 교회를 분별할 줄 아는 안목을 갖추어야겠다.

제2부

근세 교회사

(1600~1800)

제1편 전기 근세 교회사(1600~1700)

[서론]

여기서 필자의 독특한 역사관을 설명해야 하겠다.

초대교회는 A.D. 33년부터 최후의 사도 때인 A.D. 100년까지이다. A.D. 100년 이후 500년까지는 사도시대가 아닌 사도들로부터 배움 받은 속사도와 그의 제자들인 교부시대이다.

이렇게 시작된 교부시대가 500년으로 끝나고 A.D. 590년부터 로마 가톨릭과 동방 정교회가 분쟁을 시작하여 1010년에 서방 가톨릭과 동방 정교회는 공식적으로 분열된다.

동방 정교회는 종교개혁 과정 없이 굳어진 전통 속에 형식 종교로 지금까지 계승되어 오고 있다. 서방 가톨릭 교회는 플라톤 철학으로 신학을 완성한 아우구스티누스(354~430)가 교부신학을 발전시키고 중세기에는 토마스 아퀴나스(1224~1274)가 아리스토텔레스 철학으로 스콜라 신학을 완성한다. 이렇게 590년부터 1517년까지를 중세시대라고 한다.

중세기 말에 서방 가톨릭 내에서 종교개혁이 일어났다. 그것이 독일의 루터교, 영국의 성공회, 유럽의 재침례교, 제네바의 장로교로 등장한다. 오늘날 개신교들의 뿌리는 교부 신학과 스콜라 신학에서 벗어난 종교개혁자들에게서 비롯되었다. 그 시기를 종교개혁 시대라고 한다.

놀라운 사실이 따른다. 가톨릭에서 개신교가 분리되자 1,000년 동안의 가톨릭의 철옹성이 무너지고 교회와 함께 세상이 달라진다. 그렇기에 종교개혁 후 역사는 단지 교회 역사만의 편협한 역사 서술보다는 세상의 사상사도 함께 살펴보아야 한다. 왜냐하면 교회 역사는 달라져 가는 세상 역사 속에 반응하면서 형성되어 가기 때문이다. 따라서 근세 교회사 는 교회 자체 역사와 동시에 세상의 '사상사'도 함께 서술하며 비교 검토하도록 하겠다.

이와 같은 필자의 독특한 역사관의 근거는 중세기 가톨릭의 암흑의 역사는 교회만 아니라 세상도 암흑이었으나 종교개혁 후에는 달라진 교회와 달라진 세상을 함께 보아야 한다는 역사의식에서 비롯되었다고 할 수 있다.

제1장 네덜란드의 알미니안주의와 칼빈주의

흔히들 과거의 철학을 플라톤 학파와 아리스토텔레스 학파로 양분해서 이해하는 경향이 있다.

이와 마찬가지로 개신교의 사상을 칼빈주의와 알미니안주의로 양분하여 서로 반대되는 사상이라고 이해하는 경향이 있다. 그러나 알미니안주의는 칼빈주의 사상이 잘못되었다는 칼빈주의의 문제점에서 비롯된 변형된 칼빈주의라고 할 수 있다.

좋게 말하면 알미니안주의는 칼빈주의의 변형이고, 좀 심하게 말하면 칼빈주의의 모순을 개선한 것이 알미니안주의이다. 그 근거가 알미니안주의는 칼빈주의의 맹점을 탈피하려는 데서 시작된 것이다.

이 내용이 칼빈주의를 국교를 삼았던 네덜란드에서 비롯되었다는 점도 매우 흥미로운 사건이라고 할 수 있다. 이 내용을 이해하기 위해 네덜란드 정치사와 함께 이해하도록 하자.

1. 아르미니우스 사상이 등장하기까지

1) 아르미니우스의 칼빈주의 문제점 제기

아르미니우스(Jacobus Arminius: 1560~1609)는 네덜란드 암스테르담에서 출생했다. 그는 1576년 16세 때 라이덴(Leiden) 대학에 입학했다.

라이덴 대학은 네덜란드가 스페인과 격렬한 독립전쟁을 계속해 가는 결과로 1575년에 설립된 국수적 성향의 대학교였다.

아르미니우스는 이 대학 제2기생으로 입학하여 강렬한 민족주의 학풍 속에서 1582년까지 수학했다. 그 후 제네바에 가서 칼빈의 후계자인 베자(1519~1605) 밑에서 칼빈주의도 배웠다. 그렇기에 아르미니우스의 학문적 배경은 완전한 칼빈주의였다.

아르미니우스는 제네바에서 돌아와 고향 암스테르담의 목사로 봉직한다(1588~1603). 그는 설교자로 명성을 얻었고, 성경과 신학에 관해 조예가 깊었기 때문에 도시인들로부터 존경과 신망을 받았다. 그렇기에 많은 사람들의 목회 상담자로도 활동하게 되었다.

이때 디뤼크 코오른헤르트(Dieryk Coornhert: 1522~1590)라는 사람이 칼빈 사상에 관한 의문점을 제기한다. 코오른헤르트는 네덜란드 정부의 관리였다가 법률가로 할렘(Haarlem)에서 공증인 업무에 종사하는 자였다. 그는 신학자는 아니지만 에라스무스처럼 합리적인 인문주의 성향의 신앙을 가진 지식인이었다.

그는 네덜란드 도르트레히트(Dordrecht) 교회회의가 개정한 1563년의 소위 하이델베르크 요리문답 중에 칼빈의 예정론에 문제가 있다고 판단했다. 그는 칼빈의 예정론의 문제점을 "테스트"(Test)라는 제목을 붙여 네덜란드 정부에 제기하고 칼빈의 예정론이 잘 이해될 수 있도록 화답해 달라는 요청을 했다.[66]

네덜란드 정부는 코오른헤르트의 질문을 라이덴 대학의 교수와 그 밖의 저명인사들에게 위임했다. 그러나 대학교수들과 유명인사들 10여 명은 의견만 분분했을 뿐 명쾌한 결론을 내리지 못했다. 그러자

---

66) 정수영, 《새 교회사 Ⅱ》 (규장문화사, 1993), pp.287~290.

정부는 코오른헤르트를 재판에 넘겨 이단으로 선고했다. 이 문제가 국가적, 사회적 문제로 부상했다.

이때 새로운 젊은 지성인으로 유명해진 아르미니우스에게 해답을 요청하게 되었다. 이때부터 아르미니우스는 국가적, 사회적 화제가 되고 있는 코오른헤르트의 주장을 해명하기 위해 본격적으로 성경과 교부들과 개혁가들의 가르침을 연구하기 시작한다. 아르미니우스는 코오른헤르트의 주장이 잘못된 것이 아니라 부분적으로 옳다는 결론에 도달한다.

아르미니우스는 칼빈이 예정론을 주장한 근거로 로마서 9장 11~18절의 해석이 잘못되었다는 확신을 갖게 된다. 이 같은 아르미니우스의 확신에 힘입은 코오른헤르트는 기독교 신앙은 특정한 신앙고백에 얽매일 필요가 없다고 하이델베르크 요리문답을 부정한다.

그는 인간이 만든 교리들은 오류투성이라고 매도하고 루터가 주장한 '노예의지'는 잘못된 주장이고, 에라스무스가 주장한 '자유의지'가 창세기 3장의 아담과 하와의 증거라고 했다. 아울러 칼빈주의의 절대 주권에 의한 예정론은 자유의지를 무시한 숙명론적 사상으로 성경 사상이 아니라고 주장했다.

코오른헤르트는 창세기 3장은 인간에게 자유의지가 있다는 가장 기본적인 증거라고 보고, 하나님과 인간은 자유의지의 관계로 형성되었고, 아담의 타락 후에도 서로 협력관계를 유지한다고 주장했다.

아르미니우스는 코오른헤르트의 사상이 다 맞지는 않으나 예정론 부분에는 칼빈의 사상에 비판받을 요소가 있다고 했다. 아르미니우스는 자기가 깨달은 바 칼빈주의의 문제점을 발견하면서 기존의 철저한 칼빈주의에서 칼빈주의를 비판하는 칼빈주의자로 변화된다. 그러나 아르미니우스는 자기가 칼빈주의 비판자로 나설 경우 엄격한 칼빈주의로 정부가 형성된 세상에서 매도당할 것을 잘 알았다. 그래서 자기 확신으로만 간직한 채 상당 기간을 숨기고 지냈다.

그러나 그는 학문적 명성으로 그를 모교 라이덴 대학의 교수로 옮겨가게 된다. 아르미니우스는 1603년 43세에 모교 라이덴 대학의 교수가 된다. 이때부터 자기가 깨달은 바 칼빈의 문제점들을 드러내기 시작한다. 아르미니우스는 성경의 예정은 맞는 사상이나 하나님의 예정은 하나님께서 미리 아신 예지(豫知)에 근거한 예정임을 주장했다. 동료 교수인 고마루스(Gomarus: 1563~1641)는 하나님의 예정은 세계의 기초가 놓이기 이전(엡 1:4)에 하나님의 단독적인 주권적 예정이라고 주장했다.

아르미니우스는 하나님의 예정이 인간 개개인의 자유의지와는 전혀 상관이 없는 무조건적 예정은 아니라고 보았다. 이에 반해 칼빈은 하나님께서는 아담이 타락 이전에 이미 인간의 타락을 예지하셨고, 타락한 인간을 구원하실 것을 예정하신 하나님의 무조건적 예정이라고 주장했다. 아르미니우스는 칼빈의 아담의 타락 전 예정설(Supralapsarianism)을 반대하고, 인간 한 사람 한 사람의 운명은 하나님의 주권적 의지에 결정되는 것이 아니라, 인간이 예수 그리스도 안에서 주어진 구원의 기회에 어떻게 반응하느냐에 따른 자유의지의 결과에 따른 문제라고 했다. 아르미니우스는 칼빈의 무조건적 예정이나 이중예정(二重豫定, Double Predestination)을 부정했다.

아르미니우스는 명확한 칼빈주의의 반대자가 되었다. 이에 반해 고마루스는 칼빈이 주장한 대로 하나님께서 창세 전에 누가 신앙을 가질 것이며, 누가 불신앙을 가질 것인가를 예정해 놓으셨다고 주장했다. 아울러 고마루스는 그리스도께서는 예정으로 선택된 자들을 위해 죽으셨다는 제한된 구원론을 주장했다.

이렇게 칼빈의 예정론을 놓고 아르미니우스와 고마루스는 전혀 양보 없는 논쟁을 계속 진행해 나갔다. 같은 대학에서 두 교수 간에 서로 다른 주장으로 학생들도 양분되었고, 전국 교회의 분열로까지 확대되었다. 그런데 아르미니우스는 계속된 논쟁과 교수 생활의 과로로 49세(1609)로 죽고 만다.

라이덴 대학은 아르미니우스 후임을 아르미니우스 제자 시몬 에피스코피우스(Simon Episcopius: 1583~1643)로 보완한다. 이렇게 되자 싸움과 논쟁은 고마루스와 에피스코피우스로 대를 이어 논쟁이 이어진다.

그러자 칼빈주의자인 고마루스는 라이덴 대학 내 에피스코피우스를 비롯한 모든 아르미니우스자들을 교수직에서 축출하려는 운동을 전개한다.

2) 신앙 문제가 정치 문제로 확대되다

네덜란드는 스페인의 지배에서 투쟁에 의해 독립이 되었다. 그러나 정치적, 경제적으로 자립할 단계는 못 되었다. 그래서 정치가 중에는 스페인과의 관계를 단절하지 말고 스페인과의 관계를 유지해야 한다는 온건파들이 있었고, 반대로 스페인의 지긋지긋한 지배에서 벗어나기 위해 스페인과 관계는 단절하고 새로운 칼빈주의로 결속되어야 한다는 강경파들이 있었다. 정치가뿐 아니라 국민들도 나뉘어졌다.

경제를 중요시하는 상인들은 스페인과의 관계를 이뤄야 한다는 온건파이지만, 성직자와 하층민들은 스페인과 단절해야 한다는 강경파였다.

이렇게 정치와 국민들이 강경파와 온건파로 나누어진 상태에서 아르미니우스주의자들은 국민의 온건파를 두호(斗護)했는데 칼빈주의자들은 강경파가 되었다. 그러자 고마루스와 칼빈주의 강경파들이 아르미니우스파 교수들을 대학에서 축출하려고 했다. 교수직 박탈 위기를 극복하기 위해 아르미니우스주의자들은 궁정 목사 요한 우텐보개르트(Johan Wtenbogaert: 1557~1644)와 의논한다.

우텐보개르트는 당시 총독 모리츠의 과거 섭정이었던 올덴바르네벨트와 의논한다. 과거 섭정을 했던 올덴바르네벨트는 궁정 목사에게 충고를 준다. 그 충고는 신학 문제로 다투지 말고, 문제를 해결하려면 정부의 의회에 의견을 내고 의회의 판단을 따르라는 것이었다.

이에 궁정 목사 우텐보개르트와 아르미니우스의 후임자인 에피스코피우스 교수를 비롯해 목사 46명이 진정서 겸 문제 해결을 요청하는 항의서(Remonstrance)를 제출한다. 이것이 훗날 '아르미니우스 신조 5개항'이 된다.

3) 아르미니우스 신조(1610)

■ 제1조: 예정

하나님께서는 창세 전에 예수 그리스도를 믿고 구원받게 될 자를 미리 예정하셨다.[67]

이 내용을 좀 다른 각도로 이해할 수 있는데,[68] 하나님은 이 세계가 창조되기 전에 그 아들 예수 그리스도 안에서 영원하고 불변한 목적을 갖고 성령의 은혜를 통해 예수를 믿고 신앙 안에서 은혜를 통하여 끝까지 견디는 사람을 타락한 종족 가운데서 구원하기 위해서 그리스도 안에서, 그리스도 때문에, 그리고 그리스도를 통하여 구원하신다.

---

[67] 김광채,《근세, 현대 교회사》, pp.93~96.
[68] 심창섭·채천석 편,《근·현대 교회사》(솔로몬, 1999), pp.74~76.

한편 하나님은 믿지 않는 불신자들을 죄와 진노 아래 내버려 두시고 그들을 요한복음 3장 16절과 다른 성경 구절에 나와 있는 대로 그리스도께 유리되어 있는 사람으로 정죄하신다.

■ 제2조: 구속

그리스도의 구속사역은 '예정된 자들'(Praedestinati)만을 위한 것이 아니라 모든 인간을 위한 것이다. 이 내용을 좀 다른 내용에 초점을 맞춘다면 세상의 구주이신 예수 그리스도는 모든 사람을 위하여 십자가에 죽으셔서 자기의 죽음으로써 모든 사람을 위한 구원과 죄의 용서를 이루셨다. 그러나 요한복음 3장 16절과 요한일서 2장 2절에 기록된 대로 믿는 자 이외에는 이러한 죄 용서함을 받을 수 없게 하셨다.

■ 제3조: 죄, 혹은 자유의지

아담의 타락 이후 인간은 선한 자유의지를 상실했기 때문에 스스로의 힘으로는 선을 행할 수 없는 죄인들이다. 그러나 그리스도의 구속 사역 혹은 성령의 역사에 어떻게 반응하는가는 사람들의 자유의지에 달렸다. 이 내용을 좀 다른 각도로 이해하면, 인간은 반역과 죄의 상태에서는 자유로운 의지도 갖지 못하고 구원하시는 은혜도 갖지 못한다. 그리하여 인간은 스스로 선한 것을 생각하지도 못하고, 행할 수도 없다. 결국 구원하는 믿음만큼 참으로 선한 것은 없다.

그러므로 인간은 성령을 통하여 그리스도 안에서 하나님에 의해 거듭나며 이해력과 감정과 의지와 그 모든 능력에 있어서 새로워져야 할 필요가 있다. 그리할 때 요한복음 15장 5절에 나온 바대로 참으로 선한 것을 이해하고 생각하며 뜻하고 실천할 수 있다.

■ 제4조: 은혜

하나님께서는 모든 인간에게 원죄의 영향력을 깨뜨려버릴 만한 충분한 은혜(Theory of Sufficient grace)를 주셨다. 또 성령과 협력하여 중생한 삶을 살 수 있도록 하는 은혜도 주셨다. 만약 어떤 사람이 중생하지 못했다면 그것은 하나님의 이 충분하고도 능력 있는 은혜를 충분히 활용하지 못했기 때문이다. 다시 말해 은혜는 '불가항력적'(irresistiblis)이라고 말할 수 없다.

이 내용을 좀 다른 각도로 이해하면, 하나님의 은혜는 모든 선의 시작과 과정과 성취이므로 아무리 거듭난 사람이라 할지라도 일깨우며 협력하시는 은혜가 없이는 선을 행하거나 악의 유혹을 이겨낼 수 없다. 그러므로 인간이 생각한 모든 선한 행위와 운동(Movement)은 그리스도 안에서 하나님의 은혜로 귀결된다.

그러나 그 은혜가 작용하는 양식에 있어서 인간은 그 은혜를 거절할 수 있다. 사도행전 7장과 그 밖의 성경 구절들에는 성령을 거절했다는 이야기가 많이 기록되어 있다.

■ 제5조: 성도의 견인(Perseverance of Saints)

성경에는 한 번 중생한 성도는 결코 하나님의 은혜로부터 떨어져 나갈 수 없다는 가르침에 대해 명확한 근거가 제시되어 있지 않지만 그렇다고 하여 이에 반대되는 가르침을 가르쳐서는 안 된다.

이 내용을 좀 다른 각도로 이해할 수도 있는데, 참된 신앙으로 그리스도와 연합한 사람들은, 그리하여 생명을 주시는 하나님의 영을 받은 사람들은 사탄과 죄와 세상과 그 밖의 육에 대항하여 싸워 승리할 수 있는 충분한 힘을 부여받는다.

요한복음 10장 28절에 기록된 대로 모든 유혹에서 성령으로 도우시는 예수의 은혜로 그리스도가 그의 손을 그들에게 뻗치심으로(만일 그들이 이 싸움을 할 준비가 되어 있다면, 그리하여 그리스도의 도움을 구한다면 그들은 반드시 도움을 받을 것이다) 사탄이 그들을 속임수와 폭력으로 오도하거나 그리스도의 손에서 빼앗을 수 없도록 붙드신다.

그러나 그들이 그리스도 안에서 시작한 생활을 저버리고 이 세상을 붙잡으며, 그들을 구원한 거룩한 교리로부터 이탈하거나, 그들의 선한 양심을 상실하고, 은혜를 소홀히 하는 그런 태만으로 인해 은혜를 상실할 수 있느냐에 관한 문제는 확신을 갖고 가르치기 전에 성경에 대한 정확한 심사가 있어야 한다.

이상의 신조들은 하나님의 말씀과 일치하고 교회에 적합하며 구원을 위해 충분하므로 이 신조를 더 높이거나 더 낮추려는 그 어떤 시도도 필요가 없다.[69]

이와 같은 내용을 아르미니우스주의자들은 국회에 굳세게 간쟁(諫爭)한다는 간쟁서(Remonstrantia)를 제출했다.

이 간쟁서는 아르미니우스주의자들이 집결한 간절한 간청서이며, 또 동시에는 칼빈주의자들에 대한 항의서이기도 했다. 저들은 칼빈주의가 네덜란드 국가 종교가 되었으므로, 국가가 칼빈주의가 올바른 교리인지를 결정할 권리가 있다고 했다.

이와 같은 아르미니우스주의자들의 간쟁서 내지 항의서에 대해 칼빈주의 옹호자 고마루스 외의 일파는 격렬하게 반대했다. 또 네덜란드 의회는 처음에는 간쟁서를 제출한 아르미니우스를 지지하는 분위기였다. 그 이유는 섭정 올덴바르네벨트가 스페인과의 관계에 관용

---

[69] Henry Bettenson, Document's of the Christian Church, Oxford University Press, 1967.

파였기에 아르미니우스파의 주장을 옹호하는 입장이었기 때문이다.
그러나 시간이 흐르면서 관용파의 힘은 약해지고 원칙파들이 국정에 힘을 갖게 된다.

정치적으로 관용파는 귀족계급과 중산계급의 지지를 받고 스페인과 같은 강대국과 국교를 정상화해야 경제 교류와 국가에 유익이 된다는 입장이었다. 반면에 원칙파는 스페인이 네덜란드 남부를 '스페인령 네덜란드'라 부르면서(이 지역이 훗날 벨기에로 분리된다) 스페인 지배를 계속하고 있는 상황에서 스페인과의 정상화란 네덜란드 독립을 무효화시키는 위험한 정책이라고 반대했다.
이렇게 네덜란드 국론이 '관용파'라는 정치 지도자층과 또 칼빈주의 정체성을 주장하는 성직자와 서민의 '원칙파'로 나뉘어 있었다. 아울러 '간쟁서'를 국회에 제출한 문제를 놓고 관용파는 극단적인 칼빈파의 주장보다는 포용적인 아르미니우스주의를 선호했다.
그래서 관용파에 속하는 정치 지도자들은 아르미니우스주의자들이 국회에 제출한 '간쟁서'와 '항의서'를 국회에서 해결하려고 했다.
이에 반해 원칙파에 속하는 칼빈주의자들은 라이덴 대학의 아르미니우스주의자들의 축출을 국회에서 해결하는 것은 불가능함을 알고 연방정부가 아닌 각 지방별로 지방 의회와 지방 노회가 해결해야 된다고 맞섰다. 이와 같은 관용파와 원칙파의 대립에서 아르미니우스와 칼빈주의의 대립으로 계속 분쟁이 이어져 갔다.
이와 같은 두 세력의 분쟁이 8년이나 계속되었다. 그러다가 원칙파의 대표자요 네덜란드 국가 원수인 오랑쥐 공 모리츠 총독이 1618년 7월 친위 쿠데타를 일으킨다. 그래서 과거 모리츠의 섭정이며 관용파의 대표인 올덴바르네벨트와 법률가요 정치가인 그로티우스(Hugo

Grotius: 1583~1645)를 체포 구금했다. 이렇게 해서 오랑쥐 공 모리츠는 관용파들을 숙청했다. 그리고 1618년 11월에 국가교회 회의를 소집하여 아르미니우스 논쟁을 결말지으려고 한다. 이 회의가 도르트레히트(Dordrechit)에서 칼빈주의자들이 모였기 때문에 '도르드레히트 칼빈주의 5대 교리'라고 한다.

2. 칼빈주의 5대 교리

1) 도르트레히트 회의(1618~1619)

도르트레히트(Dordrecht)는 네덜란드 로테르담 동남쪽 약 15km 지점에 위치한 도시이다.

국가 총독 모리츠는 이 도시에서 네덜란드 칼빈주의자 대표로 약 70명을 대표자로 삼았다. 이중 절반은 목회자, 신학자였고, 4분의 1이 평신도 지도자들이었으며, 그 나머지는 국회의원들이었다. 모리츠는 네덜란드 칼빈주의자들만이 아니라 유럽 각국의 칼빈주의자들도 모두 초청했다. 영국, 스코틀랜드, 스위스, 독일, 프랑스 등 유럽의 칼빈주의자 대표들을 모두 초청하므로 칼빈주의자들의 세계 최초의 회의가 되었다.

이때 프랑스 위그노 대표들은 왕의 참석 금지 지시로 참석하지 못하고 각국에서 모두 27명의 대표들이 참석했다. 이 회의는 1618년 11월에서 이듬해 1619년 5월까지 약 7개월 동안 진행되었다.

이 회의 주제들은 칼빈주의자들이었으므로 간쟁서를 제출한 아르미니우스주의자 대표로 시몬 에피스코피우스가 피고의 자격으로 출두했다. 회의가 끝난 직후 관용파의 대표 정치가 올덴바르네벨트는

5월에 참수형에 처해졌고, 도르트레히트 회의 결정에 서명하기를 거부한 아르미니우스 성직자 약 100여 명이 정죄를 받고 국외로 추방되었다.

그러나 1625년 총독 모리츠가 죽고 그의 이복동생 프린드리히 하인리히(Friendrich Heinrich)가 새 총독이 되자 아르미니우스주의자들에게도 종교적 관용이 베풀어졌다.

여기서는 네덜란드 총독이 유럽의 칼빈주의자들을 불러모아 채택한 칼빈주의의 5대 교리 내용을 살펴보자.

2) 칼빈주의 5대 원칙

이들은 종교개혁 이후 루터교가 채택한 아우구스부르크 신앙고백서(Confessio Augustana, 1530)는 참고하지 않고, 1561년 프랑스인 브레스(Guido de Bres: 1522~1567)가 작성한 칼빈주의 신조인 벨기에 신앙고백[Belgic Conffession(Confessio Beigica)]과 1563년에 작성된 '하이델베르크 신앙 요리 문답'(Heidelberg Cathechisms) 등을 확인하고 그리고 보다 더 정확한 칼빈주의 사상을 도르트레히트 회의 헌장(Canones Synodi Dordracenae)으로 채택하였다.

그 내용을 정리해 보자.

■ 제1조: 전적 타락(Total depravity)[70]

타락한 인간에게도 자연적 광명(natural light)의 흔적은 남아 있으나 인간의 본성이 전적으로 부패했기 때문에 이러한 빛이 올바로 사용될 수 없다. 인간의 자유의지는 하나님의 은혜를 받아들이기에는

---

70) 김광채, 《근세, 현대 교회사》, pp.98~99.

너무나 무능하다. 이 내용을 조금 더 설명하면 모든 인간은 죄에서 잉태하며 본질상 진노의 지식이다(엡 2:3).

그러므로 인간은 스스로 선행을 할 수 없고 죄악에 빠져서 죽을 수밖에 없는 노예 상태가 되었다. 그러므로 성령으로 중생케 하시는 은혜가 없이는 어느 누구도 하나님께로 올 수 없고 하나님께 오려고도 하지 않으며 죄악에서 새롭게 될 수 없다.

■ 제2조: 무조건적 선택(Unconditional election)

하나님의 예정, 곧 선택(election)과 유기(reprobation)는 절대적이다.

하나님께서는 이미 창세 전에(엡 1:4) 구원받을 자와 버림받을 자를 자유로운 결단에 의해 예정해 놓으셨다.

이 내용을 조금 더 설명하면, 선택은 하나님께서 영원부터 중보자요 택한 자의 머리와 구원의 기초가 되신 그리스도 안에서 구원받은 자의 일정한 수를 뽑으신 것이다. 이는 하나님의 선하신 주권에 따라서 은혜로 된 것이며, 변할 수 없는 하나님의 뜻이다.

이 선택된 사람들은 그 본성이 버림받은 사람보다 더 선하거나 가치 있는 것이 아니라 다 같은 비참한 상태에 처해 있었다. 하지만 하나님은 그리스도에 의해 구원을 받도록 그들을 넘겨주시고 그들이 그의 말씀과 성령에 의해 부름을 받고 교통하도록 이끄신다.

또한 그들에게 참된 신앙과 의롭다는 인정과 성화를 주시고 그의 아들과의 강력한 교통을 가지며 마침내 하나님의 자비를 드러내어 그의 영광스러운 은혜의 풍족함을 찬양하도록 그들을 영화롭게 하실 것을 결정하셨다.

■ 제3조: 제한적 구속(Limited Atonement)

그리스도의 구속사역은 오직 예정된 자들에게만 효과적으로 적용된다. 이 부분에 있어서 아르미니우스주의자들과 칼빈주의자들 사이에 현격한 차이를 드러낸다.

먼저 아르미니우스주의자들은 예수 그리스도께서 모든 인류를 위해 돌아가셨다고 한다. 저들은 성경 중 여러 곳을 예로 든다. "그가 모든 사람을 위하여 자기를 대속물로 주셨으니"(딤전 2:6), "너희는 온 천하에 다니며 만민에게(온 창조 세계에) 복음을 전파하라"(막 16:15), "아버지께서 아들에게 주신 모든 사람에게 영생을 주게 하시려고"(요 17:2)라는 구절들은 예수 그리스도의 구속사역이 만민을 위한 사역이라고 말씀하고 있다.

그러나 칼빈주의자들은 '절대적 예정'(엡 1:5, 9, 11)이라는 확신 속에 파묻혀 구원받기로 예정된 사람들만을 위해 구속사역이 이뤄졌다고 했다. 저들은 성경의 예정사상을 따르지 않고 칼빈 개인의 예정사상을 따르기 때문에 성경의 진리에서 이탈하게 된다.

저들은 만일 그리스께서 흉악한 범죄자들을 위해 돌아가셨다면 그리스도의 고매한 죽음을 모독하는 것이라고 항변한다. 그러나 그리스도는 흉악하고 회개하지 않는 악인을 위해서도 희생하신 것이 성경의 진리이다(눅 7:47; 요 20:23; 롬 5:20; 엡 2:1; 요일 5:17).

■ 제4조: 불가항력적 은혜(irresistible grace)

중생은 전적으로 선택을 기초로 한 하나님의 효과적인 사역의 결과이며, 하나님의 은혜가 주어질 때 인간은 이를 거부할 수 없다. 중생시키시는 하나님의 은혜는 인간의 자유의지의 동역(同役)을 전혀 필요로 하지 않는 불가항력적인 은혜다.

이 부분도 문제가 많은 주장이다. 성경에는 하나님의 특별한 은혜를 받았는데도 타락하고 죄로 멸망한 사례들이 너무 많다.

아담과 하와는 특별 은총으로 에덴동산에 살았으나 자유의지로 타락했다. 가인은 하나님과 대화를 나눌 정도의 은혜를 받았으나 타락했다(창 4:6~15). 이스마엘은 하나님의 살피심으로 출생했으나 구원의 반열에 오르지 못했다(창 16:11~14).

출애굽의 특별 은혜를 입은 이스라엘 민족 중 고라 자손들은 반항을 하다가 250명은 즉사하고 만 사천 명이 염병으로 죽었다(민 16장). 사울 왕은 하나님의 성령에 의해 예언을 할 정도였으나 훗날 타락했다(삼상 10장).

솔로몬 왕도 기브온 산당에서 일천번제 후에 하나님의 마음에 들기에 최상의 축복을 받았으나(왕상 3장) 훗날에는 하나님의 진노 속에 대적자들에 의해서 말년을 고난 속에 보냈다(왕상 11장).

예수님의 열두 제자 중 하나인 가룟 유다는 주님과 함께 제자로 3년간 동행했으나 은혜를 배신했다.

바울 사도가 예루살렘 목회 때 사역을 돕던 알렉산더(행 19:33)는 바울을 배반하고 큰 해를 끼쳤다(딤후 4:14).

칼빈주의 교리 중에 하나님의 은혜가 임하면 불가항력적이라는 주장은 성경에 근거하지 않은 칼빈 개인의 사상이고, 그 같은 사상을 맹종하는 칼빈주의자들의 교리는 엄청난 잘못을 정당시하는 죄악을 저질렀다.

- ■ 제5조 성도의 견인(Perseverance of the Saints)

하나님의 선택함을 받은, 곧 한번 중생한 사람은 하나님의 은혜로부터 결코 떨어져 나가지 않는다.

이 내용은 복음서(요한복음 3장과 5장)의 중생의 진리와 서신서의 선택의 진리(롬 9장; 엡 1~3장 등)를 혼합시켜 놓은 혼합된 주장이다. 복음서에서 주님께서 천국에 갈 수 있는 자의 자격과 방법을 가르쳐 주셨다면 서신서는 중생한 사도들에 의해서 구원받은 자들의 삶이 구체적으로 어떻게 증거되는가를 보여주는 증거들이며, 구원을 증명하는 회고적 성격이 역력하다.

이와 같은 칼빈주의의 5대 교리는 앞서 아르미니우스주의자들이 제기한 5대 원칙에 대응하며 반박하는 내용으로 만들어졌다.

칼빈주의를 대표하는 유럽 각국의 대표자들 100여 명이 모여서 6개월 동안에 만든 합의의 결론이라고 한다면 거기에 모였던 이들의 수준을 짐작하게 해준다. 그 이유는 칼빈주의는 성경적 예정사상이 아닌 칼빈 개인의 사상이기 때문이다.

이와 같은 칼빈주의 5대 교리는 그 후 신학생들이 암기하기 위해서 네덜란드의 국화인 '튤립'(TULIP)으로 기억해 오고 있다.

T = Total Depravity(전적 타락)

U = Unconditional Election(무조건적 선택)

L = Limited Atonement(제한적 구속)

I = Irresistible Grace(불가항력적 은혜)

P = Perseverance of Saints(성도의 견인)

3. 아르미니우스주의와 칼빈주의의 비교

여기서는 개신교 신학의 양대 산맥이라 할 수 있는 아르미니우스주의와 칼빈주의를 비교해 보도록 하자.

잘 아는 바와 같이 칼빈주의는 장로교 신학의 모체이고, 아르미니우스주의는 감리교, 성결교, 오순절 계통 신학의 모체이다. 이들 두 교파를 갈라놓는 분열이 400년 전에 시작되어서 그 미묘한 차이는 오늘날 엄청난 차이를 만들어냈다.

오늘의 현실을 제대로 이해하기 위해서는 400년 전 두 사람의 차이점을 제대로 이해해야 할 필요성을 절실하게 느끼게 된다.

1) 인간의 타락

창세기 3장에 기록된 아담, 하와의 타락은 인류들에게 원죄라는 벗어날 수 없는 큰 운명을 만들어냈다는 것은 기독교 전체가 인정하는 것이다. 그런데 아담의 원죄가 그의 후손인 인류에게 어느 정도 영향을 미쳤는가? 이 문제를 가지고 최초로 격돌한 것이 영국인 펠라기우스(Pelagius: 383~410년경)와 아프리카인 아우구스티누스(Augustine: 354~430)다.

펠라기우스는 원죄 계승을 거부하고 인간은 죄의 경향성을 가졌을 뿐 각자의 운명은 자기가 지은 죄의 결과에 따라 결정된다고 했다. 이에 반해 아우구스티누스는 원죄로 모든 인류가 다 죄인 되었음을 강조했다. 여기까지는 이해가 된다.

그런데 아우구스티누스의 원죄 사상은 칼빈 때부터 더 적극적으로 발전한다. 칼빈은 그의 《기독교 강요》에서 하나님께서는 아담의 타락 이전에 이미 인간의 구속을 예지하셨을 뿐 아니라 계획하셨으므로 아담의 타락은 하나님의 계획 속에 이루어진 일이라고 주장했다.[71]

이렇게 칼빈은 하나님의 '무조건적인 예정'의 교리의 기초를 만들었다. 칼빈의 제자인 데오도어 베자(Theodore Beza: 1519~1605) 역시 스승을 따라 아담의 타락이 하나님의 허락하에 일어났을 뿐 아니라 하나님의 계획 속에 있었던 일이라고 주장했다.

아르미니우스(Arminius: 1560~1609)는 베자의 제자이지만 칼빈과 베자가 주장하는 타락 전 예정설(Supralap Sarianism)을 반대했다.

아르미니우스는 하나님은 아담의 타락 전에 누가 구원받을 것인가를 예지하셨을 따름이며, 인간 한 사람 한 사람의 운명은 하나님의 주권적 의지에 결정되는 것이 아니라 인간이 예수 그리스도 안에서 주어진 기회에 어떻게 반응하느냐에 달린 문제라고 주장했다.

아르미니우스는 무조건적 예정, 무조건적 선택이라는 칼빈주의에 반대했다. 아르미니우스는 칼빈과 베자가 주장하는 '유기의 작정'을 반대했다.[72]

이때 아르미니우스의 반대 교수인 고마루스(Gomarus: 1563~1641)는 칼빈, 베자의 사상인 '타락 전 예정설'과 '유기의 작정'을 주장했다.

이렇게 두 신학자 간의 논쟁은 드디어 인간의 타락을 놓고 칼빈주의자들의 '전적 타락'(Total Depravity)이라는 주장과 아르미니우스주의자들의 '자연적 무능력'(Natural Inability)이라는 견해로 갈라진다.

---

71) 칼빈,《기독교 강요》, 제2권 12장, 5.
72) Justo L. Gonzalez, A History of Christian Thought, Vol Ⅲ, Nashville: Abingdon Press, 1975, pp.256~258.

2) 선택, 예정

타락한 인간들 중 어느 누가 구원자로 선택되는가?

이 문제에도 두 사람의 견해가 다르다. 칼빈주의는 앞서 '전적 타락'을 주장하는 사상적 맥락에서 절대자이신 하나님에 의해 '무조건적 선택'(Unconditional Election)을 주장한다. 그에 반해 아르미니우스주의자들은 인간이 타락한 후에는 인간에게 잔존하고 있는 자유의지에 따라 하나님의 선물을 받아들이는 사람들에게는 구원으로, 거부하는 자에게는 유기로 결정되는, 즉 각 개인의 반응에 따르는 '조건적 선택'(Conditional Election)을 주장했다.

3) 구원, 속죄

칼빈주의자들의 사상 전적 타락과 무조건적 선택은 자동적으로 '제한적 속죄'(Limited Atonement)를 주장하게 된다. 참으로 어처구니없는 주장이다. 예수 그리스도께서는 구원받기로 선택되고 예정된 사람들만을 위해서 죽으셨다는, 성경과 완전 반대되는 주장을 만들었다. 이에 반해 아르미니우스주의자들은 누구든지 예수를 믿기만 하면 구원받는다는 '보편 속죄'(Universal Atonement)를 주장했다.

4) 은혜, 은총

여기서 은혜에 관한 대표적 사상을 정리해 보겠다.

아우구스티누스(354~430)는 은혜를 네 가지로 설명했다.

① 출생 은혜(Gratia Praveniens)

죄의 유혹을 이기고 구속에 대한 갈망을 출생의 은혜라고 했다.

② 작용의 은혜(Gratia Operans)

구속받은 자가 자아를 내려놓고 그리스도와 연합시키고자 하는 과정 중에서 일어나는 은혜를 작용의 은혜라고 했다.
③ 협력 은혜(Gratia Cooperans)
내면에 남아 있는 악의 세력과 선을 행하려는 과정 중에 협력 은혜가 작용한다.
④ 완성 은혜(Gratia Perficiens)
더 이상 죄를 짓거나 죽지 않게 하는 완성의 은혜가 있다고 했다.

이 같은 아우구스티누스의 은혜 사상은 그 후 가톨릭이 트렌트 공의회(1543~1563)에서 세 가지 은혜로 교리화된다.
① 충족 은혜: 이 세상 모든 이에게 자연적으로 하나님의 보편적 은총이 초보적으로 충족하게 주어졌다.
② 주입 은혜: 자연인에게 영세, 견진, 고해 등의 성례를 받을 때 하나님의 은총과 예수의 공로가 기계적으로 주입된다. 이때 원죄와 자범죄가 사함을 받는다.
③ 협력 은혜: 주입 은혜가 계속 상존 은총으로 머물러 있게 하려면 응분의 공로를 쌓을 때 협력 은혜가 작용한다. 만일 주입 은혜 후 선행을 쌓지 않거나 죄를 지으면 주입 은혜가 상실된다.[73]

이와 같은 교부나 가톨릭 사상에 영향받은 칼빈주의는 하나님의 은혜가 임해 올 때에는 '불가항력적인 은혜'(Irresistible Grace)라고 했다. 중생은 전혀 거역할 수 없는 하나님만의 전적인 선택에 의한 사역의 결과이므로 하나님의 은혜가 주어질 때 인간은 이를 거부할 수가 없다는 것이다. 그러나 아르미니우스주의자들은 하나님이 이미 베풀

---

[73] 정수영, 《교부시대사》 (쿰란출판사, 2014), pp.863~869.

어 놓으신 은혜를 사람들이 어떻게 받아들이느냐, 사람의 수용 여부에 따라 달라진다는 '조건적 은혜'(Conditional Grace)를 주장했다.

5) 성도의 견인(Perseverance of the Saints)

칼빈주의자들은 한번 구원받은 사람은 하나님의 은혜로부터 결코 떨어져 나가지 않는다는 '성도의 견인'을 주장했다. 한편 아르미니우스주의자들은 구원받은 사람이라도 하나님의 은혜 안에서 머물기 위한 노력을 하지 않으면 은혜를 상실할 수 있다는 '조건적인 견인'(Conditional Perseverance of the Saints)을 주장했다.

성경에는 양편의 주장들이 다 기록되어 있다. 구약의 사울 왕, 솔로몬 왕은 처음에 구원받은 사람이었으나 후반에는 타락함으로 구원을 의심할 수밖에 없다.

신약에도 가룟 유다와 아나니아와 삽비라가 처음에 복음을 안 사람이었으나 훗날에는 비극적 죽음을 맞이했다. 또 바울 사도가 에베소 교회에서 목회하는 도중에 은장색 도색공 데메드리오의 선동으로 큰 폭동이 일어났다. 이때 유대인이며 은장색 도색공인 알렉산더(딤후 4:14)는 바울 사도에게 많은 해를 끼친 자로 기록되고 있다. 바울 사도는 알렉산더가 다 같은 유대인이었기에 믿었으나 해를 끼친 자로 기억함을 보면 그도 한때는 에베소 교인이었을 것으로 추측된다.

무엇보다도 히브리서 6장 4~6절에 "한 번 빛을 받고 하늘의 은사를 맛보고 성령에 참여한 바 되고 하나님의 선한 말씀과 내세의 능력을 맛보고도 타락한 자들은 다시 새롭게 하여 회개하게 할 수 없나니"라고 했다.

이 구절에 대한 해석이 다양하다. 그러나 이 구절을 볼 때 한 번 구원받은 자라고 해서 하나님의 은혜로부터 결코 떨어지지 않는다는 칼빈주의의 '성도의 견인' 교리는 많은 문제점이 따를 수 있는 여지가 많다. 오히려 아르미니우스주의자들의 '조건적인 견인' 주장이 구원받은 자로 하여금 겸손하고 진실하게 자극을 주는 사실적인 교리 같다.

이상으로 400년 전 네덜란드에서 일어났던 아르미니우스주의 사상과 칼빈주의자들의 사상을 요약 정리해 보았다.

[결어]

필자는 칼빈주의자도 아니고 아르미니우스주의자도 아니다. 두 주장이 성경에 근거한 주장들이라고 하지만 필자가 보기에는 성경에 근거한 주장들이라기보다는 너무 인간적 주장에 함몰되어 있는 느낌이 든다.

필자가 앞서 '제1부 제1편 제3장 제네바 장로회와 칼빈'을 설명하면서 칼빈 사상의 문제점을 지적했다. 그중에서 칼빈의 예정사상의 근원은 아우구스티누스의 사상임도 밝혔다. 거기서 성경의 예정사상은 반드시 두 가지 범주에 국한됨을 주장했다.

그중 첫째가 성경적 예정은 반드시 구원받은 성도만이 갖는 사상이고, 두 번째는 구원받은 성도가 과거사를 하나님의 섭리와 예정 속에 이루어진 것으로 고백하는 신앙적 해석이 성경의 예정사상이라고 했다.

그 근거가 되는 창세기 25장 22~26절 기록은 주전 1800년경 이삭의 기록이 아니라 주전 1500년경 모세가 과거사를 해석하는 내용이다. 또 로마서 9장의 기록은 주전 1800년경의 과거 사건을 주후 59~60년의 바울 사도가 신앙으로 해석하는 내용이다.

성경의 예정사상은 ① 반드시 구원받은 성도가 ② 과거를 믿음으로 해석하는 감격적인 고백의 내용이다.

이렇게 성경의 예정사상은 구원받은 성도의 과거사 해석에 국한된다. 이렇게 성경의 복된 예정사상을 제대로 이해하지 못한 아우구스티누스나 칼빈은 단지 '예정'이라는 말, '선택'이라는 단어에만 매달려 타락 전 예정이니, 타락 후 예정이니 하는 인간적 사상으로 교리를 만들었다는 자체가 이미 탈성경적인 인간 사상이다.

칼빈주의가 인간적 사상임에 반해 아르미니우스 사상은 칼빈주의보다는 훨씬 솔직한 면이 있음이 사실이다. 그러나 아르미니우스주의도 반대를 위한 주장을 펼치다가 부분적으로 허점들을 드러낸 면이 있다는 것이 아쉬운 부분이다.

우리는 칼빈주의나 아르미니우스주의 등 인간의 사상을 따르는 한 항상 충돌을 갖고 살아가야 할 것이다. 이것을 극복하려면 인간 요소를 배제한 성서주의만을 추구해야 할 것이다.

제2장 독일의 신, 구교 30년 전쟁

[서론]

30년 전쟁(Thirty Years War)은 1618년부터 1648년까지 독일에서 30년 동안 가톨릭과 개신교 간에 벌어진 종교 전쟁이었다. 30년 전쟁은 다 같이 한 하나님을 믿고 예수 그리스도를 대속주라고 믿는 그리스도교들이 자기들이 믿는 바 신앙적 차이 때문에 서로 상대방을 원수로 여기고 서로를 죽여가면서 자기 신념을 지키려고 했다. 이 같은 그리스도교 내의 종파적 차이 때문에 30년 동안 서유럽 전체가 신앙을 잃고 전쟁을 계속했다.

이렇게 신앙을 잃고 그리스도교 전체가 뒤엉켜 적대감으로 치달은 30년 전쟁의 초기 원인들은 모두가 자기 종파만을 위한 광신적 투쟁을 펼쳤기 때문이다. 우리는 그리스도교도들이 자기 종파 수호를 위해 광신적 신앙을 가질 때 그리스도 정신과 정반대의 결과들이 뒤따르는 부끄러운 과거 역사를 기억해야 한다. 30년 전쟁의 원인 제공자는 예수회 선교사들이다.

이것에 자극받은 군주들은 자기들의 종파 신앙을 위해 국민들을 끌어들였다. 여기에 이해관계가 얽힌 개신교도인 루터교와 칼빈교도들은 자기들의 생존권 확보를 위해 똑같이 무력으로 대항했다.

30년 전쟁의 원인과 배경과 진행 과정을 다 알아야 유럽에서 반(反)기독교 사상이 만들어진 원인을 알 수 있다. 17세기의 유럽 대륙을 피로 물들게 한 30년 전쟁에서 좌절한 각종 반항 운동으로 반기독교 사상이 만들어졌음을 주시할 필요가 있다.

이제 반(反)기독교 사상들을 만들어낸 원인 제공자인 30년 전쟁의 전말을 살펴보자.

1. 30년 전쟁의 원인과 진행

1) 30년 전쟁의 원인과 배경

(1) 30년 전쟁의 원인

유럽 역사에서 가장 수치스러운 역사는 유럽 전체가 신, 구교로 나뉘어서 30년 동안 서로 죽이는 종교 전쟁을 치른 것이다. 그 원인이 예수회에 있다. 로마 가톨릭 교회는 1,500년 동안 성경에 빗나간 채로 인간을 '예수 그리스도의 대리자'라고 하는 교황 우상 종교로 온갖 부패와 타락과 이단 종교화되었다.

성경만을 전문적으로 가르치던 대학 교수 루터는 자기가 소속된 가톨릭 교회가 성경을 완전히 버리고 교부들 사상과 교회회의들의 결정사항 등을 성경으로 대치시킨 우상 종교임을 깨달았다. 그래서 온갖 박해와 핍박과 장애를 극복하고 그의 제자 멜란히톤에 의해서 1555년 아우구스부르크 화약(和約)으로 루터교가 합법적 종교로 등장했다. 이렇게 합법적 종교가 된 루터교는 독일과 북구 지역에 영향을 끼치며 퍼져 나갔다. 한 세대 뒤늦게 스위스 제네바에서 칼빈주의가 등장했다. 칼빈주의는 바로 인접 국가인 프랑스에 광풍처럼 번져 갔다.

이 같은 칼빈주의는 프랑스 왕조가 위협을 느낀 나머지 자기들 왕조 수호를 위해 일으킨 위그노 전쟁(1562~1598)으로 참혹한 희생을 치렀다. 결국 전쟁은 왕조들의 승리로 끝이 난다. 그 후 네덜란드에서는 칼빈주의 정신으로 독립전쟁(1568~1609)에 성공한다. 여기에 영국도 성공회로 개신교화 된다.

이렇게 유럽 전역에 가톨릭에서 분리되어 개신교 세력으로 확대되는 것에 가장 크게 적개심을 가져야 할 사람은 교황이어야 했다. 그런데 종교개혁으로 가톨릭 세력이 위축되어 가는데도 교황들은 무사안일에 빠지고, 향락과 예술 사랑이라는 미명으로 건축에만 골몰했다. 이때 스페인의 로욜라는 자신의 신체적 불구를 '예수 정신의 실천'이라는 명분을 만들어 예수회를 설립했다.

이들 예수회의 결사적 선교 실천은 이미 개신교들로 떨어져 나간 이들을 다시금 가톨릭으로 되돌리는 데 성공했다. 예수회 선교의 결과를 보는 군주들은 자기들의 신앙에 따라 국민들을 동원해 자기 종파 수호를 위한 전쟁으로 확대한다. 이처럼 가톨릭에서 분리된 개신교를 다시금 가톨릭으로 회복시켜 가는 예수회의 과열된 선교정책이 전쟁의 원인이라고 할 수 있다.

(2) 30년 전쟁의 직접적 배경

30년 전쟁의 배경에는 두 가지 사건이 있었다. 하나는 폴란드 지역과 독일 지역에서 예수회에 의해 가톨릭 세력이 회복되는 사건들이 직접적인 원인이 된다. 두 번째는 독일에서 뒤늦게 신장되는 칼빈주의자들이 자기들도 루터파와 동일한 권리를 확보하기 위해 적극적인 세력 확장을 해서 가톨릭 세력의 반발을 불러일으켰다는 사실이다.

이 내용을 좀 더 분리해서 살펴보자.

① 폴란드와 독일에서 예수회에 의한 가톨릭 세력의 회복

'폴란드'는 '평원의 나라'라는 뜻이다. 국토 면적은 31만 3천km²로 한국 남북한 22만 1천km²보다 큰 나라다. 이 나라 국민은 3천800만 명 정도로 남한 인구보다 적다. 그런데 나라가 위치한 지정학적 관계가 한국 못지않게 복잡하다. 북동쪽에는 러시아가 있고, 동쪽에는 벨루시아, 우크라이나가 있으며, 남쪽에는 체코슬로바키아가 있고, 서쪽은 독일에 접해 있고, 북부는 발트해 해안이다.

예로부터 북동쪽의 러시아 민족과 서쪽의 독일 민족의 중간에서 강대국의 영향을 많이 받게 되었다. 그런 속에서 966년 가톨릭 종교를 수용하여 일찍부터 가톨릭 종교가 자라왔다.

중세기 때 독일 기사단이 폴란드 신하로 추종함으로(1525) 독일과 관계가 형성되었다. 그리고 독일의 루터교가 조금씩 잠입되어 갔다. 그런데 예수회 출신인 폴란드 추기경 스타인라우스 호시우스(Stainlaus Hosius: 1579)가 브라운스베르크(Braunsberg)에 1565년 '예수회 학당'을 세워 폴란드 귀족 출신의 자녀들을 가톨릭 지도자로 양성해 나갔다. 1587년에는 열렬한 가톨릭 신자인 지그문트 3세(1566~1632)가 개신교들을 핍박하며 가톨릭 국가에 주력한다. 이때 폴란드 내 개신교 세력은 위축되고, 동구권의 대표적 가톨릭 국가가 된다.

독일에서도 마찬가지였다. 독일은 중세기 1,000년 동안의 가톨릭 철권 독재 정치를 루터의 종교개혁 투쟁으로 어렵게 루터교만 종교로 인정을 받는 아우구스부르크 화약(1555)을 얻었다.

그 후 루터교가 개신교로 자라가고 뒤늦게 칼빈주의자들까지 개신교 세력이 확산되어 나갔다. 독일에서는 기존 중세기 때 설립한 가톨릭 계열의 각 대학들에 예수회 수도사들이 대학 교수가 되어 가능

한 많은 대학들을 가톨릭 대학으로 만들어갔다.

그 대학들이 잉골슈타트 대학으로 그 주변 선제후와 주민들로 퍼져 나갔고 비엔나 대학, 마인츠 대학, 쾰른 대학, 트리어 대학, 밤베르크 대학, 뷔르츠부르크 대학 등에도 예수회 수도사들이 장악해 갔다.

예수회는 대학을 통한 귀족 자제들과 상층부에 영향을 미치기 위해서 예수회 사상으로 훈련받는 성직자 자질 향상을 획책한다. 그리하여 1552년에 성직자 양성 전문기관인 '게르마니아 학당'(Collegium Germanicum)을 설립한다. 예수회 설립 초창기의 첫 목표가 종교개혁으로 떨어져 나간 개신교를 다시금 가톨릭으로 회복시키는 반(半)개혁 운동이었다. 그렇게 출발한 예수회 수도사들은 이제 갓 출발한 개신교 지도자들에 비해서 학문적으로나 전도 훈련 면에서나 전략적 접근 방법에 있어서나 모든 면에서 우세했다.

그러한 중에 예수회 수도사들이 세운 게르마니아 학당 출신들의 반(反)개혁 운동은 독일 내에서 현저한 공헌을 이룩하였다.

그것이 남부 독일의 바이에른(Bayern) 지방에서 영주를 포함한 반(反)개혁 운동의 결과 가톨릭의 복귀로 회복을 시켰다. 그리고 바이에른을 거점으로 군주와 신도들이 독일 전역을 가톨릭으로 복귀하는 일을 전개해 나갔다.

이 같은 독일 내 반개혁 운동의 성공은 루돌프 2세(Rudolf Ⅱ: 1576~1612)가 독일의 신성로마제국 황제가 되면서 개신교 탄압이 노골화되었다. 황제의 개신교 탄압과 함께 전국의 여러 지방에서 예수회 영향을 받은 제후들까지 개신교 멸절 정책을 펼쳐 나갔다.

우리는 과거 역사의 사건만을 회고하는 역사가 아니라 과거의 역사적 사건들이 무슨 요인에 의해서 발생되는가를 확실하게 알아야만 역사의 바른 이해가 가능하다. 가톨릭은 순수한 종교적 요소가 아니고 태생부터 종교와 정치가 야합한 정치적 종교였다. 그런데 종교개혁으로 유럽의 많은 국가들이 개신교로 떨어져 나갔다. 이때 개신교로 떨어져 나간 세력들을 다시금 환원시키기 위해 출생한 것이 예수회다. 이들의 탁월한 전략으로 루터교 세력은 종교개혁 후 예수회 세력으로 인해 점점 약화되어 갔다. 그리고 가톨릭은 트렌트 종교회의(1545~1563)에서 개신교를 저주하는 내용들을 결정한다.

이때 루터교가 아닌 칼빈주의자들은 프랑스 위그노 전쟁에서 적들과 맞서서 투쟁했던 것처럼 '하이델베르크 신앙 요리문답'(1563)으로 가톨릭과 맞서 투쟁을 한다. 이렇게 칼빈주의는 프랑스에서는 위그노 전쟁으로, 독일에서는 30년 전쟁을 촉발하게 하고, 그다음에는 네덜란드에서 칼빈주의에 의한 독립전쟁이 40년간 계속된다.

네덜란드의 독립전쟁은 앞서 30년 전쟁의 배경에서 설명한 대로 예수회 수도사들에 의한 개신교 세력들과의 충돌이 직접적인 원인이다. 예수회 수도사들의 지능적, 조직적 환원 운동에 루터교는 소극적으로 당하기만 했다. 그런데 칼빈주의자들은 '하이델베르크 신앙 요리문답'으로 맞서 싸워 나갔다.

결국 예수회와 칼빈주의자들이 독일 땅에서 전쟁을 촉발한다. 독일의 30년 전쟁의 촉발자는 예수회와 칼빈주의다. 그런데 독일에서 이들의 투쟁은 결국 독일의 루터교가 칼빈주의와 연합해 30년 전쟁을 일으키게 된다.

독일에서의 30년 전쟁은 지방에서의 조그마한 충돌로 시작한다.[74] 그러나 그 충돌은 전국적으로 확대되어 나간다. 여기서는 그 내용을

---

74) 김광채, 《근세, 현대 교회사》, pp.151~153.

설명해 보겠다.

② 독일 남부 바이에른 주에서의 충돌

독일 남부의 바이에른 주는 인구 1,100만 명이 되는 독일 제2의 주이다. 이곳은 전통적 보수성향의 가톨릭 교도들이 강세를 이루는 곳이다. 이곳의 주도는 뮌헨 시로, 잉골슈타트 대학이 가톨릭 대학으로 오랜 세월 동안 가톨릭 지성인들을 양산해 오고 있다. 이곳 바이에른 주와 다른 주와의 접경지에 도나우뵈르트(Donauwörth)라는 작은 농촌 도시가 있었다. 이곳은 황제의 직할시로 자유도시였기에 주민들 대부분이 개신교도들이었고, 이곳 영내에 하일리히크로이츠(Heiligkreuz)라는 가톨릭 소속의 수도원만이 존재했다.

그런데 가톨릭 소속의 수도사들이 시 당국의 허가를 받지 않고 시가행진을 강행했다가 분노한 개신교도들이 투석을 해서 행진을 방해한 사건이 벌어졌다.

이에 수도원장은 황제 루돌프 2세에게 호소를 했다. 황제는 바이에른 주의 행정 책임자인 막시밀리안 1세 공작에게 가톨릭 교도의 보호를 지시했다. 막시밀리안 공작(1597~1651)은 철저한 가톨릭주의자였기에 이것을 근거로 접경지에 있는 개신교도 도시를 무력으로 점령했다(1607). 그리고 개신교 도시의 개신교 예배를 탄압하고, 도시를 가톨릭으로 환원하려는 작업을 추진했다. 이것을 보고 있던 독일 내 루터교 세력들은 막시밀리안 공작의 행태가 1555년의 아우구스부르크 화약(和約)의 위배라고 판단했다.

그래서 1608년 바이에른 주 레겐스부르크에서 독일 내 제국의회를 소집하게 하였다. 이때 가톨릭 측의 영주들은 도나우뵈르트 시가 소유한 교회 재산은 1555년 이후에 가톨릭 재산을 개신교 측이 몰수한 것이므로 그 재산을 반환하지 않는 한 바이에른 주군의 도나우뵈르트 철수를 할 수 없다고 맞선다. 그러자 이때 독일 내 개신교도들은 도나우뵈르트를 강제로 점령한 바이에른 공작의 처신에 가만히 당할 수 없다고 맞선다.

그래서 1608년 5월 다수의 개신교 영주들이 '개신교 동맹'(Evagelische Union)을 결성한다.

이때의 개신교 동맹의 주축이 칼빈주의를 국교로 삼은 팔츠 선제국의 제후인 프리드리히 4세(Friedrich Ⅳ: 1583~1610)였다. 이에 대해 가톨릭 측도 막시밀리안 공작 주도로 '가톨릭 제후 연맹'(1609)을 결성한다. 이렇게 다 똑같은 독일 내 동족들이 가톨릭 세력과 칼빈주의와 루터교 세력이 연합한 30년 전쟁을 일으킨다.

2) 30년 전쟁의 진행 과정

독일에서 종교개혁이 일어났다(1517). 그로부터 100년이 지났다. 종교개혁은 종교문제로 끝나지 않았다. 종교가 국민과 백성들에게 유익을 주는 종교가 아니라 자기가 믿는 신앙의 신념을 위해서 상대를 죽여도 된다는 생각으로 전쟁을 일으켰다. 이것은 결코 종교가 아니다. 예수님께서 가르쳐 주신 성경의 진리는 상대방에게 복음을 전하는 것으로 우리가 할 일을 할 뿐이다.

내 신념 때문에 상대방을 죽여도 된다는 주장은 종교도 신앙도 아니다. 그것은 자기 사상을 하나님처럼 절대화시킨 이슬람 종교가 무력으로 전쟁을 정당시한 것과 조금도 다름이 없다. 그 사상이 바로 칼빈주의라는 사실 앞에 경악을 금치 못한다.

전쟁의 선제공격은 황제와 가톨릭 세력이 개신교를 얕잡아 보고 시작했다. 개신교들은 그 공격에서 살아남기 위해 맞서서 대항한다.

그런데 개신교들이 맞서 대항해 나갈 때 소극적으로 대항하는 것이 아니라 칼빈주의 사상인 '폭군 징벌론'으로 마땅히 대적자들을 징벌해야만 된다는 사상적 뒷받침으로 전쟁을 극렬하게 계속해 나간다.

여기서는 양측이 한 치의 양보도 없는 극한 대결로 전쟁이 크게 4단계로 전개되었던 비극사를 살펴보겠다.

(1) 보헤미아와 팔츠의 전쟁(1618~1623)

보헤미아는 유럽 중부 지역으로 체코슬로바키아의 서부 지역이다. 또 동부는 모라비아 지역이다. 그렇기에 넓은 국가적 의미로는 체코슬로바키아가 맞고, 좁은 의미로 한 지역을 가리킬 때는 보헤미아 또는 모라비아라고 말한다. 지금은 보헤미아가 체코슬로바키아 국가에 들어가지만 중세기 때에는 보헤미아가 이웃 독일, 또는 헝가리 등과의 관계 속에서, 14세기 중엽에는 룩셈부르크 가(家)의 보헤미아 왕이 신성로마제국의 황제를 겸임하면서 중부 유럽의 강국으로 격상된 상태였다.

이곳 보헤미아는 전통적으로 가톨릭 세력이었다. 그러나 15세기에 보헤미아에 종교개혁자가 나타난다. 그가 얀 후스(Jan Hus: 1373~1415)였다. 얀 후스는 영국의 위클리프(1329~1384)의 사상을 보헤미아에 실현함으로 전 국민적 신뢰와 지지를 받게 되었다.

그때 독일 황제 지기스문트가 주최한 콘스탄츠 공의회(1414~1415)에 얀 후스가 이단 정죄를 받고 화형을 당해 죽는다. 이로 인해 보헤미아 국민들이 황제와 교황 군대와 맞서는 '후스 전쟁'이 벌어진다. 이때 이후부터 보헤미아에는 개신교 세력이 크게 성장한다. 16세기에는 신성로마제국 황제가 과거 보헤미아의 룩셈부르크 가(家)에서 황제가 계승되면서 보헤미아는 새로운 왕조의 다스림을 받는다.

그런데 보헤미아가 전 왕 때에는 개신교 세력이 커졌으나 새 왕이 등장한 후에는 개신교를 탄압하고 가톨릭을 지지했다. 이렇게 한 군주의 신앙에 따라 국민들의 신앙 입장이 달라졌다. 새로운 황제가 된 오스트리아 합스부르크 가(家)의 마티아스(1557~1619)는 보헤미아의 개신교 예배당 철거령을 내렸다. 이에 분개한 보헤미아 개신교도들은 1618년 5월 22일에 황제의 두 신하들을 프라하 시내 성(城) 위에서 창 밖으로 내던져 버렸다. 이것이 전쟁의 원인이 된다.[75]

사태가 예사롭지 않음을 감안한 보헤미아 개신교 지도자 투른(Thurn) 백작의 지휘하에 보헤미아 임시정부를 구성하고 군대를 모집하여 독일 황제군의 반격을 대비해 나갔다.

이것이 1618년 30년 전쟁의 시작이다. 독일 황제 마티아스는 스페인 군대의 원조를 받아 보헤미아 개신교도들에 대한 토벌 작전을 전개하기 시작한다. 그러자 보헤미아 개신교도들의 봉기에 뜻과 힘을 모아주는 개신교도들의 연합 전선 세력이 생겨난다. 모라비아, 헝가라, 오스트리아 일부 지방의 개신교 동조 세력들이 연합 세력을 형성해 황제가 주도하는 가톨릭 군과 대결한다.

이렇게 보헤미아에서 1618년에 시작된 전쟁은 개신교 동맹국들과 가톨릭 제후 연맹과의 전쟁이 된다. 이것은 곧 개신교와 가톨릭의 전쟁이었다.

개신교 측의 지도자는 팔츠의 선제후 프리드리히 4세와 그의 아들 프리드리히 5세(1610~1623)였다. 가톨릭 측 처음 지도자는 가톨릭

---

75) 정수영, 《새 교회사 II》(규장문화사, 1993), pp.341~342.

제후 연맹을 주도한 바이에른 주의 막시밀리안이었다. 그러나 가톨릭 측에서 신성로마제국 황제가 된 페르디난드 2세(1619~1637)와 스페인의 틸리(Tilly: 1559~1632) 장군이 이끄는 가톨릭 세력은 실로 방대했다.

개신교도들은 독일, 보헤미아, 모라비아, 헝가리에서 연합군을 이뤘으나 가톨릭의 스페인과 독일 황제군의 세력을 막지 못한다. 그 결과 전쟁이 시작된 지 2년 후인 1620년 11월에 가톨릭 군대가 개신교 군대를 물리치고 프라하를 점령한다.

이렇게 1618년 보헤미아에서 시작되어 1623년 팔츠에서 멈춰진 종교 전쟁을 보헤미아 - 팔츠 전쟁이라고 한다.

정복군이 된 가톨릭은 팔츠의 수도인 하이델베르크를 점령했다. 이때 하이델베르크 성령교회에 소장된 팔츠 도서들을 약탈하여 교황청에 기증한다. 그리고 팔츠 선제후의 영토는 바이에른 주의 막시밀리안 공에게로 넘어간다. 이때 가톨릭은 1629년에 '복구령'(Edic of Restituton)을 내린다. 그 복구령에 의하면 과거 '베스팔리아 화약(和約)'으로 1552년 이후부터 개신교 소유로 사용해 오던 모든 개신교도들의 권리가 박탈당한다.

이로써 5개의 감독구와 100여 개의 수도원과 수백 개의 교구들이 다시금 100년 전의 가톨릭 소유로 넘어간다.[76]

그뿐만이 아니다. 보헤미아, 모라비아 지역에 사는 거주민들 가운데 가톨릭 신자가 되기를 거부하는 자들은 보헤미아를 떠나야 된다는 황제 칙령이 내려진다. 이때 보헤미아 지방을 떠나는 가족이 3만 명 이상이 된다. 이로써 보헤미아 인구는 전에 비해 5분의 4가 사라

---

76) 정수영, 앞의 책, p.343.

지는 끔찍한 결과가 생긴다.

(2) 덴마크의 개입(1625~1629)

가톨릭 진영은 독일 황제와 이탈리아 교황들의 후원 아래 개신교로 분리된 곳들을 무력으로 정복해 나갔다. 이 같은 가톨릭의 정복 세력은 유럽 곳곳으로 확대되어 갔다. 가톨릭 세력의 무력 정복은 독일 남부에서 시작되었으나 저들의 세력은 독일 북부에서도 큰 위협을 느끼게 되었다.

이때 덴마크의 왕 크리스찬 4세(Christian Ⅳ: 1588~1648)가 독일의 루터교와 개신교를 구하겠다고 나선다. 덴마크 왕은 국제적으로 영국과 네덜란드의 원조 약속을 받는다. 1625년 봄 독일의 북부 홀슈타인(Holstein) 공작령이 덴마크의 영지를 보호해 주고 있었는데 그곳이 위험하게 되어간다. 이 같은 명분을 구실로 독일 북부의 여러 지방의 영주들과 합세한다. 그래서 그는 독일 북부 영주들과 연합하여 가톨릭군과 대항한다.

이에 독일 황제 페르디난드 2세는 프리들란트(Friedland) 공작 발렌슈타인(A. W. Von Wallenstein: 1583~1634)에게 4만의 병력을 주어 개신교 연합 세력들과 싸우게 한다. 여기에다 독일 내 '가톨릭 제후 연맹' 세력까지 황제군에 가세하여 개신교 연합 세력들과 전쟁을 벌인다.

이 전쟁의 결과는 전쟁 이전보다 훨씬 더 개신교에게 큰 상실을 가져온다. 황제군과 '가톨릭 제후 연맹'들은 덴마크군을 물리치는 것으로 끝나지 않는다. 전에 독일 개신교가 다수였던 독일 북부의 니더작센 지방은 물론이고 발트해 연안까지 가톨릭 세력으로 확보한다.

독일 내 다른 지방의 개신교들이 개신교 연맹을 결성했으나 황제군대들이 약탈, 강탈, 탄압, 정복을 하는 데는 속수무책이었다.

가톨릭이 성경을 떠난 이교적 종교 집단임은 중세사가 증명했다. 그런데 가톨릭을 떠나 성경으로 돌아가겠다고 종교개혁을 하겠다는 자들이 자기들에게 불리해지자 똑같이 무력으로 전쟁을 일으켰다. 과연 개신교의 장점이 무엇인가? 성경으로 돌아가자고 외친 루터의 종교개혁의 주장과 행동이 완전히 달라졌다. 그 결과는 처참한 패배였다.

그뿐만 아니다. 황제 페르디난드 2세는 '회복령'이라는 개신교 탄압령을 내렸다. 회복령이란 과거 1552년 독일 황제 카를 5세가 아우구스부르크 종교회의(和議: Peace of Augusburg)에서 개신교들에게 가톨릭과 동등한 권한을 준다고 한 황제령을 취소한다는 새로운 칙령이었다.

이 같은 회복령을 1629년에 반포했다. 회복령은 1552년 이후 80여 년 동안 루터교를 신봉하는 영주 및 자유도시인들이 사용해 오던 예배당과 시설들을 과거처럼 가톨릭 재산으로 회복하라는 명령이었다.

이것은 독일에서 루터교든 칼빈주의자든 개신교를 신봉하는 자들은 더 이상 존재할 수 없다는 개신교의 몰락을 의미한다. 독일 내 개신교를 돕는다는 덴마크의 개입은 전보다 훨씬 더 불리해진 결과를 맞게 되었다.[77]

(3) 스웨덴의 전쟁 개입(1630~1635)

스웨덴은 새로운 왕 구스타프 아돌프(Gustav Adolf: 1611~1632)가 출현하기 이전까지는 매우 약체 국가였다. 그 이전에는 덴마크가 스웨덴 영토의 대부분을 점거하고 있었다. 또 국내적으로도 여러 영주들

---

77) 김광채, 《근세, 현대 교회사》, 2000. pp.156~157.

이 분파를 이루며 국토를 장악하고 있었다. 그 같은 상태에서 구스타프 왕이 17세의 어린 나이로 왕위에 올랐다. 따라서 국민이나 주변 국가들은 별 관심을 갖지 않았다.

그러나 젊은 왕은 매우 현명했다. 그래서 먼저 분열된 국민들을 통합했다. 그리고 국토를 장악하고 있던 덴마크 침입자들을 몰아냈다. 왕은 국력이 커지자 러시아, 폴란드, 덴마크 등과도 싸워서 모두 승리하고 스웨덴에 유리한 입장으로 국력을 키웠다. 구스타프 왕의 전술력은 아주 탁월했다. 그래서 나폴레옹은 구스타프 왕을 세계 7대 명장 중의 하나라고 칭찬했다고 한다.

구스타프 왕은 발틱해 연안에서 스웨덴을 넘보는 독일의 세력을 항상 경계했다. 그런데 독일 황제가 '회복령'(1629)으로 독일 내 개신교들에게 막대한 손실을 가져오게 한 것이 스웨덴에도 영향을 미칠 것으로 판단했다. 구스타프 왕은 루터교 신자였다. 아울러 독일 황제의 개신교 탄압 정책이 스웨덴까지 파급될 것을 염려하여 1630년에 독일 북부 지역을 점령하고 있던 독일 황제 군대들을 격파한다.

이로써 독일 내 개신교 측은 그를 개신교의 구원자로 대환영한다. 구스타프 왕은 외교력도 탁월했다. 그는 1631년 1월 프랑스의 루이 13세의 재상과의 조약으로 재정적인 후원을 얻어낸다. 또 독일 내 개신교 제후들과도 동맹을 체결한다. 구스타프 왕은 가톨릭 군대가 약탈과 파괴를 계속하는 독일 황제 군대의 본거지인 브라이텐펠트(Breitenfeld) 전투에서 가톨릭 군대들을 격파한다. 그리고 독일 북부 지방에 독일 황제의 회복령이 적용되지 못하도록 가톨릭 세력들을 무력화시킨다. 구스타프 왕은 1632년 11월 뤼첸(Lützen) 전투에서 전사한다. 그러나 전쟁은 스웨덴군이 승리한다.

전쟁 후 스웨덴군은 계속 독일 내에 주둔함으로 가톨릭군과 개신교군의 균형을 이루어 나갔다. 스웨덴군은 1633년에는 팔츠 선제국의 수도 하이델베르크를 탈환했다. 그러나 1634년 스페인 페르난드 추기경(1609~1641)이 가톨릭 측 지휘관으로 나서서 가톨릭군과 스웨덴군이 전쟁을 벌인다. 이때 추기경이 전투 지휘를 하는 데 용기를 얻은 스페인 군대는 사기가 충천해 뇌르틀링겐(Nördlingen) 전투에서 스웨덴군을 물리친다.

이렇게 패한 후 스웨덴군은 동력을 상실한다. 그런데 이때 프랑스가 종교적 목적이 아닌 영토적 야욕으로 독일과의 전쟁에 개입한다.

(4) 프랑스, 스웨덴의 독일 전쟁(1635~1648)

프랑스는 가톨릭 국가이다. 그러나 프랑스는 종교에 관심이 있는 것이 아니라 독일의 영토에 관심이 컸다. 그래서 프랑스는 30년 전쟁이 발발한 이래 언제나 독일 황제의 합스부르크 가문이 무너지기를 바라며 배후에서 개신교 세력을 원조해 오고 있었다. 그런데 독일 내에서 개신교 세력이 열세에 몰리고 가톨릭 세력의 합스부르크 왕가가 득세를 계속해 나가자 공공연하게 독일과의 전쟁에 나선다.

프랑스가 독일과의 전쟁에 개입하는 것은 개신교를 돕기 위한 목적이 아니었다. 독일이 개신교 세력과의 전쟁으로 합스부르크 황제 가문의 몰락과 아울러 전쟁 패배 후에 얻을 독일의 영토를 프랑스 영토로 확장하려는 데 목적이 있었다.

독일 황제 페르디난드 2세는 프랑스가 전쟁에 개입함으로 전쟁의 양상이 장기화될 것을 예상한다. 그래서 개신교 세력의 공격을 약화시키려고 자신이 선포한 '회복령'을 다시 철회시킴으로(1635) 개신교와의 평화를 모색했다.

그런데 이때 또 스페인 군대가 가톨릭 세력으로 전쟁에 가담한다. 그 후에는 프랑스군과 스웨덴군이 개신교와 프랑스의 야욕으로 결속되고, 스페인과 독일 내 가톨릭 제후들이 가톨릭을 위해 전쟁에 나선다.

독일에서 시작된 최초의 전쟁은 개신교 세력을 꺾으려는 가톨릭의 종교적 광신 세력으로 시작되었다. 개신교도들 중 '폭군 징벌론'을 주장하는 칼빈주의자들이 가톨릭의 광신 세력들과 똑같은 대결 세력으로 맞서 싸우자 전쟁은 크게 확전되었다. 그래서 독일 내 루터교 세력이 가톨릭과 맞서 전쟁을 했으나 개신교 세력은 전보다 더 불리해졌다.

이때 스웨덴이 종교적 또는 위기의식으로 전쟁에 참여하고, 프랑스는 영토적 야심으로 참전한다. 전쟁이라는 것 자체가 성경적인 것이 아니다. 그렇기에 전쟁이 계속 진행될수록 인간의 본성과 야욕이 그대로 노출된다.

이렇게 명분이 사라진 전쟁은 프랑스와 스웨덴군의 세력과 스페인과 독일 내 가톨릭 제후들 간의 전쟁이 일진일퇴를 거듭하는 지구전을 계속 이어갔다. 결국 두 세력 간의 전쟁은 10여 년 동안 계속 이어졌다. 30여 년간 종교 전쟁이 계속되자 전쟁에 지친 독일 황제와 가톨릭 제후들은 1645년부터 스웨덴과 화해 교섭을 시작한다. 이와 같은 화해 교섭이 드디어 1648년에 결말을 가져온다.

1648년 10월 24일에 독일 서부 베스트팔렌(Westfalen)에서 3국 대표가 만난다. 독일 황제 페르디난드 3세(1637~1657), 프랑스 왕 루이 14세(1632~1715), 스웨덴 여왕 크리스티나(1632~1654)로 이들 3개국 왕들은 '베스트팔렌 평화조약'(The Peace of Wesfalen)을 체결한다.

2. 30년 전쟁의 결과[78]

① 두 개 국가의 독립

베스트팔렌 평화조약으로 네덜란드와 스위스가 신성로마제국으로부터 분리되어 독립국가로 인정받게 된다.

② 영토적인 면

프랑스는 전쟁 참전의 목적이 독일의 영토를 자기들 영토로 삼는 데 있었다. 그래서 라인 강을 프랑스와 독일의 국경으로 삼으려는 영토 확장이 오랜 숙원 사업이었다.

베스트팔렌 조약에서 최강국인 프랑스는 자기들의 야욕을 그대로 드러냈다. 그래서 로렌 지방의 베르됭(Verdun), 메스(Metz), 툴(Toul)과 알자스 지방의 10개의 자유시들에 대한 지배권을 확립했다.

③ 독일 합스부르크 가(家)의 쇠운과 프랑스 부르봉 왕조의 신장

합스부르크 가는 오스트리아 왕가로 스페인 왕이면서 또 독일 황제였다. 이 가문은 중세기 후반의 유럽 최고의 왕가였다. 그러나 30년 전쟁 패배 후 독일과 스페인에서의 세력을 잃고 오스트리아 왕으로 축소되었다. 그리고 독일에서의 황제란 명목상의 지위였고 제후들의 독립성이 보다 강화된다.

한편 프랑스는 부르봉 왕조가 더욱 강화되고 라인 강 좌안의 영토가 프랑스 영토가 되므로 프랑스는 유럽 대륙에서 최강국이 된다.

④ 독일 북부의 발트해 해안에 영토를 획득한 스웨덴은 북유럽에

---

[78] 정수영, 《새 교회사 Ⅱ》, pp.349~350.

서 강국으로 올라선다.

⑤ 베스트팔렌 조약으로 종교 분쟁의 소지는 크게 줄어들었다.

그러나 30년 전쟁을 겪은 유럽 각국의 지성인들은 30년 전쟁을 통해 종교에 대해 열성이 식어짐은 물론이고 종교 자체를 무시하게 된다. 지성인들이 볼 때 가톨릭이나 개신교들 모두가 다 똑같은 하나님을 믿고 예수님을 믿는다고 한다. 그런데 다 같은 하나님을 믿고 예수를 믿는다는 이들의 행동을 보면 가톨릭이나 루터교나 칼빈주의자들 모두가 상대 종교를 죽이려고 싸웠다. 이것은 저들의 종교가 거짓 종교임을 증명하는 명확한 근거이다.

종교가들은 다들 저마다 자기 종교가 옳다고 주장하지만 그들은 살아가는 삶에는 일반인과 조금도 다름없는 이권주의자들이다. 그래서 모든 종교는 다 거짓이고 위선이고 무가치한 것이라는 인식을 하게 된다. 그래서 가톨릭이든, 개신교들이든 모두를 불신하고, 인간의 이성에 의한 합리적인 것만을 진리라고 믿게 된다. 이것이 중세시대의 가톨릭 광신자 시대와 종교개혁 후의 개신교들의 이권 중심의 투쟁에서 실망한 근세 시대 사상가들의 기초가 된다.

[결어]

우리는 종교개혁자들이 가톨릭의 미신에서 탈피하여 성경으로 돌아가자고 종교개혁을 일으켰던 것을 기억한다. 독일 루터의 종교개혁은 분명하게 성경의 각성에서 종교개혁이 촉발되었다. 루터의 개혁 논문들 모두가 가톨릭의 탈성경적 종교 형태를 비판하는 것으로, 독일인의 눈을 뜨게 해주었다. 그런데 루터의 성경에 근거한 종교개혁은 독일 정치인들이 독일의 민족적 감정과 결부시켜 독일 민족의 독립을 이루는 방편으로 이용된다. 그 결과 루터교가 독일의 국교로 완성된다. 이렇게 종교와 국가가 야합하는 것 자체가 성경 진리를 떠나는 결과를 만들었다.

스위스의 종교개혁자 칼빈도 마찬가지다. 그는 처음부터 종교적 영역을 정치적 세력과 야합시켜 제네바 도시를 거룩한 신정정치 도시로 만들려고 했다. 그의 신정정치 이상은 구약에서 실패한 이상이었고 가톨릭이 재현하고 있음을 알고도 제네바에 적용했다. 그 결과 예수님처럼 "내 나라는 이 세상에 속한 것이 아니니라"(요 18:36)는 진리를 거부하고 제네바에 독재 정부를 수립했다.

칼빈의 오만과 독선은 58명을 살인하고 76명을 추방하면서도 조금도 뉘우침이 없는 독선을 강행했다. 그는 예수님의 제자가 아니라 교황들의 제자였다. 칼빈의 그와 같은 '군주 저항론'이나 베자의 '폭군 징벌론'은 프랑스에서 위그노 전쟁으로, 네덜란드에서 독립전쟁으로 이용되었다.

독일의 루터교와 스위스의 칼빈주의는 가는 곳마다 전쟁으로 일으키게 하는 사상적 기초를 이룬다. 예수회는 개신교 세력을 죽이고 망하게 하는 것이 교황에게 충성하는 것이고, 그것이 곧 가톨릭의 성공이라고 착각했다.

이렇게 반성경적이고 반인륜적인 종교가들이 닿는 곳에는 세계 어느 곳이든지 전쟁, 살인, 폭동, 파괴가 계속 이어졌다. 유럽인들이 가톨릭이든 개신교든 실망하고 좌절하게 되는 것은 지극히 당연한 자업자득이었다.

이렇게 실망하고 좌절한 나라들에서 반(反)기독교 사상들이 나타난다. 루터교의 본산지인 독일에서 무신론(Atheism)이 나오고, 공산주의(Communism)가 생기고, 기독교 신학자들 가운데서 온갖 궤변으로 기독교를 변명하는 자유주의 신학사상들이 등장한다. 그뿐인가? 프랑스에서는 신앙이 최상이 아닌 인간의 이성이 최고라는 온갖 이성 중심의 사상들이 난무하지 않는가?

영국에서 성경 진리를 불신하는 '진화론'(Evolution)이 나오는 것도 영국 국교의 형식적 종교에 대한 반발인 것이다.

지금도 우리는 그리스도의 진리대로 실천하지 않고 위선적인 종교인의 이중생활을 보고, 과학이라는 이름으로 온갖 반(反)신앙적 사상가들이 계속 양산되고 있다.

우리는 하나님께서 이 세상 죄악 속에서 하늘나라의 시민으로 불러 주셨다. 우리들은 우리들이 처한 각자의 위치에서 최선을 다할 따름이다. 결과를 우리가 예단할 필요가 없다. 죽도록 충성하고 결과는 하나님께 맡겨야 한다.

인류 역사에 무지한 종교가들에 의해 전쟁이 벌어져 모든 인류에게 비난받는 역사들이 있다. 그것이 이슬람 정복의 역사였고, 가톨릭의 십자군 전쟁이었다. 그런데 개신교마저 위그노 전쟁, 네덜란드 독립 전쟁, 독일의 30년 전쟁을 만들었다.

참으로 수치스럽고 모독적인 기독교라는 이름의 과거의 부끄러운 역사이다. 우리는 과거 역사를 반면교사로 삼아 더 이상 수치스러운 역사를 만들지 말아야 하겠다.

제3장 영국 청교도와 군주들의 투쟁

[서론]

우리나라는 청교도 신앙을 가진 선교사들이 우리나라 기독교의 기초를 이루었다. 과거 100여 년 동안 청교도 신앙을 계승해 오며 청교도에 대한 예찬과 청교도에 대한 존숭이 너무 미화된 것도 사실이다.

그러나 최초에 시작된 청교도들이 과연 존경할 만한 신앙적 실천자들이었는가? 과연 청교도들이 신앙적 동기로 청교도 운동을 일으켰는가? 청교도들이 영국 의회를 장악하고 영국 군주들과 투쟁하며 계속된 전쟁을 일으켰던 일이 성경적으로 옳은 일이었는가?

또 영국의 청교도들이 신앙의 자유를 누리겠다고 신대륙으로 건너가서 그들의 신앙대로 살아갔는가? 오히려 신대륙의 청교도들은 가장 적극적으로 인디언들을 도륙하고 쳐 죽이며 그들의 영토를 강탈한 자들이 아닌가?

청교도 신앙이 주일 성수를 잘하고 십일조만 잘하면 도덕적, 윤리적으로 문제점들이 다 가려지는 것인가? 청교도 신앙을 예찬할 만한 대표적 특징이 무엇인가? 청교도들이 혁명을 일으켜서 왕정 제도를 무너뜨리고 의회주의를 수립한 정치적 혁명이 청교도의 공적인가?

과거 500년 전 역사가 너무 일방적으로 미화된 것이 아닌가? 주님께서 영원한 진리의 기준으로 청교도들을 평가하신다면 지금까지 알려져 있는 청교도 역사가 너무 지나치게 왜곡되어 있음을 알게 된다.

필자는 '신약교회 사관'에 근거하여 과거사를 판단한다. 이 세상 사람들 모두가 청교도를 예찬한다고 할지라도 저들이 성경적인 처신을 하지 않았다면 당연히 비판을 받아야 한다고 생각한다. 필자가 보기에 초기 청교도들은 너무도 비성서적이었다. 그런데 청교도들의 후예들이 자기들의 조상들을 너무 지나치게 미화시켜 놓았다.

이 장에서는 다른 일반 교회사들 기록과 다르게 '신약교회 사관'에 근거한 청교도들의 역사를 가감 없이 진술하려 한다. 이렇게 정확한 과거사 정리가 보다 더 명확한 청교도의 교훈이 된다고 믿기 때문이다.

1. 영국 청교도 운동의 기원

1) 청교도의 기원[79]

청교도의 기원에 관해서는 두 가지 상반된 주장이 있다.

첫째, 청교도 후예들의 주장이다.

청교도가 가장 신앙적 동기에서 출발했다고 믿는 청교도 후예들의 주장이 있다. 이들의 주장에 의하면, 청교도의 기원은 헨리 8세(1491~1547)가 1534년 수장령(Act of Supremacy) 반포로 영국 국교를 시작할 때였다. 이때 영국 국교 반대자로 활약한 후퍼(J. Hooper: ?~1555)가 있었다. 그는 스위스 제네바 칼빈의 종교개혁 지지자였다.

그는 헨리 8세가 가톨릭과 개신교를 절충하여 의식은 가톨릭대로,

---

[79] 정수영, 《종교개혁사》, pp.524~526.

신앙은 개신교를 혼합한 국교 정책을 반대했다. 그는 국왕의 영국 국교 반대 주장들 중 목회자가 가톨릭의 사제들처럼 가운을 입는 성복(盛服) 착용을 반대했다. 이와 같은 성복 착용 반대 주장을 훗날 '성복 논쟁'이라고 한다.

후퍼는 성복 착용 반대자로, 가톨릭 신앙의 반대자로 부각되어 메리 여왕(1516~1558)의 친가톨릭 정책 때 공개적으로 화형을 당해 죽는다(1555). 이렇게 성복 논쟁으로 첫 희생을 당한 후퍼를 청교도의 기원으로 보는 견해가 있다.

둘째, 영국 엘리자베스 여왕 때로 보는 기원이다.

영국 국교는 헨리 8세가 1534년에 시작했다. 그리고 그의 아들 에드워드 6세(1537~1553)가 계승했다. 그런데 메리 1세(1516~1560) 때 다시 가톨릭으로 회귀한다. 그 후 엘리자베스 여왕(1533~1603) 때 다시 영국 국교로 환원한다. 엘리자베스 여왕의 어머니 앤 불인(Anne Boleyn: 1506~1536)은 개신교도였다. 그래서 엘리자베스 여왕이 국왕으로 등극하자 많은 개신교 측 무리들은 여왕이 개신교에 우호적일 것으로 기대했다. 그러나 엘리자베스 여왕은 아버지 헨리 8세의 영국 국교 정책을 따른다.

그것이 아버지 헨리 8세가 만든 가톨릭과 개신교를 절충한 중도노선 정책(Via media Policy)이었다. 엘리자베스 여왕은 어느 한편으로 기울어진 정책으로 한편은 얻고 다른 반대는 잃는 정책이 아닌, 그 어느 편으로부터도 반대를 받지 않는 중도노선을 선택한다.

엘리자베스 여왕은 아버지 헨리 8세가 추구한 세계 제국으로서의 영국을 건설하는 데 국정 목표를 두었다.

엘리자베스 여왕은 아버지가 '교회의 최고 수장'(Supreme head of the Church)이라는 표현 대신 '최고의 통치자'(Supreme governor)로 표현한다. 그리고 '통일령'(1552)에 의해 사제의 미사복 착용하게 하고, 또 성찬론에서는 가톨릭의 화체설이나 칼빈주의의 기념설을 버리고 루터의 공재설(동체설)을 따른다.

그리고 엘리자베스 여왕은 1559년에 '39개 조령'(Thirty-Nine Articles)을 발표한다. 엘리자베스 여왕이 '39개조 조령'을 발표하자 영국 내 개신교 세력들은 여왕의 가톨릭적 요소를 보다 더 구체적으로 개혁해 달라고 요구한다.

개신교 세력들의 요구 사항은 다음과 같다.

첫째, 예배 의식에서 가톨릭적 요소들을 모두 제거해 달라.

성직자의 제복 착용, 오르간 연주, 세례 때 성호 긋는 일, 성찬식 때 무릎 꿇는 일 등등을 제거해 달라.

둘째, 1년 중 지나치게 많은 종교적 축일들을 대폭 줄이고, 예배당 안의 성화, 성상, 성 유물 숭배, 결혼식 때의 반지 사용 등을 금지해 달라.

셋째, 주일 성수로 일요일에는 금주, 극장 구경, 노름, 트럼프, 승마 등등 여가 활용을 금지해 달라.

이 같은 요구 사항들은 1563년 '성직자 회의의 청교도적 조항'(Puritan Articles of Convocation)이라는 문서로 공표된다. 바로 이 문서에서 최초로 '청교도'(Puritans)라는 말이 등장한다.[80]

이때부터 여왕의 국교화 정책에 반대하는 개신교도들 전체를 '청

---

80) 김광채, 《근세, 현대교회사》, pp.104~105.

교도'라고 했다. 그리고 이 말의 뜻은 결코 고상한 말이 아니라 영국 국교도 입장에서 볼 때에 거룩함을 위장한 바리새인 같은 형식주의자, 의식주의자, 위선자라는 뜻으로 통용되었다. 이렇게 청교도 기원을 엘레자베스 여왕 때로 보는 견해가 있다. 필자는 후자의 견해가 맞는 것으로 본다.

2) 청교도 운동의 발전

영국의 청교도 운동은 칼빈주의자들이 시작했다. 그래서 초기에는 칼빈주의자들이 청교도 운동을 주도해 나갔다. 그러나 청교도 운동은 비단 칼빈주의자들뿐만 아니라 영국 국교에 반대하는 모든 세력이 다 청교도 운동으로 결속한다. 이렇게 영국 국교회를 반대하는 청교도 운동은 드디어 영국 내에 두 개의 종파를 만들어낸다.

하나는 칼빈주의를 따로는 장로교이고, 또 다른 것은 회중 교회이다.

(1) 영국 장로교회의 기원

엘리자베스 여왕의 국교회주의를 반대하고 칼빈주의에 의한 장로교회의 기초를 닦은 이가 있다. 그가 토마스 카트라이트(Thomas Cartwright: 1535~1603)이다.

카트라이트는 메리 여왕 재직 시 개신교라는 이유로 귀양살이를 했다. 그는 케임브리지에서 공부한 후 트리니티 대학의 평의원이 되었다(1562). 아르마의 대주교 전속 사제로 2년을 지내고 1569년 케임브리지 대학 레이디 마가레트 신학 교수가 되었다.

그는 사도행전 강의로 초대교회의 원칙에 근거해 영국 국교회의 교회 체제와 교계 제도와 조직을 비판해 나갔다. 그의 강의는 학생과 청중에게 큰 반응을 일으켰으나 그를 불온한 선동가로 취급한 학교 당국은 교수직을 박탈한다(1570). 카트라이트는 영국을 떠나 제네바에서 베자의 목회 현장을 목격하고 장로회 교회 정치에 동조한다.

그리고 다시 영국으로 귀국한다. 영국에서는 카트라이트를 교수직에서 축출한 것을 비판하며 영국 국교회의 문제점을 비판한 존 필드(1588)와 윌 콕스(1549~1608)가 영국 교회 문제점을 비판하는 탄원서를 제출했다.

이에 대해 카트라이트의 동기생인 케임브리지 대학 교수 존 위트기프트(1530~1604)는 영국 국교회를 옹호하는 입장으로 논쟁을 하고 있었다. 카트라이트는 귀국해 영국 국교회 옹호자인 위트기프트와 논쟁을 벌이다가 박해를 피해 해외로 망명하게 된다.

카트라이트는 최초로 영국에 칼빈주의에 의한 장로교회의 설립자가 된다. 그러나 그의 장로교회는 오랜 핍박 속에 지하교회로서만 존재하였다. 카트라이트는 11년간 독일과 네덜란드로 망명생활을 했고, 영국에서는 약 10년간 감옥생활 후에 석방된다.

그 후 장로교회를 위해 일하다가 68세로(1603) 서거한다. 그의 말년에는 '일천 명 청원서'(1603) 작성을 도운 '부유하고 존경받는 총 대주교'라는 존경을 받게 되었다.

카트라이트는 영국 청교도들에게 최초로 장로교회를 도입한 인물이 되었다.

(2) 회중 교회의 기원

영국 국교회주의를 반대하는 또 다른 이가 있었다. 그는 회중파 교회의 창시자인 브라운(Robert Browns: 1553~1633)이다. 브라운은 카트라이트가 케임브리지 대학 교수로 있을 때(1569~1570) 대학 학생이었다. 그는 대학 졸업 후 청교도 중 분리주의자 쪽으로 발전해 나간다.

참된 교회는 무엇인가? 그것은 국가 조직과 제도에 근거한 것이 아니라 교회로 모인 회중들에 의해 교회가 존재한다. 그는 교회를 주교의 허락하에 세워야 한다는 영국 국교회를 거부했다. 국가가 지교회들을 세울 수 없고, 또 장로교회가 지교회들을 개혁하겠다는 주장도 타당치 않다. 개혁하자는 이상은 아주 훌륭하지만 교회는 적은 소수 속에서 시작해야 한다.

이 같은 주장으로 해리슨(R. Harrison)과 함께 1581년에 영국 동부의 노리치(Norwich)에서 최초의 회중 교회를 세웠다. 회중 교회는 세워지자마자 영국 국교회로부터 교인들이 감옥에 투옥되거나 국외로 추방당하였다.

장로파가 온건파라고 하면 회중파는 과격파로 알려졌다. 이들은 영국에서 네덜란드의 회중파 교회를 위한 책도 저술했다. 영국에서 회중 교회를 이끌어 가는 이 두 사람의 주장은 독특했다. 그중에 브라운은 교회가 국가와 어떤 형태로든 관계를 맺으면 교회는 부패한다. 그래서 영국 국교회가 혼합된 국가교회도 부정하고, 장로파가 주장하는 회원들의 대표자라는 장로회 주장도 부정했다.

교회는 오직 모두 다 평등한 회중만이 있을 뿐이라고 주장했다. 그러기 위해서는 국가와 교회로부터 완전 분리를 해야 한다는 주장이었다. 따라서 교회는 국가로부터 완전히 독립된 자치적이고 각 지교회별로 자율적인 교회라야 한다. 그리고 지교회들 간에는 형제적으로 협력할 의무가 있을 따름이라고 했다. 이들 회중파 교회는 영국 국교회 주의자들의 정치권력과 결탁된 권력으로 수많은 투옥과 추방을 당한다.

이와 같은 '회중 교회'를 멸시하는 용어로 '브라운주의자들'(Brownists)이라고 표현한다.

이들이 영국에서, 네덜란드에서는 크게 성공하지 못했으나 신대륙으로 건너갔다. 오늘의 하버드 대학 신학부는 현재 삼위일체 신앙을 믿지 않는 유니테리언주의자들이다.

저들은 성경의 권위보다는 이성과 체험을 더 확실한 진리의 기준으로 믿는다. 회중 교회를 창시한 브라운의 신앙과 완전히 다른 교회로 전락되었다. 영국의 청교도가 회중 교회를 창시했다는 역사적 유물만이 전승되고 있다.

2. 청교도 운동의 투쟁

1) 제임스 1세 때의 청교도[81]

앞서 엘리자베스 여왕의 치세 때(1558~1603) 청교도들이 시작되었으나 여왕의 억압에 대해서는 수동적으로만 대응했다. 왜냐하면 그 당시 국내적 환경이나 국제적 여건이 여왕의 통치에 대해 반발할 만한 여건과 수준이 되지 못했기 때문이다.

엘리자베스 여왕 때의 영국 국민들을 보자. 국민들의 의식 속에는 종교의 자유가 기본권에 속한다는 인권의식이 아직 성숙되지 않은 때라 여왕의 통치권을 비판은 하되 수용하는 입장이었다. 또 왕에게 일반 백성들을 대신해서 종교의 자유를 요구할 만한 능력을 가진 사회 지도세력이 형성되지 못했던 때였다. 또 유럽 전체 세계가 스페인, 프랑스, 이탈리아 등 강대한 가톨릭 국가들과 대항한다는 것은 국가적으로 매우 위험한 모험으로 여겼다.

---

81) 정수영, 《종교개혁사》, pp.541~544.

그런데 엘리자베스 여왕은 1587년에 스코틀랜드 여왕 메리 스튜어트를 처형함으로 가톨릭 왕손의 재건 기회를 차단했다. 그리고 1588년에는 스페인의 무적함대를 쳐부쉈다. 이 같은 엘리자베스 여왕 통치 때의 청교도들은 부분적인 불만 표출로 국한되었다.

그러나 제임스 1세(1603~1625)가 스코틀랜드와 잉글랜드의 통합 왕이 된 후부터는 사정이 달라졌다. 제임스 1세가 통합 왕이 되기 이전에는 스코틀랜드의 제임스 6세였다. 그는 스코틀랜드 왕일 때 장로교회를 국민교회(the Church of Scotland)로 인정했다(1567년). 그러나 1597년 이후에는 스코틀랜드 장로교제도를 주교제도로 바꾸려고 시도했다.

제임스 왕이 왜 그런 시도를 했는가? 그는 왕의 권세는 하나님께서 수여해 주셨다는 '왕권신수설'(Theory of Divine Right of Kings)을 믿고 주장한 대표적 왕이었다. 이 같은 주장은 영국의 제임스 1세와 프랑스의 루이 14세(1638~1715)와 그의 계승자들이 이 같은 주장을 했다.

제임스 1세가 스코틀랜드 왕으로 재임 시 1598년에 《자유 군주국의 진정한 법》(The True Law of Free Monarchies)이라는 책을 익명으로 발표했다. 이 책에서 "법에는 ① 하나님의 법(Divine Law), ② 자연법(Law of nature), ③ 보통법(Common Law)이 있다. 군주가 하나님의 법과 자연법을 준수하는 한 보통법을 마음대로 변경할 권능을 하나님으로부터 부여받았다"라고 주장했다.[82]

제임스 1세에 의하면 하나님이 천사를 다스리는 것처럼 군주는 백성을 지배하는 것이 하나님의 법과 자연법에 의해 보장되어 있다고

---

82) 김광채, 《근세, 현대교회사》, pp.114~115.

주장했다. 왕은 지상에서의 하나님의 대리자이며, 왕이 앉은 옥좌는 하나님의 보좌에 비길 수 있다고 했다. 그렇기에 왕은 하나님에 대해서는 책임을 져야 하지만 백성들에 대해서는 책임을 지지 않는다고 했다. 그리고 왕은 국민의 한 사람이 아니라 국가의 주인으로서 자격을 가진다고 했다.

제임스 1세 왕이 이와 같은 사상을 가졌음에도 불구하고 영국의 청교도들은 그가 과거 장로교를 국민교회로 허락했다는 사실을 근거로 그에게 큰 기대를 걸었다.

그래서 약 천 명의 청교도들이 '천인 청원서'로 영국 왕의 지배구조로 전락한 영국 국교회를 장로제도로 허락해 달라고 청원서를 냈다. 제임스 1세는 청교도들의 요구를 들어줄 생각이 없었다. 그러나 그는 국정 운영에서 하원의원 중 다수를 차지하고 있는 청교도들을 완전히 무시할 수가 없었다. 그래서 국교회 성직자 18명과 청교도 성직자 4명을 함께 초청했다.

이때 국교회 성직자들이 청교도 성직자들과 대등한 입장에서 회의를 하는 것을 반대했다. 그래서 따로따로 1604년 1월에 햄튼 궁(Hampton Court) 모임을 갖게 되었다. 청교도 대표들이 왕에게 주교제도보다 장로제도가 더 성경적이라고 주장하자, 왕은 "주교 없이는 왕이 없다"(No Bishop, No King)라고 선언한다.

청교도 대표들 중 옥스퍼드 대학 교수 레이놀즈(Reynolds)의 제안으로 새로운 성경 번역 사업이 행해졌다. 그것이 저 유명한 1611년의 '킹 제임스 성경'(King James Version)이다.

햄튼 궁에서 제임스 1세를 만난 이후의 청교도들은 왕의 입장이 명확해지자 정치적으로 야당의 입장으로 돌아선다. 제임스 왕은 청교도가 다수인 하원이 매우 부담이 되므로 재임 22년 중 의회 소집을 세 번밖에 하지 않는다.

제임스 1세가 가톨릭을 박해하자 가톨릭 교도들은 왕을 제거하려는 '화약 음모 사건'을 일으킨다(1605). 그런데 제임스 1세는 그의 아들 찰스 1세를 독실한 가톨릭 신자의 공주와 결혼을 시킨다.

또 제임스 1세는 '오락서'(Book of Sports)를 저술해 일요일에 각종 스포츠나 오락, 춤, 트럼프를 즐길 수 있다고 했다.

이 같은 제임스 왕의 청교도 무시 정책에 실망한 청교도들이 1620년에 120명이 메이플라워(May Flower) 호를 타고 신대륙으로 이민을 간다.

제임스 1세는 또 북아일랜드 3개 주에 영국 국교에 의한 식민 정책을 추진했다. 이에 3개 주 가톨릭계 주민들이 반발하여 계속 투쟁하다가 1922년에 아일랜드 공화국으로 분리된다.

이것은 제임스 1세의 큰 실정이었다.

2) 찰스 1세 때(1625~1649)의 청교도

찰스 1세는 아버지 제임스 1세와 덴마크 공주 출신의 앤 왕후 사이에 태어났다. 그런데 찰스 1세는 철저한 가톨릭 신자인 프랑스 공주 앙리에타와 결혼한다. 그는 왕으로 24년간 재위하면서 의회파로 알려진 하원의원들과 투쟁을 하면서 왕당파로 알려진 세력과 끝없는 내전 상태를 지속해 나간다.[83]

찰스 1세 역시 아버지 제임스 1세의 왕권신수설을 철저하게 신봉하는 군주였기에 제임스 1세 때보다 더 노골적으로 많은 세력과 부딪침으로 그의 재임 기간 내내 투쟁들이 계속 이어진다. 그리고 그의

---

83) 정수영, 《종교개혁사》, pp.544~546.

마지막은 호국경 크롬웰 때 군부에 의해서 영국 국헌상 최초로 처형을 당하는 비극을 맞는다.

여기서는 찰스 1세 때 영국 국민들의 대표로 선출된 국회의원들을 무시하고 왕권신수설 신봉자로 자기를 돕는 왕당파들을 중심으로 그의 치세 기간 동안 계속된 충돌을 정리해 보겠다.

(1) 제1차 의회 해산(1629) 후 독단 정치

찰스 1세는 1625년에 왕위에 올랐다. 그 후에 그는 어릴 때부터 친구인 버킹엄 공 조지 빌리어즈(G. Villiers: 1592~1628)를 측근으로 삼고 정치를 해나갔다. 그런데 국왕이 버킹엄 공의 말만 따르고 마음대로 세금을 징수하는 폭정을 계속했다. 그러자 의회 의원들은 1628년에 '권리청원'(Petition of Right)으로 국왕이 국가의 세금을 마음대로 정해서 징수하는 것을 반대하는 청원서를 제출했다. 그뿐만 아니라 국왕은 불법적인 체포, 구금은 물론이고 군대의 민간 숙박이나 군사 재판의 남용도 국왕 임의대로 할 수 없다는 청원이었다.

영국 의회는 오랜 역사 속에 의회 민주주의에 대한 정신적 사상들이 역사 속에 면면히 흘러왔다. 1215년에 존 왕의 실정을 비판하며 제기된 '마그나 카르타' 장전, 1628년에 찰스 1세에게 제기한 '권리청원,' 1689년에 윌리엄 3세와 메리 2세에게 공동 정치 지도자로 인정하는 '권리장전' 등이 영국의 의회주의 사상을 그대로 드러낸다.

찰스 1세는 청교도들이 다수인 의회 의원들이 제출한 '권리청원'을 재가하지 않을 수 없었다. 그래서 자기 측근으로 왕을 돕던 버킹엄 공 조지 빌리어즈를 처벌하는 조건으로 '권리청원'을 수용하게 되었다.

이와 아울러 영국 의회의 다수를 차지하고 있는 청교도들이 찰스 1세를 불쾌하게 여긴 종교적 문제도 있었다. 그것은 영국 내에는 가톨릭 동조 세력이 있는가 하면 영국 국교로 분리한 고 교회파(High Church Party)와 영국 국교회를 반대하는 청교도들이 있었다. 그러니까 영국 내에는 세 부류의 종파들이 있었다. 의회 다수파인 청교도들은 영국 국교회를 주장하는 고 교회파를 신랄하게 비판했다.

찰스 1세는 종교적으로 영국 국교인 고 교회파 지지자였기에 매우 불쾌하게 여기고 1629년에 의회를 해산시켰다. 찰스 1세를 돕는 이는 대주교 W. 로드와 T. W. 스트래퍼트 백작 정도였다. 찰스 1세는 1629년부터 1640년까지 11년 동안을 의회 없이 왕 혼자 단독 정치를 해나갔다. 이것은 찰스 1세가 아버지 제임스 1세보다도 더 철저한 왕권신수설의 신봉자였음을 의미한다.

찰스 1세의 의회 없는 독단 정치 11년은 많은 문제점을 만들어 낸다. 찰스 1세를 돕던 버킹엄 공 조지 빌리어즈가 1628년에 암살당한다. 그러나 고 교회파의 대표자인 윌리엄 로드(W. Laud: 1573~1645)를 런던 대주교로 임명한 후 종교 문제와 정치 문제의 자문을 받는다. 이렇게 되니까 영국의 청교도 세력에 속하는 '저 교회파'들은 힘을 못 쓰게 된다. 따라서 청교도들은 영국 내에서 신앙의 자유에 대한 희망을 잃고 신대륙으로 이민을 가는 숫자들이 늘어갔다.

찰스 1세의 실권자인 윌리엄 로드는 영국 내 청교도 탄압뿐 아니라 스코틀랜드의 장로교에 대한 탄압을 강구한다. 그래서 1637년 찰스 1세로 하여금 스코틀랜드에도 영국 국교회와 똑같이 '공동 기도서'(Book of Common Prayer)에 따라 예배드리도록 강요하게 하였다. 이에 스코틀랜드 교회와 국민들은 당연히 찰스 1세에게 저항을 했다.

스코틀랜드는 존 녹스에 의해 칼빈의 '군주 저항론' 이론과 베자의 '폭군 징벌론'으로 스코틀랜드 군주들과 투쟁해 칼빈주의를 도입했다. 그런데 또다시 찰스 1세가 편파적인 영국 국교 신앙을 강요했다. 스코틀랜드 국민의 저항은 당연한 일이었다.

스코틀랜드 교회는 1638년 2월 '국민계약'(National Covenant)을 체결했다.

칼빈주의자들은 구약에 근거한 계약 사상을 성경 전체적 사상으로 적용한다. 옛날에 하나님께서 아담과 맺은 행위 계약은 실패로 끝이 났고, 그다음에 아브라함과 맺은 은혜의 언약은 신약시대와 현 교회시대까지 적용된다고 믿는다.

그래서 현재의 그리스도인이 예수를 믿고 구원 얻는 것도 예수님과 성도 간의 계약관계가 이루어진 것으로 믿는다. 이와 같은 계약 신학은 구약의 계약을 신약과 미래까지 연관시키는 '구약적 계약 사관'이라고 할 수 있다. 매우 잘못된 구약 중심의 역사 인식이고 신약과 구약을 구별하지 못하는 칼빈주의의 약점이다.

스코틀랜드인들은 '국민계약'에서 자기들은 하나님과 스코틀랜드인들 간에 계약관계를 맺고 있다고 믿는다. 이렇게 하나님과 계약을 맺은 스코틀랜드를 대적한다는 것은 곧 하나님을 대적하는 자라는 신념을 갖게 된다. 이와 같은 스코틀랜드인들은 찰스 1세가 임명한 모든 주교들을 '거짓 제사장'으로 축출하고 군대를 조직한다.

이때 유럽 대륙에서 30년 전쟁(1618~1648) 참전 경험이 있는 알렉산더 레슬리를 중심으로 스코틀랜드 군대를 만든다. 이렇게 해서 일어난 찰스 1세와 스코틀랜드 간의 전쟁을 '제1차 주교 전쟁'(the First Bishops War, 1639)이라고 한다. 찰스 1세는 스코틀랜드와의 주교 전쟁에서 패배한다. 그리고 굴욕적으로 1639년 6월 18일 국경 지방인 던스(Donse)에서 스코틀랜드와 휴전 협정을 체결하게 된다.

(2) 단기의회, 장기의회

찰스 1세는 스코틀랜드와의 전쟁에서 패하였다. 그러나 다시 전쟁을 하기 위해서는 막대한 전쟁 비용이 필요했다. 당시에는 전 국민적 국군이 존재하지 않았고 왕의 신변을 지키는 근위병들이나 또는 각자의 영주들이 자기 영지를 수호하는 영주 소속의 사병들이 있는 때라서 전쟁 비용이 절실히 필요했다.

그래서 1640년 4월에 11년 만에 다시 의회를 소집했다. 의회는 3주 동안 계속되었다. 이때 의회의 다수파인 청교도들은 국왕의 정책 비판과 국방 비판과 국왕 측근에서 정책자문을 잘못하는 측근 정치인들의 처벌을 강력하게 요구했다. 그러자 의회를 소집한 찰스 1세는 의회를 3주 만에 끝내 버린다. 이것을 '단기의회'라고 명명한다.

이번에는 휴전 상태에 있던 스코틀랜드가 전쟁 준비를 마치고 잉글랜드 북부를 침입해 들어왔다. 찰스 1세는 다급해진 상태에서 스코틀랜드에 배상금을 약속하고 확전을 면한다. 이때 다시 찰스 1세는 의회의 동조가 절실하게 되었다. 그래서 1640년 11월에 개회된 '장기의회'는 1648년 12월까지 계속된다.

이때 의회는 여러 가지 개혁 입법들을 추진한다. 1641년 가을 의회 내 개혁자들은 국왕의 약정을 열거한 '대 간의서'를 제출한다. 이때 의회는 왕을 두둔하는 보수파인 왕당파와 의회파로 분열된다. 1642년 1월 찰스 1세는 의회에 들어가 의회파 지도자들을 체포하려 했으나 실패한다. 찰스 1세는 런던을 떠나 보다 안전한 곳에서 의회파와 전쟁 준비를 한다. 왕이 이렇게 의회파와의 대결을 공식화하자 영국은 왕을 추종하는 왕당파와 의회파로 나누어져 7년에 걸친 양파 간의 내분이 계속된다.

이때 초기에는 왕당파들이 계속 승세를 굳혀 나갔으나 후반에는 의회파가 계속 승세를 잡고 투쟁을 해나갔다.

3) 영국 혁명(청교도 혁명)

'장기 의회'는 1640년 11월에 개회되어 1648년 12월까지 계속되었다. 이때 의회의 주된 세력은 청교도였다. 이 장기의회 기간 중 왕의 정치 고문이었던 윌리엄 로드와 군사고문이었던 웬트워드를 탄핵하여 구속시켰다.

그리고 1660년에 찰스 1세의 아들이 다시금 찰스 2세로 왕정이 복고되기까지 20여 년간(1640~1660) 수많은 일들이 이루어진다. 20여 년간의 많은 일들을 후세인들은 다각도로 평가한다. 20여 년간의 주체 세력이 청교도였기에 주체세력을 중심으로 보는 이들은 '청교도 혁명' 또는 '영국 혁명'이라고 한다. 그러나 왕당파 입장에서 과거사를 보는 이들은 '내란' 또는 '시민전쟁'이라고 한다.

혹자는 이 시기를 '공위(空位)시대'(Interregnum)라고도 한다. 공위시대란 찰스 1세가 처형된 1649년부터 그의 아들 찰스 2세가 1660년에 다시 왕으로 복귀한 11년간의 공백기를 의미한다. 그러나 교회 역사에는 1643년 7월부터 1649년 2월까지 계속된 웨스트민스터 회의(Westminster Assembly)가 있다.

이 모든 사건 중에서 청교도 혁명을 이끌어간 크롬웰의 활동과 웨스트민스터 회의를 살펴보자.

(1) 크롬웰의 등장

영국 정치사에 크롬웰(Cromwell)이라는 두 명의 유명인이 있다. 하나는 헨리 8세(1509~1547) 때 헨리 왕의 비서실장으로 왕을 도와 수장령이 의회에서 인준되도록 도운 헨리 8세의 측근이었던 토마스 크롬웰(1485~1540)이다. 또 다른 하나는 토마스 크롬웰의 후손으로 호국경에 오른 올리버 크롬웰(Oliver Cromwell: 1599~1658)이다. 여기서 소개하려는 이는 호국경 올리버 크롬웰이다.

① 크롬웰이 부상하기까지

크롬웰은 영국 남부의 헌팅던(Huntindon)에서 태어난 젠트리(gentry) 출신이다.

젠트리란 계급은 신흥 하급 귀족으로 정치 분야보다는 토지 소유나 상공업에 종사하는 지방의 실질적 귀족이다. 이들 계급은 정치 분야보다는 자본주의 발달에 크게 영향을 미친다. 이들 대부분은 정치와 이해관계를 가진 국교도들이 아니라 농업이나 상공업에 종사하는 청교도들이 많았다.

크롬웰의 아버지는 청교도는 아니었으나 청교도에 호감을 가진 영국 국교도였다. 반면에 어머니는 열렬한 청교도로 가사를 꾸려가는 데 근검절약하는 청교도 정신과 예배 참석에 열성을 가진 어머니였다. 크롬웰이 이 같은 가정 배경에서 자랐기에 어려서부터 청교도 정신이 배양되었다고 본다.

그는 1616년 17세 때 케임브리지 대학 법학부에 입학했다. 이때의 케임브리지 대학은 토마스 카트라이트의 청교도 정신이 왕성한 때였다. 그런데 이듬해 아버지가 사망한다. 그는 학업을 중단하고 아버지가 경영하던 영지 관리 사업을 계승한다. 그 후 1620년에는 결혼을 한다. 그리고 1628년에는 헌팅던 출신의 하원의원이 된다.

그 후 40세가 되기까지 헌팅던에서 농업 경영을 해가면서 당시에 치안 판사이며 늪지대를 개척해 농지를 줄이려는 베드퍼드 공작과 투쟁하면서 농민 편의 농민 운동가로 활동한다.

1640년에 41세 때 케임브리지에 국회의원으로 출마하여 당선된다. 이때 크롬웰은 찰스 1세가 단기의회와 장기의회로 의회를 농락할 때 국왕 반대파인 의회파 입장에서 논리적으로 맞섰다.

1642년 찰스 1세가 의회군을 무력으로 진압하려 하자 크롬웰은 자신의 출신 주를 지키기 위해 일어섰다. 그러나 왕당파들은 기마병으로 전투를 하는데 의회파 군은 전투 능력이 매우 열악함을 체험한다. 크롬웰은 왕당파군과의 여러 전투 경험에서 의회군의 훈련 부족을 통감한다. 그래서 동부 여러 주에서 청교도 정신이 투철한 자들을 모아 엄격한 군사 훈련을 시키고 자신이 직접 기병들을 거느리는 지휘자가 된다. 그렇게 훈련시킨 크롬웰 산하의 군대들이 왕당파 군대와 전투에 임했다.

크롬웰은 국회의원이면서 의회군의 지휘자가 되었다. 그는 처음에 대위로 시작했다. 그런데 점점 전투에서 승전을 거듭함으로 1643년에는 대령이 되었다. 이렇게 의회군과의 거듭된 승전으로 그의 군대에는 '철기군'(Ironside)이라는 별명이 붙었다.[84]

1644년 중장으로 진급한 크롬웰은 가장 혁혁한 전공을 세운다. 그것이 1644년 7월의 마아스턴 무어(Marston Moor)의 전투였다. 이 전투의 승리로 찰스 1세가 왕당파 군사 요새지로 장악하고 있던 요크가

---

84) 정수영, 《종교개혁사》, p.548.

의회군의 수중으로 들어온다.

그리고 찰스 1세를 지지하는 왕당파들의 세력은 하향 곡선을 그리고 의회파들이 상승하기 시작한다. 그리고 1645년 네이즈비 전투에서 왕당파는 완전 세력이 꺾이고 만다.

② 크롬웰이 지도자로 부상

크롬웰은 의회의 의원이며서 철기군의 지도자였다.

그런데 그가 철기군 사령관으로 왕당파 세력을 물리치자 중요한 정치 지도자로 부상하게 된다.

철기군이 왜 왕당파군보다 월등했는가? 그 원인은 왕당파군은 왕의 명령을 따르는 직업(?) 군대였다. 그러나 철기군은 칼빈주의의 예정론에 근거해 자기들은 하나님의 선택받은 병사라는 사명(?) 의식을 가졌다. 청교도들의 군대라는 철기군들은 왕당파 군대들을 쳐부수고 왕의 독재를 분쇄하는 것이 하나님께서 위탁하신 사명이라고 믿었다. 청교도들의 그 같은 생각은 칼빈주의의 '폭군 징벌론' 사상이 크게 작용했다.

이것을 큰 공적이라고 생각하는 것은 청교도들의 후예인 칼빈주의 사람들이나 그렇게 생각하고 믿는다. 그러나 칼빈주의를 믿지 않는 이들은 그렇게 생각하지 않는다. 그것이 영국 의회 내에서 칼빈주의자들과 또다른 레벨리스(수정파 또는 평등파)와의 대결로 나타난다. 여기서 우리는 칼빈주의자들이 크롬웰과 대결하는 내용을 반드시 기억해야만 한다.

③ 크롬웰과 칼빈주의자들의 대결

당시 영국 내 의회파에 속하는 왕당파의 반대 세력에는 칼빈주의

자들이 다수였던 것이 사실이다. 그런데 이들 다수의 칼빈주의자들은 왕당파와 의회파로 분리되어 전투를 하는 마당에 웨스트민스터 회의(1643.7.1~1649.2.22)를 열어갔다.

칼빈주의자들은 종교개혁을 위한 좋은 방안이 무엇일까? 처음에는 종교적 관심으로 모임을 시작했다. 그러나 회의가 점점 길어지면서 회의의 성격은 정치적 문제로 변질되어 갔다. 그것이 국왕 찰스 1세의 정책에 의회파의 위치를 망각하고 동조한 일이다.

찰스 1세는 철기군인 크롬웰 군대가 왕당파 군대를 계속 이기는 것을 막으려고 군대를 해산시키려 했다. 이때 의회 내 다수파 의원인 칼빈주의자들은 찰스 1세와 협조해 칼빈주의를 영국 내에 크게 확보하려고 내전 종결을 이유로 군대를 해산하려고 한다.

찰스 1세와 칼빈주의자들이 야합해 철기군을 비롯한 군대를 해산하려고 하자 크롬웰은 크게 격노한다. 이때 프라이드 대령이 군대를 이끌고 의사당에 진격해 칼빈주의파 의원들을 모조리 추방한다. 역사는 이 사건을 '프라이드의 추방'(Prides Purgo)이라고 한다.[85]

그래서 의회는 칼빈주의자들이 다수였다가 다 추방당하고 70여 명이 남기 때문에 잔당 의회(Rump Parliament)가 된다. 그래도 찰스 1세는 그의 기세를 꺾지 않았다. 잔당 의회는 포로로 있던 찰스 1세를 1649년 10월 30일에 처형시킨다. 이것은 영국 역사상 최초로 국왕이 처형당하는 일이 되었다.

크롬웰은 철기군의 군대를 배경으로 정치를 하게 되었고, 비록 소수의 잔당 의회지만 그들을 통해 의회주의를 지속시키려고 했다. 크롬웰은 의회 내 자유주의자라는 레벨리스 잔당을 소탕한다(1649). 또

---

85) 정수영, 《종교개혁사》, p.549.

아일랜드의 반항도 진압한다(1650). 스코틀랜드의 침입군도 저지한다. 크롬웰이 군부의 힘으로 부당한 일들을 처결하자 전 국민의 지지를 받는다.

④ 크롬웰의 호국경(護國卿) 통치(1653~1658)

크롬웰은 왕이 되라는 국민들의 요구를 완강하게 거절하고 군 통치 장전에 의한 통치를 위해 호국경 지위에 오른다.

그는 잔당 의회에 불만을 품은 의원들을 군대를 통해 의회에서 쫓아낸다. 그리고 그는 신앙심 깊은 자를 의원으로 지명하여 '성자들에 의한 지배'를 시도했다.

크롬웰의 신앙은 청교도 중에 독립파였다. 크롬웰은 신앙을 중심한 의회를 '성도 의회'(Parliament of the Saints)로 발족시키고 의회 개회 전에 기도로 시작했다. 그리고 발언 내용들이 성경에 관계된 내용이 많아서 정치적 의회가 아닌 교회와 같은 분위기였다.

또 크롬웰은 웨스트민스터 회의가 결정한 '신앙고백'의 법률적 효력을 정지시켰다. 그 이유는 칼빈주의자들이 만든 신앙고백을 영국 국민 교회의 신앙고백으로 만들어 영국을 칼빈주의 국가로 만들려고 했기 때문이다.

웨스트민스터 신조는 결국 영국을 칼빈주의 국가로 만들려다가 좌절되고 칼빈주의자들의 신조로 후퇴한다. 이 같은 '웨스트민스터 신조'가 현재는 전세계 칼빈주의의 영예로 인식되고 있다.

크롬웰은 전국을 12개 군관구(軍官區)로 나누고 각 군관구에 군정관을 두어 지방 행정으로 담당하게 하였다. 그러나 이 같은 군부 중심의 지배는 국민들의 지지 기반이 약했고, 또 군정관 중에는 신분이 낮은 자들이 많아 지방 행정이 마비 상태가 되었다. 이렇게 권력의 누수 현상이 계속되자 전의 왕당파와 의회파 사람들을 중심으로 왕정복고를 원하는 세력이 증대되어 갔다.

크롬웰은 1658년에 죽고 셋째 아들이 후계자가 되었다. 아들의 지도력이 부실하자 찰스 1세의 아들을 찰스 2세로 옹립함으로 청교도 혁명은 종식된다.

크롬웰의 시신은 웨스트민스터 사원에 묻혔다가 왕정복고 후 파헤쳐진다. 크롬웰을 왕당파는 반역자라 하고 청교도들은 영웅이라 하는 상반된 평가가 계속되고 있다. 크롬웰 사건은 종교가 정치에 결탁할 때 반드시 타락하게 된다는 교훈을 남겼다.

(2) 웨스트민스터 회의(Westminster Assembly)

① 웨스트민스터 회의 소집의 시대적 배경

칼빈주의는 스위스 제네바에서 시작되었다. 칼빈주의는 제네바에서 칼빈주의 신학과 제네바 시의회가 연합된 정치체제로 출발했다. 이것은 주님께서 "내 나라는 이 세상에 속한 것이 아니니라"(요 18:36)고 하신 종교와 정치의 완전 분리를 정면으로 무시한 탈성경적 시작이었다. 칼빈은 제네바 도시를 하나님이 다스리는 신정정치 도시로 만들고자 했다. 그는 구약에서 실패한 구태적 제도를 성경적인 이상인 양 주장했다.

칼빈은 자기 개인의 신념이 마치 주님의 뜻과 일치되는 것으로 착각하고 자기 반대자들을 58명이나 죽이고 76명을 추방시켰다. 그렇게 성경과 위배되고 주님의 진리에 위배되는 강압에 의해 제네바 도시는 유럽의 종교적 망명객들의 피난처가 되었다.

칼빈은 이 같은 자기 목적을 달성하기 위해 '군주 저항론'을 주장했고, 그의 제자 베자는 '폭군 징벌론'을 주장했다.

이와 같은 칼빈주의가 스코틀랜드에서는 존 녹스의 투쟁으로 의회를 통해 스코틀랜드를 장로교 국가로 만들었다(1592년).

또 칼빈주의는 프랑스에서 '위그노 전쟁'(1562~1598)으로 군주들과 맞서 싸우는 36년 전쟁을 일으켰다. 또 칼빈주의는 네덜란드에서 '독립전쟁'(1568~1609)을 일으키는 사상적 밑받침이 되었다.

이처럼 칼빈주의가 닿는 곳마다 군주들과 저항을 하고 상대 종교들과도 전쟁을 불사하며 유럽 세계를 뒤흔들었다. 이렇게 칼빈주의 성격 자체가 종교적, 신앙적, 평화적 사상과는 전혀 반대되는 정치적, 투쟁적, 정복적 신앙 결사 조직이었다.

이들이 영국에서 무슨 일을 했는가? 그들은 찰스 1세라는 맹신적으로 '왕권신수설'을 신봉하는 군주에게 저항하는 운동을 일으킨다. 찰스 1세는 아버지 제임스 1세가 주장한 '왕권신수설'을 그대로 정치에 적용하려는 잘못된 독선에 중독된 군주였다. 그래서 전통적인 왕정시대를 고수하려고 했다. 그러나 의회의 다수자들인 칼빈주의자들은 '권리청원'(Petition of Right)으로 찰스 1세의 독주를 제지하는 데 어느 정도 효과를 얻었다.

의회의 다수 의석을 가진 칼빈주의자들은 나라가 왕당파와 의회파로 분열되어 내전을 거듭할 때 또다시 칼빈주의 특성을 드러낸다. 영국 내 칼빈주의자들은 의회의 다수를 통해 칼빈주의가 영국 내에 합법적 국교 정도로 발전할 수 있는 대안이 없을까 생각하게 된다.

나라가 양대 세력으로 내전을 겪고 있을 때 어느 편에 기울어진 정책이 아닌, 모두를 만족시킬 수 있는 대안이 없을까? 나라가 온통 영국 국교와 반대파로 피 흘리는 동족상쟁의 비극을 저지할 방법은 없을까? 칼빈주의자들은 아무 구속력이 없는 회의를 통해 종교개혁 방안을 의논하자고 회의를 열었다.

이렇게 그럴싸한 명분으로 회의가 시작되었다. 그래서 1643년 7월 1일, 밖에서는 왕당파와 의회파 간의 전투가 벌어지고 있는 상황에서 웨스트민스터 회의가 열렸다.

이렇게 시작된 웨스트민스터 회의는 밖에서는 전투가 벌어지는 속에서도 중간에 휴회를 거듭하며 1649년 2월 22일까지 장장 6년이라는 기나긴 기간 동안 진행되었다.

② 웨스트민스터 회의 구성

웨스트민스터 회의는 청교도 중 칼빈주의자들이 다수였다. 참가자들 대부분이 칼빈주의자들이었고, 독립 교회파에 해당되는 회중 교회주의자나 소수의 분파주의자들이 있었다. 이때 구성된 회원은 영국에서 121명의 성직자와 30명의 평신도들이 참석했는데 이들 평신도 30명은 상원의원 10명, 하원의원이 20명이었다. 그리고 스코틀랜드의 칼빈주의 목사 4명과 장로 2명이 참석했다. 영국의 내전 상태가 계속되는 때의 모임이었기에 대표자로 구성은 했으나 35명은 참석하지 못하고 매일 참석한 이는 60~80명 정도였다. 그리고 회의를 주도해 가는 이는 20여 명에 불과했다.[86]

회의 장소가 처음에는 웨스트민스터 사원(祠院: 현재는 성당 또는 교회)에서 모였다. 이 사원은 왕궁 근처에 있으며, 18세기 이후부터는 영국의 유명 인사들의 묘지로 사용되고 있다. 웨스트민스터 회의가

---

86) 정수영, 《종교개혁사》, p.547.

처음에는 사원(교회)에서 모였다가 나중에는 사제의 관저에서 모였다.

③ 웨스트민스터 회의 결정사항

전체 회의는 1643년부터 1649년까지 약 6년간 계속되었다. 이 기간 중 처음 3년간(1643~1646)은 교리 문제들을 취급했다. 이때에는 다 똑같은 칼빈주의자들이었으므로 교리를 결정하는 데 별다른 어려움이 없이 순조롭게 합의들을 이루었다. 그것이 ① 웨스트민스터 신앙고백 ② 대, 소요리 문답 ③ 교회 정치 ④ 예배 모범 등을 만들었다. 이때 결정된 신앙고백이 전체의 3분의 2를 차지한다.

그러나 교회와 국가에 관한 내용에는 많은 의견 차이로 난항을 겪고 많은 논란이 거듭되며 많은 시간이 걸렸다.

이때 결정된 중요 사항들 몇 가지만 살펴보겠다.[87]

- 웨스트민스터 신앙고백(Westminster Confession)

이것은 총 33개 장으로 구성되었다. 이 내용은 칼빈주의 신학 내용을 스콜라적인 표현을 사용하여 체계적으로 해석한 신조들이다. 성서론에서 시작하여 신론, 기독론, 구원론, 교회론, 종말론까지 칼빈주의에 입각한 신앙관을 천명했다. 특히 칼빈주의에서 가장 논란이 되는 예정론 중에서 전택설과 후택설 같은 논쟁의 쟁점들은 피했다.

이 신앙고백서가 1647년에 영국 장로교 총회에서 인준을 받았고, 스코틀랜드에서는 1649년에 인준받았다. 그 후 영국은 1660년 왕정복고를 통해 장로교 인준을 받았고, 스코틀랜드는 장로교 국가가 되어 오늘에 이르렀다. 이 신앙고백은 오늘날 전 세계 장로교회의 신앙

---

87) 정수영, 《종교개혁사》, pp.547~548.

고백서가 되었다.
- 대요리 문답서(Larger Catechism)

이것은 교역자들을 위한 문답서다.
- 소요리 문답서(Shorter Catechism)

아이들 종교 교육용으로 107개 항목을 묻고 답하는 내용의 문답서다. 그 내용들은 십계명의 각 계명들과 주기도문 해설과 사도신경 해설과 칼빈주의 형태를 다룬 교리들을 묻고 답하는 내용이다.

지금 현재 이들 신앙고백과 대, 소요리문답에 대해 그대로 지키는 전통과 약간씩 수정해서 사용하는 절충파, 과거 역사 문서일 뿐 계승할 가치가 없다고 격하시키는 파 등 세 가지 양상이 나타나고 있다.

3. 왕정복고와 청교도의 쇠잔

청교도의 전성기는 크롬웰의 호국경 시절이라고 할 수 있다. 크롬웰이 죽은 후 찰스 1세의 아들인 찰스 2세(1660~1685)가 다시금 왕정을 회복한 후에 영국 청교도들은 쇠잔을 면치 못한다.

찰스 2세는 1662년 전래되어 오던 영국 국교 제도를 부활시키고, 청교도를 포함한 모든 비국교도들을 억압한다. 그래서 5월 24일 단 하루 동안에 청교도 목회자 2000명 이상을 성직에서 축출한다. 그리고 '비밀 집회 금지법'(Act of Conventicle)을 반포해 국교회 집회에 참석하지 않고 비국교도 집회에 참석하는 자들에게는 처벌령을 내린다.

이로 인해 찰스 2세가 재위하는 25년(1660~1685) 동안에 감옥생활을 한 사람이 8,000명이 넘는다. 이렇게 많은 사람이 찰스 2세에 의해 고통을 당하면서도 청교도 문학으로 유명한 이름을 남긴 두 사람이 있다.

한 사람은 존 버니언(John Bunyan: 1628~1688)이다. 그는 침례교 설교자로 국교회에 인정받지 못한 설교자였다. 국교회 성직자로 인정받지 못한 자가 설교를 계속함으로 12년간(1660~1672) 감옥생활을 했다. 그와 같은 역경 속에서 저술한 경건 서적이 《천로역정》(The Pilgrims Progress-1678년 초판)이다.

다른 사람은 존 밀턴(John Milton: 1608~1674)이다. 밀턴은 처음에는 칼빈주의를 따랐으나 내란(1642~1648) 후에는 독립파의 회중주의자가 된다. 그는 크롬웰의 동역자로 라틴어 서기관, 외교문서 관리자로 지냈다. 왕정복고 후 일시적으로 구금되었다가 석방된다. 그는 말년에 실명이 된 상태에서도 《실낙원》(Paradise Lost, 1667), 《복락원》(Paradise Regained, 1671) 두 서사시를 남겼다.

이들 두 사람은 청교도 문학가로 청교도 유산을 남겨 주었다. 그리고 영국 내 청교도는 쇠퇴하고 신대륙으로 이민한 청교도 후예들이 또 다른 청교도 역사를 만들어낸다.

4. 신대륙의 청교도

신대륙으로 이민한 청교도들에게는 완벽한 이중성이 드러난다. 그 이중성이란 두 가지 면에서 확실하게 드러낸다.

첫째, 계약신학(Covenant Theology)[88]

---

88) 정수영, 《종교개혁사》, p.556.

계약, 또는 성약신학은 독일, 네덜란드의 칼빈주의자들이 만든 신학이다. 계약신학은 구약에서의 하나님과 이스라엘의 언약 관계를 하나님과 교회 관계로 이해하는 구약신학의 유산이다. 이들 계약신학은 과거 이스라엘과의 언약처럼 구원받은 모든 자에게도 언약을 적용시킨다.

이와 같은 언약의 표징으로 구약의 할례처럼 신약의 세례가 곧 언약의 표징이라고 한다. 그런데 신대륙으로 이민한 1세대는 이미 세례를 받은 언약자들이었으나, 그들의 후손들은 세례받지 않고 광활한 영토 확장에 혈안이 되어서 살아간다. 그러자 부모들은 자기가 세례받은 계약자이므로 자기 자녀들이 세례를 받지 않았다고 할지라도 '타락한 계약자'(degeneration of the Covenant) 또는 퇴보한 '절반짜리 계약자'(half way Covenant)라는 말로 자위했다.

이것은 신대륙의 청교도들이 완전 위선적이고 이중적인 신앙 면모를 그대로 드러냈음을 의미한다.

이와 같은 신대륙 청교도들의 위선적인 실상을 훗날에 당시의 시대상을 소재로 한 소설 《주홍 글씨》(The Scarlet Letter)에서 고발하고 있다.

둘째, 두 얼굴을 가진 청교도들[89]

1620년에 메이플라워 호를 타고 신대륙으로 이민한 101명이 12월 21일에 케이프 코드(Cape Cod) 북단인 프로빈스타운에 정착한다. 그리고 그해 겨울을 나는 동안에 50명이 죽고 51명이 남는다. 다행스럽게 1621년 추수감사절 때 31명이 새 이민자로 온다. 1622년에는 67명

---

89) 조찬선, 《기독교 죄악사 (하)》 (평단문화사, 2000), pp.134~212.

이 더 왔다. 이렇게 이민자들이 증대될 때 추위, 질병, 음식, 주거지 등 모든 혜택을 그 지방의 암파노악족(Wampanoags)이라는 원주민 인디언들에게 도움을 받아 살아남는다.

이때 추장인 마사소잇(Massasoit)은 청교도들과 평화조약을 체결하고 청교도들의 자립을 위해 모든 협조를 다 해준다. 미사소잇 추장은 다른 부족들의 오해를 받아가며 청교도들을 도왔다. 그런데 청교도 제2인자였던 스탠디쉬는 네 명의 추장들을 특별 만찬에 초대해서 안심을 시킨 후 저들을 일시에 암살시킨다.

이렇게 시작된 초기의 청교도들은 완전히 이중인격자들이었다. 그들은 유럽에서 신앙의 자유를 찾겠다고 신대륙으로 이민을 했다. 새로운 개척지에서 자기들에게 도움을 주는 인디언들로 인하여 살아남게 되었다. 그 후 안정을 찾자 도움을 준 인디언들을 도륙하고 저들의 토지들을 빼앗는 약탈로 끝없는 살육과 정복을 이어간다.

할리우드 영화사는 백인들의 인디언 정복사를 최대로 미화시켰다. 청교도들과 원주민들은 토지에 대한 개념이 달랐다. 청교도 성직자들은 인디언들 약탈을 합리화했다. 침략자들이 원주민들을 내쫓으며 주객이 전도되었다.

미국의 독립전쟁 때 영국군과 싸우는 워싱턴은 지리에 밝은 원주민들과 합세해 영국군과 싸웠다. 독립전쟁 승리 후 미국은 원주민들에게 은혜에 감사하기는커녕 저들을 벽촌으로 내몰았다.

청교도 후손들에게 본받고 자랑할 만한 요소가 별로 없다. 우리는 청교도들에 대한 지나친 편견을 새롭게 수정할 필요가 있다.

5. 청교도 유산의 긍정과 부정

중국, 일본, 한국 등 동남아에 기독교 복음을 전해준 때는 19세기였다. 이 당시 동남아 전역에 복음을 전해준 선교 모국들은 영국, 미국, 호주, 캐나다 등 주로 영어권의 나라들이었다. 그런데 이들 영국, 미국, 호주, 캐나다 등에서 선교사로 헌신한 대부분의 모든 선교사들이 17세기 영국 청교도들의 사상적 바탕 위에서 성장한 청교도 후예들이었다. 그래서 과거 17세기 때의 청교도 실상과는 약간씩 변형된 청교도주의를 선교지에 이식했다.

최초의 영국과 유럽의 청교도들은 매우 부정적 요소들로 가득 찼다. 영국에서의 청교도란 거룩함을 주장하지만 실상은 형식주의자요, 외식주의자에 불과한 바리새인이라는 나쁜 의미의 청교도였다. 그 같은 청교도들이 신대륙으로 이민한 후에도 바리새적인 위선은 계속해서 계승했다.

미국 초기의 청교도들은 주중에는 인디언들이 소유한 땅들과 인디언들이 이루어 놓은 좋은 환경들을 무력으로, 전염병으로 정복을 해 나갔다. 그리고 주일날 하루만 예배당에 나가서 예배드리고 헌금을 드리고 세례만 받으면 '계약의 백성'이라고 자위했다.

세례를 할례처럼 '계약 백성'의 상징으로 착각하고 살아가게 했다. 그와 같은 '세례'가 '계약' 백성의 표징이라는 사상적 기초는 아우구스티누스의 '세례 중생론'에서 비롯된다.

아우구스티누스의 '세례 중생론'을 칼빈이 그대로 계승했고, 칼빈주의자들은 '계약신학'으로 오늘날까지 계승해 가고 있다. 참으로 안타깝고 불행한 역사는 19세기 선교사들 모두가 청교도들의 이중적, 위선적 요소를 동남아에 이식시켰다는 사실이다.

그 결과 한국의 교계는 어떠한가? 칼빈주의를 따르는 장로교회만 아니라 모든 타 교파들에도 '세례 중생론' 신앙이 그대로 계승되고 있다. 심지어 침례교도 '세례'를 '침례'로 하는 의식만 다를 뿐 침례만 받으면 구원받은 자로 간주하고 있다. 이렇게 심대한 영향을 미친 청교도들에 대해 한국교회는 환상적이고 긍정적 요소들만 인식하는 것 같다.

여기에 청교도들의 긍정과 부정을 분별해 보아야 할 필요를 느끼게 된다. 여기에서 청교도들이 기여해 준 좋은 면과 문제점을 정리해 보자.

① 청교도들의 첫 시작은 영국 국교회의 의식주의, 형식주의를 반대하고 개인의 중생과 성화를 위한 청결한 삶(Puritanism)을 주장하는 데서 출발했다.

시작의 동기는 참으로 칭찬할 만하다. 그런데 청결한 삶의 기준이 잘못되었다. 청결한 삶을 가정과 1주일 동안의 생활에 초점을 두지 않고 주일날 하루만의 주일 성수와 교회 헌금 정도를 강조했다. 그러다 보니 월요일부터 토요일까지는 신앙과 무관한 세상의 삶을 살아가고 오로지 주일 하루만 예배당에 출석하는 'Sunday Christian'이 되고 말았다.

② 초기 청교도들은 가정에서의 경건 훈련을 매우 강조했다.
그래서 가정에서 주해가 따른 제네바 성경을 읽도록 권장했다. 참 좋은 출발이었다. 그러나 성경을 많이 읽는 것과 아는 것이 곧 경건인 양 착각하게 만들었다. 옛날이나 지금도 청교도 정신을 숭앙하는 이들은 성경에 대한 남다른 관심과 애착을 갖고 있다. 참 좋은 면이

나 '거듭남'이 없는 자들의 성경지식은 신앙적 자만을 양성할 뿐, 실제적 경건에는 아무 효력이 나타나지 않는다. 이 점에서 청교도 신앙의 약점이 그대로 계승되고 있다.

③ 청교도들의 표징은 금주, 금연이었다.

청교도들이 최초로 시작한 운동들 중에는 금주, 금연, 오락 금지, 연극, 극장 관람 금지 등등을 생활 실천면으로 강조했다. 이 같은 생활 실천이 청교도의 대표적 상징처럼 인식되기도 했다. 이 같은 청교도 전통에 따라 동남아에 선교를 한 선교사들이 다 각각 다른 특징들을 심어 줬다. 중국에는 마약을 금지하는 생활을 실천하게 하였고, 한국에는 금주, 금연을 신앙의 표징으로 실천하게 하였다.

이 같은 초기 청교도들의 신앙 표징이 한국 교계에 금주, 금연을 신앙인의 표징으로 삼도록 만들었다. 한국에서는 신앙인이라면 금주, 금연하는 것이 기본이라는, 청교도 유산이 정착된 좋은 면이 있다. 그러나 금주, 금연이 건강에 좋다는 것은 전 세계 모든 이가 아는 상식화된 현실이 되었다.

지금의 한국 사회와 기독교인들은 금주를 강조하면 웃음거리가 되어 버린 고대 유산으로 치부한다. 청교도의 고상한 유산이 지금 세상에서는 빛이 사라진 고물이 되고 말았다.

④ 청교도 유산 중 최대 약점인 세례 중생론

청교도 신학의 기초가 칼빈주의다. 칼빈주의 신학의 기본은 아우구스티누스 신학이다. 아우구스티누스는 '세례'가 곧 '중생', '구원'의 신비라고 했다. 이 같은 아우구스티누스의 신학 자체가 비성경적이다.

성경은 반드시 "물과 성령"으로(요 3:5) 거듭난 자라야만이 하늘나라에 들어간다고 했다. '성령'으로 인격이 변화되지 않은 자는 구원받은 것은 아니다. 그런데 잘못된 비성경적 인간의 편견이 청교도 신앙의 기초가 되고 있다. 그렇기에 그가 아무리 오랜 세월 교회에 출석했다 할지라도 중생되지 못한 자는 천국에 들어갈 수가 없다. 청교도 신앙의 뿌리가 칼빈주의이기 때문에 청교도들의 아름다운 겉모습의 경건한 생활들이 아무 의미가 없는 형식 종교를 계승해 가고 있을 따름이다. 참으로 안타깝고 가슴 아픈 사실이다.

⑤ 청교도들의 신앙 열정은 본받고 신학 사상은 제거해야 한다.

우리는 청교도들이 주님을 사랑하려는 열정은 본받고, 그들 내면의 인간적 신학 사상들은 걸러내서 제거해야만 된다. 이것이 과거 청교도 역사를 배우는 역사의 교훈의 의미가 있는 것이다. 그렇게 변화될 때 전국 각 곳에 세워진 '예배당'들이 건물만이 아닌 살아 있는 '교회'의 기능을 회복할 수 있을 것이다.

제4장 가톨릭의 공격 선교와 개신교의 정체

[서론]

우리가 과거 교회 역사를 공부하면서 크게 놀라는 몇 가지 사실들을 깨닫게 된다.

첫째, 동, 서방 교회의 분열 후 두 교회의 모습이 상극을 이루었다. 최초의 교회 시작은 주후 33년의 예루살렘 교회다. 그렇게 시작된 사도시대에 약 24개의 교회들이 세워졌다. 이렇게 동방에서 시작된 교회가 주후 590년 로마 교회의 독단적 주장으로 동, 서 교회가 계속 충돌을 이어간다.

동, 서 교회는 1054년에 완전 분리되어 오늘에 이르고 있다. 그 후 서로마 교회는 세계에서 유례가 없는 교황제도를 만들어 기독교가 아닌 유사 종교로 변질된다. 그런데 동방교회는 교황제도를 반대해서 분리되었고, 개신교 역시 교황제도를 거부하고 분리되었다(1517).

둘째, 서방 로마 가톨릭 교회에서 분리된 동방 정교회와 개신교가 정체된 모습을 보인다.

종교개혁은 로마 가톨릭 교회에서 분리된 엄청난 희생들을 치른 후에 이룩한 과업이었다. 그런데 종교개혁을 당한 가톨릭 교회는 1500년부터 1750년까지 약 250년 동안 전 세계를 향해 눈부신 선교를 확장한다.

가톨릭의 행위는 좋게 말하면 선교이지만 정확하게 말하면 침략과 약탈과 식민지배 행위였다. 그럼에도 불구하고 가톨릭은 유럽에서 잃은 개신교보다 몇십 배 더 많은 가톨릭 세력을 전 세계로 확장시켰다.

가톨릭이 이렇게 눈부신 세력을 확대시켜 나가는 250년 동안(1500~1750) 동방 정교회와 개신교는 정체된 상태를 계속해 나간다.[90]

왜 개신교는 250년이라는 길고 긴 세월을 정체된 상태를 계속했는가? 이 문제를 문제시하지도 않고 묵과하고 넘어가는 개신교 역사학자들은 무슨 견해를 갖고 있는가?

본 장에서는 가톨릭의 신장과 개신교의 정체상을 살펴보자.

1. 가톨릭의 공격 선교

1) 아프리카 침략 선교[91]

(1) 포르투갈(Portuguese)

포르투갈은 현재 리스본을 수도로 인구 1천만 명 정도의 작은 나라이다. 그러나 중세기와 근대사에서는 막강한 해양권을 장악한 강국이었다.

포르투갈이 1498년 서아프리카 바스코 다 가마와 인도로 가는 항로를 발견했다. 그 후 희망봉(the Cape of Good Hope)을 거쳐서 동방 인도로 가는 길을 유럽에 알려준 것이 포르투갈이다.

이들은 15세기부터 아조레스(Azores) 제도, 마데이라(Madeiras) 제도

---

90) 케니스 래토레트, 《기독교사 (中)》, 윤두혁 역 (생명의 말씀사, 1990), pp.591~595.
91) 앞의 책, pp.595~597.

케이프, 베르데(Cape Verde) 제도를 식민지화했다.

그리고 부분적으로 포르투갈 선교사를 통해 가톨릭을 전파했다. 포르투갈이 선교사로 투입한 세력은 예수회, 프란시스 종단, 맨발의 칼멜 종단 수도사들이다. 이들이 콩고(Congo), 앙골라(Angola), 몸바사(Mombasa), 모잠비크(Mozambique) 등에 가톨릭 교회를 세웠다.

가톨릭 수도사들은 현지인들에게 선교를 하는 한편 무역상들은 흑인 노예들을 중개매매하는 착취가 병행되었다.

포르투갈은 인도 항로를 발견한 후 인도를 점령해 향신료 수입과 선교를 병행해 나갔다. 인도 항로 교역을 영국에게 뺏긴 후에는 17세기에 브라질을 식민지화하여 설탕산업을 발전시켰다.

그리고 18세기 브라질에서 채굴된 금으로 많은 부(副)를 얻었으나 태반을 국외로 유출하여 본국에 기여하지 못한다.

(2) 에스파냐(Espanoi: 스페인)

스페인은 마드리드를 수도로 인구 4천만 명에 근접하는 가톨릭이 국교인 나라다. 스페인은 주후 414년 게르만족의 하나인 서(西)고트(Goths)족이 이베리아 반도에 침입해 나라를 세웠다. 그런데 711년 이슬람 세력이 이베리아 반도에 침입해서 고트 왕국을 멸망시켰으나 1492년에 이슬람 세력을 물리친 후에 본격적인 독립을 하게 된다.

스페인은 약 800여 년간 투쟁한 힘이 15세기에 들어서 콜럼버스의 신대륙 발견과 함께 항해, 탐험을 추진한 결과 해양 왕국으로 부상한다. 그래서 16세기 중엽부터 17세기의 1680년대까지는 유럽과 세계의 최강국으로 황금기를 누린다.

그래서 15세기 중엽에는 적도 가까이 있는 아프리카 서해안의 각 곳들에 항해와 탐험과 정복으로 이어나간다. 스페인이 식민지배로 성공한 곳들은 아프리카보다는 남아메리카 지역이었다. 그 내용은 뒤에 살펴보겠다.

(3) 프랑스

프랑스의 아프리카 지배는 매우 많고 길었다. 프랑스가 서아프리카에 식민지를 만들었다. 프랑스령 서(西)아프리카로 현재는 독립이 된 나라들은 베냉, 부르키나파소, 기니, 코트디부아르, 말리, 모리타리, 니제르, 세네갈 등이다.

이들 나라 중 최후로 1959년에야 독립을 하게 된 나라도 있다. 또 프랑스령 소말릴란드, 프랑스령 수단, 프랑스령 적도 아프리카로 가봉과 콩고가 있고, 프랑스령 인도차이나(1887~1945) 등은 식민지 영토였다.

(4) 네덜란드

네덜란드령 기아나, 네덜란드령 뉴기니 등과 함께 네덜란드 동인도회사(1602)를 설립해 네덜란드가 동남아시아 각 지역에서 밀 무역을 하던 회사들을 통합해 무역 독점과 권익 보호를 국가적 시책으로 시행했다. 이들이 후에 네덜란드 서(西)인도회사(1621)로 남북아메리카에 진출해 무역 독점권을 넘어 식민지를 건설하고, 1626년에 뉴욕의 전신인 뉴 암스테르담 시(市)를 건설했던 것을 후에 영국이 정복해 뉴욕으로 변경시킨다.

이렇게 과거사를 보면 포르투갈, 스페인, 프랑스, 네덜란드 등이 모두가 아프리카를 침략해 식민지배를 했다. 그렇게 식민지배라는 정치적 지배자들에게 가톨릭 종교는 사회 안정과 식민지 현지인들을 종교라는 이름 아래 순응하게 하는 폭군의 이용물이 되었다.

그중에는 정부의 부당한 착취에 맞서서 순수한 종교 기능을 수행한 자들이 선교 역사에 고매한 이름으로 전해진다.

2) 아메리카 식민지 선교

(1) 포르투갈과 스페인의 식민지 선교

이 두 나라는 중세기 국왕들보다 더 상위에 있는 상왕(上王)인 교황의 특혜 속에 국왕이 마음대로 총독과 성직자를 임명할 특권을 받았다.

그렇게 국왕들에게 특권을 허락한 교황은 제214대 교황 알렉산더 6세(Alexander Ⅵ: 1492~1503)이다. 그는 스페인 출신으로 삼촌인 제209대 교황 칼리스투스(1455~1458) 덕분에 25세에 추기경이 되어 37년 동안 교황청의 모든 특혜와 특권을 누리면서 세 명의 여인들에게서 여덟 명의 자녀를 둔 부도덕한 자였다. 그런데 다른 추기경들에게 온갖 뇌물과 미인계를 써서 61세에 교황이 되었다. 그가 교황이 된 후 바티칸 궁을 창녀들의 연회장으로 사용한 역사로 "교황의 여인들"이라는 영화가 만들어졌다.

그렇게 부도덕한 교황이 스페인 국왕의 요청으로 포르투갈과 스페인에 1494년과 1524년에 '영토 관할 교서'(Demarcation bull)를 반포해 주었다.[92] 이 내용을 '파트로나토 레알'(Patronato Real)이라고 한다. 이 말은 '국왕 교회 보호권'이라는 뜻이다. 이 내용은 포르투갈 국왕에게는 브라질, 아프리카 및 아시아에, 스페인 국왕에게는 중남미와 북

---

92) Herbert Kane, 《기독교 세계 선교사》, 박광철 역 (생명의 말씀사), 1997, p.84.

미에 국왕이 임의대로 성직자를 임명, 해임할 권한을 부여해 준 교서라고 활용했다. 두 나라의 국왕들은 교황의 교서를 근거로 종교적 관심은 전혀 없이 침략군으로 총독이 지배하는 지역에서 주민들을 안정시키도록 종교를 빙자해 선교사들을 이용하게 만들었다.

참으로 교활한 국왕들은 교황의 교서를 자기들 편리대로 활용해 전 세계 각 곳을 침략하고 식민지를 건설하는 데 최대의 명분으로 삼았다.

부도덕한 교황의 교서가 부패한 정치가에 의해 아메리카 각 곳에서 '식민지 선교'(?)라는 결과론적 업적을 이룬다. 이들 중에는 소수의 양심 있는 선교사들이 있어서 그들은 "미션"(Mission)이라는 영화의 소재가 되기도 했다.

그러나 전체적으로 모든 선교사들은 국가의 식민지 정책에 이용물로 남용된 것이 당시의 시대적 역사였다.

이제는 아메리카 각 곳에 이뤄진 식민지와 함께 결과론에 의해 그곳에 종교가 정착되었으므로 선교 역사라는 미명이 따르게 되었다.

이 내용을 살펴보자.

① 포르투갈(Portuguese)

포르투갈이 아프리카의 앙골라, 모잠비크, 기니 등에 식민지를 만들었다. 그뿐만 아니라 동남아 인도를 점령해 향신료를 수입하면서 식민지를 만들었고, 그다음에는 브라질을 식민지로 만들었다.

브라질은 남아메리카 중 유일한 포르투갈 식민지국이었다. 브라질이 1549년 포르투갈 총독제가 실시되어 처음에는 목화 재배, 설탕 산업을 거쳐 세계 커피의 절반을 생산하는 커피 생산국이 되었다. 브라질은 국토 면적이 세계 5위에, 인구는 1억 5천만 명이다. 그런데 브라질은 인구 93.5%가 가톨릭이고 개신교는 3%에 불과하다. 브라질이 가톨릭 국가가 된 것은 가톨릭의 식민지 선교의 결실이다.

② 스페인령

오늘날 서(西)인도제도(West Indies)에는 13개의 독립된 섬나라들이 있다. 바하마, 쿠바, 자메이카, 아이티와 도미니카 등 독립된 섬들과 미국령, 영국령, 프랑스령 등 수많은 섬들이 존재한다. 이 모든 서인도제도 섬들이 처음에는 스페인 식민지였다. 그뿐만 아니다. 멕시코, 플로리다 등 남미도 식민지 건설 때 무력으로 정복함으로 희생된 자들보다 외지인이 침입해 순수한 원주민들에게 전염병을 전파하여 희생된 숫자가 더 많을 정도였다.

스페인은 소수의 백인들이 인디언을 말살시키거나 흑인들을 투입시켜 흑백 혼혈족을 만들어 원주민들을 박멸해 나갔다. 스페인인들이 아메리카에 진출해 식민지배 과정 중에 총과 균과 무기들로 학살시킨 역사를 재레드 다이아몬드(Jared Diamond) 교수가 《총, 균 쇠》로 발표해 세상에 경각심을 일으켰다.[93]

③ 프랑스령

아메리카에 건설된 프랑스 식민지는 스페인 못지않게 광대했다. 프랑스인들이 아프리카, 서인도제도와 남아메리카, 북아메리카 등 광범위한 식민지를 구축했다. 그러나 뒤늦게 식민 정책에 뛰어든 영국과 '7년 전쟁'(1756~1763)을 해서 영국에 패함으로 저들이 구축해 놓은

---

93) J. Diamond, 《총, 균, 쇠》, 김준 역 (문학사상사, 2013).

식민지들을 모두 영국에게 빼앗기고 말았다.

그래서 캐나다의 일부와 프랑스령 폴리네시아(Territoire De la Polynesie Francaise)만 남았다. 프랑스령 폴리네시아는 남태평양 폴리네시아 중부에 있는 약 130여 개의 섬들로 인구 20만 명 정도가 산호섬, 야자유, 바닐라, 커피, 진주 등을 생산하고 있다. 그래서 타히티 섬을 비롯한 관광 산업이 주요 수입원이 되고 있다.

3) 아시아 공격 선교

종교개혁 후 가톨릭 교회가 전 세계를 향해 다양한 수단으로 선교(?)라는 목적을 사용한다. 그것이 당시에는 화려한 명분으로 포장되어 진행되었으나 결과론적으로 평가할 때에 아프리카에는 침략 선교로, 아메리카에는 식민지 선교로, 유럽과 아시아에는 공격 선교로 수행되었다. 왜 이 같은 차이가 생겼을까?

그것은 선교를 수용하는 대상들의 반응에 따라 선교방법도 달라졌다고 본다. 아프리카나 아메리카에서는 흑인과 인디언들이 극히 순수했기에 외지인들의 침략야욕을 간파하는 데 느렸다. 그에 반해 아시아에서는 기독교보다 훨씬 역사가 깊은 불교, 유교, 샤머니즘 등으로 외세 종교에 대해 호감을 갖지 못했다. 그러나 아시아 국가 중에서도 자기 나라가 만든 종교가 아닌 외국 수입 종교를 변형시킨 필리핀, 일본 같은 나라에서는 가톨릭 선교가 성공을 이룬다.

이제 아시아 각 나라에서 가톨릭이 선교되는 내용을 살펴보자.

(1) 동남아시아(Southeast Asia)[94]

동남아시아란 아시아의 남동부를 차지하는 지역으로 북위 28~30(미얀마)에서 남쪽 티모르 섬(남위 11)까지의 남, 북, 동, 서의 5,000km의 광대한 범위를 이른다.

이 안에 있는 나라들은 베트남, 라오스, 캄보디아, 타이, 말레이시아, 싱가포르, 미얀마, 인도네시아, 필리핀, 브루나이 등이 포함된다.

동남아 지역에 최초로 공격해 들어간 서양인은 포르투갈인이다. 저들은 아프리카 희망봉을 통과해 인도에 기착한 후 50여 년 동안을 동남아 각 곳과 일본에 이르기까지 무역 중개소를 운영했다. 이렇게 포르투갈은 무역 중개소 운영 때 중심지 몇몇 곳에 가톨릭 사제들이 그곳에 주재하면서 토착 종교는 단속하고 가톨릭 종교를 주입하려고 했다.

그 같은 선교가 쉽지 않자 포르투갈인과 토착민들과의 혼인을 통해 자녀들에게 세례를 주어 가톨릭으로 개종시키려고 노력했다.

이와 달리 남, 동남아 전역에 선교를 개척한 선구자는 예수회 초창기 회원이었던 프란체스코 자비에르(Francis Xavier: 1506~1552)였다.

자비에르는 파리 대학에서 이그나티우스 로욜라와 한 동지로 만나 1534년에 예수회 창립 동지가 되었다. 그는 1539년 포르투갈 국왕 후안 3세의 요청으로 교황 사절에 임명되어서 말레이 제도의 선교사로 파송되었다.

그는 1542년 인도 고아에 도착하여 3년간 병자들을 상대로 전도와

---

94) 케니스 래토레트,《기독교사 (中)》, pp.597~614.

봉사를 했다. 이때 인도 남서부 진주 조개잡이 어부들을 상대로 전도한 결과 수천 명에게 세례를 주었다.

가톨릭의 세례는 거듭남의 확인 후에 실시하는 침례가 아닌, 가톨릭 신앙에 호감을 갖고 동의하는 자에게 신앙을 갖도록 희망을 주는 약식 의식이므로 세례인을 가지고 선교했다고 말할 수는 없다.

그러나 가톨릭 교회 교리는 세례가 '주입 은혜'로 작동해 구원된다고 믿기에 과거와 현재에도 세례를 커다란 성과라고 과신한다.

자비에르는 말라카에서 만난 일본인 하키로를 대동하고 1549년에는 일본으로 선교 영역을 넓힌다. 자비에르가 일본어를 배우고 2년 후에는 교인 2,000명을 만든다. 그러나 일본 불교 승려들에 의해 추방을 당한다. 그래서 중국으로 가려다가 거절당하자 1552년 고아로 돌아가 고아 대학을 세우고 사역하다 죽는다.

결국 자비에르는 1542년부터 1552년까지 10년 동안 동남아 여러 곳인 실론, 말라카, 몰루카 제도 등에 선교를 했다. 예수회는 그가 개종시킨 자를 70만 명 이상이라고 극찬했다. 교황 피우스 10세는 그를 '해외 선교의 수호성인'(1622)으로 시성했다.

(2) 인도(India)

인도는 그리스(헬라)인들이 인더스(Indus) 강 유역 지방을 인도라고 부른 데서 그 이름이 시작되었다. 주전 2000년경 인더스 강으로 진출한 아리아인들은 신두(Sindhu)라고 했고, 이것을 이란 지방에서는 힌두(Hindu)라고 했으나 그리스(헬라)인들에 의해 인도(Indos)가 되었다고 한다.

매우 재미있는 것은 1493년 9월에 콜럼버스(Columbus: 1451~1506)가 17척의 선단으로 1,500명이 신대륙을 발견하고 1496년 3월에 2척의 배로 225명과 30명의 인디언을 데리고 귀국했다. 이때 콜럼버스는 인디언들이 인도인이라고 믿었기에 인디언(Indian)이라는 용어가 생겼다고 한다.

인도에는 토착적 철학을 체계화한 불교나 자이나교가 주전 600년 이전부터 존재해 왔다.

그런데 7세기 사막의 종교 이슬람교가 인도에 침입해 858년 이슬람에 의한 무굴 제국이 기존 힌두 종교와 갈등을 겪으며 계속되었다.

인도의 이슬람 세력은 17세기 이후 영국의 동인도회사에 의한 식민지화가 계속 확대되다가 1857~1858년 세포이 전쟁 후 인도는 영국 식민지가 되었다. 그 후 1947년 8월 15일 영국에서 독립될 때까지 200여 년간 영국의 식민지배를 받았다.

오늘날은 독립된 입헌 민주 공화국이지만 공용어 11개와 주요 언어 15개에다가 다민족, 다종교, 4계급(브라만, 크샤트리아, 바이샤, 수트라)이라는 계급 구조 등으로 계속된 혼란이 이어지고 있다.

여기에 인구는 세계 제2위국이고 종교는 76%가 힌두교, 11%가 이슬람을 이루고, 가톨릭과 개신교는 매우 적은 비율을 갖고 있다.

이곳에 최초의 선교사로 활동한 것이 가톨릭의 각 수도단들이었다. 예수회가 모굴(Mogul)의 영토에서 오랫동안 선교를 했다. 모굴은 몽골족의 후손으로 처음에 이슬람 교도들이었으나 1556~1605년 사이의 통치자에 의해 여러 종교의 혼합 종교 정책으로 소수의 무리들이 존재했다.

보다 더 큰 열매는 남부 마두라(Madura)에 본부를 둔 예수회 선교사 노빌리(R. de Nobili: 1577~1656)가 도시의 브라만을 상대로 선교하여 마두라 지역에서 1703년까지 20만 명을 개종시켰다고 한다. 그 외에 프랜시스, 도미니크, 칼멜, 어거스틴, 카푸친, 데아틴 등 수도단들이 인도에서 선교활동을 했으나 효력은 미미했다.

포르투갈 사람들이 처음 인도에 개입한 후 저들은 인도 선교에 장단점을 모두 야기시켰다. 장점이라면 앞서 아프리카에 교황이 두 나라(포르투갈과 스페인) 국왕에게 성직자를 마음대로 임명, 해임할 수 있는 권한을 부여해 준 '국왕 교회 보호권'(Patronato Real)이었다. 포르투갈은 이 특권을 활용해 관리들이 여러모로 각 곳에서 자유롭게 교회를 지원할 수 있었다.

그에 반해 단점은 저들이 기독교 신앙의 모범을 보이기는커녕 온갖 부도덕과 추행에 대해 전혀 반성하지 않고 지배자로 군림해 나갔다. 이렇게 장점 못지않게 단점이 많았으므로 16세기, 17세기 가톨릭의 인도 선교는 큰 성공을 거두지 못한다.[95]

그 후 17세기 이후 18세기에 개신교 선교사들이 인도에 투입되었으나 선교사들의 희생에 비해 큰 성과가 따르지 않았다. 이것을 인도 민족의 구성 요소와 정통적 종교의 요인으로 분석할 수도 있고, 초기 선교사들과 후기 개신교 선교사들 모두가 침략자 편에서 활동한 것을 요인으로 볼 수도 있다. 그러므로 우리는 과거사를 통해 우리가 어떻게 살아가야 하는가를 많이 배우고 깨달아 교정하도록 해야 할 것이다.

(3) 동인도제도(The East Indies)

동인도제도에는 말레이 열도(The Maley Archipelago)라고 알려진 섬들이 있다. 여기에는 종족, 언어, 종교가 혼합되어 있고 정령 숭배(Animism), 힌두교, 불교 및 이슬람에다 기독교까지 섞여 있다.

---

95) 앞의 책, pp.600~603.

이곳에 최초의 기독교로 포르투갈과 스페인이 가톨릭을 도입했다. 그런데 16세기 말에 네덜란드 사람들이 동인도회사(The East India Company)를 중심으로 전에 정착한 포르투갈인들을 추방했다. 네덜란드인들은 또 실론(Ceylon)에 구축된 포르투갈 성직자들을 내쫓고 (1658) 가톨릭 재산도 몰수해 1722년 실론의 개신교는 43만 명에 육박했으나 거의가 피상적 종교인에 불과했다. 또 16~18세기에 로마 가톨릭교는 버마, 말레이 반도, 사이암, 캄보디아, 코친차이나, 안남, 통킨 (Tonkin) 등에 뿌리를 내렸다.

그로 인해 가톨릭 교회는 1663년 '해외 선교회'(The Society of Foreign Missions)가 발기되었다. 그로 인해 18세기 중엽의 인도차이나에는 가톨릭이 수천만 명을 헤아렸다.

(4) 필리핀 제도(The Philippine Islands)

필리핀은 7,100여 개의 섬들로 구성된 나라다. 이중에서 북부의 루손 섬과 남부의 민다나오 섬이 총 면적의 66%를 차지한다. 필리핀이라는 이름은 16세기 중엽 스페인 탐험가 빌리아보스가 당시 스페인 황태자 펠리페 이름을 따서 지었다고 한다. 현재 주민의 90%가 신(新) 말레이계 민족이고, 또 중국, 스페인, 일본, 미국 등의 유입으로 민족 구성이 다양하다.

그래서 80개 이상의 민족과 134개의 언어로 구성되어 있다. 총인구는 6,500만 명에 공용어가 영어, 필리핀어이고, 가톨릭과 개신교, 이슬람 등이 섞여 있다.

이곳 필리핀을 최초로 서부 유럽에 알린 사람은 탐험가 마젤란 (Magellan: 1521)이었다. 그 후에 가톨릭의 각종 수도회들이 가톨릭 선교에 주력했다. 그래서 1586년에 40만 명이 세례를 받고 1735년에는

83만 명의 세례 교인이 있었고, 18세기 말에는 100만 명의 가톨릭 신자가 있었다고 한다.[96]

스페인은 필리핀에 이렇게 가톨릭 신자가 많아지자 18세기 후반부터 적극적으로 식민지 경영에 나섰다. 필리핀의 설탕, 담배, 마닐라 삼, 인디고 등의 수출은 마닐라 개항(1834)과 수에즈 운하 개통(1869) 등으로 더 확대되었다.

이처럼 스페인의 필리핀 지배가 강화되자 1890년대 필리핀 혁명으로 무력 반항에 의해 1899년 공화국으로 독립되었다. 그 후 쿠바 독립 문제로 미국과 스페인 간 전쟁이 일어났다. 미국은 필리핀을 할양받아 1935년 필리핀이 독립했으나 뒤이어 일본군이 점령하므로 1946년에야 해방이 되었다. 현재 필리핀 상원의원 중 상당수가 스페인계 가문 출신들로 남아 있다.

(5) 일본(Japan)

일본은 중국인이 'Jihpun'이라고 한 것을 서양인들이 'Japan'이라고 부른 것에서 유래된다.

일본이 오랜 세월 동안 조선을 자주 침략했으므로 경멸하는 뜻으로 '왜국'(倭國)이라 해왔다. 일본은 18세기 중엽 개국 이래 서구 문화를 도입하여 급속하게 선진국 대열에 등장한다.

지금은 인구 1억 2천만 명에 불고, 신도(神道)가 주 종교이고, 가톨릭이나 개신교 모두 영세하다. 그런데도 일본 하면 근세 시대에 찬란한 선교 역사를 크게 자랑한다. 왜 근세 시대에 찬란한 일본 선교가 오늘날에는 초라한 모습이 되고 말았는가? 그것을 이해하기 위해서

---

96) 앞의 책, pp.607~608.

는 일본의 전체 역사를 대략적으로 알아야 한다.

일본의 역사를 살펴보면 다음과 같다.

① 초기 천황(天皇)에 의한 전설시대[97]
② 쇼토쿠(聖德) 태자(太子)의 나라 시대
③ 다이라(平) 씨와 미니모토(源) 씨의 싸움 시대(1160)
④ 도요토미 히데요시(豊臣秀吉)의 실권 장악 시대(1582)
⑤ 도쿠가와 이에야스(德川家康) 에도 바쿠후 개설 시대(1603)
⑥ 미국 사절 페리 제독 내항 후 시대(1853)
⑦ 메이지(明治) 유신(1868)의 메이지 구심점의 천황 시대
⑧ 중일(中日) 전쟁, 난징(南京) 대학살(1937)
⑨ 태평양전쟁 패배 항복 문서 서명(1945.9.2)
⑩ 맥아더 원수에 의한 군정시대(1945~1948)
⑪ 미군의 일본 비군사화 정책에 의한 안보 조약하의 종속 체제의 현재

일본 역사 속에 최초로 기독교가 전래된 것은 예수회 창설자 중 하나인 자비에르(Francis Xavier: 1506~1552)가 1549년에 가서 짧은 몇 년 동안 선교한 때였다.

이때 일본은 오랜 기간의 분열과 내란을 거듭하던 '다이라'(平)와 '미니모토'(源) 간의 시대가 막 가신 후였다. 이때 일본의 주종 세력은 오다 노부나가(Oda Nobunaga), 도요토미 히데요시(Toyotomi Hideyoshi), 도쿠가와 이에야스(Tokugawa Ieyasu) 등 3파가 서로 견제하면서 겉으로는 통합이 이뤄지고 있었다.

---

97) 《세계대백과사전》 (한국교육문화사), 1994, pp.432~434.

처음에는 오다 노부나가가 중앙 정치를 이끌어 갔으나 지방은 여러 봉건 제후들에 의해 나누어져 있었다. 지방의 제후들을 '다이묘'(大名, daimyo)라고 부르는 이들은 세습 군주들이었다. 이렇게 오다 노부나가의 통치 기간에 포르투갈 사람들이 1542년경 일본에 들어가 통상을 통해 그들과 접촉하므로 지방의 다이묘들 중 규슈 섬과 나가사키 등의 다이묘들은 저들과 통상이 유익하다고 판단했다.

이런 때에 자비에르가 1549년에 일본에서 짧은 2년 동안 선교를 한다. 자비에르는 2년 후에 일본을 떠났으나 다른 동료 예수회원들이 일본에 남아 1582년에는 약 200개의 교회와 15만 명의 신자를 만들었다고 한다.

중앙 통치자 오다 노부나가가 죽고(1582) 도요토미가 중앙 통치자가 되었다. 로마 교황청은 1588년에 일본에 주교 관구를 만들고, 1590년에는 예수회만이 아닌 프란시스와 도미니크 종단 사람들까지 일본 선교를 허용했다. 일본 내 3개 가톨릭 종단 선교사들 간의 선교 열정의 미묘한 갈등은 통치자로 하여금 의구심을 만들게 한다.

선교사들로 인해 일본 국민들 간의 분열을 초래할 위험성을 느낀 도요토미는 1587년에 일본 국민은 가톨릭에 대항하라는 포고령을 내린다. 그리고 일본 국민들을 단합시키는 수단으로 조선왕조를 침략하는 임진왜란(1592~1598)을 일으킨다.

조선왕조 선조 25년에 일본군은 3군으로 구성되어 침략한다. 제1군은 1592년 4월에 고니시 유키나가(小西行長)가 부산포로, 제2군은 가토 기요사마(加藤淸正)가 울산, 영천, 충주로, 제3군은 구로다 나가사마(黑田長政)가 김해를 지나 추풍령으로 15만 대군이 침략을 했다.

한편 구키 요시타카, 도도 다카토라가 거느리는 수군 9천 명은 바다를 점령했다. 이렇게 치러진 임진왜란 7년 동안에 이순신 장군의 눈부신 활약으로 전쟁을 종식시킨다.

이 전쟁 후 포로로 약탈해 간 조선의 문화재로 도자기 제조 기술과 인쇄술의 비약적 발전을 가져온다. 도요토미가 1598년 사망함으로 임진왜란 후 새 지도자인 도쿠가와 이에야스(德川家康)에 의해 정권 교체가 이뤄졌다.

일본의 기독교 선교는 오다 노부나가와 도요토미 히데요시 집권 시에 있던 1549년부터 1598년까지의 중간 기간의 역사다.

새로운 지도자가 된 도쿠가와 히데요시 역시 포르투갈이나 스페인인들의 입국이 정복이나 반란의 요인이 된다고 보고 선교사들 입국을 적극적으로 억제하려고 했다. 그러나 정치가들의 반기독교령 (Anti Christian edicts)에도 불구하고 신앙을 고수하려 한 일본인들의 끈질긴 노력은 더욱더 정치가들을 자극했다. 그 결과 1637년과 1638년에 일본인 중 많은 이들이 반란 가담자로 지목되어 무자비한 고문과 처형이 이루어졌다.

가톨릭 국가인 포르투갈, 스페인 다음으로 개신교 국가인 네덜란드, 영국 등이 선교가 아닌 상업 목적으로 통상이 재개되었다가 통치자 교체로 수난을 당하게 되었다. 일본 역시 상업 목적으로 선교사들의 활동이 이뤄지다가 통치자의 박해가 시작된다. 이때 나가사키 산속에 수천 명이 표면적으로는 불교도로 위장하고 산속에서 가톨릭 신앙을 계승해 오게 된다.

우리는 일본의 역사 속에서 근세사에 1549년 자비에르가 시작한 가톨릭 선교가 1613년 기독교 금지 압력령으로 250년 동안 이뤄진 근세사의 선교 역사를 알 수 있다.

그 후 1858년 개신교가, 1859년 가톨릭 입국이 다시 허용되어 오늘에 이르렀다. 그러나 기독교 진리보다 더 오랜 역사를 지닌 불교 신앙이 일본인의 전체적인 신앙이고, 여기에다 섬나라 민족들이 갖는 공통적 미신인 물활론(Hylozoism)이 팽배해 있는 일본에서 기독교 선교는 매우 열악한 현실이다. 일본 선교의 승패는 불교 철학과 물활론을 극복할 수 있는 명쾌한 진리가 등장해야 한다고 판단된다.

(6) 중국(China)

중국은 5,000년의 길고 긴 역사를 가진 나라다.

그렇기에 중국을 지배했던 왕조들은 수많은 변화와 함께 각각 다른 특징들을 남긴다. 예컨대 주전 1050년경의 주(周)나라는 주역(周易)을 남긴다. 춘추전국시대(B.C. 722~221)에는 공자(公子)의 유교가 생긴다. 진(秦)나라(B.C. 221) 시황제는 중국을 통일하고 만리장성을 쌓는다. 한(漢)나라(B.C. 202)는 사마천의 《사기》(史記)를 만든다(B.C. 97).

주후 220~280년에는 위(魏), 촉(蜀), 오(吳)의 삼국지를 만든다. 420~479년의 송(宋)나라, 581~618년의 수(隋)나라, 618~907년의 당(唐)나라, 1271~1368년의 원(元)나라, 1368~1636년의 명(明)나라, 1636~1912년의 청(淸)나라, 1912~1948년의 중화민국, 1949년~현재의 공산주의 국가이다.

이렇게 수많은 왕조들이 변화를 거듭해 왔다. 이들 각각 다른 왕조들의 종교 정책은 변화무쌍하다. 그중에서 꾸준하게 오랜 역사를 유지하는 것은 중국산 종교인 유교다.

중국에 기독교가 전래된 것은 세 번 있었다. 최초로 7세기 당나라 때 네스토리안(Nestorian) 후예들이 들어가 황제의 인정을 받고 경교

(景敎)라는 이름으로 활약하던 때와 13세기 몽골족이 이룩한 원(元)나라 때 마르코 폴로와 서방 기독교가 활약했던 때가 있었다.

그 후 16세기 명나라 때 포르투갈 사람들이 마카오를 통해서 들어오면서 서양인들과의 접촉이 시작된다.

그리고 17세기 자비에르의 유지를 계승한 마테오 리치(Matteo Ricci: 1552~1610)가 중국에 괄목할 만한 선교를 이룩한다. 마테오 리치는 '하나님'을 '샹티'(上帝) 또는 '천제'(天帝)라고 하는 중국식 개념을 도입함으로 고위관리들을 중심한 활발한 선교가 이뤄진다. 그는 특히 천문학자로 중국력을 기독교식으로 활용하게 했다.

이렇게 명나라 때 선교가 성공한 예수회 중심이 명나라가 망한 후 프랑스로부터 파송된 도미니크, 프란시스 종단의 선교사들과 분쟁이 생긴다. 그것은 교황령을 근거로 성직자 임명을 국왕에 의해 이루려는 포르투갈 선교사들이 예수회 선교 정책이 우상숭배라고 공격을 하는 데서 갈등이 시작되었다.

똑같은 가톨릭 내 예수회 선교사와 기타 다른 도미니크, 프란시스, 어거스틴 등의 종단 선교사 간의 우상숭배 갈등을 로마 교황청은 도미니크, 프란시스 편에서 지지했다.

이것으로 예수회가 교황에 의해 해체되는 결과가 따랐고(1750), 중국 내 새로운 왕조인 청(淸)나라 강희제(康熙帝: 1661~1722)로 하여금 선교사들을 차별화하여 예수회만 수용하고 기타는 배척하는 결말을 가져온다.[98]

중국의 기독교는 청(淸)나라 때 가톨릭을 금지시키고(1667), 그 후

---

[98] 앞의 책, pp.611~614.

영국의 개입으로(1793) 아편전쟁(1840~1842)이 일어난다. 아편전쟁에 패한 중국은 난징 조약으로 5개항을 허용한다. 그것이 ① 광저우 ② 샤먼 ③ 푸저우 ④ 닝보 ⑤ 상하이였다.

이렇게 시작된 영국령 상하이는 100년 후인 1942년에야 반환이 되었으나 아직까지도 영국과 중국은 갈등을 이어가고 있다.

중국은 아편전쟁 후 중국 영토의 분할지배가 시작되었고, 1884~1885년의 청국과 프랑스 전쟁, 1894~1895의 청일전쟁, 1900년 의화단(義和團)의 베이징 점령, 1912년 청의 멸망과 장개석의 중화민국 수립, 1921년 모택동의 공산당 성립 후 1938년 인민 전쟁을 하게 되었다. 1941~1945년의 태평양전쟁 중 모택동은 일본군과 장개석 정부군과 투쟁하여 1949년 모택동의 공산당 정부가 수립되었다.

우리는 중국 선교사를 네 단계로 볼 수 있다.[99]

① 7세기 당나라 때의 네스토리안의 경교 시절, ② 13세기 원나라 때 마르코 폴로가 원나라 관리로 활동한 시절, ③ 17세기 명나라 때 마테오 리치의 토착화 선교 정책에 의한 왕성기 시절, 그리고 ④ 20세기 중화민국 때 장개석의 호의로 개신교 선교사들이 선교를 이룬 때가 있었다.

공산당 정권 이후 지도자에 따라 현재 '3자 교회'가 진행되고 있다. '삼자'는 ① 자치(自治) ② 자양(自養) ③자전(自傳)을 가리키는데 외국과 관계를 끊고 자치하고, 경제적으로 자립하며, 사상적으로 자력 전도한다는 뜻이다.

이들 삼자운동에 의해 1954년에 70만 명의 신도가 1980년대에는

---

99) 안희열,《세계 선교 역사》(침례신학대학출판부, 2013), pp.356, 403.

300만 명으로, 2000년대는 훨씬 더 많아졌을 것으로 추정한다. 지금은 '중국 천주교 애국회'를 중심한 가톨릭 세력과 각 교파들이 경쟁적 선교가 불러온 부작용으로 개신교는 답보 상태를 유지하는 것으로 관측하고 있다.

중국에 보다 활발한 선교가 이루어져 공산당 정권이 붕괴될 날을 갈망한다. 그 같은 열망의 근거는 단순한 희망이 아니다. 과거에 이루어졌던 선교 역사가 꿈이 아니라 실제 역사였음을 믿고 줄기찬 갈망을 가져야 할 것이다.

2. 개신교의 정체 250년

[서론]

로마 가톨릭 교회는 서방에서 종교개혁(1517년 이후)으로 가톨릭에서 분리된 세력을 다시금 가톨릭으로 환원시키는 운동을 전개했다. 그것이 예수회를 통한 반(反)종교개혁 운동이었다. 이들 예수회의 반종교개혁 운동은 유럽 각 곳에서 괄목할 만한 큰 성과들을 이루어냈다. 이 같은 예수회의 선교 활동과 다르게 포르투갈과 스페인은 교황의 교서에 힘입어 아프리카 침략과 아메리카 식민지 정책에 크게 성과를 이룬다.

유럽에서의 예수회 활동에 고무된 군주들의 개신교에 대한 탄압이 드디어 30년 전쟁(1618~48)이라는 씻을 수 없는 죄악사를 남긴다. 한편 가톨릭의 수도회들은 아프리카, 아메리카, 아시아까지 선교의 경지를 넓혀 나간다.

그런데 개신교는 어떠한가? 종교개혁이 시작된 후(1517년) 250여 년간 유럽이든 아프리카든 아시아든 어느 곳에서도 선교가 이뤄지지 않는다. 개신교는 종교개혁으로 이뤄졌다. 그런데 종교개혁 후 그 어느 누구도, 어느 교파에서도 선교활동이 없었다. 개신교가 현대에 들어와 최초로 선교를 시작한 것은 영국의 침례교 선교사 윌리엄 캐리(William Carey: 1761~1834)에 의해서였다.

그가 개신교 최초로 인도 뱅골 지역에 선교사로 간 때가 1793년이다. 캐리는 인도에서 34년 동안 괄목할 만한 선교활동을 전개했다. 그는 인도어 중 36개 언어로 성경을 번역 출판했고, 전도, 교회 설립, 교육, 의료 지원 등 다양한 선교를 이룸으로 '현대 선교의 아버지'라는 존칭을 얻는다.

개신교가 시작된 1517년 이후 캐리가 1793년에 인도 선교를 시작하기까지 개신교 전체는 선교를 하지 않는 250여 년간의 정체 암흑기를 보냈다. 개신교가 가톨릭의 부패, 부정을 탈피하자고 종교개혁을 했다. 그런데 250여 년간 암흑 속에 세월을 허송한 이유가 무엇인가?

여기에 대해서 종교개혁으로 혜택을 입은 개신교 신학자들은 과거사에 정직하게 반성하지 않고 침묵 내지는 묵인해 오고 있다. 필자는 개신교도가 아니고 '신약교회 사관' 제창자이다. 여기서 신약교회 사관에 근거하여 개신교 250년의 정체 원인을 분석해 보겠다.

1) 개혁자들의 잘못된 신학

종교개혁자라면 루터와 칼빈을 말한다. 이들 두 사람의 신학에 많은 문제들이 있음은 저들의 사상 비판에서 이미 지적한 바 있다. 여기서는 선교 신학적 측면에서 잘못된 신학을 지적해 보겠다.

(1) 루터의 사도행전 1장 8절의 잘못된 해석

사도행전 1장 7~8절은 예수님께서 감람산에서 승천하시기 직전에 마지막으로 분부하신 지상 대명령의 내용이다.

이때 주님께서는 너희가 성령에 의한 권능을 받고 ① 예루살렘과 ② 온 유대와 ③ 사마리아와 ④ 땅 끝까지 이르러 주님의 증인이 되라고 하셨다. 이렇게 기록된 예수님의 지상 대명령에 대한 해석을 루터는 어떻게 했는가? "예루살렘은 사도행전 7장 60절부터 8장 1절에서 이미 성취되었고, 온 유대와 사마리아는 사도행전 8장 1절부터 12장 25절에서 성취되었다. 땅 끝까지는 사도행전 13장 1절부터 28장 31절에서 소아시아와 로마, 서반아까지로 사도들의 때에 '땅 끝까지'의 선교가 이루어졌다"라고 해석했다.

루터의 이 같은 "땅 끝까지"의 해석은 초대교회 당시의 땅 끝이라 할 수 있는 "서바나"(롬 15:28)가 맞는 말일지 모르겠다. 그러나 주님의 지상 명령의 '땅 끝'이 서반아였을까?

루터의 서반아 해석은 로마시대에 국한된 해석에 불과하다. 예수님이 말씀하신 '땅 끝'은 지리적으로 민족적으로 국한된 개념이 아니라 복음이 쉽게 받아들여지지 않는 민족, 족속, 나라 등 온갖 위험과 핍박이 도사리고 있는 지리적 장벽을 뛰어넘는 위대한 선교명령이었다. 그렇기에 "땅 끝까지"라는 '헤오스 에스카투 테스 게스'($ἕως\ ἐσχάτου\ τῆς\ γῆς$)라는 뜻은 '땅의 최극단까지'(unto the uttermost part of the earth)라는 뜻을 가진 내용이다. 그런데 루터는 이탈리아 갈릴레이(G. Galilei: 1564~1642)의 지동설을 이해하지 못한 로마 가톨릭식 천동설 영향을 받고 있었던 것 같다고 추측된다. 그래서 루터는 성경학 박사이지만 그의 세계관은 여전히 가톨릭주의자들이 맹신하는 천동설에 머물러 있었다고 추측된다.

루터는 사도행전 1장 8절의 "땅 끝까지"를 고작 서반아라고 해석하는 그 시대적 한계점에 머물러서 주님의 지상명령을 극히 제한되게 이해했다. 루터는 시대적 상황에 제한을 받았다고 이해를 하자. 그렇다면 루터 이후의 루터교 신학자들은 새로운 세계관을 알고도 왜 루터의 제한점을 시정하지 못하는가? 사실은 이 문제가 더 크고 위험한 문제이다.

기독교 세계에서 가장 크고 위험한 전통이 소위 교조주의(敎條主義, Dogmatism)라고 하는 것이다. 교조주의는 특정 대표가 처음 주장한 이론이 후에 보면 충분한 근거나 증명이 되지 않는데도 불구하고 일정한 가설을 그대로 고집하며 계승시키는 것을 뜻한다. 로마 가톨릭의 교황제 이론은 주후 590년 그레고리우스 1세(590~604)가 최초로 주장한 이래 그 후계자들이 계속 계승시키고 특권을 누리며 어리석은 신도들을 쇠뇌시켜 오고 있다.

루터의 신학도 그의 후계자들이 문제점을 발견하려 하지 않고 맹신적으로 루터의 주장은 다 옳다고 맹신한다. 칼빈주의의 교조주의는 가장 명확한 대표적 맹신이다. 칼빈 자신이 일생 동안 수많은 반대자들의 반대 이론에 맞서서 자기주장을 관철시켰던 것처럼 칼빈의 후계자들도 똑같이 칼빈 사상만을 성경적 진리인 양 계승해 오고 있다.

참으로 어리석은 미신 신앙이라고 아니할 수 없다. 저들은 그리스도 안에서 얻어진 자유의 기쁨을 모르고 창시자의 주장만이 가장 확실하다는 "종의 멍에"(갈 5:1)를 메고 살아가는 교조주의자들 같다.

이제 루터보다 더 심각하고 치명적인 피해를 준 칼빈주의의 해악을 살펴보자.

(2) 칼빈의 비성경적 예정론

필자는 《종교개혁사》에서 성경의 예정론 사상과 칼빈의 비성경적, 개인적 예정론 사상의 차이를 설명했다.[100]

그리고 본서 제2부 제1편 전기 근세 교회사 제1장에서도 칼빈 사상의 문제점을 다시금 강조했다.

성경의 예정사상은 구원받은 자들만이 실감할 수 있는 오묘막측한 하나님의 섭리를 신앙적으로 과거사들을 모두 다 하나님의 섭리로 해석해내는 너무도 감격스럽고 너무도 황홀한 과거사 고백이다. 그런데 이렇게 황홀하고 은혜로운 성경의 예정사상을 칼빈은 왜곡시켰다.

필자의 개인적 체험으로는, 칼빈은 구원받은 감격의 체험이 없는 자 같다. 왜냐하면 구원의 확신을 가진 자가 칼빈의 예정론 같은 애매모호한 사상을 가질 수 없기 때문이다.

칼빈은 요한복음 5장 24절이나 요한일서 5장 13절의 뜻을 모르고 살아간 사람 같다.

그가 성경의 진리를 모르기에 에베소서 1장 3~14절과 3장 11절의 바울 사도의 감동적이고 오묘막측한 구원의 간증을 완전 자기 식으로 곡해했다. 그래서 바울 사도의 진의를 왜곡해 단지 '예정'이라는 단어 '프로오리사스'(προορίσας)에 매달려 성경의 다른 사례들을 자기 식대로 인용하면서 이중 예정론(Double Predestination)이라는 해괴하고 비성경적인 예정론을 만들어 놓았다.[101]

문제의 심각성은 그의 후계자들이다. 칼빈주의에 중독된 그의 후

---

100) 정수영, 《종교개혁사》 (쿰란출판사, 2012), pp.372~379.
101) 칼빈 주석, 로마서, 에베소서 참고.

계자들은 성경을 제대로 보지 않고 칼빈 사상이 완전하다는 색안경을 쓰고 계속해서 똑같은 주장들을 반복해 오고 있다.

이것이 앞서 말하는 교조주의(Dogmatism)의 맹신이고, 그와 같은 교조주의는 칼빈 이후 250여 년을 완전 암흑세계로 일관되게 만들었다.

칼빈의 교조주의적 해악은 장로교 내로 국한되지 않았다. 칼빈의 비성경적 예정론은 영국 성공회나 영국 침례교파에까지 확산되어 유럽 전체를 암흑세계로 몰아갔다. 영국 침례교 초기 역사를 보면 영국 침례교가 얼마나 개혁주의자들의 신학 사상에 침식되어 있는가를 알 수 있다. 침례교 기원에 관한 침례교 신학자 중 상당수가 영국 국교에서 분리되어 나온 영국 국교 분리주의자 후예설(English Separatist Descent Theory)을 따른다. 필자가 오랫동안 관계했던 대전 침례신학교의 역사 신학 교수들 거의 전부가 영국 국교 분리주의자 후예설을 따른다.

그 주장에 따르면, 1611년 헬위즈(Thomas Helwys)가 런던 시내 스피탈필드(Spitalfield)에서 알미니안주의에 입각해 세운 '일반 침례교'(General Baptists Church)가 침례교회의 기원이라고 한다. 여기에 반해 또 다른 학자는 1638년에 헨리 제이콥(Henry Jacob)이 칼빈주의에 입각해 세운 '특수 침례교회'(Particular Baptists Church)가 침례교회의 기원이라고도 한다.[102]

이렇게 영국 국교회에서 분리되어 나온 알미니안주의에 입각한 '일반 침례교'나 칼빈주의에 입각한 '특수 침례교회'가 침례교의 기원이라고 믿는 사관을 가진 자들은 침례교가 개신교들 중 하나라고 주

---

102) 정수영, 《종교개혁사》, pp.476~480.

장한다. 여기에 관해 필자는 전혀 수긍하지 못하는 독특한 사관으로 '신약교회 사관'에 근거하여, 침례교 교파 간판을 달았던 시점을 기원으로 보지 않고 침례교 정신을 계승한 정신적, 사상적 계승자들로 침례교 기원을 분리주의자들로부터 이해한다.[103)]

침례교 기원에 관한 다양한 주장들로 인해 통일성이 없다는 약점을 가진 것이 문제가 있다는 것을 잘 알고 있다.

그러나 가톨릭이나 루터교나 칼빈주의자들이 역사적 근거가 뚜렷하다는 장점을 가지고 창시자를 예수 그리스도와 동반시하는 교조주의적 우상화는 침례교 기원의 혼란이 주는 피해보다 훨씬 더 심각하고 교정하기 어려운 해악이다. 그렇기에 침례교 기원의 다양한 이론이 최선은 아니지만 차선이 되는 셈이다.

그에 반해 창시자를 우상시하는 교조주의는 최선이 아니라 최악의 결과들을 만들어왔다. 그것이 250년 동안 개신교 전체가 깊은 독소에 빠져 헤어나오지 못하게 한 칼빈의 이중 예정론이었다. 성경에 이중 예정의 개념이 전혀 없다. 이중 예정 사상은 성경의 배반자 칼빈 개인의 무지한 사상이다. 그런데 하나님께서 구원자와 멸망자로 예정해 놓으셨기에 하나님께서 구원자로 예정해 놓으신 자는 제 발로 들어올 것이고, 하나님께서 멸망자로 예정해 놓으신 자는 아무리 노력해도 궁극적으로 멸망당할 것이라는 숙명론으로 대치시켜 놓았다. 성경 진리가 아닌 이 같은 칼빈의 숙명론 사상이 250년을 지배했다.

이와 같은 칼빈의 비성경적 예정론이 네덜란드 도르트에서 5개

---

103) 앞의 책, pp.481~489.

신조로(1618.11~1619.5) 반복되었고, 영국에서 웨스트민스터 신조(1643.7 ~1647.2)로 계승되어 오늘까지 계승되고 있다.

그런데 칼빈의 잘못된 비성경적 예정론의 무지를 누가 깨트렸는가? 그것은 칼빈주의에 중독된 칼빈주의자들에게서는 신성불가침의 영역이므로 상상할 수가 없다. 그것을 깨뜨린 사람이 영국 특수 침례교회 소속 목사였던 윌리엄 캐리(1761~1834)였다.

그 내용은 본서의 '제2부 근세 교회사 제3편 후기 근세 교회사 제4장 미국의 대각성 운동'에서 다시 살펴보겠다.

여기서는 종교개혁 후 250년간 개신교들의 정체 이유가 개혁자들의 잘못된 신학에서 비롯되었음을 밝히는 것으로 마무리하겠다.

2) 개신교 훈련기관의 부족이었다는 변명

교회사가들 중에 양식 있는 이들은 250년의 개신교 정체기를 인정한다. 그러면서 개신교가 가톨릭의 수도회들처럼 인재 양성의 훈련기관이 부재했음을 변명한다.[104]

부분적으로 일리 있는 역사적 사실이다. 가톨릭은 중세기 1,000년 동안 도미니크 수도회(1216년 창설), 프란체스코 수도회(1209년 창설), 예수회(1534년 창설) 등 헤아릴 수 없이 많은 수도단들을 창설해 수도원 인재 양성으로 인재들이 축적되어 왔다. 그들이 콜럼버스 신대륙 발견 이후 물을 만난 고기 떼처럼 전 세계로 확산되었던 것이 사실이다.

---

104) 케니스 래토레트, 《기독교사》, pp.593~614.

그렇다면 종교개혁 후 개신교들은 가만히 잠들어 있었는가? 천만의 말씀이다. 루터의 종교개혁 근원지인 비텐베르크(Wittenberg) 대학은 1502년에 설립되어 루터의 종교개혁을 완성했다. 그 후 이 대학은 1922년에 Lutherstadt Wittenberg 대학으로 이름이 변경될 때까지 인재 양성을 계승해 왔다.

그러나 비텐베르크 대학은 종교개혁의 출발지라는 명예만 계승해 올 뿐, 루터 신학만이 가장 완전한 것인 양 굳어진 채 계승되어 오고 있다. 왜 종교개혁 근원지가 세계 신학에 영향을 주지 못하는가? 그것은 루터신학만이 가장 최상의 신학이라는 루터 우상화가 결정적 원인이라고 본다.

칼빈이 생전에 만든 제네바 아카데미(Geneva Academy, 1559년 설립)도 마찬가지다.

이 학교는 신학자, 목회자 양성 기관으로 설립되었다. 이 학교가 유럽 전역에 칼빈주의를 확산시키는 교육기관이 되었다. 그래서 이 학교에서 칼빈의 제자인 베자(T. Beza: 1519~1605)나 스코틀랜드 개혁자 녹스(J. Knox: 1514~1572) 등을 길러냈다. 그런데 저들은 칼빈 사상의 충실한 계승자였고 칼빈 사상을 완성하려 했을 뿐 시정하려는 꿈도 꾸지 않았다.

훈련기관이 없었던 것이 아니라 훈련기관은 존재했으나 개혁자들 사상의 계승기관이었을 뿐 훈련기관의 기능을 하지 않았다.

참으로 종교적 편견에 중독된 교조주의 기관들은 시대정신을 간파하지 못하고 시대에 편승하여 시중드는 기관에 불과했다.

[결어]

우리는 종교개혁 후 가톨릭의 공격 선교와 그 반대로 개신교 250년 정체의 역사를 살펴보았다. 그런데 어떤 결과를 가져왔는가? 정직하게 판단할 때 개신교를 만든 창시자들의 공적 못지않게 폐해도 적지 않았음을 깨닫게 된다.

필자는 개혁자들의 공적을 폄하할 의도가 전혀 없다. 그들의 공적이 위대하지만 그들도 인간이라 단편적이고 제한적이며 불완전한 요소가 많은 우리와 같은 인간이었음을 깨달아 지나친 우상화(?)는 하지 않았으면 하는 양심적 판단을 촉구할 따름이다.

그리고 그들의 사상이 불완전했기에 역사 속에 오점을 남겼음도 깨닫고, 우리를 가르칠 최상의 교사는 인간들이 아니라 성령님의 감동 감화하심이라는 사실을 믿어야 하겠다.

제5장 영국령 북아메리카 식민지 교회

[서론]

필자는 앞서 제4장에서 종교개혁 후 (1517) 유럽의 가톨릭 교회들은 유럽은 물론 아프리카, 남아메리카, 아시아까지 광범위한 세계 선교에 공헌했음을 설명했다. 그에 반해 개신교는 250년간 침체기로 정체되었음과 그 원인을 설명했다.

여기서는 종교개혁 후 개신교들은 아무 활동이 없었는가? 그 초점을 북아메리카로 집중하여 살펴보겠다. 북아메리카에 영국령 식민지를 구축하기 전에 유럽 여러 나라들의 식민지 건설 시도가 먼저 있었음을 알아야 한다.

최초로 프랑스인 쟝 드 리보(Jean de Ribaut)가 1564년에 현 플로리다주의 성 요한 강(St. John's River) 하구에 '포트 캐롤라인'(Fort Caroline)이라는 식민지를 건설했다.

그 이듬해인 1565년에는 스페인이 프랑스 식민지 옆에다 '세인트 어거스틴'(Saint Augustin)이라는 식민지를 건설한 후 예수회와 프란체스코 수도사들로 하여금 인디언 선교 활동을 했다.

그런데 스페인은 프랑스가 카리브 해의 요충지인 플로리다에 식민지를 갖는 것을 원치 않으므로 플로리다의 프랑스 기지를 공격하였고, 이에 프랑스는 플로리다를 포기하고 캐나다 식민지 개척에 주력한다. 그래서 1603년 뉴펀들랜드, 1608년 퀘벡(Quebec)에 프랑스 식민지를 건설한다. 스페인이나 프랑스보다 약 반세기 후에 뒤늦게 영국인들도 저들을 따라 최초로 버지니아에 '제임스타운'(Jamestown)을 1607년에 건설한다.

이렇게 제임스타운이 건설되면서 최초로 영국 성공회가 시작되고, 그다음에는 청교도들이 메이플라워(May Flower) 호를 타고 신대륙에 건너가 매사추세츠에다 회중 교회를 1620년에 세웠다. 이후에 계속된 신대륙 이민으로 영국은 계속해서 13개 식민주를 만든다.

여기서는 미국 교회 이전에 영국 식민지 지배하의 1607~1776년까지의 식민지 시대의 교회상을 살펴보도록 하겠다. 영국령 식민지 시대 때에는 영국이나 유럽에서와 같은 단일 국가, 단일 종교가 아니라 다양한 유럽 종교들의 다양한 종파를 허용하는 다종교정책으로 그것이 오늘날의 미국 연합국과 다양한 종교국의 기초가 된다.

1. 북부 9개 식민주

종교개혁은 동방 정교회가 아닌, 서방 로마 가톨릭 교회로 획일화된 서방 유럽 나라들 안에서 이루어진 분열이었다. 그래서 서방 나라들은 각 나라마다 각각 다른 정치적, 민족적 환경에 따라 다 각각 다른 교회들을 만들어냈다. 유럽에서 신앙 양심으로 핍박을 받아 오던 이들은 콜럼버스의 신대륙 발견과 종교개혁의 여세에 따라 새로운 신대륙으로 탈출하는 계기가 주어졌다.

신대륙으로 탈출하려는 이들은 정치적 이유보다는 종교적 이유가 더 많았다. 유럽에서 신대륙으로 탈출하는 사람들 중에는 영국계 사람들이 70% 정도였고, 스코틀랜드와 아일랜드는 15%정도였다. 나머지는 독일, 네덜란드, 프랑스, 스웨덴 등에서 소수가 참여했다. 신대륙 이주의 압도적 숫자를 차지하는 영국은 정부 당국자들이 식민주의 정책에 따라 아메리카에 영국 정책을 정착시키려고 종교관용을 홍보했다. 이에 따라 식민지 초기부터 각 식민주들은 과거의 포르투갈, 스페인, 프랑스 같은 정치적, 종교적 획일성이 적용되지 않는다.

이것이 훗날 다양성 속에서 조화를 이루어 가는 미국 건국정신의 기초가 된다. 이제 우리는 영국령 아메리카 식민주들이 형성되어 가는 역사를 살펴보자.

■ **최초의 뉴잉글랜드**(New England)

미국 북동부에 있는 메인, 뉴햄프셔, 버몬트, 매사추세츠, 로드아일랜드, 코네티컷 등의 6개 주 지역을 총칭하는 말이다.

뉴잉글랜드라는 이름은 1614년 이 지방을 탐험한 J. 스미스에 의해 만들어졌다. 1620년 메이플라워 호를 타고 처음 이 지방에 이주한 102명의 청교도들은 현재의 보스턴 남쪽에 상륙하여 그곳에 플리머스(Plymouth) 식민지를 건설했다. 그 후 영국 본국에서 개신교를 억압하자 많은 이민자들이 1630년에 건너와 매사추세츠 주 식민주를 건설했다.

이들이 또 정치적 이유와 신앙적 이유로 나누어진다. 그래서 코네티컷과 로드아일랜드 식민지로, 또 뉴햄프셔 식민지로 분리됨으로 초기 뉴잉글랜드에는 매사추세츠, 뉴햄프셔, 코네티컷, 로드아일랜드 등 네 개의 식민주가 형성된다.

이상 네 개 식민주가 미국 독립 때까지 존재했다가 1791년 버몬트 주가, 1820년에는 메인 주가 독립하여 과거 뉴잉글랜드 지역이 여섯

주로 나누어졌다.

여기서 초기 뉴잉글랜드의 네 개의 식민주들이 초기에 어떤 신앙으로 출발했는가를 아는 것은 미국 교회 초기를 이해하는 데 큰 도움이 된다.

1) 매사추세츠(Massachusetts)

이 이름은 원주민 인디언인 '매사추세츠'족에서 유래한다. 이곳에 최초로 1629년 영국 국왕의 특허장을 얻은 퓨리턴들 약 1,000여 명이 식민자들과 함께 이주를 시작했다. 이들은 원주민 인디언들의 토지를 빼앗아 그곳에 타운이라는 자치적 공동체를 만들고 정치 사회를 구축해 나갔다.

이들은 퓨리턴 중에서 회중파(Congregationalism) 신앙에 의한 신정 정치 체제를 유지했다. 영국 내 회중파 지도자로 올리버 크롬웰(O. Cromwell) 호국경이 있었고, 이들의 후예들이 1795년 런던 선교회를 조직해 아프리카 선교사로 유명한 리빙스턴(D. Livingstone)을 배출했다.

그리고 스코틀랜드 선교사로 폴리네시아 제도와 뉴기니에서 24년 동안 선교사역을 수행한 차머스(J. Chalmers)도 있다.

매사추세츠 식민주는 그 후 정치적, 신앙적 견해 차이로 로드아일랜드 식민주와 코네티컷 식민주로 분리된다. 이곳 매사추세츠 주는 주민이 약 600만 명에 주도는 보스턴이다. 이곳에 하버드 대학(1636년 창립), 매사추세츠 공과대학(1861년 창립) 등 유명 대학들이 있고, 1755년 영국과 최초로 독립 전쟁을 시작했고, 1780년에는 독립 주 헌법도 제정했다.

우리는 매사추세츠 주가 회중 교회로 시작되었다는 과거사를 기억하며, 하버드 대학은 회중 교회가 장악하고 있으며, 이 회중 교회 출신으로 미국 3대 대통령 제퍼슨(J. Jefferson: 1743~1826) 같은 삼위일체와 그리스도의 신성을 부인하는 유니테리언(Unitarianism)의 본거지가 되었다.

초기 퓨리턴들의 정치적 식민지 정책은 크게 성공했다. 그러나 신앙 정책은 매우 심각한 후유증을 남겼다.

2) 뉴햄프셔(New Hampshire)

우리나라에 닭 품종으로 '뉴햄프셔'가 있다. 닭고기 맛이 좋고 연간 산란 수도 200~220개를 낳는 우수한 닭으로 알려졌다.

뉴햄프셔라는 이름은 영국 남부에 있는 햄프셔를 미 신대륙으로 이식해서 뉴(New)가 첨가되었다.

이곳은 1603년 영국 탐험대가 들어와 1623년에 최초의 도시가 건설되었다. 주도는 콩코드로 주 인구가 100만 명 미만이다. 이곳 주에는 여름은 짧고 서늘하며 겨울이 길고 추운 날이 많다.

전 지역에 1,300여 개의 호수와 연못이 산재해 있다. 이곳에 오랜 전통을 가진 피혁, 섬유, 펄프 등의 공업이 발달되었다.

이 주에는 맨체스터, 내슈아, 콩코드, 포츠머스 등이 있고, 주립 뉴햄프셔 대학, 사립 다트머스 대학 등이 있다. 뉴햄프셔 초기에 회중교회로 시작되었다.

3) 코네티컷(Connecticut)

중앙부를 남류하는 코네티컷 강이 주(州)를 거의 양쪽으로 구별한다. 강 유역의 평야와 남부의 해안 평야를 제외하면 전 지역이 기복이 심한 고지이고, 전 면적의 60%가 삼림지대이다. 이곳에 1614년 네덜란드 탐험대들이 들어와 1638년에 뉴 헤이번 식민주가 되었다. 이곳에는 담배, 건초, 감자 재배에 의한 낙농, 양계 산업과 항공기, 잠수함, 수송기계 등 공업과 엔진, 화학, 플라스틱 공업 등과 세계적인 보험업의 중심지로 1인당 국민 소득이 높다. 이곳에 최초의 뉴잉글랜드의 사적이 많이 남아 있다.

1701년에 설립된 예일 대학이 있고, 이곳에서 세계 최초로 성문헌법을 채택하였다. 이곳 코네티컷 주가 처음 식민주로 시작될 초기에 회중 교회로 시작했다.

4) 로드아일랜드(Rhode Island)

미국 북동부 대서양 연안에 있는 인구 100만 명 남짓 되는 미국에서 가장 작은 주이다. 주도(州都)는 프로비던스이고, 워릭, 크랜스턴, 포터컷 등의 주요 도시가 있다.

이곳 로드아일랜드 주가 50개 주(州) 중 면적은 가장 작지만 인구 밀도가 높고 귀금속, 은제품 생산은 미국 내 제1위다.

이곳은 이탈리아 탐험가 베라차노(G. de Verrazzano: 1485~1528)가 1524년에 뉴욕 만과 함께 발견한 곳이다.

그리고 이곳에 최초로 식민지를 건설한 이는 미국 침례교의 조상인 로저 윌리엄스(Roger Williams: 1603~1683)이다. 미국의 초기 식민주들 4개 주 중 3개 주는 영국 청교도들 중 회중 교회 청교도들이 건설했다. 그런데 유일하게 로드아일랜드 주민은 로저 윌리엄스에 의해서 침례교 정신으로 건설되었다. 여기서 우리는 미국 건설이 청교도들만으로 이뤄진 것이 아니라 복음적인 침례교 조상도 있었다는 역사적 사실을 기억해야 할 필요가 있다.[105]

---

[105] Roger Williams, The Bloody Tenet of Persecution, 1644, The Bloody Tenet Yet more Bloody, 1652.

그렇다면 로저 윌리엄스는 어떤 사람인가? 이를 알기 위해서는 영국에서 일어난 청교도 운동의 다양성을 알아야 한다. 앞서 제3장에서 '영국 청교도 역사'를 설명했다. 이때 청교도의 주류를 이루는 칼빈주의자들은 웨스트민스터 신조를 만들어냈다. 반면에 청교도의 비주류들 중 하나인 크롬웰이 호국경으로 한시적인 통치를 한 후 왕정복고로 끝이 난다.

영국이 왕정복고로 종교적 자유에 대한 희망이 없어지자 청교도 중 개혁 교회 성향의 일부 청교도는 신대륙으로 이민하는 메이플라워 호의 102명 역사를 만들고, 청교도 중 비주류 일부가 신대륙으로 이민해 위에 열거한 3개 식민주에서 회중 교회를 이룬다. 그리고 청교도 운동에 영향을 입은 소수파가 이제 소개하는 로드아일랜드에 침례교회를 세운다.

영국 청교도 운동에 참여한 세력들은 칼빈주의자들이 많았으나 비칼빈주의자들도 있었다. 그 다양한 청교도 운동가들이 그대로 신대륙으로 옮겨졌다. 그렇기에 신대륙에서의 종교 활동은 칼빈주의자들만이 아니라 다양하게 시작되었다. 미국 건국의 역사가 청교도들 중 칼빈주의자들에 의해서만 전개된 것으로 전하는 것은 잘못된 견해다. 여기 소개하는 윌리엄스는 청교도 중 침례교 신앙의 개척자이다.

여기서 우리는 주목해야 할 중대한 사실이 있다. 그것은 영국이 군주 중심으로 한 국교회인 성공회를 정치적 힘으로 통일시키려 할 때 신앙 양심에 거슬려 반항한 것이 청교도 운동이었다. 이렇게 국교회 단일 종교를 거부한 청교도들이라면 칼빈파, 회중파, 침례파로 분열되지 않고 단합되어야 할 것인데 청교도들이 신대륙에서는 또다시 분열을 해서 각각 다른 교파를 만든다. 다 같은 청교도 후예들이 왜 신대륙에서 칼빈파, 회중파, 침례파로 나누어지는가? 이 점을 확실하게 알아야 역사를 제대로 아는 것이다. 그것을 이해하기 위해서 로저 윌리엄스의 생애를 알아보자.

윌리엄스는 1603년경 영국 런던에서 태어났다. 그는 법률가로 유명한 에드워드 콕(Edward Coke)의 인정으로 케임브리지 대학 졸업 후 대학에서 일하다가 1629년 성공회 사제로 서품을 받는다. 그는 1631년 보스턴으로 이주해 국교회 주관학교 교사직을 제의받았으나 영국 국교회 신앙이 맞지 않아 교사직 제의를 거절한다. 이때 그는 영국 국교회가 성경적으로 맞지 않다고 믿었던 것 같다.

그는 영국 국교회 기관들과 다른 플리머스에 있는 스미스(Ralpf Smith)의 개인 가정과 사유지에서 자유롭게 목사로 사역을 한다(1631~1633).

그의 사역을 인정받아 청교도 회중파 교회인 살렘 교회에서도 교사로 사역을 하게 된다(1633~1635). 그런데 살렘 교회는 그에게 사상적 문제가 있다고 그를 추방한다. 윌리엄스는 영국 동족들에게 추방당하자 영국인들이 박멸하려는 인디언들이 살고 있는 프로비던스로 도피한다(1636년). 윌리엄스는 세콩크에서 또다시 그레이트 솔트 강 근처의 땅으로 옮겨 다니면서 12명의 사랑하는 동지들과 함께 신앙의 공동체를 만들었다(1638).[106]

그리고 내러갠섯 만(Narragansett Bay)의 아퀴드넥 섬(Aquidneck Island)을 사서 또 다른 공동체를 만들었다. 이것은 영국 청교도들 중 소수였던 침례교도의 국가와 교회의 분리 정신을 이곳에서 실현하겠다

---

106) 박용규,《근대 교회사》(총신대학출판부, 2001), pp.94~98.

는 의지였다.

그는 1642년에 영국에 건너가 국왕으로부터 로드아일랜드 식민주 설립인가를 받아온다.

그 후 1657년까지 로드아일랜드 총독으로 식민주를 건설한다. 이와 같은 공동체 중심의 교회는 영국 국교회와 다른 미국 침례교회의 기원이 된다.

여기서 우리가 확실하게 기억할 사실이 있다. 초기 뉴잉글랜드에 세워진 네 개의 식민주 모두가 영국 국교회에 반대되는 청교도들의 후예들이 세운 식민주들이었다. 이들 청교도 중 칼빈파, 회중파들이 1629년에 건설한 살렘(Salem), 1630년에 건설한 보스턴(Boston)은 모두 다 영국 국교회가 아닌 민주주의 헌법을 만들었다. 매사추세츠 주 초대 집정관 존 윈드롭(J. Winthrop: 1588~1649)은 투철한 민주주의 신봉자였다.

1639년 뉴햄프셔 성문헌법은 청교도 칼빈주의에 입각한 민주주의 헌법이었다. 이렇게 겉으로는 민주주의 헌법을 제창했으나 저들이 말하는 민주란 유럽에서 이민한 유럽의 백인들에게만 적용되었다. 그래서 인디언들이나 원주민에게는 '민주'가 적용되지 않았다. 그렇기에 수많은 인디언들을 살육하고 토지를 빼앗고 점령하는 것을 '민주주의', '계약사상'으로 호도하고 묵인하고 침묵했다.

로저 윌리엄스는 청교도 중 침례파에 속한 신앙인이었다. 그렇기에 국가와 교회가 연합된 성공회 신학을 거부했다. 그래서 신대륙 식민지 교회들이 형식적으로나마 영국 성공회와 관련을 이어가는 것이 싫어서 보스턴 살렘 교회 청빙을 거절했다. 또 뉴잉글랜드 세 교회들이 정치와 종교가 연합된 영국 국교회와 연대를 맺는 것도 반대하다가 사상 문제로 추방당했다.

로저 윌리엄스는 세속 정부가 종교문제를 통일하려는 종교적 획일주의에 반대하며 인디언들 토지를 강제로 수탈하는 식민주들의 백인 우월주의에 의한 민주주의라는 허울에 대해서도 강력하게 반대했다.[107]

그는 프로비던스에 최초의 침례교회를 세우고 참된 교회, 참된 종교 실현을 위해 일생 동안 종교적 자유지를 만들었다. 그를 반대하는 청교도 회중파나 칼빈주의자들과의 논쟁 중에《박해의 피로 얼룩진 신조》(1644)와《아직도 더 많은 피를 부르는 피비린내 나는 신조》(1652)라는 저서가 전해지고 있다.

인디언들에게 복음을 전한 백인 존 엘리어트(J. Eliot: 1604~1690)도 있다.

엘리어트는 1632년 록스베리에 있는 교회 교사로, 인디언 방언을 배운 후 1646년부터 1674년까지 '기도하는 인디언들' 3,600명을 조직하고 14개 자치 공동체를 조직했다.

그는 1689년 영국인의 성금으로 록스베리에 약 30만m^2 땅을 구입하여 인디언들과 흑인들이 자유롭게 살게 해주었다. 그는 인디언 선교 중《베이 시편가》(Bay Psalm Book), 또 매사추세츠 알공킨족 방언의 성경 번역(1661~1663),《기독교 공화국》(1659),《복음서의 조화》(1678) 등의 저서를 남겼다. 그래서 엘리어트를 '인디언들의 사도'라고 한다.[108]

뉴잉글랜드 3개 식민주들은 청교도 중 회중파들이 건설했다. 그러나 3개 주 식민주 모두가 인디언들에게 적대적이고 부정적이었다. 청

---

107) 김광채,《근세, 현대 교회사》, pp.190~192.
108) W. Walker, Ten New England Leaders, 1901.

교도들의 수치스럽고 잔혹한 역사였다. 그런데 로저 윌리엄스만은 인디언들을 인정하고, 심지어는 인디언들의 종교 속에도 구원이 가능할 수 있다고 생각할 정도였다. 이렇게 정치가였지만 모든 백성을 동등하게 사랑하려는 그리스도의 정신을 실천하려고 당시 식민주 지도자들과도 쫓겨 다니면서 성경 진리를 실천했다. 그는 미국 초기 침례교 개척자로 위대한 모범을 남겼다.

성경은 정치와 종교의 분리를 가르칠 뿐, 정치와 종교가 하나 된 가톨릭이나 루터교나 성공회는 근본 원리에 위배된 종교들이다.

5) 펜실베이니아(Pennsylvania)

미국 동부 대서양 연안에 위치하고 있다. 동쪽 경계로 델라웨어 강, 중앙부에 남북으로 서스쿼해나 강, 서부는 엘리게니 강과 머논거힐라 강이 합류하여 오하이오강을 형성한다. 17세기 초 유럽인들이 이곳에 식민지를 시작할 무렵 이 지역에는 원주민 델라웨어족, 서스쿼해나족, 쇼니 족 등 인디언들 약 1만 5천 명 정도가 살고 있었다. 1664년 이곳이 영국령이 되고 영국에서 일어난 퀘이커파(Quakerdom) 교도인 윌리엄 펜(William Penn: 1644~1718)에 의해 국왕의 허락을 받고 1682년에 식민지가 개척되었다.

여기서 우리는 영국 국교회인 성공회에서 분리된 자들의 운동이 매우 다양한 형태로 분리되었음을 확실하게 깨달아야 하겠다.

칼빈주의를 절대시하는 개혁주의자들 중에는 영국 국교회에서 분리된 자들을 청교도라는 이름을 가진 장로파가 전부인 양 역사를 왜곡해 놓았다. 그러나 청교도 운동에는 주류파로 칼빈주의자들이 많았던 것은 사실이나 그와 달리 비주류파로 비칼빈주의자들도 있었음을 기억해야 한다.

비칼빈주의자들에 의해 회중 교회파가 생겼고, 침례교회파가 생겼으며, 또한 퀘이커파 교회가 생긴다. 칼빈주의는 철저한 이중 예정설로 계승되지만 칼빈주의 예정설을 거부하는 알미니안주의와 비슷한 입장을 따르는 침례파와 퀘이커파가 생기고, 이 두 가지를 다 불신하는 회중파도 생긴다.

여기서 펜실베이니아주의 특성을 이해하기 위해 퀘이커파가 생기게 되는 과정을 알아보자.

① 퀘이커파의 창시자

창시자는 조지 폭스(George Fox: 1624~1691)다. 그는 영국 중부 미들랜드 지방에 있는 인구 90만 명 정도 되는 도시 레스터셔(Leicestershire)에서 태어났다. 그는 가난한 집안의 아들로 정규 교육을 받지 못하고 구두 제작업자 밑에서 도제 생활을 하였다. 그는 당시 영국 국교회나 또는 새로운 청교도 운동자들의 도식적이고 형식주의적인 신앙 관습에 크게 회의를 품는다. 그래서 1643년 19세 때 가정과 친구들을 작별하고 여러 곳으로 신앙의 핵심이 무엇인가를 알기 위해 어려운 투쟁을 계속한다.

1646년 어려운 투쟁 끝에 신앙이란 "살아 계신 그리스도의 내적인 빛"에 의존해야 된다는 것을 깨닫게 된다. 그는 기성교회인 영국 국교회의 고정된 종교적 생활이나 새로운 청결을 주장하는 청교도들이 성수주일과 십일조는 강조하지만 삶에는 아무런 변화가 없는 형식주의, 의식주의에 고착된 것에 관해 깊은 회의를 가졌다.

그는 1647년 23세 때부터 "진리는 하나님이 영혼에게 말씀하시는 음성에서 찾아야 한다"라는 설교를 시작했다.

1649년 노팅엄의 한 교회에서 교회의 의식이나 제도나 형식이 중요한 것이 아니라 성경에 근거한 성령에 의해 행동하고 길을 가야 한다는 주장을 격렬하게 했다가 예배 방해죄로 투옥된다. 1650년 더비에서 또 신성 모독자로 투옥당한다.

이때 폭스를 따르는 자들이 열정 속에 몸을 떠는 행위들을 하므로 저들을 '떠는 자들'이라는 멸시로 '퀘이커'(Quaker)라는 별명이 생긴다. 이들은 하나님의 말씀 앞에서 떨리는 가르침을 주장했으나 자신들을 '우회파'(友會波, Society of Friends)라고 했다.

이들은 성령 시대의 교회는 성령에 의한 '내면의 빛'(inner light)이나 혹은 '우리 안에 있는 그리스도'(Christ in us)가 중요하다고 했다. 봉급을 받는 목사를 '삯꾼 목자'(Journeyman)라 매도했고, 찬송, 설교, 성례, 신앙고백들은 성령의 역사를 방해하는 인간의 발명품이라고 했다. 폭스에 의하면 요한복음 1장 9절대로 참 빛이 각 사람에게서 나타나야만 되는 '내면의 빛'으로 드러나지 않는다면 그는 형식적인 종교인일 뿐 그리스도인은 아니라고 했다.

이 내면의 빛은 성직자만이 아니라 평신도와 남, 녀 누구에게나 주어질 수 있다. 그렇기에 집회 때 여성도 성령의 인도하심에 따라 말할 수 있다.

저들은 예배 때 성령이 임할 때까지는 침묵하므로 퀘이커 교도들의 집회는 침묵예배(Silent Worship)라고 불린다. 이들 퀘이커 교도들이 주장하는 것이 평화주의였기에 자연히 전쟁을 반대하며 군 복무도 거부함으로 반전(反戰)주의자로 몰려 정부로부터 심한 박해를 받았다.[109]

이들 퀘이커 교도들이 영국 정부 탄압을 피해 신대륙 매사추세

---

109) 박용규, 《근대 교회사》 (총신대학출판부, 2001), pp.70~78.

츠 주로 건너가 그곳에 식민지를 건설하려 했다(1656년). 그러나 매사추세츠 주 회중 교회의 격렬한 반대로 1661년까지 퀘이커 교도 4명이 교수형을 당했다. 그런데 어떻게 펜실베이니아에 퀘이커교가 정착하게 되엇는가? 그것은 퀘이커 교도인 윌리엄 펜을 알아야 하겠다.

② 윌리엄 펜(William Penn: 1644~1718)

윌리엄 펜의 아버지는 영국 해군 제독으로 당시 영국 왕은 스튜어트 왕조 때의 찰스 2세(Charles Ⅱ: 1660~1685)였다. 찰스 2세는 청교도 혁명으로 부왕 찰스 1세가 처형을 당하는 비운을 겪으며 영국 내 소요를 피해 대륙으로 망명을 했다. 그 후 의회파 호국경 크롬웰이 죽자 의회와 교섭하여 다시금 왕정을 복고한 왕이다. 그는 왕정복고 후 부친을 죽인 청교도들에게 보복 정책을 펼치고, 네덜란드와는 두 번에 걸친 전쟁을 치른다.

그는 청교도를 배격하고 신앙의 자유(Declaration of Indulgence) 선언으로 가톨릭 보호 정책을 취했다. 그는 런던의 대화재, 흑사병의 대유행, 교황주의자들의 음모 사건 등으로 사회 불안이 계속되어 명예혁명을 일으키는 원인을 제공했다.

윌리엄 펜의 아버지는 해군 제독으로 찰스 2세가 망명 후에 왕위에 오르는 데 기여함으로 찰스 2세의 신임을 얻는 신하였다. 윌리엄 펜의 아버지는 영국 성공회 신자로 아들에게 최고의 교육을 시키며 프랑스 유학도 시켰다. 그런데 펜이 영국 국교도가 아닌 퀘이커 교도가 되자 그는 7개월의 감옥생활을 할 때 부친의 힘으로 풀려났다.

펜은 감옥에서 풀려난 후 1677년과 1678년에 수백 명의 퀘이커 교도들이 미국 뉴저지(New Jersey) 지방으로 이주하는 일을 도와준다.

그의 꿈은 신대륙에다 퀘이커 교도를 위한 식민지를 건설하려는 것이었다. 그는 신대륙에다 전쟁이 없는 평화의 나라, 억압이 없는 자유, 차별이 없는 평등이 지배하는 이상적인 나라 건설을 구상했다.

그렇게 펜이 꿈꾸는 이상을 아버지는 이해하지 못한 채 1670년에 세상을 떠난다. 그리고 많은 유산을 아들 펜에게 남겨 주었다. 그런데 그 유산이 현금이 아닌 영국 왕 찰스 2세가 해군 제독에게 고마운 답례로 약속해 준 채권 증서로 남긴 유산이었다.

찰스 2세는 채권 증서에 기록된 유산을 현금으로 줄 생각이 전혀 없었다. 찰스 2세는 채권 증서의 빚을 영국 땅이 아닌 신대륙의 땅으로 갚겠다고 했다.

그래서 펜은 부친의 유산 몫으로 신대륙 중 현재의 펜실베이니아의 약 12만km^2 땅을 1681년에 받게 된다. 윌리엄 펜은 1682년 펜실베이니아 초대 집정관이 되었다.

③ 퀘이커 교도의 정신으로 시작된 펜실베이니아

윌리엄 펜은 자기가 믿는 퀘이커 교도의 신앙 신념을 신대륙 펜실베이니아에 실현시키려고 최초로 건설한 도시로 필라델피아를 만든다. '필라델피아'는 계시록 3장 7~13절에 소개되는 아시아 일곱 교회 중의 하나이며, 가장 칭찬받는 교회이다. '필라델피아'(Φιλαδελφια)라는 말의 뜻은 '형제적 사랑'(brotherly love) 혹은 '우애'라는 뜻이다.

윌리엄 펜은 펜실베이니아에 퀘이커 교도만이 아니라 가톨릭, 회중파, 칼빈파 등 모든 종교들을 모두 다 평등하게 인정해 주었다. 이곳에서는 심지어 인디언들과 형제적 사랑을 실천했다. 이곳 펜실베이니아에는 주변의 다른 식민주들이 영국과 공동 국가(Common Wealth)라는 용어를 쓰는 데 반해 자유국(Free State)이라고 했다.

펜실베이니아에는 퀘이커교의 평화주의 정신에 따라 헌법에 '평화의 계명'(Peace Testimony)이 명시되었다. 이 계명에 따라 전쟁과 무기 사용이 금지되었다.

그런데 외적이 침입할 때에는 어떻게 해야 하는가? 이 경우에는 방위를 영국 군대에게 맡겼다. 그래서 방위세를 내고 영국 군대가 펜실베이니아에 군사 기지를 건설하도록 허용했다.

여기서 우리는 신앙적 이상과 정치적 현실에는 차이가 있으므로 주님은 정치와 종교의 분리를 처음부터 가르쳐 주셨음을 깨달아야 한다(마 22:21). 세월이 흐르자 윌리엄 펜이 죽었다(1718).

이때 펜실베이니아 주민들은 죽은 '펜'(Penn)의 이름과 '삼림'이라는 뜻을 가진 '실비아'(Silvia)라는 뜻을 합쳐서 '펜이 사랑한 숲'이란 뜻의 'Pennsylvania'라고 하였다.[110]

펜이 죽은 다음에 퀘이커 교도가 아닌 다른 사람이 집정관이 되었다. 18세기가 되자 독일인, 스코틀랜드계 아일랜드인 등 이민자의 물결이 쇄도했다. 이민자들은 새로운 땅에 농업 경작을 시작했다. 그러자 인디언들이 소유하고 있던 땅의 쟁취로 인디언들과의 전쟁(1754)이 벌어져 과거의 펜의 정신은 사라지고 말았다.

이곳 필라델피아는 1776년 미국 독립선언서를 공포한 곳이고, 1787년에 연방 헌법 회의가 열렸으며, 1790년부터 1800년까지 미국의 초기 수도였다.

19세기 후반에 피츠버그를 중심으로 제철업이 발달하였다.

---

110) 정수영, 《새 교회사 II》, p.439.

6) 메릴랜드(Maryland)

미국 대서양 연안에 남북으로 길게 뻗어 있는 약 320km의 '체서피크'(Chesapeake) 만(Bay)이 있다. 메릴랜드와 버지니아 양 주(州)에 둘러싸여 있는 곳이다.

이곳에는 서스쿼해나 강, 포토맥 강, 제임스 강 등이 하구부를 이루고 있다. 이곳에는 볼티모어를 비롯한 중요한 항구가 많다. 1631년에 체서피크 만의 켄트 섬에 최초의 정주 취락으로서 모피 교역소가 건설되었고, 1634년 영국 가톨릭 신자인 볼티모어 경인 레오나르드 캘버트(Leonard Calvert: 1606~1647)에 의해 식민지가 건설되었다.

식민지 명을 '메릴랜드'라고 한 것은 영국 여왕으로 메리 1세(Mary I: 1553~1558)가 프로테스탄트를 가차 없이 탄압하며 가톨릭으로 복귀하려 한 '유혈의 메리'(Bloody Mary)를 기념하기 위해 지은 이름이다. 이름 자체가 가톨릭 냄새를 물씬 풍긴다.

식민지를 건설한 볼티모어 경은 메릴랜드 식민지 건설 후 종교의 자유를 허용했다. 그가 이곳에 종교의 자유를 허용한 것은 로드아일랜드의 로저 윌리엄스나 펜실베이니아의 윌리엄 펜 같은 신앙적 이유가 아니다. 그는 영국인들 중 가톨릭 신자가 신대륙으로 이주하는 이가 매우 적으므로 신대륙에 필요한 농장의 노동자들을 다양한 곳에서 확보하기 위한 정치적, 경제적 이유로 종교의 자유를 허용했다.

그 후 종교의 자유를 찾아 메릴랜드를 찾은 사람들은 청교도들이 많았다. 그래서 청교도가 메릴랜드 공동 국가의 정권을 잡게 되었다. 이렇게 청교도가 메릴랜드에 공동 국가의 정권을 잡는 데는 본국 영국에서 1688년에 가톨릭 정책에 반발하는 명예혁명이 성공했기 때문이다.

새로운 정권을 장악한 청교도들은 가톨릭을 억압하고 개신교도들에게는 종교의 자유를 보장해 주었다.

메릴랜드 농경지가 차츰 제한을 느끼자 저들의 개척지로 서쪽을 향해 나갔다. 18세기 전반까지 식민지 경제 중심은 재배 식물인 담배가 중심이었고, 그를 시행하기 위해 다수의 노예들이 수입되었다. 남북전쟁 때에는 노예의 주인으로 남군에 가담해야 했으나 북군에 가담함으로 주민들은 남군, 북군으로 나뉘어 싸웠다. 현재도 그때의 격전지가 많이 남아 있다.

7) 뉴욕(New York)

뉴욕 주(州)의 뉴욕은 미국 동북부 대서양 연안에 있는 미국 최대 도시이다. 남쪽은 대서양에 면해 있고, 서쪽은 허드슨 강을 경계로 뉴저지 주와 연결되어 있다. 뉴욕 시가 허드슨 강 하구에 위치하나 허드슨 강은 하구에서 약 250km까지 외양선이 거슬러 올라갈 수 있고 거기서부터 다시 모호크 강, 이리 운하를 지나면 오대호(五大湖)까지 수운이 통해 있다. 뉴욕은 맨해튼 섬을 가운데 두고 서쪽으로 허드슨 강, 동쪽은 이스트 강을 이루고 있다.

대서양에 면한 롱아일랜드 섬과 스태튼 섬 사이로 너비 약 1.5km의 이내의 우즈 해협이 연결되어 있어서 천연의 양항(良港)을 이룬다.

이곳에 최초로 진출한 나라는 네덜란드다. 네덜란드는 1625년에 맨해튼 섬 남단에 네덜란드 서(西)인도회사를 설립하고 이 도시를 1626년 뉴암스테르담이라고 했다. 초기에는 팔각형의 성채와 2개의 문을 잇는 거리와 중앙의 시장으로 구성된 서인도회사의 임원들 집으로 시가를 이루었다. 그때 붙여진 '석벽'이라는 뜻의 '월(wall)가(街)'라는 이름이 지금까지 전승되고, 월가는 현재 세계 금융 사업의 핵심이 되었다.

이곳 월가에는 하켄사크족이라는 인디언의 소수 부족이 살고 있었다. 네덜란드인들이 처음에는 인디언들의 토지를 값싼 물품과 교환했으나 차츰 야심이 커져서 인디언들을 사정없이 살육했다.

1644년 네덜란드인들은 영국 소함대가 저들을 포위하고 협공을 해오자 오랜 기간 동안 인디언들과의 싸움에 지쳐 있던 터라 제대로 싸워보지도 않고 영국에게 항복한다.

영국 사령관 R. 니콜스는 이 땅을 왕의 동생 요크(York) 공의 이름을 따서 뉴욕(New York)이라고 개명했다. 영국 본국의 명예혁명(1688~1689) 영향으로 이곳 뉴욕에도 혁명이 일어나 라노이가 최초 민선 시장이 된다.

그러나 폭동으로 민선 시장이 처형되고 민선 시장도 단절된 채 흑인 폭동 등 자유를 요구하는 투쟁이 계속 이어진다. 독립전쟁 때인 1776년 워싱턴 장군의 지휘하에 있는 대륙군이 영국군에게 패배하자 1783년까지 영국 지배하에 국왕파의 거점이 되기도 했다. 독립 후 1785년부터 1790년까지는 미국의 수도였다.

뉴욕은 1702년의 황열병의 유행, 1778년, 1796년, 1804년, 1835년, 1845년 등 계속된 대화재로 큰 피해를 입었다. 그런 중에도 이곳 뉴욕 주 주지사(1929~1933) 경험을 갖고 1933년에 뉴딜 정책을 슬로건으로 대통령에 당선된 루스벨트(F. D. Roosevelt: 1882~1945)는 미국 초유의 4선 대통령이 되었다. 그의 뉴딜 정책은 뉴욕 주지사 경험의 소산이라고 한다.

이곳 뉴욕 주는 초기 네덜란드의 식민지로 네덜란드 국교인 개혁교회로 출발하였다.

8) 뉴저지(New Jersey)

북쪽은 뉴욕 주, 서쪽은 델라웨어 강을 사이에 두고 펜실베이니아와 델라웨어주가 접하고 있다. 이곳은 17세기 초기에 뉴욕과 함께 네덜란드 식민지로 개척되었고, 델라웨어 주에는 스웨덴인의 이주가 시작되었다.

그러나 1664년 영국의 지배하에 들어가자 퀘이커 교도가 중심이 되어 개척과 입주가 되었다.

독립전쟁 때 이 지역에서 100회 이상의 전투가 벌어져 전적 공원을 비롯한 독립전쟁 유적, 사적이 많이 남아 있다. 이곳에 1746년에 창립한 프린스턴 대학 등 많은 대학과 국립, 사립의 연구기관이 많다. 그러나 뉴저지 주는 대 뉴욕권의 일부로서 남서부는 필라델피아 도시권의 일부 같은 경향이 지속되고 있다.

이곳은 초기부터 개혁 교회 성향이 강하다.

9) 델라웨어(Delaware)

로드아일랜드 주 다음으로 면적이 좁고 대부분이 해안 평야여서 토양이 비옥하기에 '다이아몬드 주'라고도 한다. 1631년 네덜란드 이주자들이 최초로 정주하였고, 1638년에는 스웨덴의 이주자들이 성채를 건설한 것을 1655년에 네덜란드가 뉴 스웨덴을 점령했다. 그 후 1664년에는 영국 식민지령이 된다.

델라웨어란 이름은 영국의 버지니아 식민지 초대 총독인 델라웨어의 이름에서 연유한다. 이 주도 개혁 교회로 시작되었다.

2. 남부 4개 식민주

1) 버지니아(Virginia)

미국 동부 대서양 연안에 있는 해안 평야에 제임스 강, 포토맥 강 등이 체서피크 만의 삼각형을 형성하고 있다.

주의 서부에 있는 애팔래치아 산맥의 섀넌도어 국립공원은 워싱턴에서 가장 가까운 공원이다. 주도는 리치먼드이나 최대 도시는 노퍽이다. 버지니아 주는 영국이 미국에 최초로 1607년에 건설한 제임스타운을 비롯하여 윌리엄스버그, 요크타운 등 개척 초기부터 독립혁명 때까지의 사적지가 많다.

북동부는 수도 워싱턴과 인접해 있으면서 알링턴 국립묘지와 초대 대통령 워싱턴과 관련 있는 사적 마운트 버넌 등이 있다. 이곳 버지니아는 초대 대통령을 포함해 8명의 대통령을 배출했으므로 '마더 오브 더 프레지던트'(Mother of the President)라고도 불린다.

남부에는 식민주들이 특정한 종파만 주입된 것이 아니라 상층 귀족들은 영국 국교회인 성공회나 개혁 교회 신도가 많고, 중, 하층에는 침례교와 퀘이커 교도들이 있고, 노예들은 무종교였다.

2) 노스캐롤라이나(North Carolina)

중앙부에는 완만한 기복을 이루는 피드몬트 대지가 펼쳐져 있고 동쪽에는 해안 평야가, 서쪽에는 블루리지 산맥과 그레이트스모키 산맥이 뻗어 있다. 경제활동의 중심은 농업에 담배 생산 1위를 차지하고 옥수수, 콩, 땅콩 등이 재배된다. 주(州)의 5분의 3이 삼림을 차지해 풍부한 목재, 가구 산업이 활발하므로 가구 생산이 전 미국에서 1위다. 최근에는 전기기기, 화학제품, 펄프 등의 공업도 발전하고 있다.

1585년 영국인에 의해 최초의 식민지가 시작되었으나 실패로 끝이 나고 17세기 중엽에 버지니아 주로부터의 이주자가 동부 연안에 취락을 건설했다. 18세기에는 애팔래치아 산맥의 인디언들을 쫓아내고 피드몬트에 개척이 진척되었다.

근래에는 원시림과 야생동물을 중심으로 한 그레이트스모키 산맥 국립공원과 캠프, 낚시, 수영 시설이 잘 갖춰진 헤터러스 곶(串) 국립해안 공원이 있다. 첨단산업을 유치하여 리서치 트라이앵글 파크에는 I.B.M을 비롯한 33개 회사의 연구소가 있다.

3) 사우스캐롤라이나(South Carolina)

동부의 해안 평야와 서부 피드몬트(피에몬트) 대지로 나누어진다. 주 면적의 약 65%가 산림이다. 그래서 주로 농림 산물에 기초를 둔 섬유, 의복, 목재, 가구, 제지 등이 주된 생산품이다. 1520년대 스페인이 연안 부분을 탐험했고, 1670년대 영국인 식민자가 애슐리 강 연안에 최초의 정주 취락을 건설했다.

17세기 후반부터 대서양 연안부에 흑인이나 인디언 노예들을 사용하여 농산물을 재배하기 시작했다.

1713년 노스캐롤라이나와 분리되었다. 이곳에 흑인이 전 인구의 30% 차지하며, 주내의 산타 요새를 공격한 것이 남북전쟁의 시발이 되었다.

4) 조지아(Georgia)

주명은 영국 왕 조지 2세(George II: 1727~1760)에서 땄다. 지형적으로 세 개 지구로 나누어지는데 남부는 해안 평야, 북부는 애팔래치아 산지이고, 그 사이에 피드먼트 대지가 끼어 있다.

제2차 세계대전 이전까지 목화 산업이 주종이었으나 그 후 쇠퇴하고 땅콩, 담배, 옥수수가 주 산물이다. 1733년 영국의 J. E. 오글레소프 장군이 최초로 정주를 시작했다. 식민지의 쌀, 쪽, 사슴 가죽, 목재 등을 본국에 수출하고 공업 제품을 수입했다.

1838년 북서부의 체로키족 인디언을 축출하고 개척지를 확대했다.

이상으로 영국이 북아메리카에 13개 식민주를 건설한 지역과 식민과정을 설명했다. 전체적으로 볼 때 북부에는 회중 교회와 개혁 교회가, 중부 이하에는 침례교, 퀘이커교 등이 시작되었다. 가톨릭이나 성공회도 들어왔으나 모든 종교가 거의 다 종교의 자유를 누리는 상태에서 식민지가 시작되었다.

이것은 유럽 국가들이 단일 종교만을 강압했던 비극과는 전혀 대조적인 모습이다. 이처럼 식민지에서 종교의 자유가 허용된 것이 독립된 미국이 자유 민주주의 국가로 발전하게 하는 중요한 기초가 되었다. 그래서 미국은 전 세계에서 가장 자유로운 민주주의와 함께 수많은 종파가 공존할 수 있도록 자유와 공존이 병행되고 있다.

3. 미국의 주요 종교 집단 통계(1985년)

여기서는 다수 신도수의 차례대로 정리해 보겠다.[111]

1위: 로마 가톨릭   4천 9백 60만 명

---

111) 《세계 대백과 사전 11권》 (한국교육문화사, 1994), p.395.

2위: 침례교회	2천 6백 70만 명
3위: 감리교	1천 2백 80만 명
4위: 루터교회	8백 60만 명
5위: 그리스 정교회	4백 80만 명
6위: 모르몬교	4백 80만 명
7위: 장로교회	3백 60만 명
8위: 감독파 교회	2백 80만 명
9위: 유대교	2백 70만 명
10위: 처치스 오브 크라이스트	2백 50만 명
11위: 오순절파 처치 오브 크라이스트	2백 30만 명
12위: 유나이트 처치 오브 크라이스트	1백 70만 명
13위 크리스쳔 처치	1백 20만 명
14위 크리스쳔 처치스 앤드 처치스 오브 크라이스트	1백만 명

이렇게 백만 명 이상 되는 교파가 헤아릴 수 없이 많아 정말 종교의 자유가 보장되는 나라임을 실감할 수 있다.

제2편 전기 근세 세상(1600~1700)

[서론]

앞서 머리말에서 필자는 근세 교회사의 두 가지 특징을 말했다. 16세기의 종교개혁은 인류 역사에 최대의 큰 변혁 중 하나였다. 그러나 종교개혁의 열망과 유럽인들의 기대와는 달리 종교개혁 이후에 나타난 종교개혁자들의 정신과 사상은 완전히 위선적이었음을 체험한다.

종교개혁은 말 그대로 종교가 가톨릭에서 개신교로 바뀌는 것을 의미한다. 그러나 가톨릭이 종교적으로 잘못되었다고 하면서 종교개혁을 완성한 종교개혁자들이 가톨릭과 똑같은 처신을 해나갔다. 프랑스에서 칼빈주의자들의 번창을 경계한 군주들은 칼빈주의자들인 위그노들을 탄압하다 못해 무력으로 진압했다. 이때 칼빈주의자들은 '폭군 징벌론'으로 맞대응함으로 36년간 위그노 전쟁이 계속되어 양측 모두 크게 희생을 당한다.

칼빈주의는 스코틀랜드에서 군주들과 투쟁을 하며 장로교 국가로 만든다. 또 칼빈주의는 네덜란드에서 독립전쟁의 도구로 사용된다. 또 칼빈주의는 영국 청교도 혁명의 주체 세력이 된다. 독일의 루터교는 30년 전쟁을 일으켜 많은 국민이 희생된다.

이 같은 종교계를 보는 유럽인들은 어떤 의식을 갖게 되는가? 가톨릭에 속한 자나 개신교에 속한 자들은 자기들 입장을 합리화했다. 그렇게 자기들 입장을 합리화시킨 역사서들이 현재 각 교파들의 각각 다른 교회 역사서다. 그러나 가톨릭과 개신교에 환멸을 느낀 제3의 사상가들은 기존 종교들에 대한 인식들이 달라진다. 그래서 종교개혁 이후의 근세사는 가톨릭이나 개신교의 목소리보다도 세상 사람들의 목소리가 더 크게 영향을 끼친다.

필자는 이와 같은 역사 이해에 근거하여 근세시대의 과거사는 단지 한 부분에 불과한 '교회'들만의 역사가 아니라 '세상사'도 함께 이해해야 한다고 믿는다. 필자가 세상사를 소개한다고 해도 비전문가로 한계가 있을 수밖에 없기에 후학들이 좀 더 완숙한 종합 역사를 보완해 주기를 기대한다. 여기서는 5명만 연대순으로 살펴보겠다.

1. 몽테뉴(Michel Eyquem de Montaigne)

몽테뉴는 프랑스 사상가다. 그가 살아가던 때는 프랑스 군주들이 개신교도들을 억압하던 때였다. 그렇기에 그는 개신교의 자유정신에 동조하면서도 가톨릭 군주들과 겉으로 협력을 해가며 난세를 살아간다.

그가 살아간 시기는 프랑스 가톨릭 군주들이 칼빈주의자들을 무참하게 학살하는 위그노 전쟁(1562~1598) 기간이 포함된 1533~1592년이었다. 몽테뉴는 그렇게 위험한 전란 속에서도 조상 선조들이 이룩한 고향에서 영주의 아들로 태어나 시장(市長)을 두 번이나 연임한다. 이것은 그가 종교적 신념과 세상을 살아가는 처세술에는 매우 현실적 지혜를 잘 활용했음을 의미한다. 그러면서 59세로 세상을 떠날 때까지 일생 동안 《수상록》을 완성해 나갔다.

그의 《수상록》 속에는 그가 거짓이 없는 인간이었고, 또 그는 특정한 한 종파의 신앙가라기보다 인간의 공통적 보편성을 자신의 체험과 자연과 사회상을 대비시키면서 진실을 추구해 나간 도덕가의 모습이 드러난다.

그의 《수상록》은 그 당시는 물론 지금까지도 다양하게 영향을 끼치고 있다. 그의 생애와 사상을 살펴보는 이유가 그의 사상의 영향력 때문이다.

1) 몽테뉴의 생애(1533~1592)

몽테뉴는 프랑스 남서부 지롱드 주(州)의 주도인 보르도(Bordeaux)에서 영주의 아들로 태어났다.[112]

보르도 시는 현재 인구 20만 명 정도의 소도시다. 한때는 중세기 때 영국의 지배를 받다가 1453년 백년 전쟁의 승리 후 다시 프랑스로 복귀되었다. 그와 같은 역사 때문에 이 도시에는 과거 영국 지배 때의 흑태자의 궁정이 있고, 또한 가톨릭 대교구 때의 고딕 성당 건물과 사상가 몽테뉴의 동상이 세워졌다.

몽테뉴가 태어난 1533년경은 독일에서 종교개혁이 일어났고, 스위스에서 츠빙글리가 종교개혁을 일으켰으며, 영국의 국교회가 일어나는 등 종교개혁의 시동기였다. 몽테뉴의 증조부는 보르도에서 포도주, 도료(塗料), 염건어(鹽乾魚) 장사로 부자가 되어 많은 땅을 매수함으로(1478) 영주의 기초를 닦았다. 그렇기에 몽테뉴의 부친은 몽테뉴 성의 영주였고, 아들도 영주로 계승되었다.

---

112) 몽테뉴, 《수상록 I, II》, 손우성 역 (동서문화사, 2016).

영주의 아들로 태어난 몽테뉴는 아버지의 신교육 방침으로 라틴어, 고전, 철학 등을 공부한 후 16세 때(1549) 툴루즈 대학에서 법률학을 공부했다. 아버지는 몽테뉴가 21세 때(1554) 보르도 민선 시장이 되고, 앙리 3세 국왕이 신설한 지방재판소 고문관, 평정관으로 1568년까지 재직한다.

당시 프랑스는 신, 구교 양파 간의 종교적 대립이 정치적 대립으로 확대된 시기였다. 저 악명 높은 '바돌로매 축일 대학살'(Massacre of st. Bartholomews, 1572.8.23~24)이 일어나 당시 국왕의 어머니 캐드린 드 메디치(Catherine de Medici)에 의해 5천 명에서 10만 명이 살해되었다.

이것을 계기로 군주를 반대하는 위그노(Huguenots) 전쟁(1562~1598)이 프랑스 전국을 휩쓸었다. 몽테뉴는 이와 같은 위그노 전쟁의 소용돌이 속에서 그의 사상을 발전시킨다.

몽테뉴가 35세 때(1568) 아버지가 죽자 그 뒤를 이어 몽테뉴 성의 영주가 된다. 그는 28세 때부터 보르도 고등재판소 평정관직을 타인에게 물려주고 32세 때 고등재판소 판사의 딸과 결혼하여 일생 6명의 자녀를 출산했으나 다 조산하고 딸 하나만 생존한다. 그는 39세 때(1572) 《수상록》 집필을 시작하여 일생 동안 수상록 3권을 완성해 나간다.

44세(1577) 때는 나바르 왕국 왕실의 목사 기능으로 개신교에서 활동한다.

45세(1578) 때 신장 결석증이 있는 것을 발견하고 신병 치료차 프랑스, 스위스, 이탈리아의 유명 온천장을 찾아다닌다.

50세(1583) 때 또 보르도 시장으로 재선되었으나 계속된 위그노 전쟁과 페스트 유행병으로 시련을 겪는다. 이때 앙리 3세 당시 국왕이 친히 몽테뉴에게 구교로 개종할 것을 요구한다. 그러나 그는 자기가 맡은 보르도 도시가 종교 전쟁에 휘말려 구교 동맹자들에게 함락되지 않도록 정치력을 발휘해야 한다는 이유로 피한다.

그는 내면적으로 개신교 신도였으나 국왕이 구교도 연맹자들만 보호하므로 난처한 상태로 파리로 가던 중(55세 때) 구교도 동맹 군사들의 습격을 받고 왕실 군대에 체포되어 바스티유 감옥에 투옥된다. 이 때 황모 캐드린 드 메디치의 도움으로 석방된다.

프랑스 군주가 가톨릭 앙리 3세에서 개신교 앙리 4세(1589~1610)로 바뀐다. 앙리 4세는 '낭트 칙령'(1598)으로 개신교 핍박을 멈추게 한다.

앙리 4세는 자기 친구인 몽테뉴를 정부 요직에 앉히려 했다. 그러나 몽테뉴는 건강을 이유로 정중하게 사양하고 59세(1592)로 영면한다.

2) 몽테뉴의 사상

몽테뉴가 살아간 세대는 프랑스 국정에서 종교 문제가 정치 문제로 얽혀서 심각한 분열과 살육이 거듭되는 시기였다. 그는 개인적으로 개신교 신앙에 호응했다. 그러나 정치가이며 지도자인 그는 드러내 놓고 개신교를 옹호하지 못하고 겉으로는 구교도인 가톨릭 체제에 머물러 있었다. 그는 신앙 문제로 양분된 세상 현실에서 두 편 중에 어느 한 편에 서지 않고 신앙 문제를 제쳐 놓는다.

그는 모든 인간의 공통 보편성을 핵심 사상으로 선택한다. 그래서 구교든 신교든, 또는 기독교든 비기독교든, 모든 인간들이 가지고 있는 공통 보편성을 일생 동안 추구한다. 그는 자기 지식을 체계화하지도 않았고, 자기 지식을 자랑하지도 않았다. 오로지 자유로운 사고와 자유로운 판단만을 중요시했고, 그 실천을 위해 매력 있는 문장으로 표현을 했다.

그래서 신, 구교 간의 국가적 갈등이라는 당시 세상 속에서도 난세를 살아가는 자의 인내와 희망을 제시하고 있다.

그의 《수상록》은 1권이 57장, 2권이 37장, 3권이 13장이다.[113]

이 내용 중에서 몇 가지 그의 특징적인 사상을 정리해 보겠다.

① 신앙에 관한 것

■ 1권 11장 "예언에 관하여"에서

점쟁이는 많은 사물을 본다. 예언자들은 많은 사물을 예견한다. 사람 중에는 달력을 연구, 해석하며 세상 일이 이렇게 되어 간다고 권위를 세워주는 자가 있다.

플라톤, 키케로 등 옛날 사람들은 거기에 의지해서 공사나 사사나 대부분의 계획을 세워 나갔는데, 우리 종교는 이런 것들을 모두 없애 버렸다.

다음 두 기적에 관한 이야기는 내 눈으로 직접 보았으면 싶다. 하나는 미래의 모든 교황의 이름과 외모를 예언한 칼라브리아 사제 요아킴의 비결이고, 다른 하나는 그리스 황제들과 원로들을 예언하던 레오 황제의 이야기이다.

■ 1권 56장 "기도에 대하여"에서

플라톤은 '법률편'에서 신들에 대한 세 가지 모독적인 신앙을 들고 있다. 그것은 신들이 없다고 생각하는 일, 그들이 우리 일에 간섭하지 않는다고 생각하는 일, 그리고 우리가 간청, 공물(供物), 희생을 바치면 그들은 아무것도 거절하지 않는다고 생각하는 일이다.

---

113) 몽테뉴, 앞의 책.

그러므로 패악한 생활에 신앙적 행동을 섞는 인간의 상태는 어떤 점에서는 마음대로 살아가며 모든 행동이 해이한 상태보다 더 처단해야 할 사악한 악이다. 그 때문에 우리 교회는 날마다 어떤 두드러진 악행의 완고한 형태를 가진 자들에게 교회에 가입하고 회원이 되고자 하는 자들을 가로막고 있는 것이다.

우리는 습관이나 버릇이 되어서 기도를 올린다. 우리는 기도문을 읽거나 발음한다. 그러나 그것은 결국 흉내 내는 것뿐이다. 그래서 나는 식사 전의 기도나 식후의 기도에 세 번 십자가를 긋는 손짓을 보는 것이 불쾌하다.

그것은 하루 종일 어느 때나 그들의 마음속은 증오와 탐욕과 불법 행위에 매여 있으니 말이다. 머릿속은 늘 음탕한 생각으로 웅성거리면서도 하나님 앞에서는 그것을 더러운 일로 판단하는 자가 하나님께 말할 때에는 무슨 말을 할 것인가?

■ 2권 19장 "신앙의 자유에 대하여"에서

하층민 출신으로 로마 황제가 된 아우렐리우스(L. D. Aurelius: A.D. 270~275)가 칼케도니아 도시 주변을 거닐 때 황제를 만난 그곳의 주교 마리스가 황제를 '그리스도 배신자'라고 모욕했다.

이때 황제는 주교에게 "가거라 이 미련한 놈아, 네 눈을 잃은 것이 나 슬퍼하며 울어라"고 말했다. 이를 통해 몽테뉴는 황제의 참을성을 말한다.

또 콘스탄티누스 대제의 조카인 율리아누스(F. C. Jullianus: 361~363) 황제가 도덕적으로 정의감으로 타의 모범이었는데, 태양신 미트라스 신에게 황소를 제물로 자주 바쳤던 것을 근거로 기독교 변절자, 배신자라고 한다.

그런데 프랑스는 나라의 옛 종교인 가톨릭을 지지하는 당파들에 의해 부당하고 난폭하고 무모한 방향으로 취한다고 경고한다.

몽테뉴는 아무리 좋은 선의라도 그것이 절도 없이 사용되면 극히 악덕스러운 결과에 몰아넣는 사례들을 예로 든다. 그러면서 당시 조상들의 신앙을 지키겠다고 전쟁을 일으킨 군주들을 비판한다. 몽테뉴는 위그노 전쟁 속에 참혹하게 죽어 간 프랑스 국민을 애도하며 신앙의 자유가 실현되지 못한 군주들의 폭정을 비판한다.

몽테뉴는 당시 군주들이 가톨릭에 치우쳐서 개신교도들을 죽이는 폭정 속에서 그의 신앙은 개신교 쪽을 신뢰했던 것 같다. 그의 고향 보르도 지방에는 개신교가 대단히 성행했고, 집안에서도 어머니의 형제들이 개신교였다. 그리고 그는 개신교의 지도자인 나바르의 앙리 4세와도 친교를 유지했다. 그가 내면으로 개신교도였으나 가톨릭에도 가담한 것은 양다리를 걸친 하나의 처세술이 아니었는가 하는 의심도 갖게 된다.

그는 수많은 주제들의 《수상록》을 기록했으나 특정 교리를 가지고 신, 구교를 논증한 것은 아무것도 없다.[114]

그가 가톨릭의 여러 폐단을 보면서도 가톨릭 신앙을 옹호하는 것을 보면 그는 신앙에서 어떤 확고한 신념이 없다. 그는 오로지 신앙의 갈등으로 야기되는 현실적인 면만 고찰한다.

그는 개신교도들이 고대 성경에서 참된 기독교의 의미를 찾으려는 성경 번역 연구를 무의미하다고 본다. 그는 인간의 지식으로 하나님의 일을 파악하려는 것을 교만스러운 행위로 여겼다. 그에게서 신앙

---

114) 몽테뉴, 앞의 책.

이란 신비스런 일이기 때문에 무조건 믿어야 한다는 것이다.

신앙문제에 양심의 자유를 도입했다가는 사회 질서가 무너질 것이고, 신앙문제는 하나님께 특별한 권한을 받은 가톨릭 교회의 성직자들에게 맡겨둘 일이라고 규명한다. 신앙은 비판 없이 그대로 받아들이라고 한다.

그는 가톨릭 신앙을 정통적인 가르침으로 믿는 가톨릭 신자였다. 그리고 그는 가톨릭 종교의 내용 없는 외면적 형식들을 신앙으로 곡해한 지식인이었다. 몽테뉴 사상을 좋아할 사람은 가톨릭 교도뿐일 것 같다.

② 죽음에 관한 것

1권 19장에 "사람의 운은 죽은 뒤가 아니면 판단하지 못한다"라고 하였고, 20장에 "철학에 마음을 쏟는 것은 죽는 법을 배우는 일이다"라고 하였으며, 2권 13장에 "타인의 죽음 판단하기" 등을 보면 죽음에 관한 수상들이 있다. 그는 죽음을 인간의 자유가 가진 최후의 무기라고 본다. 그는 죽음을 인생이 어쩔 수 없는 패배라고 보지 않고, 자기 인생을 자주적으로 심판하고 자기 의사로 인생을 처분하는 것이라고 본다.

그는 또 철학은 죽음에 대한 준비일 뿐이라는 키케로의 말을 인용한다. 그리고 스토아 철학 사상을 받아들여서 죽음을 대수롭지 않게 여기는 것을 가장 높은 도덕으로 여긴다.

이 같은 논리를 전개하기 위해 로마 정치가요 군인으로 자살을 한 카토(Cato: B.C. 95~46)나 로마의 스토아 학자요 정치가였던 세네카(Seneca: B.C. 5~A.D. 65)가 네로로부터 모반자로 의심받자 혈맥을 끊고 자살한 것을 크게 찬양한다. 더욱이 소크라테스(Socrates: B.C. 469~399)가 청년들을 타락시켰다는 죄목으로 사형언도를 받고 태연하게 죽어 간 것을 매우 높게 칭찬한다.

몽테뉴가 죽음과 신앙을 결부시키지 않고 신앙과 완전 분리된 것으로 주장하는 것은 그가 가톨릭도 개신교도 아닌 비종교인이었음을 보여주는 것이다. 그가 신앙을 말하고 종교를 말하지만 그는 신앙도 종교도 없는, 단지 스토아 철학 사상을 가진 하나의 지식인에 불과했음을 의미한다.[115]

③ 정치에 관한 것

1권 35장에 "정치의 결함에 관하여", 48장에 "군마에 관하여", 2권 24장에 "로마의 위대성에 대하여", 34장에 "카이사르의 전쟁하는 방법" 등에서 정치적 견해를 밝힌다.

그는 고향에서 두 번에 걸쳐 시장을 지낸 정치가다. 그는 또 개신교도의 수령으로 전국에 다 알려진 나바르 공국의 앙리 4세와 친분을 가졌던 정치인이고, 앙리 4세가 개신교 신앙자로 프랑스 국왕이 되었을 때 구교로 개종해서 프랑스 국정을 이끌어 가도록 막중한 중재 역할도 했다. 몽테뉴에게서 신앙은 형식적인 것이고 정치를 위해서는 신앙의 입장을 얼마든지 바꿀 수 있다고 믿은 사람이다.

그에게 있어서 신앙은 편리를 위한 수단일 뿐이고, 인생에서 신앙보다 더 중요한 것이 다수인들에게 영향을 끼치는 정치였다. 그러면서도 그는 일생 동안 회의주의적 사상으로 일관되게 살아간다.

---

115) 몽테뉴, 《수상록》 참고.

3) 몽테뉴에 대한 평가

그는 정치가로 살아가면서 다양한 학문들을 섭렵했다. 그는 출생부터 유복한 가정환경에서 다양한 학문들을 섭렵할 수 있도록 기초가 닦아졌다. 그래서 정치가로 살아가면서 고전을 비롯한 다양한 사상가들을 배울 수 있는 기회가 계속 이어졌다. 그는 다양한 고전과 사상가들을 접하면서 그때그때 느껴지는 감상들을 《수상록》으로 만들어 갔다. 그러므로 그의 《수상록》 내용을 보면 박식하고 다양한 사상들을 이해한 것들 중에서 스토아 철학자 사상을 가장 선호했다.

따라서 그의 《수상록》에서 스토아 철학 사상이 계속 묻어 나온다. 그러나 그는 결코 정상적인 신앙인은 아니었다. 신앙인은 절대자이신 하나님의 뜻에 자기를 굴복시키고 하나님의 뜻을 추구해 나가는 방향이 선명한 자이다.

그는 절대자 하나님의 뜻을 추종하는 것이 아니라, 인간들이 만들어 놓은 종교적 관습이 곧 신앙이라고 곡해시킨 가톨릭 종교를 수용하는 것을 신앙이라고 보았다. 매우 표피적 신앙자였으나 그의 박식한 문장들은 본성을 중요시하는 루소(Rousseau: 1712~1778)의 선구자가 되었다. 어쩌면 루소보다도 더 적나라한 인간성 폭로자라고도 할 수 있겠다.

2. 프랜시스 베이컨(Francis Bacon)

영국의 철학자로 근대 '경험론'(經驗論, empiricism) 철학을 수립한 창시자이다. 과거 고대의 플라톤, 아리스토텔레스는 원자론에 입각한 철학을 만들었다. 그 후 중세기 스콜라 철학자들은 이성을 중요시한 초월적 철학이었다. 그러나 영국의 베이컨과 오컴 등은 인간의 경험을 가장 중요시하는 경험론적 철학을 수립함으로 중세기 스콜라 철학을 무너뜨리고 근대의 경험론적 철학을 수립했다.

베이컨의 경험론적 철학은 T. 홉스가 계승하여 18세기에 J. 로크와 G. 버클리, D. 흄 등이 계승한다. 이렇게 중세기까지의 이성 중심의 철학 체계를 경험 중심으로 전환시킨 베이컨의 생애와 사상을 살펴보자.

1) 베이컨의 생애(1561~1626)

베이컨은 현대인 용어로 빌리면 '금수저'에 해당되는 인물이다. 그의 아버지 니콜라스 베이컨은 국새상서(國璽尙書)로 영국 국왕의 국인을 보관하는 자였다. 16세기경 영국은 국왕이 친서한 법령이나 그 밖의 문서들은 국왕의 도장을 찍은 후에야 발표할 수 있었다. 현재는 없어졌으나 일종의 무임 수상이나 수상 다음가는 부수상에 해당하는 직분이었다. 니콜라스 베이컨은 첫 부인과의 사이에서 세 명의 아들이 있었고, 프랜시스의 어머니 앤 쿠크는 에드워드 6세의 가정교사를 지낸 안토니 쿠크 경의 둘째 딸이었다.

프랜시스 베이컨은 어머니가 신앙이 두텁고 여러 나라 말에 능통한 재원이어서 어머니의 영향을 많이 받고 자랐다.

베이컨은 12세 때 케임브리지 대학에 입학했으나 14세 때 학위를 받지 않고 학교를 떠나 15세 때 그레이스 인(Gray's Inn) 법학원에 들어간다. 변호사, 재판관이 되려면 반드시 이곳의 회원이 되어야 했다. 18세 때 아버지가 죽고 21세 때 법정 변호사 자격을 얻는다. 23세 때 백부의 도움으로 지역의 대의원이 되고, 그 뒤로 여러 곳의 선거구에서 대의원으로 당선된다.

그가 24세 때 의회에서 의원으로 '엘리자베스 여왕에게 드리는 진언서'를 집필한다. 그리고 27세 때 엘리자베스 여왕의 충신인 에섹스 경과 교류를 시작하며 엘리자베스 여왕과 가깝게 되어 여왕의 개인 법률 고문관이 된다(33세).

에섹스 백작이 반란을 일으켰을 때(40세) 에섹스를 기소한 검사들 중의 한 명이 된다.

42세(1603) 때 제임스 1세가 왕위에 오르자 국왕의 법률 고문으로 임명된다(1604). 1606년 45세 때 14세인 앨리스 바넘과 결혼하므로 세상인들을 크게 놀라게 한다. 1614년 53세 때 법무장관이 된다. 그 후 추밀원 의원으로, 대법관으로(57세) 남작 작위를 받고 귀족원에 진출한다. 58세 때 담석증에 걸리고, 60세 때(1621) 뇌물을 받은 혐의로 투옥되었다가 석방된다.

고향 자택으로 옮겨서 수많은 저술에 전념한다. 그는 의원이 된 24세부터 다양한 저술들을 해왔고, 44세 때는 그의 대표작이라 할 수 있는《학문의 진보》를, 64세 때는《베이컨 에세이》등 수많은 저술들을 남겼다. 그리고 1626년 65세로 세상을 떠난다.[116]

베이컨은 23세 때부터 60세까지 화려한 정치가로 온갖 영예를 다 누린다. 그러나 말년에는 오직(汚職) 때문에 실각하고 실의 속에서 연구와 저술에 전념하다가 사망한다.

그의 작품들에 나타난 사상을 보면 옛 사상에 머물러 있는 한계점들이 많다. 철학에는 독일 천문학자 케플러(J. Kepler: 1571~1630)의 성

---

116) 프랜시스 베이컨,《학문의 진보》, 이종구 역 (동서문화사, 2016).

과를 이해하지 못했기에 합리적, 계량적 수단인 수학의 입장을 반영하지 못했다.

또 연역법(演繹法)에 근거한 논리법에 매여서 그릇된 평가를 한 것이나 또 천동설(天動說)을 믿은 아리스토텔레스의 사고법에서 벗어나지 못했다. 그는 스콜라 철학의 결함을 비판함으로 새로운 경험론적 방법을 제창했다.

2) 베이컨의 사상

베이컨의 공헌은 그가 저술한 《학문의 진보》(1605)와 《노붐 오르가눔》(Novum Organum, 1620)이 훗날 흄과 칸트에게 계승된 일이다.

베이컨은 일생 동안 정치가로 살아갔다. 그래서 공무로 항상 바쁜 생애를 살아갔기에 저작을 위한 여가를 가질 수 없었다. 그런 속에서도 시간을 아껴 30여 편의 철학적 저서를 남겼다. 그는 자신이 꿈꾼 학문적 계획을 실현시키기 위한 시간이 모자랐다. 그렇기 때문에 특별한 예외 외에는 대부분이 미완성으로 끝이 났다.

더구나 그는 새로운 학문을 설계했다. 그와 같은 계획은 개인의 힘으로 완성될 성질의 것이 아니고 많은 연구자들이 여러 세대에 걸쳐서 협력해야만 실현될 수 있는 것이다. 그가 남긴 《학문의 진보》와 《노붐 오르가눔》은 그가 31세 때부터 시작했으나 완성하지 못한 채 눈을 감았다.

여기서는 그의 대표작이라는 《학문의 진보》의 윤곽을 살펴보겠다.[117]
베이컨은 학문을 기본적으로 다음과 같이 분류한다.

---

117) 앞의 책 참고.

(가) 기억(세계의 기술이며 역사)

  역사 속에는

      (1) 자연의 역사 - (a) 정상적인 자연 - 피조물의 역사

                  (b) 변화된 자연 - 경이의 역사

                  (c) 인공을 가한 자연 - 기술의 역사

      (2) 인간의 역사 - (a) 세속적 - 시민사와 학술사

                  (b) 종교적 - 교회사

(나) 상상(공상적 세계 묘사 - 시)

                  (a) 서정시

                  (b) 극시

                  (c) 우화시

(다) 이성(원인의 인식 - 철학)

      (1) 자연적 - 세계

                  (a) 자연의 철학

                      사변적 - 자연학, 형이상학

                      작업적 - 기계학

                          미술

                  (b) 인간의 철학 - 인문 철학

                          사회 철학

      (2) 초자연적 - 계시 신학

여기서 그가 철학을 자연 철학과 초자연적 신학으로 나누었다는 것이 과거와 다른 주장이었다. 그리고 자연 철학의 이해에는 귀납법과 과학 방법론을 주장했다.

그의 두 번째 대표 저서가 《노붐 오르가눔》이다.

그는 인간의 지성이 진리로의 접근을 방해하는 편견으로 네 가지의 우상을 지적했다.

(가) 자기의 편견에 맞는 사례에 마음이 움직이는 인류 공통의 종족의 우상

(나) 동굴에 갇혀서 넓은 세계를 보지 못하게 하는 개인의 성향, 역할, 편향된 교육 등에서 생기는 동굴의 우상

(다) 무대 위의 요술, 허구에 현혹되는 것처럼 전통적인 권위나 그릇된 논증, 철학 학설에 현혹되는 극장의 우상

(라) 시장(市場)에서의 당돌한 대화로 생기는 시장의 우상

등등이 편견, 선입관, 오해 등을 일으켜 진리로의 접근을 방해한다고 했다.

베이컨은 이렇게 생겨난 편견들은 연역법(演繹法) 또는 삼단논법에 의한 피해라고 보았다. 이것을 극복하려면 실험과 관찰에 입각한 귀납법(歸納法) 방법을 채용해야 한다고 주장했다.

베이컨의 주장은 과거 그리스 철학자인 아리스토텔레스가 형상(形相)과 질료(質料)로 자연법칙을 이해한 것을 중세기 스콜라 철학자들이 그대로 답습한 것을 벗어나지 못한 주장이었다.

그가 말하는 연역법이나 귀납법이라는 용어 자체가 아리스토텔레스의 용어를 여전히 답습하고 있다.

수학(數學)에 대한 몰이해로 자연 속의 보편적 법칙을 양적 관계로 파악하지 못한 점에서 그의 주장들은 불완전했다. 그러나 그의 주장 중 근대 과학의 방법상 중요한 일면을 강조한 것만은 사실이다. 베이컨의 실천 철학은 《베이컨의 에세이》(1597 초판, 1625 3판)에 비체계적으

로 서술되어 있다.

베이컨의 공적은 이기적 충동 외에 사랑이라고 하는 지고한 덕에 의한 인간 전체에 대한 배려의 존재를 인정하고, 그것을 실천적 활동의 중요성을 강조했다는 점이다. 그것이 훗날 영국에 고유한 사회적, 실천적, 공리주의(功利主義)적 윤리 경향으로 발전되게 한 점이라 할 수 있다.

3) 베이컨에 대한 평가

베이컨은 실험과 관찰에 입각한 귀납법 방법을 중시했다. 과거 중세기까지의 이성 중심의 초월적 중심이 베이컨의 실험과 관찰을 중요시하는 경험주의로 강조점이 달라졌다. 그래서 베이컨을 '경험론 철학의 수립자'라고 한다.

이와 같은 경험론(empiricism)은 일반적으로 반(反)초월주의, 반(反)개성적 태도를 취한다. 그러나 세상에는 경험론만으로 이해할 수 없는 초경험적인 것들로 보편성을 띠고 있는 것들이 너무 많다.

예를 들어서 시간과 공간의 개념은 경험으로 이해되는 분야가 아니다. 또 집합개념이나 전 세계 각 민족들의 상이한 윤리 개념 등은 경험으로 이해되는 분야가 아니다. 경험론이 경험적으로 주어진 궁극성과 실재성을 인식하는 데 있어서는 객관적이라고 할 수 있다. 그러나 그와 같은 경험주의는 또 경험한 자만이 알 수 있는 주관주의와 경험하지 못한 자의 회의주의와 상대주의를 만들기 마련이다.

그렇기에 경험주의는 주관주의는 고무시키지만 상대주의자에게는 독선으로 배격당할 치명적 약점이 따른다. 그렇기에 중세기 초월주의를 벗어나려는 르네상스 이후에는 한 세대 동안 크게 주목을 받았다. 그러나 세월이 지나면서 현대의 경험주의자들은 프래그머티즘

(Pragmatism) 입장으로 진화되고 있으므로 그의 주장은 고전의 유물이 되고 말았다.

3. 데카르트(René Descartes)

필자는 교회사를 독특한 의도성을 갖고 정리해 가고 있다. 필자가 의도하고 있는 그것이 무엇인가? 그것은 교회사든 세상이든 과거에 보통 사람들과는 다르게 살아간 사람들이 훗날에 유명인들로 세상에 전해져 오므로 그들이 역사를 설명하는 주체가 되었다.

교회 역사를 보면 영적으로 탁월한 사람들에게서는 배울 교훈들이 많다. 그러나 영적으로 본받을 만한 존재도 아닌데도 단지 이룬 업적 때문에 그들을 배운다. 세상사도 마찬가지다. 세상에 유명한 이름을 남긴 이들은 독특한 신념으로 당대의 세상을 거슬러 가면서 고난 속에 살아간 독특한 인물들이다. 그러나 세상에서 유명한 사람들이 죽은 후에는 천국과 지옥 둘 중에 어디로 갔을까?

천국의 소망을 가진 필자는 이 문제에 관심을 갖고 세상사를 정리해 가고 있다.

이번에는 프랑스의 철학자요 또 수학자로 알려진 데카르트를 살펴보려고 한다.

흔히들 잘못된 오해는 철학자라고 하면 근거가 빈약한 것을 괴상한 괴변으로 그럴듯하게 수사학 기법으로 논리를 만들어낸 괴변이 철학이라는 오해를 가질 수 있다. 그러나 결코 그렇지 않다. 플라톤(Plation: B.C. 427~347)이 세운 '아카데메이아'(Akademeia) 학교는 철학과 기하학을 함께 가르쳤다. 또 아리스토텔레스(Aristoteles: B.C. 384~322)가 세운 '리케이온'(Lykeion) 학교에서도 자연학, 천체학의 기본이 기하학이었다. 오늘 소개하려는 데카르트도 마찬가지다.

우리가 알기로는 데카르트를 '데카르트 철학' 정도로 알고 있지만 그는 철학과 함께 '데카르트 곡선'(Curve of Descartes), '데카르트의 부호법칙'(Descartes law of Signs), '데카르트의 엽선'(Folium of Descartes), '데카르트 좌표'(Cartestian Coordinates) 등 수많은 수학 용어들을 만들어냈다. 그렇기에 데카르트를 철학자 정도로만 이해하는 것은 편견에 불과하다.

그리고 데카르트의 철학의 기초는 철저한 수학 공식에서 기초가 된 개념들을 더 확대 발전시켰다는 사실이다.[118]

이런 면에서 우리는 데카르트가 어떤 과정을 거쳐서 철학자가 되었는가를 바로 알기 위해 그의 생애를 알아보자.

1) 데카르트의 생애(1596~1650)

데카르트(René Descartes)는 1596년 3월 31일 프랑스 중서부의 투렌(Touraine) 주(州)라는 옛 이름을 가진 곳이고 지금은 앵드르에루아르(Indre-et-Loire) 주라고 불리는 곳에서 태어났다. 이곳에는 루아르 강이 흐르는 투렌 지방이 중심을 이룬다. 루아르 강 주변의 포도밭은 루아르 와인 생산지로 유명하다.

데카르트의 부친은 이곳 브르타뉴 지방 고등법원 평정관이었다. 어머니 잔 브로샤르와의 사이에서 그는 셋째 아들로 태어났다. 부모는 그 당시 사회, 문화, 정치적으로 영지를 소유한 소 귀족 가문에다

---

118) 데카르트, 《성찰》, 소두영 역 (동서문화사, 2016).

법관으로 상당한 계급에 속했다. 그런데 어머니는 데카르트를 낳은 후 1년이 채 안 되어서 세상을 떠난다(1597).

어머니는 창백한 얼굴과 마른기침을 계속하는, 선천적으로 림프샘이 부어오르는 유전병을 갖고 있었다. 그래서 데카르트도 어머니의 체질을 이어받아 연약한 체질을 가졌다. 어머니의 사후에 외할머니와 유모의 손에 자란다. 그래서 그는 평생 유모에게 연금을 지급하며 돌보아 주었다.

데카르트가 10세(1606) 때 예수회 수도단이 창설한 라 플레슈 학원에 입학한다. 이곳에서 8년 동안 학교생활 중 건강상의 이유로 아침에 침대에서 시간을 보내는 특혜를 받는다. 이것이 훗날 침상에 누운 채로 명상을 하는 버릇이 생긴다. 그가 8년 동안 학교생활 중에 1610년 암살된 앙리 4세(1589~1610)의 심장을 이 학교 교내 기도원에 옮겨 놓았고, 1611년 갈릴레이가 망원경으로 최초로 목성을 발견했다는 소식에 축제를 연 일이 있었다.

18세(1614) 때 푸아티에(Poitiers) 대학에 입학해 법학과 의학을 공부했다.

그는 예수회 학풍인 스콜라적 학문이나 푸아티에 대학 공부에서 만족을 얻지 못하고 세상이라는 서책을 통해 배우기로 하고 여행을 떠난다.

22세(1618) 때 지원 장교로 네덜란드 군대에 들어간다. 이때는 독일에서 30년 전쟁(1618~1648)이 시작되는 때였다.

군대에서 뒷날 위트레흐트(Utrecht) 대학의 학장이 된 이삭 베크만(I. Beckmann)을 알게 되어 그로부터 자연 연구에 수학을 이용하는 방법을 배운다. 그래서 수학으로 자연학 연구를 시작한 데카르트는 물체의 자유 낙하 법칙을 알게 된다.

그는 30년 전쟁 소식을 듣고 독일 가톨릭 바이에른 공 휘하로 들어가 30년 종교전쟁에 가톨릭 편에 선다. 이때 군대 영내에서 1619년 11월 10일 "놀라운 학문의 기초"를 발견하는 영감을 얻고 학문 연구에 자신감을 갖게 된다. 그것이 바로 수학을 통한 학문의 완성이었다.

그는 24세(1620) 때 군대를 떠나 네델란드, 프랑스, 이탈리아 등을 여행한 후 29세(1625) 때 파리에서 광학(光學) 연구에 열중해 빛의 굴절에 대한 '정현(正弦)의 법칙'을 발견한다.

그는 파리에서 가톨릭 지도자들을 만나는 좋은 환경을 피해 자신의 철학을 체계적으로 정리하기 위해 32세(1628) 때 네델란드로 옮겨가서 1649년까지 21년간을 네델란드에서 정주한다.

그동안 네델란드 여러 곳으로 옮겨 다니면서 형이상학, 우주론, 해부학 등등 다양한 분야의 논문들을 만든다. 39세(1635) 때 네델란드 여인과의 사이에서 딸 프랑신이 태어난다.

그가 41세(1637) 때 철학에 관한 "방법 서설"(方法序說, Discours de la methode) 및 〈굴절 광학〉, 〈기상학〉, 〈기하학〉 등의 논문을 세상에 발표했다.

이로 인해 자연학 분야의 파스칼 등과 논쟁을 하고, 수학의 접선 문제로 페르마와도 논쟁을 한다. 44세(1640) 때 딸 프랑신이 죽는다. 그리고 프랑스 왕 루이 13세의 부름을 받지만 끝내 고독을 택한다. 45세(1641) 때 그동안 정리해 오던 형이상학의 논문을 모아 《성찰》(Meditationes de Prima Philosophia)이라는 책을 출판한다.

이 책을 본 네델란드 위트레흐트 대학 학장인 칼빈파 신학자 보이티우스(Gisbertus Voetius: 1588~1676)로부터 데카르트가 무신론자라는 단정을 받는다.

48세(1644)에는 《철학의 원리》(Principia Philosophiae)를 출판한 후 프랑스를 여행한다. 이때(1647) 51세인 그는 24세의 젊은 학자 파스칼을 만난다. 또 서로 의견 차이로 사이가 좋지 않게 지냈던 영국의 철학자 홉스(T. Hobbes: 1588~1679)와 화해를 이룬다. 그러나 네덜란드에서 자기 제자라고 믿었던 위트레흐트 대학 교수인 레기우스와는 관계가 멀어진다.

그 후 53세(1649) 때 《정념론》(Les Passions de l'âme)을 출판한다. 이때를 전후하여 데카르트의 사상이 혁신성이 있음으로 세상 사람들의 주목을 받게 된다. 그런데 그가 세상에 크게 알려지자 그동안 '자유의 나라'라고 21년간 살아온 네덜란드의 칼빈주의자들에게서 많은 공격을 받게 되었고, 그에 따라 좋은 관계였던 자들과의 사이도 멀어졌다. 그래서 네덜란드가 싫어졌다. 그 무렵에 스웨덴의 여왕 크리스티나의 초청을 받는다. 그래서 네덜란드를 떠나 스웨덴으로 간다. 1650년(54세) 1월부터 1주일에 두세 번 여왕을 위한 강의를 하게 되었다. 그렇게 해서 추운 스톡홀름에서 5개월쯤 머물면서 여왕에게 강의를 하던 중 폐렴에 걸렸다.

그는 1650년 2월 11일 54세로 세상을 떠난다. 그의 유해가 처음에는 스웨덴에 묻혔다. 그러나 1666년 그의 고국 프랑스로 옮겨진다.

이렇게 해서 데카르트의 생애는 끝이 난다.

2) 데카르트의 사상

여기서는 그의 대표적인 몇 가지 저서들을 통해 그의 사상을 알아보자.

① 《성찰》(Meditationes De Prima Philosophia, 1641)
이 책의 초판 표제는 "신의 존재와 영혼의 불사가 증명되는 제1철학의 성찰"이다. 이 책은 그가 45세(1641) 때 파리에서 출판되었다.[119]

그렇다면 영혼의 불사가 증명되었는가? 그렇지는 않다. 그런데 왜 이 같은 제목을 붙였는가? 그는 이 책에서 정신은 물체인 신체로부터 실재적으로 구별된 실체라는 것을 밝히고 있을 뿐이다. 그리고 그는 신체의 파괴로부터 정신의 사멸이 귀결되지 않는다는 것만은 확실하기 때문에 거기서 사람은 내세의 희망을 가질 수 있다고 주장한다. 그러면서 자연학의 완전한 전개 없이는 정신의 불사를 증명할 수 없음도 강조했다.

이 책을 놓고 당시 사람들은 견해가 둘로 달라진다. 앞서 잠시 언급한 것처럼 당시 네덜란드 칼빈파 위트레흐트 대학의 학장이었던 보이티우스(Gisbertus Voetius: 1588~1676)는 데카르트를 무신론자라고 단정한다.

그런데 데카르트는 《성찰》의 첫머리에 파리 대학의 신학자들에 바친 헌사(獻詞)에는 신앙의 진리에 대한 기초를 만들고 그로써 무신론자들을 설득하기 위해 이 책을 썼다고 말하고 있다. 이와 같은 데카르트의 서문을 그대로 믿는 후세인들은 그를 호교가(護敎家)라고 하는가 하면, 또 다른 이들은 그가 세상의 공격을 피하기 위해 타고난

---

119) 앞의 책.

신중성을 드러낸 자신의 보신적 태도라고 한다.

이렇게 똑같은 책을 놓고도 보는 이들 입장에 따라 해석이 다양하다. 하지만 데카르트가 지인들에게 보낸 편지에서는 "나는 신을 위해 호교를 꾀했기 때문"이라는 말을 되풀이한다. 데카르트가 무신론자일까, 아니면 호교가일까? 이런 논쟁이 데카르트가 죽은 후 10년 뒤까지 이어졌다. 이때 데카르트를 옹호하는 사람들로 네덜란드인 H.레기우스, B. 베케르, A. 겔링크스 등에 의해 데카르트 학파가 형성된다. 그러나 데카르트 다음의 세기에 뉴턴 때에는 그의 주장이 종식된다.

우리는 확실하게 알아야 할 사실이 있다. 17세기 데카르트가 살아간 시대에는 가톨릭과 개신교가 30년 전쟁을 불사하면서 정치적, 사회적으로 온 세상이 대립과 대결을 거듭해 갔다. 이때를 살아간 데카르트는 구질서냐, 신질서냐의 선택이 아니라 정치적, 사회적 통일을 추구하였다. 그렇기에 그가 자라온 가톨릭 배경과 그가 살아간 개신교 배경의 네덜란드를 융합시켜 보려는 선의가 철학적 방법론으로, 수학이라는 자연과학 방법을 활용한 것이라고 보여진다.

데카르트는 스콜라 신학은 싫어했다. 그러나 가톨릭의 교리는 신뢰했다. 가톨릭 교리 중에 '성체의 성 변화' 교리가 있다. 떡과 포도주를 사제가 축복하면 떡과 포도주가 아닌 2,000년 전 예수님의 살과 피로 변화된다는 교리이다. 개신교는 이것을 미신이라고 거부한다. 그런데 가톨릭 교회는 기본 교리로 '화체설'(Transubstantiation)을 믿는다(1551년 트렌트 공의회에서 선포).

그런데 데카르트는 이 교리를 그대로 믿었다. 그를 신앙인이라고 볼 수는 없다. 그는 그 당시 종교적 흐름에 순응한 종교인 일뿐이다.

우리는 그를 17세기 유럽의 흐름으로 이해하는 것으로 만족해야 할 것 같다.

② 《정념론》(Les Passions de l'âme: 1649)

《정념론》은 데카르트의 대표적인 저서다.[120]

그가 49세(1645) 때 엘리자베스 공주의 요청으로 《정념론》 집필을 계획한 후 4년 후인 53세(1649)에 출판하였다.

여기 엘리자베스 공주(1618~1680)는 독일에서 일어난 30년 전쟁(1618~1648) 때 독일 팔츠의 선제후(1610~1623)였다가 1619년에 보헤미아 왕으로 추대받은 프리드리히 5세(Friedrich V)의 딸이었다. 그런데 아버지 프리드리히는 개신교의 지도자로 가톨릭과 싸우다가 공주가 13세 때 죽었다.

공주는 나라를 잃어버리고 숙부가 사는 네덜란드 오렌지 공에 의지해 살고 있었다. 어머니는 자기 동생이 영국 왕 찰스 1세여서 자기 나라로 오라는 초청을 거부하고 네덜란드에서 남은 9명의 자녀를 기르고 있었다. 나라 없는 엘리자베스 공주는 아버지와 오빠를 잃고 약혼을 거절당하는 불우한 처지 속에서 데카르트에게 가르침을 청했다.

독일 귀족 출신인 엘리자베스는 6개국 언어에 능통했고, 수학과 형이상학에 예리한 이해력을 가지고 있었다. 엘리자베스는 데카르트의 《성찰》(1641)이라는 저서를 읽고 예리한 비판과 함께 가르침을 요청했다. 데카르트는 자기 숙소에서 30리나 떨어진 헤이그로 공주를 찾아갔다. 이때 데카르트는 46세였고, 엘리자베스는 23세였다. 이때

---

[120] 앞의 책.

부터 두 사람은 편지로 의견을 주고받는 교제가 계속된다. 이때 엘리자베스 공주는 편지로 이렇게 묻는다.

"인간의 정신이란 데카르트의 주장에 의하면, 사유하는 실체에 불과하다고 했다. 그런데 사유하는 정신이 어떻게 행동을 할 수 있도록 의지가 적용되어 육체의 정기를 움직일 수 있는가?"

이때부터 데카르트는 육체 안에서 일어나 정신의 수동으로 작용하는 '정념'을 고찰하게 된다. 그래서 4년 후(1649)에 《정념》을 출판한다.

여기서 데카르트의 '정념' 사상을 정리해 보자.

철학자들이 일방적으로 새로이 생기고 일어나는 모든 것을 설명할 때 받아들이는 주체를 중심으로 설명할 때는 수동이 정념이라 하고, 또 그것을 일으키는 주체를 중심으로 설명할 때는 능동이라고 한다.

따라서 많은 경우 능동이라는 것과 수동이라는 것을 다르게 분류하지만 그것은 행위자와 행위를 당하는 자로 분류하는 것이고, 능동과 수동은 같은 것이다. 이 두 가지가 서로 다른 두 개의 주체와 관계를 맺고 있기 때문에 두 개의 서로 다른 이름을 갖고 있을 뿐이다.

프랑스어의 '정념'은 본래 '수동'을 의미하는데, 그 뜻은 신체는 그 작용을 일으키는 능동의 입장이 되고 동시에 정신은 그 작용을 받아들이는 수동의 입장이 된다는 뜻이다.

데카르트는 인간의 기본적인 정념에는 6가지가 있다고 했다.[121] 경이(놀라움), 사랑, 미움, 욕망, 기쁨, 슬픔이라고 했다. 이런 정념은 모두 신체와 관계가 있으며, 신체와 합일(合一)되었을 때의 정신에게만 그

---

121) 앞의 책.

기능이 작동하는 것이다.

예를 들면 '놀라움'은 무엇인가? 새롭거나 이상한 대상이 감각될 때 일어나는 정념이다.

'사랑'은 정기(精氣)운동으로 일으켜지는 어떤 정신적 감동이다.

데카르트는 심장의 열로 인해 증류된 혈액은 미세하고 활동적으로 변해서 뇌실로 유입될 때 정념을 일으킨다고 했다. 또 '증오'는 해로운 것으로, 정신이 그것에 나타난 대상으로부터 멀어지고자 하는 의지를 갖도록 촉구하는 것이다. '욕망'은 정기에 의해 일어난 정신의 동요이며, 정신이 자기가 알맞다고 여겨지는 일을 미래를 향해 성취하려는 마음을 갖도록 한다. '기쁨'이란 정신의 유쾌한 감동으로 정신에 의해 선을 누리는 기초를 누리며, '슬픔'은 정신이 악으로부터 불쾌의 기초를 이루는 것이다.

데카르트의 '정념' 사상은 모두 외적 대상의 자극에 따라 신체 속에서 일어나는 동물적 정기 운동으로 발생하는 것이고 정신 자체의 힘에 의해서 일으켜지는 것은 아니라는 주장이다.

데카르트는 《정념론》에서 인체를 객관적, 기계론적으로 분석했다.

그리고 정념을 주체화하기 위해서 수동성을 능동적으로 전환시키는 "고매한 마음"(generosite)인 도덕을 주장한다.

데카르트는 앞서 《성찰》에서는 심신의 이원론을 주장했다. 그런데 《정념론》에서는 인간은 심신 합일체임을 주장한다. 이에 대해 데카르트는 인간은 정신과 물체(신체)가 완전히 독립된 각각의 실체가 결합해 존재하는 것이며, 그 결합이 '정념'이라고 했다. 그러면서 인간의 다른 동물과의 차이점은 "코기토"(Cogito: 나는 생각한다)에 있다

고 했다.[122]

데카르트는 심신 이원론에 역점을 두면 정신의 독립성이 침해되는 것을 알고 정신의 독립성이 외적 대상에 의해 침해되고 휘둘리지 않도록 '정념'이라는 통제 개념을 만들었다.

데카르트는 자기주장의 모순을 정념론에서 모순이 아니라 자신의 철학체계를 수립하려고 온 힘을 기울였다. 그는 정념론을 통해 그가 직면한 아포리아를 해결하고자 하는 악전고투의 필사적인 노력을 일생 동안 추구했다.

3) 데카르트에 대한 평가

데카르트를 '근대 철학의 아버지'라고 불렀다. 그 까닭은 중세기 때 만연된 스콜라 철학의 자연학에 만족하지 않고 물질 즉 연장(物質卽延長)이라는 기계론적 자연관을 주장했기 때문이다. 그는 물질 현상의 해법이 인간의 정신성과 자유의지를 설명해 주는 역할도 할 수 있다는 것을 주장했다.

그가 연구해낸 학문의 방법은 수학을 통해 인간의 정신성에도 해답을 주려고 노력했다. 그는 대단한 수학자였다. 그는 과거의 추상적인 스콜라 철학의 관념들을 설명이 확실한 수학적 방법으로 개념들을 정립해 나갔다.

그래서 수학의 기하학에다 대수적 해법(代數的 解法)을 적용한 최초의 해석 기하학(解析幾何學)의 창시자가 되었다. 그는 물질 현상의 해법을 수학에서 얻는 것처럼 인간의 정신성과 자유의지도 수학 해

---

122) 앞의 책.

법으로 찾을 수 있다고 주장했다. 그래서 수학적 해법을 도덕적, 종교적 세계에까지도 연결시키는 논리들을 발표했다.

이것을 한 그루의 나무로 비교한다면 뿌리는 형이상학, 줄기는 자연학, 가지는 의학, 기계학, 도덕이라고 보았다.

그는 학문을 하는 바른 자세도 주장했다. 과거 조상들이 주장해 온 것들이라 해도 형이상학적 사색에 관한 것들은 모두 다 의심해 보는 회의(懷疑)에서 출발해야 한다고 했다. 더구나 학문이 되려면 확실한 기초를 세우기 위해서는 조금이라도 불확실한 모든 것은 다 의심해 보아야 한다고 했다.

그러나 세상의 모든 존재가 다 의심스러운 것이기는 하지만 그러나 세상을 의심하는 자신의 존재만은 의심할 수가 없다고 했다. 그래서 그가 한 유명한 말이 "나는 생각한다. 그러므로 나는 존재한다"(Cogito, ergo sum)라는 철학 원리이다.

그는 의심하고 있는 불완전한 존재에서 무한히 완전한 존재자의 관념을 이루어 낼 수 없다는 것을 깨달음으로 신의 존재를 증명할 수 있다고 했다.

또 인간의 불성실에 반해 신의 변함없는 성실성이라는 것을 매개로 물체의 존재도 증명된다는 것이다. 그렇기에 정신(精神)은 신체 없이도, 사고하는 것만으로 존재할 수 있다고 했다.

그의 정신과 물체 개념은 서로 독립된 실체를 인정하는 이원론(二元論)적 자연관이다. 그러나 인간에게는 심(心), 신(身)이 분리된 이원론이 아니라 둘이 함께 결합된 일원론(一元論)의 사실을 인정하지 않으면 인간의 도덕적 문제를 풀 수가 없다고 했다.

그렇기에 데카르트는 자연관에서는 정신과 물체가 서로 독립된 실체라는 이원론이고, 인간은 심, 신이 함께 결합된 일원론이다. 결국 데카르트는 물심 분리라는 이원론과, 인간의 심신 일체라는 일원론의 사실을 설명은 했으나 물체와 인체의 사실관계를 해결하지 못하는 과제를 남겼다. 그로 인해서 후세인들이 다 각각 해석을 달리하게 만드는 긴 여운을 주고 있다.

필자는 데카르트에게서 세 가지를 느꼈다.
첫째, 그는 참 자유인이었음을 느꼈다.
그는 프랑스인으로 가톨릭 신자였으나 출세나 부귀영화를 떠나 네덜란드 각 곳으로 옮겨 다니면서 개신교도들과도 교류한 자유인이었다.
둘째, 그는 사명인이었다.
그는 군 복무 중에 수학을 통해 막연한 학문을 명쾌하게 정립해 내는 일에 일생 동안 모든 역량을 쏟아부었다.
일생 동안 한 목표만 향해 자신의 모든 것들을 쏟아부은, 자기가 왜 살아야 하는지를 알고 사명감에 충실한 사람 같았다.
셋째, 은혜를 아는 부드러운 사람이었다.
세상에는 부모의 은혜를 입고 자란 자식들이 부모의 은혜를 망각하고 살아가는 패륜아가 너무 많다. 그러나 데카르트는 자기를 길러준 유모를 평생 돌보아 주었고 죽으면서도 유모의 여생을 위하여 배려했음이 참으로 은혜를 아는 미담으로 느껴진다.

4. 파스칼(Blaise Pascal)

파스칼은 17세기 프랑스가 낳은 위대한 인물이었다. 그는 프랑스 정치계가 혼란스러운 시대에 39년간 살다가 죽었다. 파스칼은 짧은 생애였으나 세 가지 면에서 탁월한 두각을 드러낸 위대한 삶을 살아갔다.

그는 과학자로 많은 공헌을 남겼고, 철학자로 길이 남을 사상을 남겼으며, 지식인이면서 깊은 신앙인으로 모범을 남겼다.

여기서 우리는 생각해 볼 점이 있다. 한 사람이 위대한 삶을 살아가는 것은 좋은 시대, 좋은 환경, 좋은 조건들이 크게 작용하는가? 파스칼을 보면 그렇지만은 않은 것 같다. 그가 살아간 17세기 프랑스는 어쩌면 오늘 우리들이 살아가는 독재와 무법이 판치는 현대와도 비슷했다. 파스칼은 시대적 상황에 영향을 받지 않으며 독특하되 영원히 존경받는 업적을 남겼다.

우리도 시대와 세상을 원망하거나 낙망하거나 불평하지 않고 주어진 각 분야에서 최선을 다해 묵묵히 최선을 다할 수 있는 비결을 배워야 하겠다.

그를 바로 알기 위해서는 그의 개인적인 특별한 재능과 함께 그가 살아간 시대적 배경도 함께 알아야 할 것 같다.

여기서는 그가 살아간 시대적 배경을 간략하게 언급해 보겠다.

17세기의 유럽은 종교개혁 후 100여 년이 지났으나 종교개혁의 여진이 계속해서 유럽을 불안과 공포 속으로 몰아갔다. 그것이 예수회의 반(反)개혁 운동의 지속으로 독일에서 30년 전쟁(1618~1648)이 일어났고, 프랑스에서는 위그노 전쟁(1562~1598)으로 나타났다.

유럽 전역이 이렇게 종교개혁 후유증으로 전쟁이 일어나서 국제적 긴장과 국내적 혼란이 지속될 때 프랑스에는 한 독재가가 프랑스 국정을 장악해 가고 있었다. 그가 바로 리슐리외(Armand Jean du P. de Richelieu: 1585~1642)였다.

그는 가톨릭의 주교이며 추기경으로 루이 13세의 모후이며 섭정인 마리 드 메디시스의 눈에 띄어 재상에 오른 후 18년간 프랑스의 정치, 경제, 문화 등 모든 분야를 가톨릭 신앙에 의한 절대 군주제를 확립한 독재자였다.

그가 재상 때에 위그노 전쟁이 발발한 것도 가톨릭 위주의 정책 때문이었고, 루이 13세가 친정을 시작한 후 왕의 모후 섭정이었던 마리 드 메디시스는 재상인 리슐리외를 실각시키려고 하다가 오히려 네덜란드로 망명을 해야만 했다. 그렇게 막강한 리슐리외가 죽고(1642) 루이 13세도 죽고 5세 된 루이 14세가 새로운 왕이 되었다.

이때 어린 왕을 섭정하던 어머니는 이탈리아 출신의 마자랭(J. Mazarin: 1602~1661)을 재상에 임명했다. 마자랭은 이탈리아인으로 예수회 학원을 졸업한 후 스페인에서 유학했고, 교황군의 대장으로 교황에게 인정받아 교황의 특사로 추기경이 되어 파리에서 활동 중에 리슐리외의 인정을 받았다.

그래서 파리에서 프랑스인으로 귀화한 자가 재상이라는 최고직에 올랐다. 이때 프랑스인들은 반마자랭 운동으로 '프롱드 난'(The Fronde, 1648~1653)을 일으킨다.

이로 인해 어린 루이 14세와 어머니 그리고 재상 마자랭은 몇 번이나 파리 밖으로 피신했다가 돌아와야만 했다. 반란의 참상에 지친 프랑스인들은 안정된 왕정을 요구한다. 때마침 1661년 마자랭이 죽자 루이 14세가 친정을 선언한다.

루이 14세(1643~1715)는 72년간 왕으로 재위하면서 "짐이 곧 국가"라고 말하는 독재 군주였다.

이제 여기에서 살피려는 파스칼은 프랑스에서 리슐리외, 마자랭 재상들의 독재 정치 때를 살아간 인물이다. 오늘 우리 시대도 구호뿐인 민주주의이고 실질적으로는 다수 의회에 의한 독재시대를 살아가는 비참한 세대이다. 그러나 이런 세대에서도 파스칼처럼 인물이 나올 수 있다. 그것을 믿기에 역사의 교훈을 배우는 것이다.

1) 파스칼의 생애(1623~1662)

파스칼은 프랑스의 중남부에 있는 오베르뉴(Auvergne), 클레르몽페랑(Clermont-Ferrand)에서 1623년 6월 19일에 태어났다. 오베르뉴가 현재는 퓌드돔 주, 알리에 주, 캉탈 주, 루아르 주로 나뉘어졌다.

아버지 에티엥 파스칼(1588~1651)은 클레르몽의 세무재판소 참사관으로 있다가 나중에는 세금재판소 소장이 된다. 어머니 앙투아네트 베공(1596~1626)은 클레르몽 출신 상인의 딸이었다. 이들 두 사람은 1618년에 결혼하여 세 명의 자녀를 두었다.

파스칼의 누나인 질베르트(나중에 페리에 부인)가 《파스칼의 생애》를 저술했고, 파스칼 아래로 여동생 자클린느가 태어났다.

그런데 이들 3남매를 낳은 어머니는 파스칼이 세 살 때 세상을 떠난다. 그 뒤 아버지 에티엥은 재혼하지 않고 자녀들을 부양하며 살아간다. 파스칼은 두 자매와 한 부인의 보살핌 속에서 유년기를 보낸다.

아버지 에티엥은 세무 직원으로 인정받는 수학자였다. 아버지는 파스칼이 8세(1631) 때 아들 교육을 위해 자신의 직위와 집을 팔고서 파리로 진출한다. 아버지는 기하학, 수학, 기술에 조예가 깊었고, 고전어와 음악에도 풍부한 소양을 가진 데다 자녀들을 지극히 사랑하는 인물이었다. 아버지는 아들 파스칼에게 12세가 되기 이전에는 라틴어와 그리스어를 가르치지 않고 15~6세가 되기 이전에는 수학도 가르치지 않으려고 했다.

그런데 파스칼이 11세 때 음향에 대한 실험 관찰로 〈음향에 관해서〉라는 소론을 정리했고, 12세 때는 유클리드의 정리 제32를 자기 힘으로 증명했다. 이때부터 아버지는 파스칼에게 라틴어, 수학, 철학을 배우게 했고, 정규과학도 연구하게 했다. 아버지 에티엥은 자신의 집에 인재들을 불러모아서 당시에 화제가 되고 있었던 과학 문제를 놓고 유익한 대화들을 나누었다.

이때 어린 파스칼을 그 모임의 멤버로 종종 유익한 생각을 말하게 했다. 아버지는 자기 집의 모임뿐 아니라 파리 시내의 유명한 메르센 집안의 모임에도 파스칼이 참석하게 했다. 메르센 집안의 모임이 발전해 '메르센 아카데미'로, 그것이 더 발전해서 '왕립 아카데미'의 기초가 된다.

이때 모였던 메르센의 집안 모임은 수학자들과 과학을 중시했다. 파스칼의 아버지는 아들을 이런 모임에 참석하게 함으로 사실과 경험을 근거로 하는 과학에 눈뜨게 해주었다.

파스칼이 15세 때(1638) 아버지는 공채 이자 삭감을 반대하는 반정부 운동자로 몰려 피신을 해야 했다. 그런데 누이 자클린느가 리슐리외 재상이 참석한 연극 공연에서 주연으로 등장하여 재상의 칭찬을 받을 때 아버지의 사면을 간청한다. 이로 인해 파스칼의 아버지는 재상의 특명으로 노르망디 지구 조세 담당 지방 총감으로 임명받아 1639~1648년까지 직위를 유지한다.

파스칼은 아버지를 따라 노르망디에서 16세부터 25세까지 살아간다.

이 기간에 아버지가 하는 일은 시민들에게 세금을 징수해 내는 일이었다. 아버지는 성실한 사람이었기에 정부 관리로 많은 세금을 징수하려 했고, 반대로 빈민들은 종종 폭동을 일으켜 과세의 부당함에 저항했다. 이때 파스칼은 아버지의 세금 계산 업무를 도우려고 계산기를 발명해냈고, 후에는 특허까지도 받았다.

그뿐만이 아니다. 23세(1646) 때는 진공 실험에 성공한다. 우리는 지금 진공상태와 무(無)와의 관계를 확연하게 알고 있다. 그러나 17세기 때의 물리학에서는 진공상태를 애매하게 알고 있었다. 아리스토텔레스는 자연학적 생각에 따라 진공상태를 혐오했고, 진공을 얻는 것은 불가능하다고 했다.

데카르트도 진공은 실현할 수 없는 것이며 상상할 수 없는 것이라고 했다. 그런데 파스칼은 많은 난관의 실험 끝에 진공 실험에 성공한 후 《진공에 관한 새로운 실험》을 간행한다.

데카르트가 젊은 파스칼을 만나 진공 문제로 해후를 한다.

파스칼의 진공 연구는 많은 반대를 받는다. 이때 파스칼의 주장을 맹렬하게 반대하는 이가 예수회 소속의 노엘 신부였다. 노엘 신부는 1648년 《진공의 충만》이라는 제목으로 파스칼 이론을 반대했다. 그러자 파스칼은 산꼭대기 실험으로 진공의 실재를 증명해 낸다.

파스칼은 23세(1646) 때 신앙에 큰 자극을 받는다. 그것은 아버지 에티엥이 1월의 겨울에 자선활동을 하러 가다가 빙판 위에 넘어져 허벅지뼈가 부러지는 사고를 당했다. 이때 아버지를 치료하는 의사가 독실한 얀센주의자(Jansenism)였다.

얀센주의란 가톨릭 아프레의 주교였던 얀센(C. O. Jansen: 1585~1638)에서 비롯되었다. 얀센은 파리에서 공부한 후 생시랑의 대수도원장 뒤베르지에(J. Duvergier)와 함께 아우구스티누스의 가르침을 가톨릭에 재형성해야 된다고 주장하고, 그 같은 신앙으로 개신교 신앙을 물리치려고 하였다.

이들은 자유의지, 예정, 금욕주의, 교계 제도 등에 관해 기존 수도단들과 대조를 이루는 가톨릭 내 엄격주의자들이었다. 따라서 이들은 가톨릭이지만 제도권의 관습적 신앙 전통을 계승하는 교황주의자들과 맞지 않는 반(反)교황주의자들이었다.

이들을 강력하게 반대하는 것이 교황에게 충성을 맹세해야 되는 예수회였다. 얀센주의자들이 수적으로 매우 미약했으나 저들은 강력한 생활 속에 그리스도 정신 실현을 강조하는 엄격한 보수신앙자들이었다.

파스칼의 아버지가 허벅지뼈가 부러진 사고를 당했을 때 약 3개월가량 치료를 한 의사 두 명이 바로 얀센주의 신봉자였다.

두 의사는 파스칼 아버지 치료차 그 집을 방문해서 치료해 주면서 기회가 날 때마다 성경 진리를 전했다. 그리고 그들의 권유로 생시랭의 《영적 서한》, 《새로운 마음》, 《내적인 인간 개혁에 대한 강화》 등의 저서들을 읽도록 했다.[123]

치료를 받는 환자는 의사들의 권유대로 순응하였고, 그 책들을 통해 아버지와 파스칼이 얀센주의 영향을 받게 된다.

---

123) Abbe de Sanit-Cyran, Letters Chretiennes et Spirituells, 1645.

이런 책들은 "인간의 삶의 중심을 자기에게 두었던 것을 하나님의 중심의 삶으로 전환시키지 않는다면 그것은 하나님보다 자기 자신을 더 사랑하는 것이다. 아울러 그렇게 자기 사랑으로 살아가는 것은 회개하지 않은 타락한 삶"이라는 주장을 담고 있었다.

이 같은 책 내용으로 아버지보다 크게 충격을 받은 것이 파스칼이었다. 그래서 자기가 추구하는 과학적, 수학적 등 다양한 것이 자기를 위한 것이 아니라 하나님을 위한 것이 되어야 한다는 각성을 하게 된다. 이때 파스칼은 물론 그의 여동생도 커다란 회심의 기회를 갖게 된다. 그 후 파스칼은 시집간 누나에게 신앙관을 피력하는 편지를 자주 쓴다. 파스칼이 28세(1651) 때 아버지가 죽는다. 그리고 누이동생 자클린느는 파리의 포트루알 수녀원의 수녀가 된다.

파스칼은 31세(1654) 때 〈기중론〉, 〈유체 균형론〉, 〈산술 삼각론〉 등의 연구 논문과 수학 세계에 '확률론'이라는 새 분야를 창출해낸다.

그러나 혼자 된 그는 수녀원의 누이동생을 찾아가 세속생활의 혐오와 과학 연구의 허망함을 고백한다. 그렇게 속세에 대한 혐오감과 허망함으로 금욕적인 생활을 계속해 나갔다.

그러던 그가 1654년 11월 23일에 놀라운 체험을 한다. 그것은 밤에 계속된 뜨거운 불 속에 파묻힌 것 같은 은총의 불을 경험한다. 이것을 그는 "은총의 밤"이라고 표현하며, 자기 회개를 증언하는 《기독교 신앙 변증》(Apology for the Christian Religion)을 집필한다.[124]

그는 이때의 경험을 기록한 '메모리알'을 양피지에 적어 죽을 때까지 조끼 안쪽에 끼워 넣고 간직하며 시시때때로 상기했다.

---

124) Pascal, Apology for the Christian Religion, 1654.

또 그는 이때의 경험이 결정적 회개의 순간이었다고 고백한다. 파스칼은 당시 가톨릭 교회에서 오랜 종교적 관습에 의해 습관화된 일요일의 미사 참여나 단지 의식에 불과한 성체를 받아먹는 것으로는 신앙의 유익이 없음을 체험한다. 그는 "은총의 밤"의 체험으로 삶의 방식이 달라지고, 인생의 목표가 달라지고, 관심 대상들이 달라진다.

파스칼은 32세(1655) 1월에 생활환경을 바꾼다. 그는 아버지 직장이 있는 클레르몽에 살았다. 그러나 그는 파리 남서쪽 포트 루아얄(Port-Royal)로 옮겨간다. 이것은 그의 변화된 삶의 객관적 증거가 된다.

포트 루아얄은 1625년에 생시랑 지도 신부에 의해 엄격한 계율과 금욕적 생활을 위해 현세에서의 영달을 포기하고 수도원에서 은둔 생활을 하는 남자 신도들의 집단인 '포트 루아얄 데 샹'(Port-Royal des Champs)이 있는 곳이다.

파스칼이 이곳에 체류한 것은 그의 삶의 완전한 변화를 의미한다. 파스칼이 프랑스에 있는 수많은 유명 수도원들을 제쳐놓고 조그마한 포트 루아얄 수도원을 찾아간 이유가 무엇인가?

그것은 그가 23세(1646) 때 아버지가 허벅지뼈 부상을 입고 치료를 받을 때 포트 루아얄파 신앙을 가진 두 의사로 인해 회심을 하고 몇 년 후에 이어진 것이다.

이때 포트 루아얄 데 샹에 체류하면서 쓴 글이 〈초대 그리스도교 교도들과 오늘날 그리스도교 교도들과의 비교〉와 〈요약한 예수 그리스도의 삶〉이라는 두 편의 논문이다.

파스칼은 이 두 편의 논문에서 현대 그리스도인들이라는 프랑스의 가톨릭 종교인들의 형식주의와 성경에 기록된 초대교회 그리스도인들의 삶이 얼마나 크게 차이가 나는지 처참한 깨달음으로 지적하고 있다. 파스칼의 회개는 단지 감정적 뜨거운 경험만이 아니라 그의 인생을 바꾸고 그의 의식을 바꾸고 그가 보아왔던 세상에 대한 관점이 완전 달라졌음을 뜻한다. 이것을 성경은 "거듭난다"고 한다(요 3:5).

파스칼이 포트 루아얄 데 샹 수도원에 체류하면서 그 무렵 《시골 친구에게 쓴 편지》 또는 《투박한 편지들》이라는 책을 훗날에 출판한다.[125]

파스칼은 33세(1656) 1월부터 12월까지 18개 서한을 공개서한으로 발표했다. 이것이 훗날 《프로뱅시알》(친구에게 쓴 편지)로 알려졌고, 가톨릭 교회는 이듬해(1657)에 금서로 지정한다.

그렇다면 파스칼이 익명의 공개서한으로 1년간 발표한 《프로뱅시알》은 어떤 내용이었기에 가톨릭 교회가 금서로 지정했는가? 《프로뱅시알》의 내용과 성격을 알 필요가 있다.

이 내용은 한마디로 당시 막강한 종교적, 정치적 권세를 누리고 있던 예수회의 타락과 부패를 반대편 입장에서 비판하며 '생시랑' 신앙을 옹호하는 내용의 글들이다.

16회의 편지 중에 첫 편지 내용 일부를 여기에 소개해 보겠다.

"우리는 완전히 속고 있었습니다. 나는 얼마 전에야 그것을 깨달았습니다. 나는 소르본에서 일고 있는 논쟁의 주제가 종교적으로 매우 중요하다고 생각하고 있었던 것입니다.…

성 베드로가 하나님의 율법을 지킬 능력이 있다는 것은 양 파(예수

---

125) Pascal, Provincial Letters, 1657.

회와 얀센주의자) 모두 인정하는데 예수회는 그것을 '직접 능력'이라는 말로 표현하고 있습니다. 이에 비해 얀센주의자는 그 말을 사용하지 않습니다. 바로 이 점 때문에 예수회는 얀센주의자를 이단으로 비난하고 있습니다…."

이런 내용의 편지이다.

필자는 '제1부 제1편 제5장 가톨릭의 반개혁운동'과 '제2부 제1편 제4장'에서 예수회가 동남아 선교에 크게 쓰임 받았음을 설명했다.

16세기의 예수회는 가톨릭 부흥과 재건에 크게 쓰임 받는다. 그러나 파스칼이 살아간 17세기의 예수회는 독선과 부패와 아집으로 군림하는 종교적 제왕으로 변모한다. 파스칼은 그와 같은 사실을 익명으로 공개함으로 가톨릭의 각성을 촉구한다. 그러나 정치적 혜택과 종교적 특권에 굳어진 가톨릭 교회는 각성은커녕 이를 제지하려고 했다.

파스칼의 나이 34세(1657) 때 《그리스도교 호교서》라는 그리스도교 변명서가 다음 해까지 저술된 것으로 추정된다.

이 저서는 그가 죽을 때까지 출판되지 못했다. 그가 죽은 후 그의 원고를 정리한 편집자에 의하여 《명상록》(팡세 Pensées)이라는 부적절한 이름으로 바뀌어 세상에 나타났다.

우리는 《팡세》를 명상록이 아닌 《그리스도교 변명서》로 이해하는 것이 파스칼의 본의임을 알아야 하겠다.

파스칼이 36세(1659) 때 갑자기 몸이 쇠약해진다. 이 해에 "병을 잘 다스리는 은혜를 신에게 구하는 기도문"을 쓴 것으로 추정된다.

38세(1661) 때 교황은 교서를 통해 그가 신앙적 확신에 의해 포트루아얄 신앙을 천명했던 것을 무조건 취소하라고 탄압을 했다. 그러나 파스칼은 교황의 교서에 대해 완강하게 거부한다. 그리고 이듬해 39세(1662) 때 병원 건립 기부금을 모금하는 것을 국왕의 허가를 받아 활동한다.

파스칼은 교황과 예수회의 탄압 속에서도 가난하고 병든 자를 위한 병원 건립을 추진하다가 병세가 더 악화된다. 그는 생 마르셀에 있는 누나 질베르트 집으로 옮겨진다.

거기서 약 3개월간 치료받다가 8월에 "하나님이 나를 결코 버리시지 않으시기를…"이라는 말을 남기고 39세로 세상을 떠난다.

그 후 누나 질베르트는 《파스칼의 생애》를 저술한다. 질베르트의 자료와 그의 저서들을 참고하여 파스칼에 관계된 수많은 소개서들이 계속 나왔다.[126]

2) 파스칼의 사상

파스칼이 과학자로 여러 가지 연구 논문으로 발표한 내용들은 그의 사상이라고 볼 수 없고 그의 공적이라 할 수 있기에 여기서는 제외하겠다.

여기서 교회사와 관련된 그의 신앙 사상을 살펴보겠다.[127]

① 그리스도교 변증론('팡세'로 잘못 알려진 부분)

파스칼이 살았을 때 신앙이 없는 사람을 신앙으로 이끌기 위한 목

---

126) E. Boutroux, Pascal(1902). H. F. Stewart, Pascal(1915). D. M. Eastwood, Pascal(1936). J. Mesnard, Pascal(1953).
127) 파스칼,《팡세》, 안응렬 역 (동서문화사, 2016).

적으로 썼던 많은 유고들이 그의 사후에 다양한 편집자들에 의해 세상에 밝혀졌다.

초판(1670)은 《파스칼의 사상》 즉 《팡세》(Pensées)라고 출판되었다. 이 내용은 당시의 정세를 감안하여 적당하다고 판단되는 내용들만 간추려서 출판한 불완전한 것이다. 다음으로 몇 개의 다른 판본들이 더 나왔다. 그 후 1897년 최후판이 나온 것이 제일 많이 읽히고 있는 내용이다.

여기서는 일반화된 《팡세》라는 의미로 알려진 내용을 살펴보겠다. 이 책은 세 가지 내용으로 구성되어 있다. 첫째는 위대함과 비참함의 변증법의 비교 설명이 서술되었고, 둘째는 이것을 해결하기 위한 철학의 무력함을 밝혀내고, 셋째는 예수의 사랑에 의한 해결방법이 제시되어 있다.

이 내용을 좀 더 구체적으로 설명해 보자. 인간은 무한함과 유한함, 위대함과 비참함 사이를 표류하는 중간자이다. 광대무변한 우주에 비하면 인간은 하나의 점과도 같다. 인간 하나로 본다면 그것은 한 줄기의 갈대처럼 약한 존재이다. 그러나 그것은 "생각하는 갈대"이다.

"생각하는 갈대"란 무슨 뜻인가? 공간적으로 보면 우주가 나를 휩싸고 있기에 점과 같이 보이지만 또한 우주가 나와 같은 점들을 포용함으로 우주를 형성하고 있다. 이와 같은 '우주가 나'라는 속에서 사고에 의해 나는 우주를 감싸고 있다. 여기에 인간의 존엄이 있다. 인간은 위대한 동시에 비참하며, 자기가 비참함을 알기 때문에 위대하다. 철학자는 이 이율배반(二律背反)을 결코 해결하지 못했다.

에피쿠로스(Epikouros: B.C. 342~270)는 자기가 비참함을 모른 채 신들과 인간을 동질의 존재로 보고 쾌락을 주장함으로 오만에 빠졌다. 몽테뉴(M. E. de Montaigne: 1533~1592)는 인간의 약소함만을 보고 위대함에 눈을 돌리지 않았으므로 구제받기 어려운 회의와 절망에 빠졌다. 인간으로서 해결할 수 없는 이 모습은 신의 위대함과 인간의 비참함을 한 몸으로 체험한 예수 그리스도에 의해서 비로소 해결된다.

이 중재자가 없다면 신과의 모든 접촉은 단절된다. 그러므로 살아 있는 신을 알려고 하는 자는 고립적 정신의 차원에서 벗어나 그리스도와의 깊은 내면적 관계를 유지하면서 '사랑'의 차원으로 비약해야 한다. 신(神)을 직관하는 것은 심정(心情)이며 이성(理性)은 아니다. 이것이 곧 신앙이다.

파스칼은 헬라의 철학자들이 말하는 정신의 핵심을 이성이라 하지 않고 심정이라고 표현한다. 따라서 정신세계의 이성을 뛰어넘어서 심정 또는 영혼의 질서에 이끌릴 때 신과 자기의 확실성을 발견한다고 했다. 파스칼 사상의 핵심은 과거 모든 철학자의 이성 중심의 철학 이론을 심정 또는 영혼이라는 개념으로 전환시켜 놓은 점이다. 그는 철학자이지만 이성 신봉자인 영적 사람이었다. 그렇기에 그의 사상은 거듭난 성도들은 깨달을 수 있으나 거듭나지 못한 종교인이나 세상의 이성 신봉자들은 깨달을 수 없는 것이다.

② 양심 예학(良心例學, Casuistique)

파스칼은 만년에 《시골 친구에게 보내는 편지》(프로뱅시알)라는 18통의 공개서한을 남겼다. 서한의 핵심 내용은 당시 예수회 사제들에 대한 부패를 폭로하고 항의하는 내용이다. 그 내용 일부를 소개해 보겠다.

신부님, 사실 종교를 조소하는 것과 부조리한 의견에 의해 종교의 신성을 모독하는 사람들을 조소하는 것과는 큰 차이가 있습니다. 하나님의 영혼이 드러나 있는 진리에 대한 존경이 없는 것은 불경일 것입니다. 그러나 인간의 정신이 그 진리에 대립하는 허위를 멸시하지 않는 것도 불경일 것입니다.

종교를 모독하는 사람을 조소하는 것이 과연 종교를 조소하는 것인가? 오류를 조소함으로써 오류와 싸우는 것이 금지되어 있는가? 공공연한 잘못을 범한 사람에게는 화를 내지 않으면서 그러한 잘못을 비난하는 사람들에게 무섭게 화를 낸다는 것은 참으로 기묘한 일이라 할 것이다. 그러나 신부들이여, 무례한 어릿광대의 예를 보고 싶다면 바로 당신들 신부가 쓴 책 《부드러운 신념》과 《염치의 찬사》를 읽으시라. 그 속에는 신자에 대한 아첨과 불경이 서로 싸우고 있다.

당신들은 나를 기만이라는 말로 비난하고 있다. 그러나 나는 당신들 가장 뛰어난 저자들의 의견을 원서 그대로 인용했을 뿐이다. 그 신부는 비방자라거나 진실을 가장하는 사람이라는 말을 듣지 않는다. 그런데 내가 똑같은 말을 인용하면 진실을 가장하는 자가 된다. 그 이유는 무엇 때문인가?

당신들은 강하고 나는 약하기 때문이다. 당신들은 권력을 가진 단체이고 나는 혼자이기 때문이다. 당신들은 힘을 가지고 있고 나로 말하자면 진리밖에 가진 것이 없기 때문이다.

파스칼의 13번째 편지에서는 살인에 대한 예수회 준칙을 비난한다.

당신들은 순리론과 실천을 구별하고 있다.

그래서 순리론에서는 살인이 허용된다는 의견이 있을 수 있으나 실천에 있어서는 국가의 이익이라는 관점에서 살인은 권장되지 않는다고 한다. 이어서 당신들은 만약 국가에 지장을 주지 않는다면 실천에 있어서도 살인이 허용된다고 말한다. 당신들의 이러한 순수 지성 이론과 실천상의 구별은 살인을 변명하기 위한 술책일 뿐이다.

이렇게 말하면 당신들은 이런 의견들은 당신들 중 일부 신학자만의 것이라며 반대할 것이다. 여기에 술책이 있는 것이다. 죄를 변명하기 위해서 당신들은 언제나 그 근거나 출처를 가지고 있다. 당신들은 죄에 대한 변명임을 인정하려고 할 때 전거를 대고 있다. 마음이 이중인 사람이며 두 갈래의 길을 걷는 사람이며 하나님의 저주 앞에 서 있는 것은 당신들이다.[128]

파스칼이야말로 정직하고 진실한 하나님의 아들이었다.

그에 반해 17세기 로마 가톨릭 사제들과 특히 예수회 사제들은 하나님과 예수의 이름을 내걸고 종교라는 제도권 안에서 양민들을 오도해 가는 종교를 빙자한 위선자들이었다. 파스칼은 그 같은 사실을 지적하고 있다.

3) 파스칼에 대한 감상

파스칼의 생애와 사상을 살펴보면서 참으로 숙연해지는 느낌이 들었다. 그의 생애와 사상을 통해 느끼고 깨닫고 배운 바 감상을 적

---

128) 파스칼,《팡세》, 안우열 역 (동서문화사, 2016).

어본다.

(1) 과학자 파스칼

우리는 과학(科學, Science)이라는 말의 개념에 모호함을 갖고 있다. 그 모호성은 영어, 프랑스가 말하는 Science라는 뜻과 독일어가 말하는 Wissenschaft 또는 Wissen의 뜻이 엄연하게 다름에서 오는 모호성이다.

영어의 과학은 라틴어 Scire에서 Scire(안다) → Scientia(아는 것, 지식) → Science(지식 전반)이라는 뜻으로 발전되었다. 반면에 독일어 Wissenschaft는 철학, 종교, 예술과 대립되는 자연과학을 의미하는 경우가 많다. 그러나 과학이 반드시 자연과학만을 의미하는 것은 아니다. 수학이 과학인 것은 확실하나 수학은 자연을 대상으로 하지 않는다. 기하학은 지면을 측정하는 기술로 발달되기는 했으나 수학은 자연과학을 벗어나 천문학, 물리학으로 더 발전되고 있다.

파스칼은 기하학 또는 물리학 등 다양한 부분에 대한 연구 실험을 통해 종전의 주장들을 번복시켰다. 과거 아리스토텔레스(B.C. 384~322)는 철학자이지만 그는 물리학, 자연과학의 저서들도 많다.

그가 주장한 물리학에 대한 주장이 중세기까지 지배했다. 그런데 그의 주장은 데카르트(1596~1650) 때 달라지고, 또 파스칼(1623~1662) 때 달라지고, 뉴턴(1642~1717) 때 달라지고, 아인슈타인(1879~1955) 때 달라지고, 스티븐 호킹(1942~2004) 때 또 달라진다.

필자는 그 달라진 내용을 다 설명할 수가 없다. 분명한 것은 과학이라고 하면 절대 불변의 확고한 사실이라고 믿는 믿음이 잘못된 믿음이라는 사실이다. 사람들은 자기가 사물에 대한 구조, 성질, 과정을 밝혀낸 것을 과학이라고 말하고, 과학은 틀림없는 확고부동한 진리인 것처럼 착각한다. 파스칼은 수많은 과학 원리를 실험을 통해 증명해 냈다. 그리고 수많은 연구 논문들을 남겼다. 그러나 그는 과학의 학문 연구로 새로운 사실을 발견한 것을 죽기까지 커다란 공헌으로 생각하지 않았다.

그는 학문을 학문의 영역으로 추구하는 데 그쳤다. 그가 죽을 때까지 추구한 것은 신앙적인 영역이었다. 필자는 과학자 파스칼을 통해 과학자의 한계성과 불만족성을 느꼈다.

이 땅의 과학자들이 자기 분야에 대한 자긍심 때문에 신앙 영역을 미신시하는 얄팍한 지식을 갖고 있는데 파스칼을 통해 각성의 겸손을 배웠으면 좋겠다.

(2) 철학자 파스칼

그는 인간을 "생각하는 갈대"라고 하여 이율배반적 존재임을 밝혔다. 인간의 학문 성취로 상상하지도 못할 일들을 이룩해 내는 위대한 능력들을 깨달을 때마다 위대한 인간의 힘을 실감한다.

그런가 하면 그렇게 위대한 인간도 전염병 병균 앞에서는 속수무책인 비참함도 깨닫는다.

대체로 젊은 사람들은 위대한 능력 신봉자들이나 노인일수록 무기력함에 위축된다. 철학자들 중에는 능력 신봉자 같은 주장자와 인간의 비참함만 응시하는 너무 대조적인 주장자들이 많다. 종교도 마찬가지다.

불교의 기본 교리는 처음부터 허무주의로 시작하여 허무주의로 끝이 난다. 기독교는 처음에 에덴동산의 이상주의가 타락으로 인해 비관주의로 추락했으나 예수 그리스도의 부활의 소망으로 또다시 희망을 갖는 이상주의로 계승된다.

철학자 파스칼은 철학이나 종교가 가진 연약성과 위대함을 동시에 해결할 방법을 기독교 진리에서 찾았다. 파스칼은 39년의 짧은 생애를 살아갔다. 그는 인생의 첫 출발을 과학에서 시작해 철학에서 더 크게 눈을 뜬 후 마지막으로 신앙에서 모든 해답을 얻는다. 그를 보면 철학의 최종 완성이 신앙임을 알게 된다.

(3) 신앙인 파스칼

파스칼이 살아간 시대와 장소는 로마 가톨릭 종교가 득세하던 프랑스였다. 많은 사람은 가톨릭이라고 하면 옛날이나 지금이나 다 똑같은 종교라고 상상을 한다. 그러나 가톨릭은 처음부터 지금까지 사람들이 만들어 놓은 인위적, 형식적, 의식적 종교 집단일 뿐, 성경적 신앙집단은 아니다.

우리는 하나님이 말씀하신 구약과 신약에 근거해 신앙을 갖고 있다. 그러나 가톨릭은 사람들인 교부들의 신학과 교회회의가 결정한 결정문들을 근거로 신구약 성경 내용을 왜곡해서 교리를 만든, 인간들의 교리에 근거한 신앙을 갖고 있다.

파스칼이 살아갈 때 가톨릭 교회는 수많은 수도회들과 함께 예수회가 당시의 교황권을 등에 업고 막강한 종교 실세로 교황권의 수족이 되어 있다.

파스칼의 회심과 회개는 막강한 세력을 가진 예수회를 통한 것이 아니라 당시 예수회로부터 무시당하고 멸시당하는 소수의 성경 중심을 추구하는 얀센주의자들로부터 이뤄졌다.

당시 예수회는 권세자 교황권에서 교황의 비위만 맞추며 온갖 부도덕하고 타락한 제도권 내 형식주의자들로 굳어 있었다. 그에 반해 얀센주의자들은 예수회보다는 성경 진리대로 실천하려는 노력을 많이 했다.

필자는 얀센주의자들 신앙에도 많은 문제점이 있음을 안다. 그러나 파스칼이 살아간 때에는 예수회보다는 얀센주의자들이 훨씬 돋보이는 신앙인들이었다.

파스칼은 성경에 의한 '거듭남'을 체험한 체험 신앙자다. 그는 거듭난 후에 다시금 형식적 종교 집단과 같이 동조할 수 없었다. 그가 저술한 그리스도교 선교를 위한 《팡세》는 보급이 되었으나 그가 투쟁한 예수회 사제들과의 서신들이 금지 교서로 발이 묶여 세상에 밝혀지지 않은 것은 대단히 유감스러운 일이다.

그가 그리스도교를 변호하는 《팡세》는 그 당시 기독교 세계의 양지 쪽만을 보여주었으나 그가 투쟁한 편지들인 《프로뱅시알》 18편은 그 당시 종교계의 음지 쪽을 보여준 매우 귀중한 자료들이다.

이 부분에 대한 다소간의 내용을 알기 위해서는 동서문화사가 발행한 안응렬 번역의 《팡세》를 참고하기 바란다.[129]

끝으로 파스칼의 《팡세》를 통해 과학과 철학만 진리인 양 신앙을 경시하는 지성인들이 《팡세》의 진가를 발견할 수 있기를 희망한다.

그리고 가톨릭 종교나 개신교 종교 속에서 형식적이고 의식에 불과한 습관화된 종교인들이 성령으로 '거듭남'(요 3:5)을 체험해야만 천국에 갈 수 있음을 깨달았으면 좋겠다.

---

[129] 파스칼, 《팡세》, 안응렬 역 (동서문화사, 2016).

가톨릭 성당이나 개신교 예배당에서 주일마다 미사에 참여하고 예배만 드리면 저절로 천국 갈 것으로 믿는 것은 인간들이 만든 미신신앙이다. 또 성당이나 교회를 오래 다니다 보니까 영세 받고 세례를 받고 출석만 오래 하면 자연히 천국 갈 것으로 믿는 것도 미신신앙이다.

천국은 하나님의 영이신 성령에 의해 과거의 죄인은 죽어지고 완전히 새로운 새사람으로 성령님이 내 안에 계심으로(갈 2:20) 새로운 인생관, 가치관, 세계관으로 달라져 가는 삶을 사는 자만이 간다. 이 사실을 파스칼의 생애와 사상을 통해 확인할 수 있기를 바란다.

5. 존 로크(John Locke)

로크는 영국이 의회파와 왕당파로 치열한 전쟁이 계속될 때 정치가로 출발한 후 의학계로 옮겨 철학적 작품들을 남기며 살아갔다. 그는 타의에 의해 정계에 참여케 되었으나 그의 중심은 인간성에 관한 철학적 관심이었다. 그렇기에 의술에 관한 저서, 정치에 관한 통치론, 무역과 화폐에 관한 경제, 심지어 그리스도교의 합리성이나 성경 주해서도 저술했다. 그는 다양한 분야에 연구 논문들을 발표했으나 그의 주된 관심은 인간성에 관한 관심이었다. 그래서 그는 일생 동안 《인간 지성론》 저서를 계속 완성해 나갔다.

로크를 보는 이에 따라 다양하게 평가한다. 그가 오랜 세월 동안 관계한 정계로 인해 그를 정치 사상가로 보는 이도 있고, 그가 《인간 지성론》을 평생 연구한 철학자로 경험론 철학자로 보는 이도 있으며, 《그리스도교의 합리성과 관용에 관한 서한》이라는 바울 서신 주석을 쓴 것을 근거로 경건한 청교도 학자로 보는 이도 있다.

그러나 그는 평생《인간 지성론》을 완성해 나간 철학자였고, 정치나 신앙과는 본질적으로 거리가 있는 사상가였다. 그는 72년 동안 독신으로 살면서 때로는 건강에 지장을 주는 천식으로 활동을 중단하고 휴양할 때도 있었다. 그의 사후 세상 사람들은 그를 '경험론 철학자'로 기억하고 있다. 그의 생애와 사상을 통해 그를 알아보자.

1) 로크의 생애(1632~1704)

로크는 영국 잉글랜드 서남부 콘월 반도의 시작 부분인 서머싯(Somerset) 또는 서머싯셔(Somerset shive)라고 불리는 인구 50만 되는 주(州)의 링턴(Wrington)이라는 마을에서 태어났다.

주도는 톤턴이고, 링턴은 작은 읍 규모의 마을이었다. 이곳은 겨울철에도 온난하고 일 년 내내 다습한 기후여서 낙농업이 발달되어 체다 치즈(Cheddar cheese)의 생산으로 유명한 곳이다.

아버지 존은 변호사로 서머싯 치안 판사 서기 일을 하였다. 로크가 9세(1641) 때 영국 왕 찰스 1세(1625~1649)에 대한 국민들 신임 투표인 '대 간의서'(Grand Remonstrance)가 서민원에서 159대 148표로 통과되면서 왕당파 군대와 계속 승리를 거듭한 끝에 청교도 혁명의 성공으로 찰스 1세 국왕이 체포되어 처형당하는(1649) 유례 없는 대혼란이 전개된다.

로크는 웨스트민스터 학교를 거쳐 옥스퍼드 대학에 입학한다(20세). 그가 옥스퍼드에서 학사, 석사 학위를 취득하고 모교의 그리스어 강사가 된다(28세).

이때는 크롬웰이 죽고 찰스 2세가 즉위해 왕정이 복고가 된 때였다. 찰스 2세는 종교적 비관용 원칙에 의해 '클래런던 법전'(Clarendon Code)으로(1661) 영국 국교회를 따르지 않는 비국교도들을 추방하고 신앙의 자유를 억압했다.

이 박해로 청교도들이 직위를 빼앗기고 수천 명이 박해를 받았다. 로크의 가정 배경은 청교도주의의 영향을 받고 자랐으나 청교도의 완고함과 독선과 열광적인 면에서 반감을 품고 있었다. 그러나 청교도라고 해서 아무런 죄도 없이 단지 신앙이 다르다는 이유로 박해를 받는 것을 보고 왕에 대한 실망과 민중에 대한 반감으로 어정쩡한 상태로 지냈다.

로크가 34세(1666) 때 당시 일류 정치가인 애슐리 경(뒷날의 새프츠베리 백작)을 만나게 된다. 애슐리 경이 로크를 런던의 자기 집으로 초청해 35세 때 런던 애슐리 경의 집으로 들어간다. 정치인과의 만남으로 로크는 왕립협회 회원이 되고(1668), 애슐리 경이 새프츠베리 백작 작위를 받고(1672) 대법관이 되자 로크를 성직 임명 국장으로 임명한다.

이 직책은 성직 맡을 사람을 추천하고 임명하는 관청으로, 실제로 하는 일은 거의 없으나 연봉 300파운드가 돌아오는 직책이었다. 그런데 로크의 후원자인 새프츠베리 백작은 찰스 2세 국왕의 친프랑스와 친가톨릭 정책을 반대하며 의회 측의 선두에 서서 국왕 정책을 비판하므로 대법관 지위를 빼앗기고 정부 요직에서도 쫓겨났다(1673).

이때 세프츠베리 백작이 주도한 정치세력이 훗날 영국의 휘그(Whig)당의 모체가 된다.

이들 '휘그'라는 말은 '반도'(叛徒)라는 뜻에서 유래하는데, '토리'(Tories)당이 왕권을 존중하는 데 반해 휘그당은 의회에 의한 왕권의 제한을 주장하고, 명예혁명(1688~1689)으로 의회 정치가 확립된 후 힘을 신장시켜 나갔다.

이들 휘그당은 대지주, 귀족의 당이었으나 상공업 계층과 비국교도의 지지를 받았다.

로크는 자기 후원자가 몰락하자 43세(1675)에 의학사 학위를 받고 의사로 활동한다. 로크는 자기 신병 치료차 프랑스 몽펠리로 가서 광천 치료를 받는다. 그런데 본국에서 로크 후원자였던 새프츠베리 백작이 반(反)왕정 활동으로 1년 동안 옥중생활을 하고 풀려났다. 그 후 계속 다른 혐의로 투옥되었다가 무죄로 판명되었고, 1682년에 네덜란드로 망명했으나 항상 첩자에게 감시당하다가 객사한다. 로크도 신변의 위험을 느끼고 네덜란드로 망명한다(1683). 로크가 네덜란드에서 6년(1683~1689) 동안 《인간 지성론》을 완성하는 동안에 찰스 2세가 죽고(1685) 그의 동생 제임스 2세가 즉위했다.

그러나 영국 국민은 제임스 2세를 거부하는 명예혁명으로 네덜란드 윌리엄이 메리와 공동 왕위에 오른다. 로크도 57세에 본국으로 귀국한다. 귀국 후 요직을 사양하고 공소원 국장이라는 한직을 맡는다. 그리고 정부, 정계의 유력자가 된 친구들의 조언자로 만족한다.

로크는 만년에 이르러 63세(1695) 때 《통치론》, 《교육에 대한 고찰》, 《그리스도교의 합리성》, 《바울 서신 해설》 등을 집필한다.

그는 72세(1704) 때 책과 원고를 숙부의 손자 킹에게 맡기고 죽어서 하이 레이버 교구의 교회에 묻혔다. 이제는 그의 대표작 《인간 지성론》을 중심으로 그의 사상을 살펴보자.

2) 로크의 사상

로크의 대표적 저서인 《인간 지성론》은 그가 39세 때(1671) 애슐리 경의 집에서 시작하여 57세 때(1689) 발간했다. 그러니까 《인간 지성론》은 근 20여 년 만에 완성된 것이다. 이 저서를 중심으로 《통치론》이라는 정치사상과 경제, 철학, 종교, 교육 등 다양한 사상들이 표현되고 있다.

이제 그의 사상을 그의 저서에서 발췌해 보겠다.[130]

(1) 정치사상

로크를 '근대 민주주의, 민주 정치의 아버지'라고 한다. 이 같은 호칭이 따르는 그의 정치사상을 알아보자.

로크는 《통치론》(1689)을 발표했다. 로크는 《통치론》에서 ① 정치와 통치의 목적에서 인간이 정부를 세운 이유는 인간의 생명, 자유, 재산을 보장하기 위해서라고 했다. ② 정치에서 참된 법의 지배를 실현하려면 많은 사람들이 정치에 참여할 수 있는 의회 정치, 대의 정치, 권력 분립주의가 형성되어야 한다고 했다.

로크가 이 같은 주장과 이론을 구성한 데는 영국의 국왕들이 독재로 악정을 거듭한 데 대한 의회의 반항 역사에서 비롯된다.

영국은 과거 존 왕(1199~1216)이 교황 인노첸시오 3세(1198~1216)와 대결하다가 패한 후 귀족들로부터 '마그나 카르타'(Magna Carta: 1615) 대헌장의 서명을 강요당했다.

영국 귀족들은 왕이 신(神)의 법과 나라의 법을 마음대로 할 수 없

---

[130] 존 로크, 《인간 지성론 Ⅰ, Ⅱ》, 추영현 역 (동서문화사, 2016).

다는 '법의 지배'를 관철시켰다. 그 후 영국은 청교도 혁명으로 의회 군이 찰스 1세를 처형시켰고, 명예혁명으로 제임스 2세를 퇴각시켰다. 영국은 이렇게 의회가 중심이 되어 왕정을 물리쳤으나 동시대의 프랑스는 삼부회 의회가 구성은 되었으나 왕권 앞에 무력해서 프랑스 혁명 전까지 175년 동안은 삼부회 회의조차 열 수 없었다. 스페인도 19세기까지 왕정 절대 권력국이었다.

그런데 영국의 의회는 현대 국가처럼 1년 중 반년 가까이 열린 것이 아니라 5년이나 10년에 한 번 정도밖에 열리지 않았다.

영국은 일찍이 국왕과 의회가 서로 협력해야 된다는 전통이 이어져 왔다. 강대한 전제 군주였던 헨리 8세나 엘리자베스 여왕도 되도록 의회와 힘을 합치려고 해왔다. 그런데 스튜어트 왕가의 찰스 1세 때부터 이 균형이 깨진다. 그래서 청교도 혁명으로 왕이 참수당하고 명예혁명으로 왕이 바뀐다.

1668~1669년의 명예혁명으로 제임스 2세가 폭군으로 물러나고 오렌지공 윌리엄과 메리 왕비로 왕은 바뀌었으나 영국에서는 군주에 대한 애착을 느끼는 국민들이 많았다.

명예혁명에 의한 새로운 정치체제를 변호해야 할 이론이 필요했다. 이와 같은 시대적 필요성에 의해 출생한 것이 로크의 《통치론》이다. 로크는 《통치론》을 2부로 구성했다.

《통치론》 제1부에서 왕권신수설을 주창한 '가부장권론'을 비판한다.

제2부는 명예혁명 뒤 새로운 영국 정치체제의 전체 모습을 그린다. 그의 주장은 입법부를 최고 권력으로 인정했다. 그가 말하는 입법부

란 국왕, 상원, 하원으로 구성되는 의회를 말한다.

그는 입법부와 행정부의 분립을 주장했다. 그리고 국가 권력이 전제화될 때에는 그것에 저항하며 최후로 반란을 일으키는 것조차 긍정했다.

그래서 영국 의회가 명예혁명 뒤에 의회가 국정 주도권을 갖도록 하는 이론을 뒷받침해 주었다.

우리가 알아야 할 사실이 있다. 로크가 주장하는 의회는 자유롭고 평등한 국민들 전부가 참여하는 의회는 아니었다. 명예혁명 시기의 선거권을 가진 자는 성인 남자의 7분의 1밖에 되지 않았다. 그 당시 정치 참여자는 유산자들이었다.

영국이 남녀평등의 보통선거가 실시된 것은 1928년이다. 로크의 이론이 완전하게 실현되기 위해서는 로크 이후 약 200여 년이 더 필요했다. 그러나 로크가 250년 전에 《통치론》에서 전개한 통치 원리는 근대 정치사상에서 눈부시게 빛나는 주장이었다.

(2) 철학사상

로크는 그가 살아간 시대적 요구에 따라 그의 저서들을 완성해 나갔다. 앞서 소개한 《통치론》은 그가 살아간 시대가 청교도 혁명으로 당시 왕이었던 찰스 1세가 처형을 당하는 전무후무한 당시 사태를 진정시키려는 목적을 가진 저서였다.

또 그의 대표작인 《인간 지성론》이 쓰여진 시대는 당시 국민들이 '가톨릭이냐? 성공회냐? 개혁주의냐?'라는 종교 문제로 끊임없는 분쟁과 정쟁을 거듭해 가는 난세의 연속인 때였다.

로크는 '신이 존재하는가? 존재한다면 왜 이렇게 복잡한 신앙들로 나누어져 싸워야 되는가? 도대체 신앙이라는 것이 꼭 필요한가?' 등의 생각을 갖고 이 같은 당면문제들을 해결해 보려는 노력으로 《인간 지성론》을 집필한 것이었다.

로크의 《통치론》과 《인간 지성론》은 명예혁명 이전부터 준비해 왔다가 명예혁명 후에 익명으로 출판했다. 이것을 보면 그가 살아갔던 시대는 오늘날처럼 자기주장을 자유롭게 펼 수 있는 시대는 아니었음을 알 수 있다. 여기서 우리는 로크가 살아간 시대적 상황을 이해해야 할 필요를 느낀다.

로크는 《인간 지성론》을 어떤 동기로 저술하게 되었는가? 그는 35세(1667) 때 정치가 애슐리 경이 사는 집에 들어가 살면서 왕립회원이 되고 좋은 친구들을 만나게 된다. 거기서 당시 정치 사상가요 철학자인 나이 많은 홉스(Thomas Hobbes: 1588~1679)를 만나서 그의 사상도 알게 된다.

홉스는 로크 이전에 《법의 원리》(1640), 《인간론》(1658), 《국가론》(1642), 《리바이어던》(1651) 등으로 논쟁과 무신론자라는 오해로 금지와 압제를 당하며 92세까지 파란 많은 생애를 살아갔다. 로크는 그같은 선배 학자를 보면서 자기주장을 드러내 놓고 주장하기보다는 토론을 통해 각각 다른 주장들을 참고하려고 했다.

그래서 친구들과 모이면 '신이란 무엇인가? 신앙이란 필요한 것인가? 모든 인류가 수긍할 도덕률이 존재할 수 있는가?' 등등의 주제가 자주 토론되었다.

이런 문제는 아무리 토론을 해보아도 그의 인지 능력과 체험된 경험에 따라 각각 다른 견해들로 인해 차이만 느끼고 해답이 따르지 않았다. 그런데 이때 로크는 코페르니쿠스적 독특한 발상을 한다. 그는 사람들이 얘기하는 신, 도덕, 종교, 도덕 등 수많은 논제들은 모두 다 객관적인 문제들이고 자신의 문제를 깨닫는 게 더 중요하다는 것을 깨닫는다.

이 같은 깨달음에 도달하는 이유가 있다. 그것은 시중에서 논쟁을 거듭하는 국민들의 싸움의 원인이 무엇인가? 영국 국왕이 가톨릭이다, 국교회다 하는 주장이나 청교도들이 개혁주의다, 칼빈주의다 하는 주장이나 그 모든 주장들은 과거 중세기 때부터 전승되어 온 스콜라 철학에 근거한 단순한 전승들을 큰 권위로 인정하자는 지극히 객관적인 것들이다.

그와 같은 전승들 중 특히 가톨릭이나 국교회의 주장들은 낡은 관습들을 지키려는 전통에 의한 아집뿐이었다.

중세기 가톨릭의 종교 행위에 속하는 성례의식들은 그것의 효능을 검증해 보지도 않은 전통에 의한 관습들로 오류투성이이며, 특히 스콜라 철학은 미신이며 광신이라고 했다.

로크는 진리를 찾으려면 단순한 인간의 이성에서 찾아야 한다고 보았다. 로크보다 약간 앞선 데카르트는 수학적 사고로 확실성과 진정성을 찾을 수 있다고 했다. 그러면서 진리의 발견은 인간의 관념보다 앞서 있는 신의 관념을 인정했다. 그러나 로크는 "신이 완전한 존재일수록 이성의 심판에 견딜 수 있다. 신의 관념은 생득적이지 않다"라고 선언한다.

로크는 고대인들 중에는 신이나 종교의 관념이 없었을 때가 있었다고 했다. 그리고 "현대의 무신론자들 역시 신의 관념은 생득적이지 않다. 신의 관념이나 도덕적 옳고 그름은 지성으로 깨닫고 음미한 후에 구성되어지는 후천적인 것"이라고 했다. 그는 모든 개인은 그의 이성(의지) 속에 신이나 자연법을 가지게 된다고 보았다. 그뿐만이 아니다.

인간 속에 갖추어져 있는 놀라운 지혜와 힘의 근원은 창조주에서 비롯된 것이므로 인간을 깊이 고찰한다면 신을 발견하지 못할 리가 없다고 했다.

로크는 이와 같은 논리로 인간의 '이성'과 신의 '계시'를 일치시키는 논리를 만든다. 데카르트는 신이란 인간의 경험과 이성보다 앞선 것으로 이해했으나 로크는 특정 관념이란 경험에서 형성된 것이므로 경험에서 만들어진 신의 관념을 배제하고 이것을 인간의 이성(지성)으로 알 수 있다는 논리를 만들어갔다.

인간의 지성은 어떻게 되는가? 그는 인간의 지식은 경험에서 얻어진다고 했다. 데카르트는 의식이 진리를 터득한다고 했으나 로크는 경험에서 지식이 온다고 했다. 그가 '경험'을 중요한 지식 터득의 요소로 강조했기에 그를 '경험론 철학자'라고 한다.

그는 또 '경험'은 '마음에서 작용하는 지각'으로도 이해한다. 마음은 지각하는 것, 생각하는 것, 의심하는 것, 믿음을 갖게 하는 것, 추리하게 하는 것, 의지로 실천하게 하는 등의 작용을 일으키게 한다고 보았다. 이와 같은 마음이 물체와 연관되어서 사물의 관념을 받아들이는 것을 '외감'(外感)이라고 했고, 마음속으로 작용하는 것을 '대감'(對感) 또는 마음이 스스로 안에 있는 자신을 반성한다는 의미로 '반성'(反省)이라고 이름을 붙였다.

그는 인간의 지성은 '감각'과 '반성'의 두 가지 관념에서 비롯된다고 했다.

그리고 로크의 '감각' 속에는 에피쿠로스 학파들이 주장하는 쾌락설이 포함된다. 쾌락이라고 하면 육체적 향락을 연상하지만 에피쿠로스 학파가 말하는 쾌락이란 불안의 요소들이 모두 제거된 기쁨을 말한다.

로크는 그와 같은 에피쿠로스 학파의 쾌락뿐 아니라 반성에 따르는 관념들까지도 포함시켜서 쾌락이라고 본다. 로크가 말하는 쾌락은 물질적이 아닌 정신적 쾌락이다. 로크는 다섯 가지 영속적인 쾌락을 이야기한다. 건강, 명성, 지식, 선행, 행복이 인간 고유의 정신적인 쾌락이라고 했다.

여기에 반해 당시의 청교도들이 쾌락을 원죄의 죄성으로 간주하고 모든 쾌락적 요소를 단죄하는 것을 거부한다.

인간의 자유란 마음이 결정하는 대로, 또는 생각에 따라서 어떤 특별한 행동을 하려고 하거나 억제하려고 하는 행위자 안에 있는 힘의 관념이다. 그렇지 않고 전통이니까 승복해야 한다든가, 또는 이것이 옳으니까 실행해야 한다는 의무감에 따른 마지못한 실천은 자유가 아니라고 보았다.

로크의 선배인 홉스가 강대한 국가 권력을 배경으로 삼은 권력에 대한 이성 중심의 투쟁을 주장했다고 한다면, 로크는 인간의 본성이 감각을 억제할 수 있기 때문에 타인의 인격을 서로 인정하는 '평화 공존 상태'의 자유를 주장했다고 할 수 있다.

로크의 행동력은 어디까지나 개인의 경험적 심리에 있다고 믿었다. 그리고 개인의 선악의 판단 기준은 그것이 낳은 쾌락의 양과 결과에 따라 판단된다고 했다. 이로써 그는 18세기 영국에서 쾌락주의에서 발전된 공리주의(功利主義)의 밑바탕을 이룬다. 공리주의자들은 쾌락이나 이익 따위를 행위의 목적과 선악의 판단기준으로 삼는 것이다.

이렇게 로크는 인간의 본성인 이성이 감각을 억제한다고 보았기 때문에 《인간 지성론》에서 묘사된 이성(의지)적 인간은 《통치론》의 형태를 이루는 인간이기도 하다.

로크는 인간 이성이 곧 신이 선택한 선이기에 이성과 계시가 일치된다고 보았다. 로크는 당시 청교도들이 광신적인 정열로 이성을 누그려뜨리고 절대자 초월적 신만을 강조하는 것을 용납하지 않았다.

그래서 《인간 지성론》의 제4권 '참된 지식과 의견'에서 진리에 관한 설명(4, 5, 6장)과 신의 존재에 대한 지식(10장)을 설명한 후 19장에서 '광신'과 20장의 '옳지 않은 동의'를 역설한다.

이와 같은 로크의 《인간 지성론》은 18세기의 계몽사상가들에게 커다란 영향을 끼친 것은 사실이나 이성과 계시를 동등시한 것은 커다란 오류였다.[131]

(3) 종교사상

로크의 종교사상을 알기 위해서는 로크가 살아간 시대 상황을 알아야 한다. 로크는 청교도 혁명으로 왕당파와 의회파가 서로 죽이는 전쟁 속에서 살아갔다. 그렇다면 그는 어떤 종교사상을 가지고 살아갔을까?

그가 자라고 성장한 배경은 청교도 배경이었다. 그런데 그가 받은 교육과 사회 활동을 통해 접한 사람들은 대부분 영국 국교회 측 사람들이 많았다. 그는 청교도를 떠나 영국 국교회 신자로 살아갔다.

영국 국교회가 좋았기 때문일까? 결코 그렇지 않다. 영국 국교회

---

131) 앞의 책.

는 종교개혁을 했으나 그것은 교황의 지배에서 벗어나겠다는 정치적 목적에 비롯되었다. 국교회의 신학이나 예배 개혁은 가톨릭 그대로였다. 따라서 종교개혁은 했으나 변화된 것이 없었다. 이것을 대륙에서 건너온 칼빈주의가 국교회를 비난하면서 금욕생활을 강조하는 청교도가 일어났다.

그래서 청교도의 시작은 관심을 끌었으나 크롬웰이 집권하는 청교도들은 청교도 내부의 신학적 차이로 각 분파로 대립을 계속했다. 청교도의 우파에 속하는 이들은 런던의 자본가들과 함께 장로파가 되고, 소 젠트리는 중간파로 독립교회들을 이루는 회중 교회, 침례교가 있었고, 또 좌파에 속하는 기술자, 노동자, 빈농들은 각각 자기 주장을 달리했다.

이들 세 파들로 나뉘어 청교도 혁명기 20여 년을 지내게 된다. 그리고 왕정복고가 되었을 때는 대략 세 가지 세력이 형성된다. 첫 번째는 20여 년 동안 의회파와 고전 끝에 다시 일어선 국교도 우파세력으로 사회적으로 봉건적 지주 세력들이 생겼다. 두 번째는 영국 국교도와 청교도 중 우파로 사회적으로 무역업자, 독립 생산자 같은 신흥 세력들이 생겼다. 세 번째는 청교도들 중 극단적 우파인 신앙 중심이라는 이들은 과거 탄압과 박해로 오히려 광신적 신앙을 가진 세력들이었다.

이렇게 영국 종교계가 혼란스러운 때에 로크의 종교사상이 만들어진다. 로크의 종교사상을 담은 저서는 초기의 《종교관용론》(1667, 35세), 그리고 후기의 《그리스도교의 합리성》(1695, 63세), 최후로 《바울서신 해설》(1702, 70세) 등이다.

여기서 로크의 종교 사상을 몇 가지로 정리해 보자.

① 신과 인간의 의미

그는 인간을 이해해야 신의 이해가 가능하다고 했다. 신은 인간과 동식물과 무생물까지 모두를 창조했다. 그 모든 창조물들 중에 인간은 신에 의해 선택받은 존재로서 이성을 가진 자이기에 그 이성으로 신의 뜻을 지상에 실현할 수가 있다. 그러나 인간 역시 다른 동식물처럼 불완전하고 약한 존재이다. 그럼에도 불구하고 신은 선을 품고 인간을 지켜보고 계신다. 신은 인간에게 넓은 지식으로 따스한 원조를 아끼지 않는데 그 애정의 증표는 인간만이 가진 이성이다.

인간의 의무는 이성을 생활 원리로 삼아 평화롭고 살기 좋은 사회를 만드는 것이다. 그런데 세상의 현실에 많은 문제점이 계속되는 것은 신에게서 받은 이성을 실제로 활용하는 데 인간이 매우 불완전하기 때문이다.

그러나 연약하며 불완전한 인간이 번번이 한계에 부딪힐 때 신이 나타나서 도움의 손길을 주는 것이 계시이다. 인간이 신과 연결될 수 있는 수단이 계시에 의한 신앙이다.

신은 어떤 특별한 명제를 특수한 방법으로 통지해 주신다. 불완전한 인간에게 절대적인 진리를 나타내주는 방법이 바로 계시이다. 여기서 로크는 신앙과 이성의 경계를 확실하게 구별한다. 이것을 구체적으로 말하면, 세계는 이성이 미치는 영역과 또 이성을 넘어서는 계시의 영역이 있는데, 계시가 진정한 계시인지 아닌지, 또는 계시라고 전한다는 자의 말이 과연 올바른 계시의 전달인지를 판단하는 것은 이성이다.

수많은 종교가들이 계시의 전달자라고 주장해 왔으나 그것이 이성과 관계없는 주장은 정당하지 않은 것이다.

이성과 배리된 주장자들에 의해 나타난 것이 많은 유혈사태를 일으킨 광신적 폭동과 전쟁이었다.

　로크는 종교를 포함한 인간 생활의 마지막 판단의 기준은 이성이라고 단언한다. 로크는 신의 계시라는 독립된 영역을 인정하면서 계시에 따른 판단의 기준은 이성이라고 했다. 이와 같은 로크의 이성주의는 효과적인 양날의 칼로 작용했다.
　한편으로 시대의 동향에 뒤처져 있으면서도 과거의 전통, 관습을 고수하며 더 거대한 세력으로 남아 있는 전통적 교회를 신랄하게 비판하며 경각심을 일으켰다. 그리고 다른 한편으로는 열광적인 광신도들의 이성에 맞지 않는 행동들에 대하여 독선적임을 경고하고 있다.

② 국가와 교회
　현실을 살아가는 인간의 관심은 늘 두 가지가 연관되어 있다. 현세의 생활에 관한 국가와 내세의 생활에 관한 교회이다. 정치문제와 종교문제는 전혀 다른 성질과 영역이 다르므로 완전 분리되어야 하는 것이다.
　이 두 가지 즉 국가와 교회의 본질을 알아야 한다. 먼저 국가가 무엇인가? 국가란 사회적, 세속적 이익을 획득하며 확보하고 이를 증진시키는 것을 목적으로 해서 조직된 인간 사회이다. 여기서 사회적, 세속적 이익이란 생명, 자유, 건강, 신체상의 안락이며, 또한 토지, 가옥, 가구 및 그 밖의 재산을 소유하는 것이다.
　로크는 국가 존립의 기본 조건이 인간의 지상에서의 행복과 사회생활의 안전을 위해 제정된 법률을 공평하게 집행하는 것이라고 했다. 통치자가 국가 구성원들의 영혼을 구제하는 문제에는 결코 개입해서는 안 된다. 개인의 신앙을 통치자가 법률이나 형벌로 통제하려고 해봤자 무의미하고 할 수 없는 영역이다.

다음으로 신앙문제다. 신앙이란 자기 영혼의 구제라는 문제를 생각하게 되는 독립된 개인의 가슴 깊은 곳에 확고한 주춧돌에서 시작된다. 그 신앙이 외적으로 열려 있는 조직이 교회이다.

교회는 사람들의 동의를 얻어 만들어진 자발적 사회이며, 교회의 목적은 신에게 예배를 드리며 그로 인해 영혼의 구제인 영생을 얻게 하는 것이다. 따라서 교회도 국가와 마찬가지로 이성적으로 판단할 수 있는 자유로운 인간이 자신의 결정에 의해 이뤄진 것이다.

그러므로 누구든지 날 때부터 특정한 교회나 종파가 신앙을 규제하는 일은 없다. 어떠한 인간이라도 자신이 좋다고 판단한 교회에 자유롭게 참가할 수 있다.

③ 성서 해석과 성직자 비판

로크는 《그리스도교의 합리성》, 《바울 서신 해설》 등 이성주의적으로 해석한 저술서를 냈다.

로크는 여기에서 그리스도교도로서 절대적으로 믿어야 할 것을 두 가지로 말한다.

첫째, 유일하고 영원하며 눈에 보이지 않는 천지 창조주인 신이 존재한다는 것

둘째, 나사렛 예수는 메시아(구세주)이며 신이 약속한 지배자이자 주라는 것, 이것이 그리스도교 교리의 핵심을 이루어야 한다고 했다.

그렇기에 삼위일체 교리에 곁붙은 신앙고백 등 여러 가지 의식과 계층적 계급 제도인 신분별 호칭 등은 신의 말씀인 성경과는 전혀 무관한 비본질적인 것이고, 성직자들이 고안해서 만들어 낸 이기심에

따른 부당한 요구이다.
교인은 성직자가 뭐라 하든지 신의 부름을 듣고 응답하는 신앙을 갖기만 하면 된다고 했다.

그런데 모든 인간은 이성을 이상적으로 이용하여 올바른 판단을 내리지 못하고 있다. 그 원인은 내적 원인으로 개인의 욕구, 정념, 악덕, 잘못된 관심이 작용하고, 외적 원인으로 기존 성직자들이 지배하고 있기 때문이다. 정치적인 문제에서 통치자를 비판한 것과 마찬가지로 종교문제에서도 그는 성직자들의 문제들을 비판하고 있다.
로크가 신과 인간의 차이, 국가와 교회의 차이, 신앙과 비신앙의 차이 등등을 분석해 내는 데는 합리적인 논리를 전개했기에 수긍되는 부분들이 있다.
그러나 그 모든 차이들을 판단하는 기준들을 오로지 '이성'으로 척도를 삼아야 된다는 주장으로 "이성주의자"라는 평을 받게 된다.

3) 로크에 대한 평가
(1) 정치사상
로크의 《통치론》(1689)에는 반(反)전체주의 색채가 짙다. 정부란 현실의 경제적 사정 등에서 타인의 자율권 침범이 생기기 때문에 사람들이 정부를 만들어 계약에 의해 자율권의 일부를 위정자에게 양도한 것이다. 이로써 정부는 전제권을 가지게 되었고 국민에게는 복종의 의무가 생겼다. 그러나 정부의 전제권은 절대적인 것이 아니므로 국민들은 계약 목적에 어긋날 때는 위정자를 경질할 수 있다.
그래서 로크는 혁명의 정당성을 옹호했다. 이것은 영국의 청교도 혁명으로 찰스 1세를 처형시킨 것과 제임스 2세를 물리치고 윌리엄

공을 세운 명예혁명을 지지하는 이론이다.

그의 초기의 정치사상은 반(反)칼빈주의가 눈에 띄게 드러났으나 후에는 반(反)전제주의로 발전된 것이 엿보인다.

(2) 철학사상

로크는 일생 동안 《인간 지성론》을 완성해 갔다.

그의 《인간 지성론》 초판에서는 에피쿠로스와 비슷한 쾌락주의적 경향이 강했다. 그러나 제2판 이후에는 도덕적 규범 및 그리스도교 신앙과의 조정을 시도하여 내세에서의 상벌의 권능을 가진 신의 의지에 도덕의 원천을 삼고 신의(神意)의 포고(布告)인 계시에 따르는 것이 선이고 행복이라고 했다. 이것을 '신학적 쾌락주의'라고 표현한다.

(3) 종교사상

로크가 《종교 관용론》과 《그리스도교의 합리성》을 설명했다.

로크는 신의 존재를 인정하고 신에 대한 이해로 계시도 인정했다. 그리고 계시가 진정한 계시인지 아닌지의 구별은 이성에 의존해야 한다고 했다. 로크는 《인간 지성론》에서도 인간이 알게 된 지식이란 경험에서 비롯된 것이므로 경험에서 만들어진 신의 관념을 배제하고 이성(지성)으로 납득되는 믿음을 가져야 한다고 했다.

이렇게 계시도 신앙도 모두 다 이성의 조명 아래에서 검증받은 것만을 인정하려는 주장들을 펼쳤다.

그러나 필자가 보기에 그는 "계시"라는 용어를 사용하고 '신앙'이라는 용어도 사용하지만 두 가지 개념을 제대로 다 알지 못한 것 같다.

먼저 '계시'(Revelation)가 무엇인가? 계시란 전에 알지 못했던 것을 하나님께서 하나님의 사람들을 통해서 하나님의 뜻을 알게 해주신 내용들이다. 하나님의 계시는 최고 오래된 B.C. 1500년경에서 A.D. 100년 사이에만 주어졌다.

그 이전이나 그 이후에도 계시가 주어졌다는 주장들이 있는데, 사이비들이다. 이렇게 약 1,600년 동안 완성된 계시를 신, 구약 성경이라고 한다. 그렇기에 하나님의 뜻과 하나님의 일과 하나님의 계획은 모두 다 성경 66권 안에 요약 집약되어 있다.

기독교도들이 말하는 '계시'라는 개념은 성경을 뜻한다. 그런데 가톨릭이나 신생 이단 종파들은 성경 이외의 인간적 산물들인 교회회의 결정 사항이나 교황의 교서를 성경과 동일시한다. 로크는 가톨릭이나 영국 국교회가 주장하는 것들을 반대하기 위해 '계시'라는 말을 사용하지만 그가 말하는 계시는 이성과 동등시되는 잘못된 개념이다.

다음으로 '신앙'이 무엇인가?

로크는 신의 창조주성과 그리스도의 구세주성을 인정하는 것을 신앙이라고 보았다.

그러나 신앙이란 창조주 되시고 그리스도 되시는 성령님을 내 마음속에 모셔들임으로 인해 인생관이 달라지고, 가치관이 달라지고, 세계관이 달라져서 과거와 달리 전혀 방향이 달라진 삶을 살아가는 것을 의미한다. 그렇게 살아가는 변화된 자는 창조주와 구속주와 성령님과 동행하는 삶을 살아간다.

가톨릭이나 성공회나 개신교 안에는 하나님이 창조주이시고 그리스도께서 구주 되심은 기본으로 다 알고 있는 상식적인 지식이고 그것은 이성적 요소다. 그러나 그가 '거듭남'(요 3:5)은 창조주 되시고 구속주 되시는 성령께서 내 속에 내주하심으로 완벽하게 변화된 삶으로 증거하는 생명적 요소다. 그렇기에 로크는 평범한 종교인들의 상식을 아는 데 그친 지식인으로 보인다. 파스칼처럼 사람들에게 오해와 핍박을 받아도 자기가 체험한 영적 변화를 타인들에게 증명해 보여주지 못했다.

지금도 마찬가지다. 신앙인이 무엇인가? 과거부터 지금까지 신앙인들을 혼동시키고 있는 것이 있다. 그것은 특정한 종교의 제도와 관습을 수행하는 무리들 속에 들어가 있으면 그것을 신앙인이라고 착각한다. 그러나 성경에서 말하는 신앙인이라는 개념은 전혀 다르다. 신앙인이란 창조주, 구속주, 영이신 성령이 그의 인격을 완전히 지배하므로 그를 통해서 창조의 사역과 구속의 사역이 일어나도록 그의 생명이 구체적으로 증명되는 자를 신앙인이라고 한다.

그렇기에 신앙인이라고 하거나 지도자라고 하면서 그의 삶 속에서 창조주와 구속주의 역사가 일어나지 않는 것은 신앙인이 아니다. 그것은 단지 특정 종교의 종교인일 뿐이다. 로크는 종교인들의 병폐와 단점을 지성인의 시각으로 잘 깨우쳐 주었다. 그러나 신앙인의 경지에는 이르지 못했던 것 같다.

로크가 믿은 신앙은 계시에 근거한 신앙이 아니고, 이성이 수용하는 수준에서 사실을 수용해야 된다는 이성 최상주의 신앙이었다. 이와 같은 이성 최상주의자들에게 성경에 기록된 창조 사역이나 기적의 사건들은 납득되거나 믿어지지 않는다.

신앙의 요소 가운데 이성적 요소가 있다. 그러나 그 이성은 신앙을 바로 이해하려는 이성일 뿐이다. 이성 그 이상을 뛰어넘는 계시의 영역들이 모두 다 믿어지는 것이 신앙이다. 로크의 지성적 연구가 깨우쳐 주는 한계점을 깨달아야 하겠다.

제3편 후기 근세 교회사(1700~1800)

[서론]

　필자의 역사 서술은 기년체(紀年體)보다는 연대를 따라서 편찬해 가는 편년체(編年體)를 따르고 있다. 그래서 앞서 제1부에서 근세 교회의 배경으로 종교개혁 후 100년에 해당되는 1500년부터 1600년 역사를 살펴보았다.

　제2부에서는 근세 교회사 1600~1800년을 제1편 전기 근세 교회사(1600~1700), 제2편 전기 근세 세상, 제3편 후기 근세 교회사(1700~1800), 제4편 후기 근세 세상으로 엮어나가겠다.

　제3편 후기 근세 교회사에서 가톨릭 교회나 동방 정교회 역사까지 포함시키기에는 너무 방대하고 산만할 것 같다. 그러므로 앞으로는 개신교 역사 설명으로 제한하도록 하겠다. 그리고 개신교 역사만이 아닌 세상의 역사 속에서 오늘날까지 영향을 끼치고 있는 독특한 사상가들 몇 사람을 살펴보겠다.

　이 모든 역사 서술 내용을 편년체에 기준을 삼고 서술하겠다.

제1장 개신교 정통주의

17세기의 영국은 청교도 시대였다고 표현한다면 17세기의 미국은 개척 시대라고 할 수 있다.

17세기의 유럽 대륙에는 어떤 사조가 흘러갔는가? 그것을 개신교 회들에 초점을 맞추어 본다면 그 시기는 정통주의 시대였다고 말할 수 있다.

유럽 대륙에는 루터파와 개혁파와 가톨릭에서 정통주의가 등장 하는가 하면, 또 정통주의를 강력하게 반대하는 소치니주의도 일어 났다. 여기서는 유럽 대륙에서 일어난 17세기의 정통주의 역사를 살 펴보겠다.

정통주의(正統主義, Orthodoxy)란 무슨 말인가? 단순하게 단어적인 뜻으로 말하면 어떤 학설이나 종교상의 교의를 가장 올바르게 계승 한 이론이라는 뜻이다. 이것을 좀 더 교회 역사에 적용시킨다면 성경 에서 말하는 기독교 신앙을 성실하게 고수하는 입장을 의미하고, 그 것이 좀 더 발전되면 신약성경의 개념과 가까운 진리(truth)라는 의미 로 발전하고, 그것이 더 발전해서 사도신경, 니케아 신경, 콘스탄티노 플 신경 등 교회회의가 정한 신앙고백서들과 또 개혁 교회들이 제정 한 신조들인 도르트 신조나 웨스트민스터 신조나 루터파 교회가 제 정한 아우구스부르크 신앙고백, 슈말칼덴 조항, 루터의 대·소 요리문답 등으로 확대된다.

그렇기에 정통주의라는 개념은 너무 주관적이고 다양하다. 이 모든 것을 추적하려면 한이 없다. 필자는 정통신앙의 기준을 계시가 완성된 구약, 신약 성경으로 국한시켜야 된다고 믿는다.

그 이후에 만들어진 각종 신조들은 성령의 감동에 의해 만들어진 것이 아니라 교회가 정치가들의 힘에 의해 인간들의 다수가 제정한 정치적 산물이므로 믿을 바가 못 된다고 믿는다. 이 같은 신념이 '신약교회 사관'이다.

그러나 여기서는 정통주의 논쟁과 주장이 근세 교회에서 일어난 시대적 학풍이었으므로 정통주의 흐름의 역사를 개괄하도록 하겠다. 따라서 필자는 정통주의자들 주장에 동의하지 않으나 근세 교회사의 흐름을 이해하는 참고 역사로 설명해 보겠다.

1. 루터파 정통주의

종교개혁자 마틴 루터는 새로운 교파를 만들기 위해서 종교개혁을 한 것이 아니다. 그의 제자 멜란히톤은 황제로부터 종교로 인정을 받아내기 위해 루터 사상과 큰 차이가 있는 '아우구스부르크 신앙 고백서'(1530)를 만들어냈다.

그 후 독일의 루터파 제후들은 '슈말칼덴' 맹약(1537)으로 황제 세력과 대결을 해나갔다. 그 후 루터교가 합법적으로 종교의 자유를 누리면서 과거 루터가 만든 〈소요리 문답〉과 〈대요리 교육서〉(1529)를 루터교의 교리로 삼는다. 이렇게 독일에서의 루터교 정착은 스웨덴과 핀란드(1527), 덴마크와 노르웨이(1536) 국교로 발전한다.

이들 루터교 국가들은 1580년에 루터교 신앙의 핵심서로 '루터교 신앙고백서'(Book of Concord)를 채택한다. 그리고 자기들이 채택한 신앙고백서만이 정통적 신앙이라고 하며 로마 가톨릭이나 칼빈주의를 믿는 개혁파 교회들은 비정통이라고 주장을 한다.

루터파의 정통주의를 주장할 만큼 루터교 신학을 발전시킨 대표적인 신학자가 두 사람이 있다. 하나는 요한 게르하르트(Johann Gerhard: 1582~1637)이고, 다른 하나는 요한 안드레아스 크벤슈테트(Johann Andreas Quenstedt: 1617~1688)이다.

게르하르트는 비텐베르크(Wittenberg) 대학에서 의학, 철학, 신학을 공부한 후 예나(Jena) 대학과 마부르크(Marbug) 대학에서 신학에 전념했다.

그리고 34세(1616)부터 평생을 예나 대학 교수로 지냈다. 그가 저술한 대표 저서가 《신학 요론》(Loci thologici, 1610~1622) 9권이다. 그는 이 조직신학 책에서 아리스토텔레스의 형이상학과 논리학을 적용했다.

아리스토텔레스의 형이상학의 기본 개념은 '형상'(形相: είδος)과 '질료'(質料, ΰλη)라는 개념이다.

형상이란 눈에 보이는 대로의 현실성이고, 질료란 눈에 보이지 않는 이면에 담겨 있는 잠재성을 뜻한다. 토마스 아퀴나스는 아리스토텔레스의 '형상'과 '질료'의 개념을 가톨릭 교회의 성례전 신학에 적용시켰다. 그래서 물체로 보이는 떡과 포도주가 '형상'이지만 그 이면에는 예수 그리스도의 살과 피가 잠재성으로 담겨 있다고 주장했다. 이것이 가톨릭의 '화체설'(化體說, Transubstantiation) 교리의 핵심이다. 아리스토텔레스의 철학을 인용한 중세기 스콜라 철학은 토마스 아퀴나스 때 최전성기를 이루었다가 윌리엄 오캄(William of Ockham: 1280~1349) 때 와해되고 만다.

그런데 17~18세기에 루터교 신학자들이 다시금 아리스토텔레스 철학 중에 신(新)아리스토텔레스주의자들에 의해 다시 복원시킨다. 저들은 목표를 먼저 설명하고 수단은 나중에 설명하는 방법으로 아리스토텔레스 철학을 도입한다. 이 방법에 의하면, 하나님은 영원한 목표이고, 인간은 신학의 주체가 된다. 그래서 신론(神論)이 조직신학의 맨 앞에 거론되고, 그다음에 인간이 영원한 복락에 도달하는 방법으로 구원론(救援論, Soteriology)이 취급된다.

루터파 정통 신학은 진리대로 설명하지 않고 철학적, 이성적 방법으로 이해하려고 했다는 비판을 받는다. 또 저들은 살아 있는 신앙보다는 교리, 혹은 교리에 관한 지식을 더 중요시한 경향이 있다는 것이다.

저들 루터교 정통주의자들은 하나님을 '절대적 현실성'(actualitas absoluta)이라느니, '절대적 형태'(Forma absoluta)라는 모호한 말로 표현한다. 저들은 하나님의 인식이 초자연 계시라는 성경만이 아니라 자연 우주 만물을 통해서도 알 수 있다는 자연 계시의 전 단계로 보았다.[132]

이와 같은 소위 구 루터파 신학자들의 주장에 이어 훗날 신 루터파에 속하는 슐라이어마허(Schleiermacher: 1768~1834)가 직관에 의한

---

132) 김광채, 《근세 교회사》 (마르투스, 2016), pp.197~205.

감정이 신앙이라는 '감정 신학'을 제창한다.

슐라이어마허는 '근대 신학의 아버지'라 불리며 현대 자유주의 신학을 태동케 한 신학자이다. 그렇기에 루터파가 말하는 '정통주의'란 보수주의자들이 말하는 '성경' 중심의 정통주의 개념이 아니다. 중세기 가톨릭 교회의 스콜라 철학의 핵심은 아리스토텔레스의 이성 중심의 신학였다. 그것을 16세기의 루터는 성경 중심으로 되돌려 놓았다. 루터파 '정통주의'가 성경의 축자영감설을 만들어냈는가 하면 그와 정반대로 19세기 루터파는 가톨릭이 버린 스콜라주의를 개신교 스콜라주의로 자유주의신학으로 복고시켜 놓았다.

이것은 루터가 그렇게도 배격한 율법주의와 스콜라주의를 그들의 후손이 다시금 복고시켜 놓은, 참으로 아이러니한 결과이다. 그렇기에 루터파 정통주의라는 용어는 루터교 내에서 복고적 신앙 애호가들이 만들어낸 개념일 뿐 정당한 정통주의는 아니라고 할 수 있다.

2. 개혁파 정통주의

개혁파의 정통주의는 칼빈 신학이 그의 계승자들에 의해서 점진적으로 발전되기도 하고 변형되어서 최초의 칼빈 주장과 완전히 달라지게 된다. 여기서 우리는 역사를 공부하는 이유가 최초의 칼빈 사상이 역사 속에 누구에 의해, 어떻게 변천되는가를 깨닫고 걸러낼 것과 참고할 것을 분별해야 됨을 배운다.

최초 개혁 교회의 창시자는 칼빈이다. 칼빈은 예정론을 구원론의 영역에서 주장했다. 그의 제자 베자(T. Beza: 1519~1605)는 '제한 속죄'(Limited atonement)라는 스승의 가르침을 뛰어넘는 주장을 만들었다.

그것이 타락 전 예정론(Supralap Sarianism)이다. 칼빈주의는 또 스위스에서 '제2 헬베틱 신앙고백'(Second Helvetic Confession: 1566)으로 완성되었다.

이 '헬베틱 신앙고백'은 하이델베르크 요리문답을 출판하였던 팔라틴 선제후 프리드리히 3세가 츠빙글리의 후계자인 불링거에게 부탁해서 만든 신앙고백이었다.

헬베틱 신앙고백은 스위스, 프랑스, 스코틀랜드, 헝가리, 폴란드, 네덜란드, 영국 등에서 개혁주의 중요 문서로 채택되었다. 그런데 헬베틱 신앙고백은 많은 문제를 담고 있었다. 중심은 고대교회의 가르침을 중요시하면서 본질적이지 않은 다양성을 허용했다. 그래서 초대교회라는 그리스도교회와 가톨릭으로 분열되기 이전의 라틴 신학들을 모두 다 수용하였다.

이 신앙고백은 로마 가톨릭이 과연 초대교회의 전승으로 계승한 교회인가 하는 문제점으로 격렬한 논쟁들을 불러일으켰다. 그러나 그 속에 칼빈주의인 영원 전의 예정 교리가 들어 있으므로 논쟁들 속에서 지나갔다.

그다음에 칼빈주의가 체계화된 것이 '도르트레히트'에서의 칼빈주의 5대 강령이다(1618.11~1619.5).

칼빈주의 5개 강령은 많은 문제를 안고 영국, 스코틀랜드, 스위스, 독일, 프랑스 등 유럽의 개혁 교회 대표들과 네덜란드 대표 약 70여 명이 채택했다.

'도르트레히트'의 칼빈주의 5대 강령에 따라 베네딕트와 프랑스와 투레틴(Benedict and Francois Turretin: 1588~1631)은 극단적인 예정론과 《신학 강요》(Institutio Theologiae Elenchticae, 1679~1685)를 출판했다.

이 책이 19세기 개혁주의 신학의 정통주의로 인정받아 계속적으로 사용되었다. 그 후 19세기 미국 프린스턴 신학교수 하지(Charles Hodge: 1797~1878)가 웨스트민스터 신앙고백서와 스콜라적 칼빈주의에 입각한 《조직신학》(1872~1873) 세 권이 출판하였다.

그리고 네덜란드 칼빈주의 신학자 카이퍼(A. Kuyper: 1837~1920)는 신(新) 칼빈주의라는 일반 은총을 주장했다.[133]

이렇게 개혁주의는 칼빈에게서 시작된 비성경적인 예정론 주장을 중심으로 시간이 흐를수록 칼빈 사상에 맹종하는 칼빈 우상화가 곧 정통주의라는 이름으로 계승되어 오고 있다.

여기에 소개된 내용은 칼빈 후계자 중에 칼빈 신학을 옹호한 이들의 저서들을 중심으로 한 개혁파 정통주의의 내용이었다.

칼빈주의는 왜 저토록 길고 긴 세월 속에 칼빈주의라는 틀 안에서 예속되어 가는가? 그 이유는 칼빈주의가 각 곳에서 필요함을 느끼게 되는 시대적, 국가적 상황이 해답이 된다. 칼빈주의가 시작된 스위스에서는 그럴 수 있다고 수긍이 간다. 그런데 칼빈주의가 변형된 영국의 청교도나 네덜란드의 칼빈주의나 독일에서의 칼빈주의, 심지어 신대륙에서의 칼빈주의는 왜 저토록 발전하게 되었는가?

그에 대한 해답은 각 곳에서 현실적 해결방법을 찾으려다 보니까 칼빈주의가 시대적 해답책으로 등장했다는 사실이다. 스코틀랜드는 이웃 영국과 오랜 적대 관계가 대륙의 루터주의보다는 칼빈주의를

---

133) 박용규, 《근대 교회사》 (총신대학출판부, 2001), pp.113~120.

선택할 수밖에 없는 정치적 결단으로 작용한다. 네덜란드도 마찬가지다. 네덜란드를 오랫동안 억압해 온 스페인의 가톨릭 지배를 벗어나 독립하려고 할 때 가까운 독일의 루터교보다는 멀리 있는 칼빈주의가 안전하게 여겨졌던 것이다.

영국의 청교도 역시 가톨릭과 국교회를 반대하려면 칼빈주의 선택이 자연스러운 것이었다.

칼빈주의 후예인 청교도가 이민 간 신대륙에서도 가톨릭도 국교회도 배척하려면 청교도 선택 외에 그리 선택의 폭이 넓지 않았다.

이렇게 시대적 흐름과 정치적 선택물로 칼빈주의가 계승되면서 개혁주의 정통주의라는 이름으로 계승되었다. 이 같은 역사적 사실에 눈을 뜨고 개혁주의 정통주의를 이해해야 한다고 판단된다.

3. 정통주의에 대한 반발 소치니주의(Socinianism)

소치니(Lelio Sozzini: 1525~1562)는 이탈리아 중부 토스카나 주 시에나(Siena) 군의 군청 소재지로 인구 6만 명 정도 되는 곳에서 태어났다. 이곳은 높이 322m 언덕 위에 위치하는 옛 도시이다. 이곳에 군청으로 사용되는 건물과 대성당은 12~14세기에 번영했던 모습을 그대로 전해준다. 소치니는 이곳에서 법률가로 활동하고 살아갔다. 그는 종교개혁의 바람이 유럽 각 곳에서 일어날 때 종교개혁의 원인들이 초기 기독교에서 변형되고 왜곡되었음을 아는 자들의 저항임을 알게 된다. 그래서 자기가 소속된 로마 가톨릭 교회가 로마인들의 우상숭배 종교로 변질되었다는 주장을 하기 시작했다.

그가 주장하는 내용들은 로마 가톨릭 종교가들에게 알려졌고, 곧 신변의 위협을 느끼고 고국을 떠난다. 그는 이탈리아를 떠나 스위스, 프랑스, 영국, 네덜란드, 독일, 오스트리아, 보헤미아, 폴란드 등등으로 유랑을 하다가 스위스 취리히에서 죽었다.

그의 조카인 파우스토(Fausto: 1539~1604)는 이탈리아 인문주의자요 자유주의자인 삼촌의 주장과 삶에 영향을 받아 그도 고국을 떠나 바벨에 정착했다. 그는 삼촌의 주장을 실현할 곳으로 1578년 폴란드로 간다. 거기서 삼촌의 주장에 의한 자기 신념에 입각한 교회를 세운 후 여생을 그곳에서 보낸다. 그는 폴란드에서 목회할 때 대학을 세워 학생들이 최고로 1,000여 명 이상이 되고, 폴란드에 300여 개의 교회들을 세웠다.

파우스토는 그의 주요 저서로 《구주 예수 그리스도에 관하여》(1578)와 폴란드 소(小)개혁 교회(Minor Reformed Church)의 교리문답인 〈라코프 교리문답〉(Catechism of Racov, 1574)을 개정했다. 개정된 교리문답은 〈라코프 교리문답〉(Racovian Catechism, 1605)으로 바뀌어 소치니주의를 소개하는 문서가 된다.

이들 소치니주의(Socinianism)자들은 교리문답을 가르치는 소치니의 손자 위스조파티(Wiszowaty: 1678)와 프시프코프스(Przypkowski: 1670) 등에 의해서 더욱 계승되고 발전되어 나갔다. 이들의 교회들은 독일에서 폴란드로 이주한 수많은 독일인들을 개종시키는 데 성공해 나갔다.

폴란드 의회는 1638년 라코프에 있는 소치니주의 학교를 반동 종교개혁처로 판단하고 학교를 폐쇄하고 건물을 파괴하였다.

그리고 수많은 성직자들을 추방시키자 많은 성직자들이 자발적으로 떠난다. 1658년 폴란드 의회가 라코프 신앙고백 지지자들에게 사형안을 통과시키자 수많은 소치니주의자들이 헝가리, 독일, 영국, 네덜란드로 망명을 했다. 이들의 대표적 주장은 무엇인가?

이들은 구약과 신약을 합리주의에 입각하여 충분히 이해되는 것만을 믿는다. 천지창조, 노아홍수, 출애굽, 동정녀 탄생과 부활 등 이성적으로 납득되지 않는 내용들은 믿지 않는다. 또 예수를 하나님의 계시자로 받아들이지만 예수는 단순한 모범적인 인간일 뿐 예수의 신성을 부인한다. 따라서 삼위일체를 믿지 않는다. 교회와 국가의 완전 분리와 무저항주의를 믿고, 육체가 죽을 때 영혼도 죽지만 다만 예수의 계명들을 그대로 지킨 소수의 의인만이 선별적으로 부활된다고 믿는다.[134]

이 같은 주장들이 영국 국교회 내에서나 존 로크나 뉴턴 같은 철학자나 과학자들에게서도 엿보인다. 이들의 사상은 미국으로 건너가 현재는 유니테리안주의(Unitarianism)로 변형되어서 활동하고 있다. 이들 유니테리안주의는 삼위일체와 그리스도의 신성 교리를 배척하고 이성과 체험의 기초 위에 성경을 해석한다. 이들 유니테리안의 본부가 하버드 대학의 신학부이다.

[결어]

여기서 우리는 인간의 사상은 계속해서 발전이라는 명분으로 변천되어 왔음을 깨닫게 된다. 루터는 결코 철학적인 사상을 주장하지 않았다. 그러나 그의 제자 멜란히톤에 의해 루터교가 정착되었으나

---

134) E. M. Wilbur, A History of Unitarianism: In Trnsylvania, England and America, 1952.

루터교의 사상과 루터의 사상은 다르다. 루터교 후학은 현대의 자유주의 조상인 슐라이어마허로 변천되었다.

칼빈주의도 마찬가지다. 칼빈은 이중 예정(二重豫定, Double Predestination)이라는 성경에 근거 없는 주장을 했다. 그것을 더 강조한 그의 제자 베자는 '타락 전 예정'이라는 말도 안 되는 주장을 펼쳐 놓았다. 이렇게 굳어지니 잘못된 주장을 시정하지 않고 교주의 사상을 신줏단지처럼 숭앙했다. 그 결과 도르트레히트 총회에서는 '제한된 속죄'라는, 완전히 성경을 배척하는 교리가 만들어진다.

오늘날의 유니테리안의 근원도 마찬가지다. 우리나라의 지식인으로 알려진 유명인은 《내가 예수다》라는 제목의 책을 펴냈다. 왜 이와 같은 도깨비 소리 같은 주장이 나오는가? 그 근원은 세계적 유명대학이라는 하버드 대학이 이성과 경험을 계시보다 더 우월시하는 인간들의 철학 사조를 지지하기 때문이다.

우리는 18세기에 일어난 유럽의 정통주의가 성경으로 돌아간 정통이 아니라 인간의 이성을 신의 자리로 높여 놓은 이성 신뢰자들의 말장난이었음을 깨닫게 된다. 그렇다면 진짜 정통이 무엇인가? 그것은 사람들을 모두 배제시켜 버리고 신앙과 행위의 유일무이한 규범인 성경대로의 진리를 따르는 것만이 정통인 것이다. 이와 같은 정통에 대한 정확한 이해에 도움을 얻도록 과거 역사를 배우는 것이다.

제2장 경건주의와 신비주의

경건주의(敬虔主義, Pietism)가 무엇인가? 이것은 17세기 독일의 루터교 안에서 일어난 신앙 운동을 말한다. 17세기 독일의 루터교는 왜 경건주의가 나타나게 되었는가? 그 내용은 앞서 루터교 정통주의에 대한 반발로 생겨난 신앙회복 운동이라는 측면으로 이해할 수 있다.

또 신비주의(神秘主義, mysticism)는 무엇인가? 그것은 신과의 직접적인 접촉을 경험하는 신과 인간 영혼의 연합에 대한 형이상학적 이론을 의미한다. 그런데 오늘날은 오순절 계통의 잘못된 교리로 무슨 이상한 체험들을 신비주의라고 곡해하는 경향으로 대중화되었다.

여기서는 경건주의와 신비주의 역사를 살펴보고, 과연 그것들이 성경에 근접한 주장이었는가를 살펴보겠다.

1. 경건주의(敬虔主義, Pietism)

경건이란 용어는 신, 구약 성경에 모두 나온다.
구약에는 '차시드'(חסיד)로, 신약에는 '유세베이아'(εὐσέβεια)로 쓰였다.

구약에는 시편(4:3, 12:1, 32:6, 43:1, 86:2)에 많이 쓰였고, 신약에는 바울서신(딤전 2:2, 3:16, 4:7~8, 6:3~11; 딤후 3:5; 딛 1:1)에 많이 쓰였다.

그렇기에 경건이란 성경적인 용어이고, 그 뜻은 하나님께 자신을 전부 드리고자 하는 감정이나 의지로, 도덕이나 신앙고백 같은 형식적 이상의 의미를 갖고 있다.

경건주의라는 운동이 최초로 일어난 곳은 독일이다. 왜 독일에서 경건주의가 일어났는가? 그 배경을 알아보자. 그것은 30년 전쟁(1618~1648)이라는 큰 비극으로 종교계가 각성하기는커녕 엄격한 신앙고백들을 형식적으로 되풀이하는 것으로 종교가 이름뿐인 정통주의 시대(Age of Orthodoxy)로 굳어졌다.

이 시기에는 과거 종교개혁자들의 성경으로 돌아가자는 뜨거운 열정들은 모두 사라지고, 형식적이고 도식적이고 의식적인 예배 참여나 신앙고백 암송이 종교인 양 굳어져 간다. 독일의 전 국가는 30년 전쟁의 결과로 인구는 대폭 감소되었고 산업은 핍절되었다.

교회는 불타버렸고, 거리에는 병자와 가난한 자들이 버림받은 채 난무했다. 이런 때에 교회 지도자들은 형식적 신앙고백을 주장하는데, 대중들은 지도자 주장보다는 타울러(Tauler)의 설교집이나 신비주의자 아 켐피스(T. a Kempis)의 저서들을 즐겨 했다. 대중들은 고갈된 영혼의 위안을 신비주의에서 찾으려고 했다.

이때 영국 청교도주의 영향을 받은 리처드 박스터(Baxter)의 《이교도를 부르심》, 베일리(L. Bayly)의 《경건의 훈련》, 존 버니언(Bunyan)의 《천로역정》 등이 크게 영향을 미친다. 이와 같은 시대적 배경에서 경건주의가 등장한다.

1) 경건주의 창시자 슈페너(Philip J. Spener: 1635~1705)

슈페너는 독일 알사스(Alsas)에서 출생했다. 그는 귀족 가문의 전통적인 루터교 신앙 분위기에서 성장했다. 그에게 신앙의 대모(God Mother)는 신앙심이 두터운 백작 부인이었다.

대모로부터 요한 아론트의 《참된 기독교》(True Christianity, 1610)라는 저서로 교습을 받았다. 그는 소년 시절부터 신앙 서적 읽기를 즐겨 했다.

청년이 되어 스트라스부르크, 제네바 등지에 유학하면서 칼빈파 교회들의 특징을 배우기도 한다. 그리고 프랑스 리용과 독일의 여러 대학을 순방하며 각 대학의 학풍도 익힌다. 그가 28세 때인 1663년부터 1666년까지 스트라스부르크에서 목회를 하면서 대학 강사 생활 중 신학박사 학위를 얻는다. 1666년 31세 때 프랑크푸르트 교회에 초청을 받아 목회에 전념한다.

여기서 성경공부 중심의 '경건의 모임들'(Colleges of Piety)을 설립하여 성경 교육에 주력한다. 그렇게 경건의 모임을 시작한 지 5년 후인 1671년에 '경건의 욕망'이라는 뜻의 《피아 데시데리아》(Pia Desideria)를 출판한다.[135]

슈페너는 이 책 속에서 현실 교회에 대한 비판과 함께 교회의 개혁을 주장하였다.

그 내용 중 특이한 내용 몇 가지를 살펴보겠다.[136]

① 목회자나 신학자가 되려는 자는 그들이 개인적으로 진정한 신

---

135) J. Wallmann, Philipp Jakob Spener und die Anfange des Pietismus, 1970.
136) 정수영, 《새 교회사 Ⅱ》 (규장문화사, 1993). pp.403~416.

앙을 갖춘 신앙인인가를 시험해 보아야 한다.
② 설교자들은 학문적이고 논쟁적인 것은 억제해야 한다.
그 이유는 설교란 설교자의 지식 과시가 아닌 신자들에게 하나님의 말씀에 충성하도록 자극하기 위한 것이기 때문이다.
③ 평신도들도 술 취함, 매음, 간음, 우상숭배, 동성연애, 도둑질, 폭력 등을 가볍게 보지 말고 전부 중죄로 천국에 갈 수 없는 범죄임을 각성해야 한다.
④ 국가가 교회의 머리 노릇을 하려는 지배자는 매우 잘못된 것이다.

이와 같은 그의 주장은 신학교 교수들로부터 많은 공격을 받았다. 그래도 슈페너는 굴하지 않고 경건의 훈련으로 좀 더 세부적인 항목인 카드놀이나 춤과 극장 출입 금지, 음식과 의복의 절제 규율을 가르쳐 나갔다. 그리고 주일 예배를 행사로 끝내지 않고 주일 오후에는 주일 아침의 설교를 정리하거나 교리문답 교실을 인도하거나 하나님과의 신비에 관한 책을 읽거나 토론하게 했다.

슈페너는 51세 때(1686) 계속된 반대와 논쟁에 지쳐서 드레스덴(Dresden) 교도소의 법정 목사로 옮겨간다. 여기서 법정의 무책임성과 정통파 목사들의 안이함에 적개심과 환멸을 느낀다. 여기서 두 가지 일이 이뤄진다.
하나는 《신학 연구의 장애물들》(1690)이란 책을 펴내고, 다른 하나는 슈페너의 후계자가 된 프랑케(A. H. Franke: 1663~1727)를 알게 된다. 그는 드레스덴 법정 목사 때도 적대적인 푸대접을 받는다. 비텐베르크 대학에서는 슈페너가 284개의 탈선 행위자라는 공격을 당한다.

1691년 베를린(Berlin)으로 옮겨가 《신학사상》을 펴내고, 그의 후계자 프랑케와 함께 《할레》(Halle) 대학을 세운다(1694).

할레 대학은 슈페너, 프랑케의 정신으로 경건주의 학문적 중심지가 된다. 여기서 친첸도르프(Zinzendorf)의 세례 때 대부가 되고, 1705년에 70세로 세상을 떠났다.

2) 경건주의 중심인물 프랑케(A. H. Franke: 1663~1727)

프랑케는 뤼벡(Lubeck)에서 출생했다. 그는 에어푸르트 대학교와 키엘(Kiel) 대학에서 공부한 후 21세 때(1684) 라이프치히 대학교의 히브리어 교수가 되었다. 그는 24세 때(1687) 성경공부 도중에 큰 회개의 경험을 하게 된다. 그는 성경공부가 단순한 학문적 교습이 아니라 생활에 영향을 미치는 삶의 원동력이 되어야 한다고 주장을 했다. 이같은 그의 주장은 학생들과 시민들 사이에 영적 운동에 의한 부흥운동으로 이어졌다. 하지만 학문 위주의 라이프치히(Leipzig) 대학에서 그의 신앙 활동에 대한 반대운동이 일어났다.

프랑케를 반대하는 세력은 루터파와 칼빈파 신학자들이었다. 루터파 신학자들은 믿음으로 의롭게 된다는 루터의 이신득의(以信得義) 교리를 내세우며 '믿음'이 더 중요할 뿐 생활의 성결을 강조하는 경건은 그다지 중요하지 않다고 주장했다.

또 칼빈주의 신학자들은 예정론의 교리에 근거해 우리를 의롭게 하시는 것은 하나님만이 하실 수 있는 영역이고 인간이 노력해서 성결해지는 것은 아니라고 주장했다.

여기에 반해 프랑케는 신앙이란 이 세상 사람들과 똑같은 도덕생활 정도가 아닌, 세상인들과 구별된 높은 도덕규범을 갖춰야 한다고 했다.

신앙이란 기독교의 교리 암송이나 교회가 정한 제도에 순응하는 정도가 아니라 세상인보다 더 고차원의 도덕 규범들을 갖춰야 한다고 했다.

그러나 프랑케의 주장보다는 당시 주 종교인 루터교 신학자나 칼빈주의 신학자들의 세력이 월등하게 강했다. 프랑케는 라이프치히 대학을 떠나 글리우히우 교회의 목사가 되었으나 그 교회에서도 배척을 받는다.

그는 베를린으로 옮겨갔다. 베를린에서 더욱더 강렬한 신앙 체험 후 확신을 얻게 된다. 그는 진정한 그리스도인과 형식적인 종교인을 구별해 내는 규범을 깨닫게 된다.

1694년 브란덴부르크(Brandenburg) 선제후가 할레(Halle) 대학을 세우면서 베를린을 강력한 영적 운동의 중심지로 만들려고 하였다. 선제후는 독일의 종교지도권을 경쟁자인 작센(Sazony) 공으로부터 빼앗아오려고 했다. 이때 선제후는 경건주의자로 배척받는 슈페너를 불러들인다. 슈페너는 또 프랑케를 끌어들인다. 프랑케가 처음에는 할레 대학의 동양어 교수였다가 1698년에는 신학 교수가 된다. 이렇게 해서 슈페너와 프랑케에 의해서 할레 대학이 경건주의 발생지가 된다.

프랑케는 할레 대학에서 교수 겸 목사로 여러 가지 다른 기관들을 설립해 나간다. 그래서 학문적으로 과학적인 연구소를 만들고 또 빈민 자녀들을 위한 고아원, 초등학교, 교원 양성학교, 고등학교를 설립하여 프로이센과 독일의 국민교육에 큰 영향을 미친다. 그뿐만이 아니라 출판사, 선교사들의 언어학습을 위한 신학대학, 의과대학, 부속 진료소 등을 설립했다. 이 같은 일은 그가 교수 사역만 한 것이 아니라 목사로서 무제한의 활동영역을 펼쳐나간 것을 보여준다. 나중에는 빈민 자녀들 훈련과 사역 기금 마련을 위해 약국, 서점, 제책소, 그 밖의 공장도 만들었다.

그래서 할레 대학은 프랑케가 죽을 당시인 1727년에는 170명의 교사에 2,200명의 고아원으로 확대되었다. 그뿐만이 아니다. 1707년 덴마크 왕 프레드릭 4세가 인디아 선교사를 부탁하므로 그린란드(Greenland)와 라플란드(Lapland)에 선교사를 위한 훈련소가 설치되었다.

바로 이 할레 대학에서 유명한 벵겔 주석의 신학자 요한 알브레히트 벵겔(J. A. Bengel: 1687~1752)이 12년의 노력으로 《신약 주해》를 완성한다. 그리고 할레 대학을 빛낸 모라비안 경건주의자 친첸도르프가 나온다.

3) 모라비아 보헤미아 형제단의 친첸도르프

친첸도르프(N. L. C Von Zinzendorf: 1700~1760)는 드레스덴에서 오스트리아 귀족의 가문에서 태어났다. 그는 작센의 고위관리였던 아버지를 어린 시절에 여의었다. 그를 키워온 이는 슈페너와 프랑케의 절친한 친구로 경건주의 신앙을 가진 그의 외조모였다. 외조모는 그가 10세 때인 1710년 때부터 할레 대학의 교육기관인 Padagogium 기숙사에서 생활하면서 학교에 다니게 했다.

그는 소년 때 세례를 받으며 슈페너를 대부(God Father)로 삼았고, 또 프랑케로부터는 신앙적으로 큰 자극을 받았다. 그는 열네 살짜리 소년 때 '겨자씨 모임'(Order of the Grain of Mustard Seed)을 조직했다. 그리고 회원들에게 모든 인류를 사랑할 것을 맹세했다.

이렇게 16세까지 할레 대학의 고등부 교육을 받으며 독실한 기독 청년으로 성장한다. 이때 덴마크인으로 할레 대학 출신인 인도 선교사를 만났다. 그의 선교 간증과 해외 선교의 필요성을 듣고 해외 선교에 관한 관심을 갖게 되었다.

그 후 1716~1719년 루터파의 중심지인 비텐베르크 대학에 가서 법률 공부를 하였다. 그의 외조모와 달리 그의 가족들은 정치계에 진출하도록 여러 면으로 압력을 가했기에 법률공부를 하게 되었다. 그러나 할레 대학의 학풍 속에 자란 그에게 비텐베르크 대학 교수들의 학풍이 맞지 않음으로 여러 차례 논쟁을 벌이게 되었다.

그래서 루터교의 본산지라는 비텐베르크 정통신앙 전통과 경건주의 신앙을 화해시켜 보려고 노력했으나 성공을 거두지 못한다.

1719~1720년에 서유럽 여러 나라들을 여행하면서 기독교를 알기 위해 루터교 이외의 다른 교파들을 주의 깊게 관찰한다.

그는 로마 가톨릭 교회와 개혁주의 교회와 심지어 비(非)공인된 교회 단체들의 신앙에서 배울 교훈이 무엇인가를 관찰한다. 1721년에 색슨 공의 정부 관리가 되어 드레스덴 궁정 일을 하게 되었다. 바로 이때 그의 생애를 변화시키는 모라비안(Moravians)들을 만나게 된다(1722).

이들 모라비안들은 원래 모라비아에서 살던 후스파(Hussites) 신도들로, 경건한 신앙 고수를 위해 자유롭게 살아가는 일종의 피난민들이었다. 이들 신앙 망명자요 피난민들의 자유로운 신앙생활 모습을 보고 그가 소년 때 꿈꾸었던 "겨자씨 모임"의 희망을 저들을 통해 실현할 수 있겠다는 믿음이 생겼다. 그래서 베르텔스도르프의 큰 저택과 사유지를 사들여 모라비아 피난민들에게 제공하였다.

그리고 그 이름을 '보헤미아 형제단'(Bohemian Brethren)이라고 했다. 이때까지도 친첸도르프는 루터교와 관계를 유지했다. 그래서 형제단들을 주일날이면 베르텔스도르프(Berthelsdorf)에 있는 시골 루터교회에 참석을 시키고, 저들에게 목회자가 필요할 때는 그 지방에 있는 루터교 목사를 초청했다.

그러나 그들은 일반 루터교회들과 달리 자신들은 '세상의 소금'이라는 강한 내적 확신과 믿는 성도는 세상의 평범한 자가 아닌 "마음의 종교"(heart religion)가 세상의 빛으로 증거가 되어야 한다는 신념을 가졌다. 그래서 세상의 일반 보편적 교회와 다르다는 의식을 갖고 살아갔다. 이와 같은 모라비안인들의 삶 속에 흘러나오는 신앙적 생활에서 친첸도르프는 깊은 신뢰와 희망을 보게 된다.

그래서 1727년에 궁정의 공직을 사임하고 저들과 합류하여 '헤른후트(Hernhut) 공동체'라는 이름으로 친첸도르프가 직접 경영하는 신앙 공동체를 만들어 간다.[137]

친첸도르프는 '헤른후트 공동체' 성격을 할레 대학의 경건주의자들의 성격과 다르게 결별시킨다.

그는 '마음의 종교'(Heart religion)란 신비롭고 영적이며 경험적인 깊은 신앙만으로 국한되어서는 안 된다고 판단했다. 그 같은 내면적 신앙은 밖으로 다른 기독교 공동체와 전 세계적인 복음 전도와 세계 교회들과 관계를 나누어야 한다고 강조했다. 그는 프랑케의 경건주의자들이 너무 엄격하고 비세상적이라고 판단했다.

---

137) 앞의 책, pp.410~414.

그런가 하면 경건주의자들은 '친첸도르프가 과연 회심을 한 자인가? 그가 허황된 신비주의자들이나 로마 가톨릭 교회나 희랍 정교회들과도 다 교류하는 것은 그의 신앙의 내용이 하나의 종교 통합주의에 의한 편리주의가 아닌가?'라고 생각하였다. 그래서 정통 루터교도들은 친첸도르프의 융화 신앙을 비판하고 비난했다. 그런 비난 중에도 1734년에 최초의 모라비아 선교사로 카리브인들에게 선교사가 파송되었다.

또 그의 신앙을 의심하고 비난을 받자 신학 후보생으로 목사 자격(1734)을 얻고 나중에는 감독 임명을 받았다(1737).

친첸도르프를 감독으로 임명한 이는 베를린 궁정의 설교자 야불론스키(D. E. Jablonski: 1660~1741)였다. 그는 루터교도들과 칼빈주의자들을 연합시키려고 노력한 인물이었다. 친첸도르프가 루터교 목사가 되자 그를 따르던 형제단이 분열을 맞게 되었다. 그래서 작센에서 추방을 당하자 세계로 돌아다니며 모라비아 교회들을 세운다.

친첸도르프는 1741~1743년에 미국으로 건너가 인디언 선교를 하고 모라비아 교회를 세운다. 그는 펜실베이니아에 베들레헴과 나사렛 교회를 세우고 노스캐롤라이나에 살렘 선교부를 세웠다. 이들 모라비아 교회들은 피난민 200명 정도로 시작되었으나 그들이 해외로 100명 이상의 선교사들을 파송했다.

또 1749~1750년, 1751~1755년에는 영국에 모라비아 교회를 세운다. 이때 영국에는 15개 모라비안 형제단이 생겼다. 이들 영국 내 모라비아 형제단에 의해 감리교 창시자 웨슬리가 '올더스게이트의 참회'(Aldersgate Street Experience, 1738)를 하게 된 이야기는 유명한 역사다.

그는 말년에 헤른후트로 돌아왔다. 그러나 아들과 아내가 먼저 죽고 재정적 어려움으로 타격을 입는다. 하지만 친첸도르프는 구원을 중요시하되 상호 간의 사랑을 공유하는 토대 위에 선교적, 봉사 지향적, 전 세계적 자유 교회를 추진한다. 그는 개신교에 정통이라는 자들에게 새 생활을 고취시킨 선각자였다.

이렇게 해서 18세기 경건주의는 세 사람이 모범을 보여주었다.

2. 신비주의(Mysticism)

신비(神秘, Mystik)란 보통의 이론과 인식을 초월한 일을 뜻한다. 그에 반해 신비주의(神秘主義, Mysticism)란 내면적 직관과 직접적 체험에 의해 최고 실재자를 인식하려는 종교, 철학, 문학상의 경향성을 체계화시킨 특정한 사상의 이론을 의미한다.

이것을 성경에 적용시킨다면 구약, 신약 성경에는 신비적인 사례들이 가득 차 있다. 그러나 그 신비적 체험들은 각각 개인적으로 다르며 양상도 각각 다르기에 신비성은 인정할지라도 그것을 획일적으로 단순화, 체계화, 절대화시킬 수가 없다. 그러므로 신비는 각 개인과 절대자 사이의 주체적인 것이고, 단독적인 것이다.

그러나 신비주의란 특정한 체험들을 절대화시켜서 그 체험을 공유하도록 주장하는 편파적 이론이다. 성경의 수많은 인물이 신비한 체험들로 그들의 인생이 달라졌음은 확실하다. 그러나 저들이 각각 다른 체험의 신비 경험을 타인들에게 주장하거나 강요한 경우는 없다. 그렇기에 개인적 체험에 속하는 신비들은 성경적인 사실이지만 특정한 체험을 체계화시켜서 획일적으로 논리를 만들어 주장하는 것은 성경적 신비가 아닌 신비주의자들의 논리라는 뜻이다.

이제 우리는 성경 속의 신비 체험들과 역사 속의 신비 체험자들을 비교해 보고, 20세기에 등장한 신비주의자들의 주관적 사태를 알아보자. 이것을 바로 알기 위해서 ① 성경에 기록된 신비 체험 사례, ② 교회 역사 속에 소개된 신비 체험자들 사례, ③ 20세기 오순절 신학자들의 신비주의 등을 살펴보겠다. 그래서 신비와 신비주의를 분별할 수 있게 되고 신앙생활에 정도를 찾아갈 수 있기를 기대한다.

1) 성경에 기록된 신비 체험 사례

(1) 구약성경의 사례 중 일부

① 창세기 6장 13~7장 5절의 노아의 경우

그는 하나님의 지시를 받는 신비로 120여 년간 방주를 짓는다. 밝은 태양 빛이 계속되는 좋은 세상에서 120년 동안 한결같이 방주를 지은 것은 그가 하나님을 만난 신비적 체험이 확실했기 때문이다.

② 창세기 12장 1~9절의 아브람은 신비 체험 없이 하나님 말씀만 따라 고향, 친척, 아버지 집을 떠나갔다. 그리고 하나님의 지시로 가나안 땅에 정착한다. 가나안, 애굽, 네게브 등등으로 전전하면서 신비한 체험들이 거듭되고, 나중에는 모리아 산의 기적(창 22장)도 체험한다.

아브라함은 자기 체험을 통해 신앙이 굳어져 갈 뿐 자녀들이나 타인들에게 권장하지 않는다.

③ 창세기 37장의 요셉은 17세 소년 때 꿈으로 자기 미래에 대한

환상을 가졌다.

그는 꿈 자랑으로 형들의 노여움을 받고 애굽에 팔려가 노예가 되었다. 창세기 41장 46절을 보면 요셉이 꿈을 발표한 지 13년이 지난 30세에 꿈이 실현되었다. 요셉은 하나님께서 자기를 먼저 애굽으로 보내신 섭리를 뒤늦게 깨닫게 된다(창 45장).

꿈이 하나님의 계시로 작용하기도 한다. 그러나 모든 꿈이 다 하나님의 계시는 아니다.

④ 사무엘상 19장 23~24절에 사울 왕은 하나님의 영이 임함으로 예언을 하므로 '선지자 중 하나인가'라는 속담이 생겼다. 그 같은 사울 왕이 사무엘상 28장에는 변장을 하고 신접한 여인을 찾아갔다. 열왕기상 3장 4~15절에는 솔로몬 왕이 기브온 신당에서 일천 번제 후에 하나님께서 꿈으로 문답하신 후 큰 축복을 약속받는다. 솔로몬은 신비한 체험을 했다. 그러나 그는 성전 봉헌 후 타락하여 여호와께서 두 번이나 나타나(왕상 11:9) 진노하시고 그 나라가 분열될 것을 예언하셨다.

⑤ 선지자들 모두는 거의 대부분 신비 체험가들이다.

이사야의 성전에서의 스랍과 부젓가락의 체험(사 6장), 예레미야의 소명 체험(렘 1장), 에스겔의 그발 강가에서의 소명 체험(겔 1장), 다니엘의 금신상 해석의 체험(단 2장), 스가랴의 체험 등등 모든 선지자들은 거의가 신비를 체험한 자들이다.

(2) 신약성경의 경우
① 예수 그리스도의 동정녀 마리아에게서 탄생

예수님의 공생애 기간 중 수많은 이적들과 죽음에서의 부활과 승천 등 모두가 신비에 속한다.

② 비정한 베드로가 오순절 성령 강림 체험 후 죽음을 두려워하지 않는 사도로 변화되었다. 핍박자 사울은 다메섹 도상의 주님의 음성을 듣는 체험 후 사도로 달라진다. 사도 요한에게는 밧모 섬에서 환상 속에 미래 세상을 계시해 주셨다.

이렇게 구약과 신약 성경을 보면, 인간의 이성을 초월한 성령의 신비한 능력이 수많은 사람들에게 나타나서 큰 역사를 이루었다. 이와 같은 성경의 신비가 철학자나 사상가들의 짧은 이성적 상식으로 용납되지 않는다고 해서 부인하는 것은 가소로운 일이다. 인류의 진화를 주장하는 사람들은 인간들의 머리에 들어 있었을 뇌의 용량을 추정해서 인간의 진화를 과학적이라고 설명한다. 그래서 인간이 최대로 많이 소지한 뇌의 용량으로 약 1.35kg으로 주장한다.[138] 인간의 최고 뇌의 용량이 약 1.35kg이라고 한다면 천지 우주 만물을 만드신 하나님의 뇌의 용량은 얼마나 될까?

하나님과는 비교가 안 되는 초라한 인간들이 자기 뇌의 용량의 한계는 깨닫지 못하고 신의 존재를 부정하는 초라한 모습은 꼴불견에 불과하다. 그렇기에 인간의 이성을 뛰어넘는 창조주의 영역 중에서 지극히 제한된 부분을 접촉한 것이 신비라는 사건들이다.

그 신비 체험은 개별적으로 다르기에 체험자만이 알 수 있는 영역이다.

---

138) 마이클 로이젠, 메멧 오즈 공저, 《내몸 사용 설명서》 (김영사, 2014), pp.78~88.

2) 교회 역사 속의 신비주의

하나님의 영이신 성령의 역사는 과거 성경시대에만 활동한 것이 아니다. 하나님의 성령의 역사는 성경을 완성시킨 후 교회 역사 속에서 계속해서 활동할 것임을, 계시록에서 교회시대(계 2~3장)에도 활동할 것임을 예언해 놓았다(계 1:10~11).

2천 년 교회 역사 속에는 오순절(행 2장)부터 오늘날까지, 그리고 주님께서 공중으로 강림하실 때 성도들이 공중으로 끌어 올려가는 휴거(살전 4:13~18) 이전까지(살후 2:6~8)는 성령님이 활동하신다.

그렇기에 성령으로 거듭난 자(요 3:3~5)는 이미 성령을 체험한 자들이다. 그래서 2천 년 교회 역사는 성령을 체험한 성도들에 의해서 계승되어 왔다.

그런데 주후 300년경 기독교가 로마의 국교가 된 이후에는 성령으로 거듭난 성도들이 교회를 이끌어 오던 것이 변질이 된다. 성령으로 거듭나지도 않았으나 교회에 오래 출석만 하면 세례를 주고 직분을 주고 교회 성직자가 되었다.

중세기 교회는 성령의 역사는 사라지고 교회 내 의식들만 발달되었다. 그래서 만들어진 것이 '칠성례'(七聖禮)라는 것이다. 중세기 가톨릭 교회는 ① 세례받으면 주입 은혜로 구원받고, ② 견신례 받으면 성령 받고, ③ 미사 때 성체 받으면 축복받고 ④ 고해성사로 모든 죄가 사죄 받고, ⑤ 결혼은 영세받은 자의 경우만 허용되는 축복이고, ⑥ 죽은 자에게 성유를 바르면 믿지 않고 죽었어도 천국 갈 수 있고, ⑦ 사제들은 서품 안수식으로 일반인과 구별된다고 믿는다. 이렇게 일곱 가지 의식으로 사람을 포로로 사로잡고 있는 것이 가톨릭이다.

이 같은 가톨릭 교회 역사 중에 성령 체험한 독특한 체험자들을 가톨릭은 신비주의자라고 명명한다.

(1) 가톨릭 교회가 말하는 신비주의자들

① 클레르보의 베르나르(Bernard of Clairvaux: 1090~1153)

② 에크하르트(Meister K. Echart: 1260~1327)

③ 요한 타울러(J. Tauler: 1300~1361)

④ 헨리 수소(H. Suso: 1295~1366)

⑤ 토마스 아 켐피스((Thomas a Kempis: 1380~1471)

⑥ 시에나의 캐서린(Catherine: 1347~1380)

⑦ 잔 다르크(Jeanne d'Arc: 1412~1431)

(2) 종교개혁 후의 신비주의자

① 아빌라의 테레사(Teresa of Avila: 1515~1582)

② 야곱 뵈메(Jokob Boehme: 1575~1624)

③ 조지 폭스(George Fox: 1624~1691)

④ 스웨덴보리(E. Swedenborg: 1688~1772)

이들에 대한 내용은 필자의 《중세 교회사 Ⅱ》에서 자세하게 설명했다. 교회사를 참고하기 바란다.[139]

3) 20세기 오순절 운동

오순절은 사도행전 2장에 기록된 성령 강림절 사건이었다. 사실 구약의 율법 시대가 구약에 끝이 나고 복음서 시대에 교회가 준비

---

139) 정수영, 《중세 교회사 Ⅱ》 (쿰란출판사, 2017), pp.525~557.

된 후에 사도행전 2장의 오순절 성령 강림으로 신약의 교회가 시작되었다.

교회가 구약시대 때부터 존재했다고 주장하는 개혁주의 신학자들의 주장은 너무도 황당하고 근거 없는 주장이다.

주님은 마태복음 16장 18절에서 "내가 이 반석 위에 내 교회를 세우리니"라고 말씀하셨다. 그 이전에는 교회가 없었다는 말씀이다. 주님이 오신 목적이 자기의 죽음과 부활로 교회의 기초를 세우심이다.

바울 사도는 교회는 그리스도의 몸이고, 그리스도는 교회의 머리라고 하였다(엡 1:22~23). 만일 그리스도가 없었던 구약시대에 교회가 있었다고 한다면 그 교회는 머리가 없는 죽은 교회였다는 논리이다.

혹자는 에베소서 1장 4절의 "창세 전에 그리스도 안에서 우리를 택하사"라는 구절로 창세 전에 교회가 있었다든가, 사도행전 7장 38절의 "조상들과 함께 광야 교회"라는 구절을 근거로 구약 때에 교회가 있었다고 주장하는 이도 있다.

그러나 사도행전 7장 38절의 교회라는 단어인 '에클레시아'(ἐκκλησία)는 똑같은 사도행전 19장 32절의 에클레시아는 "모인 무리"라고 번역되었고, 또 19장 39절의 에클레시아는 "민회"(assembly)라고 번역되었다. 왜 헬라어 원문은 '에클레시아'(ἐκκλησία)라는 똑같은 단어가 사도행전 7장 38절에는 "교회", 19장 32절에는 "모인 무리", 또 19장 39절에는 '민회'라고 번역되었는가?

그 이유는 구약성경의 '카할'(קהל)이라는 단어가 신명기 4장 10절의 "백성", 9장 10절의 "총회", 18장 16절의 "총회"로 쓰인 히브리어를 헬라어로 번역할 때 '에클레시아'(ἐκκλησία)라고 했기 때문이다.

그렇기에 '에클레시아'라는 단어가 신약성경에 '교회'라는 뜻과 함께 19장에서는 '모인 무리'와 '민회'가 되었다. 그렇기에 사도행전 7장 38절의 '광야 교회'는 '광야 모인 무리', '민회', '총회'라는 뜻일 뿐 마태복음 16장 18절의 "교회"의 의미가 아니다. 그렇기에 구약 때에는 성령님이 내주하시는 교회가 없었다. 구약 때 성령님은 특별한 사람들에게 역사하셨고, 또 사울 왕과 솔로몬 왕처럼 임하셨다가 떠나기도 하셨다.

오순절 신학자들이 오순절 운동을 전개하면서 '오순절'이라는 용어를 사용하는 의도가 매우 불순했다. 과거 최초 오순절 운동의 창시자인 찰스 폭스 파르함(Charles Fox Parham, 1873~1929) 목사는 1901년에 옛날 2,000년 전 사도행전 2장의 오순절 성령 강림 때 약 16개 다른 지방의 유대인들이 오순절 절기를 지키러 왔다가 오순절의 성령 강림으로 각각 다른 지방의 언어인 방언들로 소통이 되었던 것처럼 지금도 방언의 은사를 받으면 타국인과 언어가 소통된다고 했다. 완전한 거짓말이다. 사도행전 2장의 16개 지방인들의 언어 소통은 하나님께서 비상시국에 허락하신 전무후무한 이적의 역사였다. 성령의 역사이지만 방언은 성령의 은사 중의 하나일 뿐이다(고전 12:7~11). 그런데 오순절 창시자는 방언을 성령 세례를 받은 제2의 축복이라고 주장했다. 이와 같은 파르함 목사를 뒤이어 흑인 윌리엄 조셉 세이무어(W. Joseph Seymour, 1870~1922)는 LA 아주사에 선교본부를 세우고 '하나님의 교회'(Assemblies of God)를 시작했다(1906~1908).

이렇게 시작된 성령운동을 카리스마(Charisma) 운동이라 했다. 이런 운동이 한국전쟁의 혼란기에 잠입해 왔다. 1950년대 감리교의 이용도 목사가 성애적(性愛的) 사랑인 침전, 유방, 사랑의 입맞춤이 성령 안에 가능하다고 주장한다. 그와 같은 사상을 발전시킨 것이 통일교 문선명의 "피가름" 사상이었고, 전도관의 박태선의 신비현상을 주장하는 스가랴의 감람나무 주장이었다. 그 후 1960년대에 조용기의 3박자 기복 신앙과 김기동의 시무언(是無言: 말하지 않고 보여준다)의 축사 신학이었다.

1960~1970년대의 카리스마 운동은 개신교, 가톨릭에 번지고, 유럽, 북미, 남아프리카까지 번졌다.

1990년대에는 존 윔버(John Wimber)가 호주 시드니에서 '영적 전쟁 회의', 또 캐나다의 '빈야드 운동' 등 지금 세계는 카리스마 운동 열기로 크게 화제가 되고 있다.

[결어]

경건주의는 과거 한때 유행한 후 형태가 달라져 변형이 됐다. 그러나 신비주의는 이론과 논리를 초월하는 체험을 중시하므로 체험자들에게 강한 확신과 능동적인 힘을 발휘한다.

그렇기에 신비는 성경적이므로 신뢰할 일이다. 그러나 특정한 체험(특히 방언과 신유)을 성령 체험 기본이라는 신비주의자들의 주장은 경계하고 과연 성령인지(갈 5:22~23)를 관찰할 필요가 있다.

제3장 영국 감리교 출생사

[서론]

16세기 종교개혁은 전 유럽에서 동시다발적으로 일어났다. 독일, 영국, 스위스, 네덜란드, 스코틀랜드 등 각 곳에서 종교개혁들이 일어났다. 그와 같은 종교개혁은 천 년간 유럽 세계를 지배한 가톨릭을 분열시켰다.

그런데 종교개혁은 불완전한 개혁이었다. 그래서 종교개혁을 이룬 각 나라에서 계속적인 분쟁이 뒤따른다.

맨 먼저 프랑스에서 위그노 전쟁(1562~1598)이 36년 동안 계속되었다. 그다음에 네덜란드에서 독립전쟁(1568~1609)이 40여 년 계속되었다. 그 후 독일에서 30년 전쟁(1618~1648)이 계속되었다. 이때 영국은 청교도 혁명, 또는 영국 혁명으로 왕을 처형하고 명예혁명으로 왕을 교체시킨다. 이 모든 비극들은 종교개혁이 불완전했음을 의미한다.

불완전한 종교개혁은 좀 더 완전을 향해 진보하기 마련이다. 영국의 종교개혁은 신학적 동기가 아닌 정치적 동기로 출발했다. 처음부터 정치와 종교가 혼합된 문제투성이였다. 청교도 혁명이 대단한 역사인 양 찬사를 만들어 놓았으나 그 역시 영국 국민을 만족시켜 주지 못했다. 그래서 새롭게 일어난 운동이 영국 감리교의 출생이다.

영국 감리교는 영국 국교의 불완전함을 극복하기 위해 다양한 요소들이 혼합된 시대적 산물이었다.

　영국은 18세기 초 산업혁명의 초기 단계에 의해 국력이 비약적으로 발전되었다. 그러나 종교는 몇 번의 혁명이라는 비극 후에도 구태의연할 뿐이었다. 영국 국교에 만족을 못 얻는 국민은 독일의 경건주의를 도입해 공동기도와 성경연구로 대리 만족을 찾는 이들이 계속 확산되었다. 이런 때에 독일의 모라비안 교도들에 의해 중생을 체험한 웨슬리 형제는 국교도 안에서 신앙 갱신을 추구하는 옥외집회로 영국인들을 소생시켰다.

　웨슬리 형제의 신앙 갱신운동은 저들 사후에 감리교를 탄생시켰다. 종교가 제 기능을 감당하지 못할 때 역사의 물결은 새로운 역사를 만들어낸다. 여기 초기 영국의 감리교 출생사를 살펴보자.

1. 감리교의 출생

1) 시대적 배경

　모든 위대한 역사의 출현은 반드시 시대적 배경에서 비롯된다. 지금처럼 나라 전체가 혼란을 거듭하면 반드시 그에 뒤따르는 역사의 변천이 따르기 마련이다. 왜 영국에서 감리교가 생겼는가? 두 가지 이유를 생각할 수 있다. 하나는 국가적으로 해양제국에 의해 국민들의 의식 수준이 향상되었다. 그런데 국민의식에 맞지 않는 종교가 무기력하게 답보를 계속해 가고 있었다. 이와 같은 국력발전과 함께 사회의식의 불균형이 새로운 출구를 찾게 했다. 두 번째는 형식적, 의식적 종교관습의 반복이 아닌 새 생명으로 거듭난 자의 중생운동이 전 국민적 호응을 얻었다.

사실 두 번째 요소가 더 중요하다.

오늘날 가톨릭이나 개신교의 모든 교회들이 말씀의 향연은 참으로 화려하다. 그러나 말씀을 전하는 자들이 중생의 체험이 없는 경우가 더 많다는 사실이다. 거의 대부분의 설교자들이 제도적인 종교, 관습 속에서 제도적 과정만 이수하면 설교자들이 되고 있다.

변화된 영적 지도자가 아닌데도 영적 사역을 계속 수행해 가고 있다. 성당이나 예배당은 종교인들의 종교 강연회를 즐기고 있다. 이 같은 관습적인 종교 행사로는 시대의 요구를 충족해 줄 수 없다.

영국 국민은 어떠했는가? 1534년 헨리 8세가 가톨릭 종교의식은 그대로 계승한 채 정치적으로만 가톨릭과 결별하는 국교회를 만들어 놓았다. 청교도들은 개혁주의라는 명분으로 국교회를 변혁시키려고 했다. 그러나 청교도들의 후예도 형태만 다른 외식주의에 불과했다. 이것을 만족시켜 보려는 퀘이커 교도가 신비적 요소를 도입했으나 그것은 감정적 요소로 국한되었다.

또 공부를 많이 한 국교도들 중에는 성경, 교회 관습 외에 이성(理性)을 종교의 권위로 인정해야 한다는 광교회주의(廣敎會主義, Latitudinarianism)자들이 나타났다. 광교회주의자들은 모두가 영국 성공회 내 성직자들이거나 또는 에세이와 평론(Essays and Reviews)의 기고자들 같은 성공회 평신도들이었다. 저들은 청교도주의를 반대했고, 하나님과 세계를 합리적으로 설명하는 이신론(理神論, Deism)자들이었다.

또 하나 기억할 일이 있다. 그것이 후기 프리메이슨단(Freemasonary)과 같은 혼합종교 단체가 생긴 것이다.

본래 초기 프리메이슨단은 영국의 석공들이 비밀을 지키기 위해 조직한 12세기 때가 첫 기원이 된다. 그러나 영국의 프리메이슨단은 18세기에 이신론과 관계를 갖고 예수 그리스도의 독특성을 거부하고, 또 예수 그리스도만의 구원의 필요성도 거부한다. 이들은 모든 종교를 다 같은 것으로 여기는 앗시리아와 이집트의 요소들을 혼합한 일종의 자연신 숭배자들이다.

영국 국교회의 지도력은 형식에 불과하다. 국교회 고위급 성직자들은 광교회주의자들이고, 일반 지식인들인 존 홉스, 존 로크, 존 뉴턴 등은 이신론자들이며, 재력을 가진 능력자들은 프리메이슨단에 가입했다. 영국 국교회는 겉으로 제도적 종교로 형식만 갖추고 있었다. 이런 때 비교적 건전하다고 할 독일 경건주의를 닮으려는 '경건협회'(Religious Societies)가 런던에만 거의 100개가 달했다.[140]

이 모든 시대적 요인이 웨슬리의 신앙 정풍 운동을 가져오게 만드는 시대적 배경이 된다.

2) 웨슬리 형제의 출생과 교육

감리회의 창시자 존 웨슬리(John Wesley: 1703~1791)와 그의 아우 찰스 웨슬리(Charles Wesley: 1707~1788)는 영국 국교 목회자의 자녀로 출생했다.

이들의 할아버지와 할머니는 청교도였다. 그런데 이들의 조부와 외조부가 왕정복고 후인 1662년 목사직을 박탈당한다. 이들의 부모는 비국교도의 자녀로 출생했으나 옥스퍼드 대학에서 신학을 공부한 후 비국교도로 어려움을 당하기보다 국교도 성직자로 유리한 사역을

---

140) 김광채, 《근세, 현대교회사》 (기독교문서선교회, 2000), p.210.

선택한다. 웨슬리의 부모인 아버지는 사무엘 웨슬리(Samuel Wesley: 1662~1735), 어머니 수잔나 웨슬리(Susanna Wesley)는 장로파 청교도 목사의 딸이었다.

이들 부부가 19명의 자녀를 낳은 중에 존은 15번째 아들이고, 찰스는 18번째 아들이었다.

존 웨슬리는 17세에 옥스퍼드 대학 크라이스트처치 칼리지에 입학하여 21세에 졸업을 한다. 그리고 22세에 부제(副祭)라는 직위로 영국 국교회 성직자가 된다. 그는 1726년에 옥스퍼드 대학 연구원(Fellow) 겸 희랍어 강사가 되고, 1727년부터 1729년까지 아버지 교회의 부사역자로 활약하다가 그의 나이 25세(1728) 때 영국 국교회 신부가 된다.

동생 찰스는 9세(1716) 때 웨스트민스터 학교에 입학했고, 19세(1726) 때 옥스퍼드 대학에 진학했다. 찰스는 1729년에 옥스퍼드에서 친구 두 사람과 함께 '신성 구락부'(Holy Club)를 조직했고, 뒤이어 존 웨슬리가 옥스퍼드 대학 강사 겸 연구원으로 돌아오자 신성구락부의 지도자가 된다.

신성구락부는 매주 수요일과 금요일에 금식을 하고 성찬식을 매주 가지며 청교도적인 규칙적인 생활을 실천했다. 그래서 사람들은 저들의 규칙적인 생활을 조소하여 '규칙주의자들'(Methodists)이라고 불렀다. 이 말이 훗날 '감리교도'로 발전한다.

존 웨슬리를 포함해 당시 신성 구락부 회원들이 크게 영향을 받은 사람은 윌리엄 로우(William Law: 1686~1761)였다. 그는 케임브리지 대학을 졸업한 후 열렬한 비국교도주의자가 되어서 출세의 길이 열리지 않자 조용히 저술에 몰두했다. 그의 여러 권의 저서들 중《신실하고 성결한 생활을 위한 엄숙한 소명》(A Serious Call to a Devout and Holy Life, 1728)이 있다. 존 웨슬리는 매일 아침 4시에 일어나 로우의 집을 방문해 그의 가르침을 받았다. 이렇게 신성 구락부는 웨슬리의 지도 하에 25명 미만이 감옥의 죄수들을 방문하는 봉사와 그의 자녀들을 위한 간이학교도 운영했다.

3) 첫 사역지 조지아 주 선교사

존과 찰스 형제는 1735년부터 1738년까지 약 2년 동안의 미국 조지아 주 식민지 목회 사역을 한다. 이들 형제는 영국 국교도로 옥스퍼드에서 신성 구락부를 이끌어간 경험으로 자신감을 가졌다.

저들은 매주 정기적으로 두 번 모여서 성경 암송과 성찬식을 실시했고, 또 주말에는 경건 실천으로 구제 활동도 전개했다. 저들은 당시 영국 국교도 신도들 중 모범적인 종교생활을 했으므로 그것들이 곧 신앙생활의 전부인 양 착각하고 살아갔다.

그러나 조지아 주 선교 사역은 영국에서와 달리 처참한 실패를 겪는다. 그 결정적 이유는 환경이 달랐다. 영국은 정치적 종교인 국교회에 소속되지 못하면 대학 진학도, 공직자도 될 수 없는 국교회 법이 지배했다. 그러나 조지아 주는 종교의 자유가 허용되는 식민지여서 환경이 달랐다. 웨슬리 형제는 신성 구락부 체험으로 자신감을 갖고 출발했으나 조지아 주 선교는 처참한 패배를 겪는다.

조지아 주는 영국 하원의원이었던 에드워드 오글소프(J. Oglethope: 1696~1785)가 당시 국왕 조지 2세(George Ⅱ: 1727~1760)의 허락을 받아 감옥 개량 시범 지역으로 식민지를 개척한 곳이었다.

오글소프는 웨슬리 형제가 교도소 죄수들을 심방한다는 소문을 듣고 이들 형제에게 조지아 주 선교사를 제의했다. 그래서 이들 형제는 큰 기대와 희망으로 미국 조지아 주로 가게 되었다. 이들이 영국을 떠나 미국으로 갈 때 모라비아 교회 감독 다빗 니취만(David Nitschmann: 1696~1772)이 단장인 26명의 모라비아 교인들과 같은 배를 타고 가게 되었다.

이들이 대서양의 거센 풍랑을 만났을 때 웨슬리 형제는 아무리 성경 구절을 암송하고 힘찬 기도를 해도 죽음의 위협 앞에서는 지극히 초라해졌다. 그에 반해 모라비안 교인들의 평온 가운데 정중동의 담대한 믿음의 모습을 목격하고 적지 않게 충격을 받는다.[141]

웨슬리 형제는 저들에게서 독일어를 배운다는 구실로 저들과 밀접해졌다. 그렇게 충격 속에 미국으로 건너갔다.

조지아 주 사반나(Szvannah) 식민주에 도착한 후 훗날 친첸도르프의 후계자가 된 모라비아 지도자 슈팡엔베르크(A. G. Spangenberg: 1704~1792)를 만나게 되었다. 슈팡엔베르크는 영국 국교회 신부인 웨슬리에게 "당신은 예수 그리스도를 아십니까?"(Do you Know Jesus Christ?)라는 당혹스러운 질문을 했다.

이때 웨슬리는 "나는 그가 세상의 구세주이심을 압니다"(I Know he is the Saviour of the World)라고 대답했다. 그러자 그는 "그것은 맞습니다. 당신은 그가 바로 당신 자신을 구원하셨다는 것을 아십니까?"(True, but do you Know that he has saved you?)라고 재차 질문했다. 웨슬리 형제는 주님이 온 세상의 구주이심을 지식으로 알고 있었으나 그가 자기 개인을 구원해 주신 개인적 구세주라는 확신은 없었다.

---

141) 정수영, 《새 교회사 Ⅱ》, pp.420~421.

그래서 그 후 많은 번뇌를 거듭하게 된다.

　거기에다 신부(목사)라는 신분으로 조지아 주에 파송된 판사의 딸 홉키(Sophy Ho[key)라는 여인을 만나 결혼을 결정한 찰나였다. 존은 결혼 결정을 막대기를 세워놓고 좋은 곳으로 넘어지면 결혼을 하겠다고 했는데, 막대기가 반대쪽으로 넘어지자 존은 결혼을 포기한다고 했다. 그래서 여자는 다른 남자와 결혼을 했다.
　그러자 존은 그 여자를 성찬식에 참여하지 못하도록 징계를 내렸다. 홉키 집안 가족들은 존을 비겁하고 옹졸한 인격자로 명예 훼손죄로 고소를 했다.
　동생 찰스는 병을 얻어 먼저 귀국을 했다(1736). 존은 아버지의 영국 국교회의 의식적이고 제도적 종교인 틀 안에서 조지아 주 선교 중에 인디언 선교의 꿈을 가졌다. 그런데 현지 사정에 의해 백인들을 위주로 한 사역을 할 수밖에 없었다. 그렇게 백인 중심의 사역 중에 여자 문제로 고소를 당했다.[142]
　존은 조지아 주 선교사로 갈 때는 그가 살아간 영국 국교회의 청교도적 분위기가 미국에도 적용되리라고 상상했다. 그리고 신성 구락부 활동으로 조지아에서도 성공할 수 있다고 상상했다. 그러나 2년여 동안의 현지 체험으로 모든 가능성이 다 무너져 버렸다. 그래서 깊은 실의 속에 1738년 초 귀국하게 된다.

4) 모라비안 교회에서 형제의 회심(回心)
　존 웨슬리는 미국 조지아 주 선교사 2년 동안 실패와 좌절을 겪

---

142) 앞의 책, pp.421~422.

고 1738년 2월 1일에 신앙과 장래의 불확실성이라는 두 가지의 어두운 짐을 안고 영국으로 돌아왔다. 그가 귀국해서 실패의 경험을 바탕으로 다시 새 사역을 시도해 보았으나 만족도 없고, 결실도 없었다.

그러나 저들이 대서양 항해 중에 체험한 모라비아 교인들에 대한 인식과 또 "당신 자신은 구원을 받았는가?"라는 질문이 계속 머리에 맴돌았다.

이들 중 동생 찰스는 런던 모라비아 선교사 페트루스 뵐러(Petrus Böhler: 1712~1775)에게 영어를 가르쳐 주면서 경건주의 신앙의 체험적인 신앙을 배우게 되었다. 이들 형제는 뵐러가 인도하는 '경건협회'에 출석을 계속했다. 이들 형제는 뵐러의 경건협회 집회에서 회심을 체험한다.

1738년 5월 21일 성령 강림 주간 때였다. 런던 시내 리틀 브리튼(Little Britain)에 위치한 존 브레이(John Bray)의 집에서 모인 경건회에 동생 찰스 웨슬리가 참석했다.

이때 그 집에서 루터의 갈라디아서 주해를 읽어 나가고 있었다. 이때 찰스는 주해를 통해 구원의 확신을 얻게 된다.

이렇게 먼저 회심을 체험한 찰스는 다음 날 아침 시편 107편을 묵상하고 나서 그 유명한 회개 찬송인 "천부여 의지 없어서 손 들고 옵니다"를 작사한다.

그리고 형 존은 5월 21일 수요일 저녁 8시 45분쯤 올더스게이트가(Aldersgate Street)에서 열린 모임에서 루터의 《로마서 강해》 서문을 읽을 때 회심을 한다.[143]

---

143) 앞의 책, pp.422~423.

이때 존은 그리스도께서 나의 죄와 사망의 법에서 구원해 주셨다는 확신을 갖게 되었다. 이렇게 찰스와 존은 모라비아 형제단의 경건 집회에서 루터의 강해서들을 읽는 것을 들을 때 회심이 이루어진다.

1738년 5월 21일, 존 웨슬리의 나이 35세, 찰스 웨슬리의 나이 29세 때 두 형제가 회심을 체험한다.

그 후 존 웨슬리는 모라비아 형제단을 좀 더 확실하게 확인하려고 1738년 여름에 2주 동안 모라비아 본 고장인 헤른후트(Herrunhut)를 방문한다.

웨슬리는 이때 친첸도르프를 만난다. 여기서 웨슬리는 긍정적인 면과 부정적인 면을 다 체험한다. 먼저 긍정적인 면으로 교인들이 기본적으로 갖고 있는 구원의 확신, 또 공동체 형제들 간의 따뜻한 사랑, 그리고 불신자들을 위한 뜨거운 선교열에 깊은 감동을 받는다. 그런데 부정적인 면은 모라비아 교인들이 가진 신비적인 정숙주의적 경향에다 친첸도르프를 지나치게 숭배의 대상으로 섬기고 있음에 실망을 느낀다.

웨슬리는 9월에 영국으로 돌아온다. 그 후 영국 내 모라비아 교인들의 모임인 '페터 레인 협회'(Fetter Lane Society) 창립 멤버가 된다. 웨슬리는 이렇게 영국 내 모라비아 교인들과 관계하며 모라비아 교회가 영국 내에서 정착하도록 도와준다.

그러나 웨슬리가 모라비아 교인들과 깊이 사귀어 갈수록 신앙적 문제가 아닌 신학적 견해에서 현격한 차이가 있음을 깨닫게 된다. 인간에게 그리스도인으로 회심의 체험이 가장 중요하다는 점에는 이의가 없었다. 그러나 그리스도인이 회심한 이후에 성화(聖化)를 어떻게 이루어 나가느냐 하는 문제에 있어서 모라비아 측과 웨슬리 측의 견해가 달랐다. 웨슬리는 이 문제를 확실하게 해결하려고 1741년 9월에 친첸도르프를 만나 토론을 나누었다.

이때 친첸도르프는 성화(聖化) 또는 그리스도인의 완전이란 성도가 노력함으로 인해 획득되는 것이 아니라 하나님의 은혜로 주어지는 것이라는 루터교적인 '전가설'(轉嫁說: Imputationslehre)을 주장했다.

이 전가설(Imputation)은 한 개인의 의로움이나 죄과를 의도적으로 덮어씌우는 것을 뜻하는 말이다.[144]

이는 루터의 핵심 교리인 이신득의(以信得義) 교리에서 믿음으로 말미암아 그리스도의 거룩함과 의로움이 전가된다는 주장이다. 루터는 이 교리의 근거로 로마서 3장 21~30절, 5장 1~2절, 갈라디아서 3장 21~22절을 들었다. 친첸도르프의 전가설을 들은 웨슬리는 "인간이 그리스도인으로 변화된 후에도 믿음이 더 자라게 하려면 성도의 책임이 뒤따라야 한다. 완전함을 향한 목표를 향해 부단한 노력을 해야 한다. 구원받은 후 성도가 해야 할 의무와 책임을 소홀히 한다면 율법 폐기주의자라는 비판을 면할 길이 없다"라고 주장했다.

그리스도인이 성화에는 끝이 없도록 완전함에 이르도록 계속적인 성령이 내재(內在, immanence)토록 해야 된다는 '내재설'(inherence theory)을 주장했다.

결국 성화를 놓고 친첸도르프의 전가설이 웨슬리가 볼 때는 반(反)율법주의라고 보았다. 그래서 웨슬리는 결국 모라비아 교회와 결별을 선언한다. 그리고 웨슬리의 부흥운동으로 자기 사역의 방향을

---

144) 김광채,《근세, 현대 교회사》, p.219.

정한다.

5) 존 웨슬리의 부흥운동

웨슬리가 개교회 목회보다도 대중을 위주로 하는 부흥운동을 전개하는 데는 두 사람의 영향을 받는다. 하나는 미국에서 제1차 대각성 운동(1726~1740)의 주역인 조나단 에드워즈(J. Edwards: 1703~1758)였고, 또 다른 이는 조지 횟필드(G. Whitefield: 1714~1770)였다.

에드워즈에게서는 《하나님의 놀라운 사역에 대한 진지한 서술》이라는 저서에서 영향을 받고, 횟필드에게서는 1739년 2만 명이 운집한 옥외집회 성공의 영향을 받는다. 그래서 웨슬리는 1739년 3월 처음 옥외집회를 가졌다.

그 이전에는 성실한 국교도 목사였던 웨슬리는 국가가 허용해 준 예배당 내에서의 집회를 계속했다. 그런데 횟필드의 제안으로 처음 가진 옥외집회로 웨슬리의 신앙이 급선회한다. 웨슬리의 설교는 불확실한 신앙(virtual Faith)에서 진짜 신앙(real Faith)으로, 희망하던 신앙에서 체험적인 신앙으로 바뀌었다. 그리고 과거 자신의 교구 내에서 충성스러운 목회자로 활동하던 그가 순회 설교자로 끊임없이 여행할 필요가 있다는 것을 깨닫는다.

웨슬리 형제는 모든 사람에게 그리스도를 전하고자 영국 전역을 종횡으로 여행하였다. 영국 국교회가 이들의 예배당 이외의 집회를 막으려 하자 이들은 들로, 시장으로, 공원으로, 광산으로 사람들이 있는 곳들을 찾아다녔다.

당시 영국 국교회는 산업화로 인해 새로운 도시들에 모여드는 새로운 인구들에 대해 목회자들을 충당해 주지 못했다. 웨슬리 형제는 그 틈을 파고 들어갔다.

그래서 웨슬리의 전도 영향력은 1739년부터 1769년까지 30여 년 동안 전국적으로 확산되어 나갔다. 웨슬리는 휫필드만큼 열정적인 달변가는 못 되었다. 그러나 부흥 강사로서의 탁월한 자질을 가지고 있었다. 휫필드는 일생 동안 1만 8천 번의 설교를, 웨슬리는 4만 번의 설교를 했다고 전해진다.

물론 웨슬리가 휫필드보다 21년 더 오래 산 것도 요인이 될 수 있다. 그러나 웨슬리는 하루 평균 3~4회의 설교를 했다. 웨슬리의 전도 지역은 잉글랜드, 아일랜드, 스코틀랜드 등 "세계가 나의 교구다"(The World is my parish)라는 유명한 말을 남겼다.

그는 일생 동안 22만 5천 마일의 전도여행을 다녔다고 한다.[145]

6) 감리회의 조직

웨슬리는 일생 동안 자기가 추진하는 신앙운동으로 새로운 교파를 만들어내겠다는 의지는 작용하지 않았다. 그는 '전도활동을 통해 자기가 회심시킨 사람들을 어떻게 지속적으로 회개한 자로 성장을 계속하게 할 수 있을까?'라는 문제에 대해 그의 천부적인 조직력을 활용해 나간다. 그래서 그는 부흥운동으로 형식화된 국가 교회인 성공회가 생기를 회복하여 교회가 갱신되기를 바랐다. 이와 같은 그의 신념이 계속적으로 신도들을 조직 안에 결속시켜 나갔다.

① 협회(Society) 조직(1739년 봄)

영국 내 수많은 경건협회들이 이미 존재해 왔고 자기들도 그와 같은 목표를 가진 협회 중의 하나를 조직했다.

---

145) M. Schmidt, John Wesley, A Theological Biography, 1962.

② 감리교 연합회(Methodist United Society, 1740년 7월)

협회 하나만이 아닌 전국 각 곳의 협회들이 하나로 뭉치는 연합회를 구성했는데 회원들에게는 회원권(Society Tickets)을 발부해 주고 3개월마다 회원권 정지로 회원 자격을 박탈하게 했다. 이와 같은 연합회 회원권은 진정으로 회심했다고 판단되는 사람에게만 주어졌다.

③ 평신도 설교자(1740년 말)

평신도를 설교자로 세우는 것을 웨슬리나 휫필드가 모두 반대했다. 그러나 그의 어머니 수산나의 강력한 권고로 실현을 보게 되었다. 이들은 보조 설교자로 임명을 했다.

④ 속회(屬會, Class) 조직(1742년 2월)[146]

회원 12명을 하나의 '속'(屬)으로 조직하고 각 속회에는 속장(屬長)을 두었다.

이로써 평신도 지도자들의 역할이 크게 증대되었고, 감리교 운동은 평신도들이 중견 지도자로 활약할 기회를 열어 주었다.

이것은 영국이 산업화, 민주화 과정을 겪어나가는 때의 시의적절한 정책이었다. 웨슬리가 직접 전국을 순회하며 모든 협회들을 감독하다가 평신도 설교자들을 파견 감독하게 함으로써 평신도 지도자 기능이 강화되어 갔다.

⑤ 제1차 연차대회(The First Annual Conference, 1744년)

설교자들 전체가 1년에 한 차례 모이는 연합집회의 연차대회가 '연회'(年會)가 되고, 1746년에는 전국을 7개의 순회 구역으로 나누어 각 순회 구역에 웨슬리의 보조자(assistants)로 지역 목회를 지도하게 했다.

---

146) 김광채, 앞의 책, pp.222~224.

⑥ 전국 50개의 순회 구역과 2만 9천 명의 회원(1770년)

이때까지 영국 국교회 성직자들에게 세례식, 성찬식 등을 의뢰해서 실시했다.

⑦ 해외 선교사 파송(1787년)

미국 선교사로 토마스 코우크(T. Coke: 1747~1814)를 성직자가 아닌 선교사로 파송하고 선교 현지에서 성례전 집행은 허용했으나 본국에서는 허용하지 않았다.

⑧ 감리교의 분리 독립(1795년)

감리교가 영국 국교회와 분리 독립된 것은 웨슬리 사후(1791) 4년이 지난 후였다.

⑨ 웨슬리파 감리교와 칼빈파 감리교의 분리(1779년)

웨슬리가 이끌어가는 감리회는 아르미니우스(Arminius)를 신봉하였고, 휫필드가 이끌어간 감리회는 칼빈주의를 신봉했다.

두 사람은 사역 기간 중 신학문제의 견해 차이로 하나의 조직 속에 함께 사역할 수 없으므로 칼빈과 감리교회로 분리된다. 웨슬리는 자신의 신학사상에 대한 오해를 해명하는 《기독교 완전주의 평해》라는 저술을 출간한다(1766년).

7) 웨슬리의 부흥운동의 영향[147]

① 주간학교(週間學校, Day School, 1739년)

휫필드가 탄광촌의 가난한 광부들의 자녀들을 위해 세운 학교를 웨슬리는 협회 소속 순회 전도자 자녀들을 위한 학교로 발전시켰다. 이 학교는 가정 형편상 정상적 교육을 못 받은 성인들을 위해 야

---

147) 앞의 책, pp.226~228.

간반을 설치하고, 영국 여러 곳의 어려운 환경에 처한 청소년을 위한 주간학교를 세웠다.

② 주일학교(主日學校, Sunday School, 1769년)

주일학교는 주간학교와 함께 수업료를 받지 않는 학교였다.

③ 지적, 영적 향상을 위한 출판사 설립

④ 선교열 고취

해외 선교 기관이 최초로 시작된 것은 1792년 침례교 목사 윌리엄 캐리(1761~1834)의 '침례교 선교회'(Baptist Missionary Society)였다. 그 후 1795년의 런던 선교회(London Missionary Society)가 초교파적으로 구성되었다.

런던 선교회는 영국의 회중 교회, 성공회, 장로교회, 감리교회 등의 신도들이 연합하여 세운 해외 선교 단체였다.

인도, 아프리카 등지(리빙스턴)와 중국 선교사로 갔다가 1866년 대동강 강변에서 희생당한 토마스(R. J. Thomas: 1840~1866) 선교사는 런던 선교회 출신이었다.

⑤ 사회 개량 운동

감리교 주도로 병원, 고아원, 모자원, 구빈원(救貧院) 등이 설립되어 소외당하는 사람들을 돕고 감옥 개량, 노예무역 금지와 노예제도 폐지 운동이 시작되는 계기를 마련해 주었다.

이 모든 운동은 청교도 운동의 연장선상에서 이루어져 나갔다고 할 수 있다.

이 모든 운동들이 처음부터 순탄하게 이루어진 것은 아니다. 웨슬리의 부흥운동은 수많은 시련들을 겪으면서 투쟁 속에 이루어진 결과인 것이다. 웨슬리의 부흥운동 중에 겪은 시련들은 신학논쟁이 줄 곧 이어졌고, 그로 인해 모라비아와 칼빈주의와 계속 논쟁이 이어졌다. 다음으로 당시 영국 국교회와 법적, 실제적 문제로 많은 난관들을 겪어야 했고, 드디어 종국에는 국교회와 결별하게 된다.

이제 그의 사상을 정리해 보자.

2. 웨슬리의 사상

웨슬리의 사상을 크게 넷으로 분류해 볼 수 있다.

1) 보편적 구원

17세기 네덜란드 도르트레히트에서 유럽의 칼빈주의자들이 채택한 칼빈주의 5대 강령 중 하나가 '제한적 구속'(Limited Atonement)이었다.

칼빈주의자들은 예수 그리스도의 구속 사역은 오직 구원받도록 예정된 자들에게만 효과적으로 적용된다는 것이다. 그리스도의 속죄 죽음이 구원받지 못하고 죽는 자들에게는 전혀 해당되지 않는 일이고, 그것은 그리스도의 속죄 죽음을 무가치하게 추락시키는 주장이라는 것이다. 여기에 반해 아르미니우스(Arminius)주의자들은 예수 그리스도의 죽음은 예정된 자들만을 위해 죽은 것이 아니라 모든 인류를 위한 보편적 구원이라고 주장했다.

웨슬리는 이 두 가지 상반된 주장 중에 아르미니우스의 주장을 따른다. 따라서 웨슬리안들의 신학의 기반은 아르미니우스 주장 편에 서게 된다. 웨슬리는 이 견해 선택으로 자기가 구원받은 모라비안과 결별하고, 동역자였던 휫필드와도 결별한다. 매우 중요한 분기점이 되는 신학 입장이다.

웨슬리의 보편적 구원이론은 루터와 칼빈이 주장한 "오직 믿음으로"(Sola fide), "오직 성경으로"(Sola Scriptura)라는 핵심 주장의 강조가 좀 더 발전된 주장이라고 할 수 있다.

루터와 칼빈이 말하는 '오직'은 가톨릭의 의식주의를 거부하는 반대적, 배타적(exclusively) 개념의 '오직'이었다. 그러나 웨슬리는 '오직'이라는 개념이 너무 배타적이므로 '일차적으로'(Primarily)라는 의미로 보편적이라는 주장을 했다.

이 같은 근거는 그가 '보편적 구원' 다음에 강조한 '완전한 성화'라는 교리에서 그의 '완전'이라는 개념이 구원은 1차적이고, 성화가 2차적으로 더 중요하다는 의미에서 나타난다.[148]

2) 완전한 성화

웨슬리가 말하는 '완전'이라는 개념을 영어의 'Perfect'라는 개념으로 이해할 때 오해가 따른다.

라틴어의 완전은 'perfetio'로 이 말의 뜻은 '흠이 없음'(Faultless) 혹은 '오류 없음'이라는 뜻이다. 칼빈주의 5대 강령 중 첫째가 '전적인 타락'(Total Depravity)을 주장하며 인간은 완전 부패했고 무능한 존재라는 개념이 박혀 있다.

이런 판 위에 웨슬리의 '완전한 성화' 주장은 너무도 상극적인 개념으로 무조건 배타적 개념으로 인식되어 왔다. 아울러 웨슬리 자신도 인간이 완전할 수 없음을 숙지하고 있었다. 그런데도 '완전한 성화'를 주장한 이유가 무엇인가?

웨슬리는 '전적인 타락' 주장에 두 가지 한계점을 느꼈다. 하나는

---

148) 박용규, 《근대 교회사》, p.274.

'전적인 타락' 교리가 인간의 책임성을 희석시키는 한계를 알았다.

두 번째는 인간의 구원은 새 생명으로 출생하는 시작에 불과하다. 출생한 새 생명은 일생 동안 신체적 성장만이 아니라 지적 성장, 영적 성장 등 계속적인 성화(聖化)로 향상되어야만 참된 생명으로 구원받은 것이라고 믿었다.

따라서 '완전한 성화'란 상태를 강조한 것이 아니라 목표를 강조한 것이었다. 그렇기에 인간이 구원받은 것이 전부가 아니라 구원받은 이후에는 거룩한 목표로, 계속 성화의 목표로 성숙해 가야 함을 주장한 것이다.

그러나 안타까운 것은 이와 같은 웨슬리의 취지가 다르게 오해된 두 세력이 있다. 하나는 칼빈주의자들의 '전적 타락' 교리로 웨슬리 사상을 배척하는 부류가 생겼고, 또 하나는 미국 감리교와 오순절에서 '완전'이라는 개념을 '칭의'와 구별되는 '은혜'의 상태를 '제2의 축복'(the Second blessing)이라고 했다.

이것은 웨슬리가 말한 '칭의' 이후에 점진적으로 이루어지는 과정으로서의 성화(聖化)를 제대로 이해하지 못하고 '제2의 축복'이라고 단순화시키는 한계를 드러냈다.[149]

그뿐만이 아니라 오순절에서는 구원받은 후의 성령 세례인 방언이 '제2의 축복'이라는 성령론의 무지로 웨슬리의 잘못된 주장과는 관계없는 주장을 확대시키는 결과를 만들어낸 것이 오순절 신학이다.

3) 성도의 교제

웨슬리는 그리스도인이 된 객관적 증거는 구원받은 다른 성도와

---

149) 앞의 책, p.277.

교류가 형성된 것으로 드러난다고 보았다. 성령의 사람은 성령의 사람을 만나야만 교제가 이뤄진다.

성령으로 거듭난 성도가 불신자들과 교제하고 자기 신분에 어울리지 않는 악에 사로잡힌 자와 동행한다면 거듭난 자가 아니다. 웨슬리는 구원의 은혜는 성결의 은혜로, 선행을 실천하는 은혜로 성도의 생활 활동 속에서 경험되어야 한다는 것이다. 따라서 칼빈주의자의 '불가항력적인 은혜'(Irresistible grace) 주장을 배척한다.[150]

하나님의 은혜는 일방적으로 주어진다는 불가항력적 은혜의 교리는 인간을 꼭두각시로 오해할 수 있는 충분한 요소가 담겨 있다. 그렇다고 할지라도 웨슬리의 '완전함' 주장은 사람이 구원받으면 하나님과 협동할 수 있으며 그 같은 협동은 무슨 일이든지 가능하다는 '신인 협동설'(神人協同說, Synergism)까지 발전할 위험이 따를 수 있다.

웨슬리 사상에 석연치 않은 점이 있으나 성령으로 거듭난 성도는 또 다른 거듭난 성도와 교제가 이뤄짐은 지극히 자연스러운 사실이다.

4) 그리스도인의 봉사

웨슬리의 사상의 핵심은 교리와 삶이 2원론적으로 분리되어 존재할 수가 없다는 것이다. 신앙과 삶은 절대적인 불가분의 관계를 가지고 있다. 따라서 신앙에 비롯된 신학, 사상들은 성도들의 삶 속에서 경험되어야 하며, 그것이 증명될 때 그 신앙과 신학은 가치가 드러나는 것이다. 이렇게 웨슬리 사상은 전적으로 체험에서 시작된 신앙이 그의 생애 속에 각종 봉사 형태로 연결되어야 한다고 주장했다.

---

150) 앞의 책, pp.277~278.

사실 중세기의 가톨릭 신학과 신앙은 아리스토텔레스의 형이상학적이고 추상적인 사상 위에 세워져 있다. 그것을 종교개혁자들이 이론적으로는 거부했으나 실제 생활 속에는 형이상학적 요소가 계승된 것이 사실이다. 그렇게 이론화의 끝인 개신교를 좀 더 체험적 삶의 신앙으로 개선하려고 노력한 것이 웨슬리의 공헌이다.

그러나 이와 같은 웨슬리의 공헌은 웨슬리보다 몇 배 더 강대한 가톨릭과 개신교 후예들에 의해서 지금도 여전히 관념적 종교 상태로 머물러 있으면서 주님과 연합된 자 같은 특징으로 헌신과 봉사가 뒤따르지 않는 것은 여전히 문제점이다.

[결어]

웨슬리는 신앙적, 종교적 선배들인 루터나 칼빈주의와 당당하게 맞서서 감리교라는 교단을 만들어냈다. 그래서 신학적 계보로 따진다면 기독교의 양대 산맥 중에 칼빈주의와 대치되는 아르미니안주의자다.

웨슬리는 신학 계보로 아르미니안주의자 편에 속하지만 아르미니안주의자들처럼 관념 신학에 머무르지 않았다. 그는 한 걸음 더 발전시켜서 체험신앙을 강조했다. 웨슬리의 체험신앙은 아르미니우스주의의 신학을 뛰어넘었다. 웨슬리안들은 이 같은 웨슬리의 신앙전통을 더 크게 발전시켜야 했다. 그러나 안타깝게도 초기 웨슬리안들은 미국 독립운동에 기여한 후에는 별다른 발전을 하지 못한다.

그 후 웨슬리의 신앙 각성 운동은 퇴색되고, 웨슬리가 따른 아르미니안주의 신학의 계보가 살아 전승되고 있다.

그것이 19세기의 동양선교회를 모체로 한 성결교이다. 성결교는

① 중생 ② 성결 ③ 신유 ④ 재림이라는 '사중복음'(四重福音, Foursquare Gospel)을 만들어냈다. 사중복음은 미국과 동양에 자리 잡고 있다. 또 20세기 초 미국의 오순절 운동이 웨슬리의 완전한 성화 교리 중에서 '제2의 축복'(the Second Blessing) 개념을 성령 세례의 대표적인 '방언'으로 결부시켰다. 웨슬리의 거듭난 자의 능력으로 영국 국민을 회개시켜 세상을 변화시켰던 운동이 지금은 웨슬리가 남긴 찌꺼기 신학들의 유산으로 변측적인 '제2의 축복' 개념이 웨슬리 의도와 완전히 다르게 남용되고 있다.

우리는 이와 같은 과거사를 통해 무엇을 배워야 하겠는가? 지도자 중 목회자에게서 가장 중요한 것은 경건의 훈련이나 종교적 격식이 아니다. 핵심은 성령으로 거듭나야 한다는 사실이다. 그리고 거듭난 지도자는 신학적으로도 완전무결할 정도로 완벽해야 한다.

칼빈의 2중 예정 사상이나 웨슬리의 '제2의 축복' 이론은 성경적으로나 신학적으로 불완전하다. 그렇기에 그 후에 변측이 따르는 것이다. 우리는 성령으로 거듭났는가? 신학적으로 완전한가? 이것을 배워야 하겠다.

제4장 미국의 대각성 운동

[서론]

교회를 이끌어 가시는 하나님의 섭리는 놀라움을 금할 수가 없다. 16세기에 루터, 칼빈 같은 신학자들에 의해 종교개혁의 이론을 만들게 하셨다. 17세기에는 위그노 전쟁, 30년 전쟁 등으로 종교개혁의 소중함을 깨닫게 하시고, 18세기에는 독일의 경건주의, 영국의 웨슬리 부흥 운동, 미국의 대각성 운동으로 형식적인 종교인들을 새로운 신앙인들로 변화시키신다.

18세기에 일어난 전 세계적인 신앙 부흥운동은 신앙이 단지 교회 내에서의 제한된 운동이 아니라 세상을 변화시키는 놀라운 변화들임을 깨우쳐 주신다.

앞서 제2장에서 경건주의를, 제3장에서 웨슬리의 감리회 운동을 살펴보았다. 이제는 제4장에서 미국의 대각성 운동을 살펴보자.

미국의 대각성 운동은 왜 일어났는가?

그 원인을 다각도로 분석할 수 있겠지만 필자는 가장 큰 원인이 유럽에서의 청교도 정신과 신대륙 이민자들의 정신 간의 너무나 큰 차이에서 온 각성이라고 본다. 그리고 그 차이를 명확하게 깨우쳐 준 선각자들과 지도자들은 모두가 영적으로 변화된, 명확한 중생의 체험자들이었다는 공통점이 있다.

먼저 지도자 자신이 구태의연한 종교적 지도자에서 성령으로 거듭난 새 생명으로 변화된 자라야 남을, 그리고 세상을 변화시킬 수 있다는 지극히 기초적인 진리를 깨닫게 해준다.

이제 그 사실을 확인해 보자.

1. 영국 청교도와 미국 청교도의 차이

우리는 청교도 영웅주의 숭배자들에 의해서 17세기에 일어난 영국, 미국의 청교도들이 다 똑같다는 잘못된 선입관을 갖고 있다. 특히 미국 국가의 기원을 영웅시하는 미국 세계주의자들의 역사적, 문화적, 정치적인 선동(?) 활약은 이 같은 편견을 고착화시켜 왔다. 그러나 '미국의 대각성'이라는 용어 자체가 전에는 잘못 깨달았던 것을 뒤늦게 제대로 깨달았다는 의미이다. 이제 미국의 대각성 운동을 바로 깨닫기 위해서 영국 청교도의 실상과 미국 청교도의 실상을 비교해서 살펴보자.

1) 법률상의 차이

영국 청교도들은 천여 년간 독점해 온 가톨릭과 가톨릭에서 분리된 국교인 성공회가 교황권과 국왕의 권력에 의해 법적, 제도적, 정치적 특혜를 받는 커다란 대세 속에서의 일부였다 하겠다.

그렇기에 비국교도인 청교도들은 국왕이 주도하는 국교인 성공회로부터 법률적으로 온갖 차별과 냉대를 받았다. 영국 내에서 비국교도인 청교도들은 의회에 진출하여 국가와 투쟁하는 정치가들 외에는 대부분이 심한 차별을 당해야 했다.

비국교도들이 성직자가 될 수 없고 추방당해야 했던 현실은 앞서 웨슬리의 조부와 부모들의 처신에서 알 수 있다. 비국교도들은 성직은 물론이고 설교권도 박탈당했다.

그 예가 비국교도인 존 버니언(John Bunyan: 1628~1688)의 1660~1672년 사이의 투옥생활이며, 그에 대한 승화된 유산이 《천로역정》이다. 그뿐만이 아니다. 영국 내에서 비국교도들의 자녀들은 대학 진학이 허용되지 않았고, 공직에 진출할 기회도 금지당했다.

영국 내 청교도들은 영국 국교 산하에서 국가로부터 온갖 제재와 압박을 당하는, 법의 보호가 없는 상태에서의 청교도들이었다.

그에 반해서 미국 청교도들은 어떠했는가? 앞서 '제2부 제1편 전기 근세 교회사 중 제5장 영국령 북아메리카 식민지 교회'에서 소개한 대로, 영국령 북아메리카 식민지 시대에는 13개 주들이 국교회, 가톨릭, 그리고 다양한 종파들이 모두 허용되는 종교적 자유가 보장된 상태에서의 청교도들이었다.

이들 미국의 청교도들의 조상들은 영국, 독일, 네덜란드, 스코틀랜드, 아일랜드 등에서 온 다양한 종교적 배경을 가진 다양한 종파들을 다 허용했다. 그렇기에 영국의 청교도와 미국의 청교도들의 조상은 같으나 법률상으로는 현격한 차이를 가진다.

2) 사회 현상의 차이

영국의 청교도들은 영국 국교회의 일방적, 편파적, 독단적 강요 속에서 신앙의 신념 차이로 저항하면서 불공정을 극복하는 저항 세력으로서 사회로부터도 차별을 받게 되었다.

이와 같은 비국교도 탄압에 대해 사상적으로 저항한 것이 철학자들이었다. 그것이 '리바이어던'(Leviathan)이라는 공화제 옹호 사상을 천명한 홉스(T. Hobbes: 1588~1679)나 경험론 철학을 주장한 철학자 로크(J. Locke: 1632~1704)였다. 그리고 이렇게 국교도와의 갈등 속에 빚어진 작품이 밀턴(J. Milton: 1608~1674)의 《실낙원》(1658), 《복낙원》(1671)이고, 또 버니언(J. Bunyan: 1628~1688)의 《천로역정》이었다. 버니언은 비국교도인 침례교 설교자라는 죄목으로 12년간 투옥생활 중에 《천로역정》이라는 작품으로 승화시킨다.

그에 반해서 미국의 청교도는 어떠했는가? 미국의 청교도들은 신앙적으로 영국 청교도와 완전히 달랐다. 그것이 식민지 시대의 청교도들 세상에서 그대로 드러난다. 이 사실은 미국 청교도의 조상이라고 하는 '메이플라워 계약'(MayFlower Compact: 1620년 11월)에서 시작된다.

청교도들 조상인 120명이 메이플라워 호를 타고 영국을 떠나 신대륙의 매사추세츠 주 케이프 코드(Cape Cod)에 도착한 것이 1620년 11월 9일이다. 이들은 선상에서 '메이플라워 계약'을 만들었다.

이 계약서는 하나님과의 계약이라는 구실 아래 개혁주의들의 핵심 신학인 '계약신학'(契約神學: Covenant theology)으로 발전한다. 계약신학자들은 ① 아담과 맺은 '행위계약'은 실패로 끝이 났으나 ② 아브라함의 믿음에 의한 '은혜계약'이 예수님에게서 완성되었다고 한다. 이와 같은 은혜계약은 아브라함이 실시한 '할례'가 신약시대의 '세례'로 완성되었다고 한다. 그렇기에 '계약'의 표징이 세례이다.

초기 청교도들은 모두 다 본국에서 유아 세례나 성인 세례를 받은 세례에 의한 '계약자'들이었다. 그런데 미국 신대륙에서 태어난 신세대 출생자들은 세례를 받지 않고도 아무런 불편이 없었다. 그렇다고 신세대들이 무계약자라고 할 수 있는가?

세례받은 부모 밑의 자녀들이 세례를 받지 않았다 할지라도 부모가 세례받은 '계약자'들의 자녀는 '절반짜리 계약자'(Half-Way Covenant)로 인정해 주자는, '불확실한 계약자'로 인정하자는 주장이 대세였다.

이렇게 중생이나 거듭남과 전혀 상관도 없는, 단지 부모나 조상이 신앙인이었으면 그의 후손도 계약자라고 인정하자는 개탄스러운 조류가 흘러갔다. 이와 같은 미국 청교도들에 의한 사회적 풍조를 그대로 반영한 문학 작품이 바로 호손(N. Hawthone: 1804~1864)이 쓴 소설 《주홍 글씨》(the Scarlet Letter, 1850)라는 작품이다.

영국의 청교도들은 《실낙원》, 《복낙원》, 《천로역정》과 같은 불후의 명작을 만들어냈으나 미국의 청교도들은 1640년대 보스턴의 청교도들 사회를 정확하게 묘사한 역사 소설 《주홍 글씨》로 드러냈다.

《주홍 글씨》 소설 내용이 무엇인가? 유부녀와 간통한 목사 딤스데일과 자기 아내의 간통을 알고 불타는 질투로 투쟁하는 의사 칠링워스, 두 남자와의 간통 속에 괴로워하는 헤스터 프린, 그리고 이들 사이에서 태어난 사생아 펄이 7년에 걸쳐 벌이는 심리 갈등을 소설화하고 있다.

이것은 소설을 넘어 초기 청교도 사회의 역사적 사실로 인정받고 있다.[151]

우리는 영국 청교도와 미국 청교도가 법률상의 차이뿐 아니라 그들이 살아간 사회적 현실 속에서도 엄청난 차이가 있었음을 확인할

---

151) N. 호손, 《주홍 글씨》, 김병철 역 (동서문화사, 2016).

수 있다. 이렇게 사회적, 생활적 차이는 미국 청교도들을 이중적인 신앙생활로 살아가도록 만들어 주었다. 즉 월요일 오후부터 토요일까지는 끝없는 욕망을 채우기 위해 토지를 개간하고 건축물을 세우고 드디어는 인디언들의 땅을 뺏기 위해 저들과 투쟁하는 'OK 목장의 결투'를 미화시켜 나갔다. 그리고 인디언, 흑인들을 혹사시킨 후에 일요일 하루만 정장을 차려입고 예배당에 나갔다.

저들의 신앙의 내면은 정욕, 투쟁, 욕망으로 가득 찬 1주일 생활을 그대로 유지한 채 주일예배만 드리면 하나님의 선택받은 '계약자'라고 자위했다. 이렇게 썩고 부패한 내면을 드러내 놓지 않는 종교인들을 청교도 목사들은 하나님의 선민이라고 추켜 주기만 했다.

이처럼 썩고 부패한 형식주의가 대각성으로 깨지게 된다.

3) 종파의 다양성

영국 내에서는 종교가 두 종파만 제도적 보호를 받았다. 그것이 천년간 누려온 로마 가톨릭이었고, 또 다른 것은 가톨릭과 유사한 국교회 성공회였다. 영국 내 청교도란 이들 두 종파를 거부하는 소수의 반종교 세력이었다. 그렇기에 영국 청교도들의 지도자들을 후세의 역사가들이 크게 부각시킴으로 세상은 영국 청교도가 대단한 세력으로 상상을 한다.

영국 청교도들 중에 웨스트민스터 회의(Westminster Assembly, 1643~1649)에 참석한 사람들은 어느 정도였는가? 여기에 주종은 121명의 성직자와 10명의 상원의원, 20명의 하원의원이 참석했다. 이들 외에 스코틀랜드에서 4명의 성직자와 2명의 장로가 참여했다. 이들이 왕당파와 의회파의 간의 전쟁 통 속에서 간헐적으로 약 6년간에 걸쳐서 만든 것이 '웨스트민스터 신앙고백'과 요리문답이다.

이들 영국 청교도들이 압박과 통제와 제재 속에서도 장기간에 걸쳐 하나의 목적을 이루어 나갔다는 것이 큰 공적이 될 수 있다. 그러나 영국의 청교도는 영국 국민들 중 지극히 소수의 일부분이었음도 사실이다.

그에 반해 미국의 청교도들은 어떤가?

미국의 청교도들은 회중 교회, 장로교회, 침례교회, 감리교회, 퀘이커 등등의 모든 종파와 영국 국교회, 가톨릭, 정교회, 유대교, 이슬람 종교까지도 모두 다 허용되는 종교들 중의 하나가 청교도였다.

이렇게 종파의 다양함은 훗날 미국에 다양한 교파주의를 만들어 내는 부정적인 측면이 계승된다. 그러나 다양한 교파들이 하나의 목표 아래 연합을 할 때 제1차 대각성이라는 영적 승리를 가져온다. 그뿐만이 아니다. 제1차 대각성 운동은 종파를 뛰어넘어서 미국의 독립과 미국의 민주주의라는 위대한 열매들로 연결된다. 이제 이와 같은 대각성 운동의 지도자들을 살펴보자.

2. 대각성 운동의 주역

미국의 대각성 운동(大覺醒運動, The Great Awakening Movement)은 18세기에 일어난 신앙 부흥 운동이었다. 이 운동은 1726년경 뉴저지의 네덜란드 개혁 교회를 시작으로 해서 1740년경 뉴잉글랜드 전역에 확산되었고, 이어서 1740년대 후반에는 버지니아 남부까지 확산되었다.

대각성 운동을 주도한 인물은 네 사람이다. 이들을 하나씩 살펴보겠다.

1) 뉴저지 래리턴 밸리(the Raritan Valley) 네덜란드 개혁 교회 목사 프렐링호이젠(Frelinghuysen: 프리링하이즌)

이 교회 목사로 독일 출신의 네덜란드 개혁 교회 목사 프렐링호이젠(Theodore Jacob Frelinghuysen: 1691~1748)이 부임했다. 프렐링호이젠은 독일에서 경건주의적 교육을 받았고, 네덜란드 개혁 교회 목사로서 미국 개혁 교회 목사로 이주했다(1720년).[152]

그는 미국으로 이민한 네덜란드인들의 개혁 교회 목사가 되었다. 그는 독일의 경건주의도 알고 영국의 청교도도 아는 신앙 특징을 래리턴 밸리에 적용시키려고 했다. 그러나 현지 이민 교인들은 자기들 교회가 네덜란드 국가의 정신을 상징하는 교회 정도로 인식하고 신앙 내용에서는 형식주의에 국한되었다.

앞에서도 설명했지만 유럽에서 신대륙으로 이민한 초기 이주자들은 유럽의 조국을 떠나는 이유가 신앙의 자유를 찾겠다는 명분 때문이었다. 그 후 신앙의 자유가 확보된 신대륙에서 신앙문제는 뒷전이 되었다. 저들은 더 많은 땅, 더 좋은 곳, 더 많은 소유를 위해 불철주야 정열을 쏟아야 하는 현실이 더 시급했다. 그러기에 주일 출석은 일종의 양심의 가책을 받지 않으려는 자위책일 뿐, 깊은 신앙적 영역에 관심을 가지려 하지 않았다.

따라서 모든 주일 출석자는 Sunday Christians일 뿐이고 신앙은 형식에 불과했다. 프렐링호이젠 목사는 경건주의 신앙과 청교도 신

---

[152] 기독지혜사, 《교회사 대사전 Ⅲ권》, p.632.

앙을 새 세상에서 구현해 보려고 미국에 왔으나 현실에서는 너무 격차가 컸다.

목사는 통상적인 주일예배와 정례적인 종교의식으로는 도저히 올바른 신앙 인도가 어렵겠다고 판단한다. 그래서 설교로 성령 체험에 의한 내적인 변화와 변화 후에 뒤따르는 성결한 생활을 강조했다.

그리고 교인들이 성찬식에 참예할 수 있는 자격 기준을 엄격하게 했다. 그뿐만이 아니다. 경건회 창시자 슈페너가 실시한 '경건회'(Collegia Pietatis)를 모방하여 교회가 아닌 가정집 기도 모임을 실시했다.

프렐링호이젠 목사의 꾸준한 노력은 약 6년 후에 효력이 나타나기 시작했다. 그래서 이곳 '래리턴 밸리' 네덜란드 개혁 교회들에서 1726년부터 교회 부흥 운동이 시작되었다.[153]

그의 교회가 부흥되자 미국 각지의 네덜란드 개혁 교회들에서 그를 초청해 부흥집회들을 열었다. 부흥집회는 또 다른 개혁 교회 목사들이 그의 설교내용과 교회 훈련방식 등을 모방하게 만들어갔다. 그를 시기하는 이들은 그를 감정주의 목사라고 비난하기도 했으나 그의 부흥운동은 계속 확산되어 미국 네덜란드 개혁 교회뿐만 아니라 다른 교회들에서도 부흥운동을 도입하게 되었다.

2) 테넌트(Tennent) 부자

윌리엄 테넌트(W. Tennent: 1673~1746)는 아일랜드 출신이다. 그는 에딘버러 대학을 졸업하고 1706년 아일랜드 국교회 사제가 되었다. 1717

---

153) 김광채, 앞의 책, p.231.

년 미국으로 이주해 필라델피아에서 장로교 목사가 되었다. 그는 펜실베이니아의 네샤미니(Neshaminy)에 사역지를 얻고 평생을 그곳에서 사역했다.

테넌트는 1735년경 자신의 소유지에다 작은 통나무 건물을 세우고 자기의 네 아들 길버트(Gilbert)와 윌리엄 2세, 존, 찰스에게 목사 교육을 시켰다. 이때 네 아들 외에 또 다른 15명도 같이 훈련을 받았다. 이들 중 큰아들 길버트(Gilbert Tennent: 1703~1764)는 필라델피아 노회에서 목사 안수를 받고 뉴브런즈윅 장로교회 목사가 되었다. 그는 아버지 밑에서 신학교육을 받았을 뿐 정규 신학교에서 공부하지 않았다는 이유로 그의 과거를 비웃는 어조로 '통나무 대학'(Log College) 출신이라는 비난을 받았다.

그러나 길버트 테넌드는 1720년경 '래리턴'(Raritan) 계곡 지역에서 네덜란드 개혁 교회 목사 프렐링호이젠('프리링하이즌'이라고도 함)과 함께 부흥운동을 함께했다.

그런데 길버트의 학력이 약함을 다른 장로교회 목사들이 계속 비난했다. 그러나 길버트는 아랑곳하지 않고 1740~1741년에 휫필드와 함께 식민주를 순회하며 부흥집회를 이끌어갔다.[154] 그는 자기를 비난하는 장로교 목사들을 의식하고 "회심시키지 못하는 목회사역의 위험"(1740)이란 유명한 설교를 했다.

아울러 필라델피아 장로교 목사들은 총회(Synod)에서 '통나무 대학' 출신을 목사로 안수할 수 없다고 반대했다. 이것으로 장로교가 영국 청교도가 중심이 되는 장로교 신파(New Side)와 스코틀랜드계의

---

154) 정수영, 《새 교회사 Ⅱ》, pp.440~441.

장로교의 정확한 교리를 강조하는 구파(Old Side)로 나뉜다.

길버트의 부흥운동은 스코틀랜드계 장로교 목사들에 의해 거부 당하기는 했으나 생생한 신앙과 경험을 중요시하는 부흥운동의 촉진제가 된다. 이렇게 비난받던 '통나무 대학'(Log College)은 아버지 윌리엄 테넌트가 시작하여 아들 길버트가 계승하고, 그것이 뉴저지 대학(1756)이 되었다가 더 크게 발전하여 프린스턴 대학(1896)으로 발전해 오늘에 이르고 있다.

3) 조나단 에드워즈(Jonathan Edwards: 1703~1758)

조나단 에드워즈는 코네티컷 주 윈저 팜스(Windsor Farms)에서 태어났다. 그는 존 웨슬리(1703~1791)와 같은 해에 태어났다. 아버지 디모데(Timothy)는 회중 교회 목사였고, 어머니도 회중 교회 목사 솔로몬 스토다드(Solomon Stoddard)의 딸이었다.

조나단은 만 6세 때 아버지에게서 라틴어를 배우기 시작했고 만 13세 때에는 히브리어와 헬라어에도 능통하였다.

조나단 에드워즈는 만 13세 때(1716) 초창기의 예일(Yale) 대학에 입학해 만 17세 때(1720) 졸업을 한다. 대학 재학 시절에 신비로운 체험을 하기도 하며 신앙과 학문을 두루 경험한다. 그때의 신비로운 체험은 디모데전서 1장 17절을 통해 하나님의 절대 주권과 그리스도의 대속의 은혜를 생생하게 체험하는 것이었다고 한다. 대학 졸업 후 2년간 신학공부를 더 하면서 모교인 예일 대학의 강사가 되었다.

조나단 에드워즈는 20세 때(1722) 매사추세츠 주 노샘프턴(Northampton)에 사는 외조부를 돕는 목회자가 된다. 그리고 그가 25세(1727)에는 그 교회의 부목사가 된다. 그 후 27세(1729) 때 외조부가 세상을 떠나자 담임목사가 된다. 그 후 그 교회에서 20년간 목회를 계속하는 중 너무 엄격한 설교와 규율을 요청하므로 교인들과 충돌이 생겨서 47세 때(1750) 사임한다.

조나단 에드워즈의 초기 설교는 "믿음으로만 말미암는 칭의"(Justification By Faith Alone)이라는 종교개혁자들의 설교풍이었다. 이것은 철저한 정통 칼빈주의 사상으로 뉴잉글랜드 지방에 일반화되어 가는 아르미니우스주의를 반대하기 위한 설교였다. 그는 목회하면서 예리하게 사물을 꿰뚫는 지성이 번뜩이는가 하면 상당히 신비적인 기질이 있었다고 한다. 그는 목회 중 여름에는 4시, 겨울에는 5시에 일어나 하루에 13시간씩 공부를 했다고 한다. 그의 줄기찬 학문적 노력은 《자유의지론》(Freedom of the Will)에서 칼빈주의를 옹호한다.

그는 칼빈의 주권적인 은혜로서 말미암는 구원을 주장했다. 여기서 그는 아르미니우스주의에 대한 반론으로 《자유의지론》을 썼고, 소치니주의에 대한 반론으로 《원죄》(Religious Sin)를 썼다. 또 지나친 부흥의 열정에 대해서는 《종교의 정서》(Religious Sin)를 썼다.

그의 목회 초기 때인 1734~1735년(32~33세)에 "믿음으로만 말미암는 칭의"라는 주제로(롬 4:5) 다섯 차례에 걸친 설교를 했다. 이때 주목적은 아르미니우스주의의 문제점을 공격하고 해명하고자 하는 것이었다. 그런데 설교를 듣는 청중들은 큰 감화를 받았다.[155]

그래서 뉴잉글랜드 전역에 큰 부흥의 불길을 일으켰다.

---

155) 김광채, 앞의 책, pp.235~236.

그러나 조나단 에드워즈의 중반 이후의 설교풍은 완전히 달라진다. 1740년부터 1742년대 때 그의 설교 주제는 완전 달라진다. 에드워즈 목사의 설교풍이 왜 달라지는가? 이것을 제대로 깨달아야만 미국의 대각성 운동의 현상을 제대로 바르게 이해할 수 있다. 그것은 앞서 미국 청교도 문학으로 알려진 1640년대의 보스턴을 중심으로 한 역사소설 《주홍 글씨》(The Scarlet Letter)와도 연관되는 내용이다.

에드워즈 목사의 대표적인 설교로 "하나님의 진노의 손에 빠져든 죄인들"이라는 유명한 설교가 있다. 에드워즈 목사가 알고 있는 청교도라는 교인들은 완전 위선적인 종교인들일 뿐이었다. 장로교 교인들은 위선적, 이중적 신앙생활을 하면서도 자기들은 '절반짜리 계약자들'(Half-Way Covenant)이라고 자위하고 살아갔다.

에드워즈 목사는 위선적, 이중적 교인들에게 줄기찬 죄악을 지적하는 설교를 계속 이어나갔다. 이렇게 1740~1742년대에 엄숙한 어조로 죄의 무서움을 선명하게 설교했다. 그의 설교는 죄의 확인과 회개에 의한 하나님의 용서의 경험을 함께 강조했다. 이것이 참된 복음이다.

죄에 대한 확인과 회개에 의한 용서의 감격의 강조가 없이 교인들의 비위를 맞추는 달콤한 교양 연설로는 성령의 역사가 일어나지 않는다.

우리는 그 사실을 복음서들에서 확인할 수 있다.

복음서 내용의 전반부는 내용 그대로 복된 소식의 달콤한 진리들이다. 그거나 복음서의 후반부 내용들은 강력한 심판과 결단을 촉구하는 종말론적 강조들이다.[156]

---

156) 정수영, 앞의 책, pp.442~443.

에드워즈 목사는 노샘프턴 교회에서 20년(1729~1750)간 목회를 했다. 그중에 1734~1735년과 1740~1742년의 두 차례에 걸쳐 큰 부흥운동이 일어나 새신자가 550명이 증가되었다. 그러나 매주마다 계속된 죄의 지적과 회개를 강조하는 지나친 책망으로 교회에서 쫓겨난다.

교회에 쫓겨난 에드워즈는 1750년 스톡브리지(Stockbridge)에 정착하여 그 주변에 있는 인디언들을 위한 사역을 한다. 그리고 1758년 프린스턴 전신의 뉴저지 대학 학장이 되었으나 한 달 후에 사망한다.

미국 대각성 운동의 가장 대표적 인물로 조나단 에드워즈를 말한다. 그가 대각성 운동을 일으킨 원동력은 죄를 책망하고 회개시키려는 집념의 유산이었다.

4) 조지 휫필드(George Whitefield: 1714~1770)

조지 휫필드는 영국 잉글랜드 남서부의 글로스터(Gloucester)에서 태어났다. 이곳은 인구 10만 명 정도 되는 주도(州都)이다. 그의 부모는 여인숙업을 했기에 어려서부터 매우 풍기문란한 손님들을 보면서 매우 거칠고 험악하게 자라났다.

그 후 성장하여 옥스퍼드 펨브로크 대학에 진학했다. 거기서 '신성구락부'(Holy Club) 사람들을 만난 후에 최초의 감리교를 창시한 사람들과 교제를 가졌다.

그때 그는 복음주의적 회심을 하였다. 그래서 그는 회심 후 목사 안수를 받고 처음으로 고향에서 설교했다. 그때 15명이 회개한 후 완전히 휫필드의 제자가 됨으로 주교는 휫필드를 인정하기보다 문제성을 지적했다고 한다.

휫필드는 개교회 목회보다는 대중적인 전도 집회 설교자로 특기가 드러난다. 그는 웨슬리 형제와 교제를 유지하면서 야외 설교자로 그의 특징을 드러내기 시작했다. 그는 일주일에 20편의 설교를 주기적으로 했다. 그렇기에 그의 설교 장소는 국교회가 고수하는 예배당 중심이 아니라 시장이든, 야외든, 가정이든 장소에 구애받지 않았다.

횟필드의 설교 주제는 인간은 구제될 수 없는 죄인 됨과 죄의 처참한 결과와 그것을 해결해 주신 그리스도의 구속에 대한 기본적 복음 메시지였다.

그의 설교는 똑같은 내용을 반복 설명하는 것이였는데 그것은 너무 많은 설교들로 인해 준비가 부족한 것이 주된 원인이었다.

그럼에도 불구하고 그의 설교내용의 전개는 생생한 구어체로 적절하고 친숙한 생활 주변의 예화를 많이 사용했다. 그는 소년 때 시장바닥에서 사용되는 천박한 용어들도 잘 사용했다. 그는 긴장되고 극적인 분위기를 만들어내려고 질문을 하고 감탄사를 계속 사용했다. 그는 대조법, 반복법, 축약법을 사용한 후 자신의 표현 방식으로 단언함으로 청중들을 이끌어갔다.[157]

그는 특유의 큰 성대로 멀리 있는 사람들까지도 경청할 수 있었고, 설교 도중 적절한 동작으로 청중들을 긴장시켜 나갔다.

그는 스코틀랜드를 14번 방문하여 설교를 했고, 미국 신대륙에는 7차례를 방문해 미국 전역에서 순회 집회를 했다. 그는 미국에서 73일간 800마일을 다니며 130회 설교를 했다고 한다.[158]

횟필드는 초기에 웨슬리 형제와 관계를 가지며 감리교식 사역을 했다. 그러나 웨슬리가 아르미니안주의 노선을 따르자 횟필드는 칼빈

---

157) 정수영, 앞의 책, p.444.
158) 박용규, 앞의 책, p.219.

주의적 노선을 지지하므로 두 사람의 관계가 결렬된다.

횟필드가 미국을 방문하여 순회 부흥 전도 집회들을 인도할 때 칼빈주의자들의 교회에만 간 것은 아니다. 회중 교회의 조나단 에드워즈와도 협력했고, 네덜란드 개혁 교회의 길버트 테넌트와도 협력했으며, 침례교 목회자들과도 협력했다. 횟필드는 미국 방문 집회로 대각성 부흥 운동이 일어날 수 있도록 환경과 분위기를 조성해 주었다고 할 수 있다.

이렇게 뉴저지주 래리턴 밸리(Raritan Valley) 개혁 교회 프렐링호이젠 목사나 펜실베이니아 주의 테넌트(Tennent) 부자(父子)의 사역이나 매사추세츠 주 노샘프턴의 조나단 에드워즈의 사역이나 또 조지 횟필드의 순회 사역 등등으로 1725년부터 1760년까지 각 곳에서 회개에 의한 각성으로, 커다란 부흥 운동이 일어났다.

이때의 각성 운동은 신앙적으로 교인들의 숫자가 폭증됨은 물론이고 그것이 미국 사회, 교육, 정치 등 각 분야에 커다란 변화들로 나타난다.

이 같은 변화의 현상들을 '대각성 운동'(The Great Awakening)이라고 한다. 이제는 대각성 운동의 결과를 보자.

3. 대각성 운동의 결과

신대륙의 대각성 운동으로 먼저 종교계에서 놀라운 변화들이 일어난다.

그런데 종교적 변화는 종교 영역으로 국한되는 것이 아니다. 1620

년경 메이플라워 호를 타고 대서양을 횡단해 왔던 초기 청교도들은 유럽에서 꿈꾸던 신앙적 욕망이 신대륙에 도착한 이후에는 변질되어 완전히 세속적인 사람들이 되고 말았다.

새로운 대륙은 무한한 자유와 무한한 자기 욕망을 충족시킬 수 있는 무한한 가능성들이 예비된 곳이었다. 그렇기에 신앙은 뒷전이고, 우선 당장의 무한한 가능성을 찾기에 급급했다. 저들은 더 많은 땅과 더 좋은 곳을 쟁취하려는 탐욕에 골몰했고, 그것을 이루기 위해서는 폭력이 최고의 우상이었다.

저들은 현실의 탐욕 성취에 장애가 생기는 것을 폭력 다음에는 알코올로 해결하려 하다 보니 패륜이 뒤따랐다. 저들에게 종교나 신앙이라는 것은 완전히 형식적인 관습에 불과했다.

그래서 우수한 종교인이라면 매 주일에 주일성수하고 십일조 의무금만 잘 바치면 가장 믿음이 좋은 종교인(Religionist)이 되는 것이었다.

그리고 일반 대중은 1년에 세 차례 정도만 예배당에 출석해서 교회와 끈(string)을 이어가기만 하면 되는 것이라고 생각하게 되었다. 1년 중 봄의 부활절(Easter Sunday)에 옷 자랑하러 한 번 나가고, 가을의 추수감사절(Thanksgiving Day) 때 터키(turkey) 고기 먹으러 나가고, 겨울의 성탄절(Christmas) 때 댄스(dance)를 위해서 나가면 되는 것이라는 풍조가 일반화되었다.

이 같은 현상은 과거 신대륙의 청교도들만의 문제가 아니다. 지금도 전 세계의 가톨릭, 정교회, 개신교 등 모든 그리스도교라는 이름으로 만들어진 종교계의 현실이라고 판단된다.

이렇게 종교적 관습으로 굳어진 돌짝밭(마 13:5) 같은 정신들을 가진 자들에게 앞서 소개한 대각성의 주역들이 최소 6년, 길게는 몇십 년 동안을 줄기차게 죄를 지적하고 죄의 심각성을 설명하고, 죄에서 벗어난 자의 기쁨과 자유를 외쳤다. 그런데 그와 같은 외침은 모두가 일찍이 성령으로 변화되는 신비한 체험을 가진 자들만이 할 수 있는 일이었다.

조나단 에드워즈나 조지 휫필드 같은 이들은 젊어서 일찍이 신비한 체험이라고 설명되는 성령으로 거듭난(요 3:3~5) 그리스도인이었다. 그렇게 성령으로 거듭난 신비한 체험자들이 또 다른 사람들에게 신비한 체험을 일으키게 할 수 있는 것이다.

이렇게 신비한 체험으로 놀라운 변화를 불러일으킨 것이 대각성 운동이다. 대각성 운동의 최초의 시작은 교인들의 변화에서 시작된다.

1) 교인들의 변화

청교도들의 후손들이 하나의 종교를 가진 종교인들이 되었다. 그런데 성령의 체험으로 변화된 지도자들의 줄기찬 '죄'에 대한 책망은 종교인들을 그리스도인으로 변화시키기 시작했다. 당시의 변화는 신대륙, 전 미국의 변화가 아닌 '뉴 잉글랜드'(New England)라고 호칭되던 네 개의 식민주로 매사추세츠 주, 뉴햄프셔 주, 코네티컷 주, 그리고 로드아일랜드 주들이 위주가 되었고, 여기에다 펜실베이니아 주와 뉴저지 주 정도가 포함되었다.

변화의 중심에는 뉴잉글랜드 교회들이 있었다. 1730년대 말 뉴잉글랜드 지역에 30만 명 정도의 인구가 살고 있었던 것으로 추정한다. 그런데 대각성 운동으로 약 2만 5천에서 5만 명의 새 교인이 늘어났다. 그리고 최소한 150개 이상의 새 교회가 생겼다. 또 주일날 교회 출석률이 압도적으로 증가했다. 성경의 권위에 대한 새로운 인식들이 고무되었고, 가정 방문과 주중에 성경공부 모임들이 증가했다.

2) 침례교와 감리교의 성장과 장로교의 정체

미국 내 최초의 장로교는 1692년 버지니아 주에 최초의 합법적인 장로교가 조직되었고, 뉴잉글랜드 지역에는 1629~1649년 사이에 2만 1천 명의 청교도들 정착민 중 4천 명 이상이 장로교 제도를 채택했다.[159]

그런데 이들 다수가 당시 주체세력인 회중 교회와 협력했다. 이렇게 초기부터 시작된 장로교가 대각성 운동 후인 1758년경 장로교의 신, 구파 분열로 정체 현상을 면치 못했다.

1740년대까지만 해도 침례교는 교세가 약했다. 그런데 대각성 운동으로 침례교가 크게 성장한다. 침례교가 대각성 운동으로 크게 성장한 이유가 무엇인가?

장로교는 가톨릭과 성공회의 전통을 따라 구원받은 자각이 없는 유아들에게 교회 전통이라고 유아세례를 실시했다.

그러나 침례교는 구원의 확신이 없는 유아에게 베푸는 유아세례는 아무 효력이 없음은 물론이고 형식적인 종교인 양산이라고 반대했다. 그뿐만 아니라 성인에게도 중생(born again)의 체험이 없는 자에게 구원된 것으로 믿게 하는 세례(Sprinkling)는 가톨릭, 성공회 의식으로 거부하고, 진정한 회개자에게 물속에 잠기는 침례(Baptism)를 주장했다. 이와 같은 주장은 영국 국교회인 성공회나 개신교나 장로교나 회중 교회와는 전혀 다른 성경을 근거로 한 주장들이었다.

---

[159] 박용규,《근대 교회사》, pp.236~241.

이와 같은 주장으로 필라델피아에서 개척자로 엘리아스 키치(Elias Keach)가 1688년에 영국, 웨일스, 아일랜드에서 건너온 침례교를 조직했다. 그 후 뉴저지 피스카타웨이(Piscataway)에 토머스 킬링워드(Thomas Killingworth)에 의한 침례교회 등 1707년까지는 미국의 침례교회가 4개 정도였다. 그런데 대각성 운동 때 조나단 에드워즈나 조지 휫필드는 구원의 확신이 없고 중생의 체험이 없는 자에게 세례 주는 것은 옳지 않다고 강조했다. 이것은 침례교가 주장하는 유아세례 거부와 같은 맥락의 주장이었다. 그래서 회중 교회나 장로교에 소속되었던 자들이 침례교로 넘어갔다.

이때 회개하여 침례교도가 된 슈발 스텐스(Shubal Stearns: 1706~1771)와 다니엘 마샬(Daniel Marshall: 1706~1784) 등이 버지니아 주와 노스캐롤라이나 등 남부 식민주들에 침례교를 확장시켰다. 그리고 영국과 프랑스 간의 전쟁(1756~1763)에서 영국이 승리한 후에는 애팔래치아 산맥(Appalachian Mountains)을 넘어 서부 식민주에 침례교를 크게 확대시켜 나갔다.[160]

침례교와 달리 감리교회는 미국이 영국으로부터 독립하기 이전까지는 영국 국교 내 종교로 활동했기에 제한되어 있었다.

그러나 독립 혁명 전쟁 기간에 감리교 지도자 애즈버리(Francis Asbury: 1745~1816)가 말을 타고 약 48만km를 여행하면서 2만 번의 설교를 통해 1만 5천 명의 감리교인을 20만 명으로 크게 확장시켰다. 이렇게 해서 대각성 운동으로 회중 교회는 줄어들고, 장로교회는 정체되고, 침례교와 감리교가 크게 발전한다.

---

160) 앞의 책, p.241.

3) 사회적인 변화와 교육적인 변화

대각성 운동이 교인들 개인을 변화시킴으로 가정이 변화되고 직장과 일터가 변하는 사회적 변화를 가져왔다.

사회적 변화가 초기에는 자선사업 정도로 시작되었다. 그러나 사회적 변화의 가장 큰 변화는 교육적 변화로 나타났다. 그리하여 대각성 후에 다양한 교육기관이 세워졌다.

여기서 대각성 이후 생겨 훗날 명문 대학으로 발전한 각종 교육기관을 살펴보자.

① 통나무 대학(Log College, 1735) → 뉴저지 대학(1756) → 프린스턴 대학(Princeton College, 1896)
② 다트머스(Dartmouth College, 1769)
③ 로드아일랜드(Rhode Island College, 1764) → 후에 브라운 대학
④ 퀸스(Queen's) 칼리지(1766) → 후일 럿거스 대학
⑤ 킹스(King's) 칼리지(1754) → 후에 콜롬비아 대학
⑥ 워싱턴(Washington) 칼리지
⑦ 펜실베이니아(Pennsylvania) 아카데미(1740) → 펜실베이니아 대학

등등 수많은 교육기관이 대각성 운동 이후에 생긴다.[161]

4) 정치적인 변화

대각성 운동이 일어나기 이전에는 신대륙의 이민자들이 자기가 소속된 종파주의 안에 갇힌 채 과거의 옛 청교도 정신만 주장했다. 그러나 대각성 운동을 통해 청교도 정신은 중요치 않고 그가 중생을

---

161) 정수영, 앞의 책, pp.444-445.

체험한 그리스도인인지가 중요한 가치가 되었다. 아울러 그가 영국 출신인가, 네덜란드 출신인가, 독일 출신인가, 아일랜드 출신인가 하는 출신국은 문제가 되지 않고, 그가 거듭난 그리스도인인가 하는 문제가 훨씬 더 중요한 문제라고 인식되었다. 이렇게 종파주의를 무용론으로 배격하고 오직 중생한 그리스도인에 대한 강조는 드디어 저들이 유럽 출신이지만 신대륙의 미국인이라는 새로운 일체감을 만들어 준다.

이와 같은 미국인에 대한 각성이 곧 미국 독립전쟁(1775~1783)을 불러오고, 미국의 독립을 가져오게 만든다. 따라서 대각성 운동은 영국 식민지배 국민이 미국인으로 새롭게 출생하도록 하였다.

[결어]

미국 이전의 신대륙 식민지 시대에는 영국, 웨일스, 북아일랜드, 스코틀랜드, 네덜란드, 독일, 프랑스 등등 유럽의 다양한 국가들에서 이민한 다민족 사회였다. 이 무렵에는 주로 청교도 정신과 사상을 가진 자들이 많았다. 이렇게 청교도 정신을 가진 이민자들이 한 세기를 살아가는 동안 저들은 형식주의와 관습적인 종교인들로, 세속적인 일반인들로 타락하고 말았다.

한 세기가 지난 후에 독일에서 경건주의가 일어나 영적 각성에 의한 체험신앙이 일어났고, 그것을 영국에서 웨슬리의 부흥운동으로 크게 확대시켰다. 이와 같은 경건주의와 부흥운동이 신대륙에 정체된 청교도 후예들을 새롭게 각성시키는 대각성 운동(1725~1760)으로 일어났다. 대각성 운동은 조지 휫필드, 길버트 테넌트, 조나단 에드워즈 같은 영적 중생의 체험자들에 의해 전개되었다. 그 결과 체험을 강조하는 침례교와 감리교는 급상승하고, 회중 교회는 줄어들었고, 장로교회는 정체상태에 머물렀다.

대각성 운동의 결과로 미국에는 수많은 명문 대학들이 설립되었고, 전 국민적 각성의 결과가 미국 독립이라는 위대한 결과를 가져오게 되었다. 아울러 신대륙은 영국의 식민지가 아닌 새로운 연합 국가로 살기 좋은 희망의 나라라는 인식에 의해 매우 다양한 나라들이 신대륙을 희망의 나라로 보게 된다. 그래서 이전과 비교할 수 없을 정도로 이민자들이 늘어난다. 그리고 새 땅에서는 많은 인력이 필요하므로 다산이 장려되어 인구가 기하급수적으로 증가되어 갔다.

우리가 배워야 할 중대한 교훈이 있다. 그것은 가톨릭, 개신교라는 종교가 문제가 아니다. 종파는 어찌 되었던 그가 성령으로 거듭난 새사람으로 변화되었느냐? 고리타분한 종파 우월주의 상태로 형식적 종교인으로 흘러갈 것인가?
미국의 대각성 운동을 통해 역사적으로 확실하게 확인해야 할 부분이 있다. 그것은 대각성 운동의 주된 동기가 무엇이었는가 하는 부분이다.
여기에 대해 칼빈주의 신학자는 잘못된 편견을 강조하는 것 같다. 칼빈주의가 청교도 정신의 전부인 것도 아니다. 청교도 중 칼빈주의자들이 많은 것은 사실이었으나 청교도 중 절반 가까이는 회중 교회, 침례교, 퀘이커 등등 비주류 청교도들이었다.
이 같은 혼합된 청교도들이 신대륙으로 건너가 혼합된 종파들에 의한 식민주가 건설된 것이 영국령 13개 식민주들에서 나타났다. 그래서 신대륙으로 이주한 청교도들은 칼빈주의만 아닌 다양한 종파들의 기원을 가진 청교도들이었다. 이렇게 다양한 청교도들의 후예들은 형식적이고 관습에 젖은 부패한 청교도들의 후손으로 추락했다.

그런데 독일의 경건주의의 영적 중생운동에 변화된 웨슬리가 부흥운동으로 영적 갱생운동을 확산시켰다.

그리고 감리교 칼빈주의자 조지 휫필드와 회중 교회 목사 조나단 에드워즈가 경건주의와 부흥운동을 결합한 회개 운동을 전개했다. 조지 휫필드나 에드워즈가 칼빈주의를 신봉한 것은 맞다. 그러나 저들이 영국 청교도 정신의 계승자들은 아니다. 그렇기에 대각성 운동이 청교도 정신의 계승이라는 주장에는 무리가 많고, 오히려 경건주의와 부흥운동의 완성이 대각성 운동이었다고 해야 할 것이다.

아울러 신대륙의 대각성 운동은 초기 청교도들의 유산은 아니다. 초기 청교도들은 완전히 형식적이고 타락한 '절반짜리 계약자'들이었다. 초기 청교도들의 후손들에게 새로운 중생이 확실함을 강조하는 경건주의와 부흥운동이 접목된 것이 대각성 운동이었다.

그렇기에 대각성 운동의 주된 동력은 성경의 핵심 사상인 거듭나야만 된다(요 3:3~5)는 중생의 체험을 먼저 체험한, 영적으로 거듭난 지도자들의 뜨거운 영혼 사랑에서 비롯되었다고 할 것이다.

대각성 운동이 청교도의 유산이라고 한다든가, 칼빈주의의 유산이라고 한다든가 아르미니안주의의 유산이라고 하는 것 등등은 모두 다 편견적 주장 같다. 대각성 운동의 본질을 제대로 알아야 할 것 같다.

제5장 영성 운동의 열매들

[서론]

18세기에 전 세계 교회들 중 특히 개신교들에게는 놀라운 영성운동이 일어났다.

독일 루터교 내에서 경건주의로 나타났고, 또 영국에서는 경건주의 영향을 받은 웨슬리의 신앙 부흥운동이 일어났으며, 또 미국에서는 경건주의와 신앙 부흥운동의 결과로 대각성 운동이 일어났다.

여기서는 영국에서 일어난 영성 운동의 열매들을 몇 가지로 살펴보겠다. 그것은 영국의 찬송가 대중화 운동이 미국에서 더 크게 발전한 일이고, 영국에서 시작된 사회 개혁 운동들이 미국에서 열매를 맺은 일이고, 영국에서 시작된 근대 선교 운동이 19세기 미국에서 전 세계화로 발전한 위대한 일들이다.

이 모든 위대한 일들의 원천이 인간은 반드시 중생해야만 능력을 발휘할 수 있을 뿐 형식적, 관습적 종교제도로는 역사가 일어나지 않는다는 명백한 사실을 증명해 준다고 할 수 있다.

본 장에서는 성경에서 시작된 찬송가의 기원이 교회 역사 속에 면면하게 발전되어 오다가 영국에서 찰스 웨슬리의 중생 체험으로 찬송가가 대중화되는 소중한 역사를 살펴보겠다.

그리고 영국에서 시작된 노예제도 폐지 운동이 미국에서 결실을 맺게 된 사회 개혁 운동도 살펴보겠다. 또 영국에서 시작된 근대 세계 선교가 19세기 미국에서 전 세계로 확산되어 그 혜택을 받게 된 것이 한국교회 역사임도 알 수 있다.

본 장에서는 찬송가의 대중화, 사회 각 분야에 그리스도의 정신이 파급되는 사회 개혁들, 그리고 종교개혁 후 종교개혁자들 중 특히 칼빈의 잘못된 예정론의 후유증으로 250년간 선교의 문이 닫혀 있었던 것을 침례교 목사 윌리엄 캐리에 의해 인도 선교사가 시작되고, 그 영향으로 버마와 아프리카 선교가 시작된 근대 선교 운동을 살펴보겠다. 이 모든 운동의 핵심이 영적 변화에서 시작된 열매들이다.

1. 찬송가의 대중화 운동

최초의 찬송(讚頌, hymns)은 어느 때 시작되었을까? 찬송(讚頌)과 성가(聖歌)는 다 같은 개념인가? 이 같은 문제를 필자의 시편 강해서 제1권 《여호와는 나의 목자시니》에서 필자의 견해를 밝혔다.[162]

거기서 찬송은 히브리어 '테힐림'(תהלים)이라는 하나님을 찬양한다는 뜻이었는데, 70인역(LXX)에서 헬라어 '노래'라는 뜻의 '프살모이'(ψάλμοι)로 번역되었고, 그것을 영어 성경은 성시(聖時)라는 뜻으로 '삼'(Psalm)이라 했고, 한글 성경은 고대 시들을 편찬해 모아 놓은 '시편'(詩篇)이라고 해놓았다.

---

162) 정수영, 《여호와는 나의 목자시니》 (쿰란출판사, 2018) pp.41~45.

찬송은 반드시 구원받은 자들의 영적 바탕에 근거한 노래이지만 성가는 영적 바탕이 없어도 종교적 의미만 갖추어진 신성한 노래라는 뜻이다. 따라서 '찬송'과 '성가'는 구별되어야 한다고 주장했다. 참고가 되기를 바란다.

여기서는 찬송의 역사를 살펴보겠다.

1) 성경에서의 찬송들

출애굽기 15장을 보면, 출애굽 후 홍해를 육지처럼 건넌 후에 놀라운 감격을 '모세의 노래'와 '미리암의 노래'로 기록했다. 이때 말하는 '노래'라는 뜻은 '쉬르'(שיר)라는 말이나 노래의 대상을 여호와로 삼으라는 뜻으로 '야쉬르'(ישיר)라는 말로 쓰였다.

따라서 찬송은 일반 노래나 종교적 성가가 아니라 여호와께 바치는 노래이고, 또 홍해와 같은 장애물을 기적처럼 뚫고 나간 여호와를 경험한 자들이 여호와께 바치는 노래라는 뜻이다. 우리가 알고 있는 바 구약의 시편들은 이스라엘 민족의 노래 가사였다. 오늘날 우리가 시편을 하나의 운문(韻文) 정도로 이해하는 것은 성경을 제대로 이해하지 못하는 것이다.

시편들 전체는 이스라엘 민족의 찬송가 가사였다. 그리고 신약에서도 마리아의 찬가(눅 1:46~55)는 하나님과 주를 찬양하는 내용이다. 사도행전 16장 25절의 빌립보 옥중에서의 바울과 실라의 찬송은 아마도 시편으로 만들어진 찬송이었을 것으로 추측된다.

구약에서는 '찬송'이라는 '테힐라'(תהלה)와 '찬양'이라는 '할랄'(הלל)이라는 단어가 뚜렷하게 구별되지 않고 공통적으로 쓰였다.

신약에서는 '찬송'으로 '율로게오'(εὐλογέω)라는 말이 가장 많이 쓰였다(마 21:9; 막 14:61; 눅 1:64, 2:28, 19:38, 24:53; 롬 1:25; 고후 1:3; 엡 1:3; 벧전 1:3).

이 모든 성경을 종합해 보면 '찬송'은 성경적 용어이다. 그리고 '성가'란 교회시대에 가톨릭이 종교적 노래와 세속적 노래를 구별하면서 만든 용어이다.

2) 근세 교회 이전의 찬송가 역사

교회 역사는 2,000년의 길고 긴 역사를 가지고 있다. 이렇게 길고 긴 역사 속의 찬송가의 역사를 다 살핀다는 것은 본서가 추구하는 바와 목적이 전혀 다르다. 여기서는 찬송가가 전 세계로 대중화되기 이전까지의 간략한 역사를 요약해 보겠다.

이탈리아 3대 도시 중 하나인 밀라노의 감독이었던 암브로시우스(Ambrose: 339~397)가 시편가(Psalmody)와 찬송가(Hymnody)를 만들어 회중에게 다 같이 부르게 했다고 한다.

그가 작사한 찬송가가 찬송가 130장(통 42)에 수록되었다. 최초로 교황제도를 실시한 교황 64대 그레고리오 1세(Gregorius: 540~604, 교황 재위 590~604)가 작사했다는 찬송이 찬송가 59장(통 68)에 수록되었다.

프란체스코 수도회의 설립자 아시시의 프란체스코(Fracis of Assisi: 1182~1226)가 작사한 찬송이 찬송가 69장(통 33)에 수록되었다. 중세기 신비주의자이며 시토(Citeaux) 수도회를 개혁한 클레르보의 베른하르드(Bernhard, 베르나르, 버나드 등으로도 호칭: 1090~1153)가 작사한 찬송이 85장(통 85), 145장(통 145), 262장(통 196)에 수록되었다.

종교개혁자 루터(Martin Luther: 1483~1546)가 작사한 찬송이 363장

(통 479), 585장(통 384)에 수록되었다. 참고할 내용이 많이 있으나 대략 이 정도로 요약하겠다.

3) 근세 교회의 찬송가 대중화 운동

오늘날과 같은 찬송가의 대중화 운동을 보급한 선각자들이 누구인가? 그들 두 사람은 영국인들이고, 모두 다 비국교도 목사였으며, 신학적으로 칼빈주의 거부자들이었다. 이제 그들을 알아보자.

(1) 아이작 와츠(Isaac Watts: 1674~1748)

와츠는 영국 잉글랜드 남부 햄프셔 주(州)의 해안도시 사우샘프턴(Southampton)이라는 인구 20만 명 정도의 도시에서 태어났다. 그의 아버지는 비국교파 학교의 교장이었다. 와츠는 스토크(Stokes) 뉴윙턴 대학이라는 무명학교에서 공부했다. 영국은 비국교도 자녀들은 정규 대학에 진학할 자유를 차단시켰다. 그는 대학 공부 후 몇 년 동안 개인 교사로 일했다. 그 후 1702년(28세)에 런던의 비국교파 교회의 목사가 되었다. 그는 잦은 와병 중에도 평생 그 자리를 지켰다.

그는 1707년에 《찬송들과 신령한 노래들》(Hymns and Spiritual Songs)이라는 책을 발표한 이래 일생 여러 차례의 교정판을 내면서 16판을 만들어나갔다. 그다음에는 종교시 모음집인 《Horae Lyricae》(1706)와 어린이용 찬송가 《Divine Songs》(1715)와 신약성경 언어로 모방한 다윗의 시편들(The Psalms of David Imitated in the Language of the New testament)(1719), 그리고 마지막에는 시편에 근거한 찬송가들을 남겼다.[163]

---

163) A. P. Davis, Isaac Watts, 1943.

와츠의 찬송 작사들이 우리 찬송가에 수록된 것들이 많이 있다. 6장(통 8), 20장(통 41), 46장(통 58), 71장(통 438), 115장(통 115), 138장(통 52), 143장(통 141), 149장(통 147), 151장(통 138), 249장(통 249), 349장(통 387), 353장(통 391)이다.

이 모든 찬송들 하나하나가 전부 심령 깊은 곳에서 우러나오는 영혼의 감격이고, 다 같은 성령 안에서 교감이 이뤄지는 찬송들이다.

와츠는 후에 '논리학'(Logick, 1725) '정신의 향상'(The Improvement of the mind, 1741) 등 교육 이론도 발표했다. 그래서 그의 명성은 더 높아졌다.

그의 신학 사상은 어떠했는가? 당시에는 스위스, 스코틀랜드, 잉글랜드, 네덜란드 등 전 유럽 국가들이 칼빈주의라는 신학사상에 모두가 함몰되어 있었다. 칼빈주의는 《기독교 강요》라는 교의서와 함께 장로회, 성공회, 회중 교회, 침례교회 등 모든 곳에 깊숙하게 영향을 미치고 있었다. 와츠 역시 비국교도 목사였으나 칼빈주의 주장에는 동의하지 않았다. 그가 칼빈주의 중 크게 거부한 것은 칼빈주의 5대 강령 중 첫 번째 항목인 '전적인 타락'(Total depravity)이었다.

칼빈주의 전적 타락 교리에 의해 인간의 '자유의지'는 말살되었고 하나님의 절대주권하에 예속된 '노예 의지'만 남아 있다고 했다. 이에 대해서 와츠는 타락한 후의 인간에게는 이성의 잔재들이 파괴되기는 했으나 그것들을 잘 이용할 수 있는 자유의지가 남아 있다고 했다.[164]

---

164) A. P. Davis, Ibid.

이 부분에 대한 해석은 로마서 1장 18~23절에 대한 해석을 어떻게 하느냐에 따라 그다음의 1장 26~32절 해석이 좌우된다. 필자는 '인간의 자유의지' 상태를 믿는 입장이다.

와츠의 공헌이 무엇인가? 그는 분명 비칼빈주의 신학사상을 가졌으나 신학사상으로 후세인에게 공헌한 것이 아니다. 그의 신학사상은 비국교도에서 칼빈주의를 떠나 유니테리언주의로 향하고 있었던 것 같다.

와츠는 신학이 아닌 찬송가 대중화로 공헌을 했다. 그는 단순한 박자와 낯익은 이미지들을 사용하여 하나님의 전능하심과 그리스도의 대속의 사랑을 심령 깊은 곳에서 체험자로 고백했다. 오늘날도 마찬가지이다. 죄인을 변화시킬 능력이 무엇에 있는가? 그것은 정교한 신학 이론이 아니다. 성경의 진리에 의해 하나님의 성령을 체험함으로 중생한 체험자만이 또 다른 사람을 변화시킬 수 있는 것이다.

(2) 찰스 웨슬리(Charles Wesley: 1707~1788)

찰스 웨슬리는 영국 잉글랜드 중동부에 있는 링컨셔(Lincolnshire)주(州) 엡워스 주임 사제관에서 18번째 아들로 태어났다.

9세 때 웨스트민스터 학교에 들어갔다. 아일랜드에 살고 있던 먼 친척인 가렛 웨슬리(Garret Wesley)가 그를 양자로 삼고 유산을 물려주려고 했다. 그러나 그는 그 제의를 거절하고 1726년 옥스퍼드 대학에 입학했다. 그가 옥스퍼드 대학에서 '신성 구락부'(Holly Club)를 조직했다가 후에 형 존 웨슬리에게 지도권을 맡긴다.

1735년 형 존과 함께 미국 조지아 주 선교사로 가서 총독 오글도르프(J. Oglethorpe) 비서로 일하며 선교활동을 했으나 실패한다.

병으로 귀국해 지내던 중 모라비아 교도인 뵐러(Peter Boehler: 1712~1775)의 영향으로 루터의 갈라디아서 주석을 읽다가 1738년 성령 강림절에 형보다 3일 먼저 복음적인 회개를 체험한다. 그 뒤로 전도사역에 몰두한다.

친구들의 집에서, 감옥에서, 야외에서, 교회에서는 문을 닫을 때까지 설교했다. 1749년 42세 때 웨일스의 행정관의 딸 귄느(Sarah Gwynne)와 결혼하고 1771년 64세 때 런던으로 이사한다. 런던에서도 여러 교회들에서 설교를 했다.

찰스 웨슬리가 이룬 공적은 많은 찬송가들을 작사하고 작곡한 일이다. 그가 작사한 찬송가가 7천 270여 편이라고 한다. 그의 작품들은 내용이 다양하고 체계가 잘 잡혀 있다. 그는 찬송가에 복음주의 신앙과 체험을 성경적이고 서정적인 언어로 표현했다. 그 역시 존 웨슬리처럼 신학적으로 칼빈주의와는 반대편인 아르미니안주의 편을 따랐다.

찰스 웨슬리는 국교도 목사로서의 신분을 유지하면서도 복음 전도자로, 상담자로, 그리고 영혼을 치료하는 목자로서 50여 년 사역을 계속했다. 그는 50여 년 사역 중 단 하루도 몇 줄의 시구(詩句)를 기록하지 않은 날이 없이 계속적인 시작들을 남겼다.

찰스 웨슬리의 수많은 찬송 가사들 중 우리나라 찬송가에 수록된 곡이 많이 있다.

15장(통 55), 22장(통 26), 23장(통 23), 34장(통 45), 105장(통 105), 126장(통 126), 164장(통 154), 170장(통 16), 174장(통 161), 280장(통 338), 388장(통 441), 522장(통 269), 595장(통 372) 등이다.

이 모든 찬송 가사들을 보면 찰스 웨슬리는 명확하게 구원받은 중생한 자였음이 확연하게 드러난다(280장, 522장 등).

그리고 그의 신학사상은 칼빈주의 무천년주의 사상이 아니라 데살로니가전서 4장 13~18절에 근거한 휴거를 믿는 전천년주의 사상이었음이 찬송 174장(통 161)에 나타난다.

찰스 웨슬리는 일생 동안 구원받은 자의 영혼의 언어로 똑같이 구원받은 자들에게 마음의 언어로 공감을 이어주고 있다.[165]

이와 같은 영국에서의 와츠와 웨슬리의 찬송가 대중화 운동은 미국으로 옮겨진다.

그리고 와츠와 웨슬리의 찬송가 대중화는 전 세계 각 나라로 확산된다. 미국의 찬송가 작가들 중 가장 많은 작품으로 가장 많이 알려진 찬송가 작사자가 크로스비(Fanny Crosby: 1823~1915) 여사이다.

크로스비 여사의 찬송 가사가 2천 곡이 넘는데, 그 가운데서 60여 곡은 지금도 전 세계에 널리 사용되고 있다. 그중에 한국 찬송가에 수록된 것만도 22곡이나 된다.

2. 사회 개혁 운동

독일의 경건주의와 영국의 부흥운동은 비단 교회에만 영향을 미친 것이 아니다. 위의 신앙운동은 사회 각계각층에 영향을 미친다. 여기서 그 대표되는 몇 가지 사례를 살펴보겠다.

---

[165] J. E. Rattenbury, The Evangelical Doctrine of Charles Wesley's Hymns, 1941.

(1) 기독교 고아원의 창시자 조지 뮐러

조지 뮐러(George Müller: 1805~1898)는 독일 북동부의 프로이센(Preu Bisch) 크로펜슈타트에서 태어났다. 그는 생애 초기에 방탕한 생활을 하다가 루터교 목사가 되려고 경건주의 온상인 할레 대학에 진학하여 공부 도중 영적 회심을 체험한다(1825).

그 후 그는 할레 대학 학풍에 따라 경건생활로 훈련을 받는다. 그는 24세 때(1829) 유대인을 위한 복음을 전하기로 결심하고 필요한 훈련을 받기 위해 영국 런던으로 갔다. 그는 영어를 전혀 모르는 상태로 영국에 갔다. 한동안 데인마우스에서 요양한 뒤 그로브스(Anthony Noris Groves: 1795~1853) 자녀들의 가정교사를 지낸 바 있는 동년배이자 점잖은 학자인 스코틀랜드인 헨리 크레이크(Henry Craik)를 만났다.

크레이크는 영국 플리머스 형제단(Plymouth Brethren)의 지도자였다. 플리머스 형제단은 존 넬슨 다비(John Nelson Darby: 1800~1882)에 의해 1828년에 시작된 교회 갱신운동 조직이었다.

다비는 더블린의 트리니티 대학를 뛰어난 성적으로 졸업한 후 (1819) 아일랜드 법원, 아일랜드 국교회 사제 생활을 하다가 1827년 〈그리스도 교회의 본질과 통일성〉에 관한 논문으로 나라 전체를 놀라게 했다.[166]

그는 1830년부터 유럽 여러 나라들을 여행하면서 기성 교회들을 공격했다. 그는 성경을 독일어, 프랑스어, 영어로 번역하고, 신비주의 색체가 짙은 사상가였다. 다비가 플리머스 형제단을 이끌어 갈 때 그의 영향을 받은 것이 그로브스였다.

---

166) W. G. Turnur, John Nelson Darby, 1944. W. B. Nearby, A History of the Plymouth Brethren, 1902.

그로브스는 처음에 치과 의사였으나 성직자가 되려고 트리니티 대학에 들어갔다가 성경은 복음을 전하기 위해 성직자를 요구하지 않는다는 것과 예수님의 핵심 사상은 사랑이라고 깨닫는다.

그는 《그리스도인의 경건성》(Christian Devotedness, 1825)이라는 저서를 발표했다. 그로브스는 이 책에서 하나님의 사람이란 세상살이에 필요한 일들은 철저하게 하나님께 의뢰해야 한다는 것을 강조했다. 바로 이 그로브스의 가르침을 조지 뮐러가 그대로 영향을 받는다. 조지 뮐러는 그로브스의 영향으로 유대인협회와의 관계를 정리하고 그로브스의 누이인 메리(Marry)와 결혼한 후 크레이크와 함께 연합 목회를 시작한다.

조지 뮐러는 브리스톨의 베데스다 기념 예배당에서 크레이크와 함께 죽을 때까지 연합 목회를 한다. 뮐러는 1834년 성경의 원칙들을 토대로 하는 교육 장려를 위한 목적으로 '국내 및 해외 성경 지식 협회'를 조직했다. 그리고 1835년에 독일의 프랑케에 있는 고아원 사역을 본받아 사역을 시작했다.

이때 시작한 고아원은 처음에 집을 세내어 시작했다가 나중에 브리스톨의 애쉴리 타운에 대규모 복합 건물을 세웠다.

그는 그로브스, 크레이크, 채프먼 등과 함께 '형제회'(Brethren)를 이끌어 갔다.

그의 사역은 유아세례 거부 성인 세례, 매주 성찬식 거행, 고정 봉급제도 거절 등으로 고아원 사역을 계속해 수년 후에는 원아 2천 명을 수용하는 대규모 고아원으로 확대되었다.[167]

---

167) N. Garton, George Müller and His Orphans, 1963.

그리고 그의 사역은 아주 독특한 면이 있었다. 일생 무일푼인데도 자선사업을 위한 재정 후원 제의들을 모두 거절하고 기도의 응답으로만 이루어지는 경영을 했다. 그래서 그는 일생 동안 5만 번 이상의 기도 응답을 받았다는 기록을 남긴다.

조지 뮐러는 독일 경건주의 대학에서 거듭남을 체험했고, 영국으로 건너간 후에는 플리머스 형제단의 사상을 통하여 하나님의 일하심만을 철저히 의존하는 고아원 사역으로 길이 남는 업적을 남긴다. 그는 성경 지식 협회가 보내준 광범위한 지원들로 독립 형제회가 충분하게 발전할 수 있다는 독특한 모범을 보여주었다.

그리고 그는 기독교 고아원의 창시자라는 이름을 남겼다. 또 뮐러의 기도 응답에 의한 사역의 모범을 따라 훗날 중국내지선교회(1865)라는 초교파적 선교회를 설립한 허드슨 테일러(Hudson Taylor: 1832~1905)가 기도에 의한 선교사역을 하였다. 참으로 고귀한 모범적 사역자들이었다.

(2) 노예제도 폐지 운동가 윌버포스(1759~1833)

노예(奴隷, Slavery)란 인격이 부인되고 법적으로 무권리, 무능력자이며, 동산(動産)으로 자유롭게 처분되는 존재를 뜻한다.

노예라는 뜻의 라틴어 '세르브이'(Servi)는 '본래는 참살되어야 할 포로가 목숨을 건진 것'이라는 뜻이다.

그렇다면 언제부터 노예제도가 시작되었는가? 고대 그리스의 호메로스 서사시에 가내 노예제도가 묘사되고, 주전 4세기 이후에는 노예제도가 지배적인 형태로 확립되었다.

로마제국 이전의 주전 3세기경 노예의 실태는 가축의 상태와 동일시되었다. 로마제국 이후에는 전쟁에 의해 패배한 적국에 대해서는 적국의 백성들을 노예로 삼음으로 로마제국 시대의 노예제도는 일반화되었다. 그래서 주전 2~1세기에는 이탈리아의 인구가 400만 명 정도였는데 그중에서 노예가 150만 명이나 되었다고 한다. 그리스 남동부 에게해에 있는 작은 섬 '델로스'(Delos)에서는 하루에 거래되는 노예가 10만 명이 되었다고 한다.

노예제도도 전 세계가 다 각각이었다. ① 가부장제 가족과 같은 노예제도, ② 채무에 의한 예속 노예제도, ③ 전제 군주에 의한 지배적 노예제도, ④ 정복에 의한 피정복 공납 노예제도, ⑤ 구입 노동 노예제도 등으로 발전해 왔다.

노예제도는 이토록 장구한 인류 역사를 계승해 왔다. 그런데 더욱 비참한 것은 영국이 1600년, 네덜란드가 1602년, 프랑스가 1604년에 동양 무역을 하기 위해 동인도회사(東印度會社)라는 독점 특허 회사를 설립했다.

이들이 인도를 동인도라고 하고 인도의 후추, 정향유(丁香油), 육두구(肉荳蔲) 등의 향신료를 수입해 들여왔다. 그런데 네덜란드와 영국 간의 수입 경쟁이 증가되면서 나중에는 아프리카의 흑인들을 강제로 납치해 신대륙의 노동자로 팔아넘기는 흑인 노예 매매로 발전되었다.

이 같은 흑인 노예 매매업자들은 흑인 노예를 반대하는 세력들을 무마하기 위해 정치가들 중 유력한 의원들에게 막대한 이권 계승을 위해 로비 활동을 계속해 나갔다.

이런 노예 무역제도가 공공연하게 시행되는 때 "나 같은 죄인 살리신"(Amazing Grace)을 작사한 뉴턴(John Newton: 1725~1807)도 청년기 때 백인 노예상인에 체포되어 2년간 노예 매매 사업에 끌려다녔다가 뒤늦게 회개하고 영국 국교회 성직자가 되었다.

노예제도가 이 정도로 국가 공인 사업이었다.

이렇게 막대한 철의 장벽을 무너뜨리도록 일생 동안 투쟁한 사람이 영국 출신의 윌버포스(William Willberforce: 1759~1833)다.

우리는 최초의 노예제도 폐지 운동을 일생 동안 이룬 윌버포스를 기억해야 하겠다. 윌버포스는 어떤 사람이었고, 그는 어떤 동기로 이 일을 시작했으며, 그가 어떤 일을 이루었는가? 이에 대한 내용을 필자의 《성경이 하나님의 말씀인 증거》에서 소개했다.[168]

여기서는 그 내용을 간략하게 소개하겠다.

윌버포스는 1759년 영국 잉글랜드 북동부 험버사이드 주(州)에 있는 인구 30만 명 미만의 항만 도시 헐(Hull)에서 태어났다. 이 도시의 정식 명칭은 킹스턴 어폰 헐(Kingston upon Hull)이다. 그는 헐 문법학교에서 공부할 때 밀너(J. Milner: 1744~1797)가 교장으로 있으며 많은 영향을 받는다. 문법학교에 입학한 지 2년 후에 아버지가 돌아가신다. 어머니는 그를 요크셔로 데리고 가서 하숙생활을 하며 포클링턴 학교에 다니게 했다.

14세 때 요크의 한 신문사에다 노예 매매의 죄악상을 비판하는 글을 보냈다. 그 후 케임브리지 세인트존스 대학에 진학했다. 25세에 요셉 밀너의 동생인 아이삭 밀너(Isaac Milner: 1750~1820)와 함께 신약성경을 공부하던 중 회개의 체험을 한다.

1780년 21세 때 고향 헐 지역구 지방 의원에 출마하여 막대한 자금으로 선거운동을 벌인 끝에 지방의원이 되었다. 1784년에 고향 도

---

168) 정수영, 《성경이 하나님의 말씀인 증거》 (쿰란출판사, 2016), pp.335~337.

시에서 지방의원으로 재선되었으나 경합을 벌이지 않는 요크셔 의원직을 선택한 뒤 그 자리를 23년 동안 유지한다. 그러면서 복음주의 성직자들인 밀너 형제와 계속 관계를 이어간다. 1784년에 아우 밀너와 함께 프랑스에 가서 형법 개정에 관한 견학을 한 후 귀국하여 'Proclamation Society'를 설립한다.

이 조직은 영국의 노예 무역제도의 폐지를 위해 의회에서 의원들 한 명 한 명에게 자기의 정체성을 드러내는 객관적 선언이었다. 그러나 노예 무역제도는 너무도 큰 장벽이 많았다.

영국 내 노예 무역업자들의 온갖 회유와 압박은 물론이고, 또 유력한 의원들에게 막대한 이권에 의한 로비 활동으로 결코 쉽지 않았다. 거기에다 프랑스 혁명(1789~1799)처럼 영국 내에서도 노예들의 반란을 우려해 정치가들 모두가 비협조적이었다.

윌버포스는 의회 내 활동에는 한계가 있음을 알게 된다. 그래서 자기 지역구를 중심으로 인도주의자들의 모임인 '클래펌파'(Clapham Sect)와 관계를 맺는다. 클래펌파는 런던 시내의 클래펌 지역에 사는 부유한 국교도 복음주의자들의 친교 단체였다.

여기에는 앞서 노예 무역상이었다가 회개하고 영국 국교회 성직자가 된 뉴턴(J. Newton)과 일생 동안 자기 재산을 다 투자해 노예제도 폐지 운동을 도운 클락슨(Thomas Clarkson: 1760~1846) 등이 주요 멤버였다. 그리고 윌버포스는 유명한 은행가, 동인도회사 중역, 1급 변호사, 유능한 하원의원, 인도의 총독 등을 신앙으로 결속하였다.

윌버포스는 국회에서 의정 활동과 런던 시내에서 신앙인들의 측면 지원으로 꾸준하게 노예제도 폐지 운동을 전개해 나갔다.

이들 클래펌파들이 서아프리카 남서부 대서양에 연한 인구 500만 명 정도 되는 '시에라리온'(Sierra Leone)이라는 해방된 노예들을 위한 식민지를 만들었다. 그래서 해방된 노예들을 정치적 선동만 하는 것이 아니라 구체적으로 살 수 있는 해방지를 만들어 주었다.

이렇게 의회의 주장과 모든 이가 알 수 있는 구체적 행동을 보여 주면서 노예 폐지 운동을 전개했다. 그들은 인간의 자유와 행복 사상을 근거로 노예제도 폐지를 주장했으나 다른 정치가들은 국가 경제와 정치적 안정을 위해 노예제도 존속을 주장했다.

윌버포스가 일생 동안 노예제도 폐지 운동을 전개한 결과 그가 죽기 직전인 1833년에 비로소 의회 가결로 뜻을 이룬다.

이와 같은 노예제도 폐지법 가결로 모든 것이 완성된 것은 아니다. 미국에서 노예제도 문제는 남, 북의 국민들의 견해가 달랐다. 이때 미국의 여류 소설가 스토(H. E. B. Stowe: 1811~1896)가 쓴 소설인 《엉클 톰스 캐빈》(1852)이 남북전쟁 유발의 원인이 된다. 그리고 남북전쟁 때 링컨 대통령의 노예 해방 선언(1863)과 1865년 수정 헌법 제13조에 의거해 노예제도가 사라진다.

우리는 근세 교회사 중 윌버포스 같은 회심한 자가 일생 동안 투쟁해서 이룬 노예제도 폐지 운동을 기억해야 할 것이다.

3. 근세 선교 운동

필자는 앞서 '제2부 근세 교회사 제1편 전기 근세 교회사 제4장 가톨릭의 공격 선교와 개신교의 정체'를 설명했다.

개신교는 종교개혁 후 250년간 잘못된 신학(칼빈의 이중 예정론)으로 선교를 하지 못하는 암흑기의 정체 기간을 보냈음을 설명했다. 여기서는 암흑시대를 깨뜨리고 개신교 선교시대를 연 것이 영국의 침례교 목사 윌리엄 캐리(Wm Carey: 1761~1834)였음을 소개하겠다.

본 장에서는 18세기 말엽 영국의 웨슬리에 의한 신앙 부흥운동과 미국의 대각성 운동의 영향으로 영국에서 시작된 근대 선교 운동의 전말을 살펴볼 것이다.

그렇다면 캐리 이전에는 선교가 전혀 이루어지지 않았는가? 선교가 이뤄졌으나 그것들은 개인적이고 독자적인 선교사역으로 개인 사역 후에는 단절되었던 선교였다. 그러나 캐리의 선교는 선교 단체가 후원한 조직적 선교였고, 그 선교 단체는 지속적으로 선교사역을 계승한 체계적이고 지속적인 선교였다. 그런 의미에서 캐리를 '현대 선교의 아버지'라고 부른다.

개인적으로 선교에 큰 공적을 이룬 이들이 있다. 존 엘리어트(John Eliot: 1604~1690)는 영국인으로 케임브리지 대학을 졸업하고 영국 국교회 사제가 되었다. 그는 1632년 28세 때 신대륙 아이오와 주(州) 녹스빌(Knoxville)로 옮겨갔다.

거기서 교회의 교사로 생을 마쳤다. 그는 교사로 활동하며 1646년에는 인디언 방언을 익힌 뒤 인디언들을 위한 사역을 계속했다. 그는 자신을 따르는 '기도하는 인디언들' 3,600명을 14개 자치 공동체로 조직하고 그들에게 일거리, 집, 땅, 옷을 마련해 주었다. 1689년에 록스베리에 있는 땅 약 30만km²을 인디언과 흑인들을 위해 마련해 주었다.

그와 같은 사역 중에도 성경 번역 등 많은 저서들로 '인디언들의 사

도'라는 호칭이 따른다.[169]

그 외에 덴마크-할레 선교회 소속의 독일 경건주의자들의 개인적 선교사역들은 이미 존재했다. 그러나 개인적 선교가 아닌 조직적, 지속적, 광대한 선교가 시작된 것은 영국의 침례교 목사인 캐리 때부터이다. 캐리 이후 선교 단체들이 계속 만들어졌고, 그것이 19세기 미국에서 각종 선교 단체들에 의한 전 세계 선교사역들로 확대된다.

여기서는 현대 선교가 시작될 수 있도록 노력한 캐리의 사역과 그 이외의 다른 선교사역들을 살펴보도록 하겠다.

1) 윌리엄 캐리(Wm Carey: 1761~1834)

캐리는 1761년 8월 17일 영국 잉글랜드 중부에 있는 노샘프턴(Northampton) 주(州) 주도(主導)인 노샘프턴에서 태어났다. 이곳 노샘프턴은 인구가 17만 명 정도 되며, 남쪽에 있는 사우샘프턴과 한 쌍을 이룬다. 노샘프턴은 '북쪽의 중요한 마을'이라는 뜻으로 예로부터 농업과 목축업이 성행한 곳으로 소, 양, 돼지의 집산지이기도 하다.

그가 태어난 18세기 중엽은 영국이 산업혁명으로 새로운 시대로 변화되는 시기였다. 캐리는 작은 마을에서 태어나 어려서부터 책을 좋아하는 책벌레였다. 또 식물이나 곤충 등을 좋아해서 정원사가 될 생각을 가졌으나 피부가 약해서 야외에서 일을 할 수 없었다.

그는 당시의 필수품인 신발 만드는 기술을 배우기 위해 14세 때 구두 수선공의 수습공으로 일하게 되었다. 그는 수습공으로 일하면서 칼빈주의를 따르는 '특수 침례교회'(Particular Baptists Church)를 다녔

---

169) W. Walker, Ten New England Leaders, 1901.

다. 그 교회 목사는 존 라이랜드 시니어(John Ryland Sr)였다.[170]

캐리는 수습공으로 일하면서 몇 가지 다른 언어로 된 성경을 읽으면서 18세 때 거듭남을 체험한다. 그리고 그가 20세 때(1781) 직장 주인의 처제인 25세 도러시 플래킷(Dorothy Plackett)과 결혼을 한다. 결혼 후에도 직장을 계속 다니며 마을 아이들을 위해 야간학교를 열기도 했고, 자신은 성경연구에 정진했다.

그는 언어 습득 능력이 탁월했다.

그래서 성경을 영어만이 아닌 라틴어 성경, 헬라어 성경, 히브리어 성경 등 원문 성경으로 이해할 수 있을 정도가 되었다. 그뿐만이 아니다. 당시의 주변국인 프랑스어, 이탈리아어, 네덜란드어 등과 함께 인도어 같은 동양 언어까지 습득했다.

캐리가 26세 때 몰턴(Moulton) 침례교회에서 목회자가 없으므로 캐리에게 도움을 요청해 설교자로 돕다가 후에 정식 목사가 된다.

여기서 우리가 기억할 사실이 있다. 그는 정규 교육을 제대로 받은 일이 없고 순전히 독학으로 6개국 언어를 익힌, 어학에 탁월한 능력을 갖춘 자였다. 그리고 그가 목회하기 전에 쿡 선장(Captain Cook)의 항해기를 읽고 북미 인디언 선교를 다룬 《데이비드 브레이너드(D. Brainerd: 1718~1747) 생애와 일기》를 읽은 후에 선교의 꿈을 갖게 되었다.

브레이너드는 북아메리카가 인디언 선교를 위해 4천 800km가 넘는 거리를 말을 타고 다니며 선교했다고 한다. 이렇게 쿡 선장의 항해 기사와 브레이너드의 인디언 선교 일기는 캐리에게 해외 선교에 대한

---

170) 안희열, 《세계 선교역사》 (침례신학대학교출판부, 2013), pp.340~341.

꿈을 형성하게 해주었다.

캐리는 해외 선교에 대한 자기의 꿈을 자기가 소속한 침례교회 지방회의 목사들에게 자주 피력했으나 침례교 목사들의 반응은 냉담했다.

그와 같은 누적된 안타까움이 어느 때 침례교 목사들을 향한 설교에서 나타난다. 노팅엄(Notingham)에서 개최된 침례교 연합 모임 때였다. 그는 이때 이사야 54장 2~3절을 본문으로 "하나님의 위대한 일을 기억하라. 하나님을 위하여 위대한 일을 시도하라"(Expect great things from God, Attempt great things for God)라는 유명한 메시지를 전했다.

그러나 칼빈주의 예정론에 중독되어 있던 당시의 목사들은 냉담했다. 그럼에도 불구하고 계속적으로 기회가 있을 때마다 해외 선교를 강조했다.

캐리는 드디어 1792년 31세 때 봄에 87쪽 분량의 소책자를 만들어서 침례교 목사들에게 나눠 주며 해외 선교 동참을 호소했다.

〈이방인의 회심을 위해 수단을 사용하는 그리스도인의 의무에 관한 연구〉(Enquiry)라는 소책자는 해외 선교의 당위성을 설명하는 내용이었다.[171]

당시 침례교는 칼빈주의 예정론에 빠져서 사람이 노력한다고 해서 전도나 선교가 이뤄지는 것이 아니라 하나님이 예정하신 자는 저절로 교회를 나올 것이고, 하나님이 예정하시지 않은 자는 사람이 아무리 노력해도 헛된 수고라는 칼빈의 이중 예정(二重 豫定論, Double Predestination) 사상에 완전히 함몰되어 있었다.

---

171) F. Deaville Walker, William Carey, Missionary Pioneer and Statesman, London: Student Christian Movement, 1926, pp.81~91.

이것은 침례교만이 아니라 칼빈의 종교개혁 후 250년 동안 유럽의 모든 개신교들에게 잘못된 신앙을 오도하게 만든 결정적인 암초였다. 그래서 개신교 모든 국가가 넋을 놓고 하나님만 쳐다보고 앉아 있었다. 이렇게 답답한 교계를 향해 캐리는 하나님의 위대한 능력을 믿는다면 실패하더라도 일단은 시도를 해보자는 내용의 연구 논문을 발표한 것이다.

캐리가 이렇게 줄기차게 해외 선교를 주장하자 캐리에게 침례를 베풀었고 또 목사 안수를 해준 침례교 지도자 존 라이랜드 시니어 목사는 캐리에게 "젊은이, 자리에 좀 앉게나. 자네는 열심주의자네. 그러나 하나님께서 이교도들을 회개시키고자 하신다면 자네나 나의 도움 없이도 능히 그렇게 하실 것일세"라고 당시 만연된 칼빈주의 예정론으로 캐리를 책망했다.

칼빈주의 예정론은 이 정도로 유럽 전 개신교들에 파급되고 있었다.

캐리의 소책자 발행으로 존 라이랜드 시니어 목사 같은 해외 선교 반대파들과 캐리를 지지하는 찬성파로 나누어졌다.

이때 캐리의 설교로 은혜받은 찬성파 목사들이 캐리의 요구대로 해외 선교회를 조직하게 된다. 그렇게 해서 생겨난 것이 '침례교 선교회'(Baptist Missionary Society, 1793)였다.

이들 '침례교 선교회'는 캐리를 인도 선교사로 파송한다. 캐리의 결정 소식을 들은 그의 아버지와 아내는 정신 나간 짓이라고 만류했다. 그러나 계속 아내를 설득하여 1793년 11월 19일에 인도의 캘커타(Calcuta)에 도착했다.

캐리의 순수한 신앙으로 인도에 도착했으나 영국 정부는 인도에 동인도회사라는 무역회사를 통한 돈벌이에만 관심을 가질 뿐 개종을 전하는 기독교 선교는 자칫 현지 정치인들을 자극하는 위험 요소라고 판단했다. 그래서 선교사들에게 적대감을 가지고 대했다.

여기에다 가족들은 갑자기 바뀐 환경에 적응하기 어려웠다.

도착하자마자 전 가족이 이질(痢疾)에 걸려 전염병으로 엄청난 고통을 겪었다. 2년이 지나자 다섯 살 난 아들 피터가 열병에 걸려 죽었다. 정신 이상 증세를 보이던 아내는 9년 만에 숨을 거두었고, 몇 년 뒤 장남 펠릭스마저 죽고 말았다.

그동안 캐리는 캘커타에서 말다(Malda)로, 거기서 다시 1800년 덴마크령 세람포어(Serampore)로 사역지를 옮겼다. 그래서 1818년에는 세람포어 대학을 설립하였다.

캐리는 세람포어에서 5개 선교 전략을 세운다.
① 매주 마을을 방문해 힌두인들과 무슬림들에게 복음을 전한다.
② 여러 가지 소책자와 팸플릿을 벵갈어와 다른 현지 언어로 출판해 현지인들에게 접근한다.
③ 성경을 벵갈어로 번역해 현지인들이 성경을 읽을 수 있도록 돕는다.
④ 현지인 자녀들을 위한 학교를 세운다.
⑤ 선교기지를 만든다.[172]

이 같은 그의 선교전략을 보면 그는 영혼 구령에 의한 복음 전파의 열정이 탁월한 목회자였다. 그는 또 선교의 열정만이 아니라 저들

---

172) Sunil Kumar Chatterjee, William Carey and Serampore, Sheoraphuli, Lasemplus, 1984.

에게 접근하는 수단으로 정기 간행물, 신문, 소책자, 성경 번역 등 매우 다양한 방법을 사용했다.

그래서 세람포어 선교회로 하여금 40개의 인도 방언으로 성경을 번역하게 한 것 중에 캐리는 35개 언어로 번역을 했다. 그리고 자기 혼자서 모든 일을 다 하지 않고 능력 있는 전문가들과 협력했고, 또 자기 대로 끝나지 않고 지속적인 사역 계승을 위해 현지인들을 양육하는 대학을 설립했다. 그가 세운 세람포어 대학은 1827년 덴마크 왕이 학사와 신학사 학위를 수여할 수 있는 허가증을 주었다.

캐리는 선교에 대한 관심이 없는 때에 전문적인 선교 교육과 훈련도 받지 않고 오직 하나님의 위대한 사역이라는 각성 하나로 선교, 교육, 성경 번역, 사회 활동 등 다양한 사역을 수행했다.

캐리의 선교가 성공적인 요인은 그가 팀 사역을 중요시했다는 사실이다. 캐리는 인도 선교 때 혼자 가지 않고 존 마쉬맨(J. Marshman)과 윌리엄 워드(W. Ward) 같은 선교사를 세람포어에 초청했다. 또 정기 간행물과 신문 발행을 위해서는 인쇄공 워드(Ward)가 있었다. 또 그의 성경 번역은 그 자신이 36개 언어로 번역을 했으나 헨리 마틴(H. Martin)이라는 케임브리지 대학 수석 졸업자를 초청해 힌두어, 페르시아어로 번역하게 했다.

그는 1834년 73세로 세상을 떠났다. 그의 묘비에는 "비천하고 가난하며 벌레같이 보잘것없는 자가 주님의 친절한 팔에 쉬겠네"라고 적혀 있다.

여기서 캐리가 미친 영향을 정리해 보자.

첫째, 그는 영국과 유럽의 개신교들에게 선교의 눈을 뜨게 해주었다. 유럽의 개신교들은 종교개혁이 일어난 1550년 이후 그가 1792년에 '침례교 선교회'로 인도에 가기 전까지 250년간 선교의 문이 닫혀 있었다.

그 원인이 칼빈의 잘못된 예정론 신학 때문이었다. 그토록 굳게 굳어진 암벽을 캐리가 깨부수었다. 그가 1792년 조직한 침례회 선교회는 뒤이어 또 다른 선교회들의 출생으로 이어진다.

그것이 1795년에 조직된 초교파의 '런던 선교회'(London Missionary Society)이고, 1796년 '스코틀랜드 선교회'와 '글래스고 선교회', 1797년에 '네덜란드 선교회', 1799년에 영국 국교회 선교회인 '교회 선교회', 1804년에 영국 해외성서공회가 조직되는 등 전 세계 교회들의 변화가 따른다.

둘째, 미국 해외 선교회 설립(1810)에 영향을 미쳤다. 그리고 미국 침례교 선교회(1814)와 성서공회(1814)가 설립되었다.

한국 초기 선교사들은 런던 선교회와 미국 해외 선교회 출신들이다. 캐리는 '현대 선교의 아버지'라는 칭송을 받기에 전혀 부끄럽지 않다. 한국 선교사 역사는 《현대 교회사》(1800~2000)에서 살펴보겠다.

2) 아프리카 선교사

아프리카 선교는 캐리의 침례교 선교회(1792)의 영향을 받은 초교파적인 런던 선교회(1795) 소속 선교사에 의해 이뤄진다.

그들이 로버트 모펫(R. Moffat)과 데이비드 리빙스턴(D. Livingstone)이다. 이들은 장인과 사위이다. 이들을 간략하게 살펴보자.

(1) 로버트 모펫(Robert Moffat: 1793~1883)

윌리엄 캐리는 자기가 소속된 칼빈파 신학을 따르는 특수 침례교회(Particular Baptists Church) 교단의 지원을 받는 침례교 선교회(1792) 선교사로 눈부신 활동을 전개했다. 이에 크게 자극을 받은 영국 내 감리교인, 장로교인, 회중 교회 교인들이 초교파적으로 연합하여 런던 선교회(London Missionary Society, 1795)를 조직했다.

런던 선교회는 개신교 최초의 중국 선교사 로버트 모리슨(R. Morrison: 1782~1834)을 1807년에 파송했다. 그러나 중국에 도착한 모리슨은 동인도회사 직원들이 자기들의 무역 상업 활동에 위험 요소가 된다고 판단하고 항상 감시하므로 외로운 선교를 해야만 했다. 그는 신약(1813)과 구약(1819)을 번역한 후 1823년에 말라카에서 출판한다.

모리슨의 최초 중국어 성경은 그 후 또 다른 번역 성경들을 만들게 된다.

런던 선교회는 중국 선교를 큰 목표를 삼고 계속해서 선교사들을 파송하려고 추진해 가고 있었다. 이럴 때 스코틀랜드인 로버트 모펫이 런던 선교회에 선교사 지원을 요청했다.

모펫은 스코틀랜드 이스트 로디언이라는 벽지에서 태어났다. 그는 집안이 가난해서 정규 교육을 거의 받지 못했다. 그러나 회심을 체험한 후 런던 선교회를 찾아가 지구상에서 가장 열악한 아프리카 선교사 사역을 요청했다.

런던 선교회는 그가 교육적 배경이 약하다는 이유로 주저하다가 그의 열정으로 최초 개신교 아프리카 선교사로 가게 되었다. 1816년에 모펫은 아프리카로 가서 1825년에 아프리카 남부에 있는 보츠와나[Botswana: 옛날에는 베추아날란드(Bechuanaland)]의 쿠루만에 정착하여 그곳을 거점 삼고 아프리카 선교에 45년을 사역했다. 이곳 보츠와나는 아프리카 남부로 면적 58만 2천km²로, 한국 남북한 22만 1천km²보다 두 배 이상 넓은 곳이다. 그런데 인구는 135만 명밖에 되지 않는 독립 공화국이다. 모펫은 보츠와나를 중심으로 45년간 크게 네 가지 사역에 주력했다. ① 복음화 ② 탐험 ③ 저술 ④ 문명화를 사역 목표로 삼았다.

그는 복음화를 위해 아프리카 현지인들을 목사로 훈련시켜 사역을 계속하도록 했고, 전에는 케이프 식민지만 알려진 아프리카를 그의 사위가 된 리빙스턴과 함께 잠베지 너머를 탐험해 광활한 아프리카를 알려줬다. 또 모펫은 세추아나어를 완벽하게 익힌 뒤 성경전서를 번역하고 찬송들을 작곡하고, 저술들로 보츠와나 아프리카인들에게 교육의 기초와 예배를 제대로 드릴 수 있도록 하기 위해 문학을 이용했다. 그리고 농업 분야에 삼림 보호, 퇴비 사용, 새 작물 소개, 관개법 등 편리한 생활을 위한 문명화에 기여했다.

이렇게 45년간의 아프리카 사역을 사위인 리빙스턴에게 위임하고 1870년 건강이 나빠져 아프리카를 떠났다. 그 후 13년 후 영국 켄트에서 여생을 마쳤다.[173]

(2) 리빙스턴(David Livingstone: 1813~1873)

리빙스턴은 스코틀랜드 블랜타이어에서 출생했다. 그는 가정 형편이 어려워서 10세에 학교를 그만두고 제분 공장에 들어가 오랜 기간 일을 했다. 그렇게 노동을 하면서도 책을 많이 읽고 야학에 다니며 공부를 그리워했고 밤늦게까지 공부를 했다.

---

173) W. C. Northcott, Missionary Labours and Scenes in South Africa and biographies, 1961.

그 후 17세 때 회심을 한 후 자신의 삶을 다른 나라에 가서 복음 전하는 데 바치기로 결심한다. 그가 26세 때(1836) 뒤늦게 글래스고(Glasgow) 대학에 진학해 신학과 의학공부를 병행했다. 그리고 29세 때(1839) 런던 선교회에 중국 선교사 지원으로 허락을 받았다.

그런데 당시 영국은 중국과 아편전쟁(1840~1842)으로 관계가 악화일로에 빠진 때였다.

그래서 런던 선교회는 중국이 아닌 아프리카 선교사 모펫을 소개했다. 마침 모펫은 안식년을 맞아 영국에 머물면서 아프리카 선교 동참자들을 찾고 있었다. 모펫은 모험심이 강한 리빙스턴에게 아프리카에서의 선교담들을 소개해 주고 "선교사가 살지 않는 천 개의 마을에서 복음의 연기가 피어오르는 모습"을 기대하라며 그를 자극했다.

리빙스턴은 자기 꿈이 중국 선교였으나 지금은 하나님의 때가 아니라고 판단하고 1840년 11월 20일에 런던 선교회 소속의 아프리카 선교사로 임명받는다. 그리고 다음 해인 1841년 3월에 남아공 케이프타운에 도착했다.

리빙스턴은 32년(1841~1873) 동안 아프리카 선교에 투신한다.

리빙스턴의 아프리카 30여 년 선교를 크게 3기로 나눌 수 있다.[174]

■ 제1기(1841~1856) 도전과 성공기

리빙스턴은 아프리카에 도착해 아프리카 대륙을 가로지르는 약 3만 마일의 탐험을 시작했다. 이때 1844년 초 리빙스턴은 사자 사냥

---

174) Momil Leslie and Madge Momill, Livingstone, Trail Blazer for God, Portland, Pacific Press, 1959.

을 나갔다가 사자로부터 공격을 받아 왼쪽 어깨에 사자의 이빨 자국이 11개가 날 정도로 큰 부상을 입었다. 이때 약 3개월간 치료한 끝에 어느 정도 회복은 되었으나 그는 평생을 왼쪽 어깨를 잘 사용하지 못했다.

이렇게 3개월의 꼼짝달싹하지 못하는 기회에 결혼의 필요성을 느낀다. 그때 마침 모펫의 장녀인 매리가 부모를 만나기 위해 아프리카를 갔다가 리빙스턴을 만나 결혼을 하게 된다(1845년 1월). 그러나 리빙스턴은 탐험광이어서 집에 있는 날보다는 밖에서 지내는 날이 더 많으므로 4남매 자녀는 낳았으나 매리는 항상 고독하게 살아갔다. 이렇게 가정을 소홀히 하며 탐험을 거듭한 끝에 리빙스턴은 드디어 1849년에 아프리카 남부 보츠와나 북서부에 있는 소택지 응가미(Ngami) 호(湖)를 발견한다.

이 호수는 칼라하리 사막 북부에 위치한다. 리빙스턴이 발견할 당시는 약 780km²의 호수였으나 1925년부터 마르기 시작해 풀이 무성한 습원지가 되었다.

리빙스턴의 제1기는 오후에 진료소를 열어 환자들을 돌보는 선교사의 사역에 주력했다.

■ 제2기(1858~1864) 탐험가 리빙스턴

리빙스턴은 런던 선교회와 관계를 끊고 영국 정부와 함께 공동 탐험가로 나선다. 그가 영국 정부와 협력해서 탐험가로 공헌을 세운다. 그러나 선교사로서의 성과는 거두지 못하는 쇠퇴기에 속한다.

리빙스턴이 영국 정부와 협력하여 이룬 공적은 한 가지가 있다. 그것은 영국인 탐험가 스피크(J. H. Speke: 1827~1864)가 아프리카 소말리아를 탐험하던 중 1856년에 탕가니카의 탕가니카 호(湖)와 빅토리아

호(湖)(Victoria)를 발견했다.

　이 빅토리아 호는 동아프리카 케냐, 우간다, 탄자니아에 걸쳐 있는, 호수 면적이 남한보다 작은 약 7만km²에 해당되는 넓은 호수이다.

　담수호로 세계 제1위인 북아메리카의 슈피리어(Superior) 호수가 약 8만 2천km²로 가장 크다. 이 호수 중 2만 9천km²는 캐나다의 온타리오 주(州)이고, 나머지는 미국 미네소타 주, 위스콘신 주 등으로 둘러싸여 있다. 그리고 제2의 호수가 아프리카의 빅토리아 호수이다. 빅토리아 호수는 약 6만 9천km²이다.

　적도 직하에 있는 큰 호수여서 낮에는 호수의 호풍, 밤에는 주변 육지의 육풍이 생겨 비가 오기 쉽다. 이렇게 영국인 스피크가 발견한 빅토리아 호가 1856년 세상에 알려졌다. 그런데 빅토리아 호수 발견 한 해 전인 1855년에 리빙스턴이 빅토리아 폭포(Victoria Falls)를 발견한다.

　리빙스턴이 폭포의 너비 약 1,700m나 되는 거대한 폭포를 발견하고 당시의 영국 여왕의 이름을 따라 빅토리아 폭포라고 명명했다. 이것을 현지인들은 '우레의 연기'란 뜻으로 '모시 오아 투냐'(Mosi-oa-tunya)라 해왔던 것이 리빙스턴 이후 빅토리아 폭포가 된다.

　지금은 이곳이 북쪽 잠비아 쪽은 동물 보호구역이고, 남쪽의 짐바브웨는 국립공원으로 6~10월 건기를 이용해 많은 관광객이 찾는다.

　리빙스턴은 1855년 빅토리아 폭포 발견 후 1857년 안식년에 케임브리지 대학에서 아프리카가 상업적으로 뗄 수 없는 곳으로 공정한 무역 거래에 의한 기독교가 아프리카에 뿌리내릴 수 있도록 동참을 호소했다. 이로써 그 후 수많은 이들이 아프리카로 향하도록 계기를 마련하게 되었다.

■ 제3기(1865~1873) 말년기

리빙스턴의 아내 매리는 남편이 항상 탐험을 위해 집을 비우므로 혼자서 어린애들을 키우다가 병을 얻어 귀국했다. 1852년에 귀국해 5년 동안 혼자 지내며 우울증을 술로 달래며 온갖 추문들을 남겼다. 그는 결국 아프리카에서 열병으로 42세로 생을 마친다.

노년에 혼자가 된 리빙스턴은 외롭게 지낼 때 뉴욕 헤럴드 지(New york Herald) 편집장 헨리 스탠리(H. Stanley)를 만난다.

이때의 리빙스턴은 선교 의욕은 충천했으나 몸이 따라주지 않았다. 리빙스턴은 아랍의 노예매매의 부당성을 폭로하고 그 관습을 없애려고 계획을 세웠으나 말년에는 시력을 잃고 홀로 외롭게 지내고 있었다. 스탠리는 리빙스턴에게 고향에 돌아가도록 설득했으나 자신은 할 일이 있다고 거절했다.

리빙스턴은 1873년 5월 초에 죽었다. 그리고 그 시신은 웨스트민스터 대수도원에 안치되었다. 그의 묘비에는 "그는 40년 동안 무자비한 노예매매를 없애는 데 최선을 다하여 기쁜 마음으로 아프리카 종족들을 복음화하는 데 힘썼다"라고 기록되어 있다.

유럽인들로 리빙스턴만큼 아프리카인들을 인격적으로 대해 준 적이 별로 없는 사람을 소중히 여긴 그는 아프리카인들의 마음을 얻었다.

그렇기에 리빙스턴은 아프리카 대륙을 발견하여 세계에 알렸을 뿐 아니라 아프리카인들도 발견하게 해주었다. 그가 생전에 아프리카인들이 유럽인들에게 학대당한다는 실상을 여러 차례 보고서들로 제출했다. 그러나 그 경고를 무시한 문명인들은 곧이어서 아프리카의 흑인들을 노예로 강탈해 가는 씻을 수 없는 범죄를 저지른다.

[결어]

하나님의 오묘한 섭리는 신묘막측하다. 로마 가톨릭 교회가 중세기 1,000년 동안 인간이 예수 그리스도의 대리자라는 말도 안 되는 교황제도로 암흑시대를 지배해 갔다. 하나님은 오만한 가톨릭을 종교개혁으로 심판하셨다.

종교개혁 후 개신교도들은 250여 년 동안 잘못된 신학사상으로 안일한 세월을 보냈다. 그것을 하나님은 독일의 경건주의로, 영국의 신앙 부흥운동으로, 미국의 대각성 운동으로 깊은 잠에서 깨어나게 하셨다.

이렇게 깊은 잠에서 깨어나도록 쓰임 받은 인물들은 모두가 영적으로 거듭난 중생의 체험자들이다. 그들이 독일의 슈페너와 프랑케와 친첸도르프가 이끄는 모라비안이었다. 모라비안에 의해 중생을 체험한 웨슬리 형제와 휫필드는 영국의 죽어 있는 영혼들을 다시금 소생시켰다.

이 같은 독일의 경건주의와 영국의 신앙 부흥운동은 미국의 대각성 운동으로 연결되었다.

이와 같은 영성운동의 불길은 교회에 국한되지 않았다. 죽었던 영혼이 새롭게 중생할 때 그 위력은 전 세계 각 곳으로 확산되었다. 그것이 찬송가의 대중운동으로, 고아원으로, 노예제도 폐지로, 감옥제도 개선으로, 세계를 향한 선교운동으로 나타났다.

이와 같은 영성의 불길은 또다시 다음 세대까지 계승되어 19세기에는 전 세계 각 곳에 선교의 불길로 번져갔다. 우리 한국은 이와 같은 전 세계의 영적 부흥의 물결 속에 혜택을 받은 민족이 되었다.

이 모든 전체 역사의 흐름을 볼 때 하나님의 위대하신 섭리의 손길들을 절실하게 느끼게 된다. 우리는 이 같은 과거사 이해를 통해 내가 예수 믿고 하나님의 자녀가 된 것과 장차 천국에서 구원받은 모든 전 세계 그리스도인들이 함께 만나서 영생을 누릴 소망으로 큰 힘을 얻어야 하겠다.

그 큰 힘은 더 많은 영혼들에게 또 다른 힘을 불어넣도록 재생산의 역사가 계속 뒤따라야만 한다. 그것이 목회에서든 교육에서든 선교에서든 세상의 삶 속에서든 구체적으로 실현되도록 재생산의 역사들을 이루어 나가야만 살아 있는 생명의 가치가 있음을 알아야 하겠다.

제6장 미국 독립 혁명과 프랑스 혁명

[서론]

18세기는 세계에 놀라운 변혁들이 일어난 시기였다. 종교적인 면으로 독일의 경건주의와 영국의 신앙 부흥운동이 미국의 대각성 운동을 가져왔다. 그로 인해 찬송가의 대중화, 사회의 개혁, 근대 선교 운동의 열매를 맺게 되었다.

18세기에 종교적 변혁만 일어난 것이 아니다. 종교적 변혁은 사회적 변화와 아울러 정치적 변혁으로 파급된다. 그래서 미국에서는 대각성 운동이 독립 혁명(1775~1783)이라는 생산적, 창조적 변화를 가져온다. 그런데 똑같은 시기에 유럽에서도 혁명이 일어난다. 그것이 프랑스에서 일어난 프랑스 혁명(1789)이다. 프랑스 혁명은 수백 년 동안 정치와 종교가 결탁한 절대왕정 체제로 인해 부패할 대로 부패한 절대왕정 정치와 종교계를 뒤집어엎자는 혁명이었다.

혁명(革命)은 이전의 상태가 급격하게 발전하고 변동되는 것을 의미한다. 그렇게 이룬 혁명은 더 좋은 발전이 따라야만 하는 것이다. 그런데 프랑스 혁명이 정치와 종교의 결탁으로 인한 전통적 절대왕정을 거부하는 것으로 시작되었으나 나폴레옹 통치로 종교는 무시된 왕정 국가만 향상되는 결과를 가져왔다.

나폴레옹 통치는 과거 카를 대제(샤를마뉴) 때와 맞먹을 정도로 국권을 신장시켰으나 마지막 결과는 전 유럽 국가들로부터 제재를 받게 되었다.

 프랑스 혁명과 나폴레옹 통치는 부패한 종교계를 더 강화시켜 주는 역효과를 가져왔다. 그것이 교황 지상주의였고 교황권의 향상이었다.
 프랑스 혁명의 원인을 제공한 사상가들인 몽테스키외, 볼테르, 루소와 독일의 칸트 사상은 전 세계적인 사상서로 존중받고 있다.
 본 장에서 혁명시대의 전개 과정을 살펴보겠다. 그리고 다음 장에서 사상가들의 생애와 사상을 살펴보겠다.

1. 미국 독립 혁명과 제2차 대각성 운동

1) 미국의 독립 혁명(American Revolution)

 영국은 17세기(1620년 이후) 신대륙 북아메리카에 13개 식민주(州)들을 건설했다. 그 후 150여 년이 흐른 후 18세기 초반의 대각성 운동으로 신앙적 각성이 국민에게 자유에 대한 가치를 크게 깨닫게 해준다.
 자유란 신앙의 자유만이 아닌 생명과 행복을 추구하는 국가적 자유까지 포함된다. 그런데 현실은 영국의 식민지배를 받고 있었다. 자유의 가치를 깨달은 영국령(領) 북아메리카 13개 주들은 자유를 찾기 위해 영국에 반항하고 분리를 주장해 독립을 달성한다.
 여기 이 사건을 정신적으로 바라보는 이들은 '독립 혁명'이라고 이해하는 측면이고, 이것을 정치사적으로 바라보는 이들은 '독립전쟁'(Revolution War or Independence War)이라고도 한다. 두 가지 말이 다

맞겠지만 여기서는 대각성 운동의 결과가 미국의 독립을 가져온 혁명적 사건이었다고 보고 혁명으로 설명하겠다.

(1) 미국 독립 혁명의 원인

북아메리카 대륙의 지배권을 놓고 영국과 프랑스가 식민지 지배권 장악을 위해 7년간(1754~1763) 피나는 전쟁으로 격돌했다. 이때 인디언들까지 가세하였으므로 이 전쟁을 프렌치 인디언 전쟁(French and Indian War)이라고 한다. 이 전쟁에서 영국이 승리함으로 프랑스는 신대륙의 전 영토를 잃게 되었다.

프렌치 인디언 전쟁에서 승리한 영국은 7년간 전시 재정 투입으로 국고가 궁핍하게 되었고, 또 전쟁 결과 북아메리카 전역을 소유한 영토에서 좀 더 효율적인 식민 지배를 하려고 했다. 전후 영국은 캐나다에서 플로리다에 이르는 광대한 영토의 소유주가 되었으나 원주민 인디언들과의 관계는 여전히 커다란 숙제였다.

영국은 인디언들을 본국 정부의 관리 대상으로 삼으려 했으나 인디언들은 이를 거부하고 무시했다. 또 영국은 본국의 재정 위기 타개책으로 간접세가 아닌 직접세를 강행했다. 그러자 식민지 국민들은 반항과 반대의 뜻으로 각지에서 본국 상품들에 대한 불매운동을 전개했다.

영국은 또 동인도회사에게 무역 특혜권을 주었는데 1773년 '차조례'(Tea Act)를 제정해 정부 기구에만 특혜를 주었다.

이로 인해 보스턴 티 파티 사건이 발생하자 1774년 징벌법으로 보스턴 항을 폐쇄하고 매사추세츠 식민주의 자치(自治)를 정지시켰다. 이렇게 누적되어 가던 본국 정부의 일방적 탄압 정치는 1774년에 12개 식민 주들의 대륙회의를 결성해 본국과 투쟁하도록 만들었다.

(2) 독립 전쟁(1775~1783) 과정

최초의 전쟁은 1775년 4월에 시작되었다. 최초의 전투는 매사추세츠 주(州) 동부에 있는 렉싱턴(Lxington)에서 영국군과 식민지 민병대 간에 무력 충돌이 발생했다. 그리고 7월에는 같은 주 콩코드(Concord)에서도 영국군과 식민지 민병대 간의 총격전이 벌어졌다. 콩코드에는 이때 싸운 민병대의 동상이 세워져 있다.

식민지인들은 전쟁이 벌어졌으나 영국 본국이 무역정책을 포기하는 선에서 화해를 기대했다. 그러나 퀘이커 교도인 페인(T. Paine: 1737~1809)의 1776년 《커먼 센스》(Common Sense)라는 이상주의 주장에 크게 고무된 사회 분위기에 제퍼슨(Thomas Jefferson: 1743~1826)이 1776년에 독립 선언문을 공표한다.

이때 식민지 국민들은 장비가 매우 열악한 상태에서도 이상 세계를 동경하며 민병대를 조직해서 정규군인 영국군들과 대항하는 전쟁을 벌인다. 민병대는 군복도 지급받지 못하면서 향토방위를 위한 게릴라전을 계속 밀고 나갔다.

양편의 전투는 1776년 10월 뉴욕 주 중부 허드슨 강 상류에 있는 새러토가 전투(Battle of Saratoga)에서 7천 명이 넘는 미국 독립군이 지휘자 게이츠 장군과 함께 약 6천 명이 되는 영국군과 왕당파 군대와 인디언이 연합한 연합군 지휘자 부르고니 장군과 대결을 했다. 여기서 독립군이 연합군을 항복시킨다.

이 전쟁의 승리로 미 독립군은 크게 사기가 진작되고, 영국군에게 프렌치 인디언 전쟁에서 패배해 좋지 않은 감정을 가지고 있던 프랑스가 공공연하게 미국 독립군을 돕기 시작한다.

1781년 8월 30일부터 10월 19일까지 버지니아 주 요크타운(Yorktown)에서 미국 독립군과 프랑스군이 합세해 영국과 전투를 벌였다. 이때 영국군은 콘월리스 공(公)이 약 8천여 명의 군대를 이끌고 남부에서 북진을 계속해 왔다.

이를 맞은 미 독립군과 프랑스군 연합군 1만 6천 명은 워싱턴 장군의 지휘 아래 전투를 벌였다. 이 전투는 3개월 이상 고립된 영국군이 항복함으로 영국의 패전을 가져온다.

영국의 숙적인 프랑스는 군대를 보내주는 참전뿐 아니라 1778년에는 미국과 프랑스 동맹 조약을 체결했다.

미국이 육군은 독립군이 맡았으나 영국의 강력한 해군력은 대항할 수 없을 때 프랑스 육군의 응원을 얻어 전황을 유리하게 이끌어 갔다. 1779년에는 스페인도 대영 선전 포고를 했다.

이렇게 영국의 식민 주는 미국 독립국만이 아니라 프랑스, 스페인 등 숙적으로 증오해 오던 과거사를 가진 나라들의 미국 독립 전쟁 지원으로 나타낸다.

(3) 독립전쟁의 결과

① 주(州) 헌법 추진

미국은 제퍼슨의 '독립 선언서'에 기초한 13개 각 주의 헌법이 추진된다.

제퍼슨은 자연신론자(Deist)다. 그는 기독교를 예수 정신만 본받고 바울을 기독교 교리를 만든 종교 창설자로 보았으며, 기독교의 핵심을 박애(benevolence)에 두었다. 제퍼슨은 영국 로크의 사상을 받아 천부 인권설, 사회 계약설, 주권 재민설을 믿었다.[175]

이 같은 제퍼슨은 청교도 정신과는 무관한 인물이었다. 그가 독립

---

175) T. Jefferson, The life and morals of Jesus of Nazareth.

선언문(1776년 7월), 버지니아 주 권리장전을 만들었고, 미국 헌법(1787)도 그가 기초하였다. 그는 미국 3대 대통령으로 공적을 남겼고, 또 각 주(州)마다 독립된 주법을 만들도록 하였다.

② 연합 주들의 연방 헌법

이렇게 독립전쟁으로 영국 식민지에서 독립은 하였으나 13개 각 주마다 다른 주법과 연방 헌법은 각 주마다의 이해 차이로 남부와 북부 간에 융화되기 어려운 과제들을 안게 되었다. 그것이 훗날 남북 전쟁으로 드러난다.

(4) 미국 건국 기초자들은 청교도가 아니다

미국의 독립전쟁(1775~1783) 승리로 미국이 독립된다. 미국의 독립은 오늘날 미국이라는 나라를 출생하게 만든다. 오늘의 미국을 건국하는 데 초석을 놓은 사람들은 누구인가? 그들은 모두가 정치 사상가들이었고 종교인은 아무도 없었다. 오늘의 미국 건국 기초는 그 시대적 정치 사상가들이 만든 유산이다. 이와 같은 역사적 사실을 도외시한 일부 비역사가들이나 특히 칼빈주의 신봉자들은 미국이 청교도 정신으로 건국되었다는 희한한 주장을 편다. 과연 미국이 청교도 정신 사상으로 건국되었는가? 그 진실을 알기 위해 미국 건국 초기의 정치 사상가들 몇 사람을 살펴보자.

① 벤저민 프랭클린(Benjamin Franklin: 1706~1790)

프랭클린은 미국 최고 화폐 100달러짜리에 올라 있다. 100달러짜리에 새겨져 있다고 훌륭한 것은 아니지만 그는 그만큼 유명하다. 일반적으로 그는 번개가 전기 방전임을 밝혀낸 피뢰침 발명가로 많이 알고 있다.

그는 과학자이자 발명가이기도 하지만 정치가로 더 유명하다. 그리고 그는 영국 식민지 정부 때에 식민지 의원(1751~1764), 식민지국의 체신장관(1753~1774)을 지냈던 식민지 관료였다. 그런데 독립전쟁 때는 오하이오 원정 때 의용 민병군을 조직해 싸웠다. 그리고 1776년에는 독립 선언서 기초 위원이 되었다.

그리고 1787년 독립된 후에 연방 헌법회의 대표가 되었다. 그런데 연방 헌법에 만족하지 않고 펜실베이니아 대학을 설립하며 펜실베이니아 급진법을 만들었다.

프랭클린은 일생 동안 현실적이고 실리적인 쪽으로 이동하면서 자기에게 가장 좋은 쪽으로만 인생을 살아간 전형적인 미국인의 특성을 보여준 인물이다.

그는 출판업자, 저자, 사업가, 윤리 운동가, 발명가, 과학자, 공무원, 정치가 등등 다양한 분야에서 종사하며 살아간 인생처럼 사상도 모든 사상들의 혼합 사상가였다.[176]

그는 고된 노동 중에도 검소, 절제, 상식 같은 덕목을 존중했고, 또 많은 종교기관들에 기부도 하며 교회가 사회 윤리에 기여할 것을 권장했다. 그는 기독교의 독특한 교리들은 모두 배척하고 그가 믿는 하나님은 자연에서 찾을 수 있다고 한 이신론(理神論)자였다.

그가 미국 건국에 깊이 활동했다. 그 같은 무신론자를 청교도라고 표현하는 것은 전혀 사실이 아니다.

---

176) B. Franklin, Poor Richard's Almanc, 1732~1757.

② 조지 워싱턴(George Washington: 1732~1799)

미국 초대 대통령으로 '건국의 아버지'로 알려졌다. 그가 이름을 드러낸 것은 프렌치 인디언 전쟁(French and Indian War, 1754~1763) 때의 일이다.

이때 애팔라치아 산맥을 넘으려는 영국의 식민지 세력과 이를 막으려는 프랑스가 원주민 인디언들조차 양편으로 나누어져 전쟁을 벌였다. 이때 영국군의 승리로 프랑스 세력이 북미 대륙에서 물러난다. 바로 이 전쟁에서 워싱턴은 영국군에 가담해 전공을 세웠다.

그러나 영국의 식민 지배 정책을 반대하면서 1774년에 13개 식민지 전체 대륙의 군 총사령관이 되어 영국군과 독일 용병들과 투쟁을 전개해 나갔다. 약 10여 년 동안 매우 열악한 상태에서 게릴라전을 전개했으나 거듭되는 패배로 추운 겨울에 고환에 동상이 생겨 생식 불능자가 되었다. 그렇게 오랜 세월 야전 사령관으로 전투를 계속 전개하던 중 1781년 8~10월의 요크타운(Yorktown) 전쟁 승리로 독립 전쟁을 종식시킨다.

1787년 연방 헌법 제정회의 의장이 되어 강력한 중앙 정부 수립에 공헌하고, 1789~1797년 초대, 2대 대통령이 되었다. 그는 3선 열망을 뿌리치고 부유한 미망인 마사 커스티스와 함께 수천 명의 노예를 거느린 전형적인 농장주로 생을 마쳤다.

워싱턴이 초대 대통령이고 미국 건국의 아버지인 것은 사실이다. 그는 군인으로 전투에서 오랜 세월 동안 공헌은 했으나 미국 혁명이나 건국 정신에 기여한 것은 미미하다. 건국 정신과 미국 헌법의 정신을 세운 것은 3대 대통령이 된 제퍼슨이다.

③ 토머스 제퍼슨(Thomas Jefferson: 1743~1826)

제퍼슨은 버지니아 주(州)의 한 농장주의 아들로 태어났다. 그는 19세 때(1762) '윌리엄 앤드 메리'라는 무명 대학을 나오고, 24세(1767) 때 변호사가 되었다. 1769~1774년에는 버지니아 주 식민지 의회의 의원으로 일하면서 그의 명성이 드러나기 시작했다. 미국 독립전쟁 이전에 페트리어트(Patriots, 애국파)라는 반(反)영국 운동이 일어났다. 제퍼슨은 이 운동의 지도자로 활약을 했다.

그는 1774년 〈브리튼령(領) 미국의 여러 권리의 개관〉이라는 논문으로 영국의 여러 정책들이 식민지인의 노예화를 기도하는 것이라고 주장하며 이에 대항해야 한다고 주장했다.

이러한 그의 주장과 함께 13개 영국 식민지주의 대표자들 회의인 제1, 2회 대륙회의에서 1776년 6월 10일에 '독립 선언 기초 위원회'를 발족해 다섯 명의 위원을 세웠다. 그들은 ① T. 제퍼슨 ② J. 애덤스 ③ B. 프랭클린 ④ R. 셔먼 ⑤ R. R. 리빙스턴이었다.

이때 T. 제퍼슨이 단독으로 초안을 만들고 그것을 J. 애덤스와 B. 프랭클린이 조금 손질을 해서 위원회안으로 제출되었고, 약간의 삭제와 가필이 있은 후 1776년 7월 4일에 공포되었다.

그렇기에 미국 독립 선언문은 T. 제퍼슨의 사상이 밑바탕이 된다.

미국 독립 선언문은 기복적인 인권으로 "모든 사람은 평등하게 창조되었다"는 선언과 함께 인간이 양보할 수 없는 기본권은 '생명, 자유, 행복의 추구'라고 했다.

독립 선언문은 인간의 기본권이 양보할 수 없는 자연권(自然權)이라는 주장과 함께 영국 왕의 폭정 28개항을 열거한다. 그리고 독립을 선포하는 결문으로 구성되었다.

독립 선언문은 ① 인간의 기본권 ② 영국 정부의 폭정 ③ 독립을 선포하는 이유 등 3개항으로 구성되어 있다. 여기서 우리가 주시해야 할 대목이 ①항이다.

제퍼슨의 자연권에 의한 인간의 기본권 이론은 그의 주장이 아니라 영국의 명예혁명을 정당화한 J. 로크의 자연법 이론을 따른 것이다. 그렇기에 제퍼슨의 기본권 사상은 J. 로크 사상의 연장과 발전이라고 할 수 있다.

영국의 J. 로크의 자연법 이론과 미국의 T. 제퍼슨의 인간의 기본권 사상이 결국 미국의 정치 사상의 기초가 된다.

제퍼슨은 1779~1781년에는 버지니아 주지사로 지냈고, 1786년에는 버지니아 신교 자유법에 근거해 정교분리(政敎分離)가 미국 연방 헌법에도 반영되도록 한다.

제퍼슨은 1801~1809 제3대 대통령이 되었고, 2기 연임을 했다. 그는 재임 중 프랑스로부터 루이지애나 주(州)를 매입해서 영토를 넓혔다. 정계 은퇴 후 버지니아 대학을 창립했고, 미국 철학회 회장도 역임했다.

그는 평생 인간의 평등을 주장하면서도 평생 동안 200명 이상의 흑인 노예를 부리는 대(大) 농장주로 살아갔다. 그는 만인 평등을 정치적 구호로 외쳤으나 그의 개인적 삶은 유능한 소수자가 무능한 다수자를 지도해야 한다는 신념으로 살아갔다. 그렇기에 정치가 제퍼슨과 인간 제퍼슨은 구별해야 할 것 같다.

미국의 건국과 헌법의 기초를 만든 제퍼슨은 기독교 신자인가? 그가 편집 저술한 《나사렛 예수의 삶과 도덕》(The life and Morals of Jesus of Nazareth)이라는 저서에서 예수의 기적 사건들은 모두 삭제했다.[177]

그는 기독교를 예수님의 사랑에 근거한 '박애'(benevolence) 정신만 채택하고, 예수님의 기적이나 바울의 교리는 전부 배척했다. 그는 미국 헌법이 보장하는 종교의 자유란 기독교만이 아닌 타 종교들 모두에게 적용되는 보편적인 종교 전체를 뜻한다.

연방헌법은 영국 국교 같은 국교가 아닌 모든 종교를 다 인정한다. 그와 같은 미국 헌법의 기초를 만든 제퍼슨을 기독교도라고 하는 것은 큰 오해이다. 정치와 종교는 철저하게 분리되어 종교세도 없고 국가가 교회에 재정 지원을 해주지도 않는다.

종교교육에 대해서도 국가는 관여하지 않는다는 것을 주장했다. 남부 테네시 주(州)는 주법으로 종교교육법을 실시해서 창조론과 배치되는 진화론을 가르치는 교사를 재판한 '스코프스 재판'(1925)을 열었지만 그 후 1967년에 법이 폐지되었다. 모든 종교 집단은 동일한 자유를 누리되 국법을 위반할 때는 그 자유를 제한받는다는 것이 미국 헌법 정신이다.

일부 기독교인들은 대통령 취임 선서에 성경에 손을 얹고 선서한다든가 또는 연방의회 개회식 때 기도로 시작하는 것 등으로 미국이 기독교 국가라는 주장을 펼친다. 또 더러는 미국이 청교도 정신으로 건국되었다는 황당한 주장을 하기도 한다.

역사적 사실은 바르게 알아야 하겠다. 미국의 건국은 청교도 정신이 아니다. 과거 조상들의 신앙 전통을 유지하려는 면모만 있을 정도다.

---

177) T. Jefferson, The life and Morals of Jesus of Nazareth.

(5) 미국 건국 후 각종 형태로 변질되는 교회

앞서 제1차 대각성 운동의 주역으로 기독교 지도자들을 설명했다. 그와 같은 대각성 운동이 미국 독립 혁명의 밑거름이 되었다. 그 후 미국 독립 혁명은 새로운 미국을 탄생하게 했다. 이렇게 위대한 공헌을 이룬 미국 교회들은 새로운 국가가 추구하는 혼합적인 종교 다원주의 정책으로 교회들이 특징들을 잃어간다.

정치가 모든 종교들을 모두 다 관용함으로 각 교파들이 유지해 왔던 교파적 특성과 각 교파들의 신학이 희석하거나 변질된다.

그 대표적 사실이 칼빈주의의 독단적 요소가 크게 무너진다. 칼빈주의의 대표적 교리들이 대중적 종교 정책에 모두 위배되었다. 예컨대 칼빈주의의 제1항인 인간의 전적 부패(Total depravity) 교리는 T. 제퍼슨이 주장하는 만인 평등과 인간의 기본권 소유라는 정치 이념과 정반대되는 교리이다.

또 칼빈주의의 제2항인 무조건적 선택(Unconditional election) 교리나 제4항의 불가항력적인 은혜(Irresistible grace) 등등은 T. 제퍼슨에 의하면 모든 인간이 평등하게 창조되었다는 독립 선언서 정신과 위배되는 것이다. 칼빈의 대표적 사상은 하나님의 절대 주권에 의한 인간의 전적인 무능에서 출발한다. 그런데 제퍼슨은 하나님의 책임만이 아니라 인간의 책임과 권리도 똑같이 중요한 것이라고 했다. 그는 정교분리를 주장했다. 이 같은 미국 건국 후의 사상 흐름은 미국 기독교가 세속화되어 가는 방향으로 이끌어 가게 되었다.

과거 18세기 중엽의 미국 사상의 지도자는 조나단 에드워즈를 중심한 청교도 신앙 지도자였다. 그러나 미국 독립 후 이후에는 신앙 지도자들의 영향력은 물러가고 정치가들과 정치 지도자들이 이 기능을 수행해 간다.

그리고 신학은 여러 학문들 중 하나에 불과해지고, 신학이 삶을 지도해 나가는 것이 아니라 삶이 지성을 지배해 나가기 시작한다. 따라서 기독교 내에는 온갖 기이한 현상들이 뒤따르게 된다.

① 유니테리언주의(Unitarianism)

유니테리언주의란 삼위일체 교리를 부정하고 예수 그리스도의 신성을 부정하며 예수 그리스도를 단지 모범적 사랑의 인물로 보는 사상을 뜻한다. 이 같은 사상이 T. 제퍼슨의 사상이다. 사실 이 같은 사상의 기원은 고대 교부들 시대의 아리우스 때 시작되어 중세기 때는 소치니주의로, 그리고 미국의 T. 제퍼슨과 매사추세츠 주의 회중교회들에서 발전하여 현재는 하버드 대학의 신학대학이 그 본산지가 되었다.

여기서는 미국 독립 이후 유니테리언주의를 발전시킨 몇 사람의 중요인물들 이름만 알고 넘어가자.

a. 제임스 프리먼(James Freeman)은 하버드 대학 졸업 후 뉴 잉글랜드에서 가장 오래된 영국 국교 킹스 채플(Kings Chapel) 교회 목회자로 미국 내 최초의 유니테리언 교회를 만든다.

b. 찰스 촌시(Charles Chauncy: 1705~1787)가 스코틀랜드와 아일랜드 계열의 장로교 구파(Old Side) 목사인데도 칼빈주의 전통인 회심과 인간의 죄성 강조가 아닌 인간의 도덕적 의무를 강조해 윤리적 종교로 전락시킨다.

c. 남북 전쟁(1861) 전후의 하버드 대학 학장과 교수 대부분이 유니테리언주의자들이 된다.

이때의 지도자는 채닝(W. E. Channing: 1780~1842)이다. 그는 하버드 대학 졸업 후 1803년 보스턴의 회중 교회 목사가 되었다. 그는 삼위일체, 그리스도의 신성, 인간의 전적 타락, 대리 속죄 등을 모두 부인하고 노예제도 폐지, 금주, 전쟁 대신 평화를 주장했다. 그는 1825년에 미국 유니테리언협회를 만들었다.

d. 에머슨(R. W. Emerson: 1803~1882)은 9대에 걸쳐 목사를 배출한 가정에서 태어나 하버드 대학 졸업 후 1829년 보스턴의 제2교회 목사가 되었다. 그가 부임 당시에는 회중 교회였으나 오늘날은 유니테리언 교회가 되도록 그의 사역 기간 중 계속적으로 변질시켜 나갔다.

그의 《자연론》(1836)에서 그리스도를 인간으로 보고 그리스도의 믿음을 닮은 믿음을 주장했다. 그는 《수상집》, 《대표적 인간》 등에서 유일한 기독교가 아닌 범신론적 혼합적 종교를 주장했다.[178]

그 후 하버드 대학 신학부는 반노예 제도, 시민권 운동, 사회정의를 주장하는 합리주의에 의한 하나의 종교운동 전개로 유니테리언주의의 본산지가 되었다.

② 미국 독립 후 변화되는 교회들

미국 독립을 놓고 각 교파의 견해가 나누어진다. 회중 교회, 장로교회, 루터교회는 독립을 적극 찬성했다. 그에 반해 영국 국교인 성공회와 감리교는 독립을 반대했다. 영국 국교는 자기 나라인 영국을 떠날 수 없으니까 그렇다고 할지라도 감리교는 하나님에 의해 임명된 통치자에게 순종하는 것만이 성경적이라고 반대했다.

---

178) R. L. Rusk, For the history of Emerson's role in the Uniterian Controversy, 1949.

이에 따라 독립을 지지하는 회중 교회, 장로교회 목사들은 독립과 혁명을 정당화하기 위해 한때 칼빈주의자였다가 가톨릭으로 개종한 프랑스 철학자 루소(J. J. Rousseau: 1712~1778)의 사회 계약설(Theory of Social Contract)을 따르게 되었다.

장로교 목사 중 사회 계약설을 따르는 이로 유명한 목사는 뉴저지 대학의 학장이자 독립 선언서에 서명한 사람 중 하나인 존 위더스푼(John Witherspoon: 1723~1794)이었다. 위더스푼은 스코틀랜드 존 녹스의 직계 후손이다. 그는 에든버러 대학 졸업 후 목사로 몇 교회를 거쳐 뉴저지 대학 학장으로 25년간 봉직했다.[179]

그 대학이 훗날 프린스턴 대학이 된다. 그는 미국 장로교회에서 회중 교회와 네덜란드 개혁교회와의 연합을 위해 힘썼고, 독립 선언서에 서명한 유일한 성직자다. 이렇게 장로교 목사도 미국 독립사상에 동의했다.

독립을 찬성한 교민들은 독립사상에 찬성하면서 사상적으로 혼합주의 성격으로 흘러가고, 독립을 반대한 영국 국교는 전쟁 후 7만 명 이상이 본국으로 돌아감으로 국교가 급작스럽게 쇠퇴한다.

감리교의 아르미니안주의나 칼빈주의자나 회중 교회나 미국의 모든 교회들이 미국 독립 후에는 교파적 특색은 사라지고 정치적 성향에 따라 평범한 종교기관들로 퇴색해 간다.

이와 같이 기독교 특성이 사라지고 하나의 종교 기구로 퇴색해 가는 미국 교회에 1790년대에 일어난 제2차 대각성 운동을 살펴보자.

---

179) J. Witherspoon, Ecclesistical Characresistics, 1753.

2) 제2차 대각성 운동(1787~1825)

[서론]

18세기 전반의 미국 사회는 제1차 대각성 운동이 전국적인 화제였다. 그래서 교회가 주축이 되어 전 미국의 사회, 교육, 국민을 새롭게 갱생시켰다. 그렇게 갱생시킨 결과가 미국의 독립전쟁과 미국의 건국이었다. 이토록 좋은 결과를 이룬 열매는 정치적 자립이었다. 그런데 그렇게 좋은 열매를 맺도록 기여한 종교계는 전 국민적 관심이 정치쪽으로 몰려가면서 급속하게 침체를 계속해 갔다.

제1차 대각성 운동(1725~1760) 후 미국의 독립전쟁(1775~1783) 후에는 약 40~50년간 교회가 침체기로 정체되어 갔다. 그런데 미국교회는 또 다시 소생을 한다. 그것이 제2차 대각성 운동(1787~1825)으로 교회가 다시 살아나고 각 교단이 성장하며 해외 선교로 발전된다.

제2차 대각성 운동에는 긍정적 결과만 아니라 교단이 분열되고 이단들이 생겨나는 부작용도 따랐다. 그러나 제1차, 제2차 대각성 운동을 통해 미국의 교회는 전 세계에서 보기 드물게 매우 가능성이 많은 종교적 모범국으로 신뢰를 받게 되었다. 그래서 미국은 또다시 제3차, 제4차 대각성 운동을 열망하는 매우 희망적 종교 모범국으로 전 세계 모든 나라들의 기대와 희망을 만들었다.

여기서는 제2차 대각성 운동의 진행 과정과 결과를 간략하게 살펴보겠다.

(1) 2차 대각성 운동의 진행 과정
① 시발점

18세기 후반의 미국 사회는 종교가 아니라 혁명이 최대 이슈가 되었다. 미국인들의 관심이 종교나 신앙이 아닌 혁명에 쏠리면서 사람들의 의식에는 종교와 현실의 부조화에 의한 회의(懷疑)주의와 계몽주의 시대의 산물인 이신론(理神論)이 유행하였다.

이신론은 이 세상을 창조한 절대자이신 창조주는 인정하지만 그 창조주가 세상 일에 관여하거나 계시로 자기를 나타냈다는 주장들은 거부했다. 따라서 계시나 기적을 부인하고 단지 신의 존재만 인정하는 일종의 범신론적 이성주의가 T. 제퍼슨의 사상이었고, 그것이 미국인의 사상이 되어 갔다. 이렇게 회의주의의 먹구름에다 거짓된 사탄의 사상에 미혹되어 가는 미국 교회들은 성장은커녕 퇴보해 가고 있었다.

그래서 1800년대 미국의 기독교인들은 전체 미국 인구의 10분의 1도 채 되지 않았다고 한다. 독립을 이룬 미국은 술집, 유흥가, 어린이 학대, 폭동과 방종이 휩쓸고 있었다.

이들은 주일성수나 안식일 주장자들을 모독하고 언론의 자유, 표현의 자유, 사상의 자유를 내걸었고, 자유사상가들의 출판물들이 대세를 이루었다. 이렇게 세상이 정통주의를 부정하고 불신앙에 의한 파괴적 사회 현상들이 생겨나면서 신앙을 제대로 가진 복음주의 목회자들 가운데서 광야에 외치는 메아리가 차츰 되돌아오기 시작했다.

2차 대각성 운동의 발화점은 장로교 목사 맥그리디(James Mcgready: 1758~1817)로부터 시작된다. 그는 펜실베이니아에서 신학공부 후 설교자 자격증을 받았다. 그는 노스캐롤라이나에서 초기 사역 중에 12명의 청년들을 회심시키고 그들이 목사가 되도록 했다.

그들 중에는 칼빈주의적 장로교 신조를 거절하고 '기독교회'(Christian Church)를 조직한 스톤(Barton Warren Stone: 1772~1844) 목사도 있었다.

맥그리디는 1797년 부흥운동을 시작해 1800년 여름 켄터키 주(州) 로간 카운티 캐스퍼 강가에서 야영 집회(Camp meetings)를 열었다. 이때 약 1만 명 가까이가 모인 것으로 추정된다. 맥그리디는 그다음 해 1801년 8월 켄터키 주 부르봉 카운티의 케인 리지에서 또다시 야영 집회를 열었다. 이때는 약 2만 5천 명이 모인 것으로 전해진다.[180]

야외 강당은 직사각형이나 말발굽형, 또는 원형으로 둘려 있는 천막들 중심에 강단이 설치된다. 이들은 집회 도중 감정적 행위들을 여과 없이 발산케 한다. 그래서 진동, 입신, 춤 등등 격한 감정을 그대로 발산하며 중생을 체험으로 확인케 했다. 이와 같은 생생한 체험을 회개나 중생의 체험으로 연결시키는 방법을 감리교 설교자들과 기타 다른 교파 설교자들도 채택하였다.

맥그리디 부흥 운동의 결과 컴벌랜드 장로교(Comberland Presbyterians)가 창립된다. 컴벌랜드 장로교는 제2차 대각성 운동 기간에 출생한 신생 교단이다. 이들은 성직자가 되려는 이들을 대상으로 하는 성직자 필수 교육 제도를 거부하고 종교적 소명만을 중요시하는 교단이다.

미국의 제2차 대각성 운동의 시발자는 맥그리디이다. 제2차 대각성 운동은 동부와 서부로 확산된다.

② 동부 지역

동부 지역 부흥운동은 해안을 따라 자리 잡은 대학들과 도시들에

---

180) David Wells, Reformed Theology in America, Grand Rapids, Eerdmans, 1985.

서 지도자들의 설교의 영향으로 일어났다.

1787년, 현재는 버지니아 주 남동부 햄프턴(Hampton) 시드니 대학이 되었고, 또 워싱턴 앤드 리(Washington and Lee) 대학으로 알려진 버지니아 주의 조그마한 두 장로교 대학에서 각성 운동이 일어났다.

과거 제1차 대각성 운동은 조지 횟필드, 길버트 테넌트 같은 순회 전도자들에 의해 전국적으로 퍼졌었다. 그러나 제2차 대각성 운동은 담임 목회자들의 영성 운동으로 진행되었다. 이때 활약한 지도 인물들을 보자.

a. 디모티 드와이트(Timothy Dwight: 1752~1817)

그는 매사추세츠 주 노샘프턴에서 조나단 에드워즈의 손자로 태어났다. 그는 예일 대학교를 졸업하고 코네티컷 주의 페어필드에 있는 회중 교회 목사로 12년간(1783~1795) 봉직했다. 그 후 43세 때(1795) 예일 대학교 신학부 학장 겸 교수로 생을 마쳤다.

그는 재직 기간 중 행정과 교과 과정을 개선하고 입학 정원을 3배로 늘렸다. 그는 대학 교회에서 설교를 통해 신앙 부흥운동을 추진해 1802년에는 전체 학생 225명 중 75명을 회심시켰다.

드와이트는 조부 에드워즈의 정통 칼빈주의를 따르지 않고, 칼빈주의에다 영국 계몽주의의 영향을 받아 합리주의, 자연주의, 실용주의를 따랐다. 그렇기에 그의 신학 사상은 이성과 계시, 자연과 은총, 율법과 복음이 조부와 상이한 탈청교도적 사상이었다.[181]

그렇지만 그는 제2차 대각성 운동에 강력한 영향력을 행사했다.

---

181) T. Dwight, Theology, Explained and Defended, Vol 5, 1818~1819.

b. 나다니엘 테일러(Nathaniel W. Taylor: 1786~1858)

그는 코네티컷 주에서 태어나 예일 대학을 졸업했다(1807). 그는 드와이트 밑에서 원고 교정 담당자로 일하며 그의 사상에 영향을 받는다. 그가 신학공부 후에 뉴헤븐 제일교회라는 회중 교회 목사가 된다(1812~1822). 그가 신학 교수 때 소위 '테일러리즘'(Taylorism)이라는 말이 생겨날 정도로 독특한 신앙을 개척했다.

그의 신학은 수정된 칼빈주의로 "인간의 죄가 불가피한 것은 사실이나 그렇다고 불가항력적인 것은 아니다. 각 사람은 자신이 선택한 각자의 선택 행위에 따른 책임이 있다"는 것이었다.

이렇게 인간 각자의 책임을 강조하므로 그는 전통적인 과거 에드워즈 신학에서 신흥 아르미니안 신학과 융합시킨 '뉴 디비니티'(New Divinity)라는 새로운 신학을 형성했다.[182]

테일러는 인간은 칼빈주의가 말하는 '전적 타락'(Total depravity)을 한 것이 아니라고 했다. 인간은 부패한 것이 아니라 자신의 죄성에 의해서 죄를 지을 수 있는 존재이고 아담의 원죄에 의한 죄의 전가로 죄인이 된 것은 아니라고 했다.

이것은 칼빈의 '이중 예정'(Double Predestination) 교리에 대한 완전 부정을 뜻한다. 테일러의 이 같은 주장은 회중 교회 내에서 논란을 일으켰고, 전통적 칼빈주의 수호자들은 좀 더 정통적인 칼빈주의적 신학교를 다시 세우자고 해서 하트퍼트에 새 신학교가 설립되었다(1834).

테일러의 사상에 타일러(B. Tyler: 1783~1858)가 논쟁을 일으켰고, 타일러는 다트머스 대학 학장(1822~1828), 마인 포틀랜드 학장(1828)을 지내며 에드워즈의 사상을 보수하며 살아갔다.

---

182) N. W, Tayor, Practical Sermon, Lectures on the Moral Government of God, 1859.

c. 리먼 비처(Lyman Beecher: 1775~1863)

미국 코네티컷 주(州) 남부 롱아일랜드 해협 도시인 뉴헤이븐(New Haven)에서 태어난 비처는 예일 대학을 졸업(1797)하고 뉴욕의 이스트 햄프턴 장로교회 목사가 되었다(1799~1810). 그 후 코네티컷 주의 리치필드(1810~1826)와 보스턴의 하노버스트리트 회중 교회(1826~1832) 목사가 되었다.

그는 또 레인 신학교 교장 겸 신학 교수에 신시내티 제2장로교회 목사를 겸임했다(1832~1842). 그리고 1852년에 레인 신학교에서 은퇴했다.

그는 신학적으로 자유주의자였다. 그는 로마 가톨릭시즘이나 엄격한 칼빈주의나 유니테리언주의 등 모든 것을 배격했다. 또 무절제, 노예제도, 결투 등도 적극적으로 반대했다. 그가 칼빈주의를 거부함으로 노회나 총회에서 이단으로 심사를 받았으나 무죄로 판명되었다.

그는 엄격한 칼빈주의를 뉴잉글랜드 신학으로 변형시켰다고 비난한 조수아 윌슨에 의해 많은 오해를 받았다. 그러나 그는 미국 성서공회 창설자이며 부흥회식 설교로 많은 회중들을 회심케 하는 뛰어난 설교가였다. 그는 그 누구보다도 수제자들을 많이 둔 아버지로 이름을 냈고 실제로 13명의 자녀들은 비처 가문을 빛냈다.

③ 서부 지역

앞서 대각성 운동의 시발자로 맥그리디(J. Mcgready)를 소개했다. 그가 켄터키 주(州)에서 일으킨 부흥운동을 계승한 스톤(B. W. Stone: 1772~1844)도 설명했다. 스톤은 켄터키 케인 리지 야영 집회(1801년 8월) 때 기록 담당자로 참석한 후 칼빈주의 거부자로 모습을 드러낸다.

스톤은 자기와 함께 5명이 성경의 권위와 그리스도 교회의 하나 됨을 선언하는 '스프링필드 노회의 유언과 서약'(Last Will and Testament of the Springfield Presbytery, 1804)을 제시했다. 그는 기독교회(Christian Church)를 조직하고, 교회일치운동에 캠벨(Alexander Campbell: 1788~1866)과 많은 교제를 가졌다. 그리고 스톤의 제자들은 캠벨과 통합하여 '캠벨파'라는 또 다른 교파를 만든다.

캠벨은 그리스도인들의 단합에 깊은 관심을 가졌다. 그래서 켄터키, 오하이오, 인디애나, 웨스트버지니아, 테네시 주를 순회하면서 설교 여행으로 그리스도인의 단합을 강조했다. 그는 웨스트버지니아 주에 베다니 대학을 설립하고(1840) 죽을 때까지 그 학교를 이끌어갔다.

그는 세속주의자 오웬(R. Owen), 가톨릭 주교 퍼셀(J. Purcell) 등과 수많은 종교적 주제들로 토론을 하였다. 그는 60권이 넘는 책을 저술하거나 편집했다.[183]

그의 대표적 저서로 《기독교의 체제》(The Christian System, 1835)와 그의 간행물인 〈그리스도인 침례교도〉(The Christian Baptist)와 〈천년왕국의 선구자〉(The Millenial Harbinger)가 있다. 그는 그리스도인에게 그리스도를 구세주로 고백하는 것과 그리스도와의 연합을 상징하는 침례의식만이 기독교의 유일한 요구사항이라고 주장했다.

(2) 제2차 대각성 운동의 주역 찰스 피니

찰스 피니(Charles G. Finney: 1792~1875)는 제2차 대각성 운동 때 미국의 가장 위대한 부흥사로 활동을 했다.

---

183) J. Kellems, Alexander Campbell and the Disaples, 1930.

그는 장로교에서 목사 안수를 받고 8년 동안 미국 동부 교회들을 중심으로 부흥운동을 일으켜서 대단한 성공을 거두었다. 그의 생애와 사상을 살펴보자.

① 찰스 피니의 생애

그는 코네티컷 주 리치필드 카운티 워런에서 태어났다(1792년 8월 29일). 농사짓는 평범한 농부 부부의 일곱 번째 아들로 태어났다. 그의 부모는 피니가 두 살 때(1794) 뉴욕 주로 이사했다. 그는 뉴욕 주 오네이다 지방 하노버에서 공립학교 졸업 후 클링턴에 있는 해밀턴 오네이다 중학교에서 공부했다.

예일 대학에 진학하려다가 뉴저지에서 2년 동안 교사 생활을 했다. 1818년 26세 때 뉴욕 애담스의 벤자민 라이트 판사의 법률 사무소에 사서로 들어가 법률 공부를 했다.

그가 법률가로 변호사가 되려는 꿈을 갖고 열심히 공부하던 중 1821년 10월, 29세 때 예수 그리스도를 영접하는 영적 체험을 한다. 그는 유명한 변호사의 꿈을 버리고 그리스도를 변호하는 목사가 되려고 인생을 전환시킨다.

2년 후 자신이 다니던 교회의 담임목사 조지 게일 문하에서 신학을 공부하여 6개월 후 전도사 자격을 얻고, 다시 6개월 후 1824년 7월에 장로교 목사 안수를 받는다. 그 후 서부지역 여선교회 후원으로 뉴욕 주 북부지역 정착민들을 상대로 선교사역을 시작했다.

그는 1824년부터 1832년까지 8년 동안 여러 지역을 순회하면서 상당히 호소력 있는 부흥사 기질을 드러냈다. 피니는 미주리 강 남안에 있는 미주리 주(州)의 주도인 제퍼슨(Jefferson) 지방과 세인트로렌스(Saint Lawrence) 지방의 작은 마을들을 순회하면서 그의 부흥사 역할을 점점 넓혀 나갔다.

피니의 부흥사 특징의 소문에 의해 1832년 뉴욕 시 제2교회의 목사가 되었으나 장로교회의 권징 체제에 불만을 느끼고 노회를 탈퇴하여 뉴욕 시의 중심부인 맨해튼의 브로드웨이(Broadway) 독립교회인 태버내클(Tabernacle)의 목사가 되었다. 여기서 3년 동안 그의 독특한 신학사상을 드러낸다.

그는 장로교 목사로 출발했으나 전통적인 장로교 칼빈주의 사상이 아닌 아르미니안주의 사상으로 완전 전향되었음을 드러낸다. 그가 이렇게 아르미니안주의로 전향된 것은 웨슬리의 《그리스도인의 완전에 관한 평해》를 읽고 '완전한 성화'에 대한 소신을 확립하게 된다. 이때부터 피니는 전통적인 에드워즈식을 따르지 않고 장로교 중 새로운 신학파에 속하는 나다니엘 테일러와 웨슬리 사상의 추종자가 된다.

1835년에 오하이오 주(州) 오벌린에 소재한 오벌린 대학(Oberlin College)이 1833년에 설립되었는데 그 대학의 교수로 간다.

오벌린 대학은 서부 지역의 성직자와 교사들을 육성하기 위해 세워졌다. 이 학교는 설립과 함께 남녀공학을 실시하여 미국 내 최초로 남녀공학 제도를 도입한 학교이다.

1838년에는 여성에게도 학위 과정을 이수하도록 했고, 또 흑인에 대한 차별도 철폐하였다. 처음에는 일반교양과 음악을 주로 가르쳤으나 현재는 다양한 학부들이 설치된 종합 사립대학이 되었다.

피니가 1835년 이곳의 신학 교수가 되었다가 1851~1866년에는 학장으로 지내며 여생을 이곳에서 보냈다.

그는 오벌린 대학 재직 기간에 매년 일정 기간 동안 전 학생들에게 '부흥운동'에 참여케 했고, 자기가 깨달은 웨슬리의 '완전주의'를 교육의 상징으로 삼고 학생들에게 영향을 끼쳤다.

그렇다면 피니가 주장한 오벌린 신학(Oberlin Theology)이란 무엇인가? 그의 사상을 살펴보자.

② 찰스 피니의 사상

피니가 가진 신학사상이 무엇인가? 이에 대해 찰스 피니가 칼빈주의를 수정한 웨슬리 전통을 따르는 칼빈주의 수정자라고 한다.[184]

그러나 피니가 과연 칼빈주의 수정자일까? 그는 칼빈주의 신학 교육을 받은 바가 없다. 그는 1821년 10월 10일 29세 때 중생을 체험했다. 그 후 2년 후 1823년 자기가 다니던 교회의 담임목사 조지 게일 문하에서 프린스턴 신학을 1년간 공부하고 1824년 장로교 목사가 된다. 그 후 그는 8년간 뉴욕 주 북부 여러 지방에서 선교사역을 한다. 이때 그의 부흥사 재능이 인정되어 1832년 뉴욕 시 제2장로교회 목사가 되었으나 곧 장로교회를 탈퇴하고 독립교회 태버내클 교회를 개척한다. 그리고 3년 후에는 오벌린 신학교라는 초교파 학교 교수로 일생 동안 사역한다.

찰스 피니가 신학교가 아닌 담임 목사에게서 1년간 개인 교습을 받고 편리에 따라 장로교 목사 신분을 가졌을 뿐 그가 제대로 된 칼빈주의자는 아닌 것이다. 아울러 그는 장로교든 독립교회든 웨슬리안 사상이든 사역의 현장에서 체험을 통해 다양한 사상들을 혼합시켜 나갔다. 그것이 최후로 '오벌린 신학'으로 표출되었다.

---

184) 박용규, 《근대 교회사》, 2001, pp.334~340.

오벌린 신학이란 무엇인가? 오벌린 초교파 대학의 초대 학장을 지낸 마한(Asa Mahan: 1799~1889)은 《완전에 관한 성경의 교훈》(Scripture Doctrine of Perfection, 1839)이라는 저서를 발표했다.

마한은 저서에서 그리스도인은 중생을 통해 온전한 평화를 얻고 정죄를 받지 않는다는 주장을 펼쳤다. 그다음에 장로교 목사였으나 초교파 운동에 주력한 피니는 '조직 신학 강의'로 평생을 학생들에게 가르쳤고, 또 가르친 내용을 정리한 저술에서 자신은 테일러(N. W. Taylor: 1786~1858) 사상을 훨씬 뛰어넘는 진보 칼빈주의를 웨슬리의 완전주의에 접근시켰다고 밝혔다.[185]

피니는 하나님은 창조주로 완전무결하신 분이지만 성품은 자비로우신 분이라고 했다. 인간은 피조물로 불완전한 존재이지만 하나님의 완전이 아닌, 인간 중에서 완전을 향해 장성할 수 있다고 했다. 그렇기에 칼빈주의가 주장하는 '전적 타락'(Total depravity) 교리는 성경적 진리가 아니다.

오히려 역대하 7장 14절의 "내 이름으로 일컫는 내 백성이 그들의 악한 길에서 떠나 스스로 낮추고 기도하여 내 얼굴을 찾으면 내가 하늘에서 듣고 그들의 죄를 사하고 그들의 땅을 고칠지라"는 말씀대로, 개개인이 바른 선택을 하고 죄의 삶으로부터 제자의 삶으로 달라질 수 있다고 주장했다.

그래서 오벌린 신학은 칼빈주의들의 모든 조항들을 부정한다. 전적 타락이 아닌 충분한 가능성을 가진 인간으로, 무조건적 선택이 아닌 모든 사람에게 선택받을 길이 열려 있는 것으로, 제한적 구속이 아닌 보편적 구속으로, 한 개인의 회개는 한 개인으로 국한되는 것이

---

185) Charles G. Finney, Lectures on Systematic Theology, 1846.

아니라 사회와 세상을 정의롭게 만드는 사회정의의 시발로 보았다.

이와 같은 '오벌린 신학'의 완성자 피니는 애당초 칼빈주의자가 아니었다. 그는 다만 초기 목사가 되는 과정과 초기 목사 사역 기간에 칼빈주의자들의 조직체인 장로교회와 노회의 도움을 받았을 뿐이다. 이런 면에서 그는 그의 신앙 양심에 따라 특정 교파에 구애받지 않는 모든 사상을 편리대로 활용한 종합 사상가였다고 할 수 있다.

그렇기에 그를 칼빈주의 수정자라고 보는 데는 의아한 점이 많다.

(3) 제2차 대각성 운동의 결과

미국의 제2차 대각성 운동(1787~1825)의 결과는 긍정적인 면과 부정적인 면이 극명하게 대조되는 결과를 가져왔다. 이것은 또 제1차 대각성 운동(1725~1760) 때에 긍정적인 요소만 가져왔던 것과도 대조가 된다.

① 긍정적인 면

a. 각 교단의 발전

감리교와 침례교가 제2차 대각성 운동으로 급성장한다. 반면에 장로교는 정체 상태에 머무른다. 왜 감리교와 침례교가 제2차 대각성 운동으로 급성장하는가? 그것은 두 가지 원인이 작용한다.

첫째, 신학적, 사상적 원인이다.

장로교는 칼빈주의로 전적 타락, 무조건적 선택, 제한적 구속, 불가항력적 은혜 등 교리 전체가 인간과 성령의 능력을 부정적으로 단정한다. 그에 반해 감리교의 완전주의는 인간과 성령의 무제한적 능력을 믿는 긍정적 능력을 주장한다.

또 침례교는 장로교의 제도적 규범 강조와 달리 개인의 중생과 체험을 강조하므로 장로교 교리와 달랐다. 침례교는 칼빈주의와 알미니안주의를 융합한 견해를 내놓는다.

이 내용은 켄터키의 분리주의 침례교도들과 알미니안파와 칼빈파의 견해를 모두 융합한 견해였다. 침례교도들의 주장 내용이 11개 항목으로 제시된다.[186]

① 신구약 성경은 정확무오한 하나님 말씀으로 신앙과 행위의 유일한 법칙이다.

② 한 분 하나님 곧 성부, 성자, 성령님이 계신다.

③ 인간은 타락하여 부패한 피조물이다.

④ 구원, 중생, 성화, 칭의는 예수 그리스도의 삶, 죽음, 부활, 승천으로 말미암는다.

⑤ 성도들은 은혜로 말미암아 영광에 이르도록 보존 받는다.

⑥ 신자의 침례는 성찬을 받는 데 필수적이다.

⑦ 의인의 구원과 악인의 징벌은 영원하다.

⑧ 서로 격려하고 우애하고 하나님의 자녀로 행복을 탐구하고 오직 하나님의 영광을 위해 매진하는 것은 우리의 의무이다.

⑨ 그리스도께서 만인을 위해 죽으셨다는 설교는 엄격한 개혁주의의 제한 속죄교리를 떠난 것이지만 이 때문에 성도의 교제가 방해를 받아서는 안 된다.

⑩ 모든 사람은 자신들에게 가장 좋다고 생각되는 침례교회와 교회 정치를 견지할 수 있다.

⑪ 연합된 교회 사이에 자유로운 교류와 교통을 계속 유지할 수 있다.

이 내용을 미국 감리교 신학자 스위트(William Warren Sweet:

---

186) W. W. Sweet, Religion on the American Frontier, The Baptists, 1783~1830.

1881~1959)가 저술한 《미국 개척지의 종교》(Religion On the American Frontier, 1931~1946)에서 발표했다.

이 내용을 보면 침례교는 칼빈주의도 알미니안주의도 다 수용하여 포괄적인 입장을 추구했다. 이처럼 침례교는 독특한 주장보다는 다양함을 모두 다 수용하는 포용적인 신학이 교회 성장의 주원인이 되었다고 본다.

둘째, 목회자 배출의 단순성이다.

장로교에서 목회자가 되려면 반드시 정규과정의 신학 교육을 이수해야만 했다. 그러나 감리교와 침례교는 개인의 중생에 의한 영성과 주님의 사역자가 되겠다는 철저한 소명만 확인되면 정규 교육이 없는 평신도들을 목회자로 받아들였다.

이 두 가지가 결여된 장로교는 제2차 대각성 운동으로 교세의 확장보다는 교단을 정치적으로 안정시키고 확고하게 다지는 데 주력했다. 그래서 약간의 성장을 했으나 두 교단과 비교할 때는 정체를 면치 못했다.

b. 선교 정책의 확대

개신교의 선교는 영국의 '침례교 선교회'(Baptist Mission Society, 1792)에 의한 캐리(W. Carey: 1761~1834)를 통해 시작되었다. 그 후 초교파인 런던 선교회(London Mission Society, 1795)에 의해 중국, 아프리카, 버마, 인도 등에 선교가 확대되었다.[187]

---

187) 안희열, 《세계 선교 역사》 (침례신학교출판부, 2013).

미국의 제2차 대각성 운동 후 중국(1854년의 네비우스, 1873년의 로티문), 일본(1859년의 햅번), 한국(1885년의 앨런, 1886년의 언더우드, 아펜젤러), 중남미(1890)의 선교 등이 제2차 대각성 운동의 열매들로 나타났다.

② 부정적인 면
a. 교회의 분열
㉠ 장로교의 분열

장로교는 첫째, 회중 교회 소속 선교사와 장로교 소속 선교사의 합동안을 놓고, 구파와 신파로 나뉘었다. 회중 교회 배경을 가진 이들은 신파이고, 좀 더 보수적인 스코틀랜드와 아일랜드 배경의 장로교는 구파였다.

둘째, 노예제도 폐지 문제로 교회가 남북으로 갈라졌다.

노예제도를 찬성하는 남부는 남장로교, 반대하는 북부는 북장로교로 분리되었다가 1983년에야 연합을 한다.

㉡ 침례교의 분열

1845년 북부 중심의 미 침례교 연맹과 남침례교(Southern Baptist Convention)로 갈라져 현재까지 분리되어 있다.

㉢ 감리교의 분열

노예 문제로 1844년 북쪽의 감리교 감독교회와 남쪽의 남감리회가 분리되어 1939년에 연합감리교회로 합쳤다.

㉣ 복음주의 개혁 교회와 회중 교회가 1957년 연합 그리스도의 교회가 되기 이전에는 분리를 유지했다.

(b) 이단들의 발흥

제2차 대각성 운동은 수많은 이단들이 일어나게 만들었다.

㉠ 안식교(1863년)

현재 '제7일 안식일 예수 재림 교회'(The Seventh-Day Adventists)로 명명되는 안식교는 창시자 밀러(W. Miler: 1782~1849)에 의해 시작되었다. 그는 침례교 목사로 재림론 주장으로 5만 명의 추종자를 만들었다. 그의 사후 화이트 부인이 쓴 《Conflict of the Ages》로 밀러를 계승해 1863년 공식적 조직을 만들었다.

화이트 부인이 죽던 해(1915) 안식교는 세계적 조직망을 가졌다. 한국에는 1904년 일본 고베에서 침례받고 안식교인이 된 유은현, 손흥조가 한국 안식교를 시작했다.

삼육대학, 위생병원을 운영하고, 〈시조〉, 〈교회지남〉을 월간지로 발행한다.

㉡ 몰몬교(Mormonism-Saints Laterday)

조셉 스미스(1805~1844)에 의해 '말일 성도 예수 그리스도의 교회', '복원 예수 그리스도의 교회'가 1830년에 만들어진다.

㉢ 뉴 처치회(New Church Society)

스웨덴인 스웨덴보르그(1688~1772)가 영국에 조직했고(1787), 미국에서도 1817년에 조직된다.

[결어]

영국 식민지 13개 주에서 시작된 제1차 대각성 운동(1725~1760)은 미국 독립전쟁(1775~1783)에 의한 미국 독립(1776)을 가져온다. 그러나 미국 건국은 청교도 정신과 먼 인간의 기본권인 자연법에 근거해 정교 분리 국가로 출발한다.

미국이 독립은 되었으나 인간의 기본권을 신앙화로 추구하자 미국 전체는 극도로 타락의 길을 걷는다.

이때 새로운 제2차 대각성 운동(1787~1825)이 일어난다. 제2차 대각성 운동을 이끌어간 주역들은 칼빈주의를 떠난 알미니안주의자들이었다. 제2차 대각성 운동의 결과 교회가 급성장하는 교단이 있는가 하면 신학에 골몰하는 교단은 정체를 계속한다.

교회가 자체 신학에 몰두할 때 사회에서 노예문제로 미국민들을 몰아간다. 미국은 노예문제로 남과 북이 분열되고 교회도 분열하게 되었다. 교회가 지도력을 잃자 잃은 영력의 돌파구가 해외 선교라는 생산적 결과와 함께 신흥 이단들도 속출하는 혼란을 가져왔다.

우리는 미국의 역사를 보면서 시대 속에 파묻혀 가는 교회가 아니라 고난스럽고 힘들어도 교회의 사명을 바로 일으켜 나가는 교회 지도자가 되어야 함을 깨닫게 된다.

2. 프랑스 혁명과 나폴레옹 통치

[서론]

나폴레옹(1769~1821)은 비천한 서민 출신의 포병장교였다가 프랑스 황제가 된다. 어떻게 이것이 가능했는가? 그것은 프랑스 혁명이 가져다준 결과였다. 프랑스 혁명(1789~1799)은 오랜 세월 동안 귀족과 성직자들이 결탁한 정치적 종교적 부패에 대한 국민적 저항 운동이었다.

프랑스 혁명은 단지 왕정에 대한 반항만이 아니라 종교에 대한 반항이었다. 그 사실을 교회사적으로 살펴보자.

최초의 프랑크 왕국을 창시한 클로비스 1세(481~511)는 3천 명의 부하들과 함께 집단 영세로 가톨릭을 도입했다. 프랑크 왕국이 전 유럽을 장악하도록 확대한 카를 대제(샤를마뉴: 768~814)는 정복한 영토를 교황청에 바치는 교황령(Papal States) 제도를 만들어(756~1870) 근대 시대까지 교황청의 재정 자립도 기반을 만들어 주었다. 프랑스는 13세기부터 성직자들에게 면세 혜택을 주는 특례를 만들려고 ① 귀족 ② 성직자 ③ 평민의 대표들로 구성된 3부회(三部會)가 의회 대행 기구 기능을 하게 만들었다.

16세기 프랑수아 1세(1515~1547)는 수차례의 이탈리아 원정 후 교황 레오 10세(1513~1521)와 볼로냐 조약(1516)으로 프랑스 국왕이 프랑스 성직자를 임명할 수 있는 갈리아주의(Gallicanism)를 만든다. 이를 통해 성직자 임명권이 교황에게 있는 세계적 관습을 프랑스만 독립되게 만든 특권을 가지게 된다.

루이 14세(1643~1715)는 "짐이 곧 국가다"라는 주장으로 가톨릭 주교 임명과 함께 성직자들을 총리로 기용하면서 성직자들에게 더 편파적 특혜를 준다. 이 같은 불공평을 볼테르, 루소 등은 독특한 사상으로 국민의 의식을 일깨워 준다. 사태가 불리함을 깨달은 루이 16세(1774~1792)는 삼부회에서 수습하려 하였으나 삼부회를 물리친 국민의회가 루이 16세를 처형시킨다(1793).

그 후 누적된 불만자들이 여러 정당을 만들어 10여 년간 투쟁을 반복하며 나라는 더욱더 정파 싸움으로 치닫는다. 이런 때에 등장한 것이 나폴레옹 1세였다.

1) 프랑스 혁명

(1) 프랑스 혁명의 배경

프랑스 혁명의 발발은 그 동기가 간단치가 않다. 앞서 서론에서 설명한 대로 천여 년 이상 오로지 가톨릭 종교 하나만 고수해 오면서 정치와 종교가 함께 흥망성쇠를 거듭해 왔다.

예수 그리스도는 권력 가진 자의 편에 서지 않고 가난하고 병든 서민들의 편에서 사랑을 실천하셨다. 그런데 가톨릭 종교는 교황이 예수 그리스도의 대리자라고 하면서 황제들보다 더 높은 권세를 행사했다. 프랑스 국왕들은 자기들이 믿는 종교 지도자들을 귀족과 동일하게 격상시켜 주었다.

이토록 타락된 종교를 볼테르는 신랄하게 비판한다. 루소는 사회계약설로 정치 기능이 국민 민복에 있음을 주장한다. 이 같은 사상가들의 각성과 함께 현실 정치와 종교는 도저히 용납할 수 없는 사회악으로 군림하고 있음을 깨우쳐 준다.

프랑스 혁명 당시 전 국민은 2천 500만 명 정도 되었다. 그런데 그 중에서 단지 2%에 불과한 이들이 귀족들과 성직자들이었다. 이들 2%에 불과한 귀족들과 성직자들은 단지 신분상으로만 존재한 것이 아니라 85%를 차지하는 농민들의 납세에 의해 기생(寄生)하고 있는 불로소득자로 특혜를 누리는 자들이었다.[188]

시민계급이 볼 때 성직자 중에 고관대작들이 많고 그들은 광대한 부동산을 소유하고도 세금을 면제받고, 재판도 특별한 경우 외에는 교회 재판으로 처벌이 솜방망이였다.

---

188) 《세계대백과사전 30권》 (한국교육문화사, 1994), p.474.

이 같은 가톨릭 종교에 대한 가장 큰 불만의 대상이 교황권에 수족 노릇을 하면서 모든 특권을 행사하는 '예수회'라는 조직이었다.

예수회에 대한 불만으로 포르투갈에서 1759년에, 스페인에서 1767년에, 프랑스에서 1764년에 축출되고 교황이 예수회를 해산시킨다. 예수회를 축출시킨 프랑스가 안정을 찾지 못함은 여전히 건재하고 있는 성직자들이 귀족과 동일한 특혜를 받는 신분제도 때문이었다.

프랑스는 13세기부터 ① 성직자 ② 귀족 ③ 평민의 신분 계급 제도가 지속되어 왔다. 그런데 국가 재정의 근원은 평민들에게만 국한되어 있으므로 국가 재정이 점차 악화되어 1774년경에는 국가가 파산 직전에 이르렀다.

루이 16세(1774~1792)가 즉위한 1774년에 프랑스 세출 예산의 30%가 국채 상환 이자로 지출되었다. 전 인구의 50%의 농민들이 수입의 70%를 세금으로 징수당했다.

루이 16세는 악화된 재정 적자를 해결하기 위해 1614년 이래 약 180년 동안 열지 않던 삼부회를 소집했다(1789년).

종전의 삼부회는 성직자, 귀족, 평민이 각 300명씩으로 구성되었으나 새로 소집된 삼부회에서 평민대표를 600명으로 늘렸다. 그리고 제3신분의 평민들이 머리 숫자로 국가 정책을 해결하도록 요구하자 루이 16세는 이를 거부하고 평민들을 삼부회에서 축출했다.

그러자 평민들이 따로 '국민의회'(Assemble Nationale)를 구성하고(7월 초) 바스티유(Bastille) 정치 교도소를 습격한다(7월 14일). 이렇게 시작된 것이 프랑스 혁명이다.

프랑스는 해마다 7월 14일을 혁명 기념일로 지켜오고 있다. 국민의회는 그 후 8월에 성직자, 귀족들에게도 세금을 내도록 공포하고 유명한 '인권 선언'(8월 26일)을 발표한다.

이때의 구호가 인간의 천부적 자유, 권리의 평등, 국민 주권, 조세의 평등, 소유권의 신성(神聖) 등이었다.

국민의회는 절대 왕정 제도나 보수파 귀족과 성직자들의 특권을 폐지하고 새로운 시민들에 의한 공화정치로 국가 체제를 바꾼다. 아울러 국왕 루이 16세를 폐위시킨다. 그리고 국민의회 중에서 자코뱅(Jacobins)당이 급진파 공화주의 정당으로 지도력을 발휘했고, 이것이 훗날 산악당을 형성한다.

(2) 프랑스 혁명의 진행[189]

프랑스는 1791년 국민의회가 제정한 새로운 헌법으로 군주에 의한 왕정제도가 폐지되고 국민의회 중에서 특정 정당에 의해 정치가 장악된다.

① 자코뱅(Jacobins) 급진파 공화주의 정당 주도 시대

프랑스 마지막 왕인 루이 16세는 1793년 1월에 단두대에서 처형되고 왕비인 앙투아네트는 10월에 처형되었다. 그리고 1793~1794년 1년 동안에 자코뱅에 의해 1,251명이 처형을 당한다. 이렇게 수많은 정적을 처형하는 공포정치를 강행하는 자코뱅당은 1793년 11월에 노트르담 대성당도 장악해 종교문제도 지시했다.

이들 자코뱅당의 공포정치와 강탈, 체포, 학대로 약 4만 명의 프랑스인들이 해외로 떠났다. 그리고 국민의회에 반감을 가진 자 2천 명

---

189) Timothy C. Weckesser, The French Revolution and the Idea Progress, 1980.

도 대학살을 한다.

이때 성직자들에게도 민사법을 만들어 정부에서 봉급을 받는 관리로 만들고 민사법에 선서를 하도록 강요하였다. 그러자 성직자들은 국민의회 입헌파의 선서에 순응하는 입헌파와 선서 거부파로 분열되었다. 또 국민들에게도 납세액에 따라 능동시민과 수동시민으로 차별을 두었다.

이와 같은 자코뱅당의 공포정치에 맞서 지롱드(Gironde)당이 국민위병대와 손잡고 새로운 정치 세력으로 등장한다.

② 지롱드(Gironde)당의 집권시대(1795~1799)

지롱드당은 고대 아테네의 집정관이 정치를 관장하는 집정정부(Directoire) 제도를 도입했다.

이들은 잔존해 있는 왕정제도 선호자들을 제거했다. 그래서 왕당파를 무장해제시키고, 선거 거부 성직자들을 학살했다.

③ 국민공회의 성립

산악파가 주동이 되어 혁명 재판소를 설치하고 지롱드파를 추방시켰다. 혁명군은 혁명력인 공화력(共和曆)을 만들어 또다시 공포정치를 실시한다.

④ 로베스피에르(Robespierre) 정권

이들은 1794년 3월 국민의회를 종교적 대상으로 숭배케 하며, 정치지도자들을 영웅으로 숭배케 했다.

아울러 가톨릭 성직자들의 급료를 중단시키고, 사제들이 공립학교에서 가르치는 일을 금지시켰다. 또 주일과 성자의 날들을 없앴다.

이 정권은 악과 어리석음을 불태우고 지혜의 신상을 높이면서 위대한 이성의 예배를 촉진시키며 이성의 예배를 애국주의와 동일시했다.

이렇게 이성을 예배하는 여신이 노트르담을 비롯하여 200여 개의 이상 숭배처가 생겼다. 그러나 로베스피에르는 7월 28일 단두대에서 사라지고 그를 지지하던 60명 모두 처형되었다.

⑤ 총재 정부

데르미도르파가 자코뱅, 산악파를 추방하고 2원제 의회와 5명의 총재로 구성되는 총재 정부를 만들었다(1795년).

이때 신앙의 자유는 확대되었으나 성직자는 봉급과 공무원 자격을 박탈당하여 공적 시설의 예배가 허용되지 않았다.

⑥ 브뤼메르(Brumaire) 쿠데타에 의한 나폴레옹 통령 정부

프랑스 혁명이 시작된 1789년 7월 14일 이후 약 10년이 지난 후인 1799년 11월 9일에 나폴레옹 1세에 의한 군사 쿠데타가 일어난다. 이 날이 프랑스 혁명력(革命曆)으로 브뤼메르이다.

나폴레옹은 1799년 10월에 이집트 원정 중에 단신으로 귀국했다. 그를 맞은 시에예스, 탈레랑, 주르당 등이 나폴레옹과 함께 총재 정부를 타도하고 통령 정부 수립을 모의한다. 그 후 11월 9일 장군, 장교가 이끄는 5,000명의 무장 병력이 파리의 원로원을 장악한다.

나폴레옹은 자코뱅파와 테러리스트들의 불온한 움직임을 구실로 자신이 파리의 총사령관임을 선언한다. 이렇게 나폴레옹의 군사 쿠데타로 통령(統領) 정부가 성립된다.

이로써 프랑스 혁명은 1789년 7월 14일에 시작되어 만 10년 후인

1799년 11월 9일에 종료된다.

(3) 프랑스 혁명의 의미

프랑스는 중세기 천 년 동안 정치와 종교가 결탁한 절대 왕정 정치로 독재와 독선에 의해 유럽 사회에 보기 드문 역사를 이끌어 갔다.

그러나 종교가 정권과 결탁해 국민을 착취하는 때에 뜻있는 지성인들은 신랄한 비판들을 쏟아낸다. 의식이 깨어난 시민들은 정권과 종교가 결탁된 제도를 시정해야 한다는 국민의 뜻을 전달하려 했으나 독재에 심취된 정치 지도자들과 종교 지도자들은 국민의 힘을 가소롭게 여겼다. 그렇게 오만한 정치 지도자와 종교 지도자들에게 하나님의 경고로 국민의회가 출범케 된다. 그래서 10년(1789~1799)의 기회를 주었으나 국민은 굶주린 정권욕으로 다수 정당들에 의해 정부 형태가 여러 번 뒤바뀌는 혼란을 거듭한다.

국민은 모든 계층이 고르게 참여하면서 시민 혁명을 이끌어 갔으나 외부의 간섭으로 국내 사정이 원하는 대로 흘러가지 못한다. 결국 시민의 자유가 통제된 군대가 총칼로 힘을 가지고 나폴레옹에 의한 군대 쿠데타가 일어난다. 나폴레옹의 군대가 혁명을 수습한다.

이렇게 프랑스는 당시의 영국보다 정치적으로 후진국이었다. 그러나 프랑스 혁명기 10여 년 동안에 여러 곳에서 자유롭게 표출된 개성적 특징들이 혁명 후에는 자본주의 국가로 발전하게 되는 기회가 된다.

그 결과 정치에는 후진국이었으나 10여 년 혁명기의 시련을 통해서 선진 자본주의 국가로 발전하게 된다. 참으로 미묘한 것은 하나님께서 "모든 것이 합력하여 선을 이루시는"(롬 8:28) 신묘막측한 섭리를 깨닫게 된다.

2) 나폴레옹의 통치

(1) 나폴레옹의 준비기

그의 본명은 보나파르트 나폴레옹(Bonaparte Napoleon)이다.

그는 지중해 서부에 있는 프랑스령(嶺) 코르시카[Corsica: 프랑스어로는 코르스(Corse)]에서 1769년에 태어났다. 이 섬은 지중해에서 시칠리아, 사르데냐, 키프로스에 이어 네 번째로 큰 섬이다. 이 섬은 중세기 동안 여러 번 지배자들이 교체되었다.

1077년에 교황에 의해 피사시의 지배를 받다가 다시 14세기에는 제노바의 지배를 받게 되자 자주 항거를 했다.

16세기 이후 프랑스가 개입했을 때 파오리 부자(父子)가 중심이 되어 일으킨 독립운동이 제노바와 프랑스의 제휴에 의해 억압당하다가 1768년에 이 섬이 프랑스에 매각되었다.

그다음 해에 보나파르트 나폴레옹이 이 섬에서 태어났다. 나폴레옹이 황제로 군림할 때에는 이 섬이 프랑스령으로 빛을 발하다가 나폴레옹이 몰락하자 1814년 영국의 통치를 받다가 이듬해 프랑스에 반환되었다. 이 섬이 1975년까지는 프랑스의 한 개 주(州)였으나 그 이후 두 개의 주로 나누어져 있다.

나폴레옹은 파리 사관학교를 나온 후 포병 연대에 편입되어 코르시카 독립운동에 참가했다가 지휘관과의 불화로 파리로 나왔다.

1793년 반(反)혁명군과 영국 함대가 마르세유 남동쪽 약 50km 지점에 있는 '툴롱'(Tulon)을 점령하고 있었다. 이 툴롱 항은 프랑스 제1의 군항이었다. 툴롱 항 탈환 작전에 나폴레옹이 포병 지휘관으로 참전했다. 툴롱 항은 제2차 대전 중 프랑스 함대 대부분이 이곳에 집결되어 있던 항구로, 대규모의 해군 공창이 있는 곳이다.

나폴레옹은 툴롱 항을 점령한 영국군과의 전투에서 승리함으로 그의 명성이 드러났다. 그 후에는 이탈리아 국경군 포병 사령관이 되면서 두각을 나타낸다. 그런데 그는 프랑스 혁명 기간 중 앞서 ④에 속하는 로베스피에르파로 인정을 받고, 반대파인 ⑤의 총재 정부 때에는 한때 투옥되었다가 풀려난다. 그 후 1796년에 조세핀과 결혼한다. 그리고 이탈리아 원정군 사령관이 되어 이탈리아에서 오스트리아군을 무찌르고 개선을 한다.

이때 총재 정부는 영국 세력을 제압하는 수단으로 이집트 원정을 추진한다. 총재 정부는 나폴레옹을 이집트 원정 사령관으로 내세웠다. 그러나 나폴레옹은 원정 전에 총재 정부의 위기를 감지하고 소수의 동지들을 규합해 1799년 11월 9일에 군사 쿠데타를 일으킨다. 그리고 집정정부(執政政府)를 수립하여 군사 독재의 길을 열어간다.[190]

(2) 쿠데타에 의한 집권 후의 전쟁들

나폴레옹은 1799년 11월에 쿠데타로 집권을 시작하여 1814년에 몰락하기까지 약 60회의 전쟁을 치른다. 초기에는 혁명을 방위한다는 명분을 세웠으나 차츰 침략적인 전쟁으로 변질한다. 여기서는 그의 일생 동안 계속된 전쟁사를 살펴보자.

1800년 6월에 나폴레옹은 이탈리아에 잔존하고 있는 오스트리아 군대와 북이탈리아 마렝고(Marengo) 평야에서 전쟁을 벌였다.

오스트리아 군대는 7만 병력을 가졌고, 나폴레옹 군대는 4만 병력으로 알프스를 넘어 밀라노를 거쳐 접전이 벌어졌다. 나폴레옹 군대는 장비가 우수한 오스트리아 군대에 의해 시종 수세에 몰렸다. 그럼에도 불구하고 결국에는 나폴레옹이 승리했다.

---

190) T. C. Weckesser, Ibid.

이로 인해 이탈리아를 프랑스가 지배하게 되고, 1802년에 나폴레옹은 이탈리아 대통령이 되고 프랑스의 종신 통령으로 추대를 받고, 1804년 4월에 국민 투표에 의하여 황제가 되고, 1805년 3월에 이탈리아 왕이 된다.

10월에는 독일 남서부 울름(Ulm) 전투로 독일과 전쟁을 했다. 또 이베리아 반도 남서부의 트라팔가르(Trafalgar) 앞바다에서 영국 해군이 프랑스와 스페인의 연합 해군을 격파한다.

이렇게 전투가 계속되는 중에 나폴레옹의 황제 1주년에 아우스터리츠(Austerlitz) 전투가 벌어진다. 아우스터리츠는 현재 체코슬로바키아의 중앙부에 있는 작은 도시이다.

이곳에서 1805년 12월 2일 오스트리아 황제 프란츠 1세(신성 로마 황제로 프란츠 2세)와 러시아 황제 알렉산드르 1세의 연합군을 나폴레옹이 무찌른다.

이 전쟁은 3황제들이 참전한 '3제 회전'(三帝會戰)이라고도 하고 일반적으로 아우스터리츠 전투라고 한다. 이 전쟁을 승리로 이끈 나폴레옹에 의해 독일의 신성로마제국이 1806년에 붕괴된다(8월).

그리고 나폴레옹은 베를린에 입성해(10월) 대륙을 봉쇄한다. 그리고 1807년에는 로마를 프랑스에 병합시킨다. 또 1807년에 포르투갈을 정복하고, 1808년에는 스페인도 정복한다.

이처럼 계속된 전쟁과 정복으로 프랑스 국내 제도는 정비되고 산업도 육성되자 나폴레옹은 호화로운 전제 군주로 변신한다.

1809년 오스트리아와 전쟁이 재개되고 스페인 정복에 실패한 후 1812년에 러시아 원정을 강행한다. 나폴레옹은 러시아에 곡물 수출 허용을 요청했으나 러시아가 응하지 않자 그는 64만 명의 연합군을 이끌고 러시아 원정을 강행한다.

이때의 나폴레옹 군대의 절반은 폴란드, 오스트리아, 독일, 이탈리아, 스페인 등의 정복국에서 차출된 병력이었다. 이에 반해 러시아는 스웨덴, 영국군과 연합된 23만 명의 병력으로 방어했다.

나폴레옹 연합군이 9월 14일에 모스크바에 입성했다. 그러나 러시아군은 초토작전(焦土作戰)을 전개했다.

초토작전은 적군이 자국의 영토에 침입해 들어왔을 때 그 이후를 대비하는 작전을 뜻한다. 적군이 자기 영토에 침략해 들어왔을 때는 자연히 자국의 군대가 물러나게 된다. 그 후에 적군이 자기 영토를 점령은 했으나 그곳에서 주둔하며 활용할 수 있는 모든 자원을 미리 소각하거나 파괴시켜 버린 후에 퇴각한다. 특히 식료품이나 주거지 같은 적군이 이용 가능한 것들을 후퇴 전에 소모시켜 버린 후에 후퇴하는 작전을 초토작전이라고 한다.

나폴레옹 군대가 러시아를 힘들게 공격해서 9월 14일에 모스크바에 입성했다. 그러나 나폴레옹 군대가 모스크바에서 계속 머물러 있을 수 없도록 모든 군수품 조달이 불가능함을 알게 되었다. 나폴레옹 군대는 승전한 것 같았으나 승전을 유지할 수 없으므로 10월 19일에 모스크바에서 철군한다.

이렇게 후퇴하는 나폴레옹 군대를 러시아군은 계속 추격을 가하고 곳곳의 농민들이 게릴라 공격으로 퇴각하는 나폴레옹 군에게 지속적인 공격을 계속했다. 이때 나폴레옹 군대는 10만 명이 포로로 잡히고, 55만 명을 잃는다. 이것이 나폴레옹의 몰락의 원인이 된다.

그 후 1813년 3월에 독일이 나폴레옹 지배를 거부하는 해방 전쟁을 일으켰다. 나폴레옹 군대는 이들 독일 군대와의 전쟁인 라이프치히 전투에서 패배한다. 1814년 초에 영국, 러시아, 프러시아, 오스트리아 등 과거에 나폴레옹에게 정복당한 나라들이 연합군을 형성해 진격해서 3월 초에는 연합군이 파리에 입성했다. 연합군은 나폴레옹을 엘바 섬으로 유배시킨다(5월).

(3) 제1차 왕정(1814~1824), 제2차 왕정(1824~1830) 복고

나폴레옹이 몰락하자(5월) 7월에 혁명으로 1814년에 루이 18세(1814~1824)로 왕정이 복고되었다.

그런데 엘바 섬으로 유배된 나폴레옹은 새로 복고된 루이 18세에 대한 불만을 알고 엘바 섬에서 탈출한다. 그리고 파리에 입성해 다시 황제 자리에 앉는다.

나폴레옹은 1815년 3월 1일부터 6월 22일까지 황제라고 주장하며 4개국 연합국과 '워털루 전쟁'(Battle of Waterloo)을 치렀다. 이 전쟁에서 나폴레옹은 또 패한다.

이렇게 나폴레옹은 약 3개월간 백일천하를 최후로 또다시 유배를 간다. 그곳은 아프리카 대륙 서쪽에 있는 영국령(領) 세인트 헬레나(Saint Helena)라는 화산섬이었다.

나폴레옹은 그곳에서 장기간 위를 앓다가 1821년 5월, 52세로 생애를 마친다.[191]

프랑스는 나폴레옹 실각 후 루이 18세(1814~1824)가 복귀해 왕권이 우위권을 가진 입헌군주제를 채택했다. 이때의 선거권을 고액 납세자들로 한정시키므로 지주들에 의한 왕당파가 독점하게 되었다.

---

191) 김광채, 《근세, 현대교회사》, pp.257~262.

1824~1830년에는 샤를 10세가 왕이 되었다. 새로운 왕이 된 샤를 10세는 프랑스 혁명 때 혁명에 동의하지 않은 망명 귀족, 대토지 소유자, 성직자들 등으로 극단의 왕당 정부를 구성했다.

샤를 10세가 과거 왕당파와 손잡고 정치를 이끌어가자 야당인 오를레앙파와 대립이 이어졌다. 1830년 선거에서 왕의 반대파가 다수를 차지하자 왕은 의회를 해산하고 반대파를 탄압했다. 여기서 다시 민중들의 7월 혁명이 일어난다.

그 결과 오를레앙 왕조 루이 필리프가 왕이 된다(1830~1848).

1848년 2월 혁명으로, 6월 민중 폭동으로 루이 나폴레옹이 대통령으로 선출된다.

이처럼 프랑스 혁명 이후 프랑스는 1848년까지 계속된 혁명을 이어간다. 이토록 오랜 세월 혁명의 연속은 프랑스 국민들에게 두 가지 의식을 심어준다.

하나는 자코뱅주의로 불리는 애국주의와 평등주의이며, 다른 하나는 위기를 극복할 자로 나폴레옹 같은 강력한 지도자를 기대하는 권위주의적 신앙을 낳는다(그것이 훗날 드골과 같은 제5공화국 같은 것이다).

3) 나폴레옹 이후 유럽

나폴레옹은 권력에 대한 욕심은 많았으나 종교에는 거의 관심이 없었다. 그는 노련한 정치가로 종교심을 활용해 자기의 정치적 목적을 달성하려는 데 종교를 활용하려고 했다. 그래서 국내 성직자들에게는 국가 공무원으로 예우해 주고, 교황과는 프랑스 협정(the French Concordat, 1801)으로 성직자 임명을 프랑스 정부가 주도하도록 하고, 프랑스 정부 비협조자는 성직자 임명을 하지 못하도록 했다.

나폴레옹은 성직자에 관계된 협정만 한 후에 협정에 없는 과거 관행들을 무시했다. 1809년에는 교황령을 빼앗아 프랑스 영토로 삼은 것이다. 진노한 교황 피우스 7세(Pius Ⅶ: 1740~1823)는 나폴레옹에게 파문을 선포했다.

그러자 나폴레옹은 교황을 납치하여 파리 근교의 감옥에 투옥시켰다. 교황을 감옥에서 5년간 고달픈 생활을 하다가 나폴레옹이 실각한 1814년에 바티칸으로 되돌아갔다.

나폴레옹에게 종교심이라고는 아무것도 없었다.

이렇게 독단적이고 종교심이 없는 나폴레옹은 프랑스가 유럽 모든 나라들을 정복하는 현상을 만들어냈다. 그가 비록 비참하게 최후를 마쳤으나 그의 생애 동안에 영국을 제외한 유럽 모든 나라를 정복했다. 이와 같은 나폴레옹은 유럽 세계에 어떤 영향을 미치는가? 그것을 두 가지 면에서 생각할 수 있다.

(1) 교황 지상주의의 등장

나폴레옹은 교황을 완전 무시했다. 그 결과가 유럽이 더욱 혼란해 졌다는 가톨릭 측의 반응이었다. 교황 지상주의자들 중 프랑스 혁명을 체험한 드 메스트르(J. M. de Maistre: 1754~1821)는 《Du Papa》(1819)에서 사회가 응집하려면 절대 신뢰할 권위가 필요하며, 그 같은 권위는 신적 권위인 하나님, 영적 권위인 교황, 세속 권위로는 흠이 없는 군주라야 한다고 했다.

이렇게 교황의 권위가 꼭 필요한 권위라고 주장했다. 그는 "교황 없이 어떤 교회도 사회도 존재할 수 없다"라고 했다.

또 라므네(F. R. de Lamennais: 1782~1854)는 〈미래〉라는 신문을 창간해 국가로부터 교회의 자유를 주장했다. 그리고 진리의 최고 수호자

인 교회는 국가의 어떤 통계나 국가적 동맹에서도 독립되어야 한다고 주장했다.[192]

이 같은 이론가들에 의해 가톨릭 교회와 교황의 최상 권위를 주장하는 교황 지상주의가 등장했다.

(2) 혁명 지상주의

프랑스는 앞서 살펴본 대로 유럽 나라들 중 혁명의 집산지였다.

이 같은 혁명을 통해 문제 해결과 자기들의 목표 달성의 수단이 혁명이라는 사실을 유럽 각국이 깨닫는다. 그래서 유럽 각국에서는 계속해서 혁명적 사건들이 일어난다. 그 몇 가지 사례를 보자.

① 영국에서의 공산당 선언(1848년 2월)

영국 런던에서 독일인들인 마르크스와 엥겔스가 공산당 선언을 한다. 이들은 프랑스 혁명과 독일 혁명을 근거로 사회사상의 변천사를 무산대중인 프롤레타리아들의 계급 투쟁사로 설명한다. 공산주의란 부르주아지들 소수가 정치적, 정치적, 경제적 지배자로 재산을 독점하고 있는 모순을 다수의 프롤레타리아 노동자들이 계급 철폐를 위해 투장해야만 이룰 수 있다고 역설했다.

② 독일 신성로마제국의 멸망(1806)

독일은 오토 대제가 962년부터 신성로마제국으로 성직자가 세속 군주 역할을 병행해 왔으나 나폴레옹 강압으로 840년 후인 1806년에 종지부를 찍는다.

---

192) F. R. de Lamennais, Paroles d'un Croyant, 1832~1834.

③ 이탈리아의 반(反)성직자 혁명(1864)

이탈리아에 교황 우월주의에 반대하는 반(反)성직자 혁명이 일어난다.

[결어]

프랑스는 유럽 국가 중에서 정치적으로 가장 후진국이었다. 프랑스 혁명 이전까지는 절대 왕정에 의해 군주가 정치, 종교, 사회 전체를 장악한 독재 시대였다. 그런데 혁명이 일어났으나 정당 정치로 10여 년 동안 혼란을 겪게 되었다.

정치적 혼란을 틈타 군사 독재로 정권을 장악한 나폴레옹은 과거 카를 대제(샤를마뉴)가 유럽 천지를 장악한 이상의 유럽을 장악했다. 그러나 그 같은 정복에 의한 통치는 오래가지 못하고 유럽 여러 나라의 연합군에 의해 종말을 맞이한다.

프랑스의 혁명 10년(1789~1799), 나폴레옹 통치 15년(1799~1814), 모두 25년이 걸렸다. 그러나 프랑스 혁명을 전후한 사상가들의 사상은 수백 년 후인 현재까지도 세계 인류들에게 영향을 미치고 있다. 또 나폴레옹의 쿠데타에 의한 정권 탈취는 전 세계 각 곳에서 지금까지 답습되고 있다.

그리고 혁명을 정당시하는 사상적 논리가 공산당을 만들어냈다. 공산당 혁명에 의해 소련, 중국, 한국, 쿠바 등등의 국민들은 참혹한 과거 역사를 갖게 되었다.

왜 프랑스 혁명과 나폴레옹의 독재와 공산당이 생겼는가? 모든 원인은 종교가 제 기능을 감당하지 못하고 종교가 정치와 밀착되어 타락한 데 그 근본 원인이 있다고 본다.

프랑스 혁명이 왜 일어났는가? 프랑스는 왕권과 성직자들이 소수의 귀족으로 2%밖에 안 되는 자들이 종교라는 이름으로 온갖 특혜를 누리며 국민 전체를 지배해 온 제도적 모순을 타파하기 위한 시민들의 각성 운동이었다.

나폴레옹은 왜 종교에 무관심했는가? 그가 보는 종교란 모두가 위선자들로 보였던 것이다.

교황은 하나의 국가가 될 만한 영토인 교황령으로 현실적 혜택을 누리면서 입으로는 거룩을 외치고 하나님의 신성을 대리하는 자라고 주장했다. 나폴레옹이 보는 가톨릭 종교는 하나의 이익 집단이었다.

공산당을 만든 마르크스도 마찬가지다. 그가 체험한 독일의 종교인 루터교나 영국의 성공회는 종교를 빙자한 이익추구 집단일 뿐, 아무런 생산 능력이 없는 거짓된 집단이었다. 그에 반해 노동자들은 힘들게 노동해서 이런저런 이유로 세금이라는 이름으로 다 빼앗기는 희생자들로 보았다.

이 시대에 우리가 과거사를 배우는 이유가 무엇인가? 이때에도 우리는 종교인으로서 과연 우리가 이 시대에 필요한 존재인가? 아니면 종교인들끼리만 즐기는 친교 집단에 불과한가? 종교란 국가, 사회, 후손을 위해 아무 유익을 줄 수 없는 이익 집단인가? 곰곰이 되씹어 봐야만 하겠다.

우리에게 필요한 것이 무엇인가? 종교는 그것이 어떤 이름을 가진 종교였든 간에 종교가 시작된 최초의 시발 정신을 되찾아야만 한다. 그래서 최초의 종교가 끼쳤던 영향력을 발휘해야만 그것이 종교의 가치가 있는 것이다.

　현대교회는 너무도 세속화되어서 지역과 사회와 국가에 필요한 기구라는 인식이 사라졌다. 교회는 자기들끼리만 즐기는 친교 단체로 전락하였다. 이렇게 세속화된 교회는 또다시 나폴레옹 같은 독재자를 만날 수 있고, 또다시 공산당 같은 저항 세력이 일어날 수 있음을 각성해야 하겠다.

　그래서 지역민이 필요를 느끼는 종교가 되어야 하고, 국민이 종교는 꼭 존재해야만 된다는 신뢰감이 형성되어 있어야만 종교가 건전한 것이다.

　한국의 종교인들 숫자가 국민의 3분 1에 해당된다. 정치가 중에는 각 종교인이 고르게 많이 분포되어 있다. 그러나 그 어느 누구도 종교인의 향기가 나타나지 않는다. 기독교는 자체 유지에만 급급하고 이 세상 문제들을 외면할 것인가? 과거의 미국과 프랑스의 역사를 통해 우리가 배워야 할 교훈을 찾아야 하겠다.

제4편 후기 근세 세상(1700~1800)

[서론]

필자는 근세 교회사를 교회사와 세상사로 엮어가고 있다. 그 이유는 간단하다. 교회사에만 집중하려고 하면 그 대상이 전체 세상사 중에서 너무 제한된 부분만을 다루게 됨을 깨달았다. 그렇게 제한된 교회사만 알고 나면 편견을 갖게 되는 결과가 따랐다. 그래서 교회사 위주로 살펴보되 교회가 존재했던 동시대의 세상에 관하여 최소한의 정보는 아는 것이 교회사 이해에 훨씬 도움이 된다는 것을 알게 되었다. 그러므로 교회사 내용을 중점적으로 살펴보면서 지극히 적은 소수의 세상사 중 유명인으로 전승되는 사상가 몇 사람을 살펴보고 있다.

근세 시대 전체를 1600~1800년의 200년으로 설정했다. 그중에서 앞서 1600~1700년을 전기 근세라 하고, 전기 세상에서 유명한 사상가들 5명을 살펴보았다. 이제 후기 근세 시대로 1700~1800년에도 5명의 사상가를 살펴보겠다. 이렇게 교회사와 제한된 세상사를 비교할 때 따르는 장점이 많다.

그것은 세상에서 유명하게 알려진 사람들과 교회사 속에서 제한되게 알려진 사람들을 비교해 보면서 성경에 기록된 종말론적 평가를 해보게 된다.

과거 중세기 때는 교황, 추기경, 주교, 수도사로 유명한 이름이 전승되는 일들이 허다했다. 마찬가지로 근세 시대에도 국왕, 장군, 사상가, 교회 지도자 등 세상사와 교회사에 많이 알려진 인물들의 역사들을 추적해 보았다.

그런데 저들이 죽은 후에 천국과 지옥 중 어느 곳으로 갔을까? 성경의 기준대로 본다면 직위나 명예는 아무 소용없고 거듭났는가, 회개했는가, 중생한 그리스도인인가, 변화된 인생을 살아갔는가? 그것만이 해답을 준다.

역사는 과거사의 현대적 해석이다. 과거의 교회사 역사든 또는 세상사의 역사든 과거의 사건과 인물들을 살펴보는 것은 단지 과거의 유품들을 살펴보려는 것이 아니다.

과거의 사건과 인물들이 오늘을 살아가는 우리에게 무슨 메시지를 전해 주는가? 오늘의 현대인들에게 주는 인생의 교훈은 무엇이며, 영혼의 교훈은 무엇인가? 그것을 깨닫고, 참고하고 거울삼아 오늘 우리는 제대로 잘 살아야 함을 배워야 할 것이다.

전기 근세 시대를 간편하게 연대기적으로 1600~1700년이라 하고 시대적 특성으로는 이성주의(理性主義) 또는 합리주의(合理主義, Rationalism) 시대라고 말한다.

이때는 몽테뉴, 데카르트 등이 수학적 인식을 기초로 존 로크의 경험론에 근거한 이성을 최상의 권위로 주장하거나 합리적인 것만이 진리라고 믿던 시대였다.

후기 근세 시대도 연대기적으로 말하면 1700~1800년대를 말하고, 시대적 특징으로는 계몽주의(啓蒙主義, Enlightenment) 시대라고 말한다.

칸트의 《계몽이란 무엇인가?》라는 저서 이후 세계 사상사에 계몽주의라는 이 말이 생겼다.

계몽주의 시대 사상가들은 이성에 근거를 두고, 초자연계시와 인간이 죄인이라는 점을 모두 배척했다.

하나님은 전능하신 창조주이시며 인간은 창조물 중 최상의 극상품으로 '만물의 척도'라는 인간 숭배를 최상으로 고양시키는 계몽적 특징을 가진 시대였다.

이들 후기 근세의 계몽주의 사상가 5명을 살펴보겠다.

1. 프랑스 계몽사상가 몽테스키외

1) 몽테스키외의 생애(1689~1755)

샤를 루이 몽테스키외(Charles de Secondat Montesquieu)는 1689년 1월 18일 프랑스 남서부 지롱드 주(州)의 주도인 보르도(Bordeaux) 근교인 라 브레드 성(城)에서 태어났다.

이곳은 가론 강 상류 98km 지점으로 도시 인구는 20만 명, 도시권 인구는 60만 명 되는 프랑스 내 제5위의 대도시권이다.

샤를 루이 몽테스키외는 7세(1696) 때 어머니 마리 프랑수아가 죽으면서 어머니의 유산과 라 브레드의 남작 지위를 상속받는다. 16세(1705) 때 보르도(Bordeaux) 대학에서 3년간 법률을 전공한다. 19세(1708) 때 보르도 고등법원 소속의 변호사 자격을 얻는다. 20세 때 법률 실무 수업을 위해 파리로 진출한다(1709~1713).

파리에서 오라토리오 사서(司書)인 신부(神父)의 지도로 진보학자, 문학자들과 교제를 한다.

몽테스키외는 독실한 개신교 어머니의 영향으로 개신교 신앙을 가졌는데, 파리의 진보학자들은 개신교도들을 비롯한 자주적 신앙자들을 이교도들로 매도하고 우상숭배자로 엄벌해야 한다는 분위기였다. 이때 그들의 생각이 잘못되었다는 증명으로 편지체로 《이교도의 사제》를 집필한다.

24세(1713) 때 부친 사망의 소식을 듣고 고향 라 브레드로 돌아간다. 25세 때 보르도 고등법원 평의관(評議官)이 된다. 평의관이란 어떤 사건을 평가하는 데 참여하는 관리이다.

26세 때(1715) 군인의 딸이며 칼빈파 개신교 집안의 잔느 드 라르티그와 결혼을 하는데, 그녀는 10만 리브르 결혼 지참금을 가지고 왔다. 그리고 그녀는 집안 살림을 꾸려가는 데 뛰어난 재능이 있었다.

이 해에 프랑스 절대 왕정으로 72년간(1643~1715) 태양왕(Le Roi Soleil)으로 군림하던 루이 14세가 죽는다. 그리고 루이 15세(Louis XV: 1715~1774)가 5세의 어린 나이로 즉위하고, 선왕의 조카인 오를레앙 공(公) 필립이 섭정이 되었다. 이해에 몽테스키외는 〈국채에 관한 의견서〉를 제출한다.

27세(1716) 때 장남 장 바티스트가 태어나고, 보르도 아카데미 회원으로 선출된다. 큰아버지인 장 바티스트가 보르도 고등법원 장관으로 별세함에 따라 큰아버지가 가졌던 영지, 작위, 관직을 모두 상속받는다. 이 해에 《로마인의 종교정책》이란 작품을 라 브레드 남작과 몽테스키외 남작의 이름으로 발표한다.

28세 때는 파리에서 다음 연도의 아카데미 회장으로 선출된다. 그는 아카데미에 해부학 연구를 위해 연간 300리브르의 상금을 마련한다. 그리고 보르도 아카데미에 자연과학 현상 논문을 발표한다. 31

세 때는 〈물체의 투명에 대하여〉라는 논문과 32세 때는 보르도 아카데미에서 〈박물학적 관찰〉을 발표한다. 그는 자연과학 중 박물학에 관한 관심이 많았다.

1721년(32세) 동양인의 눈을 통해서 당시 프랑스 사회와 정치를 비판한 서간체의 풍자소설 《페르시아인의 편지》를 익명으로 암스테르담에서 출판했다. 이 작품으로 큰 성공을 거둔다. 《페르시아인의 편지》, 《구니드의 신전》, 《알자스와 이스메니》 등 문학작품들로 그는 아카데미 프랑세즈 회원으로 선출된다(1727년).

그러나 필생의 대작인 《법의 정신》(De L'Esprit des Lois)의 준비를 위해 1728년(38세) 4월에 유럽 여행을 떠나 1731년(42세)까지 각국의 사회 상황을 상세히 시찰하였다.

그는 각국 시찰 중 특히 영국의 정치제도에 깊은 관심을 가졌다. 그는 1730년(41세) 영국왕립협회 회원이 되고, 웨스트민스터에서 프리메이슨에 입회했다. 이때 주영(駐英) 프랑스 대사는 몽테스키외가 프랑스 궁정과 정부에 대한 비판적인 인사라고 보고한다.

1731년(42세)에 고향 보르도로 돌아온다.

1733년(44세) 때 《로마 성쇠 원인론》을 발표하여 "역사를 지배하는 것은 운명이 아니다"라고 선언하고 자연과학적 인과 법칙을 역사 현상에 적용하여 일반 원인과 특수 원인과의 다채로운 편성으로 역사를 설명했다. 이것이 루이 14세에 대한 비판이라는 여론으로 인해 대부분 회수되었다.

1734년(45세) 때 《법의 정신》이라는 그의 대표작의 집필을 시작한다. 그는 이때부터 자신의 20년에 걸친 노작(勞作)이라는 《법의 정신》

을 1746년(57세)에 출판한다.[193]

이 책은 간행 18개월 만에 21판(版)을 거듭할 정도로 대성공을 거두었다. 또한 위조판이 나올 정도로 인기를 끌었다. 그러나 예수회파의 신문인 〈쥬르날 드 트레브〉지에서 《법의 정신》을 비판하고 몽테스키외를 징세 청부인[징세(徵稅)를 청부(請負)하는 청부업자]이라고 매도했다. 그래서 그는 《법의 정신》 변호론도 썼다.

그러나 1750년(61세)에 《법의 정신》은 로마 교황청의 금서목록성에 고발되어 1751년 교황청은 《법의 정신》을 금서로 규정했다. 금서목록성(禁書目錄省, Index of Forbidden Books)은 그 후에 제2차 바티칸 공의회(1966) 이후 활동이 중단되었다.

또 1752년에 파리 대학 신학부는 《법의 정신》을 검열한 후에 17개 항의 명제를 지적하고 이단으로 판결했다.

몽테스키외는 만년을 고향에서 보내려고 파리의 주거와 가재 등을 정리하는 중에 1755년 66세 때 파리의 유행성 감기로 2월 10일에 세상을 떠난다.

그는 예수회 신부에게 고백 성사를 했고, 교구의 사제로부터 성체배수(聖體拜受)를 받고 세상을 떠났다. 그리고 그의 시신은 생 트 쉬르피스 성당 본당에 묻혔다.

이렇게 몽테스키외가 66세로 세상을 떠난 후 그의 비서인 모로가 출판자와 협력해 그의 작품들을 세상에 내놓았다.

---

193) Montesquieu, Lesprit des Lois, 1746.

2) 몽테스키외의 《법의 정신》 사상

몽테스키외는 《법의 정신》을 20년(1734~1746)에 걸쳐 4절판 1,086쪽 31권에 이르는 방대한 분량으로 발표했다.

몽테스키외가 살던 시대에는 어떤 정신이 지배했는가? 시대적 배경을 알 필요가 있다.

영국에서 1642~1649년에 청교도 혁명 후 1688년에는 명예혁명이 있었다. 그 후 100여 년 후에 미국에서 독립혁명(1775~1783)이 일어났다. 이렇게 각국에서 혁명을 통해 정치 판도와 사회 판도가 바뀌었다. 그런데 프랑스에는 절대왕정에 프랑스 사회 전반을 지배하는 것은 콜베르(J. B. Colbert: 1619~1683) 이전부터 지배해 온 중상주의(重商主義)였다.

중상주의는 수출장려, 산업육성, 사치품 제한, 인구 증가를 강력히 요구하되 그렇게 되기 위해서는 인격을 갖춘 군주가 정치를 안정시켜야 한다는 주장이었다. 그런데 경제학의 시조 애덤 스미스는 중농주의자였다. 프랑스 경제의 90%를 차지하는 농업 인구가 국민의 2%에 불과한 귀족과 성직자에게 지배당하는 것을 무너뜨리는 것이 프랑스 혁명(1789~1799)이었다.

몽테스키외는 프랑스 혁명 이전에 군주제의 폐단을 《페르시아인의 편지》에서 풍자적으로 발표했다.

그리고 그는 《로마 성쇠 원인론》에서 가톨릭 교도를 배척하고 프로테스탄트를 숭앙하며, 루이 14세의 가톨릭 독재를 비난했다. 《법의 정신》은 루이 14세 이후 절대왕조가 몰락의 길을 걸을 때 여러 나라의 법 제도를 논하고 그 제도들에 공통되는 '법의 정신'을 탐구해 낸다.

그렇다면 《법의 정신》은 어떤 것인가?[194]

이 책이 교황청의 금서 목록에 오르게 되었다. 무슨 이유에서일까? 그는 오늘날 익히 알려진 삼권분립론자이다. 몽테스키외는 법의 올바른 모습이란 세 가지 조건이 맞아야 한다고 했다. 그것은 법의 상호관계 조건과 자연적 조건과 정신적 조건이 맞아야 한다고 하며, 그렇게 맞는 것이 법의 정신이라고 했다.

그가 존중한 것 중에 '법의 상호관계 조건'은 법의 목적과 효과가 서로 합치하는 것을 의미한다. 몽테스키외는 권력을 세 가지로 입법권, 재판권, 집행권으로 설명했다.

입법권이란 공적인 의견 사항을 집행하는 군주를 뜻한다. 위의 세 가지 권력은 서로가 서로를 억제하는 힘을 갖고 있다.

이와 같은 몽테스키외의 삼권분립을 주장하는 《법의 정신》은 당시 평민, 귀족, 군주의 사회적 균형을 도모하는 이론이었다.

이와 같은 삼권분립의 정치제도를 제일 먼저 실현한 것이 미국 헌법이었고, 훗날 뒤늦게 프랑스 혁명 때 프랑스 인권 선언의 원리가 된다.

그리고 우리나라 경우는 건국 초부터 삼권분립으로 건국되었기에 너무나도 상식화된 개념이다. 그러나 200여 년 전 몽테스키외가 프랑스에서 이 같은 견해를 밝힐 때 가톨릭의 교황청은 금서로, 파리 대학은 이단 사상으로 정죄했다.

몽테스키외는 《법의 정신》을 프랑스에서 출판하지 못하고 네덜란

---

194) 몽테스키외, 《법의 정신》, 하재홍 역 (동서문화사, 2016).

드나 영국에서 출판하려다가 전쟁으로 무산되고 스위스 제네바에서 출판했다.

3) 《법의 정신》의 역사적 의미

《법의 정신》의 원제목은 "로마법 계승으로서의 프랑스 및 여러 봉건국가의 법에 관한 연구로서의 정치, 풍토, 교역 등에 관한 법의 정신 또는 그 연구"라는 매우 긴 제목이다.

이 책은 세계 여러 나라 각 시대의 다양한 법률들을 실증적으로 고증을 들어 설명하는 해박한 법의 역사 연구서이다. 그는 법은 인간의 이성이지만 정치 체제나 성질과 원리는 지세, 풍토, 종교, 상업, 생활양식 등과 관계 속에서 형성되어 간다고 주장한다.

따라서 정치적으로는 자유를 주장하고 사회적으로는 고문과 노예 제도 반박 등으로 진보적 성격을 지니고 있기에 가깝게는 프랑스 혁명 우파의 이론적 토대가 되었다. 그리고 미국 헌법과 한국의 자유 민권 사상에도 큰 몫을 했다.

몽테스키외의 저서의 특징은 사회 현상을 언제나 법칙에 따른 결과로 설명하는 실증주의 사상가로, 절대왕정 시대에 삼권분립을 제창한 선각자였다. 우리는 그의 사상적 공로로 삼권분립을 누리는 시대에 살아가고 있는 것이다.

2. 프랑스 계몽사상가 볼테르

볼테르(Voltaire: 1694~1778)는 필명이고 그의 본명은 프랑수아 마리 아루에(Francois Marie Arouet)다. 그는 파리 시민계급 출신으로, 예수회 소속의 명문 학교로 알려진 루이 르 그랑에서 수학했다.

당시에 루이 15세(Louis XV: 1710~1774)가 5세에 즉위했으므로 선왕의 조카 오를레앙 공(公) 필립이 섭정이 되었다. 필립 공의 섭정 정치는 1715년부터 1723년까지 계속되었다.

필립 공의 섭정 정치는 다원회의제(多元會議制, Polysynodie)로 무력한 통치를 이끌어 갔다.

볼테르는 1717년 당시의 섭정을 야유하는 풍자시를 발표한 것이 화근이 되어 투옥당한다.

옥중에서 비극 《에디프》(Oedipe)라는 작품(1718)을 볼테르라는 필명으로 발표하자 세상은 그를 새롭게 인정하게 된다. 출옥 후에 시민 계급 출신인 그가 문단에서 이름을 떨친 것에 대해 어느 귀족과 다툼이 생겨 또다시 재투옥을 당한다. 이때 그는 특권 계급만을 우대하는 프랑스 사회에 크게 염증을 느끼게 된다.

볼테르는 1726년(32세) 영국으로 건너가 2년 7개월 동안 머물면서 서사시 "앙리아드"(1728)를 썼다.

1729년 귀국한 그는 셰익스피어의 영향을 받은 사상극 《자이르》(Zaire)를 발표한다. 또 영국 견문기에 해당하는 《철학 서간》(1733)을 발표해 프랑스의 사회를 통렬히 비난한다.

이로 인해 당국에서 금서 조치를 취한다. 또다시 신변의 위협을 느낀 볼테르는 애인인 뒤 샤틀레 부인과 함께 그의 저택이 있는 시레(Cirey)로 도망친다.

그는 거기서 10년 동안(1744) 은둔 생활을 한다. 이때 10년 동안 철학시 "이 세상 사람"(1736), 희극 《마호메트》(1741), 《메로프》(1743), 철학 작품 《인간론》(1738) 등을 집필하며 방대한 자료 수집과 독서에 몰두

하였다.

프랑스 국왕 루이 15세는 전의 폴란드 공주인 레고 잔스카와 결혼했다(1725). 그리고 1743년 이후에는 친정을 시작했다. 왕은 신경질적이고 변덕이 심한 데다 나태한 성격이어서 정치는 유능한 대신들에게 맡기고 애첩 퐁파두르 부인의 영향을 받는다.

궁정의 사정이 옛날보다 많이 호전되어 볼테르는 역사 편찬관으로 임명을 받는다(1745). 그다음 해에 아카데미 프랑세즈 회원에 뽑히게 되었으나 또 필화사건에 연루되어 다시 파리를 떠나게 된다. 당시 그는 명성과 실의 사이를 오가는 스스로를 테마로 철학 콩트 《자디그》를 썼다(1747).

1750년에 애인 뒤 샤틀레 부인이 사망한 뒤 프로이센의 프리드리히 2세의 초청으로 포츠담에 간다.

거기서 《루이 14세의 세기》(1751) 철학 콩트 《미크로메가》(1751)를 썼으나 프리드리히와의 불화로 1753년 프로이센을 떠난다.

그는 한때 제네바 근교에 살면서 1755년 대지진에 관한 시로 J. J. 루소와 큰 논쟁을 벌였다.

1759년에 《캉디드》(Candide, 순박한 사람)라는 그의 대표적인 작품을 발표한다. 이 작품은 독일의 철학자 라이프니츠(G. W. Leibniz: 1646~1716)가 저술한 여러 철학적 다원론적 요소들을 조화시킨 내용을 참고했고, 또 영국의 낙천주의 철학가 포프(A. Pope: 1688~1744)의 작품들을 자유롭게 비판하고 활용한, 그야말로 유럽 대륙의 모든 철학 사상들을 볼테르가 마음대로 요리한 작품이었다.[195]

---

[195] 볼테르, 《다다 혁명 운동과 볼테르의 역사 철학》, 정상균 역 (혜안, 2016).

볼테르는《캉디드》로 그의 사상의 폭이 전 유럽 사상가들을 두루 활용하며 또한 과거와 현대의 세상사를 마음껏 활용하고 대입시키는 박식한 이론가임을 드러낸다.

1760년대에는 스위스 국경이 가까운 페르네에 안주하면서 약 18년 동안 농촌 개혁에 힘쓰고, 빈민 구제를 위한 시계 공장을 세운다. 여기서도 희곡, 철학 등 다양한 작품들을 쓴다. 이때 페르네 체류 기간 때 유럽 각지의 문학가, 지식인들이 방문한다. 그리고 오판에 의해 처형당한 가족이나 억울한 오명으로 가진 자들의 명예를 회복해 주는 선행들을 베푼다.

또 백과사전 편집에도 관심을 갖고 투고했던 것을 훗날《철학 사전》(1764)으로 만든다.

볼테르와 오랫동안 대립 관계로 지냈던 루이 15세가 1774년에 죽는다. 그 후에 그는 다시 파리로 돌아가기로 결심한다. 파리 시민들은 열광적으로 그를 환영한다. 그리고 그의 희곡《이렌》(1778)을 상연하였다. 그리고 긴 여행으로 인한 피로와 연일 계속되는 환영으로 인한 흥분으로 1778년 5월, 84세로 세상을 떠난다.

볼테르가 사망한 후 그에 대한 평가는 꾸준하게 극찬을 이어갔다. 볼테르를 전공한 프랑스 문학사가 르네 포모(Rene Pomeau: 1917~2000)는 "18세기는 볼테르의 세기"라고 했다. 미국의 역사가 겸 철학자 윌 듀렌트(Will Durant: 1885~1981)는 "이탈리아에는 르네상스가 있었고, 독일에는 종교개혁이 있었지만 프랑스에는 볼테르가 있었다. 볼테르는 그의 조국에 대해 르네상스 역할, 종교개혁의 역할, 거의 프랑스 혁명

그 자체의 역할을 했다"라고 극찬했다.[196]

프랑스에서 1789년에 일어난 프랑스 혁명은 그 이전에 볼테르가 혁명을 준비하게 한 인물이라고 할 수 있다. 그의《캉디드》에는 문학작품을 통해 로마 가톨릭 교회에 대한 적대 감정을 고취케 했다. 그래서 그의 작품을 접하는 자들은 종교에 대해 매우 부정적 시각을 갖게 된다. 볼테르의 대표적 표어는 "누추한 것은 때려 부숴라"(Crush the infamous thing)라는 것이었다. 그가 말하는 누추한 것이란 로마 가톨릭 교회, 광신주의, 불관용, 검열 등등을 의미한다.

볼테르는 종교가 정치 권력과 하나로 엉킨 프랑스의 가톨릭 국가 체제로는 국가도 종교도 아무런 희망이 없음을 온갖 문헌과 사상가들의 자료들을 인용해 지식으로 강조하는 데 일생 동안 한결같았다.

그는 죽은 후 13년 뒤인 1791년 프랑스 영웅이 되어 다시금 성대한 장례식이 치러졌다. 그렇기에 프랑스 혁명의 원인 제공자라고 할 수 있다.

그러나 그는 이신론(理神論)자로 계시도, 기적도, 영혼불멸도 믿지 않는다. 그의 사상에 젊은이들이 무신론자로 전락하기 쉬운 독소 조항이 많음을 알아야 하겠다.

3. 프랑스 사상가 장 자크 루소

1) 루소의 생애

장 자크 루소(Jean Jacques Rousseau: 1712~1778)는 1712년 6월 28일 스

---

196) 김광채,《근세 교회사》, pp.268~273.

위스 제네바에서 프랑스계 스위스인 시계공의 아들로 태어났다. 이들 조상은 프랑스인이었으나 아마도 종교개혁기에 개신교 신앙을 따라 스위스로 이주한 후 개신교 가정으로 살아간 것 같다. 루소의 조상과 부모가 칼빈파 개신교였기에 루소도 자연히 개신교도였다. 그러나 그는 일생 동안 개신교에서 가톨릭으로, 다시 개신교로 개종을 반복하여 살아간 하나의 오랜 관습에 굳은 종교인일 뿐 참다운 기독교인은 아닌 것 같다.

　그의 아버지는 시계 장인으로 음악를 아는 명랑한 성격이었으나 자유분방하고 고집이 센 독특한 성격을 루소가 그대로 이어 받은 것 같다. 그의 어머니는 루소 출산 후 9일 만에 세상을 떠났고, 병약한 루소는 고모인 수잔 루소 밑에서 자랐다.

　아버지는 루소가 10세 때까지 죽은 아내와의 추억에 젖어 어린 루소에게만 매달려서 루소에게 책 읽기 훈련으로 독해력을 높여 주는 일에 전력한다. 루소가 6세 때부터 아버지와 소설책을 경쟁적으로 읽게 했다.

　흥미가 있는 소설은 밤을 새워 번갈아 읽게 했다. 이때 루소는 소설 내용 파악보다는 단지 감정으로 느끼는 것을 훈련받는다. 특히 소설의 주인공과 자기를 동일시하면서 자유를 사랑하고 구속이나 예속받는 것을 참지 못하는 정신과 성격을 형성하게 된다. 이와 같은 아버지의 교육이 10세에 끝났지만 루소는 그 영향으로 일생 동안 남으로부터 예속 받는 것을 참고 견디지 못하고 살아간다.

　루소가 10세 때 아버지가 프랑스 퇴역 대위와 말다툼으로 벌금과 3개월 수감 선고를 받자 아버지는 명예와 자유를 지키려고 몸을 피한다. 가정이 풍비박산되어 루소는 외삼촌에 의해 개신교 목사의 집에 가서 2년여 동안 살게 되었다. 그런데 목사 집에서 40여 세 된 독신녀가 루소를 돌보게 되었다. 독신녀는 신앙은 있어서 어머니와 같은 위엄과 애정이 있었는가 하면, 아이를 낳아서 길러 본 경험이 없으므로 뭔가 나쁜 짓을 하면 용서 없이 뺨을 때리고 고통과 부끄러움을 주었다. 이때 루소는 결백한데도 엄하게 체벌을 받으면서 여성을 경멸하는 성격이 형성된다.

그때부터 무서운 체벌을 당하지 않기 위해 나쁜 일을 숨기거나 거짓말을 하거나 고집을 부리는 습관이 생겼다. 루소가 13세(1725) 때 시계 조각가 밑에서 도제(徒弟)가 되어 수습공이 된다.

16세(1728) 때 조각가 집을 도망쳐 제네바를 떠나 프랑스 남동부의 사부아(Savoie) 지방으로 갔다. 거기서 가톨릭 신부의 소개로 아누 시에 있는 바랑 부인을 만난다. 바랑 부인은 15세에 결혼했다가 결혼생활이 불행해지자 귀족이었던 그녀는 왕으로부터 1,500루블의 연금을 받으며 어려운 사람을 도우며 살고 있었다. 루소는 당시 16세 소년이었고 바랑 부인은 29세였다. 루소는 바랑 부인을 만나 천사 같은 여인으로 황홀하게 보면서 드디어 사랑하는 여인으로 발전한다.

루소는 바랑 부인의 소개로 가톨릭으로 개종하는 사람들을 교육하기 위해 세워진 구호원이 있는 트리노로 보내졌다. 구호원에서 약 2개월 동안 감금생활 속에서 또 다른 4~5명의 극악무도한 이들과 함께 가톨릭 교회 교리교육을 받는다.

그런데 그곳에서는 교육 후 가톨릭으로 개종을 요구했다. 루소는 개종할 뜻이 없었으나 미래의 일을 고려하여 개신교를 버리고 가톨릭으로 개종한다. 그리고 20프랑의 돈을 받고 나온다.

구호원을 나와서(16세) 가게 점원, 타인, 비서 등등 여러 가지 하는 일마다 자립하지 못했다.

그동안 바랑 부인을 자주 찾아가 모자지간처럼 지내다가 23세(1735) 때는 연인 관계로 발전한다. 30세 때 새로운 생활을 개척하려고 바랑 부인 곁을 떠나 파리로 간다. 그는 파리에서 "새로운 악보 표기법 초안"을 발표하나 묵살당한다.

1743년(31세) 프랑스 대사 몽테뉴 백작의 비서로 베네치아 공화국으로 간다. 루소는 열심히 일하며 공정하게 직무수행을 하려고 노력하므로 많은 사람의 존경을 받았다.

그러나 몽테뉴 백작은 주위의 사기꾼들이 그의 비위를 맞추기에 급급한 사람들로 가득해서 공명정대한 자는 내쫓기가 일쑤였다. 루소는 1년 만에 비서직을 그만두었다. 그리고 다시 파리로 돌아왔다. 그를 동정하는 사람들이 있는가 하면 임금 체불로 소송을 걸었는데 재판은 몽테뉴 대사의 판단에 따라야 한다고 판결이 되었다.

루소는 프랑스인이 아니었으므로 프랑스는 그를 보호해 주지 않았다. 이때 불합리한 사회제도에 대한 분노가 싹텄다. 그 분노는 활활 타오르지 않았지만 훗날 그의 대표작이 되는 《사회 계약론》이라는 작품을 1762년(50세)에 발표하게 된다.

1745년(33세)에 여관집의 하녀인 테레즈 르바쇠르와 결혼을 하지 않는다는 조건으로 동거생활을 시작한다. 이들은 그 이후 평생을 함께 살면서 5명의 자녀를 낳는다. 그런데 그 자녀들 모두를 양육비 부담이라는 이유로 고아원에 보낸다.

이 같은 그가 뒤늦게 48세(1760)에 《에밀》이라는 작품을 만들어낸다. 그렇게 고아원에 보낸 5명의 자녀는 영원히 행방불명이 되었다.

그러면서 파리에서 《사랑의 뮤즈》라는 오페라를 발표한다. 37세 (1749) 때 《백과전서》 음악 항목 집필에 참여한다.

1750년(38세)에 디종 아카데미 현상 논문 《학문 예술론》이 당선되어 그의 이름이 알려지기 시작한다.

현상 논문 측에서 제시한 요구는 '학문과 예술의 진보는 풍속의 부패에 기여했는가? 아니면 순화에 기여했는가?'라는 것이었다. 이에 대해 루소가 써낸 논문은 루소가 살아온 것과 전혀 다른 주장이었다. 이것이 마음에 걸려서 계속 고뇌를 안고 살아가다가 1754년(42세)에 디종 아카데미 현상 논문인 《인간 불평등의 기원론》을 완성한다.

앞서 《학문 예술론》에서는 학문, 예술, 기술의 진보라는 것은 인간을 타락시키고 불행하게 한다고 주장했다. 그 뒤 〈인간 불평등의 기원론〉에서는 태고(太古)적인 인간 역사 속에서 불행의 원인들을 추적해 냈다.

그는 시대와 역사 속에서 사람들이 왜곡한 사물의 진보에 따라 비참해졌다는 인위적 인간과 자연의 인간을 비교해 가면서 자연을 예찬했다. 그의 자연 예찬은 졸라(E. Zola: 1840~1902)에 의해 자연주의로 확대된다.[197]

1754년(42세) 제네바로 돌아가 다시 편리를 위해 개신교로 개종한다. 그에게 있어서 종교는 활동하기 위해 편리한 도구에 불과했다. 이때 스위스에 살아가는 볼테르와 편지를 주고받으며 사상적으로 대립을 이뤄나간다.

---

197) E. Zola, 《루공마카르 총서 20권》, 1871~1893.

1762년(50세)에 소르본느 대학 신학부에 《에밀》과 《사회 계약론》이 고발을 당해 이단으로 분서(焚書) 처분을 당한다.

그의 저서들이 파리, 제네바 등에서 사회의 질서를 어지럽히고 그리스도교의 가르침을 파괴한다는 이유로 체포령이 내려졌다. 루소는 스위스 제네바에서 뉴사텔로, 다시 영국으로 건너가 흄을 만나고, 다시금 프랑스로 피신하면서 《참회록》을 구상한다. 그는 1770년(58세) 《참회록》(또는 고백록)을 완성한다. 그리고 은밀하게 파리에서 자전적 작품인 《대화: 루소가 장 자크를 심판한다》(1772~1778)와 마지막 집필로 《고독한 산책가의 몽상》에서 과거 행복했던 때를 회상한다.

루소는 1778년(66세) 자기가 쓴 각종 원고들을 제네바의 옛 친구 아들에게 모두 넘겨준다.

루소는 만년의 몇 년 동안은 극심한 가난에 시달렸다. 평생 동거인 테레즈가 병이 들었을 때 루소가 그녀를 간병해야 했다. 1778년 5월 루소의 애독자 지라르댕 후작의 호의로 파리에서 20마일 떨어진 에름농빌로 옮겨졌다. 그달에 평생의 라이벌인 볼테르의 사망 소식을 듣는다.

7월 2일 여느 날처럼 아침 산책 후 8시경 테레즈와 함께 아침 식사를 한 후 그녀에게 자물쇠를 사오도록 가게에 심부름을 보냈다. 그러고 난 후 지라르댕 후작의 딸에게 음악을 가르치러 나가던 중에 쓰러졌다.

테레즈가 돌아왔을 때는 신음하고 있었다. 그때가 오전 11시로 두통을 호소하며 마지막 숨을 거두었다. 시체 해부 결과 사인은 장액성 졸증 즉 창자의 점막에 분포한 무수한 샘에서 분비되는 소화액 부족이었다.

그의 시신이 에름농빌 포플리 섬에 안장되었다가 11년 후 프랑스 혁명 후에 정부가 위인들을 합사(合祀)하는 파리의 성당 팡테옹으로 옮겨져 볼테르와 함께 나란히 묻혔다.

2) 루소의 사상

루소의 사상은 최석기의 해설을 참고하도록 하겠다.[198]

루소는 아무 때에도 정상적인 교육을 받은 일이 없다. 그가 배우고 깨달은 것은 수많은 독서와 체험과 듣고 본 것이 전부다. 그는 "나는 편견을 지닌 사람보다는 역설의 사람이 좋다"라고 했다. 그는 자신의 편견은 물론이고 종교든, 철학이든, 세상이든 특정한 고정 관념을 지켜야 한다는 편견들의 파괴자인 동시에 열성적인 진리의 건설자였다. 그는 자기 "생명을 진리에 바친다"는 시 구절을 인생의 목표로 살아갔다. 그렇다면 그가 말하는 진리는 무엇인가?

그리스도가 말하는 성경이나 교리가 그에게는 진리가 아니었다. 그렇기에 그는 개신교에서 가톨릭으로, 다시 개신교로 편리를 따라 아무 때나 바꾸어서 살기 편리한 대로 살아갔다.

그가 믿는 진리는 무엇인가? 그는 자신의 생각에 그렇게 여겨지는 것만을 진리로 삼았다.

그런데 그렇게 진리라고 여겨진 대로 살아갔는데 결코 어긋나지 않았다. 그에게는 아무것에도 사로잡히지 않는 자유정신이 있었다.

정상적 교육도 가정적 혜택도 받지 못하고 일찍부터 방랑 생활을 계속했으나 중년부터 도덕을 따르고 그것에 열중했다. 그는 배반당하고 추방당하고 박해를 받으면서도 완성을 위해 노력을 해나갔다.

---

198) 장 자크 루소, 《인간불평등 / 사회계약론》, 최석기 역 (동서문화사, 2016).

그 속에서 플루타르크가 저술한 영웅전의 인물들처럼 자기도 영웅이 되겠다는 교만한 생각 속에 청빈을 유지하고, 모든 이익이 와도 모두 거절했다.

루소의 생애는 자유와 진리의 탐구를 위한 괴로움으로 가득 찬 나날이었다. 그러나 타인이 무슨 말을 하든 그는 진리를 탐구하는 영웅적인 삶을 살겠다는 신념 하나로 자신에게 충실한 자기만의 행복 추구자였다.

루소의 작품들이 그의 사후에 크게 빛을 내게 되었다. 《사회 계약론》은 혁명가들의 복음서가 되어 민주주의(democracy) 정신을 발달시키는 데 큰 역할을 하였다.

《에밀》은 페스탈로치가 그 책으로 인생을 바꾸었다고 한다. 그의 사상이 프랑스 혁명에 기운을 형성해 주는 영향력을 끼쳤다고 할 수 있다. 이에 그의 작품 몇 가지를 간략하게 정리해 보자.

(1) 《인간 불평등의 기원론》

루소는 42세 때 디종 아카데미 현상 논문으로 《인간 불평등의 기원론》을 발표했다. 그 내용은 서문 다음에 본론이 제1부, 제2부로 구성되었다.

루소는 왜 인간 불평등을 연구의 주제로 삼았는가? 그는 자기가 겪어본 세상이 모두 다 불평등하다는 문제의식에서 그 기원을 찾아내려고 한다. 세상의 선인은 비참한 것들로부터 벗어날 그 어떤 수단을 갖고 있지 못한 데 반해 가장 큰 사기꾼은 가장 명예롭게 살아간다. 이렇게 악인을 뒷받침해 주는 것이 정치나 사회악이라고 본다.

그렇다면 이와 같은 인간 최초의 불평등은 어느 때부터 비롯되었는가? 그 기원을 자연적인 것에서 사회라는 조직체가 형성되면서 불평등이 찾아 들어왔다고 주장한다. 루소는 미개한 상태에서 살아간 최초의 인류에게는 생활 기술도 없고, 언어도 없고, 주거도 없고, 전쟁이나 동맹도 없고, 동포도 필요 없는 상태에서 불평등은 거의 존재하지 않았다는 것이다.

그런데 사회가 구성되고 교육과 생활양식의 편리를 위해 도덕과 정치제도 등이 생기면서 불평등이 만들어졌다는 것이다.

루소는 인간의 불평등이 ① 자연적, 육체적 불평등으로 나이, 건강, 체력, 정신, 영혼의 차이에서 만들어진 불평등이 있고, ② 일종의 약속에 의한 도덕적, 정치적 불평등이 있다고 나눈다. 이 중에서 사회와 법률을 만들게 된 정치적 불평등이 더 심각함을 열거한다.

그렇다면 정치적 불평등을 어떻게 해결할 것인가? 그것을 다음 논문인 《사회 계약론》에서 제시한다. 그리고 인간이 가지고 있는 벗어날 수 없는 이 불평등을 해소하는 방법이 무엇인가? 그는 《에밀》에서도 주장하는 것처럼 자연(natural)에서 찾는다.

루소가 말하는 자연의 개념은 매우 복합적이다.

① 자연은 원시적 상태라는 의미에서의 자연, ② 또 많은 인간이 인위적으로 만든 타락이 아닌 창조주께서 최초로 만드신 소박하고 조화로운 의미를 가진 신학적 개념의 자연, ③ 순수하고 정직한 심리적 개념으로의 자연 등 자연이라는 개념은 복합적이다.

그가 말하는 자연이란 도시를 떠난 황야의 자연을 말하지 않는다. 그가 말하는 자연은 사회 가운데 있으나 욕망과 억측의 상상으로 속박당하지 않고 자신이 눈으로 사물을 보고, 자신의 감정으로 느끼고, 자신의 이성만을 진정한 권위 있는 것으로 인정하는 것을 말한다.

이와 같은 자연인이 되는 것은 바로 자아를 향한 회귀라고 보았다.

　루소의 '자연'의 개념은 사실은 독창적인 것은 아니다. 일찍이 아리스토텔레스는 인간이 피조물로서 물질적으로 자연의 일부라는 것과 동시에 인간은 다른 물질과 구별되는 이성을 가진 특별한 존재로서의 자연의 일부인 것을 설명했다. 이 같은 그의 주장을 스토아 철학과 중세기 스콜라 철학이 발전시켰다.

　그와 달리 신학에서도 자연 신학(natural theology)을 말한다. 신학에서 말하는 자연 신학의 근거는 로마서 1장 18~20절에는 하나님의 영원하신 신성과 능력이 그가 만드신 만물에 분명히 보여 알려졌다고 했다. 그래서 하나님의 계시(啓示)에는 하나님께서 직접 말씀하신 것을 기록한 특별 계시인 성경이 있고, 또 하나님께서 만물을 통해 보여주신 자연 계시, 또는 일반 계시가 있다고 한다. 그렇기에 자연도 계시의 한 부분인 것이다.

　자연 계시는 창조의 능력과 하나님의 위대하심을 깨달을 수 있으나 인간이 구원받아야 함을 깨우쳐 주지 못하는 한계점이 있다. 그래서 인간 구원의 절대적 필요성을 깨우쳐 주는 특별 계시인 성경이 필요하게 된 것이다. 문제는 여기 루소처럼 성경이 아니어도 자연만으로 충분히 살아갈 수 있다고 믿는 것이 자연주의자들의 주장이다. 자연주의자들은 하나님의 천지창조는 믿으나 특별 계시인 성경과 계시와 구속주 신앙을 믿지 않는다. 이들이 현대 유니테리언(Unitarianism)을 따르는 하버드 대학 신학과다.

　여기 루소가 말하는 자연도 그의 독창적 개념은 아니다. 그가 주장하기 이전 아리스토텔레스, 스토아, 스콜라 철학이 주장했던 바이다. 그러나 루소는 인간의 불평등이라는 숙제를 자연에서 찾을 수 있다고 적용했다. 참고할 사항 정도로 이해하면 될 것 같다.

(2) 《사회 계약론》

루소는 50세(1762) 때 《사회 계약론》을 암스테르담에서 간행했다.[199]

그는 이 연구 논문으로 소르본느 대학 신학부에서 분서(焚書) 처분을 당하고 그를 체포하려는 추격자들에 의해 스위스, 프러시아, 런던 등 각 곳으로 피신을 다녀야 했다.

이 논문은 루소가 '이상국가' 실현을 위한 이상적 정부를 상상하며 저술했다.

루소는 《에밀》에서 사회에서 분리된 벌거벗은 참상을 고찰했다. 그리고 《사회 계약론》에서는 인간이 본래의 모습을 유지하려고 하면 사회가 있어야 모든 것이 존재한다는 사회 신봉자다. 그렇다면 어떤 것이 이상적인 사회인가? 그는 계약에 근거한 사회가 피차 모두에게 다 좋은 사회라고 설명한다.

사회란 무엇인가? 그것은 가족이 최초의 모델이라고 본다. 그리고 가족이 발전한 것이 국가라고 본다. 가족과 국가의 차이는 가족은 아버지가 아이에 대한 애정을 그의 보살핌으로 가지나 왕은 인민에 대한 애정이 아닌 명령하는 기쁨에서 그 지배의 이유를 찾는다.

그렇다면 사회 계약이란 무슨 뜻인가? 그것은 자신의 힘과 자유를 타인의 유용을 위해 양도하는 것이라고 했다.

인간이 저마다 혼자의 힘으로는 감당하기 어려운 외적의 침략이

---

199) Iring Fetscher, Jean-Jaques Rousseau, 1983.

나 자연재해 등을 막아내려면 공동의 힘을 모으는 단결된 힘을 만들어내야 한다. 그렇게 공동의 힘을 모으기 위해서는 힘의 총화를 위해 사회 계약이란 것이 따르게 된다. 그래서 각 구성원들은 모든 권리와 함께 자신을 공동체에 양도해야 한다. 이렇게 각자는 모든 사람에게 자신을 주고 또 아무에게도 자신의 것을 빼앗기지 않게 될 때 그것이 서로가 사는 길이 되는 것이다.

이렇게 사회 계약이란 개인의 힘과 자유를 전면적으로 양도하고 국가는 신성한 계약대로 시행하는 데 주력하는 것이다. 국가는 정상적이고 집합적인 단체이며 공적인 성격을 띠고 있다. 국가를 수동적으로 보면 국가로, 능동적으로 보면 주권자로, 또 다른 것과 비교할 때는 권력체로 볼 수 있는 것이다.

루소는 모든 민중이 모두 만족할 만한 이상적인 정부 형태는 없다고 본다.

군주 정체는 부유한 국민에게 적합하고, 또 귀족 정체는 국부나 규모가 중간 정도의 국가에 적합하며, 또 민주 정체는 작고 가난한 나라에 적합하다고 한다. 모든 정체에는 특색과 결점이 있으므로 어떤 것이 가장 좋은 정체인지는 쉽게 말할 수 없다.

또 설사 좋은 정체라고 해도 인간과 마찬가지로 쇠퇴해 죽는 것이다.

그러나 건강을 유지하기 위해서는 최소한 집행권과 입법권을 분리해야 한다고 했다. 그리고 마지막으로 국가가 그 시민에게 의무를 사랑할 수 있도록 시민들이 시민적 종교를 갖도록 하는 것은 매우 중요하다고 했다.

그는 도덕과 종교 없이는 좋은 시민이 될 수 없다고 본 것이다. 그는 종교가 사회사상의 밑바탕을 이루고 있음을 믿었던 것이다.

그러나 루소의 《사회 계약론》에 대한 반론도 만만치 않다.
① 인간은 자유로운 존재이다.
그런데도 어디서나 사회의 속박에 매인 신세가 되었다. 그는 자유권 보장을 위해 사적 소유권을 포기해야 한다고 했다. 그러나 사적 소유권을 포기할 만한 사회 계약이 실제적으로 가능한가?
② 사적 소유가 백일하에 드러나면 특권이 검토되고 몰수당한다.
③ 약속되는 계약사회는 또다시 진리, 이성이라는 이름으로 판단받고 억압받는 결과를 낳을 것이 아닌가? 이러한 반론에 명확한 해답을 제시하지는 못했다.

그러나 '사회 계약설'(theory of Social Contract)은 17, 18세기 시민 혁명기에 등장한 정치 사상의 하나였다.

먼저 영국의 홉스가 청교도 혁명기에 《리바이어던》(Leviathan, 1651)에서 인간에게 가장 중요한 생명 보존(자기 보존)과 생명 보존을 위한 천부의 권리(자연권)가 있음을 주장했다. 그 후 로크(1632~1704)는 소유권을 지키기 위한 국민 동의의 계약을 주장했다.

저들보다 한 세기쯤 뒤늦은 프랑스 루소는 자연법 상태에서 사회 계약이라는 말로 정치 이론을 설명한다. 루소는 폭력혁명에 의한 새로운 신체제창출보다는 보다 좋은 정치란 어떤 것인가를 국민들에게 계몽해 주고 있다. 그러므로 루소의 주장을 그 시대적 산물로 이해할 뿐 근본문제 해답으로 볼 수는 없는 것이다.

(3) 《에밀》

루소는 50세(1762)에 교육 사상서로 《에밀》(Emile)을 발표했다. 그러나 그는 소르본느 대학에 의해 고발당하고 책은 파리에서 불태워졌다. 그리고 계속 도망을 다녀야 했다. 루소의 《에밀》은 교육제도의 정비가 이루어지지 않은 때이므로 공교육에 관한 논의가 없는 때에 나온 주장이었다. 당시 전제군주를 뒷받침하는 귀족들과 군주와 같이 공생하는 성직자들만이 지배계급으로 군림하고 있었다.

어린아이들은 앞으로 착취당하는 데 필요한 '작은 어른'으로 노동 착취의 대상일 뿐 저들에 대한 무관심의 세상이었다.

이때 루소는 '어른들이 어린이들을 너무 모르고 있다. 어린이들을 바로 알아야만 교육이라는 개념을 알 수 있다. 어린이들을 어떻게 어른들에게 알릴 수 있는가?' 이와 같은 문제의식에서 고아인 《에밀》이라는 인물을 설정해 놓고, 에밀이 성장하는 전체 과정을 설명하는 교육원리 추구의 작품을 만든다.[200]

루소는 어린아이들의 발달 성장기를 아동기(enfance), 청년기(adolescence), 성인기(adulte)로 나눈다. 그리고 이것을 좀 더 세부적으로 또 나눈다.

제1부: 신체를 속박하지 않는 양육 - 에밀 유년기
제2부: 신체와 감각 훈련 - 5~12세
제3부: 지능발달 기능 교육 - 12~15세
제4부: 도덕심과 종교의식 15~20세
제5부: 에밀이 소피와 결혼 - 20세에서 결혼까지로 구성되었다.

루소는 서문에서 《에밀》이 인간 형성의 방법이라고 한다. 인간을

---

200) 장 자크 루소, 《에밀》, 정병희 역 (동서문화사, 2016).

인간답게 하는 것이 교육이며, 루소가 말하는 인간이란 자연인을 의미한다. 그가 말하는 자연인은 앞서 말한 대로 ① 원시적 자연인, ② 신이 창조한 순박한 자연인, ③ 심리적 본능을 가진 자연인 등 복합적이다.

이것은 타인에 의해서 변화가 일어나기 이전의 자연인을 의미한다. 자연인은 황야를 떠도는 자연인이 아니라 사회 속에 속해 있으나 욕망과 억측으로 인해 속박당하지 않는 인간이며, 자신의 눈으로 사물을 보고 자신의 감정으로 느끼고, 자신의 이성만을 진정한 권위 있는 것이라고 인정할 수 있는 인간을 의미한다.

루소는 "조물주의 손에서 떠날 때의 인간은 모든 것이 선했다. 그러나 인간의 손에 넘어오면서부터 모든 것이 악해진다"라고 했다. 이와 같은 그의 인간관은 이 세상의 모든 것을 부정하게 본다. 이렇게 선한 본성을 가진 어린아이가 때 묻고 왜곡된 세상으로 나아가기 전에 어려서부터 적절한 시기에 맞게 적절한 내용을 교육해야 한다는 이론의 5단계 교육론이다.

그래서 어린아이에게 너무 이른 나이에 그 시기에 어울리지 않는 지식이나 관념을 제공하는 것은 피해야 한다고 했다. 그래서 어린이 때는 몸을 튼튼히 해주는 데 주력하고 마음껏 즐기게 해주는 것이 필요하다고 주장한다.

루소는 어린이의 인격과 인간상을 경시하고 불완전한 인간으로 취급했던 당대의 관념에 강하게 반기를 들고 있다. 루소의 《에밀》은 낡은 봉건적 사회 교육관의 잘못된 기초적, 기본적 인간상을 부각시켰다는 점에서 역사적 의미가 있는 것이다.

루소는 똑같은 맥락으로 서간체의 장편 소설 《신 엘로이즈》에서

"처녀가 애인 하나를 갖는 것보다 어머니가 20명의 애인을 갖는 것이 더 낫다"라는 말로 당시 귀족 사회의 타락한 풍조와 정조 관념을 공격했다.

루소는 또 "철학자들은 타인을 위해서나 자기 자신의 재지(才智)를 자랑하기 위해 책을 쓰지만, 나는 고민하는 나를 구하기 위해서 책을 쓴다"고 했다.

루소의 《에밀》은 어린이의 각 발달 단계에서의 발달 과정과 발달 단계의 특징들을 생생하게 묘사함으로 발달 심리학의 선구자가 되었다. 그럼에도 불구하고 당시의 가톨릭과 개신교들은 자기들의 교의(敎義)에 상반된다고 그에게 금서 처분과 핍박을 가했다. 이와 같은 그의 교육철학은 페스탈로치와 프뢰벨이 계승한다.

4. 영국의 사회과학자 애덤 스미스

1) 애덤 스미스의 생애

애덤 스미스(Adam Smith: 1723~1790)는 스코틀랜드 동부에 있는 도시인 커콜디(Kircaldy)에서 출발했다. 그가 태어난 커콜디가 지금은 인구 5만 명에 가까운 도시였으나 스미스가 태어날 당시에는 인구 2천 명 정도의 아마포, 담배, 피혁 등이 성행한 항구 도시였다. 스미스가 태어난 시대의 스코틀랜드는 잉글랜드와 합병된(1707) 이후 잉글랜드인들에게 무시를 당하던 때였다.

경제적으로 발달해 부유해진 잉글랜드인들은 경제적으로 뒤처져서 가난한 스코틀랜드인들에 대하여 우월감을 가짐으로 스코틀랜드들인들은 굴욕감을 느끼던 시대였다.

스미스의 아버지는 변호사이며 감독관이었다. 아버지는 첫 번째 아내에게서 아들을 낳았고, 스미스는 두 번째 아내에게서 유복자로 태어났다.

아버지는 67세를 살면서 일생을 독신으로 지냈다. 스미스는 7세에 커콜디의 시립학교에 입학했다. 시립학교는 30명 정도의 학생을 수용할 수 있는 교실 두 개가 있는 학교였다. 그런데 스미스와 함께 공부한 친구 중에 국회의원, 건축가, 장로교 지도자 등이 배출되었고, 스미스는 책을 좋아하는 공부벌레로 알려졌다. 시립학교 졸업 후 14세에 글래스고 대학에 진학한다. 14세라면 지금은 중학생 나이인데, 당시에는 12세 전후에 대학에 진학할 수 있었다.

당시 스코틀랜드에는 에버딘, 세인트앤드루스, 에든버러, 글래스고 등 네 개의 대학이 있었는데 스미스가 글래스고 대학에 진학한 이유는 알 수 없다.

글래스고 대학은 생활비와 학비가 쌌다. 그리고 종교적으로도 비교적 자유로웠기에 학생들은 출신 가정이 귀족, 지주, 성직자, 상인, 노동자 또 아일랜드의 근면한 소작인 자녀들 등 다양했다.

스미스는 글래스고 재학 중 도덕 철학 교수인 F. 허치슨(F. Hutcheson: 1694~1746)의 지도를 받는다. 허치슨은 영국의 도덕 감정학파를 대표하는 철학자다. 그의 저서 《도덕 철학 체계》(1755)에서 그는 홉스나 로크의 이기심 중심의 인간론과 사회 계약론을 비판하며 인간은 이타심의 도덕이 있다고 했다.

스미스는 이곳 글래스고 대학을 졸업하고 1740년 옥스퍼드의 베얼리얼 칼리지에서 6년간 장학생으로 공부를 한다. 그런데 옥스퍼드 대학은 매일 강의가 있지 않고 하루에 2번 예배 참석과 주 2회 강의를 듣는 태만과 침체의 학교였다.

스미스는 여기서 충실히 도서관을 활용해 그리스어, 라틴어와 고전 문학들을 탐독한다. 그는 태어난 후 병약한 몸으로 고질병인 괴혈병(壞血病)에 시달린다.

스미스는 변호사요 재판관이 되는 헨리 홈의 소개로 1748년부터 1751년까지 여러 번의 공개 강의를 할 기회를 얻게 된다. 주제는 문예와 문예 비평, 법학, 또는 도덕 철학 등이었다.

이와 같은 연속 강의는 호평을 얻어 1751년(29세) 모교인 글래스고 대학의 윤리학 교수로 초빙을 받게 된다. 스미스는 자기가 배웠던 허치슨 교수가 사망한 뒷자리에 도덕 철학 교수가 되어 문예 강의와 함께 윤리학, 사회 과학 등을 강의한다. 스미스는 글래스고 대학 교수가 되어 대학 기숙사에서 어머니와 사촌누이와 함께 생활한다.

대학 교수가 된 스미스는(1751) 글래스고 대학 외에 도시와 관계가 이어진다. 도시는 아메리카 식민지와 서인도 제도에서 담배, 설탕, 럼주(rum酒)를 가져와 유럽 각지로 재수출하는 중계 무역도시로 번영해 왔다.

글래스고 외항[중기 기관차 발명자(Jomes Watt, 1736~1819)의 출생지이며 또 스코틀랜드의 "그리녹"이라는 항구도시]에는 아마 직물 산업과 흑인 노예용 농기구와 아메리카 농장용 신발, 안장을 제조하는 제혁 공장도 생겼다. 스미스는 이들 경제 클럽 사람들과의 관계를 통해 상업과 제조업에 관한 지식을 얻게 된다.

또 스미스보다 12세 연상인 데이비드 흄(David Hume: 1711~1776)을 교수로 추천했으나 대학 내부의 반대로 뜻을 이루지 못한다.

흄은 《인성론》(1739~1740) 출판으로 영국 경험론 철학자로 인정받는 인물인데 글래스고 대학이 거부한 것이다. 이것은 도덕을 신으로부터 분리한 허치슨보다 흄의 인간 본성 추구가 종교적으로 더 위험하다고 판단한 대학의 분위기였다. 스미스는 이 같은 흄과 좋은 관계를 가진 무신론자였다. 그렇기에 우리는 스미스의 신앙을 배우려는 것이 아니라 그가 세상에 끼친 사상을 배우려 하는 것뿐이다.

대학 강의는 10월 10일부터 그 이듬해 6월 10일까지 계속되었다. 강의 시작 전에 기도드리는 관행이 있었다. 그래서 스미스는 자기가 강의 시작 전에 기도드리는 것을 자기에게는 예외로 해달라고 요청했으나 평의회에서는 허락되지 않았다고 한다.

이 정도로 스미스는 무종교를 넘어 반(反)종교인이었다. 스미스는 ① 자연신학, ② 윤리학, ③ 법과 통치, ④ 정치 경제론 등을 강의했다.

여기서 1759년에 《도덕 감정론》(The Theory of Moral Sentiments)을 출판하여 전 유럽에 명성을 떨친다.

또 증기기관을 발명한 J. 와트(James Watt: 1736~1819)가 글래스고 대학의 기계공으로 대학 구내에 작업장을 갖고 있었다. 스미스는 그를 많이 격려해 주었다고 한다.

이 무렵의 글래스고 대학은 교수가 12~13명, 학생이 300명 정도 되는 작은 대학이었다. 스미스는 여기서 1760~1762년에는 학부장, 1762년에는 부총장이 되었다. 스미스는 대학 운영이 교회 관계자와 법조계 사람들로 운영되는 복잡한 구조 속에서 1764년에 대학을 떠난다.

대학 교수직에서 떠난 스미스는 버클루 공작의 개인 교수로 약 3년간 프랑스에 체류한다. 프랑스 체재 중 제네바에 사는 볼테르를 방문한다.

1776년(53세) 최초로 《국부론》(An Inquiry into the Nature and Causes of the Wealth of Nations) 독일어 번역판이 나왔다. 스미스는 1777년에 스코틀랜드 세관 위원으로 임명된다.

이때부터 《국부론》의 영향이 국가 정책으로 나타나기 시작한다. 《국부론》이 프랑스어, 덴마크어로 번역판이 나온다.

64세에 글래스고 대학 명예 총장, 65세에 총장으로 재선된다. 1790년 향년 67세에 지병으로 에든버러에서 세상을 떠난다. 그는 에든버러의 케논게이트 묘지에 안장된다.

이로써 그는 《도덕 감정론》(1759)은 대학 교수 때 완성했고, 《국부론》은 대학 강의 때 꾸준하게 준비하여 세상 경험을 다 겪은 후 완성한다.

2) 애덤 스미스의 사상

(1) 《도덕 감정론》(1759)

그는 고전 고대 인문학들의 기초 위에 네덜란드 법학자 그로티우스(H. Grotius: 1583~1645)의 《전쟁과 평화의 법》(1625)과 영국 정치 사상가 홉스(T. Hobbes: 1588~1679)의 《법의 원리》(1640), 《국가론》(1642) 등과 로크(J. Locke: 1632~1704)의 《인간 지성론》(1686), 《통치론》(1689) 등과 루소의 영향 등을 받는다.

스미스는 이 책을 통해 다음과 같이 주장하고 있다.

"어떤 행위나 감정은 그것을 보는 관찰자가 동감을 얻으려는 본성은 가지고 있다. 만약 관찰자의 동감을 받지 못하고 오히려 반감을 초래할 것이라고 깨닫게 되면 자기 행위를 규제하려고 한다. 사회의 비난을 받는 부정행위나 오만한 언동 등은 이와 같은 동감 감정에 근거하고 있다. 마찬가지로 사람들의 관계가 공정하다고 느껴지면 자연히 자연법인 정의를 지키게 되고 국가의 강제력이 필요 없게 된다.

그러나 현실적으로는 법이나 통치에 특정한 방식들이 확립되어 왔다. 마찬가지로 도덕이나 법이나 통치방식이 공감을 받을 수 없을 경우는 세계의 경제 양상이 크게 좌우될 수 있을 것이다."

여기서 분업론을 기초로 한 경제 분석을 시도한 저서이다.

(2) 《국부론》(1776)

그의 《국부론》은 프랑스 경제학자 케네(F. Quesnay: 1694~1774)가 주창한 중농(重農)주의 사상에서 배운 재생산 자본 축적의 관점을 더 보강한다. 케네는 경제를 생산과 소비의 순환 과정 내지 재생산 과정으로 보았다. 그는 경제가 중상(重商)주의적 통제만으로는 성장할 수 없으므로 안정적 중농주의 체제가 바람직하다고 했다.

이 같은 케네 사상이 스미스와 마르크스에게 영향을 준다. 스미스 케네가 주장하는 중농주의에 의해, 재생산과 자본 축적의 원리에 의해 미국 독립전쟁의 원인 등을 다각적으로 규명한 다음에 타개책을 제시한 것이 스미스의 《국부론》의 골격이다.

그의 국부론은 세련된 법, 통치, 국제관계의 현상을 잘 활용해야 한다는 주장이다. 《국부론》(國富論)은 '여러 나라 국민의 부의 성질 및 원인에 관한 연구'(An Inquiry into the Nature and Cause of the Wealth of Nations)라는 5권으로 구성된 책이다.[201]

이 책은 최초로 자본주의 사회를 포괄적으로 파악, 분석하고, 과학으로서의 경제학 체계를 수립하여 과학적 경제학의 출발점이 되었다.

---

201) 애덤 스미스, 《국부론 Ⅰ, Ⅱ》, 유인호 역 (동서문화사, 2016).

책 전체는 서론 및 5편 32장으로 구성되어 있다. 서론에서 노동이 부의 원천임을 서술했다. 제1편에서는 노동의 질적 측면(노동의 생산력), 제2편에서는 노동의 양적 측면(생산적 노동자의 수를 좌우하는 사정), 제3편 이하에서는 산업발달의 역사적 연구, 중상주의와 중농주의의 2대 경제 정책론 비판, 국가의 3대 임무 수행에 소요되는 경비 및 그 수입원 등에 대하여 고찰하였다.

스미스는 여러 나라 국민의 부는 화폐가 아니라 노동 생산물이며, 그 측정은 1인당 연간 생산물의 수량에 의존한다는 주장을 했다. 이와 같은 노동 가치설에 구축된 스미스의 자본 축적론은 노동 생산력 증진의 양적 방법으로 절약 내지 저축을 주축으로 전개된다. 그리고 생산적 노동과 비생산적 노동을 구별하는 기준은 그 노동이 잉여를 발생할 수 있느냐 하는 점과 그 노동이 상품에 고정화할 수 있느냐는 양자가 병존한다고 주장했다.

여기서 우리가 중요한 사실을 발견한다.

공산주의를 창시한 K. 마르크스는 스미스의 이론 중에서 생산적 노동과 비생산적 노동을 구별하는 기준이 잉여를 발생할 수 있느냐, 없느냐로 판단된다는 스미스의 이론 중 일부만을 체택한 이론이었다는 사실이다.

스미스는 다양한 국가들의 경제 성장을 비교하여 자본 저축과 분업이 상호 보완되면 노동 생산력이 증진될 수 있다는 낙관론적 경제 이론을 제시했다. 그러나 K. 마르크스는 노동은 자본에 의해 고용되는 단지 노동일 뿐이라고 보았다. 그렇기에 K. 마르크스에게서 잉여를 발생하지 않는 노동제도는 타파해야만 하는 공평한 사회주의가 나와야 된다는 주장이 생겼을 것이다.

스미스의 《국부론》은 과학적 학문으로 출발하는 긍정적 요소가 있었으나 스미스의 주장에 힘을 얻은 K. 마르크스의 공산주의를 출발하게 하는 부정적 요소도 있었다고 할 수 있다.

스미스는 왜 무신론자였는가? 무신론자들의 관심은 신이 아닌 정치나 경제나 사회, 문화 등이다. 그러기에 땅에 있는 피조물들에만 관심을 갖게 되는 한계점들을 발견한다. 그래서 땅에 있는 정치를 말한 수많은 정치 사상가들이나 또는 경제를 말하는 사상가들의 귀결점이란 매우 근시안적인 주장뿐임을 깨닫게 된다.

그에 반해 신의 존재를 관심 삼는 철학은 어떤가? 철학자들은 신의 존재는 인정하지만, 그 신의 성격은 철학자마다 다 다르다. 신에 대해 정확하게 설명한 것이 종교이다. 그런데 불교, 유교는 신이 없는 깨달음의 종교이다.

신을 말하는 이슬람은 정복해야 되는 종교이다. 참다운 종교는 어떤 종교일까? 참다운 종교는 창조주와 피조물의 관계가 명백한 구별 속에서 피조물들이 창조주의 무한대한 뜻을 추구해 나가려는 필생의 노력이 공존 상태로 존재할 때 거기에 건전한 종교가 가능하다고 믿는다.

스미스는 무신론자였다. 그래서 그는 당시 영국 국교회 제도를 반대했고, 정교분리를 주장하고, 성직자들을 제도권 안에서 생산하지 않는 자유 경쟁제를 주장했다. 그리고 종교의 열광적인 광신교의 해독을 과학과 철학의 연구를 통해 해결해 보자고 주장도 했다. 그는 광신과 열광의 음침한 분위기를 음란 수준이 아닌 대중 오락으로 해소해 보자고 주장했다.

스미스가 경제학의 대가임은 인정한다. 그러나 그는 종교의 기본도 모르는 무식자였고, 인간과 사회가 눈에 보이는 현상들로만 이뤄지는 것으로 착각한 지극히 표피적, 피상적인 관찰자였다고 깨달아진다.

5. 임마누엘 칸트

18세기 후반에 유럽에는 계몽주의 사상이 성숙해 갔다. 또 프랑스 혁명과 나폴레옹 통치로 유럽 전체 국가들이 그 영향을 받게 되었다. 이런 때 유럽 근세 철학에 내재해 왔던 문제 상항을 범(汎) 유럽적인 규모에 입각하여 근대인의 사상과 행동을 지켜나가야 할 준칙으로 칸트는 이성(理性)을 제시했다.

칸트의 이성 중심의 철학 사상은 그 이후 오늘날까지 철학적 사색을 할 수 있도록 길을 열어놓았다. 그는 독일의 철학자이자 전 세계의 철학자이기도 한 임마누엘 칸트라는 인물이다.

그의 생애와 사상을 살펴보자.

1) 임마누엘 칸트의 생애

칸트는 1724년 4월 22일에 동(東) 프로이센의 수도 쾨니히스베르크(Königsberg)에서 태어났다. 이곳이 1945년 제2차 대전 시 독일의 패전으로 러시아 칼리닌그라드(Kaliningrad) 주(州)의 주도가 되었다.

이곳은 발트해로 흘러가는 프레골랴(과거에는 프레겔) 강이 42km 이어지는 해상 운하의 부동항이 있는 도시로 인구 약 40만 명에 근접하는 도시가 되었다. 이 도시는 독일 땅이었기에 종교개혁 후 자연히 루터교가 전파되었다. 루터교 안에는 가톨릭 의식을 많이 따르는 제의식 루터교가 있는가 하면, 루터의 신앙정신을 계승하는 경건한 정신적 신앙을 따르는 루터교가 있었다.

이곳 쾨니히스베르크에는 경건한 신앙을 추구하는 쾨니히스베르크 대학이 1541년에 설립되어 18세기에는 칸트를 배출함으로 유명한 대학이 되었다.

(1) 칸트의 출생과 어린 시절

칸트는 쾨니히스베르크 교외 마을에서 무두장이 아들로 태어난다. 무두장이는 모피를 칼로 훑어서 털과 기름을 뽑고 가죽을 부드럽게 다루는 직업이다. 그의 가까운 친척들은 구두장이, 직물장이, 가발장이 등 대부분 수공업에 종사하는 친척들이었다.

어머니는 루터교도 중 경건한 마음의 신앙, 생활 속의 신앙을 추구하는 경건주의 신앙이 깊은 사람이었다.

당시 가톨릭 교회는 외형적인 의식과 행사, 또는 하나님을 섬기는 계급을 중시하는 종교로 사제와 성직자들은 높은 계급의 사람들이고, 세속적인 직업에 종사하는 자는 신분이 낮은 사람으로 무시했던 시대였다.

칸트가 출생한 곳은 쾨니히스베르크 성 밖 마을이었다. 그 마을의 거리 이름이 '마구장이 거리'로 칸트의 조부 때부터 마구장이로 살아온 마을이었다.

아버지 요한 게오르크 칸트(1662~1746)는 33세 때 안나 레기나 도로테아(1698~1737)라는 18세 여자와 결혼을 했다. 이들 부부는 9명의 자녀를 낳은 중에 칸트는 넷째로 태어났고, 9명 중 어릴 때 죽은 아이가 많아서 칸트를 비롯해 누이 3명과 남동생 1명만 살아남았다.

칸트는 80 평생을 독신으로 살아갔는데 누이 중 막내누이 바바라가 칸트보다 더 오래 살면서 칸트의 마지막 병상을 지켰다.

칸트는 부모로부터 생활과 신앙의 깊은 영향을 받았다. 아버지는 같은 무두장이들 간에 직업 경쟁들을 하느라 다툼이 자주 생겼다. 그 마을에 다른 무두장이들은 서로가 자기 이익을 위해 별의별 수단들을 다 쓰며 경쟁을 했다.

그럴 때마다 아버지는 상당한 고초를 겪으면서도 상대방에 대해 단 한 번도 남을 욕하거나 경멸하지 않았다. 아버지는 언제나 상대방에 대한 사랑과 관용과 이해를 유지해 나갔다. 이것이 어린 칸트로 하여금 깊이 감동을 주며 자신도 아버지에 부끄럽지 않은 생활을 해 나가는 평생의 추억이 된다.

칸트는 어머니에 대한 존경과 사모의 정을 제자들에게 자주 말했다. 칸트로부터 어머니에 대한 말을 전해들은 제자들은 그 말을 그대로 후대에 전하고 있다. 그 내용은 어머니는 애정이 가득 차고 감정이 풍부하고 경건한 신앙에 정직한 분이었다.

칸트는 어머니가 보여준 정직, 근면, 경건한 신앙의 영향으로 그 자신도 일생 동안 성실하게 학문에 전념하며 부모를 따르도록 노력한다.

칸트의 도덕 철학은 이와 같은 부모들의 덕성과 신앙이 철학의 바탕을 이룬다. 칸트 철학의 덕성은 어려서 부모들의 생활 태도에서 길러진 것이고, 그와 같은 덕성은 칸트의 생활 태도만이 아니라 그의 철학의 근원적 힘을 이룬다. 특히 칸트는 얼굴 생김새와 안으로 휜 가슴 등이 어머니의 육체를 닮았다.

칸트의 어머니는 칸트에게 몸과 정신으로 철학의 기초를 제공해 주었다. 그렇기에 칸트의 어머니는 위대한 정신과 사상을 칸트에게 물려주었고, 칸트는 그 기초 위에 학문의 탑을 쌓아 올렸다고 할 수 있다.

(2) 칸트의 교육

칸트가 최초로 다닌 학교는 성(城) 밖의 양로원 부속 고등학교였다. 여기에서 읽기, 쓰기를 배웠다. 그런데 칸트가 어렸을 때 범상치 않은 것을 알아차린 것은 어머니가 다니는 교회의 목사 슐츠였다. 칸트는 슐츠의 도움으로 프리드리히 김나지움(프리데리키아눔)에 입학한다.

독일의 김나지움은 초등학교 과정 4년을 마치고 그 후에 9년 동안 교육을 받는 교육제도이다. 김나지움은 한국에는 고등학교라고 번역되어 있어서 다소 혼동이 생긴다.

칸트는 8세에 어머니가 다니는 교회 목사의 추천으로 김나지움에 입학한다. 이곳 학교는 학자와 연구자가 되게 하기 위한 과정으로 3개 외국어가 필수 과목이 되는 교육 과정이어서 도중에 탈락하는 아이들이 많고 최후에 '아비투어'라는 최종 시험에 합격해야만 졸업이 된다. 그래서 입학생 중 최종 시험 합격률은 20% 정도쯤 된다.

이렇게 교육 과정을 다 마치고 최종 시험 합격자는 대학 입학 자격을 얻게 된다. 칸트는 김나지움 학교 교풍에 따라 종교적 분위기에 의해 혹독한 라틴어 교육을 받았을 것이다. 칸트는 여기서 고전 작품 독서회를 통해 학자의 꿈을 꾸었다.

그는 라틴 문학가 칸티우스(Kantius)를 따라 '칸트'라는 이름이 생겼다. 그러나 칸트 자신은 자신을 칸트라고 사용하지 않았다. 칸트라는 이름이 사용된 것은 뒷날 뛰어난 고전작가인 네덜란드 라이덴 대학의 교수에 의해서였다.

칸트는 프리데리키아눔에서 8년 동안 공부한 후 16세(1740) 때 쾨니히스베르크 대학에 입학한다. 칸트가 이 대학에 입학하기 3년 전에 어머니가 40세도 되지 않아 세상을 떠난다. 그리고 칸트가 이 대학을 졸업한 22세(1746) 때는 아버지도 죽는다.

칸트는 대학에서 6년간 공부한다. 학비가 충분하지 않음으로 비교적 부유한 큰아버지가 약간의 도움을 주었다. 칸트는 학비나 용돈 마련을 위해 공부 못하는 급우에게 복습을 시켜주고 용돈을 벌었으며, 당구나 트럼프 내기 등에서 이겨 수입을 얻었다고 한다. 하지만 칸트의 차림새가 초라하므로 친구들이 의복류를 갖다주어 도왔다고 한다. 칸트가 대학에서 가장 많은 영향을 받은 교수 세 명이 있다.

칸트가 프리드리히 김나지움에 입학하도록 도와준 슐츠 목사가 나중에 이 대학교 교의학 교수로 왔다. 그래서 슐츠의 교의학 강의를 통해 기독교 신학을 알게 된다.

그러나 보다 더 직접적 영향을 끼친 교수는 마르틴 크누첸(M. Knudsen)이었다. 크누첸 교수는 경건주의 신앙과 독일 계몽기의 철학자 볼프(C. Wolf: 1679~1754)의 철학을 결합시키고자 했다.

볼프는 예나 대학에서 공부한 후 라이프치히 대학, 할레 대학에서 교수로 있었다. 볼프의 저서로 《신, 세계, 인간 영혼, 모든 사물에 관한 이성적 사고》(1719), 《제1철학 또는 존재론》(1730) 등이 있다.

크누첸 교수는 경건주의 신앙과 볼프의 철학을 결합하려는 그의 철학 강의와 수학 강의를 유독 좋아했다. 칸트가 뉴턴의 학설을 처음 배운 것이 크누첸을 통해서였다. 그리고 칸트는 데스케 교수의 물리학에서도 큰 배움을 얻는다.

칸트는 크누첸 교수가 이끌어 가는 경건주의 신앙과 철학의 결합에 독창적인 사상가로서의 길을 찾게 된다.

그런데 그토록 따르던 크누첸 교수는 38세(1751)로 세상을 떠난다. 칸트는 22세(1746) 때 대학을 졸업한다. 졸업자는 졸업 논문을 써야 했다. 칸트는 졸업 논문이자 처녀작으로 〈활력의 참된 측정술에 대한 사상〉이라는 논문을 썼다. 이 논문은 당시 유행했던 라이프니츠, 볼프 등 유명한 학자들의 힘의 측정법을 비판한 논문이었다.

이 같은 논문으로 거만하다는 비판을 받게 되었다. 그러나 칸트는 어떤 부분에 대가가 되려면 평범을 뛰어넘어서 "나는 나의 갈 길을 가겠다"라고 선언한 비판 정신에 불타는 청년 학도의 모습이었다.

(3) 칸트의 10년 가정교사 생활

칸트가 22세 대학을 졸업했으나 그를 기다리는 곳은 없었다. 학문 연구를 계속하고 싶은 쾨니히스베르크 대학을 뒤로하고 가난한 가정과 생활고를 해결하려고 고향 근교의 여러 곳에서 가정교사로 지낸다. 그가 가정교사로 지낸 가정은 목사 가정, 귀족의 가정 등 몇 곳에 갔다.

칸트는 맨 처음 쾨니히스베르크 교외에 있는 목사 집의 가정교사로, 그다음에는 모르겐 부근의 기사 영주인 폰 휠젠 가로, 마지막에는 라우덴부르크의 카이젤링 백작가 가정교사로 철없는 어린아이들을 가르쳐 주고 생활비를 해결했다. 이 시기는 칸트의 나이 24~31세 사이에 해당된다.

자유 존중과 비판 정신을 가진 그가 노예와 같은 가정교사를 잘 감당했을까? 이 시기는 가장 이성적으로 왕성한 때인데 연애는 왜 못했을까? 여러 가지 궁금증이 생긴다.

그 내용은 그 자신이 언급하지 않으므로 잘 모른다. 그러나 가정교사로 아이들을 가르치고 또 허용된 범위 안에서 체벌을 가해야만 하는 가정교사 생활은 힘든 시기였을 것이다. 칸트 일생 80년 중 쾨니히스베르크 도시 밖에서 산 것은 가정교사로 8~10년 동안의 기간뿐이었다.

(4) 대학 시간강사 15년(31~46세)

필자는 대학 강사생활을 20년간 겪어보았다. 수입은 국가가 정한 대로의 수강료만 받는다. 그리고 학기가 계속되는 강의 때에만 강사료를 받고 방학 때는 아무 수입이 없다. 그러다가 마지막에 겸임교수가 되었다. 그래서 칸트의 심정이 많이 이해된다.

칸트 때의 대학 시간강사 수입은 수강생이 낸 수강료에 따라 정해졌다. 칸트는 퀴프케 교수의 집에서 하숙하면서 강사생활을 했다. 1755년(31세) 강사가 되어 논리학, 수학, 물리학, 형이상학, 자연 지리학 등 광범위한 과목들을 강의했다.

이 시기에 강사생활과 함께 꾸준히 논문들을 쓴다. 31세 때 《보편적 자연사와 천체 이론》, 《불에 대하여》(석사 학위 논문), 《형이상학적 인식의 첫 번째 원리에 대한 새로운 해석》(강사 자격 논문), 32세 때 《지진의 원인》, 《물리적 단자론》, 《바람의 이론의 해명》, 33세 때 《자연 지리학 강의 개요》, 34세 때 《운동과 정지의 새로운 개념》, 35세 때 《낙관주의 시론》, 39세 때(1763) 《신의 존재를 증명하기 위한 유일하게 가능한 논거》라는 책의 출판으로 처음으로 학계에서 그를 주목하게 된다.

1764년(40세) 베를린 아카데미의 현상 논문으로 《자연 신학 및 도덕의 여러 원칙의 판명성에 관한 연구》로 멘델스 다음 차석으로 입선된다. 1765년(41세) 왕립 도서관 부관장에 취임(1766~1772),《형이상학의 꿈에 의해 해명된 시령자의 꿈》을 발표한다. 46세(1770)에 논리학, 형이상학 정교수로 취임한다.

킨트가 대학 강사 생활 15년 동안 강의 시간이 매주 최소 10시간, 많을 때는 30여 시간을 강의했다고 한다. 왜 이렇게 많은 시간을 강의해야만 하는가?

그것은 수입과 관계된 생활 문제이기 때문에 어쩔 수 없는 사정이었다. 칸트는 적은 강사료로 자기 생활과 동생들을 돌보아야 했으므로 강의 시간을 늘려야 했고, 때로는 가지고 있던 책을 팔아 근근이 살아갔다고 한다.

필자는 칸트의 심정을 충분히 이해하고도 남는다. 필자도 개척교회를 하면서 가족들 생계유지를 위해 주중에 3~4일을 강의하며, 최고로 하루 오전 9시부터 야간 9시까지 강의를 했다. 그렇게 강사비로 가족생활을 해결하고, 개척교회 헌금은 상가를 구입한 대금과 이자를 갚는 데 주력했다. 그렇게 가족을 희생시키다가 드디어 아내가 병(당뇨병)을 얻었는데도 병원에 치료할 의료비(전 국민 보험제도가 없던 때)가 없어서 치료를 미루다가 세상을 떠났다. 개척교회 발전을 위해 아내를 소홀히(?) 하다가 세상을 떠나게 한 죄책감이 항상 남아 있다.

여기 칸트도 강사 기간 중 단 한 번도 휴강이나 결강을 한 일이 없다고 한다. 그러다가 정교수가 되면서 사정이 달라졌다.

(5) 정교수 26년(1770~1794)

칸트가 정교수가 되었을 때는 46세(1770)였다. 그리고 교수에서 강의를 그만둔 때는 72세(1796) 때 명예교수가 된다. 칸트는 시간 강사 때부터 정교수가 된 후에도 여러 대학에서 교수직 초청을 해왔다. 에

를랑겐, 예나, 할레 대학 등에서 계속 교수 초빙을 받았다. 54세(1778) 때는 할레 대학에서 프리드리히 대왕과 대신들이 추밀 고문관 자격까지 주겠다며 설득을 해왔다. 그러나 칸트는 처음부터 끝까지 자기 모교인 쾨니히스베르크 대학 교수직을 지켰다. 그리고 정교수 기간 중에 그의 대표적인 사상들이 작품으로 발표된다.

칸트가 57세(1781) 때에 그의 대표적인 사상들이 작품으로 발표된다. 이 때 그의 대표작 《순수 이성 비판》을 출판한다.

61세(1785) 《윤리형이상학 기초》, 64세(1788) 《실천 이성 비판》을 발표하고 대학 학장(재임)이 되었으며, 66세(1790)에 《판단력 비판》, 69세(1793) 때 《단순한 이성의 한계 안에서의 종교》를 발표했다.

이 책에서 그리스도교의 교의를 이성의 입장에서 해석하려는 시도가 드러났다. 칸트는 이 책에서 신의 섭리라는 목적론적인 신 인식을 새롭게 이성으로 인식해 보려고 시도했다. 그러나 70세(1794) 때는 더 이상 종교에 대한 강의나 저작을 하지 말라는 금지를 당한다.

칸트는 72세(1796) 때 노령으로 강의를 그만두고 명예교수가 된다. 그 후에 윤리형이상학, 논리학, 자연 지리학, 교육학 등 저술활동을 한다. 그리고 80세(1804)에 세상을 떠난다.

칸트의 마지막 말은 "이제 되었다"(Es ist gut)는 것이었다. 그의 시신은 쾨니히스베르크 대학 성당의 지하에 묻혔다.

처음 독일의 쾨니히스베르크 대학이 그 후에는 러시아의 칼리닌그라드 대학으로, 그리고 지금은 칸트 대학으로 바뀌었다. 칸트 대학 교정의 정문에는 칸트의 동상이 세워졌고, 성당에는 칸트 성당의 묘지 입구가 철제문으로 만들어져 있다.

칸트는 평생 독신으로 자신을 엄격히 제어하면서 세상 사람들과 더불어 살고자 힘썼다. 성실과 근면, 경건과 엄격 속에서 언제나 명랑함과 유머, 그리고 친절과 너그러움을 잃지 않았다.

칸트는 규칙적인 일상생활 준수자로도 유명하다. 대부분 모든 날 이른 아침 5시 무렵에 일어났다. 아침 식사는 차 두 잔과 담배 한 대였고, 2시간가량 강의 준비를 했다. 그리고 오후 1시에는 식탁 친구들을 맞아 점심 한 끼를 먹었는데 주식으로 요리가 듬뿍 나왔다. 주식은 버터, 치즈, 수프, 야채, 생선, 구운 고기, 과일, 그리고 포도주 등이었다. 특히 치즈를 좋아했는데 만년에 중병이 든 것도 치즈가 원인이었다.

칸트는 점심식사만 하는 1식주의자였다. 식후에 4시까지 친구들과 즐거운 대화가 이어졌다. 그리고 1시간가량 홀로 조용히 생각하면서 때로 떠오르는 생각을 수첩에 적었다. 그리고 밤에는 10시까지 공부를 한 후 잠자리에 들었다. 그는 7시간 수면을 지켰다.

2) 칸트의 사상

칸트의 심오하고 광대한 사상은 비전문가로서 이해하기가 매우 난해하다. 여기서는 칸트 이전과 당대에 제기된 유럽 세계의 전체 철학의 전후 관계 속에서 칸트의 사상을 해설한 철학 전문가의 설명을 참고하겠다.[202]

(1) 칸트가 살아간 시대적, 가정적 배경

칸트는 1724년부터 1804년까지 살았다. 그가 살아간 시대적 배경을 이해하는 것이 매우 중요하다. 각 개인은 가정적 배경의 기초와 시대적 환경이 그의 인격과 지성을 결정하는 데 기초가 되기 때문이다.

---

202) 칸트, 《순수 이성 비판》, 정명오 역 (동서문화사, 2016).

칸트가 살아간 시대의 독일은 프로이센(Königreich Preußen) 왕국의 프리드리히 2세(Friedrich Ⅱ: 1740~1786) 때였다. 여기서 프로이센 왕국을 알아야 하겠다.

독일은 오토 대제(962) 이후 신성로마제국(Holy Roman Empire)이라는 호칭을 사용해 왔으나 1806년 나폴레옹에 의해 점령당한 후 느슨했던 신성로마제국이 해체된다. 신성로마제국이 해체되기 전에 독일의 북동부 프로이센과 브란덴부르크를 통합해 프로이센으로 분리된다. 초대 프로이센 국왕으로 프리드리히 1세(Friedrich Ⅰ: 1701~1713)에 이어 프리드리히 2세(1740~1786)가 국왕이 되었다.

프리드리히 2세는 계몽 절대주의를 대표하는 명군주로서 대왕(der Große)이라고 불렸다. 프리드리히 2세는 어려서부터 문예, 음악을 가까이하고 프랑스 계몽사상의 영향을 크게 받고 자랐다.

그는 즉위 전에 볼테르의 도움을 받아 《반(反) 마키아벨리론》(1740)을 저술할 정도로 학문 숭배자였다. 그는 저서에서 "군주는 국민의 제1의 공복(公僕)"이라고 주장할 정도였다.

그의 재위 기간은 전쟁의 연속이었다. 그런 중에도 그는 프랑스 문인들과의 교류를 즐기고 언론과 신교(信敎)의 자유를 승인하는 등 계몽주의 사상가로 살아갔다.

칸트가 살아간 시대에 이처럼 학문 애호가가 통치자였다는 것은 학문의 자유가 보장된 시대라는 의미다. 이때는 학문이 통제받고 금지당하는 프랑스보다는 훨씬 좋은 세상이었다.

또 칸트의 가정 배경과 교육 배경도 큰 몫을 차지한다. 칸트의 부모는 매우 경건한 루터교 신앙의 부모였다. 칸트의 신앙은 어머니의 신앙, 아버지의 정직, 교회에서의 경건, 그리고 초등학교에서 고등학교 과정인 김나지움에서의 한결같은 신앙교육, 그리고 똑같은 신앙을 유지하는 대학생활 등 가정, 초·중·고, 대학 전체가 한결같은 신앙 유지로 일관되었다. 이것은 매우 중요한 기초적 단계다.

한국은 어려서 기독교 집안에 자라더라도 초등학교 6년, 중·고등학교 6년 등 12년을 창조론을 배제한 진화론에 근거한 학문들을 배운다. 그래서 진화론 사상이 주입된 상태에서 대학을 진학해도 여전히 진화론은 상식화된 상태다.

이렇게 진화론으로 교육받고 훈련된 자들에게 성경의 창조론이 거부되는 것은 당연하다.

미국에서는 이와 같은 진화론 중심의 공립학교 체제를 배척하고 창조론과 진화론을 병행시키는 기독교 사립학교들이 많이 발전하고 있다. 한국의 사립학교 특성을 배제시키고 일반화시키려는 교육 정책은 마땅히 망국 정책이라고 배척해야 할 과제이다.

칸트는 참으로 좋은 시대에, 좋은 가정환경에, 좋은 교육과정을 정상적으로 거쳐 나간 행운아라고 볼 수 있다. 그리고 칸트의 학문의 기초를 닦을 수 있도록 가장 큰 영향을 준 시기는 대학생활 6년간(16~22세, 1740~1746)이었다. 대학생활 기간은 인간의 지성이 가장 발달하기 좋은 기간이다.

필자는 4대째 믿는 기독교 집안에서 성경 내용을 그대로 믿고 자랐다. 그런데 20대(20~25세)에 신학대학에 입학해 성경 내용을 인간들이 제멋대로 해석한 신학을 배웠다.

신학대학에서 '성경은 계시된 책이 아니라 여러 자료들은 후대에 편집된 후대인의 작품이다. 성경 내용은 미개한 시기의 세계관을 반영한 신화들은 걸러내야 한다. 창조기사는 사실이 아닌 신앙 표현이다. 노아 홍수는 고대 수많은 홍수 신화들 중 하나다. 천국도 신화의 하나다. 기독교의 핵심은 인류를 사랑한 예수 그리스도의 모범을 따르는 사랑이다' 등 이런 류의 신학을 배운 후 미래 천국이 믿어지지 않았다. 미래의 천국과 지옥을 못 믿으니까 살아 있는 동안 마음대로 사는 것이 솔직한 것으로 믿게 되었다.

이렇게 성경에 대한 불신으로 20대, 30대를 온갖 죄를 지으면서 주일날만 거룩한 척하는 이중적 위선의 삶을 살아갔다. 그러다가 30대 말에 미국 유학 중 성경대로 믿는 근본주의 신학을 배우며 새롭게 거듭나는 새로운 인생을 살게 되었다.

칸트는 중·고등학교 이후 대학생활 6년에서 좋은 교수들을 만나 그의 신앙과 학문을 일치시키는 매우 복된 길을 가게 된다.

(2) 칸트의 사상적 기초

칸트는 대학생활을 6년간(16~22세) 한다. 이때 칸트는 그의 인생에 매우 귀한 교수들을 만난다. 앞서 칸트의 생애 속에 설명한 대로 칸트에게 가장 감동과 영향을 준 교수가 M. 크누첸(M. Knudsen) 교수였다.

크누첸 교수는 철학 교수였다. 크누첸 교수는 당시 독일의 계몽기 철학자이자 할레 대학의 교수였던 볼프의 영향을 그대로 받은 이었다.

볼프는 이성적 사고를 주장하는 철학자였다. 철학이라고 하면 형이상학적 공허한 내용으로 거부하려는 경향을 수학의 대수와 기하학의 기초 위에 형이상학 개념들을 대입시켜서 논리를 만들어냈다. 이 같은 수학 개념을 철학 개념으로 대입시킨 철학자는 데카르트(1596~1650)였다. 그가 《철학 원리》로 설명한 이래 로크나 흄이나 뉴턴 등등이 계속 적용한 학문의 방법이었다.

볼프 역시 《제1철학 또는 존재론》(1730)으로 철학을 수학으로 설명했다. 칸트를 가르치는 크누첸 역시 볼프와 같은 철학을 따르면서 거기에다 경건주의 신앙을 대입시켰다. 칸트는 철학사를 알려면 수학, 물리학을 알아야 하겠기에 데스케 교수의 물리학도 배운다. 이렇게 학문을 신앙과 대입시키는 크누첸의 영향을 받은 칸트는 일생 동안 신앙 옹호와 발전이 되는 데 모든 학문의 목표를 둔다. 참으로 우러러 존경하고 본받아야 되는 학자의 인생 목표였다.

칸트의 대학 논문이 〈활력의 참된 측정술에 대한 사상〉(1746년)이었다. 이 내용은 당시 독일의 대학자로 알려진 라이프니츠(G. W. Leibniz: 1646~1716)나 볼프(1679~1754) 사상을 비판한 내용이었다.

라이프니츠는 독일 철학자로 30년 전쟁(1618~1648)의 혐오감으로 《변신론》(1710)에서 죄란 모든 피조물이 불가피하게 가지고 있는 한계를 가진 불행한 결과로 설명했다. 이것은 기독교와 루터교가 가진 하나님에게서 떠난 것이 죄라는 개념과 다른 주장이었다. 또 볼프는 이성적 사고만이 참된 학문이라고 했다.

칸트는 대학 졸업 논문에서 당대 유명한 대학자들의 유명한 주장들을 비판하므로 이때 이미 독자적 학문을 하려는 의지를 드러냈다.

(3) 칸트의 사상적 발전

칸트는 대학 졸업 후 약 10년간(22~31세) 가정교사로 지냈다. 그 후 31세에 다시 모교 쾨니히스베르크 대학의 시간 강사로 돌아온다. 이때(31세, 1755) 《천계(天界)의 일반 자연사와 이론》이라는 논문을 출판한다.

뉴턴(I. Newton: 1642~1727)은 3대 발견이라는 ① 빛의 스펙트럼 분석, ② 만유인력의 법칙, ③ 미적분법을 발표했다. 뉴턴은 《자연 철학의 수학적 제원리》(1687)를 발표했다. 거기서 뉴턴은 우주의 역학관계를 원자론적, 인과적(因果的) 세계관을 기초로 설명했다. 이 같은 뉴턴의 사상은 18세기의 과학계, 사상계에 큰 영향을 미친다.

칸트의 논문은 뉴턴의 원리에 기초하여 천체의 생성에 대해 성운설을 내세운 논문이었다. 성운선(星雲線 Nebular line)은 1928년 미국 보엔에 의해 확인된다.

칸트의 대학 강사 시절(31~46세, 1755~1770) 15년 동안에는 주로 물리학에 관한 연구 논문이 많다. 지진의 원인, 물리학 단자론, 바람의 이론, 자연지리학, 운동과 정지의 개념 등에 관심을 기울였고, 그 후 39세 때 《신의 존재를 증명하기 위한 논거》를 출판하고 학계의 주목을 받게 된다.

40세 때 《자연 신학과 도덕 원리의 명확성》, 46세 때 《감성계와 예지계의 형식과 원리》로 정교수가 된다. 칸트의 시간 강사 15년간은 이 세상의 모든 학문들인 수학, 물리학, 천문학 등등의 학문을 통해 하나님의 존재를 증명하려고 하는, 학문을 기초로 한 신앙의 발전기였다고 할 수 있다.

이렇게 세상에 이미 알려진 영국의 뉴턴이나 독일의 볼프의 사상을 뛰어넘는 발전 단계였다.

그래서 그는 당시 유럽 철학자, 과학자들이 창조주를 목적론적으로 증명하려 한 우주학자들의 주장을 뛰어넘을 준비를 진행해 왔다.

우주는 신의 작품이며, 신은 반드시 목적을 위해 우주를 만들었다는 합목적 이론이 유럽학계의 여론이었다. 그리고 갈릴레이 이래 자연이란 기능적, 함수적 관계로 이해해 왔다. 칸트는 이와 같은 유기체적 자연, 목적론적 창조주 등의 유럽 흐름을 모두 다 인정한다. 그러나 그 같은 기존 학설에 안주하지 않는다. 좀 더 명확하고 확실한 창조주의 증명이 없을까? 하나님을 좀 더 확실하게 증명하는 논리를 만들려고 계속 공부하고, 사색하며 그의 독특한 주장을 만들어낸다.

(4) 칸트의 비판 철학 전개

칸트는 유럽 철학계가 플라톤 이래 아리스토텔레스를 거쳐 영국의 흄이나 독일의 볼프까지 '이성'의 기초 위에 수립되어 있음을 깨닫는다.

그런데 과연 '이성'이라는 것이 완전무결한 신 인식, 자연 인식의 결론이 될 수 있는가? 칸트는 이성 만능주의 철학을 비판하기 시작한다. 그래서 이성의 한계점들을 발견하고 이미 알려져 있는 관념들을 보다 합리적으로 정리하여 새로운 용어들로 개념들을 정리한다.

새로운 그의 용어들이 매우 간명해서 수긍이 가지만 그 용어들을 다 옮기기에는 필자가 역부족이다.

그는 이성이 이해되는 부분은 인간이 감각적으로 인식되는 공간, 시간과 카테고리 등으로 정리된 현상들이다.

이성이 아무리 위대하고 또 위대하다고 강조를 한다 해도 이성이 깨닫는 것은 감각적, 감성적 세계에 국한될 뿐이다. 그러나 우주는 감성적 세계를 초월하는 원리들이 존재한다.

영혼 불멸이란 무슨 뜻인가? 이에 대해서 인류 역사상 수많은 철학자와 종교가들이 다양한 주장들을 해왔다. 그렇기에 다양한 견해들이 존재하고, 또 서로 자기들 주장이 정답이라고들 한다. 그러나 현재까지 그 어느 것에도 완전한 답이라고 할 만한 것이 존재하지 않는다. 그것은 인간이 보고 느끼고 상상할 따름이다.

이것은 마치 자연현상과 마찬가지다. 인간들은 4계절의 변화나 눈, 비, 바람, 태풍의 현상들을 통계 숫자로 표현은 할 수 있고 그 원인이 되는 것을 대략적 수치로 측정해 부분적으로 이해할 정도이다. 왜

1년 4계절이 있는가? 그 현상은 알지만 그 원인은 알지 못한다. 왜 바람 중에는 솔솔 부는 바람이 있고, 세찬 태풍이 있고, 바다를 뒤집는 폭풍이 있는가? 인간들은 그 현상만 알 뿐 그 원인을 모른다.

  인간 세상도 마찬가지다. 모든 인간은 흑인이든 백인이든, 지식인이든 무식인이든, 높은 자든 낮은 자든, 남자든 여자든, 성인이든 어린아이든 간에 공통적 욕망이 있다. 그것은 자유라는 개념이다.
  인간은 직책이 높은 자든 낮은 사람이든 모든 인류는 다 자유롭게 살고자 하는 공통된 욕망이 있다. 왜 인간은 자유에 대한 욕망이 있는가? 그에 대한 원인 설명들이 수없이 많이 있다. 그러나 여러 주장이 난무할 뿐 지금까지 그 확고한 원인 설명이 없다.

  창조주에 대한 주장도 마찬가지다. 우주 만물이 저절로 생겼다고 말하는 무신론자들도 창조주는 인정한다. 그 창조주가 하나님이냐, 제우스냐, 천황이냐에 대한 견해는 각각 달라도 뚜렷하게 확실한 답을 제시해 주는 것은 없다. 인간 영혼의 기원, 이 세상 계절의 변화, 인간의 기본적 욕망인 자유, 우주 만물의 생성에 대한 기원, 선인이 고난받고 악인이 번성하는 부조리한 것 등등 알고 싶지만 알 수 없는 것들이 너무 많다.
  이 세상에는 인간의 이성을 뛰어넘는 것들과 과학으로 증명할 수 없는 것들이 너무 많다. 영국이나 프랑스의 경험주의자들은 이성이 최고라고 이성 만능을 주장했다. 그러나 인간의 이성이 아무리 노력해도 규명이 안 되는 부분들이 있다. 인간의 이성이 모든 개념을 이해할 수 있는 만능은 아니다. 이성이라고 하는 것도 충분히 비판받아야 할 대상이다. 이렇게 이성을 비판한 것이 칸트의 《순수 이성 비판》

이다. 이처럼 획기적인 주장이 그의 나이 57세(1787)에 나온다.

칸트의 사색은 여기에 머무르지 않는다.

인간이 이성을 가졌고 또 인간이 이성을 가진 것이 다른 동물들과 피조물들보다 우수하다는 것을 깨닫는 것으로 완전한 것은 아니다. 아무런 조건 없이 도덕적 의미를 가진 인간의 특징을 드러내려고 하면, 이 세상 현상들에 대한 가치보다는 영생의 가치, 자유의 가치, 덕과 행복의 가치라는 고차원의 가치를 인정할 때 다른 피조물과 구별이 된다.

그렇게 다른 피조물들과 다른 가치를 드러내려고 하면 신의 존재를 인정하고 그의 요구를 실천하는 삶을 살아가야만 한다.

그래서 고귀한 인생이 실천해야만 가치가 따른다는《실천 이성 비판》이 칸트의 64세(1788) 때 나온다. 그리고 순수 이성에 속하는 것이 제1이라고 한다면 실천 이성은 제2가 되어서 이 두 가지 이성이 서로 잘 매개가 되었는가? 그것을 판단할 만한 마지막 판단의 기준으로《판단력 비판》이 칸트가 66세인 1790년에 나온다.[203]

(5) 철학과 신학의 연합 시도

칸트는 일생 동안 '이성'을 연구한 철학자다. 그와 동시에 그는 신앙인이었다. 칸트는 종종 철학 이외의 다른 것에도 관심을 가졌다. 그것이 62세에《자연과학의 한계 안에서의 종교》, 73세 때는《윤리 형이상학》등으로 발표되었다. 이 같은 저서들이 무엇을 의미하는가?

그것은 평생을 '이성 비판'에 몰두한 그 위에다가 그리스도교 교리

---

203) 칸트,《실천 이성 비판, 판단력 비판》, 정명오 역 (동서문화사, 2016).

를 이성의 입장에서 해석해 보려는 시도라고 할 수 있다.

그래서 과거의 신학자들이 신의 존재를 증명하려고 할 때 목적론적 인식에서 신의 존재를 증명하려고 해왔다. 우주가 존재하는 것은 우주를 만드신 분의 목적이 있기 때문이다. 각 나라와 민족과 배경은 반드시 만드신 분의 목적이 있다. 이렇게 목적론적인 논리로 신의 존재를 증명하려고 해왔다.

그런데 칸트는 신앙인이기에 여기에다 새로운 시도를 한다. 그것은 신학자들이 많이 강조하지 않는 섭리론적 인식을 철학과 연합시키려고 시도한 것이다.

칸트의 섭리론적 신앙과 철학의 이성과의 연합의 시도는 크게 관심을 받지 못한다. 오히려 신학자들로부터 신학의 핵심인 초월적 계시 개념을 제한적인 인간의 이성에 결합시키려고 시도한 월권적 무모한 철학자라고 비판한다.

신학자들의 그 같은 판단은 충분하게 비판받을 만한 사실이다. 굳이 칸트 입장을 이해해 보려고 한다면 그는 자기가 깨달은 '이성' 중심의 사고가 신앙 영역에도 도움이 되는 요소가 되었으면 좋겠다는 열망이 있었던 학자 같다.

이 세상에는 수많은 영역의 다른 학문들이 있다. 음악이든, 미술이든, 문학이든, 철학이든, 정치든, 교육이든 각 분야들은 모두 다 가치가 드러나는 것이다. 그러나 자기 전문분야에서 자기 전문 학문을 통해 창조주를 드러내고 구속주를 전파할 수 있다면 모든 전문분야들이 모두 다 가치가 드러나는 것이다.

그러나 자기 전문분야로 창조주를 대적하는 자들은 인류를 타락하게 만드는 사탄의 하수인인 것이다.

　창조론을 대적한 진화론의 다윈이나 인간의 가치를 물질로 대치시킨 마르크스나 신의 존재를 부인한 니체나 인간의 자유의지를 말살시킨 칼빈 등등은 창조주 하나님, 구속주 그리스도의 참된 의미를 왜곡시킨 잘못된 지식인들인 것이다.

　칸트의 생애와 사상이 기독교 신학에 큰 영향을 준 것은 많지 않다. 다만 그가 일생 동안 자기 학문으로 신앙인들에게 도움이 되려고 노력했음은 인정해야 할 것 같다.

근세 교회사 결론

근세 교회사 결론

근세 교회사는 1600년에서 1800년까지의 200년간의 교회 역사 중 중요한 내용을 발췌한 기록이다.

필자는 '근세 교회사'를 이해하기 위한 수단으로 제1부에서 '근세 교회들'을 만들어낸 배경 이해를 위해 종교개혁사에서 이뤄진 근세 교회들의 생성 과정과 문제점들을 정리했다.

그리고 제2부에서 200년의 교회 역사를 전기 근세사 1600~1700, 후기 근세사 1700~1800년으로 분리해서 살펴봤다.

그리고 이번의 근세사는 교회 역사만 아닌 소규모의 세상사도 함께 살펴봤다. 이렇게 과거 1600년부터 1800년까지의 교회사와 세상사를 살피고 나니 교회사 구성 계획이 참 좋았다는 기쁨이 있다. 그 이유는 '교회'와 '세상'을 동시에 알 수 있었기 때문이다.

《근세 교회사》를 완성하고 나니까 몇 사람들이 머릿속에 맴도는 소득이 생겼다. 영국 국교의 탄압 속에서도 영적 각성으로 영국을 변화시킨 웨슬리, 잘못된 신학의 암흑을 탈출한 현대 선교의 각성자 캐리, 독일의 형식화된 국교에 새 바람을 일으킨 경건주의자들, 또 프랑스 가톨릭에 저항한 파스칼, 잠자는 미국민을 각성시킨 에드워즈와 피니 등이다.

  오늘 우리가 신앙의 자유와 사상적 자유, 표현의 자유 등을 마음껏 누리고 살아가는 이 모든 행복이 모두 선각자들의 유산임을 깨닫고 감격하고 감사할 따름이다.

  그런데 내가 살고 있는 이 나라는 '언론 징벌법'으로 자유로운 표현을 통제하는 법령을 만든다고 한다. 어쩐지 나라가 먼 과거로 회귀하는 것 같은 불안감을 느낀다. 바라기는 더 많은 발전으로 우리와 후손들이 더 많은 자유를 향유할 수 있기를 간절하게 희망해 본다.

참고문헌

1. 일반 세계사

하버드 C. H. 베크, 《세계사 1350~1750》, 이진모, 공원국 역, 민음사, 2020.
_____, 《세계사 1870~1945》, 조행복, 이순호 역, 민음사, 2020.
에른스트 H. 곰브리치, 《세계사》, 박민수 역, 비룡소, 2019.
캔디스 고처, 린다 월튼, 《세계사 특강》, 황보영조 역, 삼천리, 2013.
알렉산더 데만트, 《16일간 세계여행》, 전은경 역, 북로드, 2005.

2. 교회사 전반

필립 샤프, 《기독교회사 8권》, 이길상 역, 크리스챤다이제스트.
롤란드 베인턴, 《세계교회사》, 이길상 역, 크리스챤다이제스트, 2001.
케니스 래토레트, 《기독교사 상, 중, 하》, 윤두혁 역, 생명의 말씀사, 1990.
유스토 L. 곤잘레스, 《초대교회사》, 서영일 역, 기독교문서선교회, 1993.
어드만 편, 《세계교회사》, 김해연 역, 엘맨출판사, 1992.
피터 럭크만, 《신약교회사》, 말씀보존학회, 1997.
E. H. 브로우벤트, 《순례하는 교회》, 전도출판사, 1990.
김의환, 《기독교회사》, 성광문화사, 1995.
정수영, 《새 교회사 Ⅰ》, 규장문화사, 1991.
_____, 《새 교회사 Ⅱ》, 규장문화사, 1993.
_____, 《초대교회사》, 쿰란출판사, 2012.
_____, 《교부시대사》, 쿰란출판사, 2014.
심정혁, 《다시 써야 하는 세계 기독교사》, e좋은, 2005.

3. 중세사, 종교개혁사 및 근대 교회사

김광채,《근세, 현대 교회사》, 기독교문서선교회, 2000.
_____,《도해 근세 교회사》, 마르투스, 2016.
김명혁,《근세 교회사》, 합동신학대학원출판부, 2002.
김승진,《근원적 종교개혁》, 침신대학출판부, 2011.
_____,《영, 미, 한 침례교회사》, 침신대학출판부, 2016.
_____,《종교개혁 그 이전, 종교개혁의 중세 후기 배경》, 2016.
노종해,《중세 기독교 신비 신학 사상》, 나단, 1991.
박용규,《근대 교회사》, 총신대학출판부, 2001.
박은구,《서양 중세 정치사상 연구》, 혜안, 2001.
서요한,《중세 교회사》, 그리심, 2010.
손두환,《종교개혁사》, 시토, 1992.
안승오,《세계 선교 역사 100장면》, 편단, 2010.
안희열,《세계 선교 역사 다이제스트》, 침신대학출판부, 2013.
오덕교,《종교개혁사》, 합동신학대학원.
이원근,《중세 유럽의 사회와 문화》, 중문, 1995.
임도건,《종교개혁의 역사와 신학》, 기독교문서선교회, 1995.
정수영,《신학의 역사》, 명현, 2000.
_____,《부흥의 역사》, 명현, 2001.
_____,《중세 교회사 I》, 쿰란출판사, 2015.
_____,《중세 교회사 II》, 쿰란출판사, 2017.
_____,《종교개혁사》, 쿰란출판사, 2012.
_____,《성경의 역사》, 쿰란출판사, 2016.
_____,《성경이 하나님의 말씀인 증거》, 쿰란출판사, 2016.

_____, 《시편 강해 1~5권》, 쿰란출판사, 2018~2020.
정토웅, 《세계 전쟁사 다이제스트 100》, 가람기획, 2010.
최석우, 《교황 그는 누구인가?》, 한국교회사연구회, 1984.
최형걸, 《중세 교회사》, 이레서원, 2000.

마가렛 딘슬리, 《중세교회사》, 서영일 역, 기독교문서선교회, 1993.
윌리엄 R. 캐논, 《중세교회사》, 서영일 역, 기독교문서선교회, 2013.
리터, 로제, 렙핀, 《중세교회》, 공성철 역, 한국신학연구소, 2010.
제럴드 크랙, 알렉 비들러, 《근현대 교회사》, 송인설 역, 크리스천다이제스트, 2005.
유스토 곤잘레스, 《중세교회사》, 서영일 역, 은성, 1990.
장 베르동, 《중세의 밤》, 이병욱 역, 이학사, 1998.
_____, 《중세는 살아 있다》, 최애리 역, 길, 2008.
W. 에스텝, 《재침례교도의 역사》, 정수영 역, 요단출판사, 1986.
한스 큉, 《가톨릭의 역사》, 배국원 역, 을유문화사, 2013.
디아메이드 맥클로흐, 《3천년 기독교 역사》, 박창훈 역, CLC, 2013.
로레인 뵈트너, 《로마 가톨릭 사상 평가》, 이승훈 역, CLC, 1992.
존 줄리어스 노리치, 《교황 연대기》, 남길영 외 역, 바다출판사, 2014.
호르스트 푸어만, 《교황의 역사》, 차용구 역, 도서출판 길, 2013.

4. 세상사 번역서

몽테뉴, 《수상록》, 손우성 역, 동서문화사, 2016.
베이컨, 《학문의 진보》, 이종구 역, 동서문화사, 2016.
데카르트, 《철학원리》, 소두영 역, 동서문화사, 2016.

파스칼, 《팡세》, 안응렬 역, 동서문화사, 2016.
존 로크, 《인간 지성론》, 추영현 역, 동서문화사, 2016.
몽테스키외, 《법의 정신》, 하재홍 역, 동서문화사, 2016.
볼테르, 《캉디드》, 이봉지 역, 열린책들, 2009.
루소, 《사회 계약론》, 최석기 역, 동서문화사, 2016.
_____, 《에밀》, 정병희 역, 동서문화사, 2016.
애덤 스미스, 《국부론》, 유인호 역, 동서문화사, 2016.
칸트, 《순수 이성 비판》, 정명오 역, 동서문화사, 2016.
카렌 암스트롱, 《축의 시대》, 정영목 역, 교양인, 2018.
톰 홀랜드, 《도미니언》, 이종인 역, 책과함께, 2020.
피터 왓슨, 《무신론자의 시대》, 정지인 역, 책과함께, 2016.
마틴 푸크너, 《글이 만든 세계》, 최파일 역, 까치, 2019.
미셸 겔펀드, 《선을 지키는 사회, 선을 넘는 사회》, 이은진 역, 시공사, 2020.
수전 제이코비, 《반지성주의 시대》, 박광호 역, 오월의 봄, 2020.
존 브록만, 《우리는 어떻게 바뀌고 있는가》, 최완규 역, 한국물가정보, 2014.
피터 브래넌, 《대 멸종 연대기》, 김미선 역, 흐름출판, 2019.
클레이튼 M. 외 3명, 《번영의 역설》, 이경식 역, 부키, 2020.
한스 로슬링, 《팩트 풀니스》, 이창신 역, 김영사, 2019.
디드러 낸슨 매클로스키, 《트루 리버럴리즘》, 홍지수 역, 7분의언덕, 2020.

5. 영문 교회사 자료

Albert H. Newman. A Manual of Church History. Philadelphia, 1906.

Barbara A. Hanawalt. The Middle Ages. Oxford Univ, 1999.

Crance Brinton. A History of Civilization.

Etienne Gilson. A History of Christian Philosophy in the Middle Ages. Sheed and World, 1955.

F. Ernes. Stoeffler. The Rise of Evangelical Peitism. Leiden, 1965.

G. C. Bercouwer. Recent Development in Roman Catholic Thought. Grand Rapids, 1958.

Gerald Cragg. The Church and The Age of Reason 1648~1789. Baltimore, 1970.

G. G. Coulton. Studies in Middle Thought. London, 1945.

G. R. Evans. Philosophy and Theology in the Middle Ages. Taylor Books, 1993.

Henry Bettenson. Document's of the Christian Church. Oxford Univ, 1967.

Joseph H. Lynch. The Medieval Church. London, 1992.

Marshall W. Baldwin. The Medieval Church. New York, 1905.

Norman F. Cantor. The Encyclopedia Middle Ages. Viking, 1999.

Paul Johnson. A History of Christianity. New York, 1976.

Peter Cramer. Baptism and Change in the Early Ages, 200~1150. Cambridge Univ, 2002.

Phillip Schaff. History of the Christian Church. 8 Vols. MI. Eerdmans, 1970~1984.

Sir Maurice Powicks. The Christian Life in the Middle Ages. Oxford Univ,

1997.

William Walker. A History of Christian Church. New York, 1985.

William Church. The Influence of the Enlightenment on the French Revolution Creative, Disastrous, Nonexistent? Lexingdon, 1974.

W. R. Cannon. History of Christianity in the Middle Ages Abingdon Press, 1961.

W. W. Seet. The Story of Religions in America. New York, 1930.

W. A. Curtis. A History of Creeds and Confessions of Faith, 1911.

중세 · 근세 시대 연대표

1483.	마틴 루터 출생
1484.	츠빙글리 출생
1492.	콜럼버스 신대륙 발견
1509.	칼빈 출생
1516.	에라스무스 신약 원문 성경 편찬
1517.	루터의 95개 조항 반박문
1520.	마젤란 세계 일주
1525.	스위스 재침례교 형제단 등장
1530.	멜란히톤의 아우구스 신앙고백으로 루터교 등장
1534.	영국 헨리 8세의 수장령으로 영국 성공회 시작
	예수회 창시 로욜라
1541.	칼빈의 제네바 헌법으로 장로교 시작
1545~1563.	가톨릭 트렌트 종교회의에서 각종 교리 채택
1559.	칼빈의 기독교 강요
1561.	네덜란드 재침례교 지도자 메노 시몬스의 죽음
1572.	프랑스 성 바돌로매 축일의 대학살
	존 녹스에 의한 스코틀랜드 개혁 교회
1580.	프랑스 몽테뉴의 수상록
1588.	영국이 스페인의 무적함대 격파
1603~1605.	셰익스피어 햄릿, 오셀로, 리어왕, 맥베스
1605.	세르반테스의 돈키호테
1611.	영국 흠정역 성경 번역
1618~1619.	네덜란드 도르트 총회에서 칼빈주의 5대 강령
1618~1648.	독일의 30년 전쟁
1620.	메이플라워 호 필그림 파더스 플리머스로 이주
1628.	영국 권리청원
1633.	갈릴레이 종교 재판
1640~1660.	영국 청교도 혁명
1647.	퀘이커 창시 조지 폭스
1648.	30년 전쟁 후 베스트팔렌 조약으로 네덜란드, 스위스 독립

	영국 웨스트민스터 신앙 고백서
1664.	뉴 암스테르담이 영국의 뉴욕으로
1667.	밀턴의 실낙원
1670.	파스칼의 팡세
1675.	스페너의 경건한 욕망
1678.	존 버니언의 천로역정
1685.	낭트 칙령 철회
1703.	존 웨슬리 출생
1707.	잉글랜드, 스코틀랜드 합병 대영제국
1716.	미국 장로교 대회 조직
1726~1770.	미국 제1차 대각성 운동
1738.	웨슬리 올더스게이트 회심
1740.	조지 휫필드 미국 전도 여행
1743~1826.	토머스 제퍼슨
1748.	아이작 와츠 사망
1762.	루소 에밀, 사회 계약론
1773~1814.	예수회 해산 후 재결성
1776.	미국 독립 선언
1784.	감리회 조직
1785.	서울 명동성당
1787~1843.	미국 제2차 대각성 운동
1789.	프랑스 혁명
1793~1834.	윌리엄 캐리 인도 선교, 침례교 선교회
1795.	런던 선교회
1799~1821.	나폴레옹 쿠데타 집권
1807.	영국 노예무역 폐지
1837.	드와이트 무디 출생
1840~1842.	중국의 아편 전쟁
1809~1882.	찰스 다윈의 진화론(1879)

색인(인명/지명)

ㄱ

가톨릭과의 투쟁 223
감리회의 조직 16, 486
국부론 633, 634, 636, 663
근대 선교 운동 520, 521, 536, 552

ㄴ

나폴레옹 18, 26, 76, 190, 192, 280, 552, 553, 583, 584, 589, 590, 591, 592, 593, 594, 595, 596, 597, 598, 599, 600, 601, 637, 647, 667
나폴레옹 통치 18, 552, 553, 583, 599, 637
네덜란드 4, 5, 11, 12, 13, 17, 23, 35, 36, 52, 67, 102, 103, 105, 106, 110, 121, 125, 127, 128, 130, 151, 152, 153, 154, 155, 156, 157, 158, 159, 168, 169, 180, 201, 212, 218, 219, 220, 221, 222, 223, 224, 225, 226, 227, 228, 229, 230, 231, 232, 233, 234, 235, 236, 237, 238, 239, 244, 245, 248, 252, 253, 254, 255, 259, 265, 269, 272, 278, 283, 285, 286, 292, 293, 294, 309, 314, 323, 332, 336, 346, 352, 354, 363, 367, 368, 369, 374, 393, 394, 395, 396, 397, 398, 403, 405, 426, 449, 450, 451, 452, 453, 474, 490, 498, 502, 503, 504, 505, 511, 517, 525, 532, 538, 543, 566, 609, 633, 640, 666
네덜란드 종교의 긍정과 부정의 요소 12, 231

ㄷ

대각성 운동 17, 347, 485, 496, 497, 502, 503, 508, 509, 511, 513, 514, 515, 516, 517, 518, 519, 520, 536, 550, 552, 553, 554, 563, 566, 567, 568, 569, 570, 572, 573, 578, 580, 581, 582, 583, 667
독립 전쟁 52, 231, 286, 353, 555, 556
독일 민족 10, 22, 23, 24, 25, 270, 284

ㄹ

루터 4, 10, 22, 24, 25, 26, 27, 28, 29, 30, 31, 32, 33, 34, 35, 36, 37, 38, 39, 40, 41, 42, 43, 44, 45, 46, 47, 48, 49, 50, 51, 52, 53, 57, 66, 70, 71, 78, 81, 83, 87, 88, 100, 121, 123, 127, 130, 133, 134, 141, 142, 145, 146, 148, 150, 157, 162, 163, 165, 166, 167, 168, 169, 170, 173, 174, 218, 221, 223, 246, 268, 270, 279, 284, 290, 341, 342, 343, 348, 444, 445, 448, 453, 454, 459, 482, 483, 484, 491, 494, 496, 523, 527, 638, 666
루터교 4, 5, 10, 22, 24, 42, 44, 45, 49, 52, 53, 71, 74, 93, 105, 116, 125, 129, 145, 151, 152, 153, 155, 161, 165, 186, 221, 222, 223, 226, 232, 233, 234, 242, 255, 267, 268, 270, 272, 273, 274, 278, 279, 280, 282, 284, 285, 343, 346, 360, 373,

374, 445, 446, 447, 448, 451, 453, 454, 455, 457, 460, 462, 463, 464, 484, 520, 529, 565, 600, 638, 647, 650, 666
루터 사상의 문제점 10, 46

ㅁ

메디치 가문 197, 198, 206, 207, 208, 209
모라비안 교회에서 형제의 회심 16, 481
몽테스키외 18, 553, 604, 605, 606, 607, 608, 609, 610, 663
미국 독립 혁명 18, 217, 552, 553, 554, 563

ㅂ

볼테르 18, 553, 584, 585, 610, 611, 612, 613, 614, 618, 619, 620, 632, 647, 663

ㅅ

사회 개혁 운동 18, 520, 521, 528
사회 계약론 617, 619, 621, 622, 624, 626, 630, 663, 667
성 바돌로매 177, 204, 206, 207, 209, 210, 211, 666
스위스 재침례교 98, 128, 130, 131, 134, 138, 145, 666

ㅇ

에밀 617, 619, 621, 622, 624, 626,

627, 628, 629, 663, 667
영국 국교회 4, 10, 52, 58, 60, 61, 65, 69, 70, 71, 72, 73, 103, 124, 129, 291, 292, 293, 296, 299, 317, 345, 357, 358, 360, 361, 370, 425, 434, 441, 453, 477, 478, 480, 481, 485, 488, 490, 498, 502, 514, 532, 534, 536, 543, 636
영국 청교도와 미국 청교도의 차이 17, 497
예수회 12, 67, 174, 177, 180, 181, 183, 184, 185, 186, 187, 188, 202, 267, 268, 269, 270, 271, 272, 285, 322, 328, 329, 330, 334, 335, 338, 340, 347, 350, 393, 404, 405, 408, 409, 412, 413, 414, 416, 417, 418, 421, 422, 586, 607, 610, 666, 667
웨슬리 16, 17, 73, 121, 129, 464, 475, 477, 478, 479, 480, 481, 482, 483, 484, 485, 486, 487, 488, 489, 490, 491, 492, 493, 494, 495, 496, 498, 506, 510, 517, 519, 520, 526, 527, 528, 536, 550, 575, 576, 577, 658, 667
위그노 전쟁 5, 12, 52, 74, 81, 104, 122, 189, 190, 192, 198, 200, 201, 204, 205, 207, 209, 210, 211, 226, 269, 272, 285, 286, 309, 374, 375, 377, 381, 405, 474, 496

ㅈ

재침례교 11, 127, 128, 129, 131, 133,

135, 137, 138, 141, 144, 145, 146, 150, 153, 154, 155, 156, 158, 159, 160, 161, 168, 169, 226, 232, 233, 242, 666
재침례교도 4, 11, 41, 49, 99, 105, 125, 127, 128, 130, 131, 133, 134, 135, 137, 138, 140, 141, 144, 145, 146, 147, 149, 151, 153, 155, 157, 158, 159, 160, 168, 169, 170, 221, 222, 223, 226, 232, 233, 234, 238, 662
제2차 대각성 운동 18, 553, 566, 567, 569, 570, 573, 578, 580, 581, 582, 583, 667

ㅊ

찬송가의 대중화 17, 521, 524, 552
청교도 5, 13, 14, 17, 61, 63, 64, 68, 69, 72, 105, 110, 111, 124, 125, 126, 287, 288, 289, 290, 291, 292, 294, 295, 296, 297, 298, 299, 301, 302, 303, 304, 305, 307, 308, 310, 312, 313, 314, 315, 316, 317, 318, 319, 351, 352, 355, 356, 357, 358, 359, 360, 361, 363, 366, 374, 424, 425, 428, 429, 431, 433, 434, 435, 439, 444, 450, 451, 456, 474, 476, 477, 478, 481, 489, 496, 497, 498, 499, 500, 501, 502, 503, 505, 508, 512, 513, 514, 516, 517, 518, 519, 556, 557, 558, 562, 563, 570, 583, 608, 626, 666

ㅋ

칸트 19, 387, 553, 604, 637, 638, 639, 640, 641, 642, 643, 644, 645, 646, 647, 648, 649, 650, 651, 652, 653, 654, 655, 656, 663
칼빈 사상의 문제점 11, 107, 238, 265, 344
칼빈의 공적 11, 104, 106
칼빈의 생애 11, 75, 79, 98

ㅍ

프랑스 군주 12, 191, 192, 193, 200, 375, 378
프랑스 약사 12, 190
프랑스 종교의 문제점 12, 213
프랑스 혁명 18, 76, 187, 189, 190, 191, 192, 215, 216, 217, 428, 534, 552, 553, 583, 584, 585, 586, 587, 589, 590, 592, 596, 597, 598, 599, 600, 608, 609, 610, 613, 614, 620, 621, 637, 667

ㅎ

헨리 8세의 수장령 10, 666
헨리 8세 자녀들의 영국 국교회 10, 60

신약교회 사관에 의한
근세 교회사

1판 1쇄 인쇄 _ 2022년 7월 15일
1판 1쇄 발행 _ 2022년 7월 30일

지은이 _ 정수영
펴낸이 _ 이형규
펴낸곳 _ 쿰란출판사

주소 _ 서울특별시 종로구 이화장길 6
편집부 _ 745-1007, 745-1301-2, 747-1212, 743-1300
영업부 _ 747-1004 FAX 745-8490
본사평생전화번호 _ 0502-756-1004
홈페이지 _ http://www.qumran.co.kr
E-mail _ qrbooks@daum.net / qrbooks@gmail.com
한글인터넷주소 _ 쿰란, 쿰란출판사
등록 _ 제1-670호(1988.2.27)
책임교열 _ 김영미·박은아

ⓒ 정수영 2022   ISBN 979-11-6143-749-1   94230
                 978-89-6562-368-7(세트)

책값은 뒤표지에 있습니다.
이 출판물은 저작권법에 의해 보호를 받는 저작물이므로 무단 복제할 수 없습니다.
파본(破本)은 구입처에서 교환해 드립니다.

겨자씨 문서선교회 이상

1. 올바른 신앙 뿌리 회복을 위한 과거 2천 년 교회의 역사서
2. 하나님께서 기뻐하시는 현재의 삶을 위한 신·구약 성경 강해서
3. 오늘과 미래의 그리스도 십자군 정병을 위한 핵심 교리서

위의 세 종류 문서로 주님 오심을 대비하게 한다.

[겨자씨 문서선교 정기후원자] (가나다순)

1. 강효민 목사(새삶교회)
2. 계인철 목사(천복제일교회)
3. 김경석 목사(강서교회)
4. 김도균 형제(최유나)
5. 김소망 형제(이정화)
6. 김정호 목사(새길교회)
7. 김종훈 목사(오산교회)
8. 문무철 목사(성남교회)
9. 민병렬 장로(서영옥)
10. 박명숙 권사(조준환)
11. 박상준 목사(태능교회)
12. 배국순 목사(송탄중앙교회)
13. 백광용 장로(유명자)
14. 여우석 목사(새벽교회)
15. 여주봉 목사(포도나무교회)
16. 우치열 목사(늘푸른교회)
17. 윤승자 사모(이주일)
18. 이동수 목사(대구교회)
19. 이일수(유영희, 기쁨이되는교회)
20. 이재기 목사(사랑빛는교회)
21. 장광태 집사(이종희)
22. 정은희(박용배)
23. 주승은 목사(독산동교회)
24. 최성균 목사(동백지구촌교회)

윗분들의 정성 어린 후원으로 문서선교가 이루어져 가고 있습니다.
더 많은 선교 참여자가 계속 이어지기를 기도합니다.

후원 계좌

농 협	356-0669-9227-93	정수영
우리은행	1002-246-769541	정수영
국민은행	229301-04-285676	정수영

Email : chungsy40@naver.com